Die
Rosenkreuzer-Weltanschauung
oder
MYSTISCHES CHRISTENTUM

Eine elementare Abhandlung über die vergangene Entwicklung, die gegenwärtige Zusammensetzung und die zukünftige Entfaltung des Menschen

von Max Heindel

seine Botschaft und sein Auftrag

EIN URTEILSFÄHIGER INTELLEKT
EIN FÜHLENDES HERZ
EIN GESUNDER KÖRPER

Neu überarbeitete deutsche Übersetzung der amerikanischen
Originalfassung mit dem Titel: „The Rosicrucian Cosmo-Conception"

Neuauflage Mai 1999
ISBN 3-906414-00-0

Max Heindel
Rosenkreuzer-Philosophie-Verlag
Das esoterische Christentum
Die esoterische Charakter- und Heilungsastrologie
CH-7514 Sils-Maria

Telefon 0041 (0)81 834 20 03
Telefax 0041 (0)81 834 20 04
E-Mail: max_heindel_verlag@bluewin.ch

CREDO ODER CHRISTUS

Kein Mensch liebt Gott, der seinesgleichen haßt,
Der seiner Brüder Herz und Seele tritt.
Wer ihren Geist in Höllenfesseln faßt,
Naht sich der Menschheit Ziel mit keinem Schritt.

Gott schenkte Segen jeder Religion
Und wies den Weg zur Wahrheit und zum Licht
Durch Jesus Christus, seinen Sohn:
Um Sünde, Gram und Kampf er Frieden flicht.

Den Welt-Geist sandte sein erhab'nes Wort
Zu allen Kirchen, nicht nur einer, hin.
Die Flammenzung' am pfingstlich heil'gen Ort
Jedes Apostels frommes Haupt umschien.

Seither kämpft Mensch mit Mensch in Geiergier
Um Sinn und Deutung nur von leeren Namen.
Das Dogma, das Bekenntnis ist Brevier,
Und einer schickt den andern in die Flammen.

Ist Christ nicht Einheit? Fand denn am Kreuz den Tod
Zur Welterrettung Kephas, Paulus unter Schmerzen?
Warum tut hier in allem Teilung not?
Faßt doch die Liebe Christi alle uns're Herzen!

Nicht Grenzen kennt des Heilands zarte Liebe,
Gezogen durch des Credos starren Wall.
Daß ihm des Vaters Teil als eigen bliebe,
Umschlingt Er liebevoll das Weltenall.

Nehmt Ihn beim Wort und laßt durch kein Bekenntnis
Das Allumfassen eures Glaubens trüben.
Die eine Wahrheit sei euch heiligste Erkenntnis:
So wie euch selbst sollt ihr den Bruder lieben!

Nur eines tut zu wissen not der Welt,
Nur ein Weg führt zum Himmel allezeit,
Ein Balsam nur zum Wohl der Menschheit fehlt:
Die Nächstenliebe ist's, die Menschlichkeit.

Max Heindel

EIN WORT AN DEN WEISEN

Der Begründer der christlichen Religion sprach eine okkulte Wahrheit aus, als er sagte: „ Wer das Reich Gottes nicht so annimmt wie ein Kind, der wird nicht hineinkommen" (Mark.10, 15). Alle Okkultisten erkennen die weittragende Bedeutung dieser Lehre an und bemühen sich, Tag für Tag danach zu „leben".

Wenn der Welt eine neue Philosophie gegeben wird, kommen ihr verschiedene Menschen unterschiedlich entgegen.

Der eine ergreift begierig jedes neue philosophische Bemühen, um festzustellen, wie weit **es seine eigenen Ideen stützt.** Die Philosophie selbst ist ihm weniger wichtig. Ihr Hauptwert liegt für ihn in der Rechtfertigung **seiner** eigenen Ideen. Entspricht das Werk in dieser Hinsicht seinen Erwartungen, wird er es begeistert annehmen, ihm meist in blinder Parteilichkeit anhängen. Ist das nicht der Fall, wird er es wahrscheinlich mit Empörung und Enttäuschung beiseite legen, mit einem Gefühl, als hätte der Autor ihm unrecht getan.

Der andere wieder nimmt sofort eine skeptische Haltung ein, sobald er feststellt, daß das Werk etwas enthält, worüber **er** bisher weder etwas gelesen noch gehört hat, oder das nicht aus seinem eigenen Denken hervorgegangen ist. Wahrscheinlich würde er den Vorwurf, daß seine Geisteshaltung der Gipfel der Selbstzufriedenheit und Intoleranz sei, als höchst ungerechtfertigt übelnehmen. Dennoch ist es so. Auf diese Art verschließt er sich gegen Wahrheiten, die vielleicht in dem leichtfertig Abgelehnten verborgen sein können.

Beide stehen sich selbst im Licht. „Fixe Ideen" machen sie für die Strahlen der Wahrheit unempfänglich. „Ein kleines Kind" ist in dieser

Hinsicht ganz das Gegenteil von Erwachsenen. Es ist nicht von einem überwältigenden Gefühl überlegenen Wissens durchdrungen, noch fühlt es sich verpflichtet, weise zu erscheinen und seine Unwissenheit über irgendeinen Gegenstand durch ein Lächeln oder eine spöttische Bemerkung zu verbergen. Es ist unverhohlen unwissend, frei von vorgefaßten Meinungen und daher **außerordentlich gelehrig.** Es nimmt alles mit dem wunderbaren Vertrauen auf, das wir „Kinderglauben" nennen und auf dem kein Schatten eines Zweifels liegt. In diesem Glauben behält das Kind die Lehre, bis sie bewiesen ist oder widerlegt wird.

In allen okkulten Schulen wird der Schüler zuerst unterrichtet, alles andere zu vergessen, wenn ihm eine neue Lehre gegeben wird. Er lernt, sich weder von Vorliebe noch von Vorurteil leiten zu lassen, sondern den Intellekt (mind) in einer ruhigen und würdevollen Erwartung zu halten. Wie uns Skepsis in höchst wirksamer Weise gegen die Wahrheit blind macht, so wird es diese ruhige vertrauensvolle Geisteshaltung der Intuition oder der „Belehrung von innen" ermöglichen, sich der Wahrheit, die in der These enthalten ist, bewußt zu werden. Das ist der einzige Weg, ein vollkommen sicheres Erkennen der Wahrheit zu entwickeln.

Niemand verlangt vom Schüler, ohne weiteres zu glauben, daß ein von ihm als weiß erkannter Gegenstand in Wirklichkeit schwarz sei, wenn man dies ihm gegenüber behauptet; doch sollte er eine Geisteshaltung pflegen, die „gläubig alle Dinge" für **denkbar** hält. Sie wird ihm erlauben, zeitweilig sogar die allgemein „feststehenden Tatsachen" außer acht zu lassen, um nachzuforschen, ob es nicht vielleicht einen anderen, von ihm bisher nicht beachteten Standpunkt gibt, von dem aus der angeführte Gegenstand schwarz erscheinen würde. In der Tat, er wird es sich nicht erlauben, irgend etwas als eine **„anerkannte Tatsache"** anzusehen; denn er ist sich völlig der Bedeutung bewußt, den Intellekt in dem beweglichen, Kindern eigenen Zustand der **Anpassungsfähigkeit** zu halten. In jeder Faser seines Wesens fühlt er, daß „wir gegenwärtig wie durch ein dunkles Glas sehen", und wie Ajax ist er stets wachsam und sehnt sich nach „Licht, mehr Licht".

Der große Vorteil einer solchen Geisteshaltung bei der Erforschung eines bestimmten Gebietes, Gegenstandes oder einer Idee liegt auf der Hand. Behauptungen, die absolut und eindeutig widersprüchlich erscheinen, und die unter den Vertretern entgegengesetzter Richtungen ein gewaltiges Maß an Aufregung hervorgerufen haben, können dennoch zu vollständiger Versöhnung führen, wie es ein Beispiel in diesem Buch zeigt. **Das Band der Übereinstimmung wird nur durch einen aufgeschlossenen Intellekt gefunden.** Wenn das vorliegende Werk auch von anderen abweichen mag, so möchte der Verfasser dennoch um eine unparteiische Anhörung als Grundlage für eine **spätere** Beurteilung bitten. Wird das Buch „gewogen und als zu leicht befunden", so wird der Verfasser sich nicht beklagen. Er fürchtet nur ein voreiliges Urteil, das auf Mangel an Kenntnis des von ihm vertretenen Systems beruht, eine Anhörung, in der das Urteil fehlgeht, weil ein unparteiisches „Abwägen" abgelehnt wurde. Außerdem möchte er zu bedenken geben, daß die Meinung dessen, der sie äußert, **auf Kenntnissen beruhen muß.**

Als weiteren Grund beim Urteilen vorsichtig zu sein, führen wir an, daß es für viele Menschen äußerst schwierig ist, eine voreilig geäußerte Meinung zurückzunehmen. Daher wird der Leser gebeten, alle Äußerungen des Lobes oder Tadels zurückzuhalten, bis das Studium des Werkes ihn hinreichend von dessen Wert oder Mangelhaftigkeit überzeugt hat.

Die Rosenkreuzer-Weltanschauung ist nicht dogmatisch, sie wendet sich auch an keine andere Autorität als an die Vernunft des Studierenden. Sie ist nicht kontrovers; sie wird jedoch in der Hoffnung herausgegeben, daß sie zur Klärung einiger Schwierigkeiten beitragen möge, die in der Vergangenheit den Intellekt Studierender der tieferen Philosophien bedrängt haben. Um ernsthaftes Mißverstehen zu vermeiden, wird der Schüler eindringlich darauf aufmerksam gemacht, daß es keine unfehlbare Offenbarung über diesen komplizierten, alles unter und auch über der Sonne einschließenden Gegenstand gibt.

Eine unfehlbare Darstellung würde Allwissenheit des Verfassers voraussetzen. Selbst die Älteren Brüder sagen, daß sie sich manchmal in ihrer Beurteilung irren; daher gibt es kein Werk, welches das letzte Wort über die Weltmysterien aussagt, und der Verfasser gibt nichts anderes als die elementarsten Lehren der Rosenkreuzer weiter.

Die Rosenkreuzer-Bruderschaft hat die weitreichendste und logischste Auffassung über das Weltmysterium, über das der Verfasser in den vielen Jahren, in denen er sich ausschließlich dem Studium dieses Themas widmete, Wissen erlangte. Soweit es ihm zu forschen möglich war, hat er ihre Lehren in Übereinstimmung mit den ihm bekannten Tatsachen gefunden. Und doch ist er überzeugt, daß auch **„Die Rosenkreuzer-Weltanschauung"** noch weit davon entfernt ist, das letzte Wort zu diesem Thema zu sein. Mit unserer Weiterentwicklung werden sich größere Perspektiven für die Wahrheit eröffnen und uns viele Dinge klar werden, die wir jetzt „durch ein Glas undeutlich sehen". Gleichzeitig glaubt er aber fest daran, daß alle anderen Philosophien der Zukunft denselben Hauptlinien folgen werden; denn sie scheinen absolut wahr zu sein.

Aus dem eben Gesagten wird deutlich, daß der Verfasser dieses Buch nicht für das Alpha und Omega, nicht für das letzte Wort über okkultes Wissen hält. Obschon es den Titel: **„Die Rosenkreuzer-Weltanschauung"** trägt, möchte der Autor doch stark betonen, daß sie nicht als ein Glaube zu verstehen ist, der den Rosenkreuzern ein für allemal durch den Begründer des Ordens oder sonst einer Person überliefert wurde. Es sei ausdrücklich erwähnt, **daß dieses Werk nur des Verfassers Kenntnisse über die Rosenkreuzerlehren** hinsichtlich des Weltmysteriums enthält, was durch seine persönlichen Nachforschungen in den inneren Welten, den vorgeburtlichen und nachtodlichen Zuständen des Menschen, bestärkt wird. Der Verfasser ist sich wohl bewußt, welche Verantwortung derjenige auf sich nimmt, der andere wissentlich oder unwissentlich irreführt. Er wünscht, soweit wie möglich, sich gegen diese Eventualität zu schützen und auch andere davor zu bewahren, aus Unachtsamkeit falsche Wege zu gehen.

Was dieses Werk aussagt, kann vom Leser nach eigenem Ermessen angenommen oder abgelehnt werden. Alle Sorgfalt wurde auf den Versuch verwendet, die Lehre gut zu verstehen. Mit großer Mühe wurde sie in leicht verständliche Worte gekleidet. Um einen Begriff zu vermitteln, ist deshalb durchweg immer nur ein Ausdruck benutzt worden. Dasselbe Wort wird dieselbe Bedeutung haben, wo immer es verwendet wird. Wird mit einem Wort eine Idee zum erstenmal beschrieben, hat der Verfasser die klarstmögliche Definition gegeben. Es wurden nur bekannte Ausdrücke und die einfachste Sprache benutzt. Der Verfasser war immer bestrebt, so genaue und definitive Beschreibungen wie möglich über den zu behandelnden Gegenstand zu geben, um alle Vieldeutigkeit auszuschließen und alles klar auszudrücken. Wie weit ihm dies gelungen ist, sollte dem Urteil des Lesers überlassen bleiben. Aber so wie er keine Mühe gescheut hat, die Lehre zu vermitteln, fühlt er sich auch verpflichtet, sich gegen die Möglichkeit zu verwahren, dieses Werk als eine maßgebliche Darstellung der Rosenkreuzerlehren anzusehen. Eine Außerachtlassung dieser Vorsichtsmaßregel könnte diesem Werk in den Ansichten einiger Schüler übermäßige Bedeutung zumessen. Das wäre weder der Bruderschaft noch dem Leser gegenüber aufrichtig. Denn es würde die Absicht erkennen lassen, die Verantwortung für die Fehler, die hier – wie in allen menschlichen Werken – auftreten können, der Bruderschaft anzulasten; daher diese Warnung.

Während der vier Jahre, die seit der Niederschrift des Vorerwähnten verflossen sind, setzte der Verfasser seine Nachforschungen in den unsichtbaren Welten fort. Inbezug auf diese Naturreiche erweiterte er sein Wissen durch Befolgung der in der westlichen Mysterienschule aufgestellten Prinzipien. Auch andere, welche die in diesem Buch beschriebene, besonders für die westlichen Völker geeignete Methode der Seelenentfaltung angewendet haben, können ebenso für sich die vielen Dinge überprüfen, die hier gelehrt werden. Auf diese Weise wurde das Verständnis des Verfassers für das, was ihm von den Älteren Brüdern übermittelt wurde, in etwa bestätigt, und es scheint im wesentlichen richtig zu sein. Daher fühlt sich der Autor verpflichtet, dies zur Ermutigung jener zu erwähnen, die noch nicht fähig sind, selbst zu schauen.

Wenn wir gesagt hätten, daß der Lebensleib aus **Prismen,** anstatt aus Spitzen erbaut ist, wäre es besser gewesen; denn wie auch von anderen Autoren beobachtet wurde, verwandelt sich das farblose Sonnenfluidum infolge der Lichtbrechung durch die winzigen Prismen in einen rosigen Farbton.

Weitere neue und wichtige Entdeckungen wurden gemacht. Z.b. wissen wir heute, daß die Silberschnur in jedem Leben von neuem wächst. Ein Teil sprießt aus dem Saatatom des Empfindungsleibes im großen Wirbel der Leber, und der andere aus dem Saatatom im Herzen des dichten Körpers. Beide Teile treffen sich im Saatatom des Lebensleibes, im Solarplexus. Diese Vereinigung der höheren und niederen Träger verursacht das Wachsen. Die Weiterentwicklung der Silberschnur zwischen dem Herzen und dem Solarplexus in den ersten sieben Lebensjahren hat eine wichtige Beziehung zum Mysterium des Kinderlebens. Ebenso ist ihr vollständigeres Wachsen von der Leber zum Solarplexus, das in der zweiten Siebenjahresperiode stattfindet, ein Faktor, der zum Jugendalter beiträgt. Die Vollendung der Silberschnur kennzeichnet das Ende der Kindheit. Von da an beginnt die Sonnenenergie, die durch die Milz eintritt und durch Lichtbrechung, durch das prismatische, im Solarplexus befindliche Saatatom des Lebensleibes getönt wird, der Aura eine unverkennbare und individuelle Färbung zu geben, die wir bei Erwachsenen beobachten.

INHALTSVERZEICHNIS

TEIL I

DIE GEGENWÄRTIGE ZUSAMMENSETZUNG DES MENSCHEN UND DIE METHODE SEINER ENTWICKLUNG

TEIL II

COSMOGENESIS UND ANTHROPOGENESIS

INHALTSVERZEICHNIS

TEIL III

DIE ZUKÜNFTIGE ENTWICKLUNG DES MENSCHEN UND DIE EINWEIHUNG

TEIL I

DIE GEGENWÄRTIGE ZUSAMMENSETZUNG DES MENSCHEN UND DIE METHODE SEINER ENTWICKLUNG

DIAGRAMM A

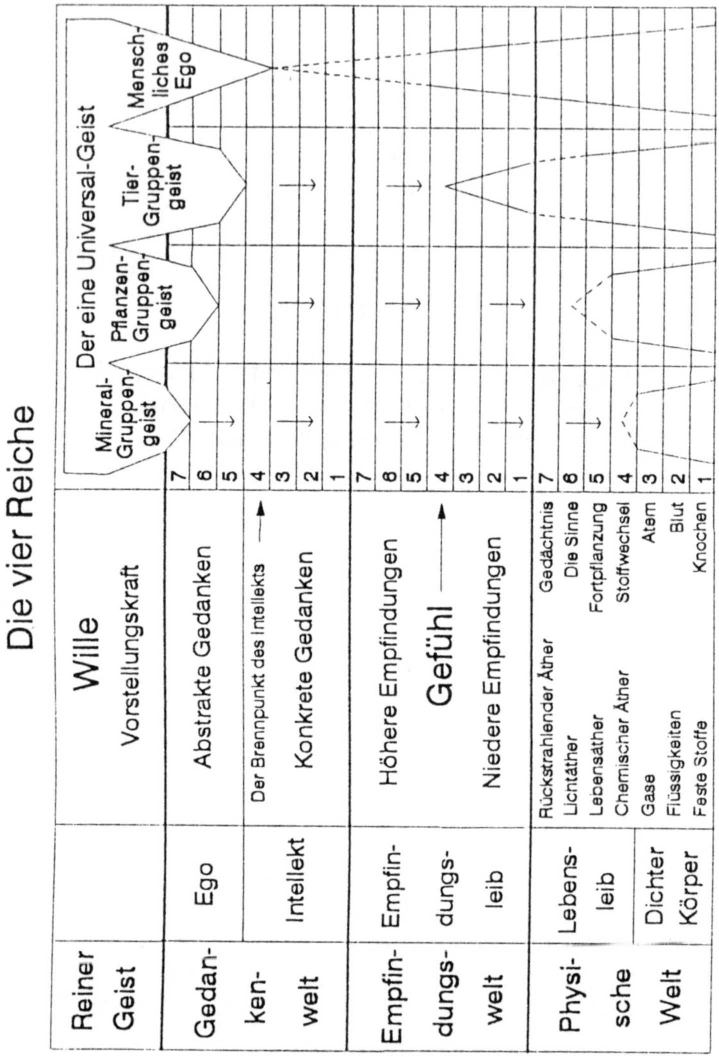
Die vier Reiche
Reiner Geist
Gedan-
ken-
welt
Empfin-
dungs-
welt
Physi-
sche
Welt
Ego
Intellekt
Empfin-
dungs-
leib
Lebens-
leib
Dichter
Körper
Wille
Vorstellungskraft
Abstrakte Gedanken
Der Brennpunkt des Intellekts
Konkrete Gedanken
Höhere Empfindungen
Gefühl
Niedere Empfindungen
Rückstrahlender Äther
Gedächtnis
Lichtäther
Die Sinne
Lebensäther
Fortpflanzung
Chemischer Äther
Stoffwechsel
Gase
Atem
Flüssigkeiten
Blut
Feste Stoffe
Knochen
Der eine Universal-Geist
Mineral-
Gruppen-
geist
Pflanzen-
Gruppen-
geist
Tier-
Gruppen-
geist
Mensch-
liches
Ego

EINFÜHRUNG

Die westliche Welt ist ohne Zweifel die Vorhut der menschlichen Rasse. Aus Gründen, die in den folgenden Seiten aufgezeigt werden, ist der Rosenkreuzer der Ansicht, daß weder das Judentum noch das allgemeine Christentum, sondern das wahre Esoterische Christentum zur Weltreligion bestimmt ist.

Buddha, der Große, der Erleuchtete, der Erhabene, kann „das Licht Asiens" sein, aber Christus wird als das „Licht der Welt" anerkannt werden. So wie die Sonne den hellsten Stern des Himmels überstrahlt, jeden Anflug von Finsternis auflöst und allen Wesen Leben und Licht verleiht, so wird in nicht allzu ferner Zukunft die wahre Religion des Christus alle anderen Religionen zum ewigen Wohl der Menschheit ersetzen und aufheben.

In unserer Zivilisation dehnt sich die zwischen Intellekt und Herz bestehende Kluft tief und weit aus. So wie der Geist im Reich der Wissenschaft von einer Entdeckung zur anderen eilt, wird der Abgrund immer tiefer und weiter, und das Herz bleibt mehr und mehr zurück. Der Verstand fordert laut und wird nur durch eine sachlich beweisbare Erklärung des Menschen und seiner Mitgeschöpfe, welche die Welt der Erscheinungen bedeuten, zufriedengestellt. Das Herz fühlt instinktiv, daß es etwas Größeres gibt, und es sehnt sich nach der von ihm empfundenen höheren Wahrheit, die vom Verstand allein nicht erfaßt werden kann. Die menschliche Seele möchte sich gern auf ätherischen Schwingen der Intuition erheben, im ewigen Quell des geistigen Lichts und der Liebe baden. Doch die modernen wissenschaftlichen Meinungen haben sie ihrer Flügel beraubt. Sie ist gefesselt und stumm; unerfülltes Sehnen nagt an ihren Trieben wie der Geier an der Leber des Prometheus.

Ist das notwendig? Gibt es keine gemeinsame Grundlage, auf der sich Kopf und Herz begegnen können, auf der einer dem anderen beisteht, jeder durch die Hilfe des anderen bei der Suche nach universeller Wahrheit erfolgreicher wird und jeder die gleiche Zufriedenheit findet?

So wahr wie das zuerst vorhandene Licht das Auge erschuf, wodurch das Licht gesehen wird, so wahr das ursprüngliche Verlangen nach Wachstum das Verdauungs- und Assimilations-System zu diesem Zweck bildete, so wahr der Gedanke früher existierte als das Gehirn, und es als sein Ausdrucksmittel noch weiter erbaut, so wahr der Verstand durch die äußerste Kraft seiner Kühnheit vorauseilt und der Natur ihre Geheimnisse abringt, so wahr wird das Herz einen Weg finden, seine Fesseln zu sprengen und sein Sehnen zu stillen. Gegenwärtig ist es durch das dominierende Gehirn gebunden. Eines Tages wird es stärker werden, die Schranken seines Gefängnisses niederreißen und eine größere Macht als der Verstand (mind) erlangen.

Ebenso sicher ist, daß es in der Natur keinen Widerspruch geben kann. Deshalb müssen Herz und Verstand fähig sein, sich zu vereinigen. Auf diese gemeinsame Basis hinzuweisen, ist der Zweck des vorliegenden Buches. Es zeigt, wo und wie der Verstand durch die Intuition des Herzens unterstützt, tiefer in die Geheimnisse des Seins eindringen kann, als jedes für sich allein dies vermag, wie das Herz durch die Vereinigung mit dem Verstand vor Fehltritten bewahrt werden kann, wie jedes völligen Spielraum hat, sich zu betätigen, keines dem anderen Gewalt antut, und wie beide, Verstand sowie Herz zufriedengestellt werden können.

Erst wenn diese Zusammenarbeit erreicht und vervollkommnet ist, wird der Mensch das höhere und genauere Verständnis seiner selbst und der Welt, deren Teil er ist, erlangen. Nur das kann ihm einen umfassenden Verstand und ein großes Herz verleihen.

EINFÜHRUNG

Bei jeder Geburt scheint ein neues Leben zu uns zu kommen. Wir sehen, wie die kleine Gestalt lebt und wächst, die für Tage, Monate und Jahre ein Faktor in unserem Leben wird. Schließlich kommt ein Tag, wo die Form stirbt und sich auflöst. Das Leben, von dem wir nicht wissen, woher es kam, ist in das unsichtbare Jenseits eingegangen, und wir fragen uns mit Wehmut: „Woher kam es? Warum war es hier? Wohin ist es gegangen?"

Über jede Schwelle wirft die Skelettgestalt des Todes ihren gefürchteten Schatten. Alt oder jung, gesund oder krank, reich oder arm, alle müssen gleichermaßen hinaus in diesen Schatten treten. Zu allen Zeiten erklang der traurige Ruf nach einer Lösung des Rätsels des Lebens und des Todes.

Soweit es die große Mehrheit der Menschheit betrifft, sind die drei großen Fragen „Woher sind wir gekommen? Warum sind wir hier? Wohin werden wir gehen?" bis zum heutigen Tag unbeantwortet geblieben. Leider herrscht die allgemein verbreitete Meinung vor, daß man über diese Angelegenheit tiefsten menschlichen Interesses nichts Bestimmtes erfahren kann. Es gibt keinen größeren Irrtum als eine solche Meinung. Jeder, ohne Ausnahme, kann die Fähigkeit erwerben, über dieses Gebiet präzise Informationen aus erster Hand zu erhalten und persönlich den Zustand des menschlichen Geistes vor der Geburt und nach dem Tod zu erforschen. Da gibt es weder Bevorzugung, noch sind besondere Gaben erforderlich. In jedem von uns schlummert die Fähigkeit, alles zu diesem Thema zu erfahren. Doch da ist ein „Aber", und zwar ein „ABER", das groß geschrieben werden muß. Diese Fähigkeiten sind in allen Menschen vorhanden, in den meisten jedoch latent. Beharrliche Anstrengungen sind notwendig, sie zu erwecken, und das scheint ein mächtiges Abschreckungsmittel zu sein. Könnte man diese Fähigkeiten „wach und bewußt" für Geld erwerben, selbst zu einem hohen Preis, so würden ihn viele bezahlen, um einen solch ungeheuren Vorteil über ihre Mitmenschen zu erlangen. In Wirklichkeit sind jedoch nur wenige bereit, so zu leben, wie es erforderlich ist, um sie zu erwecken. Diese

Erweckung wird nur durch geduldige und beharrliche Anstrengung erlangt. Man kann sie nicht kaufen; es führt kein bequemer Weg zu ihr.

Bekanntlich muß man üben, um Klavierspielen zu lernen, auch kann niemand Uhrmacher werden, der nicht bereit ist, in die Lehre zu gehen. Wenn jedoch die Angelegenheiten der Seele, des Todes und des Jenseits zur Debatte stehen, glauben viele Menschen, ebensoviel zu wissen und gleiches Recht auf Meinungsäußerung zu haben wie jeder andere, obgleich sie dem Studium dieses Themas keine einzige Stunde gewidmet haben dürften.

In der Tat kann nur derjenige ernsthafte Beachtung für eine Meinung finden, der sich durch Studium des Gegenstandes qualifiziert hat. In Rechtsfällen, wo Sachverständige aufgefordert werden, etwas zu bezeugen, wird zunächst ihre Kompetenz überprüft. Wenn sie auf dem Wissensgebiet, über das sie aussagen sollen, keine absolute Befähigung nachweisen können, haben ihre Aussagen kein Gewicht.

Gelten sie jedoch durch Studium und Praxis als qualifiziert, sich als Sachverständige zu äußern, wird ihre Meinung mit größtem Respekt und größter Hochachtung aufgenommen. Und bestätigen andere, ebenfalls bewanderte Fachleute dieses Urteil, wird es wesentlich an Bedeutung gewinnen.

Das unwiderlegbare Zeugnis eines solchen Sachverständigen wiegt leicht die Aussagen von einem, einem Dutzend, von hundert oder einer Million Menschen auf, die nichts von dem verstehen, worüber sie reden; denn eine Million mal nichts bleibt dennoch nichts. Das gilt sowohl für die Mathematik als auch für alle anderen Bereiche.

Wie schon erwähnt, erkennen wir diese Tatsachen bereitwillig an, solange es sich um materielle Angelegenheiten handelt. Werden aber Dinge jenseits der Sinnenwelt, wird die überphysische Welt zum Gegenstand der Diskussion, sollen die Beziehungen Gottes zum Menschen, die innersten Mysterien des unsterblichen göttlichen Funkens – gemeinhin Seele genannt – erforscht werden, dann beansprucht jeder für seine über geistige Dinge zurechtgelegten Meinungen und Gedanken ebenso ernsthafte Beachtung, wie es dem Weisen vergönnt ist, der sich durch ein Leben geduldigen und mühevollen Forschens Weisheit in diesen höheren Dingen erworben hat.

Nicht nur das. Viele Menschen begnügen sich nicht einmal damit, die **gleiche** Beachtung ihrer Ansichten in Anspruch zu nehmen. Sie machen sogar höhnische und spöttische Bemerkungen über die Worte des Weisen und suchen sein Zeugnis als Betrug anzufechten. Mit größter Arroganz, tiefster Ignoranz erklären sie, wenn **ihnen** von solchen Dingen nichts bekannt ist, sei es absolut unmöglich, daß irgendein anderer davon etwas wissen kann.

Wer seine Unwissenheit erkennt, hat den ersten Schritt zum Wissen getan.

Der Pfad, der zu Erkenntnissen aus erster Hand führt, ist nicht leicht. Ohne beharrliche Anstrengung kommt nichts Wertvolles zustande. Es kann nicht oft genug wiederholt werden: besondere Gaben oder „Glück" gibt es nicht. Was man ist oder was man hat, ist das Ergebnis von Anstrengungen. Was dem einen im Vergleich zum anderen fehlt, ist in ihm latent vorhanden und kann durch geeignete Methoden entwickelt werden.

Würde der Leser, der diesen Gedanken von Grund auf erfaßt hat, fragen, was er tun müsse, um Kenntnisse aus erster Hand zu erlangen, so könnte die folgende Geschichte helfen, die Vorstellung deutlich zu machen, die den Kern des Okkultismus darstellt.

Eines Tages kam ein Jüngling zu einem Weisen und fragte ihn:

„Meister, was muß ich tun, um weise zu werden? „ Der Weise gab ihm keine Antwort. Der Jüngling wiederholte seine Frage noch mehrere Male mit dem gleichen Resultat. Schließlich verließ er den Weisen, kehrte jedoch am nächsten Tag mit derselben Frage zurück.

Wieder erhielt er keine Antwort. Am dritten Tage kam er wieder, immer noch mit seiner Frage: „Meister, was muß ich tun, um weise zu werden?"

Endlich wandte sich der Weise um und ging zu einem nahegelegenen Fluß hinab. Er stieg ins Wasser und gebot dem Jüngling, ihm zu folgen. Als sie tief genug im Wasser waren, nahm der Weise den Jüngling bei den Schultern und hielt ihn, sosehr dieser sich auch wehrte, unter Wasser. Schließlich jedoch ließ er ihn wieder frei. Als der Jüngling wieder zu Atem gekommen war, fragte ihn der Weise:

„Sohn, was ersehntest du am meisten, als du unter Wasser warst?"

Ohne zu zögern erwiderte der Jüngling: „Luft, Luft! Ich wünschte mir Luft!"

„Hättest du nicht lieber Reichtum, Macht, Vergnügen oder Liebe gehabt, mein Sohn? Dachtest du an eines derselben?" forschte der Weise.

„Nein, Meister, ich wünschte Luft und dachte nur an Luft", kam sofort als Antwort.

„Wohlan", sagte der Weise, „wenn du weise werden willst, so mußt du die Weisheit mit derselben Intensität wünschen, mit der du dich soeben nach Luft sehntest. Du mußt um sie kämpfen und jedes andere Lebensziel ausschließen. Sie muß bei Tag und Nacht dein erstes und einziges Ziel sein. Wenn du die Weisheit mit dieser Inbrunst suchst, mein Sohn, wirst du gewiß weise werden".

Das Erste und die zentrale Voraussetzung für jeden, der nach okkultem Wissen strebt, ist ein unentwegtes Verlangen, ein brennender Durst nach Wissen, ein Eifer, der sich durch kein Hindernis besiegen läßt. Doch das Leitmotiv dieses Strebens nach okkultem Wissen muß der glühende Wunsch sein, die Menschheit zu fördern, sich selbst nicht zu beachten, um für andere zu arbeiten. Fehlt bei diesem Motiv der Antrieb, ist okkultes Wissen gefährlich.

Ohne diese Eigenschaften, besonders die letztere, die Selbstlosigkeit, in gewissem Maß zu besitzen, wäre jeder Versuch, den beschwerlichen Pfad des Okkultismus zu betreten, ein riskantes Unternehmen. Eine weitere Voraussetzung zum Erwerb von Wissen aus erster Hand ist das Studium des Okkultismus aus zweiter Hand. Es bedarf gewisser okkulter Kräfte zur unmittelbaren Erforschung der Umstände, die mit den vorgeburtlichen und nachtodlichen Zuständen des Menschen zusammenhängen. Doch niemand braucht die Hoffnung auf Erlangung von Informationen über diese Zustände wegen seiner unentwickelt okkulten Kräfte aufzugeben. Wie jemand über Afrika Bescheid wissen kann, weil er entweder den Kontinent persönlich bereist oder Beschreibungen von Afrikareisenden gelesen hat, so kann er, wenn er will, und die Eignung dazu erworben hat, die überirdischen Reiche aufsuchen. Er kann auch erfahren, was andere, welche sich qualifiziert haben, als Ergebnis ihrer Nachforschungen berichten.

Christus sagte: „Die Wahrheit wird euch freimachen". Doch die Wahrheit wird nicht ein für allemal gefunden. Die Wahrheit ist ewig, und ewig muß auch das Streben nach Wahrheit sein. Der Okkultismus kennt keinen „ein für allemal verkündeten Glauben". Es gibt bestimmte Grundwahrheiten, die bleiben, die aber von verschiedenen Seiten aus betrachtet werden können. Jede ergibt eine andere Ansicht, welche die vorhergehende ergänzt. Soweit wir gegenwärtig erkennen können, ist es unmöglich, die letzte Wahrheit zu erlangen.

Was dieses Buch von anderen philosophischen Werken unterscheidet, sind Abweichungen, die in unterschiedlichen Gesichtspunkten begründet sind, und alle Hochachtung wird den Schlußfolgerungen und Ideen gezollt, zu denen andere Forscher gelangt sind. Der Autor hegt die aufrichtige Hoffnung, daß das Studium der nachfolgenden Seiten dem Lernenden helfen möge, seine Meinung genauer und abgerundeter zu bilden, als sie es vorher war.

KAPITEL I

DIE SICHTBAREN UND DIE UNSICHTBAREN WELTEN

Der erste Schritt im Okkultismus ist das Studium der unsichtbaren Welten. Diese Welten sind für den größeren Teil der Menschen infolge des ruhenden Zustandes ihrer höheren und feineren Sinne unsichtbar und könnten in derselben Weise wahrgenommen werden, wie die physische Welt um uns durch unsere physischen Sinne. Die meisten Menschen stehen mit der überphysischen Welt in einer ähnlichen Beziehung wie der Blindgeborene gegenüber unserer Sinnenwelt. Obwohl Licht und Farbe ihn umgeben, ist er unfähig, sie wahrzunehmen. Sie sind für ihn nicht existent und unbegreiflich, weil ihm der Gesichtssinn fehlt, sie wahrzunehmen. Er kann Gegenstände fühlen. Sie sind für ihn Wirklichkeit. Doch Licht und Farbe entziehen sich seiner Kenntnis.

Das gilt für den größeren Teil der Menschheit. Die Menschen fühlen, sehen Gegenstände und hören Töne in der Physischen Welt. Die anderen Welten aber, die der Hellseher die höheren Welten nennt, sind ihnen ebenso unverständlich und unbegreiflich wie dem Blinden die Farbe. Daß dieser die Farben und das Licht nicht sehen kann, ist jedoch kein Argument gegen deren Existenz und deren Realität. Ebensowenig ist es ein Beweis für das Nichtbestehen der überphysischen Welten, nur weil sie von den meisten Menschen nicht wahrgenommen werden können. Wenn der Blinde sein Augenlicht erlangt, so sieht er Licht und Farbe. Werden durch geeignete Methoden die höheren Sinne jener geweckt, die blind gegenüber den überphysischen Welten sind, werden auch sie die Welten wahrnehmen können, die ihnen jetzt verborgen sind.

DIE SICHTBAREN UND DIE UNSICHTBAREN WELTEN

Während viele Menschen den Fehler begehen, der Existenz oder der Realität übersinnlicher Welten ungläubig zu begegnen, gibt es eine Anzahl von Leuten, die in das andere Extrem verfallen. Von der Wirklichkeit der unsichtbaren Welten überzeugt, meinen sie, daß dem, der hellsichtig geworden ist, alle Wahrheit mit einem Schlag eröffnet wird, und wenn man sehen kann, auf einmal „alles" über diese höheren Welten „weiß".

Das ist ein großer Fehler. In Angelegenheiten des täglichen Lebens erkennen wir den Irrtum einer solchen Ansicht ohne weiteres an. Wir können uns nicht vorstellen, daß ein Blindgeborener, der sein Augenlicht erhalten hat, auf einmal „alles" über die Physische Welt „weiß". Wir wissen auch, daß selbst diejenigen, die ihr Leben lang alle Dinge dieser Welt sehen können, weit davon entfernt sind, eine umfassende Kenntnis von ihnen zu besitzen. Es ist uns bekannt, daß es eingehender Studien und jahrelangen Fleißes bedarf, um nur über den unendlich kleinen Teil der Dinge, mit denen wir in unserem täglichen Leben zu tun haben, Bescheid zu wissen. Und wenn wir den hermetischen Grundsatz „wie oben, so unten" umkehren, folgern wir sogleich, daß dies in den anderen Welten ebenso sein muß. Wahr ist aber auch, daß es in den überphysischen Welten weitaus günstigere Gelegenheiten gibt, Wissen zu erwerben als in unserem gegenwärtigen dichten, physischen Zustand; aber nicht so günstig, daß die Notwendigkeit eingehender Studien und die Möglichkeit, sich in den Beobachtungen zu irren, ausgeschlossen werden können. In der Tat beweisen alle Zeugnisse von zuverlässigen und berufenen Hellsehern, daß man den Wahrnehmungen dort noch weit mehr Sorgfalt zuwenden muß, als hier auf der physischen Ebene.

Hellseher müssen erst geschult werden, ehe ihre Beobachtungen von wirklichem Wert sind. Je fähiger sie sind, um so bescheidener werden sie bei ihren Mitteilungen über das, was sie sehen, desto mehr Ehrfurcht bringen sie den Darstellungen anderer entgegen; denn sie wissen, wieviel es zu lernen gibt und wie wenig der einzelne Forscher von allen zu seinen Forschungen gehörenden Einzelheiten erfassen kann.

Dies erklärt auch die vielfältigen Darstellungen, die oberflächliche Menschen als ein Argument gegen die Existenz der höheren Welten betrachten. Sie behaupten, daß Forscher unbedingt gleichlautende Berichte zurückbringen müßten, wenn diese Welten wirklich existierten. Nehmen wir ein Beispiel aus dem alltäglichen Leben, so wird der Irrtum offensichtlich.

Stellen wir uns vor, eine Zeitung schickt zwanzig Berichterstatter in eine große Stadt, um über sie berichten zu lassen. Reporter sind geübte Beobachter, oder sollten es wenigstens sein. Ihr Beruf ist es, alles zu sehen. Sie sollten fähig sein, die besten Beschreibungen zu liefern, die von einer Quelle erwartet werden kann. Dennoch ist sicher, daß von den zwanzig Reportagen nicht zwei einander vollkommen gleichen würden. Viel wahrscheinlicher wäre, daß sie grundverschieden sind. Obgleich einige von ihnen gemeinsame Hauptmerkmale enthalten mögen, würden andere in Art und Umfang der Beschreibung einmalig sein.

Sprechen solche voneinander abweichenden Berichte gegen die Existenz dieser Stadt? Gewiß nicht. Es ist leicht durch die Tatsache erklärbar, daß jeder die Stadt von seinem besonderen Blickpunkt aus sah. Anstatt sich durch diese verschiedenartigen Reportagen verwirren zu lassen, kann sich durch sorgfältiges Durchlesen ein vollständigeres, besseres Verständnis von der Stadt ergeben, als nur einen zu lesen und die anderen in den Papierkorb zu werfen. Jeder Bericht würde die anderen abrunden und ergänzen.

Dasselbe trifft auch auf die Darstellungen von Forschern über die höheren Welten zu. Jeder hat seine besondere Art, Dinge zu betrachten. Er kann nur das schildern, was er von seinem individuellen Standpunkt aus sieht. Der von ihm gegebene Bericht mag von denen der anderen abweichen, doch alle sind vom persönlichen Blickwinkel jedes Beobachters aus gleich wahr.

DIE SICHTBAREN UND DIE UNSICHTBAREN WELTEN

Manchmal wird gefragt: „Wozu soll man diese Welten erforschen? Warum ist es nicht das Beste, sich jetzt nur mit einer Welt zu befassen, mit den gegenwärtig, in der Physischen Welt zu lernenden Lektionen zufrieden zu sein? Und wenn es unsichtbare Welten gibt, warum warten wir dann nicht mit ihrer Erforschung, bis wir sie erreichen? Jeder Tag ist mühevoll genug. Warum soll man noch mehr auf sich nehmen?"

Wenn wir zweifelsfrei wüßten, daß wir zu irgendeiner Zeit, früher oder später, in ein fernes Land geschickt würden, in dem wir viele Jahre unter neuen, ungewohnten Bedingungen leben müßten, wäre es nicht vernünftig, die Gelegenheit mit Freude wahrzunehmen, über das Land vor unserem Umzug etwas zu erfahren? Diese Kenntnisse würden uns die Anpassung an die neuen Bedingungen sehr erleichtern.

Es gibt im Leben nur eine Gewißheit, und diese ist der Tod. Wenn wir nun ins Jenseits hinübergehen und dort vor neue Bedingungen gestellt werden, ist deren Kenntnis sicher von größter Hilfe.

Aber das ist noch nicht alles. Um die Physische Welt, die Welt der Wirkungen zu begreifen, ist es erforderlich, die überphysische Welt zu verstehen, die Welt der Ursachen. Wir sehen rollende Straßenbahnen und hören das Ticken des Telegraphenapparates (1909), doch die geheimnisvolle Kraft, die diese Phänomene hervorruft, bleibt für uns unsichtbar. Wir sagen, es sei die Elektrizität, doch der Name gibt uns keine Erklärung. Wir erfahren nichts von der Kraft selbst. Wir sehen und hören nur ihre Wirkungen.

Bringen wir eine Schüssel mit kaltem Wasser in eine genügend niedrige Temperatur, so beginnen sich sofort Eiskristalle zu bilden, und wir können den Vorgang ihrer Entstehung beobachten. Die Linien, denen entlang das Wasser kristallisiert, waren schon immer als Kraftlinien in ihm vorhanden. Sie waren jedoch unsichtbar, bis das Wasser gefror. Die schönen „Eisblumen" an den Fensterscheiben sind sichtbare Erscheinungen der Ströme der höheren Welten, die unaufhörlich, von den meisten von uns unerkannt, aber dennoch stark auf uns einwirken.

So sind die höheren Welten die Welten der Ursachen, der Kräfte. Wir können die niederen Welten erst richtig verstehen, wenn wir die anderen, die höheren Welten kennen und uns über die Kräfte und Ursachen klar werden, von denen alle materiellen Dinge nur die Wirkungen sind.

Die Wirklichkeit dieser höheren Welten, verglichen mit derjenigen der Physischen Welt, so merkwürdig dies klingen mag, diese höheren Welten, die den meisten Menschen als Spiegelungen oder etwas weniger stofflich erscheinen, sind in Wahrheit weitaus realistischer, und die Objekte in ihnen dauerhafter und unzerstörbarer als die in der Physischen Welt. Ein Beispiel wird dies sofort erläutern. Ein Architekt beginnt nicht den Bau eines Hauses, indem er Material beschafft und die Bauarbeiter ohne Leitgedanken oder Plan aufs Geratewohl Stein auf Stein setzen läßt. Er „denkt sich das Bauwerk aus". In seiner Vorstellung nimmt es allmählich Gestalt an. Schließlich entsteht ein klares Bild des Hauses, wie es sein soll – eine Gedankenform des Hauses.

Dieses Haus ist für alle, außer für den Architekten, noch unsichtbar. Er bringt es zu Papier und zeichnet die Pläne. Nach diesem konkreten Bild der Gedankenform errichten nun die Handwerker das Haus aus Holz, Eisen oder Steinen, genau der Gedankenform des Architekten entsprechend.

So wird die Gedankenform eine materielle Realität. Der Materialist wird behaupten, daß diese viel wirklicher, dauerhafter und stabiler sei als das Bild im Intellekt des Architekten. Machen wir die Probe. Das Haus konnte ohne die Gedankenform nicht gebaut werden. Das materielle Objekt kann durch Dynamit, Erdbeben, Feuer oder Zerfall zugrundegehen, doch die Gedankenform wird bleiben. Sie wird solange bestehen, wie der Architekt lebt. Danach kann man beliebig viele Häuser errichten, gleich dem, das zerstört wurde. Nicht einmal der

Architekt selbst kann sie vernichten. Sogar nach seinem Tod kann diese Gedankenform von denen wieder entdeckt werden, die fähig sind, im Gedächtnis der Natur zu lesen. Doch davon wird später die Rede sein.

Nachdem wir somit das Vernünftige solcher um uns und über uns bestehenden Welten erkannt und uns von deren Realität, von ihrer Dauerhaftigkeit und der Nützlichkeit eines sie betreffenden Wissens überzeugt haben, werden wir sie nun getrennt und einzeln untersuchen, wobei wir mit der Physischen Welt beginnen.

DIE CHEMISCHE REGION DER PHYSISCHEN WELT

Nach den Lehren der Rosenkreuzer ist das Weltall in sieben verschiedene Welten oder Zustände der Materie wie folgt unterteilt:

1. Die Welt Gottes
2. Die Welt der Jungfräulichen Geister
3. Die Welt des Göttlichen Geistes
4. Die Welt des Lebensgeistes
5. Die Gedankenwelt
6. Die Empfindungswelt
7. Die Physische Welt

Diese Einteilung ist nicht willkürlich, sondern erforderlich, weil die Substanz jeder dieser Welten Gesetzen unterworfen ist, die in den anderen Welten wirkungslos sind. So unterliegt beispielsweise die Materie in der Physischen Welt dem Gesetz der Schwerkraft, der Zusammenziehung und Ausdehnung. In der Empfindungswelt gibt es weder Hitze noch Kälte. Die Formen schweben so leicht in die Höhe wie sie niedersinken. Auch Raum und Zeit sind in der Physischen Welt bestimmende und existierende Faktoren, die jedoch in der Empfindungswelt beinahe nicht vorhanden sind.

Die Materie dieser Welten variiert auch in ihrer Dichte. Die Physische Welt ist unter den sieben die dichteste. Jede Welt ist wieder in sieben Regionen oder Unterabteilungen aufgegliedert. In der Physischen Welt bilden die festen Körper, Flüssigkeiten und Gase die drei dichteren Unterabteilungen. Die restlichen vier sind Äther verschiedener Dichte. In den anderen Welten sind ähnliche Unterabteilungen erforderlich, weil die Materie, aus der sie bestehen, ebenfalls nicht von gleicher Dichte ist.

Da gibt es noch zwei weitere Unterscheidungen, die zu machen sind. Die drei dichteren Unterabteilungen der Physischen Welt – die festen Körper, Flüssigkeiten und Gase – bilden die sogenannte Chemische Region. Die Substanz in dieser Region ist die Grundlage jeder dichten Form.

Auch der Äther ist physischer Stoff. Er ist nicht homogen, wie die materielle Wissenschaft behauptet, sondern ist in vier verschiedenen Zuständen vorhanden. Er ist das Eintrittsmittel für den belebenden Geist, der den Formen der Chemischen Region **Lebenskraft** verleiht. Die vier feineren oder ätherischen Unterabteilungen der Physischen Welt stellen das dar, was unter dem Namen Ätherregion bekannt ist.

In der Gedankenwelt sind die drei höheren Unterabteilungen die Basis der Abstrakten Gedanken; zusammen werden sie daher die Region der Abstrakten Gedanken genannt. Die vier dichteren Unterabteilungen liefern den Gedankenstoff, in dem wir unsere Ideen verkörpern und konkretisieren. Sie werden deshalb als die Region der Konkreten Gedanken bezeichnet.

Die besondere Aufmerksamkeit, die der Okkultist den Erscheinungen der Physischen Welt widmet, könnte überflüssig erscheinen, wenn der Standpunkt, von dem aus er sie betrachtet, nicht sehr verschieden von dem des Materialisten wäre. Letzterer erkennt drei Zustände der Materie an: feste, flüssige und gasförmige. Sie alle sind chemisch, weil sie aus den chemischen Bestandteilen der Erde bestehen. Aus dieser chemischen Materie sind alle **Formen** der Mineralien, Pflanzen, Tiere und Menschen aufgebaut. Daher sind sie wirklich chemisch wie die allgemein so bezeichneten Substanzen. Deshalb, ob wir den Berg oder die seinen Gipfel umhüllende Wolke betrachten, den Saft der Pflanze oder das Blut des Tieres, den Spinnfaden, den Flügel des Schmetterlings oder die Knochen des Elefanten, die Luft, die wir atmen oder das Wasser, das wir trinken, sie alle setzen sich aus denselben chemischen Substanzen zusammen.

Was ist es nun, was die Gestaltung dieser Grundsubstanz zu der unendlichen Mannigfaltigkeit der Formen bestimmt, die wir um uns sehen? Es ist der eine Universalgeist, der sich in der sichtbaren Welt als vier große Lebensströme auf verschiedenen Entwicklungsstufen ausdrückt. Dieser vierfache geistige Impuls gestaltet die chemische Materie der Erde in die mannigfaltigen Formen der vier Reiche, des Mineralreiches, Pflanzenreiches, Tierreiches und des Menschen. Wenn eine Form ihren Zweck als Ausdrucksmittel für die drei höheren Lebensströme erfüllt hat, lösen die chemischen Kräfte diese Form auf, so daß die Materie zu ihrem ursprünglichen Zustand zurückgeführt und dadurch zum Aufbau neuer Formen bereitgestellt werden kann. Der Geist oder das Leben, das die Form zum Ausdruck seiner selbst gestaltet, gehört daher zu der von ihm verwendeten Materie ebenso wenig, wie ein Zimmermann getrennt und persönlich unabhängig von dem Haus ist, das er zu seinen Wohnzwecken erbaut hat.

Da alle Formen des Minerals, der Pflanze, des Tieres und des Menschen chemisch sind, müssen sie logischerweise ebenso tot und gefühllos sein wie die chemische Substanz in ihrem Urzustand, und der Rosenkreuzer erklärt, daß sie es sind.

Einige Wissenschaftler behaupten, daß in jedem lebenden oder toten Gewebe, welchem Reich es auch immer angehört, Gefühl besteht. Sie schließen selbst die Substanzen, die normalerweise zu den Mineralien zählen, in die Kategorie der fühlenden Dinge ein. Als Beweis für ihre Behauptung legen sie Diagramme mit Energiekurven vor, die sie durch Untersuchungen erhalten haben. Eine andere Gruppe von Forschern lehrt, daß es außer dem Gehirn, dem Sitz des Gefühls, nicht einmal im menschlichen Körper Empfindungen gäbe. Sie sagen, das Gehirn und nicht der verletzte Finger fühle den Schmerz. So ist das Gebäude der Wissenschaft in diesem Punkt, wie in den meisten anderen, in sich selbst gespalten. Jeder von ihr eingenommene Standpunkt ist richtig. Es hängt davon ab, was wir unter Gefühl verstehen. Wenn wir nur die Reaktion auf Wirkungen meinen, wie etwa der Rückprall eines auf die Erde geworfenen Gummiballs, ist es natürlich richtig, mineralischem, pflanzlichem und tierischem Gewebe Gefühl zuzusprechen. Denken wir aber an Vergnügen und Schmerz, Liebe und Haß, Freude und Kummer, wäre es absurd, sie den niederen Lebensformen, z.B. abgetrenntem Gewebe, oder den Mineralien in ihrem Urzustand oder selbst dem Gehirn zuzuschreiben. Denn solche Gefühle sind Ausdruck des selbstbewußten, unsterblichen Geistes, und das Gehirn ist nur die Tastatur des wunderbaren Instruments, auf dem der menschliche Geist seine Lebenssymphonie spielt, so wie sie der Musiker auf seiner Violine ausdrückt.

So wie es Menschen gibt, die vollkommen unfähig sind, zu verstehen, daß es höhere Welten geben muß und gibt, so machen es sich andere, nach flüchtiger Kenntnis von den höheren Welten zur Gewohnheit, die Physische Welt zu unterschätzen. Eine solche Haltung ist genauso inkorrekt wie die des Materialisten. Die großen und weisen Wesen, die den Willen und die Absicht Gottes erfüllen, setzten uns in diese irdische Umgebung, damit wir bedeutende und wichtige Lektionen lernen, die unter keinen anderen Bedingungen durchgenommen werden könnten. Es ist unsere Pflicht, unser Wissen von den höheren Welten zu nutzen, um unsere Lektionen, die uns diese materielle Welt zu geben hat, nach besten Kräften zu lernen.

In gewissem Sinn ist die Physische Welt eine Art Modellschule oder Versuchsanstalt. Sie lehrt uns, in den anderen Welten richtig zu arbeiten. Sie tut das, ob wir von der Existenz der anderen Welten wissen oder nicht. Damit gibt sie uns den Beweis für die große Weisheit

DER DURCHSCHNITTSMENSCH

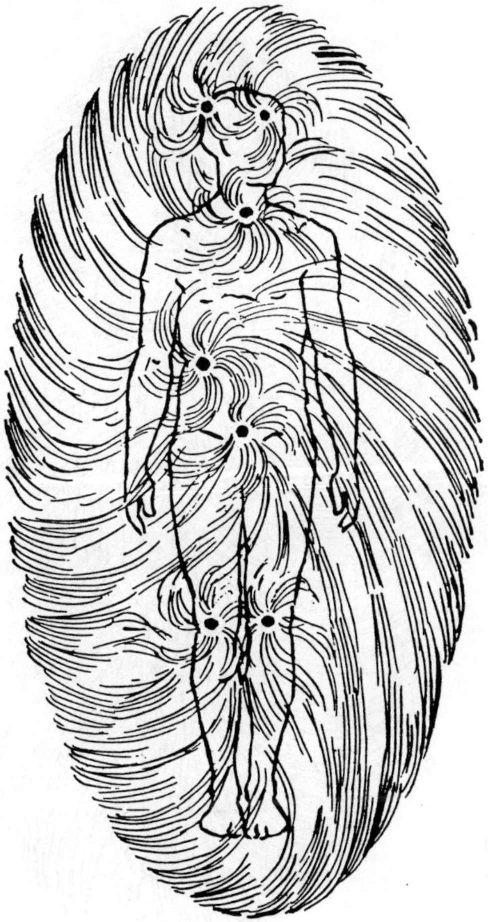

DER WILLKÜRLICHE HELLSEHER

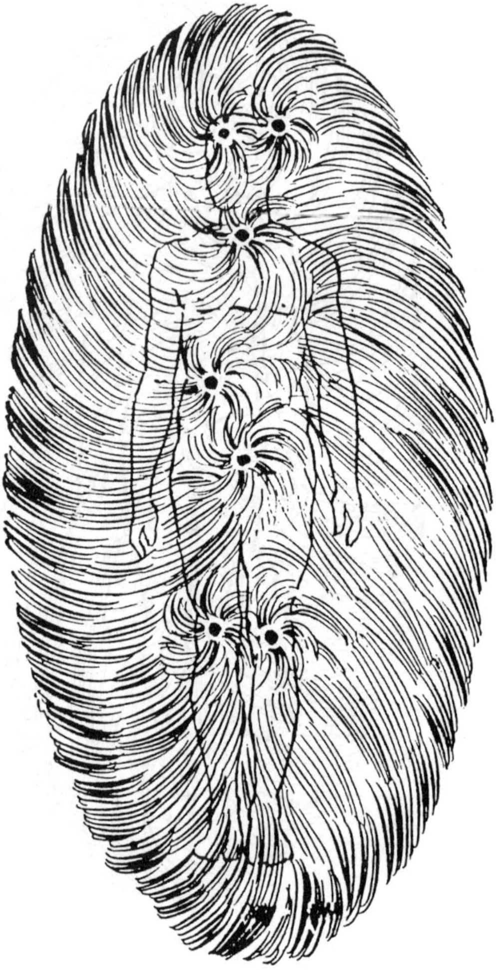

DER UNWILLKÜRLICHE HELLSEHER

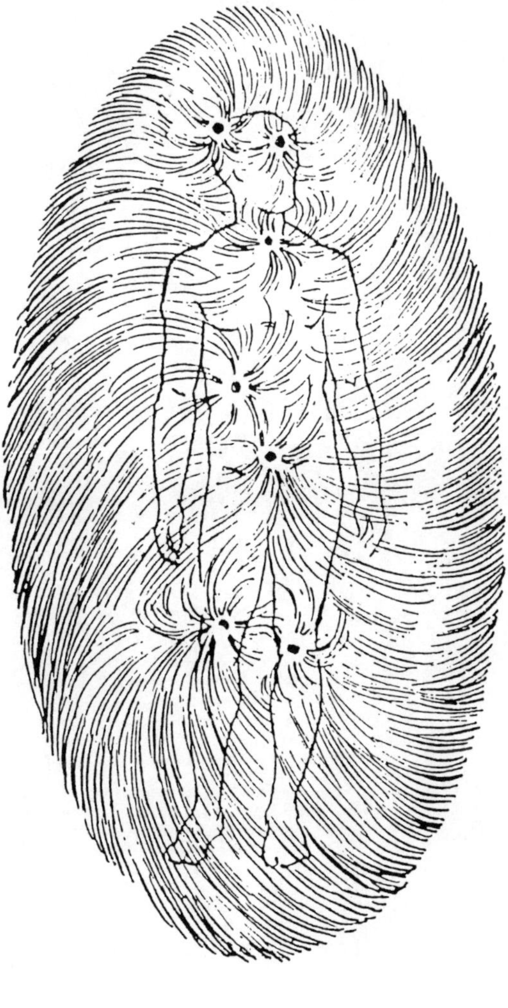

des Schöpfers dieser Welt. Hätten wir nur Kenntnis von den höheren Welten, würden wir viele Fehler begehen. Sie würden erst dann offenbar, wenn physische Bedingungen als Maßstab geschaffen werden. Um das zu verdeutlichen, stellen wir uns einen Erfinder vor, der seine Idee zur Herstellung einer Maschine ausarbeitet. Zuerst erbaut er seine Maschine in Gedanken. Er sieht sie im Geiste vor sich und vollständig in Betrieb. Danach verrichtet sie die für sie bestimmte Arbeit ganz ausgezeichnet. Nun fertigt er eine Zeichnung des Planes an und findet dabei vielleicht, daß Änderungen an seinem ersten Konzept erforderlich sind. Wenn er dann anhand der Zeichnung von der Ausführbarkeit seines Planes überzeugt ist, geht er daran, die eigentliche Maschine aus geeignetem Material herzustellen.

Ziemlich sicher ist, daß noch weitere Abänderungen erforderlich werden, ehe die Maschine, wie geplant, arbeiten kann. Vielleicht stellt sich heraus, daß sie vollständig umgebaut werden muß. Möglicherweise ist sie in ihrer jetzigen Form völlig unbrauchbar und muß aufgegeben und ganz neu entworfen werden. Gerade hier liegt der zu beachtende Punkt. Die neue Idee oder der neue Plan wird zu dem Zweck entwickelt, die Fehler der nutzlosen Maschine zu beseitigen. Hätte man sie nicht gebaut, wodurch sich die Fehler des ersten Entwurfs herausstellten, wäre keine zweite, richtige Idee entwickelt worden.

Das läßt sich ebenso auf alle anderen Lebensgebiete anwenden, auf gesellschaftliche, wirtschaftliche und philanthropische. Viele Pläne erscheinen denen, die sie entwickelt haben, ausgezeichnet zu sein. Sie können sogar auf dem Papier gut aussehen. Oft versagen sie jedoch, wenn sie dem eigentlichen Leistungstest unterworfen werden. Das sollte uns aber nicht entmutigen. Es ist wahr, daß wir „aus unseren Fehlern mehr lernen als aus unseren Erfolgen". Und im rechten Licht betrachtet, ist diese Physische Welt wie eine Schule wertvoller Erfahrungen, in der wir Lektionen von größter Wichtigkeit lernen.

DIE ÄTHERREGION DER PHYSISCHEN WELT

Sobald wir dieses Reich der Natur betreten, sind wir in der unsichtbaren, immateriellen Welt. Hier versagen unsere gewöhnlichen Sinne. Deshalb ist dieser Teil der Physischen Welt von der materialistischen Wissenschaft praktisch nicht erforscht.

Die Luft ist unsichtbar, und doch weiß die moderne Wissenschaft, daß sie vorhanden ist. Ihre Geschwindigkeit als Wind kann durch Instrumente gemessen und uns durch Druck als Flüssigkeit sichtbar gemacht werden. Mit Äther jedoch geht das nicht so einfach. Die materialistische Wissenschaft erkennt, daß er erforderlich ist, um die Übertragung der Elektrizität mit oder ohne Draht zu erklären. Sie ist gezwungen, einen Stoff als gegeben vorauszusetzen, der feiner ist als der ihr bekannte. Sie nennt diesen Stoff Äther. Sie weiß wirklich nicht, daß es ihn gibt. Ebenso hat es die Erfindungsgabe des Naturwissenschaftlers bisher nicht vermocht, ein Gefäß zu entwerfen, das ermöglicht, diese Substanz einzuschließen. Sie ist zu schwer bestimmbar, zum Trost des „Laboratoriums-Hexenmeisters". Dem Naturwissenschaftler steht gegenwärtig kein Apparat zur Verfügung, mit dem er sie messen, wägen oder analysieren könnte.

Wahrlich, die Errungenschaften der modernen Wissenschaft sind bewundernswert. Doch der beste Weg, die Geheimnisse der Natur zu lüften, ist nicht der, Instrumente zu erfinden, sondern den Forscher selbst zu verbessern. Der Mensch hat Kräfte in sich, welche die Entfernungen ausschalten und durch welche die Winzigkeit der Gegenstände kein Hindernis zu deren Erforschung ist. Sie übertreffen in weitaus größerem Maß Teleskop und Mikroskop als diese das bloße Auge. Diese Sinne oder Fähigkeiten sind die von Okkultisten angewandten Forschungsmittel. Sie sind ihr „Sesam öffne dich" auf der Suche nach Wahrheit.

Für den geschulten Hellseher ist der Äther ebenso materiell wie für die Allgemeinheit der Menschen die festen, flüssigen und gasförmigen Stoffe der Chemischen Region. Er sieht, daß die Lebenskräfte mit Hilfe der vier Ätherzustände in die Formen des Minerals, der Pflanzen, Tiere und Menschen fließen und ihnen Leben verleihen. Die Namen und besonderen Funktionen dieser vier Ätherarten sind:

1. **Der Chemische Äther**. Dieser Äther ist in seiner Erscheinungsform sowohl positiv als auch negativ. Durch ihn wirken die Kräfte, welche die Stoffaufnahme (Assimilation) und Stoffausscheidung (Exkretion) verursachen. Die Assimilation ist der Vorgang, durch den die verschiedenen ernährenden Elemente der Nahrung dem Körper der Pflanze, des Tieres und des Menschen einverleibt werden. Dies geschieht durch die Kräfte, die wir später noch kennenlernen werden. Sie wirken längs des positiven Pols des chemischen Äthers und ziehen die benötigten ernährenden Elemente an und bauen sie in die betreffenden Formen ein. Diese Kräfte arbeiten weder blind noch mechanisch, sondern in selektiver Weise (die von ihren Wirkungen her die Wissenschaftler kennen). Damit erfüllen sie ihren Zweck des Wachstums und der Erhaltung des Körpers.

Die Ausscheidung erfolgt durch Kräfte derselben Art. Diese aber arbeiten längs des negativen Pols des chemischen Äthers. Mit Hilfe dieses Pols scheiden sie aus dem Körper die in der Nahrung befindlichen Stoffe aus, die zum Gebrauch untauglich sind oder diejenigen, die ihre Brauchbarkeit im Körper verloren haben und nun aus dem System entfernt werden müssen. Dieser Vorgang ist wie alle anderen, die vom menschlichen Willen unabhängig sind, weise, selektiv und wirkt in seiner Arbeitsweise nicht rein mechanisch, wie wir es z.B. bei der Nierentätigkeit sehen. Bei ihr wird nur dann der Urin durchgefiltert, wenn diese Organe gesund sind. Im Krankheitsfalle scheiden sie bekanntlich das wertvolle Eiweiß mit dem Urin aus; sie treffen nicht die richtige Selektion, weil sie sich in einem anomalen Zustand befinden.

2. **Der Lebensäther.** So wie der chemische Äther die Bahn der zur

Erhaltung der individuellen Form wirkenden Kräfte ist, so ist der Lebensäther die Bahn für die Tätigkeit der arterhaltenden Kräfte – die Kräfte der Fortpflanzung -.

Auch der Lebensäther hat, wie der chemische Äther seinen positiven und negativen Pol. Die Kräfte, die längs des positiven Pols wirken, sind diejenigen, die in der Frau während der Schwangerschaft tätig sind. Sie ermöglichen ihr, die positive, aktive Arbeit zu verrichten, die ein neues Wesen hervorbringt. Die Kräfte, die entlang des negativen Pols des Lebensäthers wirken, befähigen andererseits den Mann, Samen zu erzeugen.

Die längs des positiven Pols aktiven Kräfte bringen bei der Arbeit im befruchteten Ei von Tier und Mensch oder im Samen der Pflanzen männliche Pflanzen, Tiere oder Menschen hervor, während die sich längs des negativen Pols äußernden Kräfte weibliche erzeugen.

3. **Der Lichtäther.** Dieser Äther ist sowohl positiv als auch negativ. Die längs des positiven Pols verlaufenden Kräfte erzeugen in den höheren Tierarten und im Menschen jene Blutwärme, die sie zu individuellen Wärmequellen macht. Die längs des negativen Pols des Lichtäthers strömenden Kräfte wirken durch die Sinne und äußern sich als passive Funktionen des Sehens, Hörens, Tastens, Schmeckens und Riechens. Sie erbauen und ernähren auch das Auge.

Bei den kaltblütigen Tieren ist der positive Pol des Lichtäthers die Bahn der blutantreibenden Kräfte, und die negativen Kräfte haben bezüglich des Auges dieselben Funktionen wie bei den höheren Tieren und den Menschen. Wo Augen fehlen, erbauen oder ernähren die im negativen Pol des Lichtäthers arbeitenden Kräfte möglicherweise andere Sinnesorgane, wie sie es bei allen Wesen tun, die Sinnesorgane haben.

In den Pflanzen bewirken die längs des positiven Pols des Lichtäthers tätigen Kräfte die Zirkulation der Pflanzensäfte. Im Winter, wenn der Lichtäther nicht wie im Sommer mit Sonnenlicht aufgeladen ist, hört daher der Saft zu fließen auf, bis die Sommersonne den Lichtäther wieder mit ihrer Kraft belebt. Die Kräfte, die sich längs des negativen Pols bewegen, setzen das Chlorophyll, das Blattgrün ab, und färben auch die Blumen. Tatsächlich wird jede Farbe in allen Reichen der Natur durch Vermittlung des negativen Pols des Lichtäthers deponiert. Deshalb haben Tiere die dunkelste Farbe auf dem Rücken, und die Pflanzen sind auf der dem Licht zugewandten Seite am sattesten gefärbt. In den Polarregionen der Erde, wo die Sonnenstrahlen schwach sind, werden alle Farben heller. In manchen Fällen sind sie so spärlich deponiert, daß sie sich im Winter völlig zurückziehen und die Tiere weiß werden.

4. **Der Rückstrahlende Äther.** Wie bereits erwähnt, kann die in Gedanken existierende Idee eines Hauses wieder im Gedächtnis der Natur gefunden werden, sogar nach dem Tod des Architekten. Alles, was sich jemals ereignete, hat im Rückstrahlenden Äther ein unauslöschliches Bild hinterlassen. So wie die Riesenfarnkräuter aus der Urzeit der Erde ihre Bilder in den Kohlenlagern zurückgelassen haben, und die Bewegungen der Gletscher in vergangenen Zeiten an den Spuren verfolgt werden können, die sie an den Felsen längs ihres Weges hinterlassen haben, so unauslöschlich sind die Gedanken und Taten der Menschen im Rückstrahlenden Äther durch die Natur aufgezeichnet. Hier kann der geschulte Seher ihre Geschichte mit der seiner Fähigkeit entsprechenden Genauigkeit lesen.

Der Rückstrahlende Äther verdient seinen Namen aus mehr als einem Grund; denn die in ihm enthaltenen Bilder sind nur **Rückstrahlungen** des Gedächtnisses der Natur. Das wirkliche Gedächtnis der Natur ist in einer viel höheren Welt zu finden. Kein gründlich geschulter Hellseher pflegt im Rückstrahlenden Äther zu lesen; denn die Bilder sind im Vergleich zu denen, die in den höheren Welten gefunden werden, verwischt und undeutlich. Diejenigen, die im Rückstrahlenden Äther lesen, haben im allgemeinen keine Wahl. Sie wissen nicht, worin sie lesen. In der Regel beziehen gewöhnliche Parapsychologen und Medien ihre Kenntnisse aus dem Rückstrahlenden Äther. Auch der Schüler der okkulten Schule liest auf den ersten Stufen seiner Ausbildung in geringem Maß im Rückstrahlenden Äther. Damit er jedoch daraus nicht so leicht falsche Schlüsse zieht, macht ihn sein Lehrer auf die Unzulänglichkeiten dieses Äthers als Mittel zur Erlangung genauer Kenntnisse aufmerksam.

Dieser Äther ist es auch, durch den der Gedanke einen Eindruck auf das menschliche Gehirn hervorruft. Er hängt mit der vierten Unterabteilung der Gedankenwelt aufs engste zusammen. Sie ist die höchste der vier Unterabteilungen der Region der Konkreten Gedanken und die Heimat des menschlichen Intellekts. Dort findet man eine viel klarere Darstellung des Gedächtnisses der Natur als im Rückstrahlenden Äther.

DIE EMPFINDUNGSWELT

Wie die Physische Welt und jedes andere der Naturreiche hat auch die Empfindungswelt sieben Unterabteilungen, „Regionen" genannt. Abweichend von der Physischen Welt hat sie jedoch keine der Chemischen Region und der Ätherregion entsprechende große Zweiteilung. In der Empfindungswelt haben wir in den sieben Unterabteilungen oder Regionen den Empfindungsstoff als Material für die Verkörperungen der Empfindungen. Wie die Chemische Region das Reich der Formen ist und die Ätherregion die Heimat der Kräfte, die in diese Formen Lebensaktivitäten bringen und sie befähigen, zu leben, sich zu bewegen und fortzupflanzen, so wirken die Kräfte in der Empfindungswelt auf den belebten, dichten Körper und veranlassen ihn, sich in dieser oder jener Richtung zu bewegen.

Gäbe es nur die Aktivitäten der Chemischen- und der Ätherregionen der Physischen Welt, hätten die Formen Leben und wären fähig, sich zu bewegen, jedoch **der Antrieb dazu würde ihnen fehlen**. Für diesen Antrieb sorgen die in der Empfindungswelt wirkenden kosmischen Kräfte. Ohne deren Aktivität, die jede Faser des belebten Körpers durchströmt und ihn zur Tätigkeit nach dieser oder jener Richtung drängt, gäbe es weder Erfahrung noch moralisches Wachstum. Die Funktionen der verschiedenen Ätherarten würden zwar für das Wachstum der Form sorgen, doch moralisches Wachstum würde vollständig fehlen. Die Evolution sowohl der Form als auch des Lebens wäre unmöglich; denn die Entwicklung der Formen zu höheren Stufen ist nur eine Reaktion auf die Forderung der Erlangung geistigen Wachstums. Hieraus erkennen wir sofort die große Bedeutung dieses Naturreiches.

Begierden, Wünsche, Leidenschaften und Gefühle drücken sich in der Materie der verschiedenen Regionen der Empfindungswelt ebenso aus wie Form und Aussehen in der Chemischen Region der Physischen Welt. Sie nehmen Formen an, die länger oder kürzer andauern, entsprechend der Intensität der Begierde, des Wunsches oder des Gefühls, die sich in ihnen verkörpern. In der Empfindungswelt ist der Unterschied zwischen den Kräften und der Materie nicht so fest umrissen und klar wie in der Physischen Welt. Man könnte fast sagen, daß hier die Begriffe von Kraft und Materie identisch oder austauschbar sind. Es ist zwar nicht ganz so, doch können wir sagen, daß die Empfindungswelt bis zu einem gewissen Grad aus Kraftmaterie besteht.

Wenn wir von der Materie der Empfindungswelt sprechen, trifft es zu, daß sie einen Grad weniger dicht ist als die Materie der Physischen Welt. Doch haben wir eine vollkommen falsche Vorstellung, wenn wir glauben, sie sei **feinere,** physische Materie. Die Meinung ist völlig falsch, obwohl sie von vielen vertreten wird, welche die okkulten Philosophien studiert haben. Der falsche Eindruck wird hauptsächlich durch die Schwierigkeit hervorgerufen, eine so ausführliche und richtige Beschreibung zu geben, wie sie für ein genaues Verständnis der höheren Welten erforderlich wäre. Leider dient unsere Sprache der Beschreibung materieller Dinge. Sie ist daher völlig unzureichend, Zustände der überphysischen Reiche wiederzugeben. Alles, was über diese Reiche gesagt wird, muß folglich als Versuch, als Gleichnis, weniger als wirkliche Beschreibung aufgefaßt werden.

Obwohl der Berg und das Gänseblümchen, der Mensch, das Pferd und ein Stück Eisen aus ein und derselben atomaren Ursubstanz gebildet sind, können wir nicht sagen, das Gänseblümchen sei eine feinere Form des Eisens. Ebenso unmöglich ist es, mit Worten die Veränderung oder Verschiedenheit der physischen Materie zu erklären, wenn sie in Empfindungsstoff aufgelöst wird. Bestünde keine Verschiedenheit, so würde der Empfindungsstoff den Gesetzen der Physischen Welt unterliegen, was nicht der Fall ist.

Das Gesetz der Materie der Chemischen Region ist Trägheit, die Tendenz, im **Status quo** zu verharren. Eine gewisse Kraft ist erforderlich, um die Trägheit zu überwinden und einen ruhenden Körper zu bewegen und einen sich bewegenden Körper zum Halten zu bringen. Anders ist es mit der Materie der Empfindungswelt; hier lebt die Materie beinahe selbst. Sie ist unaufhörlich in Bewegung, in stetigem Fluß und nimmt alle vorstellbaren und unvorstellbaren Formen mit einer unfaßbaren Leichtigkeit und Schnelligkeit an. Gleichzeitig funkelt und schimmert sie in tausend immer wechselnden Farbschattierungen, die sich mit nichts vergleichen lassen, was wir in diesem physischen Zustand des Bewußtseins kennen. Einen äußerst schwachen Abglanz von Tätigkeit und Erscheinung dieser Materie (der Empfindungswelt) zeigt sich in dem Farbenspiel einer ins Sonnenlicht gehaltenen, hin und her bewegten Perlmuttschale. Charakteristisch für die Empfindungswelt sind immer wechselndes Licht und Farbe. In ihnen vermengen sich die Kräfte der Tiere und Menschen mit denen unzähliger Hierarchien geistiger Wesen, die nicht in unserer Physischen Welt erscheinen, aber in der Empfindungswelt ebenso tätig sind wie wir hier. Einige von ihnen sollen später behandelt werden. Ihre Verbindung mit der menschlichen Entwicklung wird dort beschrieben werden.

Die von dieser großen, mannigfaltigen Schar von Wesen ausgehenden Kräfte formen die sich ständig verändernde Materie der Empfindungswelt in unzählige und verschiedene Formen von größerer oder geringerer Dauerhaftigkeit, entsprechend der kinetischen Energie des Impulses, dem sie ihr Dasein verdanken.

Schon aus dieser flüchtigen Beschreibung kann man ersehen, wie schwer es für einen Neophyten (Neuling) ist, dessen geistige Augen soeben geöffnet wurden, sein Gleichgewicht in der Empfindungswelt zu finden. Der geschulte Hellseher hört bald auf, sich über die manchmal von Medien gegebenen unmöglichen Beschreibungen zu wundern. Sie mögen vollkommen aufrichtig sein. Doch die Möglichkeiten der Abweichung und Ungenauigkeit sind zahlreich und von subtilster Art. Es ist schon ein wahres Wunder, daß überhaupt etwas korrekt vermittelt wird. Wir alle mußten in unserer frühen Kindheit sehen lernen. Dies können wir heute noch an einem Säugling beobachten. Er greift nach Dingen auf der anderen Seite des Zimmers oder der Straße oder gar nach dem Mond. Es ist ihm völlig unmöglich, Entfernungen abzuschätzen. Der sehend gewordene Blinde schließt anfangs oft die Augen, um von einer Stelle zur anderen zu gelangen. Er erklärt, es sei leichter, sich tastend vorwärts zu bewegen, bis er gelernt hat, seine Augen zu gebrauchen. Auch muß der, dessen innere Wahrnehmungsorgane belebt wurden, sich erst im Gebrauch seiner neu erworbenen Fähigkeiten üben. Zuerst wird der Neophyt versuchen, die durch seine Erfahrung in der Physischen Welt gewonnenen Kenntnisse auf die Empfindungswelt anzuwenden, weil er die Gesetze der Welt, in die er eingetreten ist, noch nicht kennengelernt hat. Dies wird zur Quelle zahlloser Schwierigkeiten und Verwirrungen. Bevor er verstehen lernt, muß er wie ein kleines Kind werden, das Wissen ohne Zuhilfenahme früherer Erfahrung in sich aufnimmt.

Um zu einem korrekten Verständnis der Empfindungswelt zu gelangen, muß man erkennen, daß sie die Welt der Gefühle, Wünsche und Erregungen ist. Sie alle stehen unter der Herrschaft zweier großer Kräfte: der Anziehung und der Abstoßung, die in den drei dichteren Regionen der Empfindungswelt in anderer Weise tätig sind als in den drei höheren oder feineren Regionen, während die mittlere neutraler Grund genannt werden kann.

Die mittlere Region ist die Region des Gefühls. Hier beeinflußt das Interesse für oder die Gleichgültigkeit gegen ein Objekt oder eine Idee das Gleichgewicht zugunsten einer der beiden vorerwähnten Kräfte. Auf diese Weise wird der Gegenstand oder die Idee in die drei höheren oder die drei niederen Regionen der Empfindungswelt verwiesen, oder aber ausgeschaltet. Wir werden gleich sehen, wie das vor sich geht.

In der feinsten und dünnsten Substanz der drei höheren Regionen der Empfindungswelt hat die Anziehungskraft die alleinige Herrschaft. Sie ist aber auch in gewissem Maß in der dichteren Materie der drei niederen Regionen vorhanden, wo sie gegen die in diesen Unterabteilungen herrschende Abstoßungskraft wirkt. Die zersetzende Kraft der Abstoßung würde bald jede Form zerstören, die in diese drei niederen Regionen käme, würde ihr nicht auf diese Art entgegengewirkt. In der dichtesten oder niedersten Region, wo sie am stärksten ist, reißt und schüttelt sie die hier erbauten Formen in einer schrecklich anzusehenden Weise. Und dennoch ist sie keine vandalische Kraft. Nichts in der Natur ist vandalisch. Alles, was so zu sein scheint, arbeitet nur zum Guten hin. So ist es auch mit dieser Kraft bei ihrer Arbeit in der niedersten Region der Empfindungswelt. Hier sind die Formen dämonische Schöpfungen der gröbsten Leidenschaften und Begierden von Mensch und Tier.

Jede Form der Empfindungswelt hat das Bestreben, alles Gleichartige anzuziehen, und dadurch zu wachsen. Würde diese Tendenz der Anziehung in den niedersten Regionen vorherrschen, so wüchse das Böse wie Unkraut. Im Kosmos gäbe es Anarchie statt Ordnung. Das wird durch die in dieser Region überwiegende Kraft der Abstoßung verhindert. Wenn eine grobe Empfindungsform zu einer anderen, gleichartigen hingezogen wird, entsteht Disharmonie in ihren Vibrationen, wodurch eine auf die andere eine zersetzende Wirkung ausübt. Anstatt daß Übel sich mit Übel vereinigt und verschmelzt, zerstören sie sich gegenseitig. Auf diese Weise wird das Böse in der Welt in vernünftigen Grenzen gehalten. Wenn wir die Arbeit der Zwillingskräfte so auffassen, sind wir in der Lage, den okkulten Grundsatz: „In der Empfindungswelt ist eine Lüge sowohl Mord als auch Selbstmord" zu verstehen.

Alles, was sich in der Physischen Welt ereignet, wird in alle anderen Reiche der Natur zurückgestrahlt und erbaut sich, wie wir gesehen haben, seine entsprechende Form in der Empfindungswelt. Wird ein wahrer Bericht des Vorfalles gegeben, wird eine zweite Form erbaut, die der ersten genau gleicht. Sie ziehen sich an, verschmelzen und stärken einander. Wird jedoch ein unwahrer Bericht gegeben, so entsteht eine von dem ersten wahren Wortlaut verschiedene, ihm entgegenwirkende Fassung. Da sich beide mit demselben Ereignis beschäftigen, werden sie zusammengezogen. Weil aber ihre Vibrationen verschieden sind, wirken sie gegenseitig zerstörend. Daher können üble, boshafte Lügen alles Gute töten, wenn sie stark genug sind und oft genug wiederholt werden. Umgekehrt wird das Suchen nach dem Guten im Bösen mit der Zeit das Böse in Gutes verwandeln. Ist die zur Verringerung des Bösen geschaffene Form schwach, bleibt sie wirkungslos. Sie wird durch die böse Form zerstört. Ist sie aber stark und wird häufig wiederholt, wirkt sie zerstörend auf die böse Form und ersetzt sie durch die gute. Man verstehe richtig. Diese Wirkung wird nicht durch Verleugnen, auch nicht durch Verneinen des Bösen erzielt, sondern durch Suchen nach dem Guten. Der okkulte Wissenschaftler wendet dieses Prinzip, in allen Dingen nach dem Guten zu suchen, sehr gewissenhaft an, denn er weiß, welche Kraft es besitzt, das Böse niederzuhalten.

Es gibt eine Legende von Christus, die diesen Punkt beleuchtet. Als der Herr einst mit seinen Jüngern wanderte, kamen sie an dem verwesenden und übelriechenden Kadaver eines Hundes vorüber. Die Jünger wandten sich angewidert ab und äußerten sich mißfällig über den ekelerregenden Anblick. Christus aber schaute auf den toten Körper und sagte: „Perlen sind nicht weißer als seine Zähne". Er war entschlossen, das Gute zu sehen, denn er erkannte die durch seine Äußerung wohltuende Wirkung in der Empfindungswelt.

Die niederste Region der Empfindungswelt wird die „Region der Leidenschaften und sinnlichen Begierden" genannt. Die zweite Region wird am besten mit der Bezeichnung „Region der Eindrucksfähigkeit" beschrieben. Hier gleichen sich die Wirkungen der Zwillingskräfte, Anziehung und Abstoßung, gerade aus. Diese Region ist neutral, daher sind alle unsere Eindrücke, die aus dem Material dieser Region erbaut sind, neutral. Erst wenn die Zwillingsgefühle, denen wir in der vierten Region begegnen werden, zur Tätigkeit gelangen, kommen die Zwillingskräfte ins Spiel. Doch der bloße Eindruck von etwas Beliebigem ist vom Gefühl, das er hervorruft, vollkommen zu trennen. Der Eindruck ist neutral und eine Tätigkeit der zweiten Region der Empfindungswelt, wo sich Bilder durch die Kräfte der Sinneswahrnehmung im Lebensleib des Menschen formen.

In der dritten Region der Empfindungswelt hat die integrierende, aufbauende Anziehungskraft bereits die Oberherrschaft über die Abstoßungskraft mit ihrer zerstörerischen Tendenz gewonnen. Wenn wir begreifen, daß Selbstbehauptung die Triebfeder der Abstoßungskraft ist, ein Verdrängen alles anderen, um für sich Raum zu gewinnen, werden wir verstehen, daß sie einer Begierde nach anderen Dingen sehr leicht nachgibt, so daß die Substanz der dritten Region der Empfindungswelt hauptsächlich durch die Kraft der Anziehung zu anderen Dingen beherrscht wird, jedoch in selbstsüchtiger Weise. Daher ist sie die Region der Wünsche.

Die Region der groben Begierden kann mit den festen Körpern der Physischen Welt verglichen werden, die Region der Eindrucksfähigkeit mit derjenigen der flüssigen, und die sich ständig verändernde, sich verflüchtigende Natur der Region der Wünsche läßt sich mit dem gasförmigen Teil der Physischen Welt vergleichen. Diese drei Regionen liefern den Stoff für die Formen, die zu unserer Erfahrung, unserem Seelenwachstum und unserer Entwicklung dienen, indem sie das völlig Zerstörerische reinigen und das für den Fortschritt verwendbare Material zurückbehalten.

Die vierte Region der Empfindungswelt ist die „Region der Gefühle". Hier entspringen die Gefühle, die sich auf die bereits beschriebenen Formen beziehen. Von den von ihnen hervorgerufenen Gefühlen hängt ihre Lebendigkeit für uns und ihre Wirkung auf uns ab. Auf dieser Stufe ist es nicht wichtig, ob die bestehenden Gegenstände und Ideen gut oder schlecht sind. Es ist unser Gefühl des Interesses oder der Gleichgültigkeit, das für das Schicksal des Gegenstandes oder der Idee zum bestimmenden Faktor wird.

Wenn das Gefühl, mit dem wir einem Eindruck eines Gegenstandes oder einer Idee begegnen, Interesse ist, so hat es die gleiche Wirkung auf diesen Eindruck wie das Sonnenlicht und die Luft auf eine Pflanze. Eine solche Idee wird in unserem Leben wachsen und gedeihen. Begegnen wir andererseits einem Eindruck oder einer Idee mit Gleichgültigkeit, so welken sie dahin wie eine in einen dunklen Keller gestellte Pflanze.

Daher kommt aus dieser Mittelregion der Empfindungswelt der Impuls zu Handlungen oder die Entscheidung, davon Abstand zu nehmen (letzteres ist ebenso Handlung in den Augen des okkulten Wissenschaftlers). Denn auf unserer gegenwärtigen Entwicklungsstufe liefern die Zwillingsgefühle, Interesse und Gleichgültigkeit, den Antrieb zur Handlung und sind die Triebfedern, welche die Welt bewegen. Auf einer späteren Stufe werden diese Gefühle jeglichen Einfluß verlieren. Dann wird das **Pflichtbewußtsein** der bestimmende Faktor sein.

Das Interesse setzt die Kräfte der Anziehung und Abstoßung in Bewegung.

Die Gleichgültigkeit läßt den Gegenstand oder die Idee, auf die sie gerichtet ist, einfach hinwelken, soweit es unsere Beziehung zu ihnen betrifft.

Ruft unser Interesse an einem Gegenstand oder einer Idee die Kraft der Abstoßung hervor, so sind wir natürlich bestrebt, aus unserem Leben alles zu entfernen, was mit dem betreffenden Gegenstand oder der Idee zusammenhängt. Zwischen der Tätigkeit der Abstoßungskraft und dem bloßen Gefühl der Gleichgültigkeit besteht jedoch ein großer Unterschied. Vielleicht erklärt ein Beispiel die Wirkung der Zwillingsgefühle und der Zwillingskräfte deutlicher.

Drei Männer gehen eine Straße entlang. Sie sehen einen kranken Hund. Er ist mit wunden Stellen bedeckt und leidet augenscheinlich stark unter Qualen und Durst. Das ist den Männern klar, und sie erkennen das mit ihren Sinnen. Nun kommt das Gefühl hinzu. Zwei von ihnen „interessieren" sich für das Tier, im dritten jedoch besteht ein Gefühl von „Gleichgültigkeit". Er geht vorüber und überläßt den Hund seinem Schicksal. Die beiden anderen bleiben zurück. Sie zeigen Interesse, das sie aber auf verschiedene Weise bekunden. Das Interesse des einen ist voller Anteilnahme und Hilfsbereitschaft, das ihn veranlaßt, sich um das arme Tier zu kümmern, seine Schmerzen zu lindern und es gesundzupflegen. In ihm hat das Gefühl des Interesses die Kraft der Anziehung wachgerufen. Das Interesse des anderen

Mannes ist von anderer Art. Er sieht nur ein ekelerregendes Bild, das ihn mit Abscheu erfüllt und wünscht, sich und die Welt so schnell wie möglich davon zu befreien. Er rät, das Tier sofort zu töten und zu begraben. In ihm hat das Gefühl des Interesses die zerstörende Kraft der Abstoßung hervorgerufen.

Wenn das Gefühl des Interesses die Anziehungskraft wachruft, und auf niedere Begierden und Gegenstände gerichtet ist, so wirken sich diese in den niederen Regionen der Empfindungswelt aus. In ihnen arbeitet, wie früher beschrieben, die Gegenkraft der Abstoßung. Aus dem Kampf der Zwillingskräfte – Anziehung und Abstoßung – entstehen all die Schmerzen und Leiden, die an unrechte oder fehlgeleitete Bemühungen geknüpft sind, einerlei, ob sie beabsichtigt waren oder nicht.

Daraus können wir ersehen, wie äußerst wichtig das Gefühl ist, das wir inbezug auf irgend etwas haben. Denn davon hängt die Beschaffenheit der Atmosphäre ab, die wir uns selbst schaffen. Lieben wir das Gute, bewahren und hegen wir als Schutzengel alles, was gut um uns ist. Im anderen Fall bevölkern wir unseren Weg mit Dämonen unserer eigenen Schöpfung.

Die Namen der drei höheren Regionen der Empfindungswelt sind: „Region des Seelenlebens", „Region des Seelenlichtes" und „Region der Seelenkraft". In diesen wohnen Kunst, Nächstenliebe, Menschenfreundlichkeit und alle Aktivitäten des höheren Seelenlebens. Wenn wir uns vorstellen, daß diese höheren Regionen die Eigenschaften, nach denen sie benannt sind, in die Formen der drei niederen Regionen ausstrahlen, werden wir die Tätigkeiten der höheren und niederen Regionen richtig verstehen. Seelenkraft kann jedoch zeitweise sowohl für schlechte als auch für gute Zwecke angewandt werden. Doch schließlich zerstört die Abstoßungskraft das Laster und die Anziehungskraft baut auf seinen zertrümmerten Ruinen die Tugend auf. Letztlich wirken alle Dinge zusammen für das GUTE.

Die Physische Welt und die Empfindungswelt sind räumlich nicht voneinander getrennt. Sie sind uns näher als „Hände und Füße". Man muß sich nicht von der Stelle bewegen, um von einer Welt in die andere und von einer Region zur nächsten zu gelangen. So wie die festen Körper, Flüssigkeiten und Gase in unseren Körpern alle zusammen sind und einander durchdringen, so verhält es sich auch mit den verschiedenen Regionen der Empfindungswelt in uns. Wieder können wir die Kraftlinien, längs derer sich die Eiskristalle im Wasser bilden, mit den unsichtbaren Ursachen vergleichen, die in der Empfindungswelt entstehen und in der Physischen Welt in Erscheinung treten. Sie geben uns den Anstoß zum Handeln in beliebiger Richtung.

Die Empfindungswelt mit ihren unzähligen Bewohnern durchdringt die Physische Welt wie die Kraftlinien das Wasser, unsichtbar, aber allgegenwärtig und mächtig, als Ursache allen Geschehens in der Physischen Welt.

DIE GEDANKENWELT

Die Gedankenwelt besteht ebenfalls aus sieben Regionen verschiedener Eigenschaften und Dichten. Sie gliedert sich wie die Physische Welt in zwei Hauptabteilungen: Die Region der Konkreten Gedanken, welche die vier dichtesten Regionen umfaßt und die Region der Abstrakten Gedanken, die aus den drei Regionen der feinsten Substanz besteht. Die Gedankenwelt ist die mittlere der fünf Welten, aus denen der Mensch seine Träger erhält. Hier begegnen sich Geist und Körper. Sie ist auch die höchste der drei Welten, in denen die gegenwärtige menschliche Entwicklung vor sich geht. Die zwei noch höheren Welten sind für uns Menschen praktisch noch unwirksam.

Wir wissen, daß die Stoffe der Chemischen Region zum Aufbau aller physischen Formen verwendet werden. Diesen Formen werden durch die in der Ätherregion wirkenden Kräfte Leben und die Kraft der Bewegung gegeben. Einige dieser lebenden Formen werden durch die Zwillingsgefühle der Empfindungswelt zur Tätigkeit angeregt. Die

Region der Konkreten Gedanken liefert den Gedankenstoff. In ihn kleiden sich die in der Region der Abstrakten Gedanken erzeugten Ideen als **Gedankenformen**, um als Regulatoren und Balanceräder auf die Impulse zu wirken, die in der Empfindungswelt durch die Erscheinungen aus der Physischen Welt hervorgerufen werden.

So sehen wir, wie sich die drei Welten, in denen der Mensch sich jetzt entwickelt, einander ergänzen und ein Ganzes bilden. Es offenbart die höchste Weisheit des großen Baumeisters des Systems, dem wir angehören. Ihn verehren wir durch den heiligen Namen Gott.

Betrachten wir die verschiedenen Unterabteilungen der Region der Konkreten Gedanken genauer, so stellen wir fest, daß die Urtypen der **physischen** Form, einerlei welchem Reich sie angehören mögen, in der niedersten Unterabteilung oder der „Kontinentalen Region" gefunden werden. In dieser „Kontinentalen Region" befinden sich auch die Urtypen der Erdteile und Inseln der Welt; diesen Urtypen entsprechend sind sie gestaltet. Veränderungen in der Erdrinde müssen zuerst in der Kontinentalen Region geformt werden. Erst wenn die Urtype verwandelt worden ist, können die Intelligenzen, die wir (um unsere Unwissenheit zu verbergen) „Naturgesetze" nennen, die physischen Bedingungen herbeiführen, welche die physischen Züge der Erde, den Abänderungen entsprechend, umgestalten, die von den für die Evolution verantwortlichen Hierarchien entworfen wurden. Diese planen Veränderungen, wie sie ein Architekt bei einem Gebäude vornimmt, bevor die Werkleute ihm schließlich seine konkrete Form geben. Auf ähnliche Weise sind die Umgestaltungen von **Flora** und **Fauna** (Pflanzen- und Tierwelt) den Metamorphosen (Umwandlungen) ihrer entsprechenden Urtypen zuzuschreiben.

Wenn wir von den Urtypen all der verschiedenen Formen der dichten Welt sprechen, dürfen wir nicht meinen, daß sie lediglich Modelle seien, etwa so wie ein in Miniatur gebauter Gegenstand, der aus einem anderen, als das für seinen eigentlichen, endgültigen Zweck geeigneten Material besteht. Sie sind nicht nur Abbilder oder Modelle der Formen, die wir um uns sehen, sondern **schöpferische** Urtypen; d.h. sie entwickeln die Formen der Physischen Welt nach ihrem Ebenbild, oder nach ihren Ebenbildern; denn oft arbeiten viele zusammen, um eine bestimmte Art zu gestalten. Jede Urtype trägt ihren Teil dazu bei, die erforderliche Form zu erbauen.

Die zweite Unterabteilung der Region der Konkreten Gedanken wird die „Ozeanische Region" genannt. Am besten beschreibt man sie als fließende, pulsierende Lebenskraft. Hier sieht man als Urtypen all die Kräfte, die durch die vier Äther wirken und die Ätherregion bilden. Sie ist ein Strom flutenden Lebens, der durch alle Formen fließt, wie das durch den Körper pulsierende Blut; es ist in allen Formen ein und dasselbe Leben. Hier sieht der geschulte Hellseher am besten, wie wahr es ist, daß „alles Leben eins ist".

Die „Luftregion" ist die dritte Abteilung der Region der Konkreten Gedanken. Hier finden wir die Urtypen der Begierden, Leidenschaften, Wünsche, Gefühle und Gemütserregungen, wie wir sie in der Empfindungswelt erleben. Hier erscheinen alle Tätigkeiten der Empfindungswelt als luftige Zustände. Wie von einer sommerlichen Brise werden die Sinne des Hellsehers durch die Gefühle der Freude und des Glücks umweht. Das Sehnen der Seele erscheint wie das Seufzen des Windes in den Baumwipfeln und die Leidenschaften kriegführender Nationen wie Blitzstrahlen. In dieser Atmosphäre der Region der Konkreten Gedanken befinden sich auch Bilder der Gefühlsregungen von Mensch und Tier.

Die Region der „Kräfte der Urtypen" ist die vierte Abteilung der Region der Konkreten Gedanken. Sie ist die mittlere und wichtigste Region in den fünf Welten, worin die gesamte Evolution des Menschen vor sich geht. Auf der einen Seite dieser Region befinden sich die drei höheren Regionen der Gedankenwelt, die Welt des Lebensgeistes und die Welt des Göttlichen Geistes. Auf der anderen Seite dieser Region der Urtypenkräfte befinden sich die drei niederen Regionen der Gedankenwelt, die Empfindungswelt und die Physische Welt. So wird diese Region zu einer Art „Kreuz“, das an der einen Seite durch die Welten des Geistes, an der anderen durch die Welten der Form begrenzt ist. Sie ist der Brennpunkt, worin der Geist sich in der Materie widerspiegelt.

Wie schon der Name andeutet, ist diese Region die Heimat der Urtypenkräfte, welche die Tätigkeit der Urtypen in der Region der Konkreten Gedanken lenken. Aus dieser Region wirkt der Geist gestaltend auf die Materie. Diagramm 1 zeigt diese Idee schematisch. Danach sind die Formen der niederen Welt Widerspiegelungen des Geistes aus den höheren Welten. Die fünfte Region, die dem Brennpunkt auf der Seite des Geistes am nächsten ist, spiegelt sich in der dritten wider, die dem Brennpunkt auf der Formseite am nächsten liegt. Die sechste Region wird in der zweiten, die siebte in der ersten reflektiert.

Die Gesamtheit der Region der Abstrakten Gedanken wird in der Empfindungswelt zurückgestrahlt, die Welt des Lebensgeistes in der Ätherregion der Physischen Welt, und die Welt des Göttlichen Geistes in der Chemischen Region der Physischen Welt.

Diagramm 2 gibt einen umfassenden Überblick über die sieben Welten unseres Entwicklungsbereichs. Wir müssen jedoch immer bedenken, daß diese Welten nicht, wie sie im Diagramm dargestellt sind, übereinander liegen. D.h. sie durchdringen sich gegenseitig, so wie es an dem vergleichenden Beispiel der Beziehung der Physischen Welt und der Empfindungswelt gezeigt wurde, an dem wir die Empfindungswelt mit den Kraftlinien im gefrierenden Wasser und das Wasser selbst mit der Physischen Welt verglichen. Ebenso können wir uns die Kraftlinien als eine der sieben Welten vorstellen, wobei das Wasser – wie aus unserem Beispiel ersichtlich – der nächstdichteren Welt in der Stufenleiter entspricht. Vielleicht kann ein anderes Beispiel dies noch deutlicher erklären.

DIAGRAMM 1

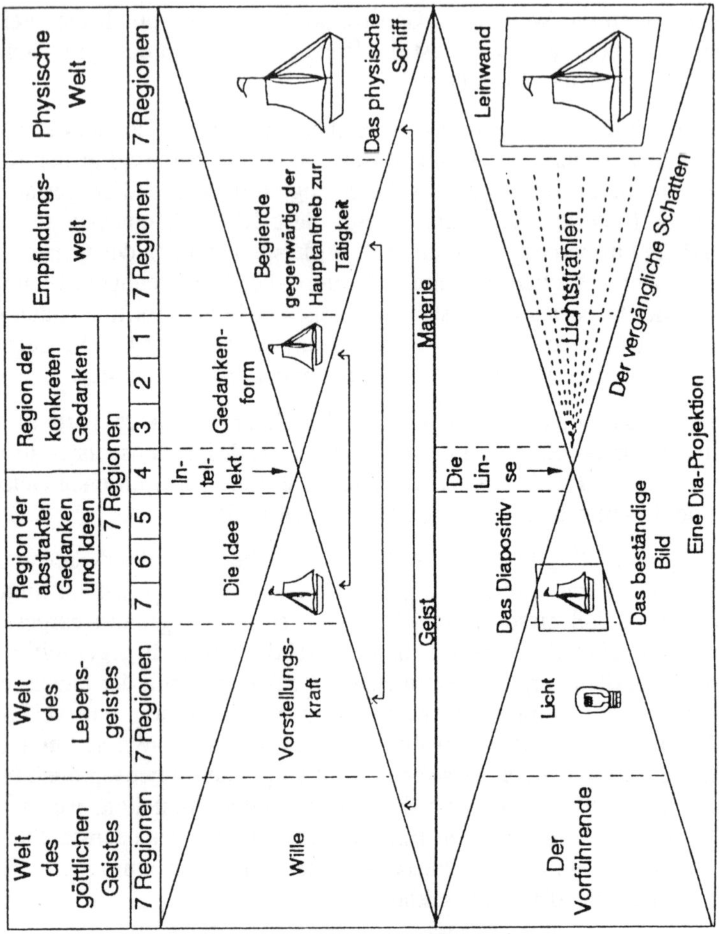

Die relative Beständigkeit der sichtbaren
und der unsichtbaren Welten

(Im Vergleich mit einer Dia-Projektion)

Nehmen wir einen runden Schwamm, der die dichte Erde – die Chemische Region – verkörpert. Stellen wir uns vor, daß Sand jeden Teil des Schwammes durchdringt und auch eine Schicht außerhalb um ihn bildet. So stellt der Sand die Ätherregion dar, welche die dichte Erde in ähnlicher Weise durchdringt und sich über ihre Atmosphäre ausbreitet.

Denken wir uns ferner diesen Schwamm und Sand eingetaucht in ein mit reinem Wasser gefülltes, rundes Glasgefäß, das etwas größer ist als Schwamm und Sand. Wir setzen Schwamm und Sand in die Mitte des Gefäßes, so wie sich der Dotter im Ei befindet. Nun haben wir einen Raum reinen Wassers zwischen Sand und Glasgefäß. Das Wasser als Ganzes soll die Empfindungswelt darstellen; denn so wie das Wasser zwischen den Sandkörnern und selbst in die kleinsten Poren des Schwammes durchsickert und diese klare Schicht bildet, so durchdringt die Empfindungswelt sowohl die dichte Erde als auch den Äther und erstreckt sich noch über diese beiden Substanzen hinaus.

Wir wissen, daß sich Luft im Wasser befindet, und wenn wir uns in unserem Beispiel die Luft als Repräsentantin der Gedankenwelt vorstellen, so haben wir ein schönes geistiges Bild von der Art und Weise, wie die feinere Gedankenwelt die zwei dichteren Welten durchdringt.

Stellen wir uns schließlich das Glasgefäß mit Schwamm, Sand und Wasser in der Mitte eines kugelförmigen größeren Gefäßes vor, so würde die Luft im Raum zwischen den beiden Gefäßen den Teil der Gedankenwelt veranschaulichen, der über die Empfindungswelt hinausragt.

Jeder Planet unseres Sonnensystems hat drei solche einander durchdringenden Welten. Wenn wir uns jeden aus drei Welten bestehenden Planeten als einzelne Schwämme vor Augen führen, und die vierte

DIAGRAMM 2

WELT GOTTES		DIE SIEBEN WELTEN bestehend aus Gott 7 Regionen		
WELT DER JUNGFRÄULICHEN GEISTER		Diese Welt umfaßt 7 Regionen und ist der Aufenthaltsort der Jungfräulichen Geister, nachdem sie in Gott differenziert worden sind, vor ihrer Pilgerfahrt durch die Materie	Träger des Menschen	
WELT DES GÖTTLICHEN GEISTES		Sie umfaßt 7 Regionen und ist der Aufenthaltsort des höchsten geistigen Einflusses im Menschen	Göttlicher Geist	Das Ego
WELT DES LEBENSGEISTES		Sie umfaßt 7 Regionen und ist der Aufenthaltsort des zweiten Aspektes des dreifachen Geistes im Menschen	Lebensgeist	Das Ego
GEDANKENWELT	REGION DER ABSTRAKTEN GEDANKEN	Die 7. Region enthält die Keimidee der Form von Mineral, Pflanze, Tier und Mensch. Die 6. Region enthält die Keimidee des Lebens in Pflanze, Tier und Mensch. Die 5. Region enthält die Keimidee der Wünsche und Gefühle in Tier und Mensch; Aufenthaltsort des dritten Aspektes des Geistes im Menschen	Menschlicher Geist	Das Ego
GEDANKENWELT	REGION DER KONKRETEN GEDANKEN	Die 4. Region enthält die Kräfte der Urbilder und den menschlichen Intellekt. Sie ist der Brennpunkt, durch den sich der Geist in der Materie widerspiegelt. 3. Region: Urbilder der Wünsche und Gefühle 2. Region: Urbilder der universellen Lebenskraft 1. Region: Urbilder der Form	Intellekt	Das Bindeglied
EMPFINDUNGSWELT		7. Region: Seelenkraft, 6. Region: Seelenlicht, 5. Region: Seelenleben } Anziehung 4. Region: Gefühl { Interesse, Gleichgültigkeit 3. Region Wünsche, 2. Region: Eindrucksfähigkeit, 1. Region: Leidenschaft und niederes Verlangen } Abstoßung	Empfindungsleib	Die Persönlichkeit
PHYSISCHE WELT	ÄTHERREGION	7. Region: Rückstrahlender Äther, Gedächtnis der Natur 6. Region: Lichtäther, Vermittler der Sinneswahrnehmung 5. Region: Lebensäther, Vermittler der Fortpflanzung 4. Region: Chemischer Äther, Vermittler der Assimilation und Ausscheidung	Lebensleib	Die Persönlichkeit
PHYSISCHE WELT	CHEMISCHE REGION	3. Region Gase 2. Region: Flüssigkeiten 1. Region: Feste Stoffe	Dichter Körper	Die Persönlichkeit

Welt, die Welt des Lebensgeistes als das Wasser in einem großen Gefäß, in dem diese getrennten, dreifachen Schwämme schwimmen, verstehen wir: wie das Wasser im Gefäß den Raum zwischen den Schwämmen ausfüllt und durch diese sickert, so durchdringt die Welt des Lebensgeistes den interplanetarischen Raum und die einzelnen Planeten. Sie bildet ein gemeinsames Band zwischen ihnen. So wie es erforderlich ist, ein lenkbares Schiff zu haben, um von Amerika nach Afrika zu fahren, so müßten wir auch unter unserer bewußten Kontrolle einen Träger besitzen, welcher der Welt des Lebensgeistes entspricht, um von einem Planeten zum anderen reisen zu können.

In ähnlicher Weise wie wir durch die Welt des Lebensgeistes mit den anderen Planeten unseres Sonnensystems in Wechselbeziehung stehen, so verbindet uns die Welt des Göttlichen Geistes mit anderen Sonnensystemen. Betrachten wir die Sonnensysteme als separate Schwämme, die in der Welt des Göttlichen Geistes schwimmen, so wird ersichtlich, daß der Mensch fähig sein müßte, bewußt in seinem höchsten Träger, dem Göttlichen Geist, tätig zu sein, um von einem Sonnensystem zum anderen zu gelangen.

KAPITEL II

DIE VIER REICHE

Die drei Welten unseres Planeten (die Physische Welt, die Empfindungs- und die Gedankenwelt) sind gegenwärtig das Entwicklungsfeld für eine Anzahl verschiedener Naturreiche in vielfältigen Entwicklungsstadien. Wir müssen uns jetzt nur mit vier von ihnen befassen, dem Mineralreich, Pflanzenreich, Tierreich und der Menschheit.

Die vier Reiche haben verschiedenartige Beziehungen zu den drei Welten, entsprechend dem Fortschritt, den diese Gruppen des sich entwickelnden Lebens in der Schule der Erfahrung gemacht haben. Soweit es sich um die Form handelt, sind die dichten Körper aller vier Reiche aus denselben chemischen Substanzen zusammengesetzt, den festen, flüssigen und gasförmigen Stoffen der Chemischen Region. Der dichte Körper des Menschen ist ebenso eine chemische Zusammensetzung wie der Stein, der nur durch mineralisches Leben beseelt wird. Doch selbst wenn wir nur vom rein physischen Standpunkt ausgehen und alle anderen Überlegungen außer acht lassen, finden wir beim Vergleich des dichten menschlichen Körpers mit dem Mineral der Erde verschiedene, wichtige Unterschiede. Der Mensch bewegt sich, wächst und pflanzt seine Art fort, das Mineral im Urzustand aber nicht.

Vergleichen wir den Menschen mit den Formen des Pflanzenreiches, so finden wir, daß sowohl der Mensch als auch die Pflanze einen dichten, wachstums- und fortpflanzungsfähigen Körper haben, doch besitzt der Mensch Fähigkeiten, die der Pflanze fehlen. Er fühlt, hat Bewegungskraft und die Gabe, Dinge außerhalb seiner selbst wahrzunehmen.

Wenn wir den Menschen mit dem Tier vergleichen, so finden wir, daß beide Empfindung, Bewegung, Wachstum, Fortpflanzungsfähigkeit und

Sinneswahrnehmung haben. Außerdem hat der Mensch die Fähigkeit der Sprache, eine überlegene Struktur des Gehirns und auch der Hände, die von großem physischem Vorteil sind. Besonders bemerkenswert ist die Entwicklung des Daumens, der unsere Hand viel wertvoller macht als selbst die der antropoiden Affen. Auch hat der Mensch eine artikulierte Sprache entwickelt, durch die er seine Gefühle und Gedanken ausdrücken kann. Das alles ordnet den dichten Körper des Menschen in eine besondere, den drei anderen Reichen überlegene Klasse ein.

Um die Unterschiede in den vier Reichen zu erklären, müssen wir uns den unsichtbaren Welten zuwenden und dort die Ursachen suchen, warum dem einen Reich gegeben wird, was dem anderen versagt bleibt.

Um in einer Welt zu handeln und die ihr eigentümlichen Eigenschaften auszudrücken, müssen wir einen aus ihrem Material erbauten Träger haben. Um in der dichten Physischen Welt zu wirken, brauchen wir einen unserer Umgebung angepaßten, dichten Körper. Sonst wären wir Geister, wie man sie gemeinhin nennt und für die meisten physischen Wesen unsichtbar. Ebenso müssen wir einen Lebensleib besitzen, ehe wir Leben oder andere zur Ätherregion zählende Eigenschaften zum Ausdruck bringen, ehe wir wachsen können.

Um Gefühl und Emotion zu zeigen, ist es erforderlich, einen aus dem Material der Empfindungswelt zusammengesetzten Träger zu haben. Um das Denken zu ermöglichen, müssen wir einen aus der Substanz der Region der Konkreten Gedanken geformten Intellekt besitzen.

Prüfen wir die vier Reiche inbezug auf die Ätherregion, so finden wir, daß das Mineral keinen besonderen Lebensleib hat, und wir erkennen sofort den Grund, weshalb es nicht wachsen, sich nicht fortpflanzen oder Sinnesleben zeigen kann.

Da eine Hypothese erforderlich ist, um andere bekannte Tatsachen zu erklären, behauptet die materielle Wissenschaft, daß weder in den dichtesten Körpern, noch im feinsten und verdünntesten Gas je zwei Atome einander berühren, daß jedes Atom von Äther umhüllt ist und die Atome des Universums in einem Ozean von Äther schwimmen.

Der okkulte Wissenschaftler weiß, daß dies für die Chemische Region richtig ist und das Mineral keinen besonderen Lebensleib aus Äther hat. Und da es nur der planetarische Äther ist, der die Atome des Minerals umgibt, wird der Unterschied, wie beschrieben, ohne weiteres klar. Da die Atome der Empfindungswelt, der Gedankenwelt und selbst die der höheren Welten das Mineral ebensogut wie den dichten, menschlichen Körper durchdringen, müssen wir, wie wir gezeigt haben, einen separaten Lebens**leib,** einen Empfindungs**leib** usw. haben, um die Eigenschaften des betreffenden Reiches zum Ausdruck zu bringen. Und wenn das Durchdringen des planetarischen Äthers, jenes Äthers, der die Atome des Minerals umhüllt, allein genüge, um ihm Empfindung und Fortpflanzungsfähigkeit zu geben, dann würde auch die Durchdringung des Minerals durch die planetarische Gedankenwelt ausreichen, ihm Denkfähigkeit zu verleihen. Dies ist nicht der Fall, weil ihm ein **separater** Träger fehlt. Es wird nur vom planetarischen Äther durchdrungen. Daher ist persönliches Wachstum nicht möglich. Im Mineral wirkt nur die niederste der vier Ätherarten, der chemische Äther. Diesem verdankt das Mineral seine chemischen Kräfte.

Betrachten wir Pflanze, Tier und Mensch inbezug auf die Ätherregion, so können wir feststellen, daß alle einen gesonderten Lebensleib besitzen. Außerdem werden sie vom planetarischen Äther durchdrungen, der die Ätherregion bildet. Und doch besteht ein Unterschied zwischen den Lebensleibern der Pflanzen, denen der Tiere und Menschen. Im Lebensleib der Pflanze sind nur der Chemische- und der Lebens- Äther vollständig aktiv. Deshalb kann die Pflanze durch Einwirkung des chemischen Äthers wachsen und ihre Art durch die Tätigkeit des Lebensäthers des gesonderten Lebensleibes, den sie besitzt, fortpflanzen. Der Lichtäther ist jedoch teilweise latent oder schlummernd vorhanden. Der Rückstrahlende Äther fehlt. Daraus geht hervor, daß die Fähigkeiten der Sinneswahrnehmung und des Gedächtnisses - die Eigenschaften dieser Äther sind - durch das Pflanzenreich nicht zum Ausdruck kommen können.

Wenden wir uns dem Lebensleib des Tieres zu, so finden wir, daß in ihm der chemische, der Lebens- und Lichtäther dynamisch wirken. Daher besitzt das Tier die Fähigkeiten, durch die Tätigkeit des chemischen Äthers Nahrung aufzunehmen und zu wachsen. Und wie den Pflanzen, ist auch ihm durch den Lebensäther die Möglichkeit der Fortpflanzung gegeben. Außerdem hat das Tier durch die Tätigkeit des dritten Äthers, des Lichtäthers, die Fähigkeit innerer Wärmeerzeugung und der Sinneswahrnehmung. Dagegen bleibt der vierte Äther, der Rückstrahlende Äther, unwirksam. Das Tier hat daher weder Gedanken noch Erinnerung. Die als solche erscheinen, sind anderer Natur. Die Erklärung erfolgt später.

Analysieren wir das menschliche Wesen, so finden wir, daß in dem hochorganisierten Lebensleib alle vier Ätherarten dynamisch aktiv sind. Durch die Tätigkeiten des chemischen Äthers kann der Mensch Nahrung aufnehmen und wachsen. Die im Lebensäther wirkenden Kräfte befähigen ihn, seine Art fortzupflanzen. Die Kräfte des Lichtäthers versorgen den dichten Körper mit Wärme, wirken auf das Nervensystem und die Muskeln und öffnen so durch die Sinne die Pforten zur Außenwelt. Der Rückstrahlende Äther befähigt den Geist, seinen Träger durch das Denken zu beherrschen. Dieser Äther speichert als Gedächtnis auch vergangene Erfahrungen.

Der Lebensleib der Pflanze, des Tieres und des Menschen ragt über die Peripherie des dichten Körpers hinaus, wie die Ätherregion sich als Lebensleib eines Planeten über den dichten Teil ausdehnt. Das liefert wieder den Beweis für die Wahrheit des hermetischen Grundsatzes: „Wie oben, so unten“.

Die Ausdehnung des Lebensleibes beträgt beim Menschen ungefähr 4 cm. Der Teil außerhalb des dichten Körpers ist stark leuchtend und hat etwa die Farbe einer soeben aufgegangenen Pfirsichblüte. Er wird häufig von Menschen mit unwillkürlicher, sehr geringer Hellsichtigkeit gesehen. Der Verfasser fand in Gesprächen mit solchen Menschen heraus, daß sie sich oft nicht bewußt sind, etwas Ungewöhnliches zu sehen und nicht wissen, was sie sehen.

Während des vorgeburtlichen Lebens wird der dichte Körper in die Prägeform dieses Lebensleibes eingebaut und ist mit einer einzigen Ausnahme Molekül für Molekül eine genaue Nachbildung des Lebensleibes. So wie die Kraftlinien im gefrierenden Wasser die Zugänge zur Bildung der Eiskristalle sind, so bestimmen die Kraftlinien im Lebensleib die Gestalt des dichten Körpers. Während des ganzen Lebens ist der Lebensleib der Erbauer und Restaurator der dichten Form. Wäre nicht das Ätherherz, das dichte Herz würde sehr schnell unter den ständigen Anstrengungen, die wir ihm zumuten, zusammenbrechen. Dem Mißbrauch, den wir mit unserem dichten Körper treiben, arbeitet der Lebensleib entgegen, soweit es in seiner Macht liegt. Er führt einen ununterbrochenen Kampf gegen den Tod des dichten Körpers.

Die oben erwähnte Ausnahme ist, daß der Lebensleib des Mannes weiblich oder negativ, wogegen jener der Frau männlich oder positiv ist. In dieser Tatsache finden wir den Schlüssel zu zahlreichen komplizierten Fragen des Lebens. Daß die Frau ihren Erregungen nachgibt, ist eine Folge der erwähnten Polarität; denn ihr positiver Lebensleib erzeugt ein Übermaß an Blut, weshalb sie unter einem enormen inneren Druck zu leiden hat. Das physische Gebäude würde zerbrechen, wenn nicht ein Sicherheitsventil in der monatlichen Menstruation vorgesehen wäre, ein anderes in den Tränen. Sie lindern den Druck bei besonderen Gelegenheiten; denn Tränen stellen „weißes Blut“ dar.

Ein Mann kann ebenso starke Emotionen wie eine Frau haben und hat sie auch. Er kann sie aber gewöhnlich ohne Tränen unterdrücken; denn sein negativer Lebensleib erzeugt nicht mehr Blut, als er leicht beherrschen kann.

Im Gegensatz zu den höheren Trägern der Menschen verläßt der Lebensleib (ausgenommen bei bestimmten Umständen, die erklärt werden, wenn das Thema der „Einweihung" behandelt wird) den dichten Körper normalerweise nicht vor dessen Tod. Dann werden die chemischen Kräfte des dichten Körpers nicht mehr durch das sich entwickelnde Leben in Schach gehalten. Sie beginnen die Materie durch Auflösung wieder in ihren Urzustand zurückzuführen, damit sie im Haushalt der Natur zur Bildung anderer Formen zur Verfügung steht. So ist die Auflösung eine Folge der Tätigkeit der planetarischen Kräfte im chemischen Äther.

Einen ungefähren Vergleich für die Beschaffenheit des Lebensleibes geben jene Bilderrahmen, die aus hunderten ineinandergreifender, kleiner Holzstückchen hergestellt sind und dem Betrachter als unzählige Spitzen oder „Prismen" erscheinen. Der Lebensleib weist Millionen von Prismen auf. Diese dringen in die hohlen Zentren der dichten Atome ein und erfüllen sie mit Lebenskraft, die sie in einem höheren Maß schwingen läßt, als die der Atome der Erdmineralien, die nicht so beschleunigt und beseelt werden.

Wenn ein Mensch ertrinkt, von einer Höhe herunterfällt oder erfriert, so verläßt der Lebensleib den dichten Körper. Seine Atome werden infolgedessen zeitweilig reaktionsträge. Bei der Wiederbelebung dringt er wieder in den dichten Körper ein, und die „Prismen" werden abermals in die dichten Atome eingefügt. Die Trägheit der Atome widersetzt sich der Wiederaufnahme der Schwingungen. Das ist die Ursache heftig stechenden Schmerzes und kribbelnden Gefühls, die, normalerweise nicht bemerkt, in solchen Augenblicken jedoch wahrgenommen werden. Aus dem gleichen Grund werden wir uns des Stehenbleibens oder des beginnenden Tickens einer Uhr bewußt, beachten es aber nicht, solange sie sich in Gang befindet.

Es gibt bestimmte Fälle, in denen der Lebensleib den dichten Körper teilweise verläßt, z.B. wenn eine Hand „einschläft". Dann kann man die Ätherhand des Lebensleibes wie einen Handschuh unter dem dichten Arm hängen sehen. Das eigentümlich prickelnde Gefühl wird durch die „Prismen“ hervorgerufen, wenn die Ätherhand wieder in die dichte Hand eindringt. Manchmal teilt sich in der Hypnose der Kopf des Lebensleibes und hängt außerhalb des dichten Kopfes, eine Hälfte auf jeder Schulter, oder er liegt um den Hals wie der Kragen eines Pullovers. In solchen Fällen spürt man beim Wiedererwachen kein Prickeln, weil während der Hypnose der Teil des Lebensleibes des Opfers durch den des Hypnotiseurs ersetzt worden ist.

Werden Betäubungsmittel verwendet, wird der Lebensleib mit den höheren Trägern teilweise ausgetrieben. Wenn die Anwendung zu stark ist und der Lebensäther herausgetrieben wird, tritt der Tod ein. Dieselbe Erscheinung kann man auch bei Materialisationsmedien wahrnehmen. Der Unterschied zwischen einem Materialisationsmedium und einem gewöhnlichen Mann bzw. einer Frau ist folgender: In unserem gegenwärtigen Evolutionsstadium sind bei Durchschnitts- Frauen und -Männern der dichte Körper und der Lebensleib ganz fest miteinander verwoben, während sie beim Medium nur lose verbunden sind. Das war nicht immer so, und die Zeit wird wiederkommen, wo der Lebensleib auf ganz normale Weise den dichten Körper verlassen kann, was gegenwärtig nicht die Regel ist. Erlaubt ein Medium Wesenheiten aus der Empfindungswelt, die sich materialisieren wollen, seinen Lebensleib zu benutzen, entweicht der Lebensleib gewöhnlich auf der linken Seite durch seine „besondere Pforte“, die Milz. Dann können die Lebenskräfte nicht mehr in den Körper fließen, wie es normalerweise geschieht. Das Medium wird stark erschöpft und einige von ihnen greifen zu Reizmitteln, um diesem Zustand entgegenzuwirken; mit der Zeit werden sie zu unheilbaren Trinkern.

Die Lebenskraft der Sonne, die uns als farbloses Fluidum umgibt, wird vom Lebensleib durch sein ätherisches Gegenstück, die Milz, aufgenommen, wo sie eine merkwürdige farbliche Verwandlung durchmacht. Sie wird blaßrosa und breitet sich entlang der Nerven über den gesamten dichten Körper aus. Sie ist für das Nervensystem, was die Elektrizität für ein Telegraphensystem ist. Keine Botschaft kann übermittelt werden, wenn die Elektrizität fehlt, auch wenn alle Drähte, Instrumente und Telegraphisten in völliger Ordnung sind. Das Ego, das Gehirn und das Nervensystem können anscheinend in einem perfekten Zustand sein, fehlt jedoch die Lebenskraft, um die Botschaften des Egos durch die Nerven an die Muskeln zu übermitteln, bleibt der dichte Körper träge. Genau das ist der Fall, wenn ein Teil des dichten Körpers gelähmt wird. Der Lebensleib ist krank geworden. Die Lebenskraft kann nicht länger strömen. In solchen Fällen befindet sich die Störung, wie bei den meisten Erkrankungen in den feineren unsichtbaren Trägern. In bewußter oder unbewußter Kenntnis dieser Tatsache wenden die erfolgreichsten Ärzte die Suggestion an, die als medizinisches Hilfsmittel auf die höheren Träger wirkt. Je mehr ein Arzt seinem Patienten Glaube und Hoffnung vermitteln kann, desto eher wird die Krankheit schwinden, und vollkommene Gesundheit wird sich einstellen.

Im Zustand der Gesundheit entwickelt der Lebensleib einen Überschuß an Lebenskraft. Diese durchströmt den dichten Körper, der sie von seiner Peripherie, wie der Radius eines Kreises, vom Zentrum in gerader Richtung nach allen Seiten ausstrahlt. Bei Erkrankungen jedoch, wenn der Lebensleib geschwächt ist, kann er nicht dasselbe Maß an Kraft an sich ziehen; außerdem zehrt der dichte Körper an ihm. Dann sind die aus dem Körper austretenden Strahlen des Lebensfluidums verkrümmt und gebogen. Das zeigt den dahinter verborgenen Kräftemangel. Im Gesundheitszustand führt die große Kraft dieser Ausstrahlungen Keime und Mikroben mit sich, die der Gesundheit des dichten Körpers schädlich sind. Während der Krankheit jedoch, wenn die Lebenskraft geschwächt ist, scheiden diese

Ausströmungen weniger Krankheitskeime aus. Daher ist bei geschwächter Lebenskraft die Ansteckungsgefahr viel größer als bei robuster Gesundheit.

In Fällen, wo ein Glied des dichten Körpers amputiert wird, begleitet nur der planetarische Äther den amputierten Teil. Der getrennte Lebensleib und der dichte Körper lösen sich nach dem Tod gleichzeitig auf. So ist es auch mit dem ätherischen Gegenstück des amputierten Gliedes. Es löst sich nach und nach auf, so wie das feste Glied verwest. Daß aber der Mensch das Ätherglied in der Zwischenzeit noch besitzt, erklärt seine Behauptung, seine Finger zu spüren oder in ihnen Schmerzen zu empfinden. Es besteht auch eine Verbindung mit einem begrabenen Glied, unabhängig von der Entfernung. Es wird von einem Fall berichtet, bei dem ein Mann einen heftigen Schmerz, wie von einem in das Fleisch des amputierten Gliedes eingedrungenen Nagel spürte. Als auf sein hartnäckiges Drängen das Glied ausgegraben wurde, entdeckte man, daß bei dessen Verpacken in eine Kiste ein Nagel ins Fleisch gedrungen war. Der Nagel wurde entfernt, und der Schmerz hörte sofort auf. Mit diesem Sachverhalt stimmt auch überein, daß Menschen etwa zwei oder drei Jahre lang nach der Amputation eines Gliedes noch über Schmerzen klagen. Die Krankheit bleibt in dem noch immer nicht abgetrennten ätherischen Glied. Doch so wie sich der amputierte Teil zersetzt, löst sich auch das Ätherglied auf, und somit endet der Schmerz.

Wir haben nun die Beziehungen der vier Reiche zur Ätherregion der Physischen Welt kennengelernt und werden als nächstes unsere Aufmerksamkeit ihrer Beziehung zur Empfindungswelt zuwenden.

Hier stellen wir fest, daß weder Mineralien noch Pflanzen einen eigenen Empfindungsleib besitzen. Sie werden nur von dem planetarischen Empfindungsleib der Empfindungswelt durchdrungen. Da ihnen der gesonderte Träger fehlt, können sie nicht fühlen, begehren und Emotionen empfinden, alles Fähigkeiten, die der Empfindungswelt angehören. Wird ein Stein zerschlagen, so fühlt er es nicht, aber es wäre falsch daraus zu schließen, daß mit dieser Handlung kein Fühlen verbunden sei. Das ist die materialistische Anschauung, vertreten von der überwiegenden Mehrheit verständnisloser Menschen. Der okkulte Wissenschaftler weiß, daß es keine Tat - ob groß oder klein - gibt, die nicht überall im Universum empfunden wird. Selbst wenn der Stein nicht fühlen kann, weil er keinen gesonderten Empfindungsleib besitzt, so fühlt es der Geist der Erde; denn dessen Empfindungsleib durchdringt den Stein. Schneidet sich der Mensch in den Finger, so empfindet den Schmerz nicht der Finger, der keinen separaten Empfindungsleib hat, sondern der Mensch, dessen Empfindungsleib den Finger durchdringt. Reißt man eine Pflanze mit den Wurzeln aus, so wird dies vom Geist der Erde gefühlt, wie ein Mensch es spürt, wenn ihm ein Haar vom Kopf gerissen wird. Diese Erde ist ein lebender und fühlender Körper. All die Formen, die keinen eigenen Empfindungsleib haben, durch den ihr durchdringender Geist Gefühl erfahren könnte, sind im Empfindungsleib der Erde eingeschlossen, und dieser Empfindungsleib hat Gefühl. Das Brechen eines Steines und das Abbrechen von Blumen erzeugen der Erde ein Wohlgefühl, während ihr das Ausreißen von Pflanzen mit den Wurzeln Schmerzen bereitet. Der Grund hierfür wird in einem späteren Teil dieses Werkes angeführt werden; denn zum gegenwärtigen Zeitpunkt des Studiums wäre eine Erläuterung dem Durchschnittsleser noch unverständlich.

Die planetarische Empfindungswelt pulsiert durch den dichten Körper und den Lebensleib der Tiere und Menschen auf dieselbe Weise, wie sie das Mineral und die Pflanzen durchdringt. Außerdem haben Tiere und Menschen gesonderte Empfindungsleiber, mit denen sie Begierden, Emotionen und Gemütserregungen fühlen können. Es besteht jedoch ein Unterschied: der Empfindungsleib des Tieres ist ausschließlich aus dem Stoff der dichteren Regionen der Empfindungswelt aufgebaut. Doch selbst bei den noch am wenigsten entwickelten menschlichen Rassen dringt in die Zusammensetzung des Empfindungsleibes ein wenig von der Materie der höheren Regionen ein. Die Gefühle der Tiere und der primitivsten menschlichen Rassen sind fast ausschließlich auf die Befriedigung ihrer niedersten Begierden und Leidenschaften gerichtet, die ihren Ausdruck in der Materie der unteren Regionen der Empfindungswelt finden. Damit ihnen solche Emotionen für ihre Erziehung zu etwas Höherem zuteil werden können, müssen sie die entsprechende Materie in ihrem Empfindungsleib besitzen. In dem Maß, wie der Mensch in der Schule des Lebens voranschreitet, belehren ihn seine Erfahrungen, und seine Wünsche werden mit der Zeit reiner und besser. So macht die Materie seines Empfindungsleibes allmählich eine entsprechende Veränderung durch. Die reinere und leuchtendere Materie der höheren Regionen der Empfindungswelt ersetzt die düsteren Farben der niederen Regionen. Auch wächst der Empfindungsleib an Größe. Bei einem Heiligen ist er ein wahrhaft herrlicher Anblick, und die Reinheit seiner Farben und seine leuchtende Transparenz sind unvergleichlich. Man muß ihn gesehen haben, um ihn zu würdigen.

Gegenwärtig ist bei der großen Mehrheit der Menschen die Materie der beiden Regionen, der niederen und höheren, bei der Bildung des Empfindungsleibes beteiligt. Kein Mensch ist so schlecht, daß er nicht auch einen guten Charakterzug hätte. Dies drückt sich in der Materie der höheren Regionen aus, die wir in seinem Empfindungsleib finden. Andererseits sind aber auch nur sehr, sehr wenige so gut, daß sie nicht einiges von der Materie der niederen Regionen verwenden.

Am Beispiel von Schwamm, Sand und Wasser sahen wir, wie die planetarischen Lebens- und Empfindungs-Körper die dichte Materie der Erde durchdringen. Ebenso durchdringen der Lebens- und Empfindungsleib die dichten Körper der Pflanzen, Tiere und Menschen. Doch während des menschlichen Lebens hat dieser Empfindungsleib nicht die Gestalt des dichten Körpers und des Lebensleibes. Erst nach dem Tod nimmt er diese Gestalt an. Während des Lebens hat er das Aussehen eines leuchtenden eiförmigen Körpers, der in den Stunden des Wachens den dichten Körper vollkommen umgibt, so wie das Eiweiß den Eidotter. Er erstreckt sich zwischen 30 und 40 cm über den dichten Körper. Im Empfindungsleib befindet sich eine Anzahl von Sinneszentren, die jedoch bei der Mehrheit der Menschen latent sind. Das Erwecken dieser Wahrnehmungszentren entspricht dem Öffnen der Augen des blinden Mannes aus unserem früheren Beispiel. Die Materie des menschlichen Empfindungsleibes ist in unaufhörlicher Bewegung mit unvorstellbarer Schnelligkeit. Da gibt es keinen festen Platz für irgend ein Teilchen, wie im dichten Körper. Die Substanz, die im Augenblick beim Kopf ist, kann im nächsten bei den Füßen und dann sofort wieder beim Kopf sein. Im Empfindungsleib gibt es keine Organe, wie im dichten Körper und Lebensleib; er hat jedoch Wahrnehmungszentren, die in Tätigkeit wie Wirbel erscheinen und immer in derselben relativen Stellung zum dichten Körper bleiben. Die meisten befinden sich um den Kopf herum. Bei der Mehrzahl der Menschen sind sie nur Wirbel und als Wahrnehmungszentren noch nicht zu gebrauchen. Sie können in allen erweckt werden, allerdings führen verschiedene Methoden zu verschiedenen Resultaten.

Beim unwillkürlich Hellsehenden, der sich nach einer ungeeigneten, negativen Richtung entwickelt hat, kreisen diese Wirbel von rechts nach links, dem Uhrzeigersinn entgegen.

Im Empfindungsleib des richtig geschulten Hellsehers drehen sie sich in der Richtung des Uhrzeigers von links nach rechts und glühen in besonderem Glanz, der die Leuchtkraft des gewöhnlichen Empfindungsleibes noch bei weitem übertrifft. Diese Zentren geben ihm die Mittel zur Wahrnehmung der Erscheinungen in der Empfindungswelt, und er sieht und forscht wie er will. Die Person, deren Zentren sich entgegen dem Uhrzeigersinn bewegen, gleicht einem Spiegel, der zurückstrahlt, was vor ihm geschieht. Eine solche Person ist unfähig, zu korrekten Informationen zu gelangen. Der Grund dafür gehört in ein späteres Kapitel. Doch das Gesagte ist einer der fundamentalen Unterschiede zwischen einem Medium und einem richtig geschulten Hellseher. Die meisten Menschen können zwischen beiden nicht unterscheiden. Aber es gibt eine unfehlbare Regel, nach der sich jeder richten kann: **Kein wahrhaft entwickelter Seher wird jemals seine Kunst für Geld oder Geldeswert ausüben. Er wird sie nicht benutzen, um Neugierde zu befriedigen, sondern nur, um der Menschheit zu helfen.**

Keiner, der die richtige Methode lehren kann, diese Fähigkeit zu entwikkeln, wird jemals für seine Lehre etwas verlangen. Diejenigen, die Geld für die Ausübung oder den Unterricht in diesen Dingen fordern, haben niemals etwas zu geben, was des Geldes wert wäre. Die obige Regel ist eine zuverlässige und sichere Richtschnur, der alle mit vollem Vertrauen folgen können.

In ferner Zukunft wird der Empfindungsleib des Menschen ebenso präzis organisiert sein, wie der dichte Körper und der Lebensleib. Wenn diese Stufe erreicht ist, werden wir alle die Kraft besitzen, im Empfindungsleib ebenso zu handeln, wie jetzt im dichten Körper, dem ältesten und bestorganisierten dieser menschlichen Körper. Der Empfindungsleib ist der jüngste von ihnen. Er wurzelt in der Leber, so wie der Lebensleib in der Milz.

Bei allen warmblütigen Lebewesen fluten die Ströme des Empfindungsleibes von der Leber aus. Sie sind die höchstentwickelten Geschöpfe. Sie haben Gefühle, Leidenschaften und Emotionen, die nach außen in die Welt durch Begierde gelangen und im wahrsten Sinne des Wortes leben und nicht nur vegetieren. Der Empfindungsstoff quillt unablässig in Strömen hervor, die sich in gebogenen Linien zu jedem Punkt der Peripherie des eiförmigen Körpers bewegen und dann durch eine Anzahl von Wirbeln zur Leber zurückkehren, so wie kochendes Wasser unablässig von der Wärmequelle aus aufsteigt und nach vollendetem Umlauf zu ihr zurückkehrt.

Den Pflanzen fehlt dieses antreibende, energiespendende Prinzip. Deshalb können sie nicht wie höher entwickelte Wesen Leben und Bewegung zeigen.

Den Wesen, die Lebenskraft und Bewegung haben, aber kein **rotes** Blut, fehlt noch der eigene, separate Empfindungsleib. Das Geschöpf befindet sich einfach im Übergangsstadium zwischen Pflanze und Tier und bewegt sich vollkommen unter der Herrschaft des Gruppengeistes.

Die **kalt**blütigen Tiere, die eine Leber und **rotes** Blut haben, besitzen einen separaten Empfindungsleib. Der Gruppengeist lenkt die Ströme nach **innen**, denn in ihrem Fall (beim einzelnen Fisch oder Reptil z.b.) befindet sich der gesonderte Geist vollständig außerhalb des dichten Trägers.

Wenn der Organismus sich so weit entwickelt hat, daß der gesonderte Geist in seine Träger einziehen kann, dann beginnt er (der individuelle Geist) die Ströme nach außen zu lenken, und wir erkennen den Anfang leidenschaftlichen Lebens und warmen Blutes. Es ist das warme, rote Blut in der Leber des genügend entwickelten Organismus, um einen innewohnenden Geist zu besitzen, der den nach außen gehenden Strömen von Empfindungsstoff Energie verleiht. Diese Ströme rufen bei Tier und Mensch Begierde und Leidenschaft hervor. Das Tier hat (auf der jetzigen Stufe seiner Entwicklung) noch keinen völlig innewohnenden Geist. Das ist erst dann der Fall, wenn die Prismen im Lebensleib und dichten Körper miteinander in Verbindung treten, wie es später im 12. Kapitel erklärt werden wird. Aus diesem Grund ist das Tier kein „Lebender", d.h. es lebt nicht ganz so wie der Mensch, denn es ist keiner so feinen Wünsche und Emotionen fähig, weil es kein volles Bewußtsein hat. Die Säugetiere unserer Zeit stehen auf einer höheren Stufe als sich damals der Mensch im Tierstadium seiner Entwicklung befand. Sie haben bereits warmes, rotes Blut, das der Mensch auf jener Stufe nicht besaß. Dieser Unterschied des Zustandes erklärt sich aus dem spiralförmigen Pfad der Evolution. Darin liegt die Begründung, daß der Mensch einen höheren Typus der Menschheit darstellt, als es die jetzigen Engel in ihrem menschlichen Stadium waren. Die gegenwärtigen Säugetiere, die schon in ihrem Tierzustand rotes, warmes Blut erwarben und daher bis zu einem gewissen Grad die Fähigkeit besitzen, Gefühle und Emotionen zu empfinden, werden in der Jupiterperiode ein reinerer und besserer Menschentypus sein als wir es jetzt sind. Selbst in der Jupiterperiode wird es aus unserer jetzigen Menschheit noch einige geben, die dann unverhohlen und ausgesprochen gottlos sein werden. Überdies werden sie nicht fähig sein, ihre Leidenschaften zu verbergen, wie ihnen dies heute möglich ist, sondern sie werden schamlos Böses tun.

Im Hinblick auf die Verbindung zwischen der Leber und dem Leben des Organismus ist es bemerkenswert, daß in verschiedenen europäischen Sprachen (Englisch, Deutsch und den skandinavischen Sprachen) dasselbe Wort dieses physische Organ (die Leber) und auch „einen der lebt" bezeichnet.

Wenden wir unsere Aufmerksamkeit den vier Reichen in ihrer Beziehung zur Gedankenwelt zu, so finden wir, daß Mineralien, Pflanzen und Tiere keinen Träger haben, der sie in Wechselbeziehung zu dieser Welt bringt. Gleichwohl wissen wir, daß einige Tiere denken, doch das sind nur die in hohem Maß gezähmten Haustiere, die während Generationen mit dem Menschen in engen Kontakt gekommen sind und dadurch eine Fähigkeit entwickelt haben, die anderen, nicht so begünstigten Tieren fehlt. Das gleiche Prinzip finden wir auf dem Gebiet der Elektrizität. Ein stark geladener Draht ruft in einem in seine Nähe gebrachten anderen Draht einen schwächeren Strom durch „Induktion" hervor. Auch erwecken Menschen mit starker Moral dieselbe Tendenz bei schwächeren Charakteren, wogegen jemand, der moralisch schwach ist, unter dem Einfluß einer schlechten Umgebung zugrunde gerichtet wird. Alles, was wir tun, sagen oder sind, spiegelt sich in unserer Umgebung wider. Deshalb denken auch die höchstentwickelten Haustiere. Sie sind die höchsten ihrer Art, fast schon an dem Punkt angelangt, wo sie sich individualisieren. Die Gedankenwellen des Menschen haben in ihnen eine ähnliche Aktivität niedrigerer Art „induziert". Außer den hier angeführten Ausnahmen hat das Tierreich keine Denkfähigkeit erlangt. Die Tiere sind nicht **individualisiert**. Das ist der große und bedeutende Unterschied zwischen der Menschheit und den anderen Reichen. Der Mensch ist ein Individuum. Tiere, Pflanzen und Mineralien sind in Arten eingeteilt und nicht in demselben Sinn individualisiert wie der Mensch.

Zwar teilen wir die Menschen in Rassen, Stämme und Nationen ein und stellen den Unterschied zwischen Kaukasiern, Negriden, Indianern usw. fest, doch das ist nicht der entscheidende Punkt. Studieren wir das Charakteristische des Löwen, des Elefanten oder anderer Arten der niederen Tiere, so genügt es, irgend ein Exemplar der betreffenden Art zu diesem Zweck herauszugreifen. Sind uns die Merkmale eines Tieres bekannt, so kennen wir die seiner Art, zu der es gehört. Alle Glieder desselben Tierstammes sind gleich, und das ist das Wesentliche. Ein Löwe, sein Vater oder sein Sohn, alle sehen sie gleich aus. Sie werden unter denselben Bedingungen unterschiedslos gleich handeln. Alle haben dieselben Neigungen und Abneigungen; einer ist dem anderen gleich.

Bei den Menschen ist es anders. Wenn wir die Charaktermerkmale einer Rasse kennenlernen wollen, so genügt es nicht, ein einzelnes Individuum zu betrachten. Hier wäre es erforderlich, jedes individuell zu studieren, und selbst dann werden wir noch keine Kenntnisse über die betreffende Rasse als Ganzes erhalten, einfach deshalb, weil sich das Charakteristische des einzelnen Individuums nicht kollektiv auf die Rasse anwenden läßt.

Wenn wir den Charakter Abraham Lincolns kennenlernen wollen, so nützt es uns nichts, seinen Vater, seinen Großvater oder seinen Sohn zu studieren, denn sie sind voneinander grundverschieden. Jeder wird seine besonderen Eigentümlichkeiten haben, die von den individuellen Besonderheiten des Abraham Lincoln ganz verschieden sind.

Andererseits geben wir eine Beschreibung der Mineralien, Tiere und Pflanzen, wenn wir unsere Aufmerksamkeit einem Exemplar jeder

Gattung widmen, wogegen es unter den Menschen so viele Arten wie Individuen gibt. Jedes Individuum ist eine „Art", ein Gesetz für sich, völlig getrennt und gesondert von jedem anderen Individuum, so verschieden von seinen Mitmenschen, wie es eine Art von der anderen des niederen Reiches ist. Wir können die Biographie eines Menschen niederschreiben, doch ein Tier kann keine Biographie haben. Das kommt daher, weil jeder Mensch einen gesonderten, ihm **innewohnenden** Geist besitzt, der die Gedanken und Handlungen jedes einzelnen Individuums eingibt. Dagegen hat jede Gattung der verschiedenen Tiere oder Pflanzen einen „**gemeinsamen** Gruppengeist". Auf alle wirkt der Gruppengeist **von außen** ein. Der Tiger, der die Wildnis des indischen Dschungels durchstreift, und der Tiger, der im Käfig eines Tiergeheges eingesperrt lebt, sie beide sind Ausdrucksformen desselben Gruppengeistes. Er beeinflußt beide von der Empfindungswelt aus, wobei die Entfernung in den inneren Welten fast gar keine Rolle spielt.

Die Gruppengeister der drei niederen Reiche sind in den höheren Welten verschieden untergebracht, wie wir sehen werden, wenn wir das Bewußtsein der einzelnen Reiche untersuchen. Um jedoch die Stellung dieser Gruppengeister in den inneren Welten richtig zu erkennen, muß man klar verstehen und sich an das erinnern, was schon alles über die Formen gesagt wurde. Danach haben sich alle Körper der sichtbaren Welt aus Modellen und Ideen der inneren Welten heraus kristallisiert, wie an den Beispielen vom Haus des Architekten und von der Maschine des Erfinders erläutert wurde. So wie sich die Säfte aus dem weichen Körper der Schnecke zum harten Haus kristallisieren, das sie auf ihrem Rücken trägt, so haben auch auf ähnliche Weise die Geister in den höheren Welten die dichten, materiellen Körper der verschiedenen Naturreiche aus sich heraus kristallisiert.

Daher sind die sogenannten „höheren" Körper, obwohl sie so fein und wolkenartig, bis hin zum Unsichtbaren sind, keineswegs Ausstrahlungen (emanations) aus dem dichten Körper, sondern die dichten Träger aller Reiche entsprechen dem Haus der Schnecke, das sich aus ihren Säften heraus kristallisiert hat. Die Schnecke selbst entspricht dem Geist, während die Säfte ihres Körpers die verschiedenen Stufen der Kristallisation, den Intellekt, den Empfindungsleib und den Lebensleib darstellen. **Diese verschiedenen Träger sind Emanationen des Geistes aus sich selbst heraus,** um durch sie Erfahrungen zu sammeln. Es ist der Geist, der den dichten Körper bewegt, wohin er will, so wie die Schnecke ihr Haus; es ist nicht der Körper, der die Bestrebungen des Geistes beherrscht. Je enger der Geist mit seinem Träger in Verbindung treten kann, um so besser kann er ihn lenken und sich durch ihn äußern und umgekehrt. Das ist der Schlüssel zu den verschiedenen Bewußtseinszuständen in den verschiedenen Reichen. Eine Studie der Diagramme 3 und 4 soll die Träger jedes Reiches, die Art und Weise, wie sie zu den einzelnen Welten in Wechselbeziehung stehen, und die sich daraus ergebenden Bewußtseinszustände veranschaulichen.

DIAGRAMM 3

zeigt die Träger jedes Reiches und die Art, in der diese Träger mit den verschiedenen Welten in Verbindung stehen.

WELT	REICH			
	Mineral	Pflanze	Tier	Mensch
Gedankenwelt Region der Abstrakten Gedanken	Gruppen Geist und Ego	Gruppen Geist und Ego	Gruppen Geist und Ego	Ego
Region der Konkreten Gedanken	Kein Träger	kein Träger	kein Träger	Intellekt
Empfindungs-Welt	kein Träger	kein Träger	Empfindungsleib	Empfindungsleib
Physische Welt: Die Ätherregion und	kein Träger	Lebensleib	Lebensleib	Lebensleib
Chemische Region	Dichter Körper	Dichter Körper	Dichter Körper	Dichter Körper

DIAGRAMM 4

zeigt den jedem Reich zugehörigen Bewußtseinszustand

WELT	REICH				Bewußt- Seins- zustand
	Mineral	Pflanzen	Tier	Mensch	
Region der Abstrakten Gedanken	Gruppen- Geist u. Ego				trance ähnlich
Region der Konkreten Gedanken		Gruppen- Geist und Ego			traum- loser Schlaf
Empfindungs- welt			Gruppen- geist und Ego		Traum- bewußt- sein
Physische Welt Sie umfaßt: Ätherregion u. die Chemische Region	Dichter Körper	Lebensl. Dichter- Körper	Empfin- dungsleib Lebensl. Dichter Körper	Ego Intellekt Empfin- dungsleib Lebensleib Dichter Körper	Wach- bewußt- sein

Aus Diagramm 3 erfahren wir, daß das einzelne Ego innerhalb des Universalgeistes in der Region der Abstrakten Gedanken endgültig abgesondert ist. Es zeigt, daß nur der Mensch die vollständige Kette von Trägern besitzt, die ihn in Wechselbeziehung zu allen Abteilungen der drei Welten bringt. Dem Tier fehlt ein Glied der Kette, der Intellekt; der Pflanze fehlen zwei Glieder, der Intellekt und der Empfindungsleib. Dem Mineral fehlen in der Trägerkette drei Glieder, die erforderlich sind, um in der Physischen

Welt selbstbewußt zu wirken, der Intellekt, der Empfindungsleib und der Lebensleib.

Der Grund der verschiedenen Mängel ist darin zu suchen, daß das Mineralreich der Ausdruck des jüngsten Stromes des sich entwickelnden Lebens ist. Das Pflanzenreich ist durch eine Lebenswoge beseelt, die sich bereits länger auf dem Evolutionspfad befindet. Die Lebenswoge des Tierreiches hat eine noch längere Vergangenheit, während der Mensch, d. h. das Leben, das sich gegenwärtig in menschlicher Gestalt offenbart, die längste Reise unter allen vier Reichen hinter sich hat und daher auch führend ist. Mit der Zeit werden die drei Lebenswogen, die jetzt die niederen Reiche mit Leben erfüllen, den menschlichen Zustand erreichen, und wir werden dann höhere Entwicklungsstadien durchschritten haben.

Um den Grad des Bewußtseins zu verstehen, der aus dem Besitz der jeweiligen Träger resultiert, die durch das in den vier Reichen sich entwickelnde Leben benutzt werden, wenden wir unsere Aufmerksamkeit Diagramm 4 zu. Es zeigt, daß der Mensch, das Ego, der Denker, in die Chemische Region der Physischen Welt hinabgestiegen ist. Hier hat er alle seine Träger methodisch geordnet und dadurch den Zustand wachen Bewußtseins erlangt. Er lernt seine Träger zu beherrschen. Noch sind die Organe des Empfindungsleibes und des Intellekts nicht entwickelt; letzterer ist noch nicht einmal ein Körper. Gegenwärtig ist er nur ein Bindeglied, eine Hülle, die das Ego als Brennpunkt benutzt. Er ist der letzte der erbauten Träger. Der Geist wirkt nach und nach aus der feineren Substanz in die gröbere hinein; auch die Träger werden zuerst in feiner, dann in gröberer Substanz aufgebaut. Zuerst wurde der dichte Körper geschaffen, der nun in das vierte Stadium seiner Dichte getreten ist. Der Lebensleib ist im dritten, der Empfindungsleib im zweiten Stadium und daher noch wolkenähnlich, und die Hülle des Intellekts ist noch dünner. Da diese Träger bis jetzt noch keine Organe entwickelt haben, ist es klar, daß sie als Bewußtseinsträger **allein** nutzlos wären. Das Ego aber **tritt** in den dichten Körper **ein**, verbindet diese organlosen Träger mit den physischen Sinneszentren und erreicht so den wachen Bewußtseinszustand in der Physischen Welt.

Der Schüler sollte sich besonders merken, daß diese höheren Träger nur durch ihre Verbindung mit dem wundervoll organisierten Mechanismus des dichten Körpers gegenwärtig von Wert sind. Dadurch wird er den Fehler vermeiden, der häufig von Menschen gemacht wird, die den dichten Träger verachten, ihn als „niedrig" und „gemein" bezeichnen, wenn sie Kenntnis der höheren Träger erhalten haben. Sie erheben ihre Augen zum Himmel und wünschen, daß sie bald fähig sein mögen, diesen irdischen Lehmklumpen zu verlassen und in „höheren Trägern" umherzufliegen.

Diese Leute sind sich gewöhnlich nicht über den Unterschied zwischen „höher" und „vollkommen" im klaren. Gewiß ist der dichte Körper der niedrigste Träger in dem Sinn, daß er der schwerfälligste ist und den Menschen mit der Sinnenwelt in Wechselbeziehung bringt mit all den sie einschließenden Beschränkungen. Wie bereits dargestellt, hat der dichte Körper eine unendlich lange Entwicklungsperiode hinter sich. Er ist auf der vierten Stufe seiner Entwicklung und hat gegenwärtig einen hohen und bewundernswerten Grad der Leistungsfähigkeit erreicht. Er wird mit der Zeit Vollkommenheit erlangen, ist aber jetzt schon der bestorganisierte unter den Trägern des Menschen. Der Lebensleib ist im dritten Entwicklungsstadium und weniger gut organisiert als der dichte Körper. Der Empfindungsleib und der Intellekt sind bis jetzt nur Wolken, fast völlig unorganisiert. Bei den niedersten menschlichen Wesen sind diese Träger nicht einmal klar umrissene, eiförmige Körper, sie sind mehr oder weniger unbestimmt in der Form.

Der dichte Körper ist ein wundervoll konstruiertes Instrument. Das sollte jeder erkennen, der behauptet, etwas von der Zusammensetzung des Menschen zu wissen. Man betrachte z.B. den Oberschenkelknochen. Er trägt das ganze Gewicht des Körpers. Nach außen besteht er aus einer dünnen Schicht fester Knochenmasse und wird nach innen durch Balken und Querbalken gitterförmiger Knochen in so wunderbarer Weise verstärkt, daß der erfahrenste Brücken- und Konstruktionsingenieur niemals das Meisterstück vollbrächte, einen Pfeiler von gleicher Stärke und so geringem Gewicht zu bauen. Die Knochen der Schädeldecke sind auf ähnliche Weise gebildet. Immer wird die geringste Menge an Material verwendet und das höchste Maß an Stärke erreicht. Man betrachte die Weisheit, die sich im Aufbau des Herzens offenbart und frage sich, ob dieser ausgezeichnete Mechanismus verdient, verachtet zu werden. Der Weise ist für seinen dichten Körper dankbar und pflegt ihn bestmöglich, denn er weiß, daß dieser Träger das wertvollste unserer gegenwärtigen Instrumente ist.

Der Geist (spirit) der Tiere hat in seinem Abstieg erst die Empfindungswelt erreicht. Er hat sich noch nicht zu der Stufe entwickelt, auf der er in einen dichten Körper „eintreten" kann. Daher hat das Tier keinen persönlichen, **inne**wohnenden Geist, sondern einen Gruppengeist, der es **von außen** lenkt. Das Tier hat einen dichten Körper, einen Lebens- und einen Empfindungsleib. Der Gruppengeist, der es lenkt, ist jedoch außerhalb. Der Lebens- und der Empfindungsleib befinden sich nicht vollständig im dichten Körper, besonders, was den Kopf betrifft. So ragt z.b. der Ätherkopf eines Pferdes weit über den dichten Kopf hinaus. In seltenen Fällen kommt es vor, daß der Ätherkopf des Pferdes sich in den dichten Körper hineinzieht. Dann könnte das Pferd lesen und zählen lernen und Aufgaben der elementaren Arithmetik lösen. Dieser Eigentümlichkeit ist es auch zu verdanken, daß Pferde, Hunde, Katzen und andere Haustiere die Empfindungswelt mit den Sinnen erfassen, jedoch nicht immer den Unterschied zwischen ihr und der Physischen Welt begreifen. Ein Pferd kann vor der Erscheinung eines dem Kutscher unsichtbaren Körpers scheuen. Eine Katze tut so, als ob sie sich an unsichtbaren Beinen reibe. Sie sieht zwar den Geist (ghost), erkennt jedoch nicht, daß er keine zum Reiben geeigneten Beine besitzt. Der Hund, der weiser als Pferd oder Katze ist, nimmt oft die Erscheinung seines toten Herrn, dessen Hand er nicht lecken kann, mit seinen Sinnen wahr. Es ist etwas, was er nicht versteht. Er wird dann jämmerlich heulen und sich, den Schwanz zwischen den Beinen, in einen Winkel verkriechen. Vielleicht illustriert das folgende Beispiel den Unterschied zwischen dem Menschen mit seinem innewohnenden Geist und dem Tier mit seinem Gruppengeist näher.

Stellen wir uns einen durch einen Vorhang geteilten Raum vor, dessen eine Seite die Empfindungswelt und die andere die Physische Welt verkörpert. Im Raum befinden sich zwei Menschen, auf jeder Seite einer. Sie können sich weder sehen, noch von einem Raum in den anderen gelangen. Im Vorhang jedoch sind zehn Löcher, und der Mensch, der sich in der die Empfindungswelt darstellenden Abteilung befindet, kann seine zehn Finger durch die zehn Löcher in die Abteilung der Physischen Welt stecken. Er liefert damit ein ausgezeichnetes Bild des in der Empfindungswelt existierenden Gruppengeistes. Die Finger verkörpern die zu einer Art gehörenden Tiere. Er kann sie bewegen, so wie er will, aber er kann sie weder so frei noch so intelligent gebrauchen wie der Mensch, der in der Physischen Abteilung umhergeht und seinen Körper benutzt. Letzterer sieht die durch den Vorhang gesteckten Finger. Er sieht, daß sie sich alle bewegen, kann aber den Zusammenhang zwischen ihnen nicht erkennen. Ihm scheint, als ob alle voneinander getrennt und verschieden wären. Er kann nicht sehen, daß es die Finger des Mannes hinter dem Vorhang sind, und ihre Bewegungen durch seine Intelligenz geführt werden. Verletzt er einen der Finger, so verletzt er nicht nur den Finger, sondern hauptsächlich den Mann auf der anderen Seite des Vorhangs. Wenn ein Tier verletzt wird, leidet es, aber nicht in dem Maß, wie der Gruppengeist. Der Finger hat kein eigenes Bewußtsein. Er bewegt sich, wie es der Mensch (hinter dem Vorhang) diktiert, und genauso bewegt sich auch das Tier, wie es der Gruppengeist befiehlt. Wir hören von „tierischem" und „blindem" Instinkt. So etwas Unbestimmtes wie einen „blinden" Instinkt gibt es nicht. Es ist nichts „Blindes" in der Art, wie der Gruppengeist seine Glieder lenkt. Es ist WEISHEIT mit großen Buchstaben geschrieben. Wenn der geschulte

Hellseher in der Empfindungswelt tätig ist, kann er mit diesen Gruppengeistern der Tierarten kommunizieren und findet sie viel intelligenter, als es ein großer Prozentsatz der Menschen ist. Er kann sehen, mit welch wunderbarer Einsicht sie die Tiere, die ihre physischen Körper sind, in methodischer Ordnung zur Entfaltung bringen.

Es ist der Gruppengeist, der im Herbst seine Vogelscharen sammelt und sie zwingt, nach dem Süden zu ziehen, weder zu früh noch zu spät, um dem Eishauch des Winters zu entfliehen. Er ist es, der ihre Wiederkehr im Frühling lenkt und sie veranlaßt, in der richtigen Höhe zu fliegen, die für jede der einzelnen Arten eine andere ist.

Der Gruppengeist des Bibers lehrt ihn, seine Dämme quer über den Strom im genau passenden Winkel zu bauen. Er zieht die Schnelligkeit der Strömung und alle Umstände in Betracht, genau wie ein erfahrener Ingenieur es tun würde. Er zeigt sich in jeder handwerklichen Einzelheit ebenso auf dem laufenden, wie der akademisch, technisch gebildete Mensch. Es ist die Weisheit des Gruppengeistes, die das Erbauen der sechseckigen Zelle der Biene mit so großer Genauigkeit leitet, welche die Schnecke lehrt, ihr Haus zu einer genauen schönen Spirale zu gestalten und die Mollusken des Ozeans die Kunst lehrt, ihre schillernden Schalen zu dekorieren. Weisheit, Weisheit überall, so grandios, so erhaben, daß der aufmerksame Beobachter mit Verwunderung und Ehrfurcht erfüllt ist.

An dieser Stelle drängt sich die Frage auf, warum der Mensch nicht in einem viel höherem Maß Weisheit entfaltet, wenn schon der tierische Gruppengeist, in Anbetracht der kurzen Evolutionsperiode der Tiere im Vergleich mit der des Menschen, so weise ist, und warum man den Menschen lehren muß, Dämme nach geometrischen Methoden zu bauen. All das verrichtet der Gruppengeist ohne Belehrung.

Die Antwort auf diese Frage ergibt sich aus dem Niedersteigen des Universalgeistes in immer dichtere Materie. In den höheren Welten sind seine Träger feiner und nicht so zahlreich; er steht in enger Verbindung mit der kosmischen Weisheit, die in einer unfaßbaren Weise in die dichte Physische Welt ausstrahlt. Aber so wie der Geist hinabsteigt, wird das Licht der Weisheit zeitweilig mehr und mehr getrübt, bis es in der dichtesten aller Welten fast völlig unwirksam ist.

Ein Beispiel soll das verdeutlichen. Die Hand ist der wertvollste Diener des Menschen. Ihre Geschicklichkeit befähigt sie, auf seinen leisesten Befehl zu reagieren. Bei einigen Berufen, z.B. bei Bankbeamten, wird der feine Tastsinn der Hand so sensitiv, daß er imstande ist, eine gefälschte Münze von einer echten, auf eine so phantastische Weise zu unterscheiden, daß man fast meinen könnte, die Hand sei mit persönlicher Intelligenz ausgestattet.

Ihre Höchstleistung erreicht sie möglicherweise beim Musizieren. Sie ist fähig, die schönsten seelenbewegenden Melodien hervorzurufen. Die feinfühlige, schmeichelnde Berührung der Hand entlockt dem Instrument die zartesten Klänge der Seelensprache. Sie erzählt von Schmerz und Freude, von Hoffnung und Furcht, vom Sehnen der Seele in einer Weise, wie es eben nur die Musik kann. Sie ist die Sprache der himmlischen Welt, der wahren Heimat des Geistes. Sie kommt als eine Botschaft aus seinem Heimatland, zu dem im Fleisch eingekerkerten göttlichen Funken. Musik findet bei allen Anklang, unabhängig von Rasse, Glaubensbekenntnis, weltlichem Ruhm und weltlicher Ehre. Je höher und geistiger das Individuum ist, um so reiner spricht sie zu ihm, und sogar „das harte Herz“ bleibt von ihr nicht unberührt.

Stellen wir uns einen Musikvirtuosen vor, der Handschuhe anzieht und versucht, auf seiner Geige zu spielen. Man bemerkt sofort, daß die zarte Berührung nicht mehr so fein ist; die Seele der Musik ist entflohen. Zieht er nun ein zweites, schwereres Paar Handschuhe über das erste, so wird die Hand derart behindert, daß er gelegentlich statt der früheren Harmonie einen Mißklang hervorbringen wird. Würde er schließlich über die zwei

Paar hinderlichen Handschuhe noch schwerere Fäustlinge ziehen, so wäre er vorübergehend unfähig zu spielen. Jemand, der ihn vorher nicht hörte, würde natürlich denken, daß er überhaupt nicht spielen könne, besonders dann, wenn er von der Behinderung der Hände nichts wüßte.

So ist es auch mit dem Geist (spirit). Für ihn bedeutet jeder Schritt abwärts, jedes Niedersteigen in gröbere Materie das, was für den Musiker das Anlegen von Handschuhen ist. Jeder Schritt nach unten beschränkt seine Ausdruckskraft, bis er sich an die Begrenzung gewöhnt und seinen Mittelpunkt gefunden hat. In gleicher Weise muß sich das Auge anpassen, wenn wir an einem strahlenden Sommertag in ein Haus eintreten. In der grellen Sommersonne verengt sich die Pupille bis zum Äußersten. Beim Betreten des Hauses scheint alles dunkel. Aber sobald sich die Pupille erweitert und das Licht einläßt, kann der Mensch bei düsterem Licht des Hauses ebenso gut sehen wie bei Sonnenlicht.

Der Zweck der Entwicklung des Menschen hier ist, ihn zu befähigen, in dieser Physischen Welt, in der gegenwärtig das Licht der Weisheit verborgen zu sein scheint, seinen Mittelpunkt zu finden. Wenn wir aber zu gegebener Zeit „das Licht gefunden" haben, dann wird die Weisheit des Menschen in seinen Taten leuchten und die im Tier zum Ausdruck kommende Weisheit des Gruppengeistes bei weitem übertreffen.

Außerdem muß ein Unterschied zwischen dem Gruppengeist und den jungfräulichen Geistern der Lebenswoge gemacht werden, die sich jetzt in der Tierwelt ausdrücken. Der Gruppengeist gehört einer anderen Evolution an und ist der Hüter der Tiergeister.

Der dichte Körper, in dem wir handeln, besteht aus zahlreichen Zellen, von denen jede ihr eigenes Zellbewußtsein besitzt, wenngleich einer sehr niederen Ordnung. Solange diese Zellen einen Teil unseres Körpers bilden, sind sie **unserem** Bewußtsein unterworfen und werden von ihm beherrscht. Ein tierischer Gruppengeist wirkt in einem **geistigen Körper**, der sein niederster Träger ist. Dieser Träger besteht aus einer unterschiedlichen Zahl jungfräulicher Geister, die vorläufig vom Bewußtsein des Gruppengeistes durchdrungen sind. Er lenkt die Träger, die von diesen jungfräulichen Geistern unter seiner Aufsicht erbaut wurden; er sorgt für sie und hilft ihnen, ihre Träger zu entwickeln. Entsprechend des Fortschritts seiner Schützlinge entwickelt sich auch der Gruppengeist und macht dabei eine Reihe Metamorphosen durch. Dies geschieht in ähnlicher Weise, indem wir in unsere Körper beim Essen die Zellen unserer Nahrung aufnehmen und dadurch auch ihr Zellbewußtsein für eine Zeit von unserem durchdrungen, erhöht wird.

Während also in jedem menschlichen Körper ein gesondertes, selbstbewußtes Ego wohnt und die Handlungen seines ihm eigenen Trägers beherrscht, ist der Geist im einzelnen Tier noch nicht individualisiert und selbstbewußt, sondern bildet einen Teil des Trägers einer selbstbewußten Wesenheit, die einer anderen Evolution, die der Gruppengeister, angehört.

Dieser Gruppengeist beherrscht die Handlungen der Tiere in Harmonie mit dem kosmischen Gesetz solange, bis die jungfräulichen Geister unter seiner Aufsicht Selbstbewußtsein erlangen und menschlich werden. Dann werden sie nach und nach eigenen Willen offenbaren, vom Gruppengeist mehr und mehr Freiheit erlangen und selbst für ihre Handlungen verantwortlich werden. Der Gruppengeist wird sie aber noch als Rasse, Stamm, Gemeinwesen oder Familie in abnehmendem Maß beeinflussen, bis jedes Einzelwesen fähig sein wird, in vollständiger Übereinstimmung mit dem kosmischen Gesetz zu handeln. Erst von dieser Zeit an wird das Ego ganz frei und unabhängig vom Gruppengeist sein, der dann in eine höhere Phase der Entwicklung eintreten wird.

Die Stellung, die der Gruppengeist in der Empfindungswelt einnimmt, gibt dem Tier ein Bewußtsein, das sich von dem klaren und präzisen Wachbewußtsein des Menschen unterscheidet. Der Mensch nimmt die **außerhalb** von ihm befindlichen Dinge in scharfen deutlichen Umrissen wahr. Infolge des spiralförmigen Pfades der Entwicklung sehen die höher entwickelten Haustiere, besonders Hund, Pferd, Katze und Elefant die Gegenstände fast genauso, wenn auch vielleicht nicht so scharf umrissen. Alle anderen Tiere haben ein inneres „Bildbewußtsein", ähnlich dem Traumzustand des Menschen. Begegnet ein solches Tier einem Gegenstand, nimmt es sofort **innerlich** ein Bild wahr, das von einem starken Eindruck begleitet wird, je nachdem, ob das Objekt für sein Wohlergehen feindselig oder wohlwollend eingestellt ist. Wird ein Furchtgefühl wachgerufen, so verbindet es sich mit einer Eingebung des Gruppengeistes, wie der drohenden Gefahr zu entrinnen ist. Dieser negative Bewußtseinszustand macht es dem Gruppengeist leicht, die dichten Körper seiner Schützlinge durch Suggestion zu leiten, denn die Tiere besitzen keinen eigenen Willen.

Den Menschen von außen zu leiten, ist nicht so leicht, sei es mit seiner oder ohne seine Einwilligung. Mit fortschreitender Evolution entwickelt sich auch der Wille des Menschen, so daß er äußeren Suggestionen nicht mehr zugänglich sein wird; er handelt dann nach seinem Ermessen, ohne Rücksicht auf die Eingebung anderer. Das ist der Hauptunterschied zwischen dem Menschen und anderen Naturreichen. Letztere handeln nach den Gesetzen und Anordnungen des Gruppengeistes (die wir Instinkt nennen), während der Mensch nach und nach sein eigenes Gesetz wird. Wir fragen das Mineral nicht, ob es kristallisieren will oder nicht, noch die Blume, ob sie blühen will oder nicht, noch den Löwen, ob er zu rauben aufhören will oder nicht. Sie alle stehen im kleinsten wie im größten unter der absoluten Herrschaft des Gruppengeistes ohne eigenen freien Willen und ohne Initiative, die jeder Mensch in gewissem Maße besitzt. Alle Tiere derselben Art sehen beinahe gleich aus; denn sie sind Emanationen desselben Gruppengeistes, während unter den ungefähr fünfeinhalb Milliarden

Menschen, welche die Erde bevölkern, nicht zwei gleich aussehen; nicht einmal Zwillinge im Jugendalter; Denn der Stempel, der jedem durch sein individuelles, innewohnendes Ego aufgedrückt wird, ruft den Unterschied in Aussehen und Charakter hervor.

Daß alle Ochsen von Gras gedeihen und alle Löwen Fleisch fressen, wogegen „des einen Menschen Nahrung, des anderen Gift ist", stellt ein weiteres Beispiel dar für den allumfassenden Einfluß des Gruppengeistes im Gegensatz zum menschlichen Ego; jedes für sich verlangt eine andere Zusammenstellung der Nahrung. Ärzte bemerken mit Verblüffung die gleiche Eigentümlichkeit bei der Verordnung von Medikamenten. Dieselbe Medizin wirkt auf die verschiedenen Individuen unterschiedlich, während sie bei Tieren derselben Gattung die gleiche Wirkung hervorruft, infolge der Tatsache, daß alle Tiere den Anordnungen des Gruppengeistes und dem Kosmischen Gesetz folgen und sich unter denselben Umständen gleichartig verhalten. Nur der Mensch kann bis zu einem gewissen Grad, innerhalb bestimmter Grenzen, seinen eigenen Begierden folgen. Zugegeben, er begeht viele und schwere Fehler, und für viele scheint es besser zu sein, in die richtige Bahn hineingezwungen zu werden. Doch unter solchen Umständen würde er niemals lernen, das Rechte zu tun. Lektionen zur Unterscheidung zwischen Gut und Böse können erst gegeben werden, wenn er frei ist, seinen eigenen Weg zu wählen und gelernt hat, das Böse als den „Urquell aller Schmerzen" zu meiden. Würde er nur das Gute tun, weil er keine Wahl und keine Gelegenheit hat, anders zu handeln, so wäre er ein Automat und nicht ein sich entwickelnder Gott. Wie der Baumeister durch seine Fehler lernt, indem er die begangenen bei künftigen Bauwerken vermeidet, so kommt der Mensch durch seine Fehler und dem durch sie verursachten Schmerz zu höherer Weisheit (weil selbstbewußt) als das Tier, das weiser handelt, weil es vom Gruppengeist dazu angetrieben wird. Im Laufe der Zeit wird das Tier menschlich werden. Es wird Freiheit des Willens haben, Fehler machen und gleich uns durch sie lernen.

Diagramm 4 zeigt uns, daß der Gruppengeist des Pflanzenreiches seinen niedersten Träger in der Region der Konkreten Gedanken hat. Er ist zwei Stufen von seinem dichten Träger entfernt. Daher besitzen die Pflanzen ein Bewußtsein, das dem **traumlosen Schlaf** entspricht. Der Gruppengeist des Mineralreiches hat seinen niedersten Träger in der Region der Abstrakten Gedanken und ist daher durch drei Stufen von seinem dichten Körper getrennt. Das Mineral ist somit in einem Zustand tiefer Unbewußtheit, ähnlich dem der **Trance.**

Wir haben jetzt gezeigt, daß der Mensch ein individueller, innewohnender Geist ist, ein Ego, abgesondert von allen anderen Wesen. Er lenkt seine Träger und wirkt von **innen** heraus. Pflanzen und Tiere werden von **außen** durch einen Gruppengeist geleitet, der für eine Anzahl Tiere und Pflanzen in der Physischen Welt zuständig ist. Sie sind nur dem Anschein nach getrennt.

Die Beziehungen der Pflanzen, Tiere und Menschen zu den Lebensströmen in der Erdatmosphäre werden symbolisch durch das Kreuz verkörpert. Das Mineralreich wird nicht dargestellt; denn es hat, wie wir gesehen haben, keinen individuellen Lebensleib und kann daher nicht der Träger von Strömen sein, die höheren Reichen angehören. Plato, ein Eingeweihter, äußerte oft okkulte Wahrheiten. Er sagte: „Die Weltseele ist gekreuzigt".

Der untere Teil des Kreuzes weist auf die Pflanze mit ihren Wurzeln im chemisch-mineralischen Boden hin. Die Gruppengeister der Pflanze befinden sich im Zentrum der Erde. Sie sind (wie man sich erinnern wird) in der Region der Konkreten Gedanken, welche die Erde durchdringen, wie dies auch alle anderen Welten tun. Von diesen Gruppengeistern fließen Ströme nach allen Richtungen der Erdoberfläche und dringen der Länge nach durch Pflanze oder Baum nach außen.

Der Mensch wird durch das obere Glied des Kreuzes dargestellt. Er ist die **umgekehrte Pflanze**. Die Pflanze nimmt ihre Nahrung durch die Wurzeln auf, der Mensch seine Nahrung durch den Kopf. Die Pflanze streckt ihre Zeugungsorgane der Sonne entgegen; der Mensch, die umgekehrte Pflanze, richtet seine zum Erdmittelpunkt. Die Pflanze wird durch die geistigen Ströme des Gruppengeistes im Erdinnern erhalten. Diese Ströme dringen in sie durch die Wurzeln ein. Später wird dargelegt, daß der höchste geistige Einfluß auf den Menschen von der Sonne kommt, die ihre Strahlen durch den Menschen, die umgekehrte Pflanze, vom Kopf abwärts sendet. Die Pflanze nimmt das giftige, vom Menschen ausgeatmete Kohlendioxyd auf und gibt den lebenspendenden Sauerstoff ab, der vom Menschen eingeatmet wird.

Das Tier, symbolisiert durch den horizontalen Arm des Kreuzes, steht zwischen Mensch und Pflanze. Sein Rückgrat, durch das sich die Ströme des tierischen Gruppengeistes bewegen, welche die Erde umkreisen, verläuft in horizontaler Richtung.

Kein Tier kann man ständig aufrecht halten; die Ströme des Gruppengeistes könnten es in einem solchen Fall nicht lenken, und wenn es nicht genügend individualisiert ist, um die geistigen Ströme zu ertragen, die in das aufrechte, menschliche Rückgrat eintreten, so müßte es sterben. Ein Träger muß zum Ausdruck eines individuellen Egos drei Eigenschaften besitzen; einen aufrechten Gang, um mit den oben erwähnten Strömen in Berührung zu kommen, einen aufrechten Kehlkopf, denn nur dieser ist der Sprache fähig (Papageien und Stare sind Beispiele dieser Wirkung des aufrechten Kehlkopfes), und er muß infolge der Sonnenströme warmes Blut haben, das für das Ego von äußerster Wichtigkeit ist, wie später logisch erklärt und veranschaulicht werden wird. Diese Erfordernisse werden hier einfach als Schlußworte über die Stellung der vier Reiche in Beziehung zueinander und zu den Welten erwähnt.

KAPITEL III

DER MENSCH UND DIE METHODE DER EVOLUTION

LEBENSTÄTIGKEITEN, GEDÄCHTNIS UND SEELENWACHSTUM

Unser Studium der sieben Welten, oder Zustände der Materie hat uns bis jetzt gezeigt, daß jede einen bestimmten Zweck im Haushalt der Natur erfüllt, und Gott, der Große Geist, in dem wir wirklich und wahrhaftig „leben, uns bewegen und unser Dasein haben", die Kraft ist, die das ganze Universum mit ihrem Leben durchdringt und erhält. Während dieses Leben in jedes Atom der sechs niederen Welten und in alles, was sie enthalten hineinströmt und darin wohnt, ist in der siebten, der höchsten, der Dreieinige Gott allein.

Das nächst höchste, oder sechste Reich ist die Welt der Jungfräulichen Geister. Hier haben jene Funken der göttlichen „Flamme" ihr Sein, ehe sie ihre lange Pilgerreise durch die fünf dichteren Welten antreten, zum Zweck der Entwicklung latenter Möglichkeiten in dynamische Kräfte. Wie der Same seine verborgenen Möglichkeiten entfaltet, wenn er in die Erde gebracht wird, so werden diese jungfräulichen Geister im Laufe der Zeit, wenn sie die Materie (die Schule der Erfahrung) durchlaufen haben, auch göttliche „Flammen", die aus sich heraus Universen hervorbringen können. Die fünf Welten stellen das Evolutionsfeld des Menschen dar. Die drei niederen oder dichteren sind der Schauplatz seiner gegenwärtigen Entwicklungsphase. Wir wollen nun den Menschen und die fünf Welten, zu denen er durch seine Träger in Beziehung steht, betrachten. Erinnern wir uns, daß zwei dieser Welten in zwei große Abteilungen gegliedert sind, und der Mensch für jede dieser Abteilungen einen Träger besitzt.

DIAGRAMM 4A
DIE SIEBENFACHE ZUSAMMENSETZUNG DES MENSCHEN

Welt oder Region		Entsprechender Träger		
5. Welt des Göttlichen Geistes		Göttlicher Geist	Der dreifache Geist	Das Ego
4. Welt des Lebensgeistes		Lebensgeist		
3. Gedanken-welt	Region der abstrakten Gedanken	Menschlicher Geist		
	Region der konkreten Gedanken	Intellekt	(Der Intellekt ist der Spiegel, durch den der dreifache Geist sich im dreifachen Körper widerspiegelt; der Brennpunkt. (s. Diagramm 1))	
2. Empfindungswelt		Empfindungsleib	Der dreifache Körper; der Schatten des dreifachen Geistes	
1. Physische Welt	Ätherregion	Lebensleib		
	Chemische Region	Dichter Körper		

Im Wachzustand sind diese Träger alle zusammen. Sie durchdringen einander so, wie das Blut, die Lymphe und die anderen Säfte des Körpers einander durchdringen. So kann das Ego in der Physischen Welt handeln.

Wir selbst, als Ego, arbeiten unmittelbar in der feinen Substanz der Region der Abstrakten Gedanken, die wir in der Peripherie unserer persönlichen Aura besonders entwickelt haben. Von hier aus werden wir der durch die Sinne auf den Lebensleib einwirkenden Eindrücke der Außenwelt gewahr, zugleich auch der Empfindungen und Emotionen, die durch sie im Empfindungsleib hervorgerufen und im Intellekt widergespiegelt werden. Aus diesen geistigen Bildern ziehen wir in der Substanz der Region der Abstrakten Gedanken unsere Schlüsse, welche die Gegenstände betreffen, mit denen wir uns befassen. Diese Schlüsse sind Ideen. Durch die Willenskraft projizieren wir eine Idee durch den Intellekt, wo sie als Gedankenform konkrete Gestalt annimmt, indem sie aus der Region der Konkreten Gedanken Intellektstoff an sich zieht.

DER MENSCH UND DIE METHODE DER EVOLUTION

Der Intellekt ist wie die Sammellinse eines Projektionsapparates. Er projiziert das Bild in eine der drei Richtungen, dem Willen des Denkers entsprechend, der die Gedankenform beseelt.

1. Dieses Bild kann auf den Empfindungsleib gerichtet werden, im Bestreben, ein Gefühl wachzurufen, das zu unmittelbarem Handeln führt.

a) Wenn der Gedanke Interesse erweckt, wird eine der Zwillingskräfte, Anziehung oder Abstoßung hervorgerufen.

Wenn die Anziehung, die Zentripetalkraft, angeregt wird, ergreift sie den Gedanken, wirbelt ihn in den Empfindungsleib, stattet das Bild mit zusätzlichem Leben aus und hüllt es in Empfindungsstoff ein. Dann kann der Gedanke auf das Äthergehirn wirken und die Lebenskraft durch die geeigneten Gehirnzellen und Nerven zu den willkürlichen Muskeln treiben, welche die erforderliche Handlung ausführen. So wird die Kraft im Gedanken verausgabt und das Bild verbleibt im Äther des Lebensleibes als Erinnerung an die Tätigkeit und an das Gefühl, das sie hervorrief.

b) Abstoßung ist die Zentrifugalkraft. Wenn sie durch den Gedanken erweckt wird, entsteht ein Kampf zwischen der geistigen Kraft (dem Willen des Menschen) in der Gedankenform und dem Empfindungsleib. Dies ist der Kampf zwischen Gewissen und Begierde, zwischen höherer und niederer Natur. Die geistige Kraft sucht trotz des Widerstandes die Gedankenform in Empfindungsstoff zu kleiden, der nötig ist, um Gehirn und Muskeln zu betätigen. Die Abstoßungskraft wird bestrebt sein, das bereitgestellte Material zu zerstreuen und den Gedanken zu verdrängen. Wenn die geistige Energie stark ist, so kann sie ihren Weg zu den Gehirnzentren erzwingen und ihre Umhüllung aus Empfindungsstoff behalten, während sie sich der Lebenskraft bedient. So erzwingt sie eine Handlung und wird in diesem Fall im Gedächtnis einen lebendigen Eindruck des Kampfes und des Sieges zurücklassen. Ist die geistige Kraft erschöpft, ehe es zur Handlung gekommen ist, wird sie durch die Kraft der Abstoßung überwunden und wie alle anderen Gedankenformen, im Gedächtnis gespeichert, sobald sie ihre Kraft verausgabt hat.

c) Begegnet die Gedankenform dem vernichtenden Gefühl der Gleichgültigkeit, so hängt es von der sie enthaltenden geistigen Kraft ab, ob sie fähig sein wird, eine Handlung zu erzwingen oder ob sie im Rückstrahlenden Äther des Lebensleibes nur einen schwachen Eindruck zurückläßt, nachdem ihre bewegende Kraft erschöpft ist.

2. Wo die von außen einwirkenden mentalen Bilder keine unmittelbare Handlung erfordern, können sie sofort in den Rückstrahlenden Äther projiziert werden, zusammen mit den Gedanken, die sie hervorgerufen haben, um davon zu einem späteren Zeitpunkt Gebrauch zu machen. Der Geist, der durch den Intellekt wirkt, hat unmittelbaren Zutritt zum Speicher des bewußten Gedächtnisses und kann zu jeder Zeit jedes beliebige der dort vorhandenen Bilder entstehen lassen, um es mit neuer geistiger Kraft zu versehen, auf den Empfindungsleib zu projizieren und Handlungen zu erzwingen. Jedesmal, wenn ein solches Bild benutzt wird, gewinnt es an Lebendigkeit, Stärke und Wirksamkeit. Es wird entlang seiner Kraftlinien die Handlung leichter als bei den vorherigen Gelegenheiten erzwingen; denn es gräbt tiefe Furchen ein und erzeugt das Phänomen des Gedankens, der sich verstärkt und Macht über uns gewinnt durch Wiederholung.

3. Ein dritter Weg, eine Gedankenform zu verwenden ist, wenn sie der Denker auf einen anderen Intellekt projiziert um suggestiv zu wirken, Nachrichten usw. zu übermitteln, wie dies bei der unmittelbaren Gedankenübertragung geschieht. Die Gedankenform kann auch auf den Empfindungsleib eines anderen Menschen gerichtet werden, um eine Handlung wie bei Fernhypnose zu erzwingen. Sie wirkt dann in genau derselben Weise, als ob sie des Opfers eigener Gedanke wäre. Stimmt sie mit dessen Neigungen überein, wird sie wie in Abschnitt 1a) wirken. Widerspricht sie seiner Natur, wird sie, wie in 1b) oder 1c) beschrieben, tätig.

Wenn die für eine solch projizierte Gedankenform bestimmte Arbeit ausgeführt worden ist, oder ihre Kraft in einem vergeblichen Kampf, ihr Ziel zu erreichen, verausgabt wurde, strebt sie zu ihrem Urheber zurück und bringt ihm den unauslöschlichen Bericht ihrer Reise mit. Ihr Erfolg oder Mißerfolg prägt sich den negativen Atomen des Rückstrahlenden Äthers im Lebensleib ihres Schöpfers ein, wo sie jenen Teil des Berichts über Leben und Handeln des Denkers bildet, den wir zuweilen Unterbewußtsein nennen.

Dieser Bericht ist bedeutend wichtiger als das Gedächtnis, zu dem wir bewußten Zutritt haben; denn dieses ist aus unvollkommenen und trügerischen Sinneswahrnehmungen zusammengesetzt. Es ist das willkürliche Gedächtnis oder der bewußte Verstand.

Das unwillkürliche Gedächtnis oder Unterbewußtsein entsteht auf andere Weise; es ist jetzt noch völlig außer unserer Kontrolle. So wie der Äther dem lichtempfindlichen Film in der Kamera ein genaues Bild der umgebenden Landschaft übermittelt und die kleinste Einzelheit festhält, ohne Rücksicht darauf, ob sie der Photograph wahrgenommen hat oder nicht, so führt der Äther in der Luft, die wir einatmen, ein genaues und detailliertes Bild unserer ganzen Umgebung mit sich; und zwar nicht nur von materiellen Gegenständen, sondern auch von den Zuständen, wie sie in jedem Augenblick in unserer Aura bestehen. Die leisesten Gedanken, Gefühle und Emotionen werden den Lungen übermittelt, die sie ins Blut injizieren. Das Blut ist eines der höchsten Produkte des Lebensleibes. Es ist der Nahrungsträger für jeden Teil des Körpers und der unmittelbare Träger des Egos. Die Bilder, die es enthält, werden den negativen Atomen des Lebensleibes eingeprägt, um als Schiedsrichter über das Schicksal des Menschen **im Zustand nach dem Tod** zu dienen.

Das Gedächtnis (oder der sogenannte Verstand), nicht nur das bewußte, sondern auch das unterbewußte, bezieht sich **vollständig** auf die Erfahrungen dieses Lebens. Es besteht aus Eindrücken der auf den Lebensleib eingeprägten Ereignisse. Diese können geändert oder sogar ausgetilgt werden, wie einige Seiten weiter in der Erklärung über die

Sündenvergebung erwähnt wird. Das Ändern oder Austilgen hängt von der Beseitigung der Eindrücke aus dem Äther des Lebensleibes ab.

Es gibt auch ein überbewußtes Gedächtnis. Es ist der Speicher, in dem alle in vergangenen Leben erworbenen Fähigkeiten und Kenntnisse aufbewahrt werden, auch wenn sie in diesem Leben möglicherweise latent sein sollten. Diese Aufzeichnungen sind im Lebensgeist unauslöschlich eingraviert. Sie äußern sich im allgemeinen - jedoch nicht in vollem Maß – als Gewissen und Charakter, die alle Gedankenformen beseelen. Manchmal wirkt das überbewußte Gedächtnis auch als Ratgeber und erzwingt mit unwiderstehlicher Kraft Handlungen, sogar im Widerspruch zur Vernunft und zum Verlangen.

Bei vielen Frauen, deren Lebensleib positiv ist, sowie bei fortgeschrittenen Menschen beiderlei Geschlechts, deren Lebensleib durch ein reines und heiliges Leben, durch Gebet und Konzentration sensibilisiert wurde, steht das dem Lebensgeist innewohnende überbewußte Gedächtnis zuweilen bis zu einem gewissen Maß über der Notwendigkeit, sich in Gedanken- und Empfindungsstoff zu kleiden, um Handlungen zu erzwingen. Es muß sich nicht immer der Gefahr aussetzen, sich einem Beweisführungsprozeß zu unterwerfen und vielleicht dabei abgelehnt zu werden. Manchmal drückt es sich in Form von Intuition oder innerer Belehrung unmittelbar auf den Rückstrahlenden Äther des Lebensleibes aus. Je bereitwilliger wir lernen, es zu erkennen und seinen Anordnungen zu folgen, um so öfter wird es zu unserem ewigen Wohl zu uns sprechen.

Durch ihre Tätigkeit während des Wachens reißen der Empfindungsleib und der Intellekt ständig den dichten Träger nieder. Jeder Gedanke, jede Bewegung zerstören Gewebe. Andererseits jedoch ist der Lebensleib gewissenhaft bestrebt, die Harmonie wieder herzustellen und aufzubauen, was die anderen Träger niedergerissen haben. Dennoch ist er nicht imstande, dem machtvollen Ansturm der Impulse und Gedanken vollständig zu widerstehen. Er verliert nach und nach an Boden und schließlich kommt eine Zeit, wo er zusammenbricht. Seine „Prismen" schrumpfen sozusagen ein. Der Lebensstrom fließt nicht länger in ausreichender Menge längs der Nerven; der Körper wird schläfrig. Der Denker wird dadurch in seiner Tätigkeit gehindert und gezwungen, sich zurückzuziehen. Dabei nimmt er den Empfindungsleib mit. Dieses Zurückziehen der höheren Träger hinterläßt den vom Lebensleib durchdrungenen dichten Körper in bewußtlosem Zustand, den wir Schlaf nennen.

Doch der Schlaf ist keineswegs ein untätiger Zustand wie man allgemein annimmt. Wenn es so wäre, befände sich der Körper beim Erwachen am Morgen in der gleichen Verfassung wie am Abend beim Einschlafen; seine Müdigkeit wäre dieselbe. Im Gegenteil, der Schlaf ist eine Zeit intensiver Tätigkeit, und je intensiver sie ist, um so größer ist ihr Wert; denn sie scheidet die Gifte, die sich durch die intellektuellen und physischen Tätigkeiten während des Tages gebildet haben, aus dem zerstörten Gewebe aus. Die Gewebe werden wieder aufgebaut und der Rhythmus des Körpers wiederhergestellt. Je gründlicher diese Arbeit verrichtet wird, desto größer ist die Wohltat, die dem Schlaf entspringt.

Die Empfindungswelt ist ein Meer von Weisheit und Harmonie. In sie bringt das Ego den Intellekt und den Empfindungsleib, wenn die niederen Träger im Schlaf zurückgelassen werden. Die erste Sorge des Egos ist, die Harmonie und den Rhythmus des Intellekts und des Empfindungsleibes wieder herzustellen. Diese Wiederherstellung vollzieht sich nach und nach, indem die harmonischen Schwingungen der Empfindungswelt sie durchfluten. In der Empfindungswelt gibt es eine Essenz, die dem Lebensstrom entspricht, der den dichten Körper mit Hilfe des Lebensleibes durchdringt. Die höheren Träger tauchen gewissermaßen in diesem Lebenselexier unter. Wenn sie wieder gestärkt sind, beginnen sie ihre Tätigkeit am Lebensleib, der beim schlafenden dichten Körper zurückgelassen wurde. Dann beginnt der Lebensleib, die Sonnenenergie von neuem besonders zu entwickeln, indem er den dichten Körper wieder aufbaut, wobei er sich beim Widerherstellungsprozeß besonders des chemischen Äthers als seines Vermittlers bedient.

Diese Tätigkeit der verschiedenen Träger während des Schlafes bildet die Grundlage für die Aktivität des folgenden Tages. Ohne sie gäbe es kein Wiedererwachen; denn das Ego müßte seine, durch ihre Müdigkeit nutzlos gewordenen Träger verlassen. Würde die Arbeit, diese Müdigkeit zu beseitigen, nicht erfolgen, so blieben die Körper untätig, wie es manchmal im natürlichen Trancezustand der Fall ist. Gerade wegen dieser ausgleichenden, wiederaufbauenden Tätigkeit erhält der Schlaf die Gesundheit besser als der Arzt oder die Arznei. Ein bloßes Ausruhen läßt sich nicht mit dem Schlaf vergleichen. Nur solange sich die höheren Träger in der Empfindungswelt aufhalten, erfolgt eine völlige Ausscheidung der unbrauchbaren Stoffe und ein Einströmen der wiederaufbauenden Kraft. Es ist wahr, daß der Lebensleib während der Ruhe in seiner Arbeit nicht durch Gewebe behindert wird, das durch aktive Bewegung und angespannte Muskeln zerstört wird. Doch er muß noch mit der schwächenden Kraft der Gedanken kämpfen, ferner erhält er auch nicht die durch den Empfindungsleib **von außen** kommende, wiederaufbauende Kraft, wie es während des Schlafes geschieht.

Es kommt jedoch manchmal vor, daß sich der Empfindungsleib nicht völlig zurückzieht, so daß ein Teil von ihm mit dem Lebensleib, dem Träger der Sinneswahrnehmungen und des Gedächtnisses, in Verbindung bleibt. Das Ergebnis ist, daß die Wiederherstellung nur teilweise erfolgt und die Szenen und Handlungen der Empfindungswelt als Träume in das physische Bewußtsein eintreten. Natürlich sind die meisten Träume verworren, weil die Wahrnehmungsachse durch die ungenaue Verbindung des einen Körpers zum anderen verschoben ist. Auch das Gedächtnis wird durch das nicht übereinstimmende Verhältnis der Träger zueinander verwirrt. Als Folge des Verlustes der wiederherstellenden Kraft ist ein traumerfüllter Schlaf ruhelos; der Körper fühlt sich beim Erwachen müde.

Während des Lebens wirkt der dreifache Geist, das Ego, am und im dreifachen Körper, mit dem er durch das Bindeglied des Intellekts verbunden ist. Diese Tätigkeit bringt die dreifache Seele ins Dasein. Die Seele ist das vergeistigte Produkt des Körpers.

DER MENSCH UND DIE METHODE DER EVOLUTION

Diagramm 5

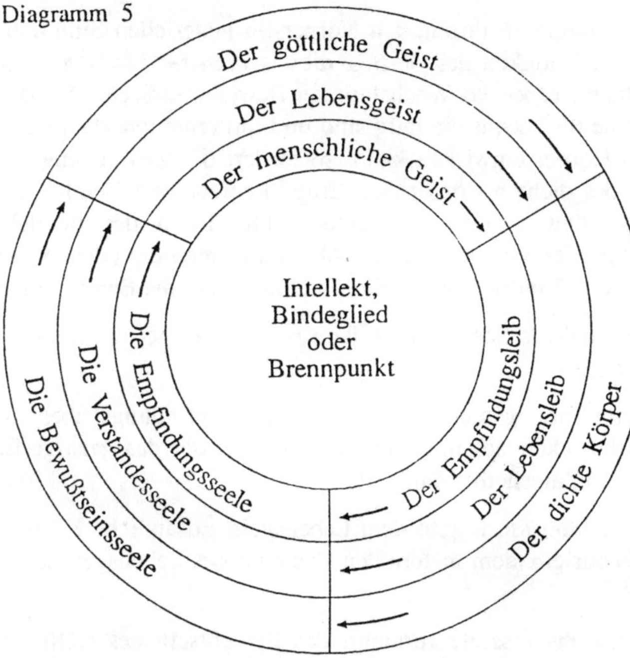

Diagramm 5 zeigt uns die zehnfache Zusammensetzung des Menschen.

Der Mensch ist ein dreifacher Geist, der einen Intellekt besitzt, durch den er einen dreifachen Körper lenkt, den er aus sich selbst ausströmt, um Erfahrung zu sammeln. Diesen dreifachen Körper verwandelt er in eine dreifache Seele, an der er sich von der Ohnmacht zur Allmacht empornährt.

Der Göttliche Geist	strömt	Den Dichten Körper	entzieht	Bewußtseinsseele
Der Lebensgeist Geist	aus	den Lebensleib	als	Verstandesseele
Der menschliche Geist	sich	den Empfindungsleib	Nahrung	Empfindungsseele

Der Spiegel des Intellekts trägt auch zunehmend zum geistigen Wachstum bei, weil die Gedanken, die er zum Geist hin und aus ihm heraus sendet, ihn zu herrlicherem Glanz verfeinern, wobei er, vollkommen anpassungsfähig, und unter der Herrschaft des Geistes, seinen Brennpunkt mehr und mehr auf einen einzigen Punkt schärft und verstärkt.

So wie richtige Nahrung den Körper im materiellen Sinn aufbaut, so fördert die Tätigkeit des Geistes, die als **rechtes Handeln** zutage tritt, im dichten Körper das Wachstum der Bewußtseinsseele. Wie die Kräfte der Sonne im Lebensleib tätig sind und ihn ernähren, damit er auf den dichten Körper einwirken kann, so fördert die **Erinnerung** an Handlungen des dichten Körpers, an Empfindungen und Gefühle des Empfindungsleibes, sowie an Gedanken und Ideen des Intellekts, das Wachstum der Verstandesseele. Ähnlich formen die **edelsten Empfindungen** und **Emotionen** des Empfindungsleibes die Empfindungsseele.

Diese dreifache Seele erhöht dann wieder das Bewußtsein des dreifachen Geistes.

Die Empfindungsseele, als Extrakt des Empfindungsleibes, vermehrt die Wirksamkeit des menschlichen Geistes, der das geistige Ebenbild des Empfindungsleibes darstellt.

Die Verstandesseele gibt dem Lebensgeist zusätzliche Kraft, weil sie dem Lebensleib, dem materiellen Ebenbild des Lebensgeistes, entzogen wird.

Die Bewußtseinsseele vermehrt das Bewußtsein des Göttlichen Geistes, weil sie der Extrakt des dichten Körpers ist, der das Ebenbild des Göttlichen Geistes verkörpert.

TOD UND FEGEFEUER

So gestaltet und sät der Mensch, bis der Augenblick des Todes naht. Dann ist die Zeit des Säens, Wachsens und Reifens vorüber. Die Erntezeit ist angebrochen, wenn die Skelettgestalt des Todes mit Sense und Stundenglas erscheint. Das ist ein treffliches Sinnbild. Das Skelett symbolisiert den relativ beständigen Teil des Körpers. Die Sense bedeutet die Tatsache, daß dieser dauerhafte Teil, der jetzt vom Geist geerntet werden soll, die Frucht des nun zu Ende gehenden Lebens ist. Das Stundenglas in seiner Hand zeigt an, daß die Stunde erst schlägt, wenn die Zeit in Übereinstimmung mit unabänderlichen Gesetzen erfüllt ist. Sobald dieser Augenblick eintritt, findet eine Trennung der Träger statt. Da für die gegenwärtige Zeit das Leben in der physischen Welt beendet ist, besteht für den Menschen keine Notwendigkeit mehr, seinen dichten Körper zu behalten. Der Lebensleib, der, wie wir erklärt haben, auch der Physischen Welt angehört, tritt durch den Kopf aus und läßt den dichten Körper leblos zurück.

Man kann beobachten, wie die höheren Träger – der Lebensleib, der Empfindungsleib und der Intellekt – den dichten Körper in spiralförmiger Bewegung verlassen. Sie nehmen die **Seele** eines dichten Atoms mit. Es ist nicht das Atom selbst, sondern **die Kräfte,** die durch es wirkten. In dieses besondere Atom wurden die Ergebnisse der Erfahrungen eingeprägt, die während des eben beendeten Lebens im dichten Körper gemacht wurden. Während alle anderen Atome des dichten Körpers von Zeit zu Zeit erneuert worden sind, ist dieses eine Atom unverändert und nicht nur durch ein Leben hindurch konstant geblieben. Es ist ein Teil jedes dichten Körpers geworden, dessen sich immer ein einzelnes Ego bediente. Es wird beim Tod nur zurückgezogen, um beim Anbruch eines neuen physischen Lebens wieder als Kern zu dienen, um den sich der neue dichte Körper zur Benutzung durch das selbe Ego bildet. Deshalb heißt es „Keimatom". Während des Lebens befindet sich das Keimatom in der linken Herzkammer, nahe der Herzspitze. Beim Tod steigt es durch den pneumogastrischen Nerv zum Gehirn und verläßt zusammen mit den höheren Trägern durch die Nähte zwischen dem Scheitel- und Hinterhauptbein den dichten Körper.

Wenn die höheren Träger den dichten Körper verlassen haben, so sind sie mit ihm noch durch eine dünne silberglänzende Schnur verbunden, die in ihrer Form zwei umgekehrten Sechsen sehr ähnlich ist, eine steht aufrecht, die andere ist horizontal plaziert. Die beiden sind am Ende ihrer Haken miteinander verbunden. (Siehe Diagramm 5a)

Ein Ende ist durch das Keimatom am Herzen befestigt. Es ist der Bruch des Keimatoms, der den Herzstillstand herbeiführt. Die Schnur selbst zerreißt nicht eher, bis das im Lebensleib befindliche Panorama des vergangenen Lebens überblickt worden ist.

Es ist wichtig, darauf zu achten, daß der Körper nicht früher als drei Tage nach dem Tode verbrannt oder einbalsamiert wird; denn solange sich der Lebensleib bei den höheren Trägern befindet, die mit dem dichten Körper noch durch die Silberschnur verbunden sind, wird jede Leichensektion oder andere Verletzung des dichten Körpers nach dessen Ableben noch in gewissem Maß vom Mensch empfunden.

DIAGRAMM 5a

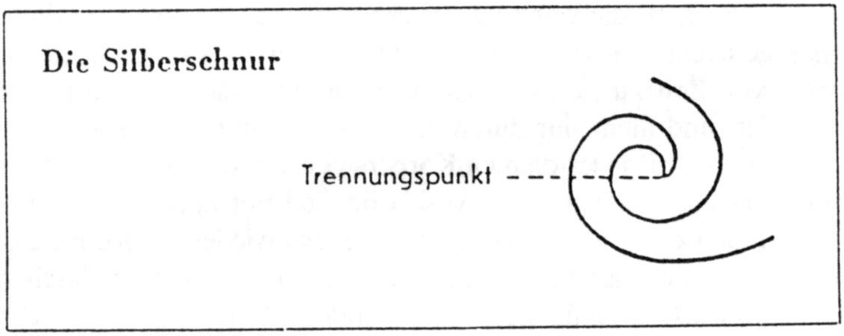

Besonders die Feuerbestattung sollte in den ersten drei Tagen nach dem Tod vermieden werden, weil sie zur Zerstörung des Lebensleibes führt, der so lange unverletzt bleiben sollte, bis das Panorama des vergangenen Lebens im Empfindungsleib eingraviert worden ist.

Die Silberschnur bricht an der Stelle, an der sich die beiden Sechsen vereinigen. Die eine Hälfte verbleibt beim dichten Körper und die andere bei den höheren Trägern. Erst von dem Augenblick an, wo die Schnur reißt, ist der dichte Körper wirklich tot.

Anfang 1906 führte Dr. Mc Dougall im General Hospital of Massachusetts eine Reihe von Versuchen durch, um, wenn möglich festzustellen, ob etwas für gewöhnlich nicht Sichtbares den Körper beim Tode verlasse. Zu diesem Zweck konstruierte er eine Waage, die Unterschiede von etwa 3 Gramm anzeigte.

Der Sterbende und sein Bett wurden auf eine Seite der Waage gebracht, und auf die andere Seite kamen die entsprechenden Gewichte. In jedem einzelnen Fall konnte man feststellen, daß genau in dem Augenblick, als der Sterbende seinen letzten Atemzug tat, die Waage mit den Gewichten überraschend schnell sank und sich die Seite mit Bett und Körper hob. Dadurch zeigte sich, daß etwas Unsichtbares, das jedoch Gewicht besitzt, den Körper verließ. Daraufhin verkündeten alle Zeitungen in grellen Schlagzeilen, daß Dr. Mc Dougall die „Seele gewogen" habe.

Der Okkultismus begrüßt die Entdeckungen der modernen Wissenschaft mit Freuden, denn sie bestätigen ausnahmslos, was die okkulte Wissenschaft schon lange lehrt. Die Experimente von Dr. Mc Dougall zeigten überzeugend, daß beim Tod irgend etwas, dem gewöhnlichen Auge Unsichtbares, den Körper verließ, etwas, das die geschulten Hellseher gesehen hatten und das viele Jahre vor Dr. Mc Dougall's Entdeckung in Vorträgen und in der Fachliteratur erwähnt wurde.

Doch dieses unsichtbare „Etwas" ist nicht die Seele, sondern etwas grundverschieden anderes. Die Berichterstatter zogen voreilige Schlüsse, als sie erklären, daß die Wissenschaftler die Seele gewogen hätten. Die Seele gehört höheren Reichen an und kann auf physikalischen Waagen nicht gewogen werden, selbst wenn sie auf Abweichungen von einem Millionstel Getreidekorn reagieren würden, anstatt auf den zehnten Teil einer Unze.

Es war der Lebensleib, den der Gelehrte wog. Er besteht aus vier Äthern, und diese gehören der physischen Welt an.

Wie wir gesehen haben, wird eine gewisse Menge dieses Äthers dem Äther „überlagert", der die Partikel des menschlichen Körpers umhüllt; er ist hier während des physischen Lebens gefesselt, wobei er geringfügig das Gewicht des dichten Körpers der Pflanze, des Tieres und des Menschen vergrößert. Beim Tod entflieht er, daher auch die Gewichtsminderung, die Dr. Mc Dougall feststellte, als die Menschen, mit denen er experimentierte, starben.

Dr. Mc Dougall führte mit seiner Waage weitere Experimente auch an sterbenden Tieren durch. Es ergab sich keine Verminderung des Gewichts, obwohl einer der Hunde ein Bernhardiner war. Daraus schloß man, daß Tiere keine Seele haben. Wenig später jedoch experimentierte Prof. La V.Twining, Vorstand der wissenschaftlichen Abteilung der Polytechnischen Schule in Los Angeles, mit Mäusen und Kätzchen, die er in hermetisch versiegelten Glasflaschen einschloß. Seine Waagen waren die empfindlichsten, die man beschaffen konnte. Sie waren in einem Glaskasten eingeschlossen, aus dem jegliche Feuchtigkeit entfernt worden war. Dabei fand man, daß alle beobachteten Tiere beim Tod an Gewicht verloren. Eine Maus von ziemlicher Größe, die 12,886 Gramm wog, verlor beim Tod plötzlich 3,1 Milligramm an Gewicht.

Bei einem anderen Experiment verlor ein Kätzchen 100 Milligramm während des Sterbens und nach seinem letzten Atemzug plötzlich nochmals 60 Milligramm. Danach verlor es langsam durch Verdunstung an Gewicht.

Durch die Verwendung entsprechend fein messender Waagen wurde so auch die Lehre der okkulten Wissenschaft bestätigt, nach der Tiere einen Lebensleib besitzen. Und jener Fall, bei dem die etwas ungenaue Waage keinen Gewichtsverlust bei dem Bernhardiner anzeigte, beweist nur, daß die Lebensleiber der Tiere entsprechend leichter als die der Menschen sind.

Wenn die Silberschnur im Herzen gebrochen, und der Mensch von seinem dichten Körper befreit ist, kommt für das Ego ein Augenblick von höchster Bedeutung. Man kann es den Verwandten eines sterbenden Menschen nicht ernsthaft genug einprägen, daß es ein großes Verbrechen gegenüber der hinscheidenden Seele ist, sich in lautem Kummer und Wehklagen zu ergehen; denn gerade dann ist sie mit einer Angelegenheit von größter Wichtigkeit beschäftigt. Ein großer Teil des Wertes eines vergangenen Lebens hängt davon ab, wieviel Aufmerksamkeit die Seele dieser Angelegenheit widmen kann. Das wird klarer werden, wenn wir das Leben des Menschen in der Empfindungswelt beschreiben.

Auch ist es dem Sterbenden gegenüber ein Verbrechen, Reizmittel zu verabreichen, welche die höheren Träger mit einem Ruck in den dichten Körper zurückzwingen und so dem Menschen einen starken Schock versetzen. Es ist keine Qual, hinzuscheiden, aber eine Folter, zurückgezogen zu werden, um weiteres Leiden zu ertragen. Einige Abgeschiedene erzählten Forschern, daß sie auf diese Weise stundenlang sterben mußten. Sie hatten gebetet, daß die Verwandten ihre verfehlte Güte einstellen und sie sterben lassen möchten.

Sobald der Mensch vom dichten Körper befreit ist, der das schwerste Hemmnis für seine geistige Kraft war (so wie in unserem früheren Beispiel der Fausthandschuh an der Hand des Musikers), kehrt sie in gewissem Maß zurück. Er kann dann die Bilder im negativen Pol des Rückstrahlenden Äthers seines Lebensleibes lesen, welcher der Sitz des unterbewußten Gedächtnisses ist.

Sein ganzes vergangenes Leben zieht wie ein Panorama, **in umgekehrter Reihenfolge** der Ereignisse vor seinem Blick vorüber. Zuerst erscheinen die Vorkommnisse der Tage, die dem Tod unmittelbar vorangingen, und so schreitet er zurück durch Mannes- oder Frauenalter, durch Jugend, Kindheit und Säuglingsalter. Alles ist in diesem Gedächtnis aufbewahrt.

Der Mensch steht als Zuschauer vor diesem Panorama seines vergangenen Lebens. Er sieht die vorübergleitenden, sich seinen höheren Trägern einprägenden Bilder. Sie rufen jedoch in diesem Stadium kein Gefühl in ihm hervor. Das ist seinem Eintritt in die Empfindungswelt vorbehalten, welche die Welt der Gefühle und Emotionen ist. Gegenwärtig befindet er sich erst in der Ätherregion der Physischen Welt.

Dieses Panorama dauert von einigen Stunden bis zu mehreren Tagen; es hängt von der Zeit ab, die ein Mensch zwangsläufig wach bleiben kann. Einigen Menschen ist das nur zwölf Stunden oder sogar weniger und anderen gelegentlich mehrere Tage möglich. Dieses Panorama währt so lange, wie der Mensch fähig ist, wachzubleiben.

Dieses Ereignis des Lebens nach dem Tod gleicht dem, das eintritt, wenn jemand ertrinkt oder von einer Höhe herunterfällt. In solchen Fällen verläßt der Lebensleib auch den dichten Körper, und der Mensch sieht sein Leben blitzartig an sich vorüberziehen; denn er verliert sofort sein Bewußtsein. Selbstverständlich ist die Silberschnur nicht gebrochen, sonst gäbe es keine Wiederbelebung.

Wenn der Lebensleib die Belastungsgrenze erreicht hat, bricht er zusammen, so wie es beim Phänomen des Schlafes beschrieben wurde. Während des physischen Lebens, wenn das Ego seine Träger beherrscht, beendet dieser Zusammenbruch die Stunden des Wachseins. Nach dem Tod jedoch schließt dieser Zusammenbruch des Lebensleibes das Panorama ab und zwingt den Menschen, sich in die Empfindungswelt zurückzuziehen. Die Silberschnur bricht an der Stelle der Vereinigung der beiden „Sechsen" (siehe Diagramm 5a). Es erfolgt dieselbe Trennung, wie sie während des Schlafes stattfindet, mit dem wichtigen Unterschied jedoch, daß der Lebensleib – obwohl er zum dichten Körper zurückkehrt – ihn nicht mehr durchdringt, sondern einfach über ihm, über dem Grab schwebt und sich gleichzeitig mit dem dichten Körper auflöst. Aus diesem Grund ist für den geschulten Hellseher ein Friedhof ein ekelerregender Anblick. Könnten dies außer ihm noch mehr Menschen sehen, so brauchte man nicht viel zu argumentieren, um sie zu veranlassen, die gegenwärtige, unhygienische Methode der Totenbestattung in die viel vernünftigere der Feuerbestattung zu ändern. Diese führt die Elemente in ihren Urzustand zurück, ohne die unangenehmen Begleiterscheinungen des langsamen Verfalls hervorzurufen.

Beim Verlassen des Lebensleibes ist der Vorgang im großen und ganzen so wie beim Ablegen des dichten Körpers. Die Lebenskräfte eines Atoms werden entzogen, um als Kern für den Lebensleib einer zukünftigen Verkörperung zu dienen. So bringt der Mensch bei seinem Eintritt in die Empfindungswelt außer dem Empfindungsleib und dem Intellekt die Keimatome des dichten Körpers und des Lebensleibes mit.

Könnte der sterbende Mensch all sein Verlangen zurücklassen, würde sein Empfindungsleib sehr rasch von ihm abfallen und ihm die Freiheit geben, in die himmlische Welt einzugehen. Doch das ist im allgemeinen nicht der Fall. Die meisten Menschen, besonders solche, die in der Blütezeit des Lebens sterben, sind noch durch viele Bande und Interessen an das Erdenleben gefesselt. Ihre Empfindungen haben sich durch den Verlust ihres dichten Körpers nicht verändert. Ja, oftmals verstärken sich ihre Begierden noch durch ein heftiges Sehnen, zur Erde zurückzukehren. Das hat zur Folge, daß sie sich dadurch auf eine sehr unangenehme Weise an die Empfindungswelt binden, obwohl sie das unglücklicherweise nicht erkennen. Andererseits gehen alte Menschen und solche, die durch lange Krankheit sehr geschwächt und des Lebens müde sind, sehr schnell weiter.

Dies möge ein Vergleich mit einem Kern, der sehr leicht aus reifer Frucht fällt, wobei nichts von ihr an ihm haften bleibt, veranschaulichen. Der Kern einer unreifen Frucht dagegen hängt mit äußerster Zähigkeit am Fruchtfleisch. So ist es besonders schwer für Menschen, die auf der Höhe ihrer körperlichen Gesundheit und Stärke durch einen Unfall sterben und ihren Körper verlassen. Sie sind in vieler Hinsicht in Aktivitäten des physischen Lebens verwickelt. Sie werden durch die

Bande der Ehe, der Familie, der Verwandten, der Freunde, durch Hingabe an Geschäfte und Vergnügungen zurückgehalten.

Der Selbstmörder, der dem Leben zu entfliehen sucht, wird nur finden, daß er so lebendig ist wie immer; er befindet sich in einem bedauernswerten Zustand. Er kann jene beobachten, denen er möglicherweise durch seine Tat Schande bereitete. Das Schlimmste dabei ist, daß er ein unbeschreibliches Gefühl des „Ausgehöhltseins" hat. Der Teil in seiner eiförmigen Aura, den sein dichter Körper bisher einnahm, ist leer. Wenn auch der Empfindungsleib die Form des abgelegten dichten Körpers angenommen hat, fühlt sich der Mensch als eine leere Schale. Der Grund hierfür ist, daß der schöpferische Archetypus des Körpers in der Region der Konkreten Gedanken als leere Hülse solange weiterbesteht, wie der dichte Körper normalerweise gelebt haben würde. Stirbt ein Mensch eines natürlichen Todes, wenn auch in der Blüte des Lebens, so hört auch die Tätigkeit des Archetypus auf. Der Empfindungsleib paßt sich so an, daß die ganze Form ausgefüllt ist. Im Falle eines Selbstmordes bleibt jedoch das entsetzliche Gefühl der „innerlichen Leere" bis zu dem Zeitpunkt bestehen, wo sein Tod nach dem natürlichen Lauf der Ereignisse eingetreten wäre.

Solange der Mensch das an das Erdenleben gebundene Verlangen behält, muß er in seinem Empfindungsleib bleiben. Da es der Fortschritt des Individuums erfordert, in höhere Regionen weiterzuschreiten, muß der Aufenthalt in der Empfindungswelt notwendigerweise reinigend wirken, in dem Bestreben, ihn von seinen fesselnden Begierden zu befreien. Wie das vor sich geht, ersehen wir am besten aus einigen grundlegenden Beispielen.

Der Geizhals, der auf Erden sein Gold liebte, hat es nach dem Tod genauso gern. Er kann aber nun in der Empfindungswelt keines mehr erwerben, weil ihm der dichte Körper fehlt, um es an sich zu reißen, und – was am schlimmsten ist – er kann nicht einmal das behalten, was er während seines vergangenen Lebens angehäuft hatte. Vielleicht wird er zu seinem Geldschrank gehen, um sich dort niederzusetzen und sein geliebtes Gold oder seine Pfandbriefe zu bewachen. Nun aber erscheinen die Erben, scherzen möglicherweise über den „geizigen alten Narren", (den sie nicht sehen, der sie aber sehr wohl sieht und hört) und öffnen seinen Geldschrank. Obgleich er sich über sein Gold werfen kann, um es zu beschützen, werden sie ihre Hände durch ihn stecken. Sie wissen nichts von seiner Anwesenheit. Dann beginnen sie, seinen Schatz zu vergeuden, während er an Kummer und unter ohnmächtiger Wut leidet.

Er wird schwer leiden. Seine Leiden sind um so schrecklicher, weil sie vollkommen mentaler Art sind. Der dichte Körper dämpft bis zu einem gewissen Grad solche Leiden. In der Empfindungswelt jedoch haben diese Leiden freies Spiel, und der Mensch leidet, bis er lernt, daß Gold ein Fluch sein kann. So wird er sich allmählich mit seinem Schicksal aussöhnen und schließlich von seinem Empfindungsleib befreit; er ist dann bereit, weiterzugehen.

Oder man nehme den Fall eines Alkoholikers. Er liebt berauschende Getränke nach seinem Tod genauso wie vorher. Es ist nicht der dichte Körper, der nach Getränken verlangt. Er ist durch den Alkohol krank geworden und würde ihn lieber meiden. Vergebens wehrt er sich auf verschiedene Weise. Doch der Empfindungsleib des Alkoholikers benötigt dringend alkoholische Getränke und zwingt den dichten Körper zum Trinken, damit er das Vergnügen der erhöhten Schwingungen genießen kann. Die Begierde bleibt nach dem Tod des dichten Körpers bestehen. Der Empfindungsleib des Alkoholikers jedoch hat weder einen Mund zum Trinken noch einen Magen, um die Getränke aufzunehmen. Vielleicht – ja sicherlich – begibt er sich in Wirtshäuser, wo er seinen Träger in die Körper der Trinkenden zwängt, um ein wenig von ihren Schwingungen durch Induktion zu verspüren. Doch dies ist zu schwach, um ihm Befriedigung zu verschaffen. Er kann sich auch in Whiskyfässer begeben und tut es auch manchmal, was ihm aber nichts nützt, weil im Faß nicht dieselben Dünste sind, wie sie in Verdauungsorganen von Trinkern erzeugt werden. Sie haben keine Wirkung auf ihn und er gleicht einem Mann in einem offenen Boot auf dem Ozean, „Wasser, überall Wasser, aber kein Tropfen zum Trinken". Er leidet infolgedessen schwer. Mit der Zeit jedoch begreift er die Nutzlosigkeit seines Verlangens nach alkoholischen Getränken, die er nicht bekommen kann. Wie so viele unserer Wünsche in unserem Erdenleben dahinschwinden, so stirbt in der Empfindungswelt alles Verlangen aus Mangel an Gelegenheiten, sie zu befriedigen. Wenn der Alkoholiker sich geläutert hat, so ist er – wenigstens, was diese Sucht betrifft – bereit, diesen Zustand des „Fegefeuers" zu verlassen und in die himmlische Welt aufzusteigen.

Hieraus ersehen wir, daß es keine rächende Gottheit ist, die Fegefeuer oder Hölle für uns schafft; es sind unsere eigenen üblen Gewohnheiten und Taten. Die Länge der Zeit und Intensität der Leiden, die zur Reinigung erforderlich sind, entsprechen der Heftigkeit unserer Begierden. In den erwähnten Fällen wäre es für den Trinker nicht leidvoll gewesen, seinen weltlichen Besitz zu verlieren. Selbst wenn er über einen verfügt hätte, würde er nicht an ihm gehangen haben. Es hätte auch dem Geizhals keinen Schmerz verursacht, berauschende Getränke zu entbehren. Man kann mit Sicherheit behaupten, daß es ihn nicht bekümmert hätte, wenn es keinen Tropfen Alkohol auf der Erde gäbe. Der Geizhals sorgte sich um sein Gold, der Trunkenbold gierte nach alkoholischen Getränken; daher gab das unfehlbare Gesetz jedem das, was notwendig war, um ihn von seinen profanen Begierden und üblen Gewohnheiten zu befreien.

Dies ist das Gesetz, das durch die Sense des Schnitters Tod symbolisiert wird, jenes Gesetz, das sagt: „Was immer der Mensch sät, das wird er auch ernten." Es ist das Gesetz der Ursache und Wirkung, das physisch, moralisch und geistig alle Dinge in den drei Welten, in jedem Naturreich beherrscht. Überall wirkt es unerbittlich; es gleicht alles aus, stellt das Gleichgewicht wieder her, wo auch immer die kleinste Handlung eine Störung hervorgerufen hat, die jeder Tat anhaftet. Die Wirkung kann sich unmittelbar zeigen, sie kann sich um Jahre oder Leben verzögern. Doch irgendwann und irgendwo erfolgt gerechte und ausgleichende Vergeltung. Der Schüler soll besonders beachten, daß dieses Gesetz vollkommen unpersönlich wirkt. Im Universum gibt es weder

Lohn noch Strafe. Alles ist die Folge eines unabänderlichen Gesetzes. Die Wirkungsweise dieses Gesetzes wird im nächsten Kapitel ausführlicher erläutert, wo wir es in Verbindung mit einem anderen großen, Kosmischen Gesetz finden werden, das auch in der Evolution des Menschen wirksam ist. Das Gesetz, das wir jetzt betrachten, wird das Gesetz der Ursache und Wirkung genannt.

In der Empfindungswelt bewirkt es die Reinigung des Menschen von seinen niederen Begierden, gleicht seine Schwächen und Laster aus, die seinen Fortschritt hindern und läßt ihn in einer dem Zweck am besten angepaßten Weise leiden. Ließ er andere leiden oder behandelte er sie ungerecht, wird ihm dasselbe widerfahren. Dazu ist zu bemerken, daß ein lasterhafter und ungerechter Mensch, der jedoch seine schlechten Gewohnheiten überwand oder bereute und sein begangenes Unrecht so weit als möglich gesühnt hat, sich durch solche Reue, Besserung oder Wiedergutmachung von diesen besonderen Lastern und bösen Taten befreit hat. Das Gleichgewicht ist wieder hergestellt und die Lektion während dieser Verkörperung gelernt worden. Daher besteht kein Grund mehr, nach dem Tod zu leiden.

In der Empfindungswelt vergeht das Leben ungefähr dreimal so schnell wie in der Physischen Welt. Ein Mensch, der in der Physischen Welt fünfzig Jahre alt geworden ist, würde dieselben Lebensereignisse in der Empfindungswelt in ungefähr sechzehn Jahren durchleben. Dies ist selbstverständlich nur eine allgemeine Regel. Es gibt Menschen, die in der Empfindungswelt viel länger bleiben, als die ihnen zugemessene physische Lebensdauer betrug. Andere wiederum, die ein Leben mit weniger großen Begierden führten, durchlaufen die Empfindungswelt in viel kürzerer Zeit. Doch die oben gemachten Angaben über das Zeitmaß treffen auf fast alle Durchschnittsmenschen der Gegenwart zu.

Es sei daran erinnert, daß im Todesfall, beim Verlassen des dichten Körpers, das vergangene Leben in Bildern vorüberzieht, der Mensch aber in diesem Augenblick kein Gefühl dafür empfindet.

Auch während des Lebens in der Empfindungswelt laufen diese Lebensbilder, wie vorher, in umgekehrter Reihenfolge ab. Doch nun erlebt der Mensch all die Gefühle, die er nur haben kann, während die Szenen, eine nach der anderen an ihm vorüberziehen. Er durchlebt nun nochmals jeden Augenblick seines vergangenen Lebens. Kommt er an einen Punkt, wo er einen Menschen verletzt hat, so erleidet er den Schmerz ebenso, wie ihn der betreffende Mensch empfand. Er durchlebt allen Kummer und Schmerz, den er anderen zufügte und erfährt dabei, wie schmerzlich die Verletzung und wie schwer der Kummer ist, den er verursacht hat. Außerdem ist es eine Tatsache, daß das Leiden – wie bereits erwähnt – stärker empfunden wird, weil er keinen dichten Körper hat, der den Schmerz abschwächen kann. Möglicherweise ist deshalb die Schnelligkeit des Lebens verdreifacht, damit das Leiden an Dauer verlieren kann, was es an Heftigkeit zunimmt. Die Maßnahmen der Natur sind wunderbar gerecht und wahr.

Es gibt noch ein anderes charakteristisches Merkmal, besonders zu diesem Aspekt des Lebens nach dem Tod. Es hängt eng mit der bereits erwähnten Tatsache zusammen, daß Entfernungen in der Empfindungswelt so gut wie aufgehoben sind. Wenn ein Mensch stirbt, so hat er das Gefühl, sogleich in seinen Lebensleib hineinzuschwellen, der zu einer enormen Dimension anzuwachsen scheint. Dieses Gefühl entsteht aus dem Umstand, daß nicht der Körper wirklich wächst, sondern aus der Wahrnehmungsfähigkeit, die so viele Eindrücke aus verschiedenen Quellen empfängt, die ihm alle ganz nahe vorkommen. Dasselbe trifft auch auf den Empfindungsleib zu. Dem Menschen erscheinen alle Personen gegenwärtig, mit denen er auf der Erde in Beziehung stand, in einer Art, die nun einer Korrektur bedarf. Hat er einen Menschen in San Francisco und einen in New York verletzt, so hat er das Gefühl, als wenn ein Teil von ihm an jedem der beiden Orte wäre. Das gibt ihm das seltsame Gefühl des Zerstückeltseins.

Der Schüler wird nun die Bedeutung des Panoramas über das vergangene Leben während der Läuterungsphase verstehen, bei der dieses Panorama in präzisen Gefühlen erlebt wird. Wenn es lange dauerte und der Mensch nicht gestört wurde, so macht ein dem Empfindungsleib genau, tief und klar eingeprägter Eindruck das Leben in der Empfindungswelt lebendiger und bewußter. Die Reinigung ist dann gründlicher. Sie wäre es nicht, wenn der während der Zeitspanne von drei Tagen aufgebahrte Tote – wie früher erwähnt – durch laute Gefühlsausbrüche des Schmerzes seitens der Verwandten nur einen verschwommenen Eindruck seines vergangenen Lebens erhielte. Der Geist, der seinem Empfindungsleib einen tiefen und klaren Bericht hinterlassen hat, wird die Fehler des vergangenen Lebens viel klarer und eindeutiger erkennen, als es der Fall wäre, wenn die Bilder durch Ablenkung der Aufmerksamkeit des Menschen aufgrund von Leid und Kummer seiner Umgebung verschwommen wären. Sein Gefühl für die Dinge, die sein gegenwärtiges Leiden in der Empfindungswelt verursacht haben, wird viel bestimmter sein, wenn sie von einem deutlichen Eindruck des Panoramas herrühren. Bei kurzer Dauer des Vorganges wäre das nicht der Fall.

Dieses heftige und tiefgreifende Gefühl ist für die zukünftigen Leben von unermeßlichem Wert. Es drückt dem Keimatom des Empfindungsleibes einen unauslöschlichen Eindruck auf. **Die Erfahrungen werden in künftigen Leben vergessen sein, das Gefühl aber wird bleiben.** Bieten sich in späteren Leben Gelegenheiten, die Fehler zu wiederholen, so wird das Gefühl klar und unmißverständlich zu uns sprechen. Es ist die „stille, kleine Stimme“, die uns warnt, obwohl wir nicht wissen, warum. Aber je klarer und präziser die Panoramen der vergangenen Leben gewesen sind, desto öfter, stärker und klarer werden wir diese Stimme hören. Daraus ersehen wir, wie wichtig es ist, den hinübergehenden Geist nach dem Tod vollkommen in Ruhe zu lassen. Handeln wir entsprechend, so helfen wir ihm, aus dem soeben beendeten Leben den bestmöglichen Nutzen zu ziehen, und die Fortsetzung derselben Fehler in künftigen Leben zu vermeiden, wogegen unser selbstsüchtiges, hysterisches Wehklagen ihm viel vom Nutzen des soeben abgeschlossenen Lebens rauben kann.

Die Aufgabe des Fegefeuers ist, die üblen Gewohnheiten auszumerzen, indem ihre Befriedigung unmöglich gemacht wird. Der Mensch leidet genauso, wie er andere durch seine Unredlichkeit, Grausamkeit, Unduldsamkeit usw. leiden ließ. Durch dieses Leid lernt er in künftigen Leben gegen andere gütig, ehrlich und nachsichtig zu sein. So erfährt er, als Folge dieses heilsamen Zustandes Tugend und rechtes Handeln. Wenn er wiedergeboren wird, ist er frei von üblen Gewohnheiten; jede vergangene üble Tat entspringt dann dem freien Willen. Die Neigung, das Böse aus vergangenen Leben zu wiederholen, bleibt bestehen; denn wir müssen lernen, das Rechte bewußt und aus freiem Willen zu tun. Gelegentlich versuchen uns diese Neigungen und geben uns dadurch Gelegenheit, uns auf die Seite der Barmherzigkeit und Tugend oder auf die Seite des Lasters und der Grausamkeit zu stellen. Das Gefühl aber, das aus der Reinigung von Fehlern und dem Ausmerzen übler Taten vergangener Leben resultiert, hilft uns, die rechte Handlungsweise zu erkennen und Fallstricken und Ränken der Versuchung zu widerstehen. Wenn wir auf dieses Gefühl achten und uns von dem besonderen, damit verbundenen Übel fernhalten, wird die Versuchung aufhören. Wir haben uns für alle Zeiten davon befreit. Geben wir nach, so werden wir schwereres Leid als vorher erfahren, bis wir endlich gelernt haben, nach der goldenen Regel zu leben; denn der Weg des Übertreters ist hart. Aber selbst dann ist das Endziel noch nicht erreicht. Anderen Gutes zu tun, damit sie uns wieder Gutes tun, ist im Grunde selbstsüchtig. Wir müssen mit der Zeit lernen, das Gute zu tun, ohne Rücksicht darauf, wie wir von anderen behandelt werden. Christus sagt, wir müssen selbst unsere Feinde lieben.

Es ist von unschätzbarem Nutzen, über die Methode und den Zweck dieser Reinigung Bescheid zu wissen, weil es uns dadurch ermöglicht wird, sie vorweg zu nehmen, indem wir unser Fegefeuer schon hier und jetzt Tag für Tag durchleben, um dadurch viel schneller Fortschritte zu machen, als dies sonst möglich wäre. Im letzten Teil dieses Buches wird eine Übung angegeben, deren Zweck die Reinigung ist, als Hilfe zur Entwicklung geistigen Sehens. Sie besteht darin, die Ereignisse des Tages zu überdenken, sobald man sich zur Nachtruhe begeben hat. Wir lassen jedes Ereignis des Tages in umgekehrter Reihenfolge an uns vorüberziehen, achten besonders auf den moralischen Aspekt und überlegen, ob wir in jedem einzelnen Fall, was Taten, geistige Haltung und Gewohnheiten betrifft, recht oder unrecht gehandelt haben. Durch solche tägliche Selbstbeurteilung und tägliches Bemühen, Fehler und unrechte Taten abzustellen, werden wir die Reinigungszeit im Fegefeuer erheblich abkürzen, vielleicht sogar eliminieren und nach dem Tod unmittelbar in den ersten Himmel eingehen. Wenn wir auf diese Weise unsere Schwächen bewußt überwinden, machen wir sehr wesentliche Fortschritte in der Schule der Evolution. Selbst wenn es uns nicht gelingt, unsere Taten zu korrigieren, so ziehen wir doch enormen Vorteil aus unserer Selbstbeurteilung, weil wir dadurch Neigungen zum Guten entwickeln, die im Lauf der Zeit gewiß Früchte durch rechtes Handeln tragen.

Wenn wir die Tagesereignisse überblicken und uns für die Fehler tadeln, so dürfen wir auch nicht vergessen, auf unpersönliche Weise unsere guten Taten anzuerkennen und uns zu entschließen, noch besser zu handeln. So fördern wir das Gute durch Anerkennung und entsagen dem Bösen durch Tadel.

Reue und Besserung sind ebenfalls mächtige Faktoren zur Abkürzung der Zeit im Fegefeuer; denn die Natur verschwendet niemals Anstrengungen in nutzlosen Prozessen. Wenn wir uns des Unrechts gewisser Gewohnheiten und Taten aus unserem vergangenen Leben bewußt sind und den Entschluß fassen, das Unrecht gutzumachen und die üble Gewohnheit abzulegen, löschen wir ihr Bild aus dem unterbewußten Gedächtnis; sie werden somit nicht mehr vorhanden sein, um über uns nach dem Tod zu richten. Selbst wenn wir nicht in der Lage sind, unser Unrecht wiedergutzumachen, so genügt die Aufrichtigkeit unserer Reue. Das Ziel der Natur ist, nicht Rache zu üben. Unserem Opfer wird auf andere Art und Weise Genugtuung zuteil.

Es können gewöhnlich von einem Menschen viele dem künftigen Leben vorbehaltene Fortschritte erzielt werden, wenn er die Gelegenheit beim Schopf ergreift, über sich selbst ein Urteil zu bilden, und seine Laster durch Verbesserung seines Charakters auszutilgen. Diese Übung wird dringend empfohlen. Sie ist vielleicht die wichtigste Lehre des vorliegenden Werkes.

DAS GRENZLAND

Das Fegefeuer nimmt die drei niederen Regionen der Empfindungswelt ein. Der 1. Himmel befindet sich in den drei höheren Regionen. Die mittlere Region ist eine Art Grenzland, weder Himmel noch Hölle. Hier finden wir Menschen, die ehrlich und rechtschaffen waren, die keinem Unrecht zufügten, die aber in geschäftliche Angelegenheiten vertieft waren und nichts von einem höherem Leben hielten. Für sie ist die Empfindungswelt ein Zustand unbeschreiblicher Eintönigkeit. Hier gibt es keine „Geschäfte", noch irgend etwas, das für einen so gearteten Menschen an ihre Stelle treten könnte. Er macht eine harte Zeit durch, bis er lernt, an höhere Dinge, als an Geschäftsbücher und Wechsel zu denken. Auch Menschen, die über die Frage des Lebens nachdachten und zu dem Schluß kamen, daß „der Tod das Ende von allem sei", und die das Bestehen von übersinnlichen Dingen leugneten, fühlen diese fürchterliche Eintönigkeit. Sie hatten Vernichtung des Bewußtseins erwartet, statt dessen finden sie sich mit vermehrter Wahrnehmungsfähigkeit für Menschen und Dinge ihrer Umgebung wieder. Sie waren gewohnt, diese Dinge so energisch zu leugnen, daß sie die Empfindungswelt für eine Sinnestäuschung hielten, und nicht selten kann man sie in tiefer Verzweiflung rufen hören: „Wann wird das enden? Wann wird das enden?"

Diese Menschen sind wirklich in einem bedauernswerten Zustand. Sie sind im allgemeinen außerhalb der Reichweite irgendeiner Hilfe und leiden viel länger als die meisten anderen. Außerdem haben sie fast kein Leben in der Himmelswelt, wo der Aufbau der Körper zum künftigen Gebrauch gelehrt wird. So werfen sie alle ihre kristallisierenden Gedanken in einen beliebigen Körper, den sie für ihr nächstes Leben erbauen. Folglich entsteht ein Körper, mit verhärtenden Tendenzen, wie wir sie z.B. bei der Schwindsucht sehen können. Manchmal wendet das mit einem solch gebrechlichen Körper verbundene Leid die Gedanken, die diese Wesen beseelen, zu Gott und ihre Entwicklung kann fortschreiten. Doch liegt die größte Gefahr, die Verbindung mit dem Geist zu verlieren und ein Ausgestoßener zu werden im materialistischen Intellekt. Daher waren die Älteren Brüder während des letzten Jahrhunderts sehr ernsthaft um das Schicksal der westlichen Welt besorgt. Hätten sie sich nicht so segenbringend bemüht, wäre eine gesellschaftliche Katastrophe eingetreten, gegen welche die Französische Revolution ein Kinderspiel gewesen wäre. Der geschulte Hellseher kann erkennen, wie knapp die Menschheit solch vernichtenden Naturkatastrophen entgangen ist, die ganze Erdteile ins Meer gerissen hätten. Der Leser wird im Kapitel XVIII eine umfassendere und eingehendere Darstellung der Beziehung zwischen dem Materialismus und den vulkanischen Ausbrüchen finden. Die Liste der Vesuvausbrüche scheint das Bestehen einer solchen Beziehung zu bestätigen, will man sie nicht dem Zufall zuschreiben, wie es der Skeptiker im allgemeinen gerne tut, wenn er mit Tatsachen und Zahlen konfrontiert wird, die er nicht erklären kann.

DER ERSTE HIMMEL

Wenn der Aufenthalt im Fegefeuer vorüber ist, steigt der gereinigte Geist in den ersten Himmel auf, der sich in den drei höchsten Regionen der Empfindungswelt befindet, wo die Resultate seiner Leiden dem

Keimatom seines Empfindungsleibes einverleibt werden. Dieses Keimatom verleiht ihm die Fähigkeit zum rechten Fühlen und wirkt in der Zukunft als Antrieb zum Guten und als Abschreckung gegenüber dem Bösen. Hier entrollt sich das Panorama der Vergangenheit abermals in umgekehrter Reihenfolge. Doch jetzt sind es die guten Taten des Lebens, welche die Grundlage des Gefühlszustandes bilden. Wenn wir zu den Szenen kommen, wo wir anderen halfen, so erleben wir nochmals die Freude des Helfens, die wir in diesem Augenblick hatten. Außerdem fühlen wir die uns vom Empfänger für unsere Hilfe entgegengebrachte Dankbarkeit. Und erleben wir Szenen, wo uns geholfen wurde, fühlen wir nochmals alle Dankbarkeit, die wir für unsere Wohltäter empfanden. Daraus ersehen wir die Wichtigkeit der Dankbarkeit für die uns von anderen erwiesenen Gefälligkeiten; denn die Dankbarkeit schafft Seelenwachstum. Unser Glück im Himmel hängt von der Freude ab, die wir anderen bereiteten und der Wertschätzung dessen, was andere für uns taten.

Man sei sich dessen bewußt, daß die Fähigkeit des Gebens nicht in erster Linie dem Wohlhabenden verliehen ist. Wahlloses Geben von Geld kann sogar von Übel sein. Es ist richtig, für einen guten Zweck Geld zu geben, aber ein Dienst ist tausendmal besser. So sagt Whitman:

„Sieh! nicht Lehren ich geb', noch Almosen;
Wenn ich gebe, so geb' ich mich selbst!"

Ein freundlicher Blick, Ausdruck des Vertrauens, eine mitfühlende und liebevolle Hilfsbereitschaft, diese Gaben können von allen ohne Rücksicht auf Reichtum gegeben werden. Ferner sollten wir besonders dem Bedürftigen zur Selbsthilfe beistehen, sei es physisch, finanziell, moralisch oder geistig, und ihn nicht von uns oder anderen abhängig machen.

Der ethische Wert des Gebens und die Wirkung auf den Geber als eine geistige Lektion, wird in schönster Weise in Lowell's Gedicht: „Die Vision des Sir Launfal" gezeigt. Der junge und ehrgeizige Ritter, Sir Launfal, reitet in blitzende Rüstung gekleidet, auf prachtvollem

Streitroß aus seiner Burg, um den heiligen Gral zu suchen. Auf seinem Schild glänzt das Kreuz, das Zeichen der Milde und Güte unseres sanftmütigen und bescheidenen Heilands. Doch das Herz des Ritters ist erfüllt von Stolz und hochmütiger Verachtung gegenüber den Armen und Bedürftigen. Er begegnet einem Aussätzigen, der um ein Almosen bittet und wirft ihm mit geringschätzigem Stirnrunzeln eine Münze hin, so wie einem hungrigen Hund einen Knochen. Doch:

„Nicht hob der Aussätz'ge das Gold vom Grund.
Die Kruste, gespart von des Armen Mund;
Der Segen des Armen ist besser fürwahr,
Verlaß ich sein Haus gleicht nackt und bar.
Was die Hand nur erfaßt, scheint dem Bettler gering;
Es bleibt ihm das Gold nur ein wertloses Ding,
Wenn Pflicht alleine zum Geben ihn zwang.
Wer aber von seinem sehr Wenigen gibt,
Dem verborgenen Christus, den er so liebt,
Zeigt Schönheit des Herzens, die alles durchdringt,
Als Band, das erhaltend um alle sich schlingt.
Sein Geschenk ist groß, daß die Hand es nicht faßt,
Das Herz nur bezwingt, die kostbare Last,
Denn ihr folgt ein Gott und bringt sie als Hort
Zur im Dunkeln verhungernden Seele fort."

Bei seiner Rückkehr findet Sir Launfal einen anderen im Besitz seiner Burg. Er wird vom Tor vertrieben.

„Ein alter Mann, zermürbt vom Gram,
Vom Suchen nach dem Gral zurück er kam.
Des Reichtums Verlust, er achtet ihn nicht,
Kein Kreuz mehr erstrahlt vom Gewande so schlicht.
Doch tief im Herzen das Zeichen ihm stand,
Des Armen und Leidenden trostreiches Pfand."

Wieder begegnet er dem Aussätzigen, der ihn um ein Almosen bittet. Diesmal antwortet der Ritter anders.

„Und der Ritter sagte: "Du bist mir ein Bild
Des gekreuzigten Heilands, so gütig und mild;
Auch Dich hat die Welt mit Dornen gekrönt,
Auch Dich hat getreten sie, und verhöhnt;
Dein Leben mit heiligem Schmerz empfand

Die Wunde in Seit und Fuß und Hand.
Marias Sohn, sei gnädig mit mir,
Durch ihn, mein Bruder, schenke ich Dir!"

Ein Blick in das Auge des Aussätzigen bringt ihm Erinnerung und Wiedererkennen und

„Zu Asch und Staub ward ihm das Herz,
Die Brotkruste brach er, so hart wie Erz,
An des Baches Rand brach er das Eis,
Und reichte dem Aussätz'gen Trank und Speis".

Eine Wandlung tritt ein:

„Der ächzte nicht länger arm und beraubt,
Ein Glorienschein umstrahlte sein Haupt,

....

Und die Stimme, die sanfter als Schweigen, spricht:
„ Sieh, ich bin es! Steh auf und fürchte Dich nicht!
In manchem Land, als des Kampfes Frucht,
Hast Du den Gral vergeblich gesucht:
Sieh, er ist hier, in Deiner Hand -
Gefüllt für mich an des Baches Rand.
Dies Krüstlein – mein Leib, der für Dich zerbrach,
Mein vergossenes Blut - die Flut aus dem Bach:
So wird zum heiligen Abendmahl,
Was wir teilen mit anderer Not und Qual;
Nicht was wir spenden, wie wir teilen im Leben,
Denn ohne Herz ist es ein dürftig Geben;
Gibst Du mit der Gabe selber Du Dich,
So nährst Du Dich selbst, den Armen und mich!"

Der erste Himmel ist der Ort der Freude, ohne einen einzigen Tropfen Bitterkeit. Der Geist schwebt über dem Einflußbereich der materiellen, irdischen Bedingungen und nimmt alles Gute aus seinem vergangenen Leben auf, so wie er es nochmals erlebt. Hier erfüllen sich alle edlen Bestrebungen, nach denen der Mensch trachtete, in vollstem Maß. Er ist der Ort der Ruhe, und je härter das Leben gewesen ist, um so stärker erfreut man sich der Ruhe. Krankheit, Kummer und Schmerz sind unbekannte Erscheinungen. Hier ist das Sommerland der Spiritualisten, der Ort, an dem die Gedanken des frommen Christen das neue Jerusalem geschaffen haben. Schöne Häuser, Blumen sind das Erbteil jener, die nach dergleichen strebten; sie gestalten sie selbst durch Gedanken aus dem feinen Empfindungsstoff. Dennoch sind diese Dinge für sie ebenso wirklich und greifbar wie für uns die materiellen Häuser. Hier erfahren alle die Befriedigung, die ihnen im Erdenleben nicht zuteil wurde.

Es gibt eine Klasse, die hier ein besonders schönes Leben führt: die Kinder. Wenn wir sie sehen könnten, würde unser Leid schnell vergehen. Stirbt ein Kind vor der Geburt des Empfindungsleibes, die ungefähr um das vierzehnte Jahr erfolgt, so steigt es nicht höher als in den ersten Himmel, weil es für seine Handlungen so wenig verantwortlich ist, wie das ungeborene Kind für die Schmerzen, die es seiner Mutter durch seine Bewegungen in ihrem Schoß bereitet. Deshalb gibt es für das Kind keinen Aufenthalt im Fegefeuer. Und was nicht lebendig wurde, kann nicht sterben. Daher bestehen der Empfindungsleib des Kindes und sein Intellekt bis zu einer neuen Geburt weiter. Aus diesem Grund haben solche Kinder die besondere Gabe, sich an ihr früheres Erdenleben zu erinnern, wie wir dies aus einem späteren Beispiel ersehen werden.

Für solche Kinder ist der erste Himmel ein Warteplatz, wo sie von einem bis zwanzig Jahre bleiben, bis sich eine günstige Gelegenheit zu einer neuen Wiederverkörperung bietet. Doch ist er mehr als nur ein Warteplatz; denn während dieser Zeit werden viele Fortschritte gemacht.

Stirbt ein Kind, so wird es immer von irgend einem Verwandten erwartet. Wenn nicht, so gibt es Menschen, die im Erdenleben gerne Kinder „bemutterten“ und sich nun freudig des kleinen verlassenen Wesens annehmen. Die außergewöhnliche Formbarkeit des Empfindungsstoffes macht es leicht, die herrlichsten, **lebensechten** Spielzeuge für die Kinder zu gestalten. Ihr Leben ist ein einziges, schönes Spiel. Dennoch wird ihr Unterricht nicht vernachlässigt. Sie werden, je nach ihrem Temperament, jedoch ungeachtet ihres Alters, in Klassen eingeteilt. In der Empfindungswelt ist es leicht, Anschauungsunterricht über den Einfluß zu geben, den gute und böse Gemütsbewegungen auf Verhalten und Glück ausüben. Diese Lektionen prägen sich dem sensitiven und gefühlsbetonten Empfindungsleib des Kindes unauslöschlich ein. Sie verbleiben in ihm bis nach seiner Wiedergeburt, so daß mancher, der ein edles Leben führt, es zum großen Teil dieser Erziehung verdankt. Wird ein schwacher Geist geboren, lassen ihn die Mitleidigen (die unsichtbaren Führer, die unsere Entwicklung lenken), oftmals in frühen Jahren sterben, damit er diese besondere Erziehung erhalte, um ihn für ein möglicherweise hartes Leben vorzubereiten. Das scheint besonders dann der Fall zu sein, wenn das Einprägen in den Empfindungsleib schwach war, weil der Sterbende durch das Wehklagen seiner Angehörigen gestört wurde, oder durch einen Unglücksfall oder auf dem Schlachtfeld starb. So konnte er unter diesen Umständen nach dem Tod nicht die nötige Intensität der Gefühle erfahren. Dieser Mangel wird daher ausgeglichen, wenn er geboren wird und im frühen Kindesalter stirbt. Oftmals fällt die Pflicht, sich im himmlischen Leben um ein solches Kind zu kümmern denen zu, die diese Anomalie verursacht haben. Ihnen wird dadurch die Gelegenheit geboten, ihre Schuld gutzumachen und zu lernen, sich zu bessern. Oder vielleicht werden sie die Eltern des von ihnen geschädigten Kindes und haben die Pflicht, in den wenigen Erdenjahren, in denen es lebt, für es zu sorgen. Es macht dann nichts, wenn sie über seinen Tod hysterisch wehklagen, weil sich im Lebensleib eines Kindes noch keine Bilder mit irgendwelcher Folgewirkung befinden würden.

Dieser Himmel ist auch ein Ort des Fortschritts für alle, die lernbegierig, künstlerisch begabt oder menschenfreundlich waren. Der Studierende und der Philosoph haben unmittelbaren Zutritt zu allen Büchereien der Welt. Der Maler empfindet große Freude über die immer wechselnden Farbkombinationen. Er lernt bald, daß seine Gedanken diese Farben nach Belieben mischen und gestalten. Seine Schöpfungen leuchten und funkeln voller Leben, die zu erreichen für den unmöglich ist, der mit den matten Erdfarben arbeitet. Er malt gewissermaßen mit lebendigem, leuchtendem Material und kann seine Entwürfe mit einer Leichtigkeit ausführen, die seine Seele mit Freude erfüllt. Der Musiker hat hier noch nicht den Ort erreicht, an dem seine Kunst in vollem Umfang zum Ausdruck kommen wird. Die Physische Welt ist die Welt der Form. Die Empfindungswelt, in der wir das Fegefeuer und den ersten Himmel vorfinden, ist besonders die Welt der Farbe. Erst die Gedankenwelt, wo sich der zweite und dritte Himmel befindet, ist die Sphäre des Tones. Himmlische Musik ist eine Tatsache und nicht nur eine Redewendung. Pythagoras fabulierte nicht, wenn er von der Musik der Sphären sprach; denn jeder der Himmelskörper hat seinen bestimmten Ton und sie erklingen zusammen zur himmlischen Symphonie, die Goethe auch im Prolog zum „Faust", dessen Schauplatz im Himmel liegt, erwähnt. Der Erzengel Raphael spricht:

> „Die Sonne tönt nach alter Weise
> in Bruder Sphären Wettgesang,
> und ihre vorgeschrieb'ne Reise
> vollendet sie mit Donnergang."

Selbst hier in der physischen Welt erreicht uns der Widerhall der himmlischen Musik. Er ist unser kostbarster Besitz, obwohl er flüchtig wie ein Irrlicht ist, und nicht wie andere Kunstwerke, eine Statue, ein Bild oder ein Buch, dauerhaft geschaffen werden kann. In der Physischen Welt stirbt und schwindet der Ton sogleich, nachdem er geboren wurde. Im ersten Himmel ist naturgemäß dieser Widerhall schöner und andauernder. Daher hört der Musiker hier lieblichere Weisen, als er jemals in seinem Erdenleben vernahm.

Die Erfahrungen des Dichters sind denen des Musikers verwandt; denn Dichtkunst ist der in Worte gefaßte Ausdruck tiefster Gefühle der Seele nach denselben Gesetzen der Harmonie und des Rhythmus geordnet, die für das Ausströmen des Geistes in die Musik maßgebend sind. Hinzu kommt noch, daß der Dichter eine wunderbare Inspiration in den Bildern und Farben findet, welche die charakteristischen Hauptmerkmale der Empfindungswelt sind. Von dort wird er den Stoff zur Verwendung in seiner nächsten Wiederverkörperung anziehen. Ebenso sammelt der Schriftsteller Stoff und Fähigkeit. Der Philanthrop arbeitet seine altruistischen Pläne zur Hebung des Menschengeschlechtes aus. Hatte er in einem Leben Mißerfolg, wird er im ersten Himmel den Grund dafür erkennen und dort lernen, Hindernisse zu überwinden und Fehler, die seine Pläne undurchführbar machten, zu vermeiden.

Zu gegebener Zeit wird ein Punkt erreicht, wo das Resultat des Kummers und des Leids im Fegefeuer zusammen mit der aus den guten Werken des vergangenen Lebens gewonnenen Freude, in das Keimatom des Empfindungsleibes eingebracht werden. Sie bilden gemeinsam das, was wir Gewissen nennen, jene antreibende Kraft, die uns vor dem Leid verursachenden Bösen warnt und uns zum Guten geneigt macht, als der Quelle von Glück und Freude. Dann läßt der Mensch seinen Empfindungsleib zum Verfall zurück, wie er den dichten Körper und den Lebensleib verließ. Er nimmt nur die Kräfte des Keimatoms mit. Sie bilden den Kern des zukünftigen Empfindungsleibes, wie es der beständige Teil seiner vergangenen Empfindungsträger war.

Wie bereits erwähnt, werden die Kräfte des Keimatoms zurückgezogen. Für den Materialisten sind Kraft und Materie untrennbar. Der Okkultist weiß es anders. Für ihn sind sie nicht zwei vollkommen verschiedene und getrennte Begriffe, sondern die beiden Pole des einen Geistes.

Materie ist kristallisierter Geist

Kraft ist derselbe noch nicht kristallisierte Geist

Das wurde bereits gesagt, kann aber nicht nachdrücklich genug dem Intellekt eingeprägt werden. In diesem Zusammenhang ist das Beispiel von der Schnecke sehr hilfreich. Die Materie, die kristallisierter Geist

ist, entspricht dem Schneckenhaus, das kristallisierte Schnecke ist. Die chemische Kraft, die Materie bewegt, macht sie zum Erbauen der Form brauchbar. Und auch hier ist die Schnecke, die ihr Haus bewegt, eine gute Analogie. Was gegenwärtig Schnecke ist, wird mit der Zeit das Haus werden und was jetzt Kraft ist, wird sich mit fortschreitender Kristallisation zu gegebener Zeit in Materie verwandeln. Der entgegengesetzte Vorgang, Materie wieder zurück in Geist aufzulösen, findet ständig statt. Die gröbere Phase dieses Prozesses sehen wir als Verfall, wenn ein Mensch seinen Träger zurückläßt; denn zu dieser Zeit läßt sich der Geist eines Atoms leichter von dem gröberen Geist trennen, der sich als Materie manifestiert hatte.

DER ZWEITE HIMMEL

Schließlich tritt der Mensch, der dreifache Geist, das Ego, in den zweiten Himmel ein. Er ist mit der Hülle des Intellekts bekleidet, der die drei Keimatome enthält, die Quintessenz der drei abgelegten Träger.

Wenn der Mensch stirbt und seinen dichten Körper und Lebensleib verliert, ist er in demselben Zustand wie beim Einschlafen. Der Empfindungsleib hat, wie bereits erwähnt, keine gebrauchsfertigen Organe. Er macht jetzt eine Umwandlung von einem eiförmigen Körper in eine dem verlassenen dichten Körper ähnelnde Form durch. Wir können leicht verstehen, daß da eine Zeitspanne der dem Schlaf gleichenden Unbewußtheit bestehen muß, ehe der Mensch in der Empfindungswelt erwacht. Es kommt oft vor, daß solche Menschen sich lange Zeit dessen nicht bewußt sind, was mit ihnen geschehen ist. Sie begreifen nicht, daß sie gestorben sind. Sie wissen, daß sie sich bewegen können und fähig sind, zu denken. Es kostet manchmal viel Mühe, ihnen begreiflich zu machen, daß sie wirklich „tot“ sind. Sie bemerken, daß einiges anders geworden ist, verstehen aber nicht, was es ist.

Anders ist es beim Übergang vom ersten Himmel – der in der Empfindungswelt ist – zum zweiten Himmel, der sich in der Region der Konkreten Gedanken befindet. Hier verläßt der Mensch seinen Empfindungsleib. Er ist vollständig bewußt und geht in eine große Stille ein. Für einen Augenblick scheint alles zu schwinden. Er kann nicht denken. Keine Fähigkeit ist tätig, und doch weiß er, daß er **anwesend** ist. Er hat das Gefühl, „in der großen Unendlichkeit" zu stehen, vollständig allein und dennoch furchtlos zu sein. Seine Seele wird von einem wunderbaren Frieden erfüllt, der „über alles Verstehen geht".

Die okkulte Wissenschaft nennt diesen Zustand **„Die große Stille".**

Dann kommt das Erwachen. Der Geist ist nun in seiner Heimatwelt im Himmel. Hier bringt das erste Erwachen dem Geist den Klang der „Sphärenmusik". In unserem Erdenleben sind wir in die kleinen Geräusche und Klänge unserer begrenzten Umgebung so vertieft, daß wir unfähig sind, die Musik der kreisenden Planeten zu vernehmen. Aber der okkulte Wissenschaftler hört sie. Er weiß, daß die zwölf Tierkreiszeichen und die sieben Planeten den Resonanzboden und die Saiten von „Apollos siebensaitiger Leier" bilden; und gäbe es einen einzigen Mißklang, würde er die himmlische Harmonie dieses grandiosen Instruments stören und den Untergang der Materie und den Zusammenbruch der Welten hervorrufen.

Die Kraft der rhythmischen Schwingungen ist allen wohlbekannt, die diesem Thema, wenn auch nur ein geringes Studium gewidmet haben. Marschieren z. B. Soldaten über eine Brücke, so wird ihnen befohlen, nicht im Gleichschritt zu gehen, weil ihr rhythmischer Tritt die stärksten Konstruktionen erschüttern würde. Für den Okkultisten ist die in der Bibel erzählte Geschichte vom Blasen der Widderhörner beim Umschreiten der Mauern von Jericho kein Unsinn. In einigen Fällen sind ähnliche Dinge geschehen, ohne daß die Welt ungläubig und herablassend dazu gelächelt hätte. Vor einigen Jahren übte eine Musikkapelle in einem Garten, nahe an der sehr massiven Mauer eines alten Schlosses. An einer bestimmten Stelle des Musikstückes kam ein langer und sehr durchdringender Ton vor. Als er erklang, stürzte die Schloßmauer plötzlich ein. Die Musiker hatten den Grundton der Mauer angeschlagen und genügend lange gehalten, um sie zu zerstören.

Wenn man sagt, der zweite Himmel sei die Welt des Tones, so darf man nicht denken, daß es dort keine Farben gäbe. Viele Leute wissen, daß zwischen Ton und Farbe eine enge Verbindung besteht und mit dem Anschlagen eines Tones gleichzeitig eine gewisse Farbe erscheint. So ist es auch in der Himmlischen Welt. Hier ist sowohl Farbe als auch Klang gegenwärtig. Der Ton jedoch ist der Schöpfer der Farbe. Deshalb sagt man, daß dies besonders die Welt des Tones sei. Es ist dieser Ton, der alle Formen in der Physischen Welt erbaut. Der Musiker kann in verschiedenen Teilen der Natur bestimmte Töne hören, solche wie den Wind im Walde, das Brechen der Wogen am Strand, das Brausen des Ozeans und das Rauschen vieler Gewässer. All diese kombinierten Klänge bilden sich zu einem Ganzen, das der Grundton der Erde ist – ihr Ton. So wie sich geometrische Figuren auf einer mit Sand bestreuten Glasplatte bilden, an deren Rand man mit einem Violinbogen entlangstreicht, so sind die Formen, die wir um uns sehen, kristallisierte Klangfiguren der Urtypenkräfte, die in die Urtypen der Himmlischen Welt hineinspielen.

Die Arbeit, die der Mensch in der Himmlischen Welt verrichtet, ist vielseitig. Es gibt dort kein untätiges, träumerisches oder illusorisches Dasein. Es ist eine Zeit größter und wichtigster Tätigkeit zur Vorbereitung auf das nächste Leben, so wie der Schlaf eine tätige Vorbereitung für die Arbeit des folgenden Tages ist.

Hier wird die Quintessenz der drei Körper in den dreifachen Geist eingebaut. Dem menschlichen Geist wird soviel vom Empfindungsleib einverleibt, wie es dem Menschen während des Lebens durch Reinigung seiner Wünsche und Emotionen aufzuarbeiten möglich war. Das verleiht ihm für die Zukunft einen verbesserten Intellekt.

Mit dem Lebensgeist wird soviel vom Lebensleib verschmolzen, wie der Lebensgeist von ihm aufarbeiten, verwandeln und vergeistigen konnte, um für die nachfolgenden Leben einen besseren Lebensleib und ihm eine bessere innere Beschaffenheit zu sichern. Damit wird dieser Teil des Lebensleibes vor dem Verfall bewahrt, dem der restliche unterworfen ist.

Es wird vom Göttlichen Geist das aufgenommen, was er vom dichten Körper durch rechtes Handeln bewahren konnte. Das wird eine bessere Umgebung und günstigere Gelegenheiten schaffen.

Diese Vergeistigung der Träger wird erreicht durch Pflege der Beobachtungsgabe, der Unterscheidungsfähigkeit und des Gedächtnisses, durch Hingabe an hohe Ideale, durch Gebete, Konzentration, Beharrlichkeit und den rechten Gebrauch der Lebenskräfte.

Der zweite Himmel ist die wahre Heimat des Menschen, des Egos, des Denkers. Hier wohnt er jahrhundertelang, assimiliert die Früchte des letzten Erdenlebens und bereitet die irdischen Bedingungen vor, die für seine nächste Stufe des Fortschritts am besten geeignet sind. Der Klang oder Ton, der diese Region durchdringt und überall als Farbe in Erscheinung tritt, ist sozusagen sein Werkzeug. Es ist diese harmonische Klangschwingung, die als eine Art Lebenselixier, in den dreifachen Geist die Quintessenz des dreifachen Körpers einbaut; davon hängt sein Wachstum ab.

Das Leben im zweiten Himmel ist außerordentlich aktiv und in vielerlei Hinsicht mannigfaltig. Das Ego assimiliert die Früchte des letzten Erdenlebens und bereitet die Umgebung für eine neue physische Existenz vor. Es genügt nicht, anzunehmen, daß die neuen Bedingungen durch Lebensführung und Taten im soeben verflossenen Leben bestimmt werden. Es müssen die Früchte der Vergangenheit in die Welt eingearbeitet werden, die der nächste Schauplatz der Tätigkeit sein wird, wo das Ego neue physische Erfahrung und weitere Früchte sammelt. Daher arbeiten alle Bewohner der Himmlischen Welt an den Modellen der Erde, die sich alle in der Region der Konkreten Gedanken befinden. Sie verwandeln die physischen Merkmale der Erde und bringen die allmählichen Veränderungen hervor, welche die äußere Erscheinung unterschiedlich gestalten, so daß bei jeder Wiederkehr in das physische Leben eine andere Umgebung vorbereitet worden ist, wo neue Erfahrungen gesammelt werden können. Das Klima, die **Flora und Fauna** (Pflanzen- und Tierwelt) werden vom Menschen unter Führung höherer Wesen – von denen später die Rede sein wird – verändert. So ist die Welt genau das, was wir selbst – individuell und kollektiv – aus ihr gemacht haben, und sie wird so sein, wie wir sie gestalten. Der okkulte Wissenschaftler erkennt hinter allem, was sich ereignet, eine Ursache einer sich manifestierenden, geistigen Natur. Er übersieht nicht die Einflüsse und die beunruhigend zunehmende Häufigkeit der auf materialistisches Denken der modernen Wissenschaft zurückführenden Erdbebenstörungen.

Es ist richtig, daß rein physische Ursachen solche Störungen hervorrufen können. Ist das aber das letzte Wort darüber? Können wir stets durch bloße Aufzeichnungen die volle Erklärung für das erhalten, was auf der Erdoberfläche geschieht? Gewiß nicht! Wir sehen, daß zwei Menschen auf der Straße sprechen, und einer den anderen plötzlich zu Boden schlägt. Ein Beobachter kann sagen, daß ein zorniger Gedanke die Ursache war. Ein anderer kann sich über diese Aussage lustig machen und erklären, daß er den erhobenen Arm sah, die sich zusammenziehenden Muskeln, und den vorschnellenden Arm, der mit dem niedergeschlagenen Opfer in Berührung kam. Auch das ist richtig. Es ist aber auch wahr, ja, man kann ruhig sagen, wäre nicht zuerst der zornige Gedanke gewesen, hätte kein Schlag erfolgen können. Ebenso sagt der Okkultist, daß sich keine Erdbeben ereigneten, wenn es keinen Materialismus gäbe.

Die Tätigkeit des Menschen in der Himmlischen Welt beschränkt sich nicht ausschließlich auf die Veränderung der Erdoberfläche, welche die Stätte seines künftigen Ringens in der Unterwerfung der Physischen Welt sein wird. Er ist ebenso aktiv bemüht, einen Körper erbauen zu lernen, der (für den Geist) ein immer besseres Ausdrucksmittel bietet.

Es ist die Bestimmung des Menschen, eine schöpferische Intelligenz zu werden. Er verbringt die ganze Zeit (im zweiten Himmel) damit, seine Lehre durchzumachen. Während seines Lebens im Himmel lernt er alle Arten von Körpern, einschließlich des menschlichen, zu erbauen.

Wir sprachen von Kräften, die längs der positiven und negativen Pole der verschiedenen Ätherarten wirken. **Der Mensch ist selbst ein Teil dieser Kräfte**. Jene, die wir tot nennen, helfen uns zu leben. Diesen wird wiederum geholfen durch die sog. „Naturgeister", die sie befehligen. Der Mensch wird bei dieser Tätigkeit von Lehrern aus den höheren Schöpferischen Hierarchien geleitet. Bevor er sein Selbstbewußtsein erlangte, halfen sie ihm, seine Träger zu erbauen, wie er jetzt seine Körper im Schlaf wiederherstellt. Während des Lebens im Himmel unterrichten sie ihn bewußt. Dem Maler wird gelehrt, ein genaues Auge zu bilden, das fähig ist, eine vollkommene Perspektive aufzunehmen, Farben und Schattierungen deutlich zu unterscheiden, in einem Maß, das für jene unbegreiflich ist, die sich nicht für Farben und Licht interessieren.

Der Mathematiker hat es mit dem Raum zu tun. Die Fähigkeit der Raumwahrnehmung hängt mit der feinfühligen Einstellung der drei im Inneren des Ohres befindlichen, halbkreisförmigen Kanäle zusammen, von denen ein jeder in eine der drei Dimensionen des Raumes weist. Logisches Denken und mathematische Begabung stehen im Verhältnis zur Genauigkeit der Einstellung dieser halbkreisförmigen Kanäle. Auch die musikalische Veranlagung hängt von demselben Erbfaktor ab. Außer der Notwendigkeit der richtigen Einstellung der halbkreisförmigen Kanäle braucht aber der Musiker „kortische Fibern" der höchsten Feinheit, von denen es im menschlichen Ohr ungefähr zehntausend gibt. Jede kann wiederum etwa fünfundzwanzig Tonabstufungen wiedergeben. In den Ohren der Mehrzahl der Menschen sprechen nur drei bis zehn der möglichen Abstufungen an. Unter den Durchschnittsmusikern beträgt das Höchstmaß an Effizienz ungefähr fünfzehn Klänge je Fiber. Der Maestro aber, der fähig ist, Musik aus der Himmlischen Welt herunterzubringen und wiederzugeben, braucht einen größeren Bereich, um die verschiedenen Noten unterscheiden und den kleinsten Mißklang der kompliziertesten Akkorde wahrnehmen zu können. Auf Menschen, die Organe von so herausragender Feinheit zum Ausdruck ihrer Fähigkeiten benötigen, verwendet man besondere Sorgfalt, wie es die höhere Stufe ihrer Entwicklung verdient und erfordert. Kein anderer Künstler kommt an Rang dem Musiker gleich. Dies erscheint verständlich, wenn wir in Betracht ziehen, daß der Maler seine Inspiration hauptsächlich aus der Welt der Farbe – der näheren Empfindungswelt – schöpft. Der Musiker versucht, die Atmosphäre unserer himmlischen Heimat (wo wir als Geister Bürger sind) zu vermitteln und sie in die Klänge des Erdenlebens zu übertragen. Er hat die höchste Mission als Künstler; denn Musik als eine Ausdrucksform des Seelenlebens nimmt den höchsten Rang ein. Daß sich die Musik von den anderen Künsten unterscheidet und höher ist als diese, geht daraus hervor, daß eine Statue oder ein Gemälde, einmal geschaffen, dauernden Bestand haben. Sie entstammen der Empfindungswelt und sind daher kristallisationsfähiger, während die Musik als Botschaft aus der Himmlischen Welt flüchtiger ist und neu geschaffen werden muß, so oft wir sie hören. Man kann sie nicht einsperren, wie man aus den erfolglosen Versuchen besonders mit mechanischen Erfindungen wie Phonographen und Pianolas sehen kann (1909). Die so erzeugte Musik verliert viel von ihrer beseelenden Frische, die sie besitzt, wenn sie direkt aus ihrer eigenen Welt kommt, die Seele an ihre Heimat erinnert und in einer Sprache zu ihr spricht, der keiner in Marmor oder auf der Leinwand zum Ausdruck gebrachten Schönheit gleichen kann.

Das Instrument, das Ohr, durch das der Mensch die Musik aufnimmt, ist das vollkommenste Sinnesorgan des menschlichen Körpers. Das Auge ist keineswegs zuverlässig; das Ohr jedoch ist es in dem Sinne, daß es jeden Klang ohne Verzerrung hört, wogegen das Auge oft entstellt, was es sieht.

Zusätzlich zum musikalischen Ohr muß der Musiker auch lernen, eine lange feine Hand zu erbauen, mit schlanken Fingern und empfindlichen Nerven, um die aufgenommenen Melodien wiedergeben zu können.

Es ist ein Naturgesetz, daß niemand einen leistungsfähigeren Körper bewohnen kann, als er zu erbauen imstande ist. Zuerst lernt er, einen Körper von gewisser Beschaffenheit zu gestalten, und dann in ihm zu leben. Auf diese Weise stellt er dessen Schwächen fest und wird belehrt, wie sie zu beheben sind.

Alle Menschen arbeiten während des vorgeburtlichen Lebens so lange unbewußt an der Erbauung ihrer Körper, bis sie den Punkt erreicht haben, wo die von ihnen aufbewahrte Quintessenz der früheren Körper einzubauen ist. Dann arbeiten sie bewußt. Daraus ersieht man, daß der Mensch, je mehr er fortschreitet und an seinen Trägern arbeitet, um so mehr Kraft zur Gestaltung eines neuen Lebens besitzt. Dadurch macht er seine Träger unsterblich. Der fortgeschrittene Schüler einer okkulten Schule beginnt manchmal (bei seiner neuen Verkörperung) für sich selbst zu bauen, sobald die Tätigkeit in den ersten drei Wochen (die ausschließlich der Mutter gehört) vollendet ist. Wenn die Zeit des unbewußten Erbauens vorüber ist, hat der Mensch eine Gelegenheit, seine angeborene schöpferische Kraft auszuüben, und der wahrhafte, ursprünglich schöpferische Prozeß „Epigenesis“ beginnt.

So sehen wir, daß der Mensch seine Träger in der Himmlischen Welt zu **erbauen** und in der Physischen Welt zu **gebrauchen** lernt. Die Natur bereitet alle Phasen der Erfahrung in so bewundernswerter Weise und mit so vollendeter Weisheit vor, daß wir – wenn wir lernen, tiefer und tiefer in ihre Geheimnisse einzudringen – immer mehr von unserer eigenen Bedeutungslosigkeit und von einer zunehmenden Ehrfurcht vor Gott erfüllt werden, dessen sichtbares Symbol die Natur ist. Je mehr wir von ihren Wundern lernen, um so mehr erkennen wir, daß dieses Weltsystem kein riesiges Perpetuum mobile ist, wie gedankenlose Menschen uns das einreden wollen. Genauso unlogisch wäre es, anzunehmen, daß sich lose Buchstaben in einer damit gefüllten, in die Luft geworfenen Schachtel bei deren Herabfallen zu einem schönen Gedicht ordnen werden. Je größer die Kompliziertheit des Planes ist, um so gewichtiger ist das Argument zugunsten der Theorie eines intelligenten Göttlichen Urhebers.

DER DRITTE HIMMEL

Wenn nun das Ego alle Früchte seines letzten Lebens assimiliert und die Gestalt der Erde so verändert hat, daß sie ihm die nötige Umgebung für einen weiteren Schritt hin zur Vervollkommnung bietet, wenn außerdem durch die Arbeit an den Körpern anderer gelernt wurde, sich selbst einen geeigneten Körper zu erbauen, um sich durch ihn in der Physischen Welt auszudrücken, und sich schließlich der Intellekt in die Essenz aufgelöst hat, die den dreifachen Geist erbaut, dann steigt der unbekleidete, individuelle Geist in die höhere Region der Gedankenwelt, in den dritten Himmel auf. Hier wird er durch die unbeschreibliche Harmonie dieser höheren Welt zu seinem nächsten Eintauchen in die Materie gestärkt.

Nach einiger Zeit kommt der Wunsch nach neuen Erfahrungen; eine neue Geburt wird in Erwägung gezogen. Dies ruft eine Serie von Bildern vor dem Geist hervor, ein Panorama des neuen, bevorstehenden Lebens. Aber man beachte wohl: dieses Panorama enthält nur die Hauptereignisse. Inbezug auf Einzelheiten, hat der Geist freien Willen. Es ist so, als wenn ein Mensch, der in eine entfernte Stadt reisen soll, einen nur für bestimmte Zeit gültigen Fahrschein mit freier Wahl des Reiseweges hätte. Hat er gewählt und die Reise begonnen, ist es noch nicht sicher, ob er eine andere Route einschlagen wird. Er kann innerhalb seines Zeitlimits an so vielen Orten Zwischenstation machen, wie er will; er kann aber nicht zurück. Folglich wird er auf seiner weiteren Reise durch seine vorausgegangene Wahl mehr und mehr eingeschränkt. Hat er eine Dampflokomotive gewählt, die mit Braunkohle geheizt wird, so muß er annehmen, beschmutzt und verrußt zu werden.

Hätte er eine Eisenbahn genommen, die mit Anthrazit oder Elektrizität angetrieben wird, so wäre er jetzt sauberer geblieben. So ist es mit dem Menschen in einem neuen Leben. Es mag ihm ein hartes Leben beschieden sein; er hat aber freie Wahl, es rein oder im Sumpf watend zu durchleben. Auch bestimmt er über andere Bedingungen des Lebens, die den Begrenzungen seiner vergangenen Entschlüsse und Taten unterliegen.

Die Bilder im Panorama des kommenden Lebens, worüber wir gerade gesprochen haben, beginnen bei der Wiege und enden am Grab. Sie bewegen sich in der entgegengesetzten Reihenfolge, wie diejenigen im Panorama nach dem Tod, die vor dem Anblick des Geistes unmittelbar nach dessen Befreiung vom dichten Körper vorüberziehen. Der Grund für diesen fundamentalen Unterschied der beiden Panoramen ist, daß das vorgeburtliche Panorama dem Zweck dient, dem sich wieder verkörpernden Ego zu zeigen, wie bestimmte **Ursachen** oder Taten immer gewisse **Wirkungen hervorrufen**. Beim Panorama nach dem Tod liegt der Fall umgekehrt. Es zeigt, daß **jedes Ereignis** im vergangenen Leben die **Wirkung** einer weiter zurückliegenden **Ursache** war. Die Natur oder Gott tut nichts ohne logischen Grund, und je mehr wir zu ergründen suchen, um so mehr wird offenbar, daß die Natur eine weise Mutter ist, die immer die besten Mittel anwendet, um zum Ziel zu gelangen.

Man könnte vielleicht fragen: „Warum müssen wir wiedergeboren werden? Warum müssen wir in dieses begrenzte und elende Erdendasein zurückkehren? Warum können wir nicht in jenen höheren Reichen Erfahrung sammeln, ohne zur Erde zu kommen? "Wir sind dieses trübseligen, beschwerlichen Erdenlebens müde!".

Solche Fragen beruhen auf verschiedenen Mißverständnissen. Vor allem sollten wir uns darüber klar werden, es tief und fest in unser Gedächtnis einprägen, daß **der Sinn des Lebens nicht Glückseligkeit,**

sondern Erfahrung bedeutet. Kummer und Schmerz sind unsere wohlwollendsten Lehrer, die Freuden des Lebens jedoch flüchtig.

Dies scheint eine strenge Lehre zu sein. Das Herz schreit schon vor Leid auf, bei dem Gedanken, daß sie wahr sein könnte. Und doch ist sie wahr. Bei näherer Prüfung werden wir finden, daß sie im Grunde keine so strenge Lehre ist.

Betrachten wir die Segnungen des Schmerzes. Wenn wir unsere Hand auf einen heißen Ofen legten, und dabei keinen Schmerz spürten, würden wir sie, ohne es zu merken, so lange liegenlassen, bis es zu spät wäre, um sie zu retten; möglicherweise würde auch der Arm verbrennen. Es ist der durch Berührung der Hand mit dem heißen Ofen sich ergebende Schmerz, der uns die Hand zurückreißen läßt, ehe ernsthafter Schaden entsteht. Statt die Hand zu verlieren, kommen wir mit einer Blase davon, die schnell heilt. Das ist ein Beispiel aus der Physischen Welt. Wir stellen fest, daß dasselbe Prinzip auch in den moralischen und geistigen Welten gilt. Wenn wir gegen die Sittenlehre verstoßen, werden uns Gewissensqualen Leiden bringen, die uns davon abhalten, die Tat zu wiederholen. Und wenn wir die erste Lehre nicht beachten, wird uns die Natur immer härtere Erfahrungen bereiten, bis schließlich unserem Gewissen die Tatsache eingeschärft ist, daß „der Weg des Übertreters schwer ist". Dies wird sich solange fortsetzen, bis wir endlich gezwungen sind, eine andere Richtung einzuschlagen und einen Schritt vorwärts, zu einem besseren Leben zu machen.

Erfahrung ist „Kenntnis von Wirkungen, die sich aus Handlungen ergeben". Das ist, zusammen mit der Entwicklung des Willens, der Sinn des Lebens. Der „Wille" ist die Kraft, durch die wir die Resultate der Erfahrung anwenden. Erfahrungen müssen gewonnen werden. Wir haben jedoch die Wahl, sie auf dem harten Weg des persönlichen Erlebens oder durch Beobachten von Handlungen anderer Menschen zu machen, indem wir über die Beweggründe im Licht der von uns, wie auch immer gemachten Erfahrungen nachdenken.

Das ist die Methode, nach welcher der okkulte Schüler lernen sollte, anstatt Peitschenhiebe von Unglück und Schmerz nötig zu haben. Je williger wir sind, auf diese Weise zu lernen, um so weniger werden wir die stechenden Dornen des „Pfades der Leiden" fühlen und um so schneller auf den „Pfad des Friedens" gelangen.

Die Wahl liegt bei uns. Solange wir jedoch noch nicht alles, was in dieser Welt zu bewältigen ist, gemeistert haben, müssen wir hierher zurückkehren. Wir können nicht in den höheren Welten bleiben und uns dort Wissen aneignen, ehe wir nicht die Lektionen des Erdenlebens gelernt haben. Das wäre ebenso unvernünftig, wie ein Kind heute in den Kindergarten und morgen auf die Universität zu schicken. Das Kind muß Tag für Tag in den Kindergarten zurückkehren und Jahre in der Volksschule sowie der Mittelschule verbringen, bis es seine Auffassungsgabe durch Lernen genügend entwickelt hat und fähig ist, um den auf der Universität gehaltenen Vorlesungen folgen zu können.

Auch der Mensch ist in der Schule, der Schule der Erfahrung. Er muß oftmals wiederkommen, ehe er hoffen kann, allem Wissen der Sinnenwelt mächtig zu sein. Ein einziges Erdenleben – und sei es noch so reich an Erfahrung – könnte nicht alle Kenntnisse erbringen. So bestimmt die Natur, daß er nach Pausen der Ruhe zur Erde wiederkehren und seine Arbeit an dem Punkt aufnehmen muß, an dem er sie beendete, wie das Kind seine Arbeit in der Schule jeden Tag nach dem Schlaf der dazwischenliegenden Nacht wieder aufnimmt. Gegen diese Theorie ist es auch kein Argument, zu sagen, daß sich der Mensch an seine vergangenen Leben nicht erinnert. Wir können nicht einmal alle Ereignisse unseres gegenwärtigen Lebens ins Gedächtnis zurückrufen. Wir erinnern uns nicht an die Bemühungen, die uns das Schreibenlernen kostete, und doch haben wir uns ein Wissen der Kunst des Schreibens erworben, eine Bestätigung dafür, daß wir sie gelernt haben. Alle Fähigkeiten, die wir besitzen, sind ein Beweis dafür, daß wir sie uns irgendwann und irgendwo angeeignet haben. Manche Menschen erinnern sich an ihre vergangenen Leben, wie an einem bemerkenswerten Beispiel am Schluß des nächsten Kapitels gezeigt wird; und es ist nur eines von vielen.

Wenn es keine Wiederkehr zur Erde gäbe, was wäre dann wohl der Sinn des Lebens? Warum sich um irgend etwas bemühen? Inwiefern wäre ein Leben der Glückseligkeit in einem ewigen Himmel die Belohnung für ein gutes Leben? Welcher Vorteil könnte sich aus einem guten Leben in einem Himmel ergeben, wo jeder sowieso schon glücklich ist? Sicherlich besteht an einem Ort, wo jeder glückselig und zufrieden ist, keine Notwendigkeit für Mitgefühl, Selbstaufopferung oder weisen Rat. Keiner würde sie dort brauchen. Aber auf der Erde gibt es viele, die genau das benötigen. Solche menschenfreundlichen und altruistischen Eigenschaften sind für die sich abmühende Menschheit von größtem Nutzen. Daher bringt das große Gesetz, das für das Gute arbeitet, den Menschen zurück, um wieder in der Welt zum Segen für sich und andere mit seinen erworbenen Schätzen zu arbeiten, anstatt sie in einem Himmel brachliegen zu lassen, wo keiner sie benötigt.

VORBEREITUNG ZUR WIEDERGEBURT

Nachdem wir nun die Notwendigkeit wiederholter Verkörperungen erkannt haben, wollen wir zunächst die Methode ins Auge fassen, durch welche dieses Vorhaben ausgeführt wird.

Vor dem Eintauchen in die Materie ist der dreifache Geist unverhüllt; er besitzt nur die Kräfte der vier Keimatome (welche die Kerne des dreifachen Körpers und die Hülle des Intellekts sind). Sein Niedersteigen gleicht, wie im früher erwähnten Beispiel, dem Anziehen mehrerer Handschuhpaare von zunehmender Dicke. Die Kräfte des Intellekts des letzten Erdenlebens werden wieder aus ihrer Verborgenheit im Keimatom erweckt. Dies beginnt aus der höchsten Unterabteilung der Konkreten Gedanken Materie aufzunehmen, ähnlich einem Magnet, der Eisenspäne anzieht.

Wenn wir nun einen Magneten über eine Mischung von Spänen aus Messing, Silber, Eisen, Gold, Blei und anderen Metallen halten, werden wir finden, daß er nur Eisenspäne selektiert, und selbst von diesen nicht mehr erfaßt, als es seine Stärke zuläßt. Er besitzt eine bestimmte, auf ein gewisses Maß beschränkte Anziehungskraft. Das gleiche trifft auf das Keimatom zu. Es kann aus jeder Region nur das anziehen, wofür es Affinität besitzt und auch davon nicht mehr als eine bestimmte Menge. So wird der Träger, der sich um diesen Kern erbaut, ein genaues Ebenbild des entsprechenden Trägers des vergangenen Erdenlebens, vermindert um das Böse, das gereinigt wurde und vermehrt um die im Keimatom einverleibte Quintessenz des Guten.

Das von dem dreifachen Geist ausgewählte Material formt sich zu einem großen, glockenförmigen Gebilde, das an der Unterseite offen ist und an der Spitze das Keimatom trägt. Wenn wir uns dies geistig veranschaulichen, können wir es mit einer Taucherglocke vergleichen, die in ein Meer hinabsinkt, das aus zunehmend dichter werdenden Flüssigkeiten besteht. Diese entsprechen den verschiedenen Unterabteilungen der einzelnen Welten. Die von der Struktur des glockenförmigen Körpers aufgenommene Materie macht ihn schwerer, so daß er in die nächst niedere Unterabteilung absinkt, und von ihr wieder den ihm angemessenen Anteil an Materie entnimmt. So wird er noch schwerer, gleitet weiter ab, bis er die vier Unterabteilungen der Region der Konkreten Gedanken durchlaufen hat. Damit ist die Hülle für den neuen Intellekt des Menschen komplett. Als nächstes werden nun die Kräfte im Keimatom des Empfindungsleibes erweckt. Es setzt sich an die Spitze im Innern der Glocke und zieht Materie der siebten Region der Empfindungswelt um sich herum zusammen, bis sie in die sechste Region eintaucht und dort weitere Materie aufnimmt. Dieser Prozeß setzt sich fort bis die erste Region der Empfindungswelt erreicht ist. Die Glocke hat jetzt zwei Schichten: außen die Hülle des Intellekts und innen die des neuen Empfindungsleibes.

Nun wird das Keimatom des Lebensleibes als nächstes zur Tätigkeit erweckt. Hier ist aber der Entwicklungsprozeß nicht so einfach wie beim Intellekt und dem Empfindungsleib; denn es muß daran erinnert werden, daß diese beiden Träger verhältnismäßig unorganisiert, der Lebensleib und der dichte Körper dagegen besser gestaltet und sehr kompliziert sind. Die Materie von gegebener Menge und Beschaffenheit wird in derselben Weise und unter Wirkung desselben Gesetzes, wie im Fall der beiden höheren Körper angezogen. Doch der Aufbau des neuen Körpers und seine Unterbringung in der richtigen Umgebung wird von vier großen Wesen unermeßlicher Weisheit vorgenommen, den Berichterstattenden Engeln oder „Herren des Schicksals". Sie durchdringen den Rückstrahlenden Äther des Lebensleibes in einer Weise, daß sich in ihm die Bilder des kommenden Lebens widerspiegeln. Der Lebensleib wird von Bewohnern der Himmlischen Welt und von den Elementargeistern in einer Art erbaut, daß ein besonderer Gehirntypus entsteht. Doch merke man sich: **das wiederkehrende Ego selbst einverleibt darin die Quintessenz seiner früheren Lebensleiber und vollbringt zusätzlich ein wenig schöpferische Arbeit**. Dies geschieht, damit im kommenden Leben noch etwas Raum für originellen und individuellen Ausdruck zur Verfügung steht, der nicht durch vergangene Taten vorbestimmt ist.

Es ist sehr wichtig, sich an diese Tatsache zu erinnern. Sonst wäre die Neigung zu groß, zu glauben, daß alles jetzt Bestehende das Resultat von etwas ist, das früher existierte. Wenn es wirklich so wäre, verbliebe kein Raum für neues und ursprüngliches Bemühen und für neue Ursachen. Die Kette der Ursachen und Wirkungen ist keine eintönige Wiederholung. **Zu allen Zeiten findet ein Zufluß von neuen und ursprünglichen Ursachen statt**. Das ist das eigentliche Rückgrat der Evolution, das einzige, was ihr Sinn verleiht und es zu etwas anderem als zur Entfaltung latenter Gegebenheiten macht. Dies ist „Epigenesis", der freie Wille, der aus der Freiheit besteht, etwas vollständig Neues einzuführen und nicht nur zwischen zwei Verhaltensweisen zu wählen. Es ist dies der wichtige Faktor, der allein das System, dem wir angehören, befriedigend erklären kann. Involution und Evolution allein sind unzureichend. Aber in Verbindung mit Epigenesis bilden sie den vollen Dreiklang der Erklärung.

Das Schicksal eines Individuums, das unter dem Gesetz der Ursache und Wirkung hervorgerufen wurde, ist von großer Komplexität. Es schließt zu allen Zeiten den Umgang mit Egos innerhalb und außerhalb der physischen Existenz ein. Selbst diejenigen, die zur gleichen Zeit leben, können sich nicht alle an demselben Ort aufhalten, so daß es für das Schicksal eines Individuums unmöglich ist, in einer einzigen Lebenszeit oder an einem Ort alles aufzuarbeiten. Daher wird das Ego in eine bestimmte Umgebung und Familie gebracht, mit der es in irgendeiner Beziehung steht. Was das abzuarbeitende Schicksal betrifft, so kann es zuweilen unerheblich sein, in welcher von mehreren Umgebungen sich das Ego wiederverkörpert. Wenn dies der Fall ist, kann es soweit wie möglich seine Auswahl treffen. Hat es sich aber einmal entschieden, so wachen die Helfer der Herren des Schicksals unsichtbar darüber, daß keine Handlung des freien Willens die Abarbeitung des gewählten Schicksalanteils vereiteln wird. Wenn wir irgend etwas dieser Art tun, um diesen Teil zu umgehen, so werden sie eine andere Maßnahme ergreifen, um die Erfüllung des Schicksals zu erzwingen. Es kann jedoch nicht oft genug wiederholt werden, daß dies den Menschen nicht hilflos macht. Es ist gleich jenem Gesetz, das wirksam wird, wenn wir eine Pistole abfeuern. Wir können die abgefeuerte Kugel nicht aufhalten oder sie irgendwie von ihrer Bahn ablenken. Ihre Richtung wurde von der Stellung des Laufes im Augenblick des Abfeuerns bestimmt. Wir hätten diese Position jederzeit ändern können, bevor wir den Hahn abdrückten. Bis zu diesem Zeitpunkt hatten wir darüber noch vollständige Kontrolle. Dies gilt ebenso für neue Aktivitäten, die künftiges Schicksal schaffen. Wir können bis zu einem bestimmten Punkt schon in Bewegung gesetzte Ursachen modifizieren oder ihnen sogar völlig entgegenwirken, wenn sie aber einmal in Gang gesetzt und keine weiteren Maßnahmen getroffen wurden, befinden sie sich außerhalb unserer Kontrolle. Man nennt dies „reifes" Schicksal, und genau dies ist gemeint, wenn man sagt, die Herren des Schicksals verhindern jeden Versuch, sich davor zu drücken. Hinsichtlich unserer Vergangenheit sind wir in großem Maß hilflos. Über zukünftiges Handeln aber haben wir, soweit wir nicht durch unsere vergangenen Taten gehindert werden, völlige Gewalt. In dem Maß jedoch, wie wir lernen, daß wir selbst die Urheber unserer eigenen Freuden und Schmerzen sind, werden wir der Notwendigkeit bewußt, unser Leben mehr in Harmonie mit Gottes Gesetzen zu bringen und uns so über diese Gesetze der Physischen Welt zu erheben. Das ist der Schlüssel zur Befreiung, wie Goethe sagt:

„Von der Gewalt, die alle Wesen bindet,
befreit der Mensch sich, der sich überwindet."

Der Lebensleib, der von den Herren des Schicksals gestaltet wurde, gibt dem dichten Körper – Organ für Organ – seine Form. Die Matrize oder Gußform wird dann in den Schoß der künftigen Mutter gelegt. Das Keimatom für den dichten Körper befindet sich im dreieckigen Kopf einer der Spermatozoen im Samen des Vaters. Dies allein macht die Befruchtung möglich. Hierin liegt die Erklärung der Tatsache, daß geschlechtliche Verbindungen oftmals unfruchtbar sind. Die chemischen Bestandteile der Samenflüssigkeit und des Eies sind zu allen Zeiten die gleichen. Wären diese die einzigen Voraussetzungen, könnte die Erklärung des Phänomens der Unfruchtbarkeit – wenn sie nur in der materiellen, sichtbaren Welt gesucht wird – nicht gefunden werden. Es wird jedoch deutlich, wenn wir bedenken, daß die Wassermoleküle nur entlang der das Wasser durchdringenden Kraftlinien gefrieren und sich als Eiskristalle zeigen, anstatt eine homogene Masse aus Eis zu werden. Dies würde geschehen, wenn vor dem Gefrieren noch keine Kraftlinien dafür vorhanden wären. Ebenso kann ein dichter Körper erst geschaffen werden, wenn ein Lebensleib existiert, um in ihn die Substanz einzubauen. Auch muß es ein Keimatom für den festen Körper geben, um als Maß für Beschaffenheit und Menge der in den dichten Körper einzubauenden Materie zu dienen. Obwohl im gegenwärtigen Entwicklungsstadium niemals eine vollkommene Harmonie in den

Bestandteilen des Körpers herrscht – weil das einen makellosen Körper bedeuten würde – darf die Dissonanz doch nicht so stark sein, daß sie auf den Organismus zerstörend wirkt.

Die ererbten Anlagen sind in erster Linie nur hinsichtlich der Bestandteile des dichten Körpers richtig und nicht inbezug auf die seelischen Eigenschaften. Diese sind ganz und gar individuell. Auch leistet das sich verkörpernde Ego einen Teil der Arbeit an seinem dichten Körper, indem es ihm die Quintessenz seiner vergangenen physischen Eigenschaften einverleibt. Der Körper ist niemals eine genaue Mischung der Eigenschaften seiner Eltern, obgleich das Ego auf die Verwendung seines von den Körpern seiner Eltern entnommenen Materials beschränkt ist. Deshalb verkörpert sich der Musiker dort, wo er das Material zum Aufbau der schlanken Hände und des feinen Gehörs mit seinen empfindlichen kortischen Fibern und seiner genauen Einstellung der drei halbkreisförmigen Kanäle erhält. Die Anordnung dieses Materials liegt jedoch innerhalb des erwähnten Kontrollbereichs des Egos. Es wäre gerade so, als gäbe man einem Zimmermann einen Stapel Balken zum Erbauen eines Wohnhauses und würde es seinem Ermessen überlassen, daraus einen Haustyp nach seinem Wunsch zu bauen.

Außer bei einem sehr hochentwickelten Wesen ist diese Arbeit des Egos auf der jetzigen Evolutionsstufe des Menschen nahezu unbedeutend. Der größte Spielraum ist für den Aufbau des Empfindungsleibes zugeteilt, ein sehr kleiner für den des Lebensleibes, und fast keiner für den des dichten Körpers. Dennoch genügt schon dieses Wenige, jeden Menschen zum Ausdruck seines eigenen, sich von seinen Eltern unterscheidenden Geistes zu machen.

Hat die Befruchtung des Eies stattgefunden, arbeitet der Empfindungsleib der Mutter für die Dauer von achtzehn bis einundzwanzig Tagen an ihm. Während dieser Zeit bleibt das Ego in seinem Empfindungsleib und der Hülle seines Intellekts außerhalb, aber immer in enger Berührung mit der Mutter. Nach Ablauf dieses Zeitraums tritt das Ego in den Körper der Mutter ein. Die glockenförmigen Träger senken sich über den Kopf des Lebensleibes nach unten, und die Glocke schließt sich an ihrer Unterseite. Von diesem Zeitpunkt an bis zur Geburt des Kindes brütet das Ego über seinem werdenden Instrument und das neue Erdenleben des wiederkehrenden Egos beginnt.

DIE GEBURT DES DICHTEN KÖRPERS

Die Träger des Neugeborenen werden nicht sofort tätig. Der dichte Körper ist noch lange Zeit nach der Geburt hilflos. Durch analoge Schlußfolgerung können wir leicht erkennen, daß das gleiche bei den höheren Trägern der Fall sein muß. Der okkulte Wissenschaftler sieht es, und die Einsicht, daß es so ist, gewinnt man auch ohne Hellsichtigkeit. Wie der dichte Körper unter der schützenden Hülle des Mutterleibes langsam für das getrennte, individuelle Leben vorbereitet wird, so werden auch die anderen Körper nach und nach geboren und zur Tätigkeit erweckt. Wenn auch die in der folgenden Beschreibung angegebenen Zeitabschnitte nur annähernd sind, so sind sie dennoch, allgemein gesehen, genau genug und zeigen die Verbindung zwischen Mikrokosmos und Makrokosmos – dem Individuum und der Welt.

In der der Geburt unmittelbar nachfolgenden Periode durchdringen die verschiedenen Träger einander, so wie in unserem früheren Beispiel der Sand den Schwamm, und das Wasser beide, den Sand und den Schwamm. Wenngleich sie im Grunde alle, wie beim Erwachsenen, **existieren**, so sind sie beim Kind **nur anwesend**. Keine ihrer positiven Fähigkeiten ist aktiv. Der Lebensleib kann die längs des positiven Pols der Äther wirkenden Kräfte nicht benutzen. Die Stoffaufnahme, die durch den positiven Pol des chemischen Äthers erfolgt, ist im Kindesalter noch sehr subtil. Und was sich vollzieht, ist dem makrokosmischen Lebensleib zuzuschreiben. Dessen Äther fungieren als Mutterleib für den Lebensleib des Kindes, bis zu dessen siebtem Lebensjahr. Während dieser Zeit bringen sie ihn nach und nach zur Reife. Die Fortpflanzungsfähigkeit, die längs des positiven Pols des Lebensäthers wirkt, ist ebenfalls latent. Die Erwärmung des Körpers (die durch den positiven Pol des Lichtäthers erfolgt) und den Blutkreislauf verdankt das Kind ebenfalls dem makrokosmischen Lebensleib. Die Äther wirken auf das Kind und entwickeln es langsam bis zu dem Punkt, von dem aus es selbst diese Funktionen kontrollieren kann. Die längs der negativen Pole der Äther wirkenden Kräfte sind um so aktiver. Die Ausscheidung der festen Stoffe, die entlang des negativen Pols des Chemischen Äthers vor sich geht (welcher der festen Unterabteilung der Chemischen Region entspricht), ist allzu ungehemmt, wie im Falle der Absonderung der Flüssigkeit, die entlang des negativen Pols des Lebensäthers erfolgt (welcher mit der zweiten oder flüssigen Abteilung der Chemischen Region übereinstimmt). Auch die passive Sinneswahrnehmung, eine Folge der negativen Kräfte des Lichtäthers, ist äußerst markant. Das Kind ist für Sinneseindrücke sehr empfänglich; es ist ganz „Auge und Ohr".

Während der ersten Jahre sind auch die entlang des negativen Pols des Rückstrahlenden Äthers wirkenden Kräfte sehr aktiv. In diesen Jahren können Kinder die höheren Welten „sehen" und plaudern oft über das Gesehene, bis das Gelächter der Älteren oder Bestrafung fürs „Märchenerzählen" sie lehren, zu schweigen.

Es ist beklagenswert, daß die Kleinen wegen der Skepsis ihrer „weisen" Älteren zu lügen oder wenigstens die Wahrheit zu leugnen gezwungen werden. Sogar die Untersuchungen der Gesellschaft für Psychische Forschung haben ergeben, daß Kinder oft unsichtbare Spielgefährten haben, die sie häufig besuchen, bis sie einige Jahre alt sind. Während dieser Jahre ist die Hellsichtigkeit der Kinder von derselben negativen (passiven) Eigenschaft, wie die der Medien.

Es ist das Gleiche mit den im Empfindungsleib wirkenden Kräften. Das passive Empfinden physischer Schmerzen ist vorhanden, während das Fühlen von Emotionen fast ganz fehlt. Gewiß zeigt das Kind bei geringstem Anlaß Gefühlsregung, die jedoch nur von kurzer Dauer ist; alles ist oberflächlich.

Das Kind besitzt auch das Bindeglied des Intellekts, ist aber zu persönlicher Denktätigkeit fast unfähig. Es ist für die entlang des negativen Pols wirkenden Kräfte überaus sensitiv und daher nachahmend und gelehrig.

So sehen wir, daß alle negativen (passiven) Eigenschaften im neugeborenen Wesen tätig sind. Doch bevor es fähig wird, seine verschiedenen Träger zu gebrauchen, müssen die positiven (aktiven) Eigenschaften herangereift sein.

Deshalb wird jeder Träger durch die Tätigkeit des entsprechenden Makrokosmosträgers bis zu einem gewissen Grad der Reife gebracht. Bis dieser Grad erreicht ist, dient ihm der makrokosmische Träger als Mutterleib.

Vom ersten bis zum siebten Lebensjahr wächst und reift der Lebensleib langsam im Schoß des makrokosmischen Lebensleibes. Infolge seiner größeren Weisheit ist der Kindeskörper runder und wohlgeformter als im späteren Leben.

DIE GEBURT DES LEBENSLEIBES

Während der makrokosmische Lebensleib das Wachstum des Kindeskörpers leitet, bewahrt er ihn vor später drohenden Gefahren, wenn der unkluge, individuelle Lebensleib unkontrolliert die Leitung übernimmt. Das geschieht im siebten Jahr, wenn die Periode des übermäßigen und gefährlichen Wachstums beginnt, das sich durch die nächsten sieben Jahre fortsetzt. Während dieser Zeit erfüllt der makrokosmische Empfindungsleib die Funktion eines Mutterleibes für den individuellen Empfindungsleib.

Wenn der Lebensleib des Menschen ständige und uneingeschränkte Herrschaft wie bei den Pflanzen hätte, würde der Mensch zu einer ungeheuren Größe wachsen. Es gab in weit zurückliegender Vergangenheit eine Zeit, wo der Mensch wie eine Pflanze beschaffen war und nur einen dichten Körper und einen Lebensleib hatte. Die überall auf der Welt verbreiteten Überlieferungen der Mythologie und Sagen, die in alten Zeiten von Riesen berichten, sind vollkommen wahr; denn damals wurden die Menschen aus demselben Grund so groß wie Bäume.

DIE GEBURT DES EMPFINDUNGSLEIBES

Der Lebensleib der Pflanze baut Blatt für Blatt und läßt den Stamm höher und höher werden. Die Körper würden auf diese Weise unbegrenzt weiter wachsen. Doch der makrokosmische Empfindungsleib greift ab einem gewissen Punkt ein und verhindert weiteres Wachstum. Die zu weiterem Wachstum nicht mehr benötigte Kraft steht nun für andere Zwecke zur Verfügung. Sie wird zur Entwicklung der Blüten und Samen gebraucht. Auf gleiche Weise läßt der Lebensleib des Menschen den dichten Körper, wenn dieser mit sieben Jahren unter seine Herrschaft kommt, sehr schnell wachsen. Um das vierzehnte Lebensjahr jedoch wird der individuelle Empfindungsleib aus dem Mutterleib des makrokosmischen Empfindungsleibes geboren und ist dann frei, an seinem dichten Körper tätig zu werden. Das übermäßige Wachsen hört auf, und die freiwerdende Kraft ist für die Fortpflanzung verfügbar, damit die „menschliche Pflanze" blühen und Früchte bringen kann. Daher leitet die Geburt des persönlichen Empfindungsleibes die Periode der Pubertät ein. Ab dieser Zeit wird die Anziehung zum anderen Geschlecht gefühlt, die in der dritten Siebenerperiode des Lebens (vom vierzehnten bis zum einundzwanzigsten Jahr), besonders aktiv und zügellos ist, weil der Einhalt gebietende Intellekt noch nicht geboren ist.

DIE GEBURT DES INTELLEKTS

Nach dem vierzehnten Jahr wird der Intellekt vom makrokosmischen Intellekt zur Reife gebracht und genährt, um seine latenten Möglichkeiten zu entwickeln und ihn zu schöpferischem Denken zu befähigen. Die Kräfte der verschiedenen Träger des Individuums sind nunmehr bis zu einem solchen Grad herangereift, daß es sie alle zu seiner Entfaltung gebrauchen kann. Daher kommt das Ego mit dem einundzwanzigsten Jahr in den Besitz seiner vollzähligen Träger. Dies geschieht mit Hilfe der Blutwärme und durch die Entwicklung des individuellen Blutes. Dies erfolgt in Verbindung mit der vollständigen Entwicklung des Lichtäthers.

DAS BLUT ALS TRÄGER DES EGOS

In der frühen Kindheit und bis zum vierzehnten Lebensjahr bilden die roten Markknochen nicht alle Blutkörperchen. Die meisten werden durch die Thymusdrüse abgegeben. Diese ist im Fötus am größten und nimmt so wie sich die individuelle Fähigkeit der Blutbildung im heranwachsenden Kind entwickelt, allmählich ab. Die Thymusdrüse enthält sozusagen einen von den Eltern dem Kind mitgegebenen Zuschuß für die Blutkörperchen. Folglich erkennt das Kind, das sein Blut von dieser Quelle bezieht, seine Individualität nicht. Erst wenn das Kind sein Blut selbst bildet, denkt es von sich selbst als „Ich". Und wenn mit dem vierzehnten Lebensjahr die Thymusdrüse verschwindet, erreicht das „Ich"-Gefühl seinen vollen Ausdruck; denn von da an wird das Blut vom Ego allein gebildet und beherrscht. Dieser Gedanke und seine Logik sollen im folgenden erklärt werden.

Es wird noch erinnerlich sein, daß die Nahrungsaufnahme und das Wachstum von den Kräften abhängen, die längs des positiven Pols des im Lebensleib vorhandenen Chemischen Äthers wirken. Dieser wird im siebten Jahr zusammen mit dem Rest des Lebensleibes freigegeben. Nur der Chemische Äther ist um diese Zeit voll entwickelt. Die anderen Äther bedürfen noch des Heranreifens. Um das vierzehnte Lebensjahr erreicht der Lebensäther, der mit der Fortpflanzung zusammenhängt, seine volle Reife. In der Zeit vom siebten bis zum vierzehnten Lebensjahr hat die übermäßige Stoffaufnahme eine Menge an Kraft aufgespeichert, die zu den Geschlechtsorganen gelenkt wird und zur Verfügung steht, sobald der Empfindungsleib freigesetzt ist.

Diese Geschlechtskraft wird während der dritten Siebenjahresperiode im Blut gespeichert. Zu dieser Zeit ist der Lichtäther, der Zugang der Blutwärme, entwickelt. Er beherrscht das Herz, so daß der Körper weder zu warm noch zu kalt ist. In der frühen Kindheit steigt die Wärme des Blutes auf anomale Temperatur an. Zur Zeit übermäßigen Wachstums ist es häufig umgekehrt. Bei der hitzköpfigen und ungezügelten Jugend jedoch treiben Leidenschaft und Temperament das Ego oft durch die Erhitzung des Blutes hinaus. Das nennen wir dann zutreffend ein Aufwallen oder Überschäumen des Temperaments. Man bezeichnet die dadurch hervorgerufene Wirkung als „seinen Kopf verlieren", d. h. man wird denkunfähig. Genau dasselbe geschieht, wenn Leidenschaft, Wut oder Überschäumen des Temperaments das Blut überhitzen und dadurch das Ego aus dem Körper hinaustreiben. Auch hier stimmt die Beschreibung, wenn wir von einem solchen Menschen sagen: „Er hat die Kontrolle über sich verloren". Das Ego befindet sich außerhalb seiner Träger; diese laufen Amok, des führenden Einflusses der Gedanken beraubt, deren Aufgabe es zum Teil ist, als Bremse auf Impulse zu dienen. Die große und folgenschwere Gefahr solcher Ausbrüche ist, daß vor dem Wiedereintritt des Egos in seinen Körper ein körperloses Wesen von ihm Besitz ergreift und es aussperren kann. Dies nennt man dann „Besessenheit". Nur der Mensch, der einen kühlen Kopf bewahrt, und keine sein Ego austreibende übermäßige Erhitzung zuläßt, kann richtig denken. Ein Beweis für die Behauptung, daß das Ego in einem Körper mit zu heißem oder zu kaltem Blut nicht arbeiten kann, ist eine bekannte Tatsache; denn übermäßige Hitze macht uns schläfrig. Wird ein bestimmter Punkt überschritten, treibt sie das Ego hinaus und läßt den Körper ohnmächtig, d.h. bewußtlos zurück. Auch übermäßige Kälte neigt dazu, den Körper schläfrig oder bewußtlos zu machen. Nur wenn das Blut eine nahezu normale Temperatur hat, kann das Ego es als Bewußtseinsträger verwenden.

Um noch eine weitere Verbindung des Egos mit dem Blut aufzuzeigen, möchten wir das brennende Erröten der Scham erwähnen, das ein

Beweis für die Art ist, wie das Blut zum Kopf getrieben wird, das Gehirn überhitzt und das Denken lähmt. Furcht ist der Zustand, bei dem das Ego sich gegen äußere Gefahren schützen möchte. Es lenkt dann das Blut zum Mittelpunkt des Körpers. Der Mensch wird bleich, weil das Blut die Oberfläche des Körpers verlassen und Wärme verloren hat, wodurch das Denken blockiert wird. Sein Blut „friert“, er fröstelt und klappert mit den Zähnen, als ob die Temperatur durch atmosphärische Bedingungen gesunken sei. Beim Fieber ruft ein Übermaß an Hitze Delirium hervor.

Der vollblütige Mensch ist, wenn sein Blut nicht zu warm ist, körperlich und geistig rege, der blutarme dagegen müde. Den ersteren kann das Ego leichter lenken, den letzteren weniger. Wenn das Ego denken will, so leitet es das Blut mit der richtigen Wärme zum Gehirn. Wenn eine schwere Mahlzeit die Tätigkeit des Egos auf den Verdauungstrakt konzentriert, kann der Mensch nicht denken; er ist schläfrig.

Die alten Normannen und die Schotten erkannten, daß sich das Ego im Blut befindet. Ein Fremder konnte erst dann mit ihnen als Verwandter vereinigt werden, wenn er sein Blut mit ihrem gemischt hatte, und somit einer von ihnen wurde. Auch Goethe, der ein Eingeweihter war, zeigte das in seinem „Faust“. Faust ist im Begriff, den Vertrag mit Mephisto zu unterzeichnen und fragt:

> „Soll ich mit Griffel, Meißel, Feder schreiben?
> Ich gebe jede Wahl Dir frei.“

Mephisto antwortet:

> Blut ist ein ganz besondrer Saft.“

Er weiß, daß derjenige den Menschen besitzt, dessen Blut er hat. Kein Ego kann sich ohne warmes Blut ausdrücken.

Die richtige Wärme für den wahren Ausdruck des Egos ist erst vorhanden, wenn der Intellekt aus dem makrokosmischen Konkreten Intellekt geboren wurde und das Individuum etwa einundzwanzig Jahre alt ist. Auch das Gesetz erkennt dieses Alter als den frühesten Zeitpunkt an (1909, USA), von dem an der Mensch das Wahlrecht ausüben kann.

Auf der gegenwärtigen Entwicklungsstufe geht der Mensch in jedem Lebenszyklus von einer Geburt zur nächsten durch diese Hauptstufen.

DIAGRAMM B

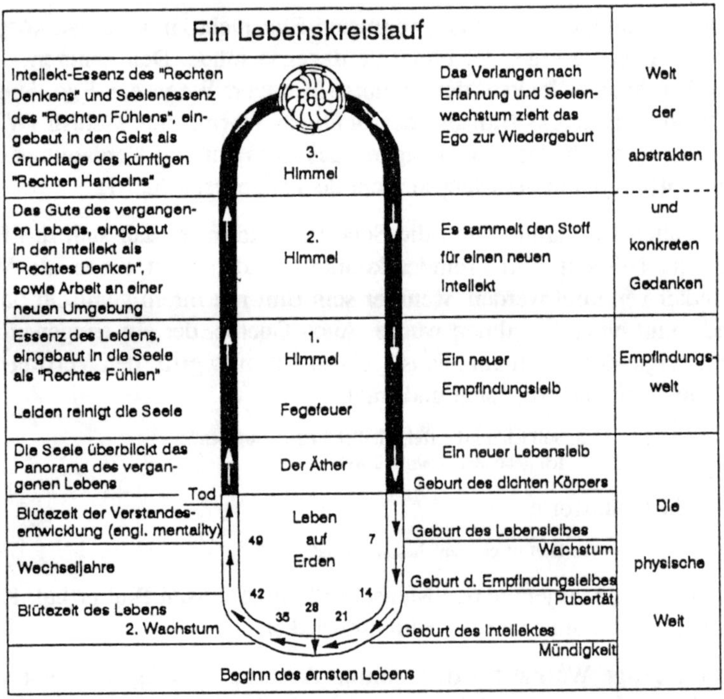

KAPITEL IV

WIEDERGEBURT UND DAS GESETZ VON URSACHE UND WIRKUNG

Nur drei Theorien, die jemals zur Lösung des Rätsels von Leben und Tod aufgestellt wurden, sind beachtenswert.

Im vorhergehenden Kapitel haben wir eine dieser drei Theorien, die der Wiederverkörperung und des sie begleitenden Gesetzes von Ursache und Wirkung in gewissem Umfang erläutert. Es scheint angebracht zu sein, die Theorie der Wiederverkörperung mit den beiden anderen Theorien zu vergleichen, mit der Absicht, ihre entsprechende Grundlage in der Natur zu bestimmen. Für den Okkultisten gibt es hier keinen Zweifel. Er sagt nicht, daß er an die Theorie „glaubt", ebensowenig wie wir sagen, daß wir an das Blühen der Rose oder an das Fließen des Baches „glauben", an Erscheinungen, die sich ständig in der materiellen Welt vor unseren Augen zutragen. Wir, (die okkult Geschulten) sagen von diesen Dingen nicht, daß wir „glauben", sondern wir „wissen", weil wir sie sehen. So kann der okkulte Wissenschaftler sagen, „ich weiß" im Hinblick auf die Wiederverkörperung, das Gesetz von Ursache und Wirkung und deren Folgeerscheinungen. Er sieht das Ego und kann seinen Pfad vom Augenblick seines Austritts aus dem dichten Körper durch den Tod bis zum Augenblick seines Wiedererscheinens auf der Erde durch eine neue Geburt verfolgen. Deshalb braucht er nicht zu „glauben". Zur Überzeugung der anderen mag es aber angebracht sein, diese drei Theorien von Tod und Leben zu überprüfen, um zu einer vernünftigen Schlußfolgerung zu kommen.

Jedes große Naturgesetz muß unbedingt in Harmonie mit anderen Naturgesetzen stehen. Daher kann es für den Fragenden sehr hilfreich sein, diese Theorien auf ihr Verhältnis zu den allgemein anerkannten und „bekannten Naturgesetzen" hin zu prüfen, die man in dem uns vertrauteren Teil des Universums beobachtet. Zu diesem Zweck wollen wir zuerst die drei Theorien anführen.

1. Der Materialismus behauptet, daß das Leben eine Reise vom Mutterschoß bis zum Grab, und der Intellekt das Resultat gewisser Wechselbeziehungen der Materie sei. Der Mensch stelle im Kosmos die höchste Intelligenz dar, die zugrundegehe, sobald sich der Körper im Tod auflöst.

2. Nach der Theorie der Theologie betrete bei jeder Geburt eine neu geschaffene Seele frisch aus der Hand Gottes die Arena des Lebens und gelange aus einem unsichtbaren Zustand durch das Tor der Geburt in eine sichtbare Existenz. Am Ende einer kurzen Zeitspanne in der materiellen Welt gehe sie durch das Tor des Todes hinüber in das unsichtbare Jenseits, von wo sie niemals zurückkehre. Ihr Glück oder Elend werde dort für alle Ewigkeit durch ihre Taten während des verschwindend kleinen Zeitraumes zwischen Geburt und Tod bestimmt.

3. Die Theorie der Wiedergeburt lehrt, daß jede Seele ein integraler Bestandteil Gottes ist und alle göttlichen Eigenschaften umfaßt, so wie der Same die Pflanze umhüllt. Durch wiederholtes Leben in einem allmählich sich verbessernden Erdenkörper werden sich die latenten Möglichkeiten langsam zu dynamischen Kräften entwikkeln. Bei diesem Prozeß geht niemand verloren. Die gesamte Menschheit erreicht am Ende das Ziel der Vollkommenheit und die Wiedervereinigung mit Gott.

Die erste dieser drei Theorien ist monistisch. Sie sucht alle Tatsachen des Daseins als Vorgänge innerhalb der materiellen Welt zu erklären. Die anderen zwei Theorien stimmen darin überein, daß sie dualistisch sind, d.h. sie schreiben einige Fakten und Phasen der Existenz einem überphysischen, unsichtbaren Zustand zu. In anderen Punkten weichen sie aber weit voneinander ab.

Vergleichen wir die materialistische Idee mit den bekannten Gesetzen des Universums, so finden wir, daß die Kontinuität der Kraft ebenso besteht wie die der Materie; beide bedürfen keiner Erläuterung. Wir wissen auch, daß in der Physischen Welt Kraft und Materie untrennbar sind. Das widerspricht der materialistischen Theorie, die daran festhält, daß der Intellekt beim Tod zugrunde gehe. Wenn nichts zerstört werden kann, muß darin auch der Intellekt enthalten sein. Mehr noch, wir wissen, daß der Intellekt der Materie überlegen ist, denn er formt die äußere Erscheinung so, daß sie eine Reflexion oder ein Spiegel des Intellekts wird. Wir haben festgestellt, daß sich die Teilchen unseres Körpers ständig verändern und zumindest einmal in sieben Jahren eine Veränderung in jedem Atom der Materie, woraus sie zusammengesetzt sind, erfolgt. Träfe die materialistische Theorie zu, müßte auch das Bewußtsein eine vollständige Wandlung durchmachen, ohne sich an Vorausgegangenes zu erinnern, so daß man sich zu keiner Zeit an irgendein Ereignis entsinnen könnte, das länger als sieben Jahre zurückliegt. Wir wissen, daß dies nicht der Fall ist. Wir erinnern uns an die Ereignisse unserer Kindheit. Viele ganz unbedeutende Vorfälle, die dem gewöhnlichen Bewußtsein längst entfallen sind, tauchen Ertrinkenden in einem flüchtigen Überblick über das gesamte Leben deutlich auf, worüber sie nach ihrer Wiederbelebung berichtet haben. Ähnliche Erfahrungen werden auch im Trancezustand ganz allgemein gemacht. Der Materialismus kann diese Phasen des Unter- und Überbewußtseins nicht erklären; er ignoriert sie einfach. Beim gegenwärtigen Stand der wissenschaftlichen Forschung (1909), wo führende Gelehrte die Existenz dieser Erscheinungen zweifelsfrei nachgewiesen haben, ist die Taktik, sie nicht zu beachten, ein schwerwiegender Fehler in einer Lehre, die den Anspruch erhebt, das größte Rätsel des Lebens zu lösen - das Leben selbst.

Deshalb können wir uns von der materialistischen Theorie, die ungeeignet ist, das Mysterium von Leben und Tod zu lösen, getrost abwenden und die nächste Theorie betrachten.

Einer der größten Einwände gegen die orthodoxe theologische Lehre, so wie sie ausgelegt wird, ist ihre völlige und bekannte Unzulänglichkeit. Von den Myriaden erschaffener Seelen, die diesen Planeten seit Beginn seiner Existenz bewohnt haben – selbst wenn dieser Anfang nicht weiter als sechstausend Jahre zurückläge – soll nur die unbedeutende Anzahl von „einhundertvierundvierzigtausend" gerettet, und der Rest für ewige Zeiten gemartert werden! Der Teufel würde allezeit den größten Nutzen davon haben. Man kann nicht umhin, mit Buddha zu sagen: „Wenn Gott solch bestehendes Unrecht zuläßt, kann Er nicht gut sein, und wenn Er nicht die Macht hat, es zu verhindern, so kann Er nicht Gott sein."

In der Natur entspricht nichts einem solchen Vorgehen, das erschafft, um Zerstörung folgen zu lassen. Es wird behauptet, daß Gott ALLE zu retten wünscht und gegen die Vernichtung eines einzigen ist, indem Er zu ihrer Errettung Seinen einzigen Sohn hingegeben hat. Und dennoch mißlang dieser „glorreiche Plan der Erlösung!"

Würde ein transatlantisches Linienschiff mit zweitausend Seelen an Bord einen Funkspruch senden, daß es auf der Höhe von Sandy Hook sinke, könnte es dann als ein „glorreicher Rettungsplan" angesehen werden, ein schnelles Motorboot zur Hilfe zu entsenden, das nur zwei oder drei Menschen bergen könnte? Sicherlich nicht! Wenn man keine geeignete Strategie zur Rettung wenigstens des größten Teils der Gefährdeten fände, würde eine solche Maßnahme vielmehr als Vernichtungsplan gebrandmarkt werden.

Weitaus schlimmer ist der Rettungsplan der Theologen; denn zwei oder drei von zweitausend ist ein enorm größerer Anteil, als der orthodox - theologische Rettungsplan, nach dem von all den Myriaden geschaffener Seelen nur einhundertvierundvierzigtausend gerettet werden. Wir können auch diese Theorie getrost als unvollkommen verwerfen, weil sie nicht der Vernunft entspricht. Wenn Gott allwis send ist, so hat er einen wirksameren Plan entwickelt. Und das hat er auch. Die oben angeführte Theorie ist eben nur die der Theologen. Die Lehre der Bibel ist wirklich eine andere, wie sich später zeigen wird.

Wir wenden uns nun der Betrachtung der Lehre von der Wiedergeburt zu. Sie setzt einen langsamen Entwicklungsprozeß voraus, der mit unerschütterlicher Beharrlichkeit durch wiederholte Verkörperungen in Formen mit zunehmender Leistungsfähigkeit fortschreitet, wodurch alle mit der Zeit bis zu einer für uns unbegreiflichen Höhe spiritueller Herrlichkeit geführt werden. In einer solchen Theorie gibt es nichts Unvernünftiges, nichts, das schwer zu akzeptieren wäre. Blicken wir uns in der Natur um, so finden wir überall dieses Streben nach Vollendung in einer langsamen beharrlichen Weise. Wir finden keine plötzlichen Schöpfungs- oder Vernichtungsprozesse vor, wie die Theologen dies postulieren, doch überall „Evolution".

Evolution ist „die Geschichte des Fortschritts des Geistes in der Zeit". Überall, wo wir die verschiedenartigen Erscheinungen im Weltall sehen, erkennen wir, daß der Pfad der Evolution eine Spirale ist. Jede Windung der Spirale ist ein Kreislauf. Jeder Kreislauf mündet in den nächsten, so wie sich auch die Windungen der Spirale fortsetzen. Jeder Kreislauf ist das verbesserte Ergebnis des vorhergehenden und der Schöpfer von jenen noch weiter entwickelten Zuständen, die ihm folgen.

Eine gerade Linie ist nur die Ausdehnung eines Punktes. Sie nimmt im Raum nur eine Dimension ein. Die Theorien der Materialisten und Theologen würden dieser Linie entsprechen. Der Materialist läßt die Lebenslinie bei der Geburt beginnen und, um konsequent zu bleiben, muß die Todesstunde sie beenden. Der Theologe beginnt seine Linie mit der Erschaffung der Seele unmittelbar vor der Geburt. Nach dem Tod lebt die Seele weiter. Ihr Schicksal ist unwiderruflich durch die Taten einiger weniger Erdenjahre irreparabel bestimmt. Es gibt keine Wiederkehr, um Fehler zu berichtigen. Die Linie verläuft geradeaus. Sie beinhaltet ein geringes Maß an Erfahrung und für die Seele keine Erhebung nach dem Tod.

Im Gegensatz zu diesen beiden Theorien verfolgt der natürliche Fortschritt keine gerade Linie, auch keinen kreisförmigen Pfad; denn dieser würde einen unendlichen Kreislauf derselben Erfahrungen und die Anwendung von nur zwei Dimensionen im Raum bedeuten. Alle Dinge bewegen sich in fortschreitenden Zyklen. Um für den Fortschritt aus all den durch unser dreidimensionales Universum gebotenen Gelegenheiten großen Nutzen ziehen zu können, ist es für das sich entwickelnde Leben erforderlich, dem dreidimensionalen Pfad – der Spirale – zu folgen, der immer vorwärts und aufwärts führt.

Ob wir nun in unserem Garten eine anspruchslose kleine Pflanze ansehen oder in den „Redwood-Distrikt" Kaliforniens gehen und einen der Mammutbäume mit einem Durchmesser von nahezu zwölf Metern untersuchen, es ist immer dasselbe: jeder Ast, jeder Zweig, jedes Blatt wächst entweder in einer einfachen oder in einer doppelten Spirale oder in einander gegenübergestellten Paaren, wo jedes dem anderen das Gleichgewicht hält, wie Ebbe und Flut, Tag und Nacht, Leben und Tod und andere **Wechselwirkungen** in der Natur.

Untersuche den gewölbten Himmelsbogen und beobachte die feurigen Urnebelmassen oder den Weg des Sonnensystems: überall begegnet das Auge der Spirale. Im Frühjahr wirft die Erde ihre weiße Decke ab und kommt aus ihrer Ruheperiode – aus ihrem Winterschlaf – hervor. Alle Aktivitäten entfalten sich, um überall neues Leben hervorzubringen. Die Zeit vergeht, Getreide und Trauben werden geerntet, und wieder schwindet der tätige Sommer in die Stille und Untätigkeit des Winters dahin. Wieder hüllt die Schneedecke die Erde ein. Doch ihr Winterschlaf ist nicht ewig; denn sie wird wieder zum Gesang des neuen

Frühlings erwachen, der für sie einen kleinen, weiteren Fortschritt auf dem Pfad der Zeit bedeutet.

Ebenso ist es mit der Sonne. Sie geht täglich morgens auf; doch jeden Morgen hat sie ein Stück auf ihrer Jahresreise zurückgelegt.

Überall die Spirale – **vorwärts, aufwärts, für immer und ewig!**

Ist es möglich, daß dieses so universal in allen anderen Reichen geltende Gesetz im Leben des Menschen nicht wirken soll? Soll die Erde jedes Jahr von ihrem Winterschlaf erwachen, sollen der Baum und die Blume abermals leben, und der Mensch sollte sterben? Das kann nicht sein! Dasselbe Gesetz, welches das Leben in der Pflanze zu neuem Wachstum erweckt, wird das menschliche Wesen zu neuen Erfahrungen, zu weiterem Fortschritt erwecken, dem Ziel der Vervollkommnung entgegen. Deshalb befindet sich die Theorie der Wiedergeburt, welche die wiederholte Verkörperung in ständig sich verbessernden Trägern lehrt, in völliger Übereinstimmung mit der Evolution und den Erscheinungen der Natur. Das ist bei den beiden anderen Theorien nicht der Fall.

Wenn wir das Leben vom ethischen Gesichtspunkt aus betrachten, werden wir feststellen, daß das Gesetz der Wiedergeburt, in Verbindung mit dem Zwillingsgesetz von Ursache und Wirkung, die einzige Theorie ist, die ein Gerechtigkeitsgefühl im Einklang mit den um uns herum wahrzunehmenden Tatsachen des Lebens befriedigt.

Für den logischen Verstand ist es nicht leicht zu verstehen, wie ein „gerechter und liebender Gott" dieselben Tugenden von all den Milliarden verlangen kann, die er nach nicht offenbarter Regel und nicht erkennbarem System doch wohl oder übel entsprechend seiner eigenen launenhaften Stimmung „nach Belieben in unterschiedliche Verhältnisse" verteilt hatte. Der eine lebt im Luxus, der andere von „Tritten und Krusten". Einer hat eine moralische Erziehung und lebt in einer Atmosphäre hoher Ideale; der andere muß in armseliger Umgebung leben. Er wird zum Lügen und Stehlen angeleitet, und je mehr er darin leistet, um so größer ist sein Erfolg. Ist es gerecht, von beiden dasselbe zu verlangen? Ist es richtig, den einen für ein gutes Leben zu belohnen, wenn er in ein Milieu hineingestellt wurde, das ihm ein Abirren vom rechten Weg außerordentlich schwer machte, oder den anderen zu bestrafen, der so stark benachteiligt wurde, daß er niemals erkennen konnte, was wahre Tugendhaftigkeit bedeutet? Sicher nicht! Ist es nicht logischer, zu denken, daß wir die Bibel falsch ausgelegt haben könnten, als Gott einen so ungeheuerlichen Plan und eine so absurde Handlungsweise zur Last zu legen?

Es erübrigt sich zu sagen, daß wir nach den Mysterien Gottes nicht fragen sollen, weil sie jenseits unseres Fassungsvermögens liegen. Die Ungleichheiten des Lebens können zufriedenstellend durch die Zwillingsgesetze der Wiedergeburt sowie der Ursache und Wirkung erklärt und in Einklang mit der Vorstellung eines gerechten und liebenden Gottes gebracht werden, wie Christus es gelehrt hat.

Außerdem wird durch diese Zwillingsgesetze eine Möglichkeit aufgezeigt, uns aus gegenwärtiger, unerwünschter Lage oder Umgebung zu befreien. Gleichzeitig werden Wege gewiesen, jeden beliebigen Entwicklungsgrad zu erreichen, einerlei wie unvollkommen wir auch jetzt noch sein mögen.

Was wir sind, was wir haben, alle unsere guten Eigenschaften sind das Ergebnis unserer eigenen vergangenen Taten. Was uns jetzt noch an physischen, moralischen oder intellektuellen Vorzügen fehlt, können wir uns in Zukunft aneignen.

Genauso wie wir unser Leben jeden Morgen dort wieder aufnehmen müssen, wo wir es am vorhergehenden Abend beendeten, so haben wir auch durch unsere früheren Leben die Bedingungen geschaffen, unter denen wir jetzt leben und wirken. Und wir schaffen gegenwärtig die Voraussetzungen für unsere künftigen Leben. Statt den Mangel dieser oder jener von uns begehrten Fähigkeit zu beklagen, sollten wir uns an die Arbeit machen, sie zu erwerben.

Wenn ein Kind auf einem Musikinstrument mühelos gut spielen lernt, während ein anderes trotz beharrlicher Anstrengung im Vergleich dazu ein weniger guter Spieler bleibt, zeigt dieser Unterschied nur, daß das eine im vergangenen Leben viel Mühe aufwandte und nun ein früheres Leistungsniveau leicht wieder erreicht, während das andere erst in diesem Leben mit seinem Streben begonnen hat. Infolgedessen sehen wir sein mühevolles Üben. Arbeitet aber das letztere beharrlich weiter, kann es sogar dem ersteren in diesem Leben überlegen werden, wenn dieses sich nicht ständig verbessert.

Daß wir uns nicht an die Anstrengungen zur Erlangung einer Fähigkeit erinnern, ist unerheblich; es ändert nichts an der Tatsache, daß uns die Fähigkeit bleibt.

Genialität ist das Kennzeichen einer fortgeschrittenen Seele, die sich durch harte Arbeit in vielen vergangenen Leben in irgendeine Richtung über das Durchschnittsmaß der Rasse hinaus entwickelt hat. Sie gibt uns eine Vorstellung von dem Grad der Fertigkeit, die in der kommenden Rasse Allgemeinbesitz sein wird. Genialität kann nicht durch ererbte Anlagen erklärt werden, die sich auf den dichten Körper nur zum Teil, nicht aber auf die Eigenschaften der Seele beziehen. Wenn Genialität durch Vererbbarkeit zu erklären wäre, warum hatte dann Thomas Edison nicht eine lange Reihe technisch begabter Vorfahren, von denen jeder geschickter war als sein Vorgänger? Warum überträgt sich Genialität nicht? Warum ist Siegfried Wagner nicht größer als sein Vater Richard?

In Fällen, wo der Ausdruck von Genialität vom Besitz besonders erbauter Organe abhängt, die Zeitalter zu ihrer Entwicklung benötigten, wird das Ego selbstverständlich in einer Familie wiedergeboren, deren Egos durch Generationen bestrebt waren, ähnliche Organe zu schaffen. Das ist der Grund, weshalb in der Familie Bach während zweihundertfünfzig Jahren neunundzwanzig Musiker von größerer oder geringerer Genialität geboren wurden. Daß Genialität ein Ausdruck der Seele und nicht des Körpers ist, geht aus der Tatsache hervor, daß diese Genialität sich nicht allmählich entwickelte und in der Person des Johann Sebastian Bach ihre höchste Entfaltung erlangte, sondern daß das Leistungsniveau in ihm seinen höchsten Ausdruck erreichte, welches sowohl das seiner Vorfahren als auch das seiner Nachkommen weit überragte.

Der Körper ist einfach nur ein Instrument, und die Arbeit, die er leistet, hängt vom Ego ab, das ihn leitet, so wie die Qualität der Melodie vom Können des Musikers abhängt, unterstützt durch die Klangfarbe des Instruments. Ein guter Musiker kann sich auf einem mangelhaften Instrument nicht vollkommen ausdrücken. Und selbst auf ein und demselben Instrument werden und können nicht alle Musiker in gleicher Weise spielen. Strebt ein Ego danach, als Sohn eines großen Musikers zu reinkarnieren, so ist damit nicht gesagt, daß es ein noch größeres Genie sein muß. Dies würde der Fall sein, wenn Genialität physisch erblich und nicht eine Eigenschaft der Seele wäre.

Das „Gesetz der Anziehung" erklärt die Tatsachen, die wir der Vererbung zuschreiben, völlig ausreichend. Wir wissen, daß Menschen mit gleichen Neigungen einander suchen. Wenn ein Freund in einer bestimmten Stadt wohnt, uns seine Adresse aber unbekannt ist, so werden wir ihn anhand seiner gesellschaftlichen Gepflogenheiten leicht finden. Wenn er Musiker ist, so wird er sicherlich dort sein, wo Musiker gewöhnlich zusammenkommen. Ist er Student, so wird man in Bibliotheken, Lesehallen und Bücherläden nachfragen, ist er ein Spieler, würden wir ihn auf Rennbahnen, in Billardräumen oder Saloons suchen. Vermutlich werden der Musiker oder der Student die letztgenannten Orte nicht aufsuchen. Auch können wir sicher sein, daß unser Suchen nach dem Spieler in einer Bibliothek oder in einem klassischen Konzert vergeblich wäre.

Ähnlich tendiert das Ego normalerweise zu den ihm entsprechenden Vereinigungen. Es wird dazu durch eine der Zwillingskräfte der Empfindungswelt - die Kraft der Anziehung – gedrängt.

Man kann den Einwand erheben, daß es in derselben Familie Menschen mit grundverschiedenen Neigungen, ja selbst erbitterte Feinde gibt. Und wenn das Gesetz der Assoziation besteht, was könnte sie zusammengeführt haben?

Die Erklärung für solche Fälle ist, daß während des Erdenlebens vom Ego viele Verbindungen mit verschiedenen Menschen geknüpft wurden. Diese Beziehungen waren angenehm oder anders geprägt. Sie schlossen Verpflichtungen ein, die damals nicht eingelöst wurden, oder es kam zu Kränkungen mit einem sehr starken Haßgefühl zwischen dem Geschädigten und dessen Feind. Das Gesetz der Ursache und Wirkung verlangt einen genauen Ausgleich der Schuld. Der „Tod bezahlt nicht alles", ebensowenig wie die Übersiedlung in eine andere Stadt eine Geldschuld tilgt. Es kommt die Zeit, wo sich die beiden Feinde wieder begegnen werden. Der alte Haß hat sie in dieselbe Familie zusammengeführt; denn es ist Gottes Absicht, daß alle einander lieben. Deshalb muß Haß in Liebe verwandelt werden. Wenn Menschen vielleicht auch viele Leben damit verbringen, um ihre „Feindschaft auszufechten", so werden sie irgendwann einmal die Lektion lernen und Freunde und gegenseitige Wohltäter werden, anstatt sich zu bekämpfen. In solchen Fällen erweckte das Interesse, das diese Menschen aneinander hatten, die Kraft der Anziehung, die sie zusammenführte. Wären sie sich gleichgültig gewesen, so hätten sie nicht miteinander in Verbindung kommen können.

So lösen die Zwillingsgesetze der Wiedergeburt sowie der Ursache und Wirkung sinnvoll alle im Leben des Menschen vorkommenden Probleme, während er stetig zur nächsten Evolutionsstufe - der des Übermenschen - vorrückt. Diese Theorie besagt, daß der Weg des menschlichen Fortschritts immer vorwärts und aufwärts führt. Der Mensch wird nicht, wie manche meinen, welche die Lehre von der Wiedergeburt mit der törichten einiger indischer Stämme verwechseln, in Tieren und Pflanzen wiedergeboren. Das wäre ein Rückschritt. Für diese Lehre des Rückschritts kann weder in der Natur noch in den heiligen Büchern irgendeiner Religion ein Zeugnis gefunden werden. In einer (und nur in einer) der indischen religiösen Schriften wird diese

Lehre berührt. In den Kathopanishaden (Kapitel 5, Vers 9) wird angeführt, daß „einige Menschen, ihren Taten entsprechend, in den Mutterleib, andere in den sthanu" eingehen. Sthanu ist ein Sanskritwort. Es bedeutet sowohl „bewegungslos" als auch „Säule" und wurde so interpretiert, daß einige Menschen wegen ihrer Sünden in das unbewegliche Pflanzenreich zurückkehren.

Die Geister verkörpern sich nur, um Erfahrungen zu sammeln, die Welt zu besiegen, das niedere Selbst zu überwinden und Selbstbeherrschung zu erlangen. Wenn wir das klar erkennen, werden wir verstehen, daß eine Zeit kommen wird, wo keine weitere Notwendigkeit zur Verkörperung besteht, weil alle Lektionen gelernt worden sind. Die Lehre der Kathopanishaden weist darauf hin, daß der Mensch, statt an die Räder der Geburt und des Todes gebunden zu sein, eines Tages in den bewegungslosen Zustand des „Nirwana" eingehen werde.

Im Buch der Offenbarung finden wir folgende Worte: „Den, der überwindet, will ich zu einer **Säule** im Tempel meines Gottes machen, **und er wird nicht mehr hinausgehen**", was sich auf die endgültige Befreiung von konkreter Existenz bezieht. Nirgends finden wir einen Beweis für die Seelenwanderung. Ein Mensch, der sich soweit entwickelt hat, um eine individuelle, separate Seele zu besitzen, kann auf dem Weg seines Fortschritts nicht mehr umkehren und in den Träger des Tieres oder der Pflanze eintreten, die unter einem Gruppengeist stehen. Der individuelle Geist befindet sich auf einer höheren Entwicklungsstufe als der Gruppengeist, und der geringere kann nicht den größeren enthalten.

Oliver Wendell Holmes kleidet die Idee eines beständigen Fortschritts in allmählich sich verbessernden Trägern und eine schließliche Befreiung in sein schönes Gedicht „Die Kammern des Nautilus". Der Nautilus baut seine spiralförmige, in Kammern geteilte Schale und verläßt immer die kleineren, denen er entwachsen ist, bis hin zur letztgeschaffenen:

WIEDERGEBURT UND DAS GESETZ VON URSACHE UND WIRKUNG

Des Tieres stilles Werk, so schimmernd klar,
Erglänzt hier Jahr um Jahr.
Doch keine Windung faßt
Im nächsten Jahr den unruhvollen Gast.
Er stahl sich durch des Bogenganges Glast.
Er baut sein müß'ges Tor,
Wuchs mit dem neuen Heim, Das alte er verlor.

Armselig Kind der sturmbewegten Flut!
Dein unverzagter Mut
Mir Himmelsbotschaft bringt.
Ein rein'rer Ton sich Deinem Mund entringt,
Dem Stummen, als aus Tritons Horn erklingt!
Mir tönt in Deinem Wort
Gedankentiefen zwingend, eine Stimme fort:
Die nied're Wölbung der Vergangenheit
Im Lauf der flücht'gen Zeit
Verlaß, o Seele mein!
Laß jeden Tempel edler, größer sein.
Durch weit're Bogen sich des Himmels Schein,
Den Weg zur Freiheit geh.
Die enge Hülle bleibe an des Lebens wilder See.

Die oben erwähnte Notwendigkeit, einen Organismus von besonderer Beschaffenheit zu erhalten, bringt uns einen interessanten Aspekt der Zwillingsgesetze, der Wiedergeburt sowie der Ursache und Wirkung, in Erinnerung. Diese Gesetze stehen mit der Bewegung der Himmelskörper, der Sonne, der Planeten und Tierkreiszeichen in Verbindung. Alle bewegen sich harmonisch nach diesen Gesetzen. Die Planeten werden auf ihren Bahnen von den innewohnenden geistigen Intelligenzen - den Planetengeistern - gelenkt.

Aufgrund des Vorrückens des Äquinoktiums bewegt sich die Sonne rückläufig durch die zwölf Zeichen des Zodiaks mit der Geschwindigkeit von ungefähr einem Bogengrad in zweiundsiebzig Jahren durch jedes Zeichen (mit 30 Graden) in ungefähr zweitausendeinhundert Jahren oder um den ganzen Kreis herum in ungefähr sechsundzwanzigtausend Jahren.

Dies ist der Tatsache zuzuschreiben, daß sich die Erde nicht um eine stationäre Achse bewegt. Ihre Achse hat eine eigene, langsame, schwingende Bewegung, (so wie das Schwanken eines Brummkreisels, der mit seiner Kraft fast am Ende ist). So beschreibt sie einen Kreis im Raum, wobei ein Stern nach dem anderen zum Polarstern wird.

Infolge dieser schwankenden Erdbewegung kreuzt die Sonne den Äquator nicht jedes Jahr an derselben Stelle, sondern einige hundert Meter weiter rückwärts. Daher der Name „Präzession der Äquinoktien", weil das Äquinoktium „vorausgeht", also zu früh kommt.

Alle Ereignisse auf der Erde, die mit den anderen Himmelskörpern und deren Bewohnern zusammenhängen, sind mit dieser und weiteren kosmischen Bewegungen verknüpft. So verhält es sich auch mit den Gesetzen der Wiedergeburt sowie der Ursache und Wirkung.

Wie die Sonne im Lauf des Jahres die verschiedenen Zeichen des Zodiaks durchläuft, so wirken klimatische und andere Veränderungen auf den Menschen und seine Tätigkeit in verschiedener Weise. Ähnlich verursacht der durch die Präzession des Äquinoktiums hervorgerufene Lauf der Sonne durch die zwölf Tierkreiszeichen - den man ein Weltenjahr nennt - auf der Erde Veränderungen von noch viel größerer Mannigfaltigkeit. Für das Wachstum der Seele ist es unbedingt erforderlich, sie alle zu erfahren. Diese Bedingungen werden tatsächlich, wie wir gesehen haben, in der Himmlischen Welt zwischen den Geburten vom Menschen selbst geschaffen. Deshalb wird jedes Ego, während die Sonne ein Zeichen des Zodiaks durchläuft, zweimal geboren. Die Seele selbst ist notwendigerweise zweigeschlechtig. Damit sie alle Erfahrungen machen kann, wird sie abwechselnd in einem männlichen und einem weiblichen Körper wiedergeboren; denn die Erfahrungen des einen Geschlechts weichen von denen des anderen sehr voneinander ab. Innerhalb einer Zeit von eintausend Jahren ändern sich die äußeren Bedingungen nicht wesentlich. Sie ermöglichen dem Menschen Erfahrungen in der gleichen Umgebung zu sammeln, sowohl vom männlichen als auch vom weiblichen Standpunkt aus.

DIE WIEDERGEBURT UND DAS GESETZ VON URSACHE UND WIRKUNG

Das sind allgemeine Grundsätze, nach denen das Gesetz der Wiedergeburt wirkt. Da es aber kein blindes Gesetz ist, unterliegt es häufigen Abänderungen, die von den Herren des Schicksals, den Berichterstattenden Engeln, bestimmt werden, so z.B. in einem Fall, wo das Ego ein empfindliches Auge oder Ohr benötigt. Nun bietet sich eine Gelegenheit, ihm das erforderliche Werkzeug in einer Familie zu geben, zu der früher Beziehungen bestanden. Bis zu der für die Wiederverkörperung des Egos erforderlichen Reife fehlen entsprechend der durchschnittlichen Periode vielleicht noch zweihundert Jahre. Es wird aber von den Herren des Schicksals erkannt, daß das Ego, würde diese Gelegenheit nicht ergriffen, über weitere vierhundert oder gar fünfhundert Jahre über die Durchschnittszeit hinaus im Himmel verbringen müßte, bis sich eine andere Chance bieten würde. Daher wird das Ego vorzeitig zur Wiedergeburt gebracht. Das Manko an Ruhe im dritten Himmel, wird zu einer anderen Zeit wieder ausgeglichen. So sehen wir, daß nicht nur die Verstorbenen vom Himmel aus an uns arbeiten, sondern wir auch an ihnen, indem wir sie anziehen oder abweisen. Eine günstige Gelegenheit zur Erlangung eines geeigneten körperlichen „Werkzeugs" kann ein Ego zur Wiedergeburt anziehen. Hätte kein brauchbares Instrument zur Verfügung gestanden, so wäre es länger im Himmel geblieben, und die überschüssige Zeit wäre ihm von seinen künftigen himmlischen Leben abgezogen worden.

Auch das Gesetz der Ursache und Wirkung arbeitet in Harmonie mit den Sternen, **so daß ein Mensch zu der Zeit geboren wird, in der die Positionen der Himmelskörper im Sonnensystem die erforderlichen Bedingungen für seine Erfahrungen und seinen Fortschritt in der Schule des Lebens bieten.** Aus diesem Grund ist die Astrologie eine absolut wahre Wissenschaft, obwohl selbst die besten Astrologen sie falsch interpretieren können, weil sie - wie alle Menschen - nicht unfehlbar sind. Die Sterne zeigen exakt die Zeit im Leben des Menschen an, welche die Herren des Schicksals zur Begleichung seiner fälligen Schuld für ihn gewählt haben. Ein Entrinnen ist für den Menschen nicht möglich. Ja, die Sterne geben den genauen Tag an, auch wenn wir nicht immer fähig sind, sie richtig zu deuten.

Das vielleicht eindrucksvollste Beispiel, das dem Verfasser über dieses in den Sternen geschriebene Nicht-Entrinnen-Können bekannt ist, selbst wenn man vollkommene Kenntnis davon hat, ereignete sich im Jahre 1906 in Los Angeles, Kalifornien. Herr L., ein wohlbekannter Professor wurde ein wenig in Astrologie unterrichtet. Es wurde sein Horoskop erstellt, weil ein Schüler sich für sein eigenes natürlich mehr interessiert, als für das eines Fremden. Auch kann er die Genauigkeit der ihm gegebenen Zeicheninterpretation nachprüfen. Das Horoskop ließ eine Neigung zu Unfällen erkennen. Es wurde Herrn L. gezeigt, wie diese und andere Ereignisse in der Vergangenheit mit der angegebenen Zeit des Geschehens übereinstimmen. Darüber hinaus wurde Herrn L. gesagt, daß ihm ein weiterer Unfall zustoße, der sich am 21. Juli oder sieben Tage danach, also am 28. Juli ereignen würde; das letztgenannte Datum sei das gefährlichere. Er wurde vor Verkehrsmitteln aller Art gewarnt; es wurden die Stellen der bevorstehenden Verletzungen genannt: Brust, Arme, Schultern und der untere Teil des Kopfes. Er war von der Gefahr vollkommen überzeugt und versprach, an dem betreffenden Tag zuhause zu bleiben.

Der Autor reiste nach Norden, nach Seattle, und schrieb ein paar Tage vor der kritischen Zeit an Herrn L., um ihn nochmals zu warnen. Herr L. antwortete, daß er sich an die Warnung erinnere und sich dementsprechend verhalten würde.

Die nächste Nachricht in dieser Angelegenheit kam von einem gemeinsamen Freund, der schrieb, daß Herr L. am 28. Juli 1906 mit der Straßenbahn nach Sierra Madre fuhr, und der Wagen mit einem Eisenbahnzug zusammenstieß, wobei Herr L. die Verletzungen, genau wie beschrieben, erlitt; auch zog er sich einen Sehnenriß am linken Fuß zu.

Die Frage war, warum Herr L., der vollstes Vertrauen in die Voraussage setzte, den Rat mißachtete. Nach drei Monaten, als er wieder so weit genesen war, um schreiben zu können, kam die Erklärung. Der Brief lautete: „Ich dachte, der 28. sei der 29."

DIE WIEDERGEBURT UND DAS GESETZ VON URSACHE UND WIRKUNG

Für den Autor steht außer Frage, daß es sich um einen Fall von „reifem" Schicksal handelte, das vorher exakt in den Sternen angezeigt worden war und vor dem es kein Entrinnen gab.

Daher kann man die Sterne „die Uhr des Schicksals" nennen. Die zwölf Zeichen entsprechen dem Zifferblatt, die Sonne und die Planeten dem Stundenzeiger, der auf das Jahr hinweist und der Mond dem Minutenzeiger, der den Monat des Jahres angibt, wann die verschiedenen Posten in der Rechnung des reifen Schicksals, das jedem Leben zugeteilt ist, zur Bezahlung fällig sind.

Es kann jedoch nicht eindringlich genug betont werden, daß der Mensch, auch wenn es verschiedene Dinge gibt, denen er nicht entkommen kann, einen gewissen Spielraum des freien Willens besitzt, um bereits in Gang befindliche Ursachen abzuändern. Ein Dichter drückt das wie folgt aus:

> Ein Wind ist's, der das Schiff bewegt,
> ob nach Ost oder West es schwimmt,
> nicht der Sturm, der weht,- wie das Segel steht,
> das allein die Fahrt bestimmt.
>
> Des Schicksals Gewalt gleicht dem Wind der See
> auf des Daseins bewegter Flut,
> sei es laut oder still, - unseres Lebens Ziel
> nimmt die Seele in eigene Hut.

Besonders wichtig ist, zu verstehen, daß unsere gegenwärtigen Handlungen die künftigen Bedingungen bestimmen.

Orthodox Religiöse, und selbst jene, die sich zu keiner Religion bekennen, bringen oft als ihr stärkstes Argument gegen das Gesetz der Wiedergeburt vor, daß es den „unwissenden Heiden" in Indien gelehrt werde, die daran glauben. Wenn es aber ein Naturgesetz ist, kann kein Einwand stark genug sein, es zu entkräften oder für ungültig zu erklären. Ehe wir von „unwissenden Heiden" sprechen, oder ihnen Missionare senden, würden wir gut daran tun, unsere eigenen Kenntnisse ein wenig zu prüfen. Überall klagen die Erzieher über die Oberflächlichkeit ihrer Schüler. Prof. Wilbur L. Cross aus Yale führt unter anderen alarmierenden Fällen von Unwissenheit an, daß in einer Klasse von vierzig Studenten tatsächlich **nicht einer wußte, wo er Judas Ischariot „einordnen" sollte.**

Es wäre vorteilhaft, die Arbeitskraft von Missionaren aus heidnischen Ländern und Elendsvierteln abzuziehen, um Studenten der Hochschulen unseres eigenen Landes aufzuklären, nach dem Grundsatz, daß „Nächstenliebe zuhause beginnt", und „Gott den **unwissenden** Heiden nicht umkommen lassen wird". Es wäre besser, ihn in der Unwissenheit zu lassen, in der er des Himmels sicher ist, als ihn „zu erleuchten" und so die Wahrscheinlichkeit zu erhöhen, zur Hölle zu fahren. Dies ist gewiß einer der Fälle, „wo Unwissenheit ein Segen, Wissen eine Torheit" ist. Wir würden uns und den Heiden einen ausgezeichneten Dienst erweisen, wenn wir sie sich selbst überließen und uns um unsere unwissenden Christen hier zuhause kümmerten.

Auch die Lehre von der Wiedergeburt als eine heidnische zu bezeichnen, widerlegt sie nicht. Ihre im Osten vorgegebene Priorität ist ebensowenig ein Beweis gegen sie, wie die Genauigkeit der Lösung einer mathematischen Aufgabe nicht dadurch ungültig wird, daß wir zufällig den Menschen, der sie zuerst fand, nicht schätzen. Die einzige Frage ist, ist sie richtig? Und wenn sie es ist, dann ist es vollkommen bedeutungslos, von wem die Lösung zuerst kam.

Alle anderen Religionen müssen allmählich zur christlichen Religion führen. Sie waren Rassenreligionen und enthalten teilweise nur das, was das Christentum in reichlicherem Maß besitzt. Das wahre Esoterische Christentum wurde bis jetzt noch nicht öffentlich gelehrt, und es wird in dieser Weise erst gelehrt werden, wenn die Menschheit den materialistischen Zustand überwunden hat und fähig ist, es aufzunehmen. Die Gesetze der Wiedergeburt sowie der Ursache und Wirkung sind allezeit im Geheimen gelehrt worden. Durch **das direkte Gebot von Christus selbst** sind, wie wir erfahren werden, diese beiden Gesetze während der letzten zweitausend Jahre in der westlichen Welt nicht öffentlich gelehrt worden.

DER WEIN ALS EIN FAKTOR IN DER EVOLUTION

Um den Grund des Verschweigens und die zur Verschleierung dieser Lehre angewandten Mittel und Wege zu verstehen, müssen wir an den Anfang der Menschheitsgeschichte zurückgehen und erkennen, wie die Menschheit zu ihrem Vorteil von großen Lehrern geleitet worden ist.

In den Lehren der okkulten Wissenschaft sind die Entwicklungsstufen auf der Erde in Zeiträume eingeteilt, die „Epochen" genannt werden. Es gab deren vier: Die Polarische, die Hyperboreische, die Lemurische und Atlantische. Die gegenwärtige Epoche wird die Arische Epoche genannt.

In der Ersten oder Polarischen Epoche hatte die gegenwärtige Menschheit nur einen dichten Körper, wie ihn jetzt die Mineralien besitzen. Er war ihnen daher ähnlich.

In der Zweiten oder Hyperboreischen Epoche kam ein Lebensleib hinzu, und der werdende Mensch hatte einen Körper, der so beschaffen war, wie derjenige der Pflanzen. Er war keine Pflanze, wohl ihr aber ähnlich.

In der Dritten oder Lemurischen Epoche erhielt er seinen tierähnlich gebildeten Empfindungsleib; er war zum Tiermenschen geworden.

In der Vierten oder Atlantischen Epoche entwickelte sich der Intellekt, und er tritt, soweit es seine Grundzüge betrifft, heute als MENSCH auf die Bühne des physischen Lebens.

In der gegenwärtigen, der Fünften oder Arischen Epoche wird der Mensch in gewissem Maß den dritten oder niedersten Aspekt seines dreifachen Geistes - des Egos - entfalten.

Der Schüler wird gebeten, sich tief in sein Gedächtnis den wichtigen Tatbestand einzuprägen, daß im Entwicklungsprozeß, bis zu der Zeit, wo der Mensch Selbstbewußtsein erlangte, **absolut nichts dem Zufall überlassen blieb.**

Nach Erlangung des Selbstbewußtseins bleibt dem Menschen ein gewisser Spielraum zur Ausübung seines persönlichen Willens, um ihn zu befähigen, seine Göttlichen Geisteskräfte zu entfalten.

Die großen Führer der Menschheit berücksichtigen alles, auch die Nahrung des Menschen. Sie hat sehr viel mit seiner Entwicklung zu tun. „Sage mir, was Du ißt, und ich sage Dir, wer Du bist", ist nicht weit hergeholt, sondern eine große Wahrheit der Natur.

Der Mensch der Ersten Epoche war ätherisch. Das widerspricht nicht der Feststellung, daß er mineralähnlich war; denn alle Gase sind mineralisch. Die Erde war noch weich, sie war noch nicht erstarrt. In der Bibel wird der Mensch Adam genannt, und es wird gesagt, daß er aus Erde geschaffen war.

Kain wird als Ackerbauer dargestellt. Er symbolisiert den Menschen der Zweiten Epoche. Er hatte einen Lebensleib wie die Pflanzen, die ihn ernährten.

In der Dritten Epoche wurde die Nahrung von **lebenden** Tieren eingenommen, um die frühere Pflanzennahrung zu ergänzen. Milch war das Mittel zur Entwicklung des Empfindungsleibes, der den Menschen dieser Zeit tierähnlich machte. Das ist mit der Bibelaussage gemeint „Abel war ein Schäfer". Es wird nirgends behauptet, daß er Tiere tötete.

In der Vierten Epoche hatte sich der Mensch über das Tier hinaus entwickelt. Er besaß nun einen Intellekt. Gedanken vernichten Nervenzellen, sie töten, zerstören und verursachen Verfall. Daher bestand die Nahrung des Atlantiers entsprechend aus Fleisch von Tieren. Er tötete, um zu essen, und deshalb erwähnt die Bibel, daß „Nimrod ein mächtiger Jäger war". Nimrod repräsentiert den Menschen der Vierten Epoche.

WIEDERGEBURT UND DAS GESETZ VON URSACHE UND WIRKUNG

Inzwischen war der Mensch tiefer und tiefer in die Materie hinabgestiegen. Sein früherer ätherischer Körper bildete das Skelett im Innern und war fest geworden. Er hatte nach und nach das unmittelbare geistige Wahrnehmungsvermögen verloren, das er in früheren Epochen besaß; so war es bestimmt. Es ist vorgesehen, daß er diese Gabe auf einer höheren Stufe zurückerhält, zusammen mit dem Selbstbewußtsein, das er damals nicht besaß. Während der ersten vier Epochen jedoch hatte er eine ausgezeichnete Kenntnis von der geistigen Welt. Er wußte, daß er nicht sterben würde und der Verfall eines Körpers dem Vertrocknen eines Baumblattes im Herbst gleiche, daß ein anderer Körper wachsen würde, um seine Stelle einzunehmen. Daher fehlte ihm die richtige Beurteilung der Gelegenheiten und Vorzüge konkreten Daseins in diesem Erdenleben.

Es war jedoch notwendig, ihm die große Bedeutung dieses konkreten Daseins vollkommen zum Bewußtsein zu bringen, um aus ihm alles, was erforderlich ist, zu lernen. Solange er fühlte, daß er ein Bürger der höheren Welten ist und mit Bestimmtheit wußte, daß das physische Leben nur ein kleiner Teil der realen Existenz ist, nahm er es nicht ernst genug. Er bemühte sich nicht, die Gelegenheiten zu Wachstum wahrzunehmen, die nur in der gegenwärtigen Phase des Lebens vorgefunden werden. Er vertrödelte seine Zeit, ohne die Bodenschätze der Erde zu erschließen, wie es heute noch die Menschen Indiens aus demselben Grunde tun (1909).

Die einzige Methode, im Menschen Verständnis für die konkrete, physische Existenz zu wecken, bestand darin, ihm für ein paar Reinkarnationen die Erinnerung an sein höheres, geistiges Leben vorzuenthalten. Deshalb erhielt er während seines Erdenlebens keine andere konkrete Erkenntnis als die des gegenwärtigen physischen Lebens. Er wurde auf diese Weise gezwungen, es mit entsprechendem Ernst zu leben.

Vor dem christlichen Glauben gab es Religionen, welche die Wiedergeburt sowie das Gesetz der Ursache und Wirkung lehrten. Doch dann kam die Zeit, in der die Kenntnis dieser Lehren für die Entwicklung des Menschen nicht mehr förderlich war. Unwissenheit darüber wurde als ein Zeichen des Fortschritts angesehen. Dieses eine Erdenleben sollte zum Kernpunkt gemacht werden. Wir stellen daher fest, daß die christliche Religion, wie sie öffentlich gelehrt wird, die Gesetze der Ursache und Wirkung sowie Wiedergeburt nicht enthält. Nichtsdestoweniger muß das Christentum, da es die Religion der fortgeschrittensten Rasse ist, auch die fortgeschrittenste Religion sein. Als Folge der Ausschaltung dieser Doktrin von den öffentlichen Lehren haben die angelsächsischen und teutonischen Völker die Eroberung der materiellen Welt in ihrer jetzigen Phase am weitesten vorangebracht.

Wie in jeder Epoche die Nahrung des Menschen verändert oder etwas Neues hinzugefügt wurde, um den gegebenen Bedingungen zu entsprechen und ihren Zweck zu erfüllen, so finden wir der Nahrung der vorhergehenden Epochen ein neues Produkt hinzugefügt - den WEIN. Man benötigte ihn wegen seiner betäubenden Wirkung auf das geistige Prinzip im Menschen; denn keine Religion konnte in und aus sich selbst heraus den Menschen seine Natur als ein Geist vergessen lassen und in ihm das Gefühl erwecken, ein „Erdenwurm" zu sein. Die Religion konnte ihn nicht glauben machen, daß „wir uns mit derselben Kraft bewegen, mit der wir auch denken". Und es war, in der Tat, niemals beabsichtigt, daß es jemals soweit kommen sollte.

Bis dahin war nur Wasser als Getränk verwendet worden, auch bei den Zeremonien des Tempeldienstes. Erst nach dem Untergang von Atlantis - eines Kontinents, der sich einst zwischen Europa und Amerika an der Stelle des heutigen Atlantischen Ozeans befand - begannen die Menschen, die der Vernichtung entgangen waren, Wein anzubauen und herzustellen, wie wir es in der Biblischen Geschichte von Noah erzählt finden. Noah symbolisiert die Überlebenden der Atlantischen Epoche, die der Kern der Fünften Rasse und daher unsere Vorfahren wurden.

Das wirkende Prinzip des Alkohols ist ein „Geist". So wie die Menschheit der früheren Epochen Nahrungsmittel zu sich nahmen, die ihren Trägern am besten angepaßt waren, so wurde in der Fünften Epoche dieser Geist den früher zur Entwicklung der Menschheit dienenden Nahrungsmitteln hinzugefügt. Er wirkt auf den Geist des Menschen dieser Epoche, lähmt ihn vorübergehend, damit er die physische Welt erkenne, wertschätze und besiege. Daher vergißt der Mensch unter den gegenwärtigen Umständen seine geistige Heimat. Er hängt sich an diese Lebensform, die er früher verachtete, mit der ganzen Hartnäckigkeit, aus einem Gefühl geboren, daß sie das einzig Vorhandene sei. Er zieht zumindest die Gewißheit dieser Welt der Möglichkeit eines Himmels vor, den er in seinem gegenwärtig benebelten Zustand nicht erkennt.

In den Tempeln war bis dahin nur Wasser verwendet worden, doch nun hat sich das geändert. „Baccus", ein Gott des Weines tritt auf, und unter seiner Herrschaft vergessen die fortgeschrittensten Völker, daß es ein höheres Leben gibt. Keiner, der dem **falschen** Geist des Weines oder irgend eines alkoholischen Getränks (dem Produkt der Gärung und des Verfalls) Tribut zollt, kann jemals etwas von seinem Höheren Selbst - vom **wahren** Geist, der Quelle alles Lebens - wissen.

All dies diente zur Vorbereitung auf die Ankunft Christi, und es ist von höchster Bedeutung, daß es **Seine erste Handlung war**, „Wasser in Wein zu verwandeln" (Ev. Joh. 2, 11).

Im Geheimen unterrichtete Er seine Jünger über die Wiedergeburt. Er belehrte sie nicht nur durch Worte, sondern Er nahm sie „mit auf den Berg". Das ist eine mystische Bezeichnung und bedeutet eine Stätte der Einweihung. Im Verlauf der Initiation nahmen sie selbst wahr, daß die Wiedergeburt eine Tatsache ist; denn Elias erschien vor ihnen, und es wurde ihnen gesagt; daß er auch Johannes der Täufer sei. Christus selbst hatte ihnen vorher in eindeutigen Worten - als er von Johannes dem Täufer sprach - gesagt: „Das ist Elias, der wiederkommen sollte". Er wiederholte das bei der Verklärungsszene: „Elias ist schon gekommen, aber sie haben ihn nicht erkannt, sondern mit ihm gemacht, was sie wollten". Und im Anschluß daran heißt es, „da verstanden die Jünger, daß er von Johannes dem Täufer sprach" (Matth. 17, 12-13).Bei dieser Gelegenheit und auch bei den Gesprächen zwischen ihm und seinen Jüngern über die Wiedergeburt sagten sie ihm, daß einige dachten, Er sei Elias, und andere, Er sei einer der wiedergeborenen Propheten. Er gebot ihnen, es „keinem Menschen zu sagen" (Matth. 17,9; Luk. 9,21). Die Lehre sollte Tausende von Jahren hindurch eine esoterische bleiben, und nur wenigen Pionieren bekanntwerden, die sich für dieses Wissen vorbereitet und die Entwicklung energisch vorangetrieben hatten, bis zu der Stufe, wo diese Wahrheiten den Menschen wieder bekannt sein werden.

Daß Christus die Wiedergeburt sowie das Gesetz der Ursache und Wirkung lehrte, wird wahrscheinlich an keiner anderen Stelle so deutlich gezeigt, wie im Gleichnis vom Blindgeborenen, als die Jünger fragten: „Wer hat gesündigt? Er selbst? Ober haben seine Eltern gesündigt, so daß er blindgeboren wurde?" (Joh. 9,2).

Hätte Christus nicht die Wiedergeburt sowie das Gesetz der Ursache und Wirkung gelehrt, so wäre die natürliche Anwort gewesen: „Unsinn! Wie könnte ein Mensch, **ehe er geboren wurde**, gesündigt und dadurch Blindheit über sich gebracht haben?" Aber Christus antwortet nicht so. Er ist durch die Frage nicht überrascht, noch behandelt Er sie als ungewöhnlich. Er zeigt dadurch, daß sie mit seinen Lehren in vollem Einklang steht. Er erklärt: „Weder er noch seine Eltern haben gesündigt, sondern die Werke Gottes sollen an ihm offenbar werden".

Die orthodoxe Auslegung ist, daß der Mensch blind geboren wurde, damit Christus Gelegenheit gehabt hätte, ein Wunder zu wirken und seine Macht zu zeigen. Es wäre sonderbar, wenn Gott, um Ruhm zu erlangen, einen Menschen willkürlich zu vielen Jahren der Blindheit und des Leidens verdammen würde, damit er sich eines Tages zur Schau stellen könnte. Einen Menschen, der so handelte, würden wir als ein Ungeheuer an Grausamkeit ansehen.

Viel logischer ist die Annahme, daß eine andere Erklärung möglich sei. Gewiß ist es unvernünftig, Gott ein Benehmen anzulasten, das wir an einem Menschen schärfstens verurteilen würden.

Christus unterscheidet zwischen dem physisch blinden Körper des Menschen und dem innewohnenden Gott, der das Höhere Selbst ist.

Der dichte Körper hat keine Sünden begangen. Der innewohnende Gott hat etwas getan, das sich (als Folge) durch das besondere, ihm zugemessene Gebrechen äußert. Es ist nicht übertrieben, den Menschen einen Gott zu nennen. Paulus sagt: „Wißt ihr nicht, daß ihr Götter seid?" Er bezieht sich auf den menschlichen Körper als den "Tempel Gottes", den innewohnenden Geist.

Obgleich sich die meisten Menschen ihrer früheren Leben nicht erinnern, so gibt es einige, die es können. Und alle könnten es wissen, wenn sie dazu das erforderliche Leben führten. Doch dies erfordert große Charakterstärke, denn ein solches Wissen kann die Erkenntnis eines drohenden Schicksals beinhalten, das schwarz und unheilvoll über uns hängt, um sich in einem entsetzlichen Unglück zu äußern. Die Natur hat das Vergangene und das Zukünftige gnädig vor uns verborgen, damit wir unseren Seelenfrieden nicht durch das Vorgefühl der uns zu erwartenden Schmerzen verlieren. Wenn wir uns weiterentwikkeln, werden wir lernen, alle Lebenserfahrungen dankbar anzunehmen. In allen Leiden werden wir die Folgen vergangener Sünden erkennen und spüren, daß die Schuldverpflichtungen dadurch getilgt worden sind; denn wir wissen, daß um soviel weniger zwischen uns und dem Tag der Befreiung vom Räderwerk der Geburt und des Todes steht.

Stirbt ein Mensch in einem Leben als Kind, so erinnert er sich an dieses Leben nicht selten im nächsten Körper; denn Kinder unter vierzehn Jahren durchschreiten nicht den ganzen Lebenszyklus der zur Erbauung einer vollständigen Anzahl neuer Träger erforderlich ist. Sie gehen einfach in die oberen Regionen der Empfindungswelt ein und warten hier auf eine neue Verkörperung, die gewöhnlich zwischen einem bis zu zwanzig Jahren nach dem Tod stattfindet. Wenn sie zur Geburt zurückkehren, so bringen sie den alten Intellekt und Empfindungsleib mit. Wenn wir dem Geplauder der Kinder zuhörten, so könnten wir oft solche Geschichten wie die folgende finden und rekonstruieren.

EINE BEMERKENSWERTE GESCHICHTE

Eines Tages kam in Santa Barbara, Kalifornien, ein Mann namens Roberts zu einem geschulten Hellseher, der auch Vorlesungen über Theosophie hielt und bat ihn in einem verworrenen Fall um Hilfe. Herr Roberts war am vorhergehenden Tag durch die Straßen gegangen, als ein kleines dreijähriges Mädchen auf ihn zukam, seine Arme um seine Knie legte und ihn mit Papa ansprach. Herr Roberts war empört, denn er glaubte, daß jemand versuchen wollte, ihm die Vaterschaft für das Kind zuzuschreiben. Die Mutter des Kindes jedoch, die ihm unmittelbar folgte, war ebenfalls verärgert und versuchte das Kind loszubekommen. Doch es klammerte sich an ihn und behauptete beharrlich, daß er sein Vater sei. Wegen später zu berichtender Einzelheiten konnte Herr R. den Vorfall nicht vergessen. Er suchte den Hellseher auf, der ihn zum Elternhaus des Kindes begleitete, wo das kleine Mädchen sofort wieder auf Herrn R. zulief und ihn Papa nannte. Der Hellseher - den ich Herrn X nennen will - nahm das Kind zuerst zum Fenster, um zu sehen, ob die Iris des Auges sich zusammenziehen und ausdehnen würde, wenn er sie dem Licht zu- und abwandte. Er wollte feststellen, ob ein anderes Wesen als der rechtmäßige Eigentümer im Besitz des Kindeskörpers war; denn das Auge ist das Fenster der Seele. Kein „besessenes“ Wesen kann sich die Kontrolle über diesen Teil sichern. Aber Herr X fand, daß das Kind normal war, und ging nun dazu über, es vorsichtig auszufragen. Nach geduldiger Arbeit - die mit Unterbrechungen den ganzen Nachmittag in Anspruch nahm, um das Kind nicht zu ermüden - erzählte es folgende Geschichte:

DIE WIEDERGEBURT UND DAS GESETZ VON URSACHE UND WIRKUNG

Sie hatte mit ihrem Papa - Herrn Roberts - und einer anderen Mama in einem kleinen, alleinstehenden Haus gelebt, von dem aus man kein anderes Gebäude sehen konnte. Nahe am Haus floß ein kleiner Bach, an dem einige Blumen wuchsen (nach diesen Worten lief sie hinaus und brachte ein paar Weidenkätzchen herein). Quer über dem Bach lag ein Brett. Man hatte sie gewarnt, es zu überschreiten, aus Furcht, sie könnte ins Wasser fallen. Eines Tages hatte ihr Papa sie und ihre Mutter verlassen und war nicht mehr zurückgekehrt. Als ihr Vorrat an Nahrungsmitteln aufgebraucht war, legte sich ihre Mama aufs Bett und wurde ganz still. Schließlich sagte sie merkwürdig: „Dann starb auch ich, aber ich starb nicht. Ich kam hierher".

Danach erzählte Herr Roberts seine Geschichte. Achtzehn Jahre vorher hatte er in London gelebt, wo sein Vater ein Brauer war. Er verliebte sich in ein Dienstmädchen. Sein Vater war gegen diese Verbindung. Er riß von zuhause aus und zog mit ihr, nachdem sie geheiratet hatten, nach Australien. Hier ging er in den Busch und rodete Wald für eine kleine Farm. An einem Bach baute er eine Hütte, so wie das Kind sie beschrieben hatte. Dort wurde ihnen eine Tochter geboren, und als sie ungefähr zwei Jahre alt war, verließ er eines Morgens das Haus, um in einiger Entfernung Holz zu schlagen. Während dieser Arbeit kam ein Mann mit einem Gewehr auf ihn zu und nahm ihn im Namen des Gesetzes wegen eines Bankraubs gefangen, der sich in jener Nacht ereignet hatte, als Herr Roberts England verließ. Da der Beamte ihn für den gesuchten Verbrecher hielt, hatte er ihn bis hierher verfolgt. Herr Roberts bat um Erlaubnis, zu Frau und Kind zu gehen. Der Beamte jedoch hielt dies für eine Falle, um ihn in die Hände von Komplizen zu bringen. Seine Bitte wurde ausgeschlagen; er wurde mit Waffengewalt zur Küste getrieben, nach England überstellt und vor Gericht gebracht, wo sich seine Unschuld herausstellte.

Nun erst schenkten die Behörden seinem unaufhörlichen Gerede über Frau und Kind Beachtung, von denen er wußte, daß sie in der wilden, einsamen Gegend dem Hungertod preisgegeben waren. Eine Expedition wurde zur Hütte gesandt, wo man allerdings nur noch die Skelette der Frau und des Kindes vorfand. Der Vater des Herrn Roberts war mittlerweile gestorben und hatte ihn enterbt; doch seine Brüder teilten mit ihm. Er kam als gebrochener Mann nach Amerika.

Dann zeigte er einige Photos von sich und seiner Frau, die er auf den Rat des Herrn X mit einer Anzahl anderer Bilder vermischte und dem kleinen Mädchen vorlegte, das ohne Zögern die Bilder ihrer angeblichen Eltern herausfand, obwohl sich die gezeigten Bilder von Herrn Roberts jetzigem Aussehen stark unterschieden.

TEIL II

KOSMOGONIE UND ANTHROPOGENIE

KAPITEL V

DIE BEZIEHUNG DES MENSCHEN ZU GOTT

In den vorhergehenden Kapiteln haben wir den Menschen in seiner Beziehung zu den drei der fünf Welten betrachtet, die sein Entwicklungsfeld darstellen. Wir haben diese Welten teilweise beschrieben und von den verschiedenen Trägern des Bewußtseins, durch die er zu ihnen in Wechselbeziehung steht, Kenntnis genommen. Wir haben seine Beziehung zu den drei anderen Reichen, dem Mineral-, dem Pflanzen- und dem Tierreich geprüft und die Unterschiede in den Trägern und die sich daraus ergebende Verschiedenheit der Bewußtseinszustände zwischen dem Menschen und jedem dieser Reiche, kennengelernt. Wir sind dem Menschen durch einen Lebenskreislauf in den drei Welten gefolgt und haben die Wirkungsweise der Zwillingsgesetze von Ursache und Wirkung sowie der Wiedergeburt in ihrer Beziehung zur Evolution des Menschen untersucht.

Um weitere Einzelheiten hinsichtlich des Fortschritts des Menschen zu verstehen, ist es jetzt erforderlich, seine Beziehung zu dem großen Baumeister des Universums – zu GOTT – und zu den Hierarchien Himmlischer Wesen auf den vielen verschiedenen Stufen der Jakobsleiter, die sich zur Erlangung des Ziels vom Menschen zu GOTT und dem Jenseits erstreckt, kennenzulernen.

Dies ist eine äußerst schwierige Aufgabe. Sie wird noch durch die unbestimmte Vorstellung erschwert, die sich die meisten Leser aus einschlägiger Literatur über GOTT gebildet haben. Es ist wahr, daß Namen an und für sich unbedeutend sind. Doch ist es von größter Wichtigkeit, zu wissen, was wir unter einem Namen verstehen; sonst

DIAGRAMM 6

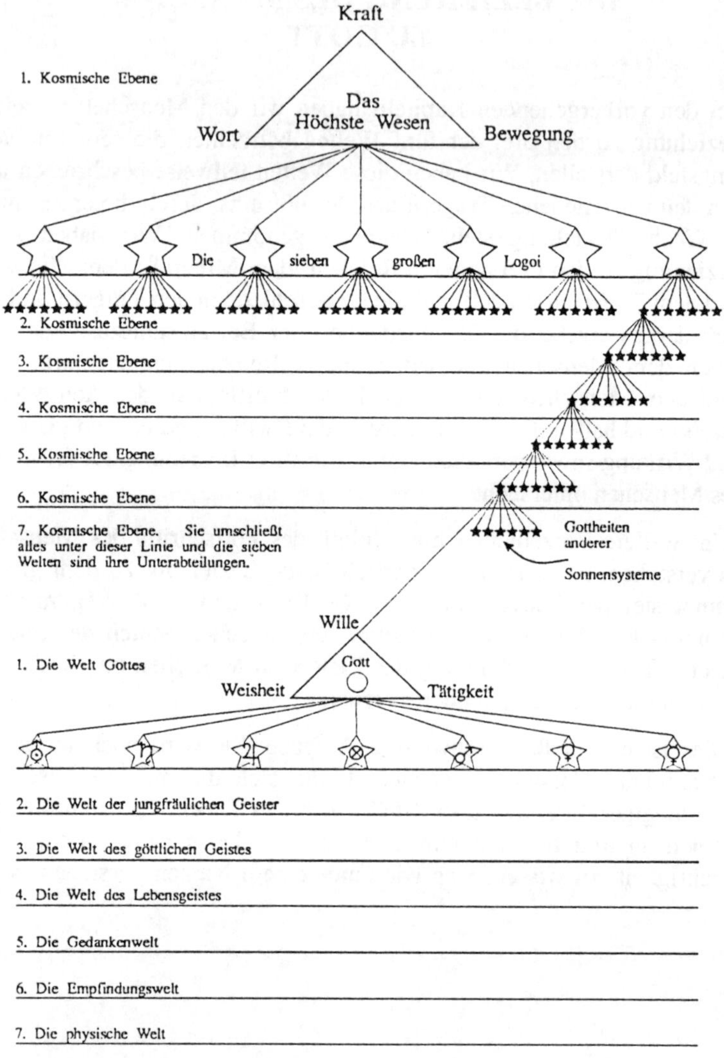
Kraft
1. Kosmische Ebene
Das
Höchste Wesen
Wort
Bewegung
Die
sieben
großen
Logoi
2. Kosmische Ebene
3. Kosmische Ebene
4. Kosmische Ebene
5. Kosmische Ebene
6. Kosmische Ebene
7. Kosmische Ebene. Sie umschließt alles unter dieser Linie und die sieben Welten sind ihre Unterabteilungen.
Gottheiten anderer
Sonnensysteme
Wille
1. Die Welt Gottes
Gott
Weisheit
Tätigkeit
2. Die Welt der jungfräulichen Geister
3. Die Welt des göttlichen Geistes
4. Die Welt des Lebensgeistes
5. Die Gedankenwelt
6. Die Empfindungswelt
7. Die physische Welt

sind Mißverständnisse die Folge. Und wenn die Autoren und Lehrer sich nicht auf eine gemeinsame Fachsprache einigen, wird die bestehende Verwirrung noch heilloser. Wenn der Name „GOTT" gebraucht wird, so ist es immer ungewiß, ob das Absolute, das Eine Sein, oder das Höchsterhabene Wesen, das der große Architekt des Universums ist, oder Gott, der Urheber unseres Sonnensystems, gemeint ist.

Auch die Einteilung der Gottheit in „Vater", „Sohn" und „Heiliger Geist" ist verwirrend. Obwohl die mit diesem Namen bezeichneten Wesen unermeßlich weit über dem Menschen stehen und es wert sind, daß er ihnen all seine Ehrerbietung und Anbetung entgegenbringt, deren er in seiner höchsten Vorstellung von ihnen fähig ist, so sind sie in Wirklichkeit doch voneinander verschieden.

Vielleicht verschaffen die Diagramme 6 und 11 Klarheit über das Thema. Man beachte, daß die Welten und Kosmischen Ebenen nicht übereinander im Raum liegen, sondern die sieben Kosmischen Ebenen sich ihrerseits und alle sieben Welten durchdringen. Es sind dies einander durchdringende Zustände von Geist-Materie, so daß GOTT und die anderen großen, oben erwähnten Wesen räumlich nicht weit voneinander entfernt sind. Sie durchdringen jeden Teil ihrer eigenen Reiche und auch die, welche von größerer Dichte sind als ihre eigenen. Sie sind alle in unserer Welt gegenwärtig und uns **tatsächlich,** de facto „näher als Hände und Füße". Es ist buchstäblich wahr, wenn wir sagen: „In IHM leben und bewegen wir uns und haben unser Sein"; denn keiner von uns könnte außerhalb dieser großen Intelligenzen existieren, die unsere Welt durchdringen und sie mit Ihrem Leben erhalten.

Es wurde gezeigt, daß sich die Ätherregion über die Atmosphäre unserer dichten Erde erstreckt, daß die Empfindungswelt weiter in den Raum hinausragt als die Ätherregion, ferner die Gedankenwelt sich tiefer in den interplanetarischen Raum ausdehnt, als irgendeine der vorgenannten Regionen. Selbstverständlich nehmen die Welten aus feinerer Substanz einen größeren Raum ein als die dichtere Welt, die sich kristallisiert und verdichtet hat und daher weniger Raum benötigt.

Dasselbe Prinzip ist auch in den Kosmischen Ebenen wirksam. Die dichteste von ihnen ist die siebte, wenn wir von oben nach unten zählen. Sie wird im Diagramm 6 größer als irgendeine der anderen dargestellt. Der Grund liegt darin, daß wir mit dieser Ebene auf das engste verbunden sind und ihre Unterteilungen einzeln aufführen wollen. In Wirklichkeit nimmt sie aber weniger Raum ein als irgendeine der anderen Kosmischen Ebenen. Dennoch sollte man bedenken, daß sie inbezug auf ihre Ausdehnung, selbst bei dieser relativen Einschränkung noch unermeßlich groß ist und weit außerhalb der menschlichen Vorstellungskraft liegt und innerhalb ihres Bereiches Millionen von Sonnensystemen ähnlich dem unseren umfaßt. Diese dienen Wesen vieler Grade, ähnlich unserem eigenen Entwicklungsstand, als Evolutionsfelder.

Von den sechs Kosmischen Ebenen, die über der unseren liegen, wissen wir nichts, außer, daß gesagt wird, sie dienten großen Hierarchien von Wesen unbeschreiblicher Herrlichkeit als Betätigungsfeld.

Wenn wir aus unserer Physischen Welt zu den inneren und feineren Welten fortschreiten und durch die Kosmischen Ebenen aufsteigen, so stellen wir fest, daß Gott, der Schöpfer unseres Sonnensystems – die Quelle und das Ziel unseres Seins – in der höchsten Abteilung, der siebten Kosmischen Ebene zu finden ist; sie ist Seine Welt.

Sein Reich schließt die Evolutionssysteme ein, die sich auf den übrigen, zu unserem Sonnensystem gehörenden Planeten – Uranus, Saturn, Jupiter, Mars, Erde, Venus, Merkur und ihren Satelliten entfalten.

Die großen Geistigen Intelligenzen, die wir als Planetengeister bezeichnen und diese Evolutionen leiten, werden die „Sieben Geister vor dem Throne“ genannt. Sie sind Gottes Gesandte. Jeder von ihnen herrscht über eine bestimmte Abteilung des Königreiches Gottes, das unser Sonnensystem ist. Die Sonne ist ebenfalls das Entwicklungsfeld der erhabensten Wesen in unserem Kosmos. Sie allein können die gewaltigen Schwingungen der Sonne ertragen und durch sie Fortschritte machen. Die Sonne kommt einem uns sichtbaren Symbol der Gottheit am nächsten und ist doch nur ein Schleier für „Das", was sich dahinter befindet. Was „Das" ist, kann nicht öffentlich geäußert werden.

Wenn wir versuchen, den Ursprung des Schöpfers unseres Sonnensystems zu erkennen, so stellen wir fest, daß wir zur höchsten der sieben Kosmischen Ebenen vordringen müssen. Wir sind dann im Reich des Höchsterhabenen Wesens, das aus dem Absoluten hervorging.

Das Absolute liegt jenseits des Verständnisses. Kein Ausdruck, noch ein Gleichnis zu dessen Vorstellung wir fähig wären, kann auch nur eine annähernde Idee vermitteln. Manifestation schließt Begrenzung ein. Deshalb kann das Absolute bestenfalls als grenzenloses Wesen beschrieben werden, als die Wurzel des Seins.

Aus der Wurzel des Seins – dem Absoluten – geht beim Anbruch der Manifestation das Höchsterhabene Wesen hervor. Das ist DER EINE.

Im ersten Kapitel des Johannesevangeliums wird dieses Große Wesen GOTT genannt. Von diesem Höchsterhabenen Wesen geht das Wort aus, das Schöpferische Fiat, „ohne dasselbe nichts gemacht ist". Dieses Wort ist der Eingeborene Sohn, geboren von seinem Vater, (dem Höchsterhabenen Wesen), bevor alle Welten erschaffen wurden, der jedoch – und das sei ausdrücklich betont – **n i c h t** Christus ist. So erhaben und glorreich Christus, der weit die rein menschliche Natur überragt, auch ist, so ist Er nicht dieses Erhabene Wesen. Wahrhaftig, „das Wort ist Fleisch geworden", aber nicht im eng begrenzten Sinn von dem Fleisch des einen Körpers, sondern dem Fleisch von allem, was in diesem und Millionen anderer Sonnensysteme ist.

Der erste Aspekt des Höchsterhabenen Wesens kann als KRAFT bezeichnet werden. Aus diesem geht der zweite Aspekt, das WORT hervor, und aus beiden entspringt der dritte Aspekt, die BEWEGUNG.

Aus diesem dreifachen Höchsterhabenen Wesen gehen die sieben großen Logoi hervor. Sie enthalten in Sich all die großen Hierarchien, die sich mehr und mehr verschieden entwickeln, indem sie die verschiedenen Kosmischen Ebenen durchdringen (siehe Diagramm 6). Auf der zweiten Kosmischen Ebene befinden sich neunundvierzig Hierarchien, auf der dritten dreihundertdreiundvierzig Hierarchien. Jede ist zu einer siebenfältigen Teilung und Unterteilung fähig, so daß in der niedersten Kosmischen Ebene, in der sich die Sonnensysteme manifestieren, die Zahl der Abteilungen und Unterabteilungen nahezu unendlich ist.

In der Höchsten Welt, der siebten Kosmischen Ebene wohnt der GOTT unseres Sonnensystems und die Götter aller anderen Sonnensysteme des Universums. Gleich dem Höchsterhabenen Wesen, sind auch diese großen Wesen in ihrer Manifestation dreifältig. Ihre drei Aspekte sind Wille, Weisheit und Tätigkeit.

Jeder der sieben Planetengeister, der aus GOTT hervorgeht und dem die Verantwortung der Evolution des Lebens auf einem der sieben Planeten obliegt, ist ebenfalls dreifältig und teilt in sich selbst Schöpferische Hierarchien ab, die durch eine siebenfache Evolution schreiten. Die von einem Planetengeist geführte Evolution unterscheidet sich von den Entwicklungsmethoden, welche die anderen Planetengeister eingeleitet haben.

Ferner soll noch erwähnt werden, daß zumindest in dem besonderen planetarischen System, dem wir angehören, die in den frühesten Stadien am weitesten entwickelten Wesen, die in vorhergehenden Evolutionen eine hohe Stufe der Vollkommenheit erreicht hatten, die Tätigkeit des ursprünglichen Planetengeistes übernehmen und die Evolution fortsetzen. Der ursprüngliche Planetengeist zieht sich von aktiver Mitwirkung zurück, steht jedoch seinen Regenten beratend zur Seite.

Das Vorerwähnte betrifft die Lehre, die sich auf alle Sonnensysteme bezieht. Wenn wir jedoch zu dem besonderen System hinabsteigen, dem wir angehören, ist das Folgende die Lehre, die ein genügend geschulter Hellseher für sich selbst durch persönliches Forschen im Gedächtnis der Natur empfangen kann.

KAPITEL VI
DER EVOLUTIONSPLAN
DER ANFANG

In Übereinstimmung mit dem Hermetischen Grundsatz: „Wie oben so unten“ und umgekehrt, werden Sonnensysteme geboren, sterben und kommen ebenso wie der Mensch in Kreisläufen von Tätigkeit und Ruhe von neuem zur Geburt.

In jedem Teil der Natur ist ein unaufhörliches Aufflammen und Absterben tätigen Lebens, entsprechend dem Wechsel von Ebbe und Flut, von Tag und Nacht, von Sommer und Winter, von Leben und Tod.

Es wird gelehrt, daß zu Beginn eines Schöpfungstages ein gewisses Großes Wesen (das im Westen den Namen Gott trägt, in anderen Teilen der Erde jedoch anders genannt wird), sich auf einen bestimmten, von Ihm erwählten Teil des Raumes beschränkt, um ein Sonnensystem zur Entwicklung vermehrten Selbstbewußtseins zu erschaffen (siehe Diagramm 6).

Es umschließt in seinem eigenen Wesen Heerscharen glorreicher Hierarchien von einer für uns unermeßlichen geistigen Kraft und Herrlichkeit. Sie sind die Früchte vergangener Manifestationen dieses selben Wesens und auch anderer Intelligenzen in absteigenden Graden der Entwicklung bis herab zu denen, die unsere gegenwärtige Bewußtseinsstufe noch nicht erreicht haben. Letzteren wird es nicht möglich sein, ihre Evolution in diesem System zu vollenden. In Gott, diesem großen kollektiven Wesen sind kleinere Wesenheiten jedes Intelligenzgrades und jeder Bewußtseinsstufe enthalten, von der Allwissenheit bis hin zu einer Unbewußtheit, die tiefer ist als die des tiefsten Trancezustandes.

Während der Manifestationsperiode, mit der wir uns nun befassen, arbeiten diese Wesen verschiedener Grade, um mehr Erfahrungen zu erlangen, als sie zu Beginn dieser Daseinsperiode besaßen. Diejenigen, die in früheren Manifestationen die höchste Entwicklungsstufe erreicht haben, arbeiten an denen, die noch kein Bewußtsein entwickelt haben. Sie rufen in ihnen einen Zustand des Selbstbewußtseins hervor, von dem aus sie selbst weiter arbeiten können. Diejenigen, die mit ihrer Entwicklung an einem früheren Manifestationstag begonnen hatten, jedoch noch nicht weit gekommen waren, als dieser endete, nehmen ihre Arbeit wieder auf, geradeso wie wir unsere tägliche Arbeit am Morgen dort beginnen, wo wir sie am vorhergehenden Abend beendet haben.

Doch nicht all die verschiedenen Wesen beginnen mit ihrer Evolution in den frühen Stadien einer neuen Manifestation. Einige müssen warten, bis jene, die ihnen vorangehen, die Bedingungen geschaffen haben, die zu ihrer weiteren Entwicklung erforderlich sind. In der Natur gibt es keine plötzlichen Prozesse. Alles ist ein ungemein langsames Entfalten, eine Entwicklung, die, obgleich sie so außerordentlich langsam vor sich geht, doch mit absoluter Sicherheit die höchste Vollendung erreichen wird. Ebenso wie es im Leben des Menschen stufenweise fortschreitende Phasen gibt – die Kindheit, die Jugend, das Mannes- oder Frauen- und das Greisenalter - so gibt es im Makrokosmos verschiedene Stufen, welche diesen vielfältigen Perioden mikrokosmischen Lebens entsprechen.

Ein Kind kann nicht die Pflichten der Vater- oder Mutterschaft übernehmen. Seine unentwickelten geistigen und physischen Fähigkeiten machen es unmöglich, eine solche Tätigkeit auszuüben. Dasselbe gilt für die weniger entwickelten Wesen zu Beginn der Manifestation. Sie müssen solange warten, bis die höher entwickelten ihnen die geeigneten Voraussetzungen geschaffen haben. Je niedriger der Intelligenzgrad des sich entwickelnden Wesens ist, desto mehr ist es auf die Hilfe von außen angewiesen.

Folglich arbeiten am Anfang die höchst entwickelten Wesen an denen, die sich auf der niedersten Stufe der Unbewußtheit befinden. Später übergeben sie diese einigen weniger entwickelten Wesenheiten, die dann fähig sind, die Arbeit ein wenig weiter voranzubringen. Schließlich ist das Selbstbewußtsein erwacht. Das sich entwickelnde Leben ist Mensch geworden.

Von dem Augenblick an, wo das selbstbewußte persönliche Ego ins Dasein getreten ist, muß es ohne Hilfe von außen weiterschreiten und sein Bewußtsein erweitern. Dann sollen Erfahrung und Nachdenken anstelle der äußeren Lehrer treten. Und die Erhabenheit, die Macht und die Herrlichkeit, die sich der Mensch erwerben kann, sind ohne Grenzen.

Die Zeitperiode, welche der Erlangung des Selbstbewußtseins und der Erbauung der Träger gewidmet ist, durch die sich der Geist im Menschen manifestiert, heißt „Involution".

Die folgende Existenzperiode, während der das individuelle menschliche Wesen das Selbstbewußtsein zur göttlichen Allwissenheit entwikkelt, heißt „Evolution".

Die in dem sich entwickelnden Wesen befindliche Kraft macht die Evolution erst zu dem, was sie ist und nicht zur bloßen Entfaltung von latenten, im Keim vorhandenen Möglichkeiten. Sie gestaltet die Evolution jedes Individuums verschieden von der jedes anderen; sie stellt das Element der Originalität zur Verfügung und gewährt Spielraum für schöpferische Fähigkeiten, die das sich entwickelnde Wesen entfalten soll, damit es ein Gott werden kann. Diese Kraft heißt „Genialität" und manifestiert sich, wie früher erklärt wurde, als „Epigenesis":

Viele fortgeschrittenen Philosophien der heutigen Zeit erkennen Involution und Evolution an. Die Wissenschaft, die sich nur mit der Formseite der Manifestation befaßt, erkennt nur die Evolution an. Die

Involution gehört zur Lebensseite; immerhin betrachten die fortschrittlichsten Wissenschaftler Epigenesis als eine beweisbare Tatsache. Die Rosenkreuzer-Weltanschauung vereinigt alle drei, weil sie diese zum vollen Verständnis der vergangenen, gegenwärtigen und zukünftigen Entwicklung des Systems, dem wir angehören, für notwendig hält.

DIE WELTEN

Wir können die Erschaffung eines Kosmos durch ein einfaches Beispiel erläutern. Nehmen wir an, ein Mann möchte ein Haus errichten, um darin zu wohnen. Zuerst wird er einen passenden Ort auswählen. Danach fängt er an, ein Haus zu bauen. Damit es bestimmten Zwecken dienen kann, teilt er es in verschiedene Räume ein. Er sieht eine Küche, Eßzimmer, Schlafräume und Badezimmer vor und richtet alle so ein, daß sie den beabsichtigten, speziellen Zwecken dienen.

Wenn Gott zu erschaffen wünscht, so sucht Er im Raum einen geeigneten Ort, den Er mit Seiner Aura erfüllt und jedes Atom der Kosmischen Ursubstanz dieses Raumabschnittes mit Seinem Leben durchdringt. Auf diese Weise erweckt Er die in jedem ungeteilten Atom latent vorhandene Aktivität.

Diese Kosmische Ursubstanz ist ein Ausdruck des negativen Pols des Universalgeistes. Das große Schöpferische Wesen, das wir Gott nennen (und von dem wir als Geistwesen Teile sind), ist dagegen ein Ausdruck der positiven Energie desselben Absoluten Universalgeistes. Aus dem Wirken des einen auf den anderen, ist all das entstanden, was wir in der Physischen Welt sehen. Die Meere, das Festland, alles, was sich als Mineral, als Pflanze, als Tier oder als menschlicher Körper äußert, sie alle sind **kristallisierter Raum**, ausgestrahlt aus dieser negativen Geistsubstanz, die zur Zeit der Dämmerung des Seins allein vorhanden war. So sicher, wie das harte, kalkige Haus der Schnecke aus verdichteten Säften ihres weichen Körpers entstand, so sicher sind alle **Formen** Kristallisationen um den negativen Pol des Geistes.

DER EVOLUTIONSPLAN

Gott zieht Kosmische Ursubstanz von außerhalb Seiner unmittelbaren Sphäre an. Dadurch wird die Substanz innerhalb des entstehenden Kosmos dichter als sie im Weltraum zwischen den Sonnensystemen ist.

Wenn nun Gott auf solche Weise das Material für Seine Wohnstätte vorbereitet hat, bringt Er als nächstes Ordnung hinein. Jeder Teil des Systems wird von Seinem Bewußtsein durchdrungen, doch in jedem Teil oder jeder Abteilung ist eine andere modifizierte Form dieses Bewußtseins. Die Kosmische Ursubstanz wird in unterschiedliche Schwingungen versetzt und ist daher in ihren mannigfaltigen Abteilungen oder Regionen verschieden beschaffen.

Das ist die Art und Weise wie die Welten ins Dasein kommen und eingerichtet werden, um im Evolutionsplan verschiedenen Zwecken zu dienen, so wie die verschiedenen Räume des Hauses ausgestattet sind, um den Bedürfnissen des täglichen Lebens in der Physischen Welt zu entsprechen.

Wir haben bereits festgestellt, daß es sieben Welten gibt. Jede dieser Welten hat eine andere Maßeinheit und eine unterschiedliche Schwingungsrate. Während Lichtwellen Hunderte von Millionen Vibrationen in der Sekunde erreichen, ist die Schwingungsgeschwindigkeit in der dichtesten, der Physischen Welt, verglichen mit der sich ihr am nächsten befindenden Empfindungswelt, verschwindend klein. Um eine Vorstellung von der Bedeutung und Geschwindigkeit der Vibrationen zu erhalten, ist es vielleicht am einfachsten, die Wärmeschwingungen zu beobachten, die von einem sehr heißen Ofen oder von einem nah am Fenster befindlichen Heizkörper ausgehen.

Wir müssen immer daran denken, daß diese Welten nicht durch Raum oder Entfernung voneinander getrennt sind, wie das zwischen der Erde und den anderen Planeten der Fall ist. Sie sind Zustände der Materie von verschiedener Dichte und Schwingung, so wie es die festen Körper, Flüssigkeiten und Gase unserer Physischen Welt sind. Diese Welten werden nicht sofort am Anfang eines Schöpfungstages erschaffen, sie dauern auch nicht bis zu seinem Ende; doch wie eine Spinne den Faden ihres Netzes einen nach dem anderen spinnt, so scheidet Gott eine Welt nach der anderen in sich Selbst ab, so wie sich die Notwendigkeit für neue Bedingungen im Evolutionsplan ergibt, in dem Er wirkt. So haben sich nach und nach alle sieben Welten, so wie sie jetzt sind, verschieden entwickelt.

Die höchsten Welten wurden zuerst erschaffen. Und da der Involution die Aufgabe obliegt, das Leben allmählich in immer dichtere Materie zu bringen, um Formen zu erbauen, so verdichten sich sukzessive auch die feineren Welten, und neue Welten werden in Gott geteilt, um als erforderliche Glieder zwischen Ihm selbst und den sich verdichteten Welten zu dienen. Zu gegebener Zeit ist der Punkt höchster Dichte – der Nadir (der tiefste Stand) der Stofflichkeit – erreicht; von da an beginnt das Leben mit fortschreitender Evolution, in höhere Welten aufzusteigen. Damit bleiben die dichteren Welten, eine nach der anderen, entvölkert zurück. Wenn der Zweck erfüllt ist, zu dem eine besondere Welt erschaffen wurde, so beendet Gott ihre überflüssige Existenz, indem Er in sich selbst die spezielle Tätigkeit einstellt, welche dieser Welt Entstehung und Erhalt brachte.

Die höchsten (feinstofflichsten, dünnsten und ätherischsten) Welten sind die zuerst erschaffenen und zuletzt eliminierten. Die drei dichtesten Welten, in denen die gegenwärtige Phase unserer Evolution vor sich geht, sind dagegen verhältnismäßig vergängliche, mit dem Eintauchen des Geistes in die Materie verbundene Erscheinungen.

DIE SIEBEN PERIODEN

Der Evolutionsplan wird durch diese fünf Welten in sieben großen Manifestationsperioden ausgeführt. In dieser Zeit wird der jungfräuliche Geist oder das sich entwickelnde Leben zuerst Mensch und dann ein Gott.

Zu Beginn der Manifestation scheidet Gott **in** Sich (nicht **von** Sich heraus) diese jungfräulichen Geister wie Funken einer Flamme. Sie sind von derselben Natur und befähigt, sich selbst zu Flammen zu entfachen. Evolution ist der Anfachungsprozeß, der zu diesem Ziel führen soll. In den jungfräulichen Geistern sind alle Möglichkeiten ihres Göttlichen Vaters eingehüllt, einschließlich des Keimes des unabhängigen Willens, der ihnen die Fähigkeit verleiht, neue, in ihnen nicht latent vorhandene Phasen hervorzubringen. Die latenten **Möglichkeiten** werden in dynamische Kräfte und während der Evolution in verfügbare Fähigkeiten verwandelt, während der unabhängige Wille Neues und Originelles – oder Epigenesis einleitet.

Vor dem Beginn der Pilgerfahrt durch die Materie befindet sich der jungfräuliche Geist in der Welt der Jungfräulichen Geister, der Welt, die der höchsten der sieben Welten am nächsten steht. Er hat Göttliches Bewußtsein, aber kein **Selbst**bewußtsein. Die Seelenkraft und der schöpferische Intellekt sind Fähigkeiten oder Kräfte, die durch die Evolution erlangt werden.

Wenn der jungfräuliche Geist in die Welt des Göttlichen Geistes eintaucht, so wird er durch diese Materie geblendet und in völlige Unbewußtheit gebracht. Er beachtet die äußeren Verhältnisse so wenig wie der Mensch, der sich im tiefsten Trancezustand befindet. Dieser Zustand der Unbewußtheit herrscht während der ersten Periode vor.

In der zweiten Periode erhebt er sich in das Stadium des traumlosen Schlafes, in der dritten Periode erreicht er den Traumzustand und in der Mitte der vierten Periode, in der wir uns jetzt befinden, das volle Wachbewußtsein des Menschen. Dies ist ein Bewußtsein, das sich nur auf die niederste der sieben Welten bezieht. Während der verbleibenden Hälfte dieser Periode und der restlichen drei Perioden muß der Mensch sein Bewußtsein so erweitern, daß es alle sechs Welten einschließt, die sich über dieser Physischen Welt befinden.

Als der Mensch bei seinem Abstieg durch diese Welten ging, wurden seine Energien von höheren Wesen gelenkt, die ihm halfen, seine unbewußten Energien **nach innen** zu richten, um geeignete Träger zu erbauen. Als er schließlich fortgeschritten genug und mit dem erforderlichen Werkzeug, dem dreifachen Körper ausgerüstet war, „öffneten diese höheren Wesen „seine Augen", und richteten seinen Blick **nach außen** auf die Chemische Region der Physischen Welt, damit seine Energie sie erobern kann.

Wenn er durch seine Arbeit in der Chemischen Region vorbereitet ist, wird die nächste Stufe seines Fortschritts auf eine Ausdehnung seines Bewußtseins gerichtet sein, welche die Ätherregion einschließt, danach die Empfindungswelt usw.

In der Rosenkreuzer-Terminologie sind die Namen der sieben Perioden folgende:

1. Die Saturnperiode
2. Die Sonnenperiode
3. Die Mondperiode
4. Die Erdperiode
5. Die Jupiterperiode
6. Die Venusperiode
7. Die Vulkanperiode

Diese Perioden sind aufeinanderfolgende Wiedergeburten unserer Erde

Man darf nicht glauben, daß die oben erwähnten Perioden mit den Planeten irgend etwas zu tun haben, die auf ihren Bahnen zusammen mit der Erde die Sonne umkreisen. In der Tat, es kann nicht eindringlich genug betont werden, daß zwischen diesen Perioden und den Planeten überhaupt keine Verbindung besteht. Die Perioden sind einfach vergangene, gegenwärtige und zukünftige Verkörperungen unserer Erde, „Zustände", durch die sie hindurchgegangen ist, jetzt hindurchgeht oder in Zukunft hindurchgehen wird.

Die drei erstgenannten Perioden (die Saturn-, Sonnen- und Mond - periode) sind durchschritten. Wir befinden uns jetzt in der vierten oder Erdperiode. Wenn die Erdperiode unseres Globus beendet sein wird, werden wir mit ihm nacheinander die Jupiter-, Venus- und Vulkanzustände durchlaufen, bevor der große siebenfältige Tag der Manifestation zu Ende geht. Alles, was jetzt besteht, wird sich abermals mit dem Absoluten vereinigen, um eine Periode lang zu ruhen und die Früchte unserer Evolution zu assimilieren. Dann wird alles mit der Dämmerung eines anderen großen Tages zu weiterer und höherer Entwicklung wieder auftauchen.

Die dreieinhalb Perioden, die bereits hinter uns liegen, wurden zum Erwerb unserer jetzigen Träger und unseres gegenwärtigen Bewußtseins verwendet. Die noch verbleibenden dreieinhalb Perioden werden der Vervollkommnung dieser verschiedenen Träger und der Erweiterung unseres Bewußtseins, ähnlich dem der Allwissenheit gewidmet sein.

Die Reise, die der jungfräuliche Geist von der Unbewußtheit zur Allwissenheit zurücklegt und dabei seine latenten Möglichkeiten in Bewegungsenergie entfaltet, ist ein Prozeß von erstaunlicher Mannigfaltigkeit. Vorerst sollen davon nur die gröbsten Umrisse aufgezeigt werden. Im Verlauf unserer gegenwärtigen Studien werden wir jedoch näher auf Einzelheiten eingehen, bis das Bild so vollkommen ist, wie es der Verfasser zu zeichnen vermag. Die Aufmerksamkeit des Schülers möge sich besonders mit der Definition der Bezeichnungen befassen, die mit der Einführung neuer Ideen gegeben werden. Er wird ernsthaft und eindringlich gebeten, sich mit ihnen vertraut zu machen, weil beabsichtigt ist, ihm durch die Verwendung ein und desselben bekannten Wortes für denselben Begriff das Studium zu erleichtern. Die Bezeichnung soll dem zu vermittelnden Begriff so anschaulich wie möglich angepaßt sein, wodurch hoffentlich viel an Verwirrung vermieden wird, die unterschiedliche Fachausdrücke mit sich bringen. Durch genaue Beachtung der Definition dürfte es für eine Person mit durchschnittlicher Intelligenz nicht zu schwierig sein, sich wenigstens ein Wissen von den Umrissen des Evolutionsplanes anzueignen.

Daß solch ein Wissen von größter Wichtigkeit ist, wird unserer Meinung nach von jedem vernunftbegabten Menschen anerkannt werden. Wir leben in dieser von Naturgesetzen beherrschten Welt. Unter diesen

Gesetzen müssen wir leben und wirken und besitzen nicht die Macht, sie zu ändern. Wenn wir sie kennen und klug mit ihnen zusammenarbeiten, so werden sie zu außerordentlich wertvollen Dienern, wie beispielsweise die Elektrizität und die Ausdehnungskraft des Dampfes. Wenn wir sie andererseits nicht verstehen und ihnen in unserer Unwissenheit entgegenarbeiten, werden sie höchst gefährliche, zu furchtbarer Zerstörung fähige Feinde.

Je mehr wir daher von den Arbeitsmethoden der Natur wissen, die nur das sichtbare Symbol des unsichtbaren Gottes ist, um so fähiger werden wir sein, die sich zu Wachstum und Kraft, zur Befreiung aus der Knechtschaft und zum Aufschwung zur Meisterschaft bietenden Gelegenheiten auszunutzen.

DER EVOLUTIONSPLAN

DIAGRAMM 7

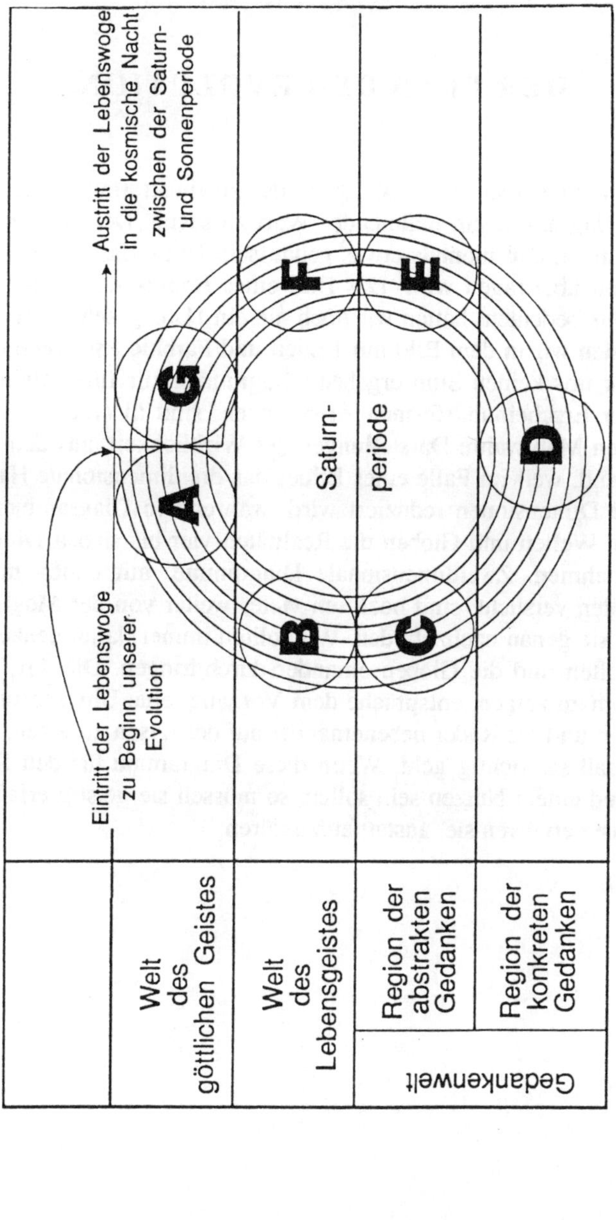

KAPITEL VII

DER PFAD DER EVOLUTION

Es dürfte angebracht sein, bezüglich der zu Illustrationszwecken dienenden Diagramme ein mahnendes Wort zu sagen. Der Schüler möge daran denken, daß niemals etwas genau sein kann, das in eine andere Dimension übertragen wird. Das Bild eines Hauses würde uns wenig oder nichts bedeuten, hätten wir noch nie ein Haus gesehen. In diesem Fall würden wir in dem Bild nur Linien und Farbkleckse erkennen. Es würde für uns keinen Sinn ergeben. Diagramme zur Illustration übersinnlicher Erscheinungsformen zu benutzen, sind in einem noch viel geringeren Maß wahre Darstellungen der Wirklichkeit, aus dem einfachen Grund, weil im Falle eines Bildes das dreidimensionale Haus auf nur zwei Dimensionen reduziert wird, während in Diagrammen über Perioden, Welten und Globen die Realitäten vier bis sieben Dimensionen einnehmen. Zweidimensionale Diagramme, mit denen man sie darzustellen versucht, sind noch um vieles weiter von der Möglichkeit entfernt, sie genau nachzubilden. Wir sollten immer daran denken, daß diese Welten und die Globen einander durchdringen. Die Art, sie im Diagramm zu zeigen, entspräche dem Vorgang, eine Uhr auseinanderzunehmen und die Räder nebeneinander auf den Tisch zu legen, um zu zeigen, daß sie richtig geht. Wenn diese Diagramme für den Schüler von irgend einem Nutzen sein sollen, so müssen sie geistig erfaßt werden. Sonst verwirren sie, anstatt aufzuklären.

KREISLÄUFE UND KOSMISCHE NÄCHTE

Die Saturnperiode ist die erste der sieben Perioden. In diesem frühen Stadium machen die jungfräulichen Geister ihren ersten Schritt hin zur Evolution des Bewußtseins und der Form. Aus Diagramm 7 kann man ersehen, daß der Entwicklungsimpuls siebenmal in Pfeilrichtung um die sieben Globen A, B, C, D, E, F und G kreist.

Zuerst findet ein Teil der Evolution auf Globus A statt, der in der Welt des Göttlichen Geistes liegt, der feinsten der fünf Welten, die unser Entwicklungsfeld bilden. Dann wird das sich entwickelnde Leben nach und nach auf Globus B übertragen, der sich in der etwas dichteren Welt des Lebensgeistes befindet. Hier wird ein anderes Stadium der Evolution durchschritten. Zu gegebener Zeit ist das sich entwickelnde Leben bereit, den Schauplatz von Globus C zu betreten, der in der Region der Abstrakten Gedanken liegt und aus deren noch dichteren Substanz gebildet ist. Nachdem die Lektionen, die dieser Existenzstufe eigentümlich sind, gelernt wurden, bewegt sich die Lebenswoge weiter nach Globus D, der sich in der Konkreten Gedankenwelt befindet und aus ihrer Substanz gebildet ist. Dies ist der dichteste Grad der Materie. Er wird von der Lebenswoge in der Saturnperiode erreicht.

Von diesem Punkt aus wird die Lebenswoge wieder hinauf zu Globus E geführt, der wie Globus C in der Region der Abstrakten Gedanken liegt. Doch dort sind die Bedingungen nicht dieselben wie auf Globus C. Dies ist die Involutionsphase, in der die Substanz der Welten ständig dichter wird. Alles neigt dazu, mit der Zeit dichter und fester zu werden. Da der Entwicklungsweg eine Spirale ist, wird deutlich, daß die Bedingungen niemals die gleichen sind. Obwohl dieselben Punkte durchschritten werden, liegen sie immer auf einer höheren und fortgeschritteneren Ebene.

Wenn die Arbeit auf Globus E vollendet ist, führt der nächste Schritt zu Globus F, der wie Globus B in der Welt des Lebensgeistes liegt. Von dort steigt die Lebenswoge zu Globus G. Nach vollendeter Arbeit ist die Lebenswoge je einmal um alle sieben Globen gereist, einmal hinab und einmal hinauf, durch die vier entsprechenden Welten. Diese Reise der Lebenswoge wird Kreislauf genannt. Sieben Kreisläufe bilden eine Periode. Während einer Periode wandert die Lebenswoge siebenmal durch die vier Welten hinab und hinauf.

Wenn nun die Lebenswoge siebenmal vollständig um die sieben Globen gereist ist und die sieben Kreisläufe beendet hat, schließt der erste Schöpfungstag. Ihm folgt eine Kosmische Nacht der Ruhe und der Assimilation, nach der die Sonnenperiode dämmert.

So wie der nächtliche Schlaf zwischen zwei Tagen des menschlichen Lebens und die Zeitspanne der Ruhe zwischen zwei Erdenleben, ist auch nach der Vollendung der Saturnperiode die Kosmische Nacht der Ruhe keine Zeit passiver Untätigkeit, sondern eine Zeit der Vorbereitung für die zu entfaltende Aktivität in der kommenden Sonnenperiode. Dort soll der werdende Mensch noch tiefer in die Materie eintauchen. Daher sind neue Globen erforderlich. Ihre Positionen in den sieben Welten sind von denen der Saturnperiode verschieden. Mit der Bereitstellung dieser neuen Globen und mit anderen subjektiven Tätigkeiten befassen sich die sich entwickelnden Geister während des Intervalls zwischen den Perioden - der Kosmischen Nacht. Der Vorgang ist wie folgt:

Wenn die Lebenswoge in der Saturnperiode Globus A zum letztenmal verlassen hat, beginnt der Globus sich langsam aufzulösen. Die Kräfte, die ihn erbauten, werden von der Welt des Göttlichen Geistes (in der Globus A sich während der Saturnperiode befand), in die Welt des Lebensgeistes (in der Globus A sich während der Sonnenperiode aufhält) übertragen. Wir können das aus Diagramm 8 ersehen.

DER PFAD DER EVOLUTION

DIAGRAMM 8

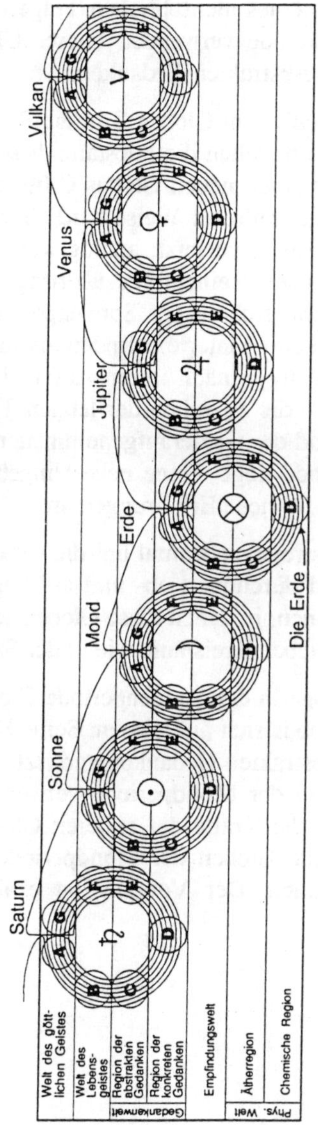

Die 777 Inkarnationen
oder
die Pilgerfahrt der jungfräulichen Geister.
Die 7 Kreisläufe um die 7 Globen der 7 Weltperioden.

Hat die Lebenswoge Globus B in der Saturnperiode zum letztenmal verlassen, beginnt auch dieser sich aufzulösen, und seine Kräfte werden, wie das Keimatom eines menschlichen Trägers, als Kern für Globus B in der Sonnenperiode verwendet. Dieser Globus befindet sich dann in der Region der Abstrakten Gedanken.

Ebenso werden die Kräfte von Globus C in die Region der Konkreten Gedanken übertragen und ziehen die Substanz dieser Region als Material an sich, um daraus einen neuen Globus C für die kommende Sonnenperiode zu bauen. In ähnlicher Weise wird Globus D umgewandelt und in die Empfindungswelt versetzt; analog werden die Globen E, F und G in der angegebenen Reihenfolge übertragen. Das Resultat ist (siehe Diagramm 8), daß sich in der Sonnenperiode alle Globen um eine Stufe tiefer in dichterer Materie befinden als in der Saturnperiode. Danach trifft die Lebenswoge nach ihrem Auftauchen aus der Kosmischen Nacht der Ruhe – die zwischen der letzten Tätigkeit auf Globus G der Saturnperiode und der wiederaufgenommenen Aktivität auf Globus A der Sonnenperiode liegt – eine neue Umgebung mit der damit gebotenen Gelegenheit für neue Erfahrungen an.

Nun kreist die Lebenswoge siebenmal um die sieben Globen während der Sonnenperiode und durchquert ab- und aufsteigend siebenmal die vier Welten oder Regionen, in denen diese Globen schweben. Sie macht in der Sonnenperiode sieben Kreisläufe wie in der Saturnperiode.

Verläßt die Lebenswoge in der Sonnenperiode Globus A zum letztenmal, beginnt dieser Globus sich aufzulösen. Seine Kräfte werden in die dichtere Region der Abstrakten Gedanken versetzt, wo sie einen Planeten bilden, der während der Mondperiode verwendet werden soll. In gleicher Weise werden die Kräfte der anderen Globen übertragen und dienen als Kerne für die Globen der Mondperiode, wie wir aus Diagramm 8 ersehen können. Der Vorgang ist exakt der gleiche wie zur Zeit der Versetzung aus ihren Stellungen in der Saturnperiode nach den in der Sonnenperiode eingenommenen Positionen. So wurden die Globen während der Mondperiode noch um eine Stufe tiefer in die Materie gestellt als zur Zeit der Sonnenperiode. Der tiefste (Globus D) liegt in der Ätherregion der Physischen Welt.

Nach der Kosmischen Nacht, der Zeit zwischen der Sonnen- und Mondperiode, beginnt die Lebenswoge in der Mondperiode ihren Lauf auf Globus A. Sie vollendet dort wie vorher zur gegebenen Zeit sieben Kreisläufe. Dann folgt eine weitere Kosmische Nacht, in der die Globen wiederum eine Stufe tiefer verlegt werden. Diesmal befindet sich der dichteste Globus in der Chemischen Region der Physischen Welt, wie wir dies aus Diagramm 8 ersehen können.

Das ist dann die Erdperiode, und der niederste und dichteste Globus (Globus D) ist unsere jetzige Erde.

Auch hier begann die Lebenswoge wie üblich ihren Lauf auf Globus A nach der Kosmischen Nacht, die der Mondperiode folgte. In der gegenwärtigen Erdperiode hat die Lebenswoge die sieben Globen dreimal umkreist und befindet sich in ihrem vierten Kreislauf auf Globus D.

Hier auf der Erde und in dem gegenwärtigen vierten Kreislauf wurde vor einigen Millionen Jahren die höchste Dichte – der tiefste Stand (Nadir) der Stofflichkeit – erreicht. Von nun an führt die Tendenz aufwärts in feinere Substanz. Während der dreieinhalb Kreisläufe, die zur Vollendung dieser Periode noch bevorstehen, wird der Zustand der Erde nach und nach immer ätherischer werden. In der nächsten, der Jupiterperiode wird Globus D, wie in der Mondperiode, wieder in der Ätherregion liegen. Die anderen Globen werden ebenfalls entsprechend aufsteigen.

In der Venusperiode werden sie in denselben Welten liegen

wie die Globen der Sonnenperiode. Die Globen der Vulkanperiode werden dieselbe Dichte haben und sich in denselben Welten wie die Globen der Saturnperiode befinden. Das alles zeigt Diagramm 8.

Wenn die Lebenswoge ihre Tätigkeit während der Erdperiode vollendet haben wird, und die Kosmische Nacht, die ihr folgt, vorüber ist, wird sie in ihren sieben Kreisläufen über die Globen der Jupiterperiode gehen. Dann kommt wieder die übliche Kosmische Nacht mit ihren subjektiven Aktivitäten. Danach setzen die sieben Kreisläufe der Venusperiode ein. Einer erneuten Ruhe folgt die letzte Periode des gegenwärtigen Entwicklungsplanes, die Vulkanperiode. Auch hier macht die Lebenswoge ihre sieben Kreisläufe durch. Am Ende des letzten siebten Kreislaufes werden alle Globen aufgelöst, und die Lebenswoge wird von Gott für eine Zeitspanne wieder aufgenommen, die so lange dauert, wie die sieben Perioden der Tätigkeit. Gott selbst vereinigt sich dann während dieser Universalnacht der Assimilation und der Vorbereitung für einen anderen großen Tag, mit dem Absoluten.

Andere und großartigere Evolutionen werden dann folgen. Wir können uns aber nur mit den sieben beschriebenen Perioden befassen.

KAPITEL VIII

DAS WIRKEN DER EVOLUTION

Der Faden der Ariadne

Nachdem wir mit den Welten, den Globen und den Kreisläufen bekannt geworden sind, die den Evolutionsweg während der sieben Perioden darstellen, sind wir jetzt in der Lage, sowohl die in jeder Periode geleistete Arbeit, als auch die zu ihrer Vollbringung angewandten Methoden zu betrachten.

Der „Faden der Ariadne", der uns durch das Labyrinth von Globen, Welten, Kreisläufen und Perioden führen soll, wird gefunden, wenn wir uns daran erinnern und stets vor Augen halten, daß die jungfräulichen Geister, welche die sich entwickelnde Lebenswoge bilden, vollkommen **unbewußt** waren, als sie ihre Entwicklungsreise durch die fünf Welten mit einer dichteren Substanz als die der Welt der Jungfräulichen Geister antraten. Die Absicht der Evolution ist, sie völlig bewußt und fähig zu machen, die Materie aller Welten zu meistern. Daher sind die in den Globen, Welten, Kreisläufen und Perioden gegebenen Bedingungen auf dieses Endziel ausgerichtet.

Während der Saturn-, Sonnen-, Mond-Perioden und der gegenwärtigen halben Erdperiode haben die jungfräulichen Geister ihre verschiedenen Träger unbewußt unter der Aufsicht von erhabenen Wesen, die ihren Fortschritt leiteten, gebaut. Dabei sind sie allmählich erwacht und haben schließlich den gegenwärtigen Zustand wachen Bewußtseins erlangt. Diese Periode heißt „Involution".

Von der Gegenwart bis zum Ende der Vulkanperiode werden die jungfräulichen Geister, unsere jetzige Menschheit, ihre Träger vervollkommnen und ihr Bewußtsein in den fünf Welten durch ihre eigenen Bemühungen und ihre eigene Schöpferkraft ausdehnen. Diese Periode nennt man „Evolution".

Das oben Gesagte ist der Schlüssel zum Verständnis dessen, was nun folgt.

Ein genaues Verständnis des Schemas der planetarischen Evolution, wie es in den vorhergehenden Seiten in groben Zügen dargestellt wurde, ist für den Studierenden von unermeßlichem Wert. Mancher glaubt an die Gesetze der Wiedergeburt sowie der Ursache und Wirkung und scheint zu denken, daß der Besitz solchen Wissens völlig unwichtig und von geringem Nutzen sei. Dennoch sind diese zwei Gesetze für den ernsthaften Schüler von sehr großer Wichtigkeit. Das Studium schult den Intellekt in abstraktem Denken und erhebt ihn über die gewöhnlichen Angelegenheiten konkreten Daseins. Es hilft der Vorstellungskraft, sich über die hindernden Schlingen des Eigeninteresses zu erheben. Wie bei unserem Studium der Empfindungswelt festgestellt wurde, ist Interesse die Haupttriebfeder zur Handlung, doch wird in unserer gegenwärtigen Entwicklungsstufe das Interesse hauptsächlich durch die Selbstsucht geweckt. Es ist manchmal von sehr feiner Natur, aber es spornt zu Handlungen aller Art an. Jede durch Interesse hervorgerufene Handlung erzeugt gewisse Wirkungen, die auf uns einen Einfluß ausüben. Folglich werden wir durch Handlungen gebunden, die etwas mit den konkreten Welten zu tun haben. Wird aber unser Intellekt von Themen wie Mathematik oder durch das Studium der planetarischen Entwicklungsphasen in Anspruch genommen, so befinden wir uns in der Region der reinen Abstrakten Gedanken, jenseits dem Einfluß des Gefühls. Der Intellekt ist dann aufwärts gerichtet, den geistigen Reichen und der Befreiung entgegen. Wenn wir Kubikwurzeln ziehen oder Zahlen multiplizieren, wenn wir an Perioden, Kreisläufe usw. denken, so haben wir kein Gefühl dabei. Wir streiten nicht darüber, daß zwei mal zwei vier ist. Wäre unser Gefühl daran beteiligt, würden wir vielleicht versuchen, fünf daraus zu machen und mit einem anderen in Streit geraten, der aus persönlichen Gründen behauptet, es ergäbe nur drei. In der Mathematik jedoch ist das Gefühl ausgeschlossen, und die Wahrheit zeigt sich ganz klar. Daher ist Mathematik für den Durchschnittsmenschen, der gerne in Gefühlen lebt, trocken und uninteressant. Pythagoras lehrte seine Schüler in der Welt des ewigen Geistes zu leben. Er verlangte von denjenigen, die von ihm unterrichtet werden wollten, zuerst Mathematik zu studieren. Ein Verstand, der fähig ist, Mathematik zu erfassen, steht über dem Durchschnitt und kann sich über die Welt des Geistes erheben, weil er nicht von Gefühlen und Begierden gefesselt ist. Je mehr wir uns daran gewöhnen, in Begriffen geistiger Welten zu denken, um so besser werden wir in der Lage sein, uns über Illusionen zu erheben, die uns in der konkreten Existenz umgeben. Hier wird die Wahrheit durch die Zwillingsgefühle Interesse und Gleichgültigkeit verhüllt. Sie verwirren uns, so wie die Brechung der Lichtstrahlen durch die Erdatmosphäre uns keine richtige Vorstellung von der Position des Himmelskörpers, der sie ausstrahlt, gibt.

Daher wird dem Schüler, der wünscht, die Wahrheit zu erkennen, in die Reiche des Geistes einzudringen, sie zu erforschen und sich von den Plagen des Fleisches so schnell zu befreien wie es sich mit seiner Sicherheit und seinem eigenen Wachstum verträgt, ernsthaft angeraten, das Folgende so gründlich wie möglich zu studieren, es aufzunehmen und sich geistige Vorstellungen von diesen Welten, Globen und Perioden zu machen. Wenn er auf diese Weise Fortschritte machen möchte, ist das Studium der Mathematik und Hinton's „Die vierte Dimension", ebenfalls eine großartige Übung im abstrakten Denken. Diese Arbeit Hinton's hat (obwohl sie im Grunde nicht korrekt ist, weil in Wirklichkeit die vierdimensionale Empfindungswelt nicht durch dreidimensionale Methoden gefunden werden kann) manchem Menschen, der sie studiert hat, die Augen geöffnet und ihn hellsichtig gemacht. Erinnert man sich außerdem, daß die Logik der beste Lehrer in jeder Welt ist, so ist sicher, daß der Schüler, der durch diese abstrakten Gedankenstudien erfolgreich in die überphysische Welt eindringt, nicht verwirrt, sondern unter allen Umständen gut abzuschneiden imstande sein wird.

Ein staunenerregender Plan wird hier aufgerollt. Seine Komplexität wird beinahe unfaßbar, je mehr auf Einzelheiten eingegangen wird. Wer fähig ist, ihn zu verstehen, wird für die dafür aufgewandte Mühe reich belohnt werden. Deshalb soll der Schüler langsam lesen, oft wiederholen und tief und viel nachdenken.

Dieses Buch, besonders das vorliegende Kapitel, darf nicht flüchtig gelesen werden. Jeder Satz hat Gewicht und steht im Zusammenhang mit dem folgenden; er setzt ein Wissen des Vorhergehenden voraus. Wird das Werk nicht gründlich und systematisch studiert, so wird es mit jeder Seite unverständlicher und verwirrender. Andererseits wird es, wenn es sorgfältig studiert und gründlich durchdacht wird, mit jeder Seite durch das aus dem Studium des Vorhergehenden gewonnene, vermehrte Wissen klarer beleuchtet.

Kein Werk dieser Art, das sich mit den verborgensten Entwicklungsstadien des Großen Weltmysteriums befaßt, kann, soweit es dem menschlichen Geist auf seiner gegenwärtigen Stufe begreiflich ist, in leicht zu lesender Weise geschrieben werden. Und dennoch sind die komplexen Entwicklungsstufen, die uns jetzt verständlich zu sein scheinen, nur das ABC des Planes, der uns offenbart werden wird, wenn unser Intellekt in späteren Stufen unserer Entwicklung zum Übermenschen fähig geworden ist, mehr zu verstehen.

DIE SATURNPERIODE

Die Globen der Saturnperiode bestanden aus viel dünnerer und feinerer Substanz als unsere Erde, wie wir aus dem Studium von Diagramm 7 und 8 ersehen. Da sich der Text häufig darauf bezieht, raten wir dem Schüler, die beiden Diagramme immer bei der Hand zu haben. Der dichteste Globus dieser Periode lag in demselben Teil der Gedankenwelt, wie der dünnste Globus unserer gegenwärtigen Periode – in der Region der Konkreten Gedanken. Diese Globen hatten keine mit unseren Sinnen erfaßbare Dichte. „Wärme", ist das einzige Wort, das der Vorstellung von der ehemaligen Saturnperiode nahekommt. Sie war finster. Wenn ein Mensch in den Raum hätte eindringen können, den dieser Globus einnahm, so hätte er nichts gesehen. Alles um ihn wäre Finsternis gewesen, seine Wärme aber hätte er gefühlt.

Dem Materialisten wird es sicherlich als Irrsinn erscheinen, einen solchen Zustand einen „Globus" zu nennen und zu behaupten, daß er die Entwicklungsstätte für Form und Leben gewesen sei. Doch wenn wir die Urnebeltheorie betrachten, können wir erkennen, daß der Urnebel dunkel gewesen sein muß, ehe er im Licht aufglühen konnte und heiß gewesen sein muß, bevor er feurig werden konnte. Diese Hitze muß durch Bewegung hervorgerufen worden sein, und Bewegung ist Leben.

Wir können sagen, daß die jungfräulichen Geister, die Bewußtsein und Form entwickeln sollten, in diesen Globus eingebettet waren oder noch besser, daß der ganze Globus aus jungfräulichen Geistern bestand, so wie eine Himbeere aus einer großen Anzahl kleiner Himbeeren besteht. Sie waren in die Globen einverleibt, wie das die Mineralien beseelende Leben in unserer Erde. Deshalb sagen okkulte Wissenschaftler, daß der Mensch in der Saturnperiode durch den mineralischen Zustand ging.

Außerhalb dieses „Wärmeglobus" - sozusagen in seiner Atmosphäre - hielten sich die großen Schöpferischen Hierarchien auf, die den jungfräulichen Geistern helfen sollten, Form und Bewußtsein zu entwickeln. Es gab viele Hierarchien. Doch wir wollen uns einstweilen auf die hauptsächlichen beschränken, auf diejenigen, die in der Saturnperiode die wichtigste Arbeit leisteten.

In der Terminologie der Rosenkreuzer werden sie wegen der herrlichen Leuchtkraft ihrer Körper und ihrer großen geistigen Kräfte

„Herren der Flamme" genannt. In der Bibel heißen sie „Throne" und arbeiteten aus eigenem freien Willen am Menschen. Sie waren so weit fortgeschritten, daß dieser evolutionäre Schöpfungstag ihnen keine neuen Erfahrungen bieten und daher ihre Weisheit nicht mehr vermehren konnte. Dies gilt auch für die zwei noch höheren Ordnungen von Hierarchien, die später genannt werden sollen. Die übrigen Schöpferischen Hierarchien mußten zum Zweck ihrer eigenen Entwicklung an, in und mit dem Menschen arbeiten.

Diese Herren der Flamme waren außerhalb des dunklen Saturnglobus, und ihre Körper strahlten ein starkes Licht aus. Sie projizierten sozusagen ihre Bilder auf die Oberfläche des ehemaligen Saturnglobus, welcher für Eindrücke derart empfänglich war, daß er alles, was mit ihm in Berührung kam, in mannigfacher, echogleicher Weise reflektierte und die Bilder vervielfältigte. (Das findet in der griechischen Mythologie, in dem Mythos von Saturn, der seine Kinder zerstörte, seinen Ausdruck).

Und doch ist es den Herren der Flamme während des ersten Kreislaufes durch wiederholte Anstrengungen gelungen, in das sich entwikkelnde Leben den Keim zu pflanzen, der unseren gegenwärtigen dichten Körper gebildet hat. Dieser Keim wurde während der ersten sechs Kreisläufe noch etwas weiter entwickelt und erhielt die Fähigkeit, Sinnesorgane, besonders das Ohr zu bilden. Deshalb ist das Ohr das höchstentwickelte Organ, das wir besitzen. Es ist das Instrument, das Eindrücke äußerer Zustände mit größter Genauigkeit dem Bewußtsein übermittelt. Es ist den Täuschungen der Physischen Welt weniger unterworfen als die anderen Sinnesorgane.

Das Bewußtsein des sich in dieser Periode entwickelnden Lebens war das der heutigen Mineralien, ein Zustand der Unbewußtheit, der von Medien in tiefster Trance erreicht wird. Und doch arbeitete während der ersten sechs Kreisläufe das sich entwickelnde Leben am Keim des dichten Körpers unter Anleitung und mit Hilfe verschiedener Schöpferischer Hierarchien. In der Mitte des siebten Kreislaufes wurden die Herren der Flamme - die untätig geblieben waren, seit sie im ersten Kreislauf den Keim des dichten Körpers gegeben hatten - wieder aktiv. Dieses Mal erweckten sie das höchste geistige Prinzip, die erste Tätigkeit des göttlichen Geistes im Menschen.

So verdankt der Mensch seinen höchsten und niedersten Träger - den göttlichen Geist und den dichten Körper - der Evolution der Saturnperiode. Diese zu manifestieren, halfen die Herren der Flamme aus ihrem eigenen freien Willen, ohne den geringsten Zwang, es zu tun.

Die Arbeit der verschiedenen Schöpferischen Hierarchien fängt nicht zu Beginn einer Periode oder eines Kreislaufes auf Globus A an. Sie setzt in der Mitte eines Kreislaufes ein, wächst an Stärke und erreicht ihre höchste Wirksamkeit in der Mitte der Kosmischen Nacht, die sowohl zwischen den Kreisläufen als auch zwischen den Perioden erfolgt. Dann nimmt sie nach und nach in dem Grad ab, wie die Lebenswoge der Mitte des nächsten Kreislaufes zustrebt.

Daher war die Tätigkeit der Herren der Flamme an der Erweckung des keimenden Bewußtseins während der Ruheperiode zwischen der Saturn- und Sonnenperiode am aktivsten und wirksamsten.

Wir wiederholen, eine Kosmische Nacht ist nicht als Zeit der Untätigkeit anzusehen. Sie bedeutet kein untätiges Dasein, wie wir aus dem Beispiel des Menschen ersehen konnten, der vom Tod zu einer neuen Geburt übergeht. So ist es auch mit dem großen Tod aller Globen einer Periode. Es ist nur ein Aufhören tätiger Manifestation, damit eine verhältnismäßig stärkere subjektive Aktivität entfaltet werden kann.

Von der Art dieser subjektiven Tätigkeit kann man sich vielleicht am besten eine Vorstellung machen, wenn man beobachtet, was bei einer in den Boden vergrabenen reifen Frucht vor sich geht. Gärung und

Verfall des Fruchtfleisches setzen ein. Doch aus diesem Chaos geht die neue Pflanze hervor, der Luft und dem Sonnenschein entgegen. So wird, wenn eine Periode beendet ist, alles im zusammengewürfelten Chaos aufgelöst, das offensichtlich außerstande zu sein scheint, sich in einen geordneten Zustand zu verwandeln. Doch zur rechten Zeit werden die Globen einer neuen Periode gebildet und Welten zum Bewohnen für die Menschen vorbereitet. Hierhin wird nun das sich entwikkelnde Leben von fünf dunklen Globen, über die es während der Kosmischen Nacht ging, übertragen, um seine Tätigkeit an einem neuen Schöpfungstag in einer veränderten, während der Aktivitäten der Kosmischen Nacht vorbereiteten und externalisierten Umgebung wiederaufzunehmen. So wie die Gärungskräfte in der Frucht den Samen beleben und den Boden, in dem er wachsen soll, fruchtbar machen, so stimulierten die Herren der Flamme den Keim des göttliches Geistes besonders während der Kosmischen Nacht zwischen der Saturn- und Sonnenperiode und setzten ihre Aktivitäten bis zur Mitte des ersten Kreislaufes der Sonnenperiode fort.

WIEDERHOLUNG

Bevor die Tätigkeit irgendeiner Periode beginnen kann, wird all das wiederholt, was durchlaufen wurde. Aufgrund des spiralförmigen Entwicklungspfades findet diese Aktivität jedesmal auf einer höheren Stufe als das Entwicklungsstadium statt, das sie wiederholt. Diese Notwendigkeit wird klar, wenn die eigentliche Tätigkeit bei der Wiederholung beschrieben werden wird.

Der erste Kreislauf jeder Periode ist eine Wiederholung der Arbeit am dichten Körper während der Saturnperiode. Die Rosenkreuzer sprechen von ihm als „Saturnkreislauf".

Die zweite Periode ist die Sonnenperiode. Daher wird der zweite Kreislauf jeder Periode folgerichtig der „Sonnenkreislauf" sein.

Die dritte Periode ist die Mondperiode; deshalb wird der dritte Kreislauf jeder folgenden Periode eine Wiederholung der in der Mondperiode vollbrachten Arbeit sein und „Mondkreislauf“ genannt.

Die eigentliche Arbeit einer Periode beginnt erst, wenn die wiederholenden Kreisläufe vorüber sind. In der gegenwärtigen Erdperiode haben wir z.B. dreieinhalb Kreisläufe durchlaufen, d.h., daß im ersten oder Saturnkreislauf der Erdperiode, die während der Saturnperiode geleistete Arbeit wiederholt wurde, jedoch auf einer fortgeschritteneren Stufe. Im zweiten oder Sonnenkreislauf wurde die Arbeit der Sonnenperiode noch einmal durchgenommen. Im dritten oder Mondkreislauf wurde die Arbeit während der Mondperiode wiederholt. Und erst im vierten - dem gegenwärtigen Kreislauf - begann die wirkliche Arbeit der Erdperiode.

In der letzten der sieben Perioden, der Vulkanperiode, wird sich nur der letzte Kreislauf mit reiner Vulkanarbeit befassen. In den vorhergehenden sechs Kreisläufen werden die Arbeiten der sechs entsprechenden Perioden wiederholt werden.

Ferner (und das wird dem Schüler besonders helfen, sich daran zu erinnern) hat ein Saturnkreislauf jeder Periode immer mit der Entwicklung neuer Errungenschaften des dichten Körpers zu tun, weil dieser in der Saturnperiode begann. Jeder **siebte** oder Vulkankreislauf hat als besondere Arbeit eine Tätigkeit in Verbindung mit dem göttlichen Geist, weil dieser in dem siebten Kreislauf der Saturnperiode begann. Ebenso werden wir sehen, daß eine Verbindung zwischen den verschiedenen Kreisläufen und allen Trägern der Menschheit besteht.

DIE SONNENPERIODE

Die Bedingungen während der Sonnenperiode unterscheiden sich grundlegend von denen der Saturnperiode. Statt deren „Wärmegloben“

waren die Globen der Sonnenperiode glühende Lichtbälle in der Beschaffenheit von Gas. Diese großen Gasbälle enthielten alles, was sich in der Saturnperiode entwickelt hatte. Entsprechend befanden sich die Schöpferischen Hierarchien in der Atmosphäre.

Statt der echogleichen rückstrahlenden Eigenschaft der Saturnperiode hatten diese Globen bis zu einem gewissen Grad die Eigenschaft, jeden gegen ihre Oberfläche gerichteten Anblick oder Klang aufzunehmen und zu verarbeiten. Sie waren sozusagen „sinnesbegabte" Dinge. Die Erde scheint das nicht zu tun, und ein Materialist würde über diese Idee den Kopf schütteln, der Okkultist aber weiß, daß die Erde alles auf und in sich fühlt. Dieser leichtere Globus war viel empfindlicher als die Erde, weil er nicht auf so harte und feste Zustände der Materie beschränkt und in ihnen gefesselt war, wie unsere gegenwärtig bewohnte Erde.

Gewiß war das Leben anders, weil keine Formen, so wie wir sie kennen, dort hätten bestehen können. Doch das Leben kann sich in Formen feurigen Gases ebenso gut oder tatsächlich besser ausdrücken als in Formen aus harter chemischer Materie, wie es die gegenwärtigen dichten Formen von Mineralien, Pflanzen, Tieren und Menschen sind.

Als das sich entwickelnde Leben im ersten oder Saturnkreislauf der Sonnenperiode auf Globus A auftauchte, stand es noch unter der Obhut der Herren der Flamme. Sie hatten in der Mitte des letzten Kreislaufes der Saturnperiode im Menschen den Keim des göttlichen Geistes erweckt.

Zuvor hatten sie den Keim des dichten Körpers gegeben, an dem sie während der ersten Hälfte des Saturnkreislaufes der Sonnenperiode mit gewissen Verbesserungen beschäftigt waren.

In der Sonnenperiode wurde mit der Bildung des Lebensleibes und allem, was darin an Fähigkeit der Assimilation, des Wachstums, der Fortpflanzung, der Drüsen usw. enthalten ist, begonnen.

Die Herren der Flamme pflanzten in den Keim des dichten Körpers nur die Fähigkeit ein, Sinnesorgane zu entwickeln. In der Zeit, mit der wir uns jetzt befassen, wurde es notwendig, den Keim so umzugestalten, daß er die Durchdringung mit einem Lebensleib sowie die Möglichkeit sich entwickelnder Drüsen und eines Verdauungskanals zuließ. Das wurde durch die vereinte Tätigkeit der Herren der Flamme, die den ursprünglichen Keim gaben und der Herren der Weisheit geleistet, die sich während der Sonnenperiode der körperlichen Entwicklung annahmen.

Die Herren der Weisheit, die nicht so hoch entwickelt waren wie die Herren der Flamme, arbeiteten an der Vollendung ihrer eigenen Entwicklung. Deshalb erhielten sie den Beistand einer Ordnung von erhabenen Wesen, die wie die Herren der Flamme aus eigenem freien Willen wirkten. In der esoterischen Sprache heißen sie Cherubim. Doch diese erhabenen Wesen traten erst in Tätigkeit, als es erforderlich wurde, das zweite geistige Prinzip unseres werdenden Menschen zu erwekken, wie auch die Herren der Weisheit vollkommen fähig waren, die Arbeit in Verbindung mit dem Lebensleib zu leisten, welcher der Zusammensetzung des Menschen in der Sonnenperiode hinzugefügt werden sollte. Das zweite geistige Prinzip konnten sie jedoch nicht erwekken.

Als die Herren der Flamme und die Herren der Weisheit im Saturnkreislauf der Sonnenperiode vereint den Keim des dichten Körpers wieder aufgebaut hatten, leiteten die Herren der Weisheit im zweiten Kreislauf die eigentliche Arbeit der Sonnenperiode ein. Aus ihren eigenen Körpern strahlten sie den Keim des Lebensleibes aus. Sie machten ihn tauglich, den dichten Körper zu durchdringen und gaben dem Keim die Fähigkeit, das Wachstum und die Fortpflanzung zu fördern, sowie die Sinneszentren des dichten Körpers anzuregen und in Bewegung zu versetzen. Mit einem Wort, sie gaben dem Lebensleib im Keim alle Fähigkeiten mit, die er jetzt entfaltet, um ein vollkommenes und formbares Instrument für den Gebrauch des Geistes zu werden.

Diese Arbeit erfüllte den zweiten, dritten, vierten und fünften Kreislauf der Sonnenperiode. Im sechsten Kreislauf traten die Cherubim auf und erweckten den Keim des zweiten Aspektes des dreifachen Geistes im Menschen, den Lebensgeist. Im siebten und letzten Kreislauf wurde der neu erweckte Keim des Lebensgeistes mit dem Keim des göttlichen Geistes verbunden und an letzterem noch weiter gearbeitet.

Wir erinnern uns, daß in der Saturnperiode unser Bewußtsein dem Trancezustand ähnlich war. Durch die Tätigkeit der Sonnenperiode wurde es so verändert, daß es wie das Bewußtsein im traumlosen Schlaf wurde.

Während der Sonnenperiode fügte die Evolution der Zusammensetzung des sich entwickelnden, im Werden begriffenen Menschen den nächst höheren und den nächst niederen seiner augenblicklichen Träger hinzu. (In der Saturnperiode besaß er einen keimenden, dichten Körper und göttlichen Geist) Am Ende der Sonnenperiode besaß er den Keim des dichten Körpers und den des Lebensleibes, sowie des göttlichen Geistes und des Lebensgeistes, d.h. einen zweifachen Geist und einen zweifachen Körper.

Wir stellen auch fest, daß sich der erste oder Saturnkreislauf jeder Periode mit Arbeiten am dichten Körper befaßt (weil dieser im ersten Kreislauf begonnen wurde), der zweite oder Sonnenkreislauf jeder Periode sich mit Verbesserungen am Lebensleib beschäftigt, weil er im zweiten Kreislauf begonnen wurde. In gleicher Weise ist der sechste Kreislauf jeder Periode gewissen Arbeiten am Lebensgeist gewidmet. Der siebte Kreislauf befaßt sich besonders mit Angelegenheiten, die den göttlichen Geist betreffen.

In der Saturnperiode ging der werdende Mensch durch ein mineralisches Stadium, d.h. er hatte nur einen dichten Körper im Sinne des Minerals. Sein Bewußtsein glich auch dem des gegenwärtigen Minerals.

In derselben Weise und aus analogen Gründen kann gesagt werden, daß der Mensch in der Sonnenperiode durch das Pflanzenstadium ging. Er hatte, wie die Pflanzen, einen dichten Körper und einen Lebensleib. Sein Bewußtsein war wie das der Pflanzen, gleich einem traumlosen Schlaf. Der Schüler wird diese Analogie vollständig erfassen, wenn er sich Diagramm 4 im Kapitel über die vier Reiche vergegenwärtigt. Dort werden die Bewußtseinsträger, die das Mineral, die Pflanze, das Tier und der Mensch innehaben, schematisch mit dem besonderen Bewußtsein gezeigt, das jedem dieser Fälle zugrunde liegt.

Als die Sonnenperiode vorüber war, folgte eine andere Kosmische Nacht der Assimilation zusammen mit der subjektiven Tätigkeit, die vor dem Beginn der Mondperiode erforderlich war. Diese war an Dauer der vorhergehenden Periode konkreter Manifestation gleich.

DIE MONDPERIODE

So wie die charakteristische Eigenschaft der dunklen Globen der Saturnperiode durch den Ausdruck „Wärme“ beschrieben wurde, und jene der Globen der Sonnenperiode als „Licht“ oder glühende Hitze, so kann die charakteristische Eigenschaft der Globen der Mondperiode am besten durch das Wort „Feuchtigkeit“ bezeichnet werden. Es gab keine Luft, wie wir sie kennen. In der Mitte war der heiße, feurige Kern. Ihm am nächsten und als Folge der Berührung mit der Kälte des Weltraumes befand sich eine dichte Feuchtigkeit. Durch Berührung mit dem feurigen zentralen Kern verwandelte sich die dichte Feuchtigkeit in heißen Dampf, der nach außen schoß, um abzukühlen und wieder zum Zentrum zu sinken. Daher nennt der okkulte Wissenschaftler die Globen der Mondperiode „Wasser“ und beschreibt die Atmosphäre jener Zeit als „Feuernebel“. So sah die Szene des nächsten Schrittes des sich entwickelnden Lebens aus.

Die Arbeit der Mondperiode bestand darin, den Keim zum Erwerb des

Empfindungsleibes zu legen und im Menschen die keimende Tätigkeit des dritten Aspektes, des dreifachen Geistes, des menschlichen Geistes, des Egos in Gang zu setzen.

In der Mitte des siebten Kreislaufes der Sonnenperiode übernahmen die Herren der Weisheit die Pflege des keimenden Lebensgeistes, der durch die Cherubim im sechsten Kreislauf der Sonnenperiode gegeben worden war. Das geschah, um ihn mit dem göttlichen Geist zu verbinden. Ihre größte Aktivität bei dieser Arbeit wurde in der Kosmischen Nacht zwischen der Sonnen- und Mondperiode erreicht. Beim ersten Dämmern der Mondperiode, als die Lebenswoge ihre neue Pilgerfahrt antrat, erschienen die Herren der Weisheit wieder und brachten die keimenden Träger des sich entwickelnden Menschen mit. Im ersten oder Saturnkreislauf der Mondperiode arbeiteten sie mit den „Herren der Individualität" zusammen, denen die besondere Fürsorge der materiellen Evolution während der Mondperiode oblag. Gemeinsam rekonstruierten sie den aus der Sonnenperiode herübergebrachten Keim des dichten Körpers. Dieser Keim hatte embryonale Sinnesorgane, Verdauungsorgane, Drüsen usw. entfaltet und war von einem knospenden Lebensleib vollständig durchdrungen, der dem embryonalen dichten Körper einen gewissen Grad von Leben verlieh. Selbstverständlich war er nicht dicht und sichtbar wie er es heute ist. Doch war er in einer gewissen unreifen Weise einigermaßen organisiert, und der geübte Blick des geschulten hellsichtigen Forschers, der im Gedächtnis der Natur nach Szenen der fernen Vergangenheit sucht, kann ihn vollständig wahrnehmen.

In der Mondperiode war es erforderlich, den dichten Körper so zu rekonstruieren, daß er von einem Empfindungsleib durchdrungen werden konnte und auch die Fähigkeit erhielt, ein Nervensystem, Muskeln, Knorpel und ein rudimentäres Skelett zu entwickeln. Diese Rekonstruktion war die Arbeit des Saturnkreislaufes der Mondperiode.

Im zweiten, dem Sonnenkreislauf, wurde der Lebensleib so umgewandelt, daß er das Durchdringen mit einem Empfindungsleib zuließ, und sich außerdem dem Nervensystem, den Muskeln und dem Skelett usw. anpaßte. Die Herren der Weisheit, die Schöpfer des Lebensleibes, halfen auch den Herren der Individualität bei dieser Arbeit.

Im dritten Kreislauf begann die eigentliche Arbeit der Mondperiode. Die Herren der Individualität strahlten aus sich die Substanz aus, die dem unbewußten, sich entwickelnden Menschen half, sich einen keimenden Empfindungsleib anzueignen und ihn einzubauen. Sie standen ihm auch bei, diesen keimenden Empfindungsleib in den miteinander vereinigten Lebensleib und dichten Körper, die er bereits besaß, einzuverleiben. Diese Arbeit wurde durch den ganzen dritten und vierten Kreislauf der Mondperiode fortgesetzt.

Wie die Herren der Weisheit, so standen auch die Herren der Individualität erhaben weit über dem Menschen. Sie arbeiteten an und in ihm, um ihre eigene Entwicklung zu vollenden. Während sie fähig waren, sich mit den niederen Trägern zu befassen, waren sie den höheren gegenüber machtlos. Sie konnten den geistigen Impuls, der erforderlich war, um den dritten Aspekt des dreifachen Geistes im Menschen zu erwecken, nicht geben. Deshalb trat während des fünften Kreislaufes der Mondperiode eine andere Klasse von Wesen auf den Plan, die über der Notwendigkeit standen, sich in einer solchen Evolution, die wir durchlaufen, fortzuentwickeln. Auch sie handelten wie die Herren der Flamme und die Cherubim aus eigenem freien Willen, um dem Menschen zu helfen. Sie werden „Seraphim" genannt und erweckten den Keim des dritten Aspektes des Geistes, den menschlichen Geist.

Im sechsten Kreislauf der Mondperiode erschienen die Cherubim wieder und gliederten unter Mitwirkung der Herren der Individualität den neu erworbenen Keim des menschlichen Geistes dem Lebensgeist an.

Im siebten Kreislauf der Mondperiode kamen die Herren der Flamme erneut dem Menschen zu Hilfe und unterstützten die Herren der Individualität, den menschlichen Geist an den göttlichen Geist anzugliedern. So trat das gesonderte Ego, der dreifache Geist, ins Dasein.

Vor dem Beginn der Saturnperiode waren die jungfräulichen Geister, die jetzt die Menschheit bilden, in der Welt der Jungfräulichen Geister; sie waren „allbewußt" wie Gott, in dem (nicht von dem) sie geschieden wurden, jedoch nicht „selbst"- bewußt. Die Erlangung dieser Fähigkeit ist teilweise Gegenstand der Evolution. Sie taucht die jungfräulichen Geister in ein Meer der Materie von allmählich zunehmender Dichte, die sie schließlich vom Allbewußtsein ausschließt.

So wurden die jungfräulichen Geister während der Saturnperiode in die Welt des Göttlichen Geistes eingetaucht und mit den zartesten Schleiern aus dieser Substanz umhüllt, die sie mit Hilfe der Herren der Flamme zum Teil durchdrangen.

In der Sonnenperiode wurde der jungfräuliche Geist in die dichte Welt des Lebensgeistes eingetaucht und gegen das Allbewußtsein durch einen zweiten Schleier aus der Substanz der Welt des Lebensgeistes wirksamer geblendet. Noch durchdrang er teilweise mit Hilfe der Cherubim auch diesen zweiten Schleier. Das Gefühl der All-Einheit war noch nicht verloren; denn die Welt des Lebensgeistes ist noch eine universale Welt, die alle Planeten unseres Sonnensystems durchdringt und ihnen gemeinsam ist.

In der Mondperiode tauchen jedoch die jungfräulichen Geister in die noch dichtere Materie der Region der Abstrakten Gedanken ein. Hier wird der undurchsichtigste der Schleier, der menschliche Geist, hinzugefügt. Von da an ist das Allbewußtsein des jungfräulichen Geistes verloren. Er kann seine Schleier nicht mehr durchdringen, nicht mehr nach **außen schauen** und **andere** wahrnehmen. So wird er gezwungen, sein Bewußtsein **nach innen** zu lenken. Dort findet er sein **Selbst,** als das Ego, von allen anderen getrennt und abgesondert.

So ist der jungfräuliche Geist in einen dreifachen Schleier gehüllt, und der menschliche Geist als sein äußerster Schleier verbirgt ihm wirksam die Erkenntnis der Einheit alles Lebens. Während der Involution gewöhnt er sich an die Täuschung des Getrenntseins und wird so zum Ego. Die Evolution wird nach und nach die Täuschung beseitigen und das Allbewußtsein, vermehrt um das Selbstbewußtsein, zurückbringen.

So sehen wir, daß der Mensch am Ende der Mondperiode einen dreifachen Körper in verschiedenen Entwicklungsstadien und auch den Keim eines dreifachen Geistes besaß. Er hatte den dichten Körper, den Lebens- und Empfindungsleib sowie einen göttlichen, einen Lebens- und einen menschlichen Geist. Was ihm fehlte, war nur noch das sie verbindende Glied.

Es wurde festgestellt, daß der Mensch während der Saturnperiode durch den mineralischen Zustand und während der Sonnenperiode durch das pflanzliche Stadium ging. Seine Pilgerfahrt durch die Bedingungen der Mondperiode entsprach der Phase des tierischen Zustandes aus dem gleichen Grund wie bei den anderen Perioden. Er hatte einen dichten Körper, einen Lebensleib und einen Empfindungsleib wie unsere gegenwärtigen Tiere. Sein Bewußtsein war ein inneres Bildbewußtsein, so wie heute das der niederen Tiere. Dieses Bildbewußtsein gleicht dem Traumbewußtsein des Menschen, außer, daß es vollkommen vernünftig ist, weil es durch den Gruppengeist der Tiere gelenkt wird. Man vergegenwärtige sich wieder Diagramm 4 im Kapitel über die vier Reiche, worin dies gezeigt wird.

Diese Mondgeschöpfe waren nicht mehr so reine Keimwesen wie in den vorhergehenden Perioden. Dem geschulten Hellseher erscheinen sie in der Atmosphäre aus Feuernebel an Schnüren aufgehängt, so wie der Embryo durch die Nabelschnur mit der Plazenta verbunden ist. Alle (ihnen gemeinsamen) Ströme, die für eine Art Nahrung sorgten, fluteten aus der Atmosphäre durch diese Schnüre hinein und heraus. Diese Ströme entsprachen in ihrer Wirkungsweise etwa dem Blut von heute. Der Name „Blut“ auf diese Ströme angewandt, wird jedoch nur gebraucht, um eine Analogie anzudeuten; denn die Wesen der Mondperiode besaßen nichts unserem jetzigen roten Blut Ähnliches. Es ist eine der letzten Errungenschaften des Menschen.

Gegen Ende der Mondperiode fand eine Teilung des Globus statt, der die Stätte unserer und anderer Evolutionen war. Dies wurde bisher der größeren Einfachheit halber nicht erwähnt; wir werden aber sogleich mit ihr bekanntgemacht werden.

Ein Teil dieses großen Globus wurde durch die Menschheit kristallisiert, weil sie unfähig war, den Teil, den sie bewohnte, in dem hohen Schwingungszustand zu halten, der von anderen sich dort aufhaltenden Wesen benötigt wurde. Da dieser Teil träger wurde, schleuderte ihn die Zentrifugalkraft des rotierenden Globus in drehender Bewegung in den Raum, wo er um den glühenden, feurigen zentralen Teil zu kreisen begann.

Der geistige Grund für das Abstoßen solcher Kristallisationen ist, daß die höchsten Wesen auf einem solchen Globus die außerordentlich hohen Schwingungen des Feuers für ihre Entwicklung brauchen. Sie werden durch die Verdichtung gehemmt, obgleich solch ein Zustand für die Evolution anderer, weniger fortgeschrittener Wesen erforderlich ist, die einer geringeren Schwingungszahl bedürfen. Wenn daher ein Teil eines Globus durch eine Gruppe sich entwickelnder Wesen zum Nachteil der anderen verdichtet worden ist, wird dieser Teil in genau die richtige Entfernung von der Zentralmasse geschleudert, wo er als Satellit um diese kreist. Die ihn treffenden Hitzeschwingungen haben genau die Schnelligkeit und Stärke, die den besonderen Erfordernissen der sich auf dem Satelliten entwickelnden Wesen entsprechen. Sicherlich erklärt das Gravitationsgesetz dieses Phänomen hinreichend gut aus **physikalischer** Sicht. Es ist aber immer noch eine tiefere Ursache vorhanden, die eine vollständigere Erklärung gibt. Wir finden sie, wenn wir die geistige Seite der Dinge betrachten. So wie eine physische Tat nur die sichtbare Äußerung des ihr vorausgehenden, unsichtbaren

Gedankens ist, so ist die Abstoßung eines Planeten von einer Zentralsonne einfach die sichtbare und unvermeidliche Wirkung von unsichtbaren geistigen Bedingungen.

Der kleinere Planet, der in der Mondperiode abgestoßen wurde, verdichtete sich mit ziemlicher Schnelligkeit und blieb bis zum Ende dieser Periode das Feld unserer Evolution. Er war ein den Mutterplaneten umkreisender Mond, wie unser Mond die Erde umkreist. Er zeigt jedoch keine Phasen wie unser Mond. Er drehte sich so, daß eine Seite immer hell, die andere immer dunkel war, wie es bei der Venus der Fall ist. Einer seiner Pole war genau auf den großen feurigen Globus gerichtet, so wie einer der Pole der Venus genau auf die Sonne weist.

Auf diesem Satelliten der Mondperiode gab es Ströme, die ihn umkreisten, so wie die Ströme der Gruppengeister die Erde umkreisen. Die Mondwesen folgten diesen Strömen instinktiv von der lichten zur dunklen Seite dieses alten Mondes. Zu gewissen Zeiten des Jahres, wenn sie auf der lichten Seite waren, fand eine Art Fortpflanzung statt. Wir erleben dieses attavistische Überbleibsel jener Mondreisen in den Wanderzügen der Zugvögel zum Zweck der Fortpflanzung. Diese folgen bis zum heutigen Tag den Strömen des Gruppengeistes zu gewissen Jahreszeiten und zu gleichen Zwecken um die Erde. Selbst die Hochzeitsreisen der Menschen zeigen, daß auch der Mensch in Verbindung mit der Paarung noch nicht über den Wanderimpuls hinausgewachsen ist.

Auf dieser letzten Stufe waren die Mondgeschöpfe auch fähig, Töne oder Schreie auszustoßen. Es waren kosmische Laute und nicht der Ausdruck von individueller Freude oder Kummer; denn es gab noch kein Individuum. Die Entwicklung des Individuums erfolgte erst später, in der Erdperiode.

Am Ende der Mondperiode trat erneut eine Ruhepause ein, die Kosmische Nacht. Die getrennten Teile wurden aufgelöst und gingen in dem allgemeinen Chaos unter, das der Neugestaltung des Globus für die Erdperiode voranging.

Die Herren der Weisheit hatten sich nun soweit entwickelt, daß sie fähig waren, als die höchste Schöpferische Hierarchie die Aufsicht zu übernehmen. Ihnen wurde während der Erdperiode die besondere Pflege des göttlichen Geistes im Menschen übertragen.

Auch die Herren der Individualität waren nun genügend fortgeschritten, um am Geist im Menschen weiterzuarbeiten, weshalb ihnen der Lebensgeist anvertraut wurde.

Eine andere Schöpferische Hierarchie hatte die besondere Fürsorge für die drei Keime des dichten Körpers des Lebens- und des Empfindungsleibes ihrer Entwicklung entsprechend inne. Es waren diejenigen, die unter der Anleitung der höheren Ordnungen wirklich die Hauptarbeit an diesen Körpern leisteten und das sich entwickelnde Leben als eine Art Instrument benutzten. Diese Hierarchie heißt die **Herren der Form**. Sie waren nun soweit entwickelt, daß ihnen die Pflege des dritten Aspektes des Geistes im Menschen – des menschlichen Geistes – in der kommenden Erdperiode übertragen wurde.

Zu Beginn der Saturnperiode waren zwölf große Schöpferische Hierarchien am Evolutionswerk tätig. Zwei von ihnen halfen ganz am Anfang. Über sie und ihre Leistungen wurden keine Belehrungen gegeben, außer, daß sie aus ihrem eigenen freien Willen halfen und sich dann aus der begrenzten Existenz in die Freiheit zurückzogen.

Ihnen folgten bis zum Beginn der Erdperiode drei weitere Schöpferische Hierarchien: Die Herren der Flamme, die Cherubim und die Seraphim. Sie ließen, als die Erdperiode begann, sieben Hierarchien in tätigem Dienst zurück (Diagramm 9 wird eine klare Vorstellung über die zwölf Hierarchien und ihre Anordnung geben).

DAS WIRKEN DER EVOLUTION

DIAGRAMM 9

Die zwölf großen schöpferischen Hierarchien

Tierkreiszeichen	*Name*	*Tätigkeit*
1. Widder	*namenlos*	Von der ersten und zweiten
2. Stier	*namenlos*	Ordnung sagt man, daß sie jenseits der Erkenntnis von irgendjemand auf Erden stehen. Man weiß, daß sie zu Beginn unserer Entwicklung einigen Beistand leisteten

Die drei folgenden Ordnungen waren aus eigenem freien Willen tätig, dem Menschen während der drei Perioden, die der Erdperiode vorangingen, zu helfen. Auch sie sind in die Befreiung hinübergegangen:

3. Zwillinge ...	*Seraphim*	die in der Mondperiode im werdenden Menschen den Keim des menschlichen Geistes, des Ego, legten
4. Krebs	*Cherubim*	die in der Sonnenperiode den Keim des Lebensgeistes schufen
5. Löwe	*Herren der Flamme*	die in der Saturnperiode den Keim des göttlichen Geistes erweckten und den Keim des dichten Körpers gaben

Die folgenden 7 Hierarchien sind in der Erdperiode tätig:

6. Jungfrau ...	*Herren der Weisheit*	die in der Sonnenperiode den Lebensleib begannen
7. Waage	*Herren d. Individualität* .	die in der Mondperiode den Empfindungsleib begannen
8. Skorpion ...	*Herren der Form*	welche die besondere Aufsicht über die menschliche Entwicklung während der Erdperiode haben
9. Schütze	*Herren des Intellekts* ...	die Menschheit der Saturnperiode
10. Steinbock ..	*Erzengel*	die Menschheit der Sonnenperiode
11. Wassermann	*Engel*	die Menschheit der Mondperiode
12. Fische	*die jungfräulichen Geister*,	welche die Menschheit der gegenwärtigen Erdperiode sind

Die Herren des Intellekts wurden Experten für das Erbauen von Körpern aus „Gedankenstoff", so wie wir Sachverständige für das Erbauen von Körpern aus chemischer Substanz geworden sind. Aus ähnlichem Grund war die Region der Konkreten Gedanken der dichteste Zustand der Materie, der während der Saturnperiode erreicht wurde, in der sie (die Herren des Intellekts) menschlich waren. Die Chemische Region ist der dichteste Zustand, mit dem unsere Menschheit in Berührung kommt.

In der Erdperiode erreichten die Herren des Intellekts die Schöpfer – Stufe. Sie strahlten aus sich selbst in unser Wesen den Kern des Materials, woraus wir jetzt versuchen, einen organisierten Intellekt zu erbauen. Sie werden von Paulus „Mächte der Finsternis" genannt, weil sie aus der finsteren Saturnperiode kamen. Sie werden wegen der trennenden Tendenz als böse angesehen; denn im Gegensatz zu den einigenden Kräften der Welt des Lebensgeistes, dem Reich der Liebe, haben sie die zur Sphäre des Verstandes gehörende trennende Tendenz. Die Herren des Intellekts arbeiten mit der Menschheit, nicht aber mit den drei niederen Reichen.

Die Erzengel wurden Experten im Erbauen eines Körpers aus Empfindungsstoff, der dichtesten Materie der Sonnenperiode. Daher können sie die weniger entwickelten Wesen, wie Menschen und Tiere, lehren und anleiten, wie man einen Empfindungsleib formt und gebraucht.

Die Engel haben vollkommene Erfahrung im Erbauen eines Lebensleibes; denn in der Mondperiode, als sie menschlich waren, war der Äther der dichteste Zustand der Materie. Aufgrund dieser Fähigkeit sind sie die geeigneten Lehrer von Mensch, Tier und Pflanze inbezug auf die Lebensfunktionen: Fortpflanzung, Ernährung usw.

KAPITEL IX

NACHZÜGLER UND NEU HINZUKOMMENDE

Im vorhergehenden Kapitel verfolgten wir die Evolution des Lebens, des Bewußtseins und der Form - der dreifachen Phase der Manifestation des jungfräulichen Geistes, - der das Leben ist, das die Form um sich sammelt und dadurch **Bewußtsein** erlangt. Wir haben davon gesprochen, als ob es nur eine Klasse gäbe, und die jungfräulichen Geister ohne Ausnahme konstante und einheitliche Fortschritte gemacht hätten.

Das geschah der Einfachheit halber; denn es gab hier ebenso Nachzügler, wie in jeder großen Körperschaft oder Gesellschaft.

In der Schule gibt es jedes Jahr Schüler, die den gestellten Anforderungen zur Versetzung in eine höhere Klasse nicht genügen. Ebenso gibt es auch in jeder Entwicklungsperiode Wesen, die zurückbleiben, weil sie das erforderliche Niveau zur Erlangung der nächsthöheren Stufe nicht erreicht haben.

Schon in der früheren Zeit der Saturnperiode gab es Menschen, denen es mißlang, sich genügend zu entwickeln, um den nächsten Schritt aufwärts zu vollziehen. In diesem Stadium arbeiteten die höheren Wesen mit dem Leben, das selbst unbewußt war. Doch diese Unbewußtheit verhinderte nicht das Zurückbleiben einiger jungfräulicher Geister, die nicht so biegsam oder leicht anpassungsfähig waren wie die anderen.

In diesem einen Wort „Anpassungsfähigkeit" finden wir das große Geheimnis des Fortschritts oder der Verzögerung. Jeder Fortschritt hängt davon ab, ob ein sich entwickelndes Wesen lenkbar, anpassungsfähig und biegsam ist, damit es sich auf neue Bedingungen einstellen kann, oder ob es kristallisiert, erstarrt, zur Wandlung unfähig ist. Anpassungsfähigkeit ist die Eigenschaft, die Fortschritt bewirkt, ob ein Wesen auf einer hohen oder niederen Entwicklungsstufe steht. Mangel daran ist die Ursache für das Zurückbleiben des Geistes und der Degeneration der Form. Dieses Gesetz läßt sich auf die Vergangenheit, die Gegenwart und die Zukunft anwenden. Die Teilung der Fähigen und der Unfähigen findet exakt nach der unpersönlichen Gerechtigkeit des Gesetzes der Ursache und Wirkung statt. Niemals wurde ein willkürlicher Unterschied zwischen den „Schafen" und „Böcken" gemacht, niemals wird er gemacht werden.

Der verhärtete, unempfängliche Zustand einiger Saturnwesen verhinderte in ihnen das Erwachen des göttlichen Geistes. Daher blieben sie nur Mineral; alles, was sie gewonnen hatten, war der keimende, dichte Körper.

Somit gab es in der Sonnenperiode zwei Klassen oder Reiche: die Nachzügler der Saturnperiode, die noch immer mineralisch waren und die Pioniere der Saturnperiode, die fähig gewesen waren, den Keim eines Lebensleibes aufzunehmen und pflanzenartig zu werden.

Zu diesen beiden Reichen kam noch ein drittes, eine neue Lebenswoge, die ihre Tätigkeit gerade am Anfang der Sonnenperiode begann. (Das ist die Lebenswoge, die jetzt unsere Tiere beseelt.)

Die Materie, in welche die neue Lebenswoge zusammen mit den Nachzüglern der Saturnperiode eintrat, bildete das Mineralreich der Sonnenperiode. Es bestand dennoch ein großer Unterschied zwischen diesen zwei Unterabteilungen des zweiten Reiches. Die Nachzügler können einen Anlauf nehmen und die Pioniere einholen, die jetzt unsere Menschheit bilden. Der neuen Lebenswoge der Sonnenperiode aber ist das nicht möglich. Sie wird einen Zustand erreichen, der unserem menschlichen entspricht, jedoch unter völlig anderen Bedingungen.

Die Trennung der Nachzügler und Pioniere fand im siebten Kreislauf der Saturnperiode statt, als der göttliche Geist durch die Herren der Flamme erweckt worden war. Damals befand sich ein Teil der sich entwickelnden Wesen in einem so unnachgiebigen, verhärteten Zustand, daß es unmöglich war, sie zu erwecken. Deshalb blieben sie ohne den Funken des Geistes, von dem ihr Fortschritt abhing. Sie waren gezwungen, auf dieser Stufe zu verharren; denn es war ihnen unmöglich, den anderen zu folgen, in denen der göttliche Funke erweckt worden war. Wahrlich, alles, was wir sind oder nicht sind, ist die Folge unserer eigenen Anstrengung oder unserer eigenen Untätigkeit.

Diese Nachzügler und die neu angekommene Lebenswoge formten dunkle Flecken in der sonst glühenden Gassphäre, die der dichteste Globus der Sonnenperiode war. Die heutigen Sonnenflecken sind ein atavistisches Überbleibsel dieses Zustandes.

Im sechsten Kreislauf der Sonnenperiode wurde der Lebensgeist durch die Cherubim erweckt. Und wieder stellte man fest, daß einige, die glücklich über den kritischen Punkt in der Saturnperiode hinweggekommen waren, in der Sonnenperiode zurückfielen. Sie erwiesen sich als ungeeignet, den zweiten Aspekt des belebten Geistes zu erhalten. So gab es eine zweite Klasse von Nachzüglern, die hinter der Hochflut der Evolution zurückblieb.

Im siebten Kreislauf der Sonnenperiode erschienen die Herren der Flamme wieder, um den göttlichen Geist in denen zu erwecken, die am Ende der Saturnperiode die Qualifikation verfehlten, nun aber den Punkt erreicht hatten, um in der Sonnenperiode den geistigen Impuls zu empfangen. Die Herren der Flamme erweckten den Keim des göttlichen Geistes auch in so vielen Wesen der neuen Lebenswoge, wie dazu bereit waren; doch auch hier gab es Nachzügler.

So bestanden zu Beginn der Mondperiode folgende Klassen:

1. Die Pioniere, die durch die Saturn - und Sonnenperiode erfolgreich hindurchgegangen waren. Sie hatten, keimend tätig, einen dichten Körper, einen Lebensleib, einen göttlichen Geist und einen Lebensgeist.
2. Die Nachzügler der Sonnenperiode, die einen dichten Körper, einen Lebensleib und auch einen göttlichen Geist, alles keimend besaßen.
3. Die Nachzügler der Saturnperiode, die im siebten Kreislauf der Sonnenperiode befördert worden waren. Sie hatten den Keim des dichten Körpers und des göttlichen Geistes.
4. Die Pioniere der neuen Lebenswoge. Sie hatten dieselben Träger wie Klasse 3, gehören aber einem anderen Evolutionsplan als unserem an.
5. Die Nachzügler der neuen Lebenswoge, die nur den Keim für den dichten Körper besaßen.
6. Eine neue Lebenswoge, die ihre Evolution zu Beginn der Mondperiode antrat. Sie stellt das Leben dar, das unsere gegenwärtigen Pflanzen beseelt.

Man denke daran, daß die Natur sich langsam entwickelt. Sie nimmt an den Formen keine plötzlichen Veränderungen vor. Die Zeit gilt ihr nichts, der Erwerb der Vollkommenheit aber alles. Ein Mineral verwandelt sich nicht mit einem Sprung in eine Pflanze, sondern in stufenweisen, fast unmerklichen Schritten. Eine Pflanze wird nicht über Nacht zu einem Tier, Millionen von Jahren sind erforderlich, um die Veränderung zustandezubringen. Deshalb sind in der Natur zu allen Zeiten alle Stufen und Abstufungen zu finden. Die Leiter des Seins erstreckt sich ohne Unterbrechung vom Protoplasma zu Gott.

Daher haben wir es nicht mit sechs verschiedenen, den oben genannten sechs Klassen entsprechenden Reichen zu tun, sondern nur mit drei Reichen, dem Mineralreich, Pflanzenreich und Tierreich, welche die Arena der Evolution zu Beginn der Mondperiode betraten.

Die niederste Klasse in der Mondperiode bildete den neuen Lebensstrom, der dort seine Entwicklung begann. Sie gestaltete den härtesten Mineralteil; doch sollte man bedenken, daß sie keineswegs so hart wie die Mineralien unserer Tage war, sondern nur ungefähr so dicht wie unser Holz.

Diese Feststellung widerspricht nicht der früheren, die den Mond als wässrig beschreibt. Sie steht auch nicht im Widerspruch zu Diagramm 8, das den dichtesten in der Ätherregion befindlichen Globus der Mondperiode zeigt. Wie erwähnt, verhindert der spiralförmige Entwicklungspfad die Wiederholung irgendeines genau gleichen Zustandes. Es gibt Ähnlichkeiten, niemals aber Wiederholungen gleicher Bedingungen. Es ist nicht immer möglich, die Bedingungen in exakt zutreffenden Ausdrücken zu beschreiben. Es wird die am besten geeignete Bezeichnung verwendet, um eine Vorstellung der bestehenden Zustände zum Zeitpunkt des Geschehens zu vermitteln.

Klasse 5 in unserer Tabelle war fast mineralisch, hatte aber, weil sie diesen Zustand bereits während der Sonnenperiode durchschritten hatte, einige Pflanzenmerkmale.

Klasse 4 war fast pflanzlich, und entwickelte sich vor dem Abschluß der Mondperiode zur Pflanze. Sie stand dennoch dem Mineralreich näher als die zwei nächsten, das höhere Reich bildenden Klassen. Wir können daher die Gruppen 4 und 5 zusammenfassen und sie als eine Art Zwischenstufe bezeichnen, als ein „Mineral - Pflanzen" - Reich, das die Oberfläche des alten Planeten der Mondperiode bildete. Es war unserem gegenwärtigen Torf ähnlich, der auch ein Zustand zwischen Mineral und Pflanze ist. Das Mineral - Pflanzenreich war schwammig und naß in Übereinstimmung mit der Tatsache, daß die Mondperiode „wässrig" war.

So bildeten in der Mondperiode die vierte, fünfte und sechste Klasse die verschiedenen Abstufungen des Mineralreiches. Die höchsten erreichten beinahe den Pflanzenzustand. Die niedersten bildeten die härteste, mineralische Substanz jener Zeit.

Klasse 2 und 3 stellten das Pflanzenreich dar; obschon beide tatsächlich mehr als pflanzlich, aber noch nicht ganz tierisch waren. Sie wuchsen im mineral-pflanzlichen Boden und waren stationär wie

Pflanzen, und doch hätten sie in einem rein mineralischen Boden wie unsere heutigen Pflanzen nicht wachsen können. Gute Beispiele dafür, finden wir in unseren heutigen Parasiten, die nicht in einem rein mineralischen Boden gedeihen können, sondern ihre Nahrung schon vorbereitet auf einer wirklichen Pflanze oder einem Baum suchen.

Klasse 1 bestand aus den Pionieren der Lebenswoge der jungfräulichen Geister. Während der Mondperiode machten sie eine Art tierähnlichen Lebens durch. Dennoch waren sie den Tieren unserer Zeit nur insofern ähnlich, als sie dieselben Träger besaßen und unter der Herrschaft eines Gruppengeistes standen, der die ganze menschliche Familie umfaßte. Wie schon aus der Beschreibung im vorhergehenden Kapitel ersichtlich ist, unterschieden sie sich im Aussehen wesentlich von unseren gegenwärtigen Tieren. Sie berührten nicht die Oberfläche des Planeten, sondern schwebten an nabelschnurähnlichen Strängen aufgehängt dahin. Statt der Lunge hatten sie ein kiemenähnliches System, durch das sie den heißen, dampfigen „Feuernebel" einatmeten. Diese Merkmale aus dem Monddasein werden während der Schwangerschaft noch im Embryo wiederholt, der in bestimmten Phasen seiner Entwicklung Kiemen besitzt. Auch hatten die Mondgeschöpfe dieser Zeit das horizontale Rückgrat unserer Tiere.

Während der Mondperiode bildeten sich noch mehr Abteilungen von Klassen als in den vorausgegangenen Perioden; denn es gab auch dort selbstverständlich Nachzügler, denen es mißlang mit der Evolutionswoge Schritt zu halten. Als Folge ergaben sich zu Beginn der Erdperiode fünf Klassen, von denen einige, wie wir aus Diagramm 10 ersehen können, Untergruppen enthalten. Diese Einteilungen geschahen zu folgenden Zeiten und aus nachstehenden Gründen.

In der Mitte des fünften Kreislaufes der Mondperiode - als die Seraphim den Pionieren, die sich zur Weiterentwicklung als tauglich erwiesen, den Keim des menschlichen Geistes verliehen - waren einige, im ganzen bewertet, den gestellten Anforderungen nicht gewachsen. Sie waren daher untauglich, den geistigen Impuls zu erhalten, der den dreifachen Geist erweckte.

Im sechsten Kreislauf der Mondperiode erschienen die Cherubim wieder. Sie belebten den Lebensgeist derer, die in der Sonnenperiode zurückgeblieben waren, aber seitdem die erforderliche Stufe der Entwicklung, (Klasse 2 in unserer vorherigen Tabelle) erreicht hatten und auch in jenen Nachzüglern der Sonnenperiode, die während ihres Pflanzendaseins in der Mondperiode keinen Lebensleib entwickelt hatten. (Diese letzteren stellten Klasse 3 der vorherigen Tabelle dar).

Klasse 4 unserer Aufstellung war durch eine niedere Stufe der Pflanzenexistenz gegangen. Doch die Mehrheit hatte den Lebensleib genügend entwickelt, um das Erwecken des Lebensgeistes zu ermöglichen.

So besaßen zu Beginn der Erdperiode die drei letztgenannten Klassen alle dieselben Träger, obwohl nur die zwei ersterwähnten (Klasse 3a und Klasse 3b in Diagramm 10) unserer Lebenswoge angehören und sogar jetzt noch eine Möglichkeit haben, uns einzuholen, wenn sie den kritischen Punkt überschreiten, der im nächsten Kreislauf der Erdperiode kommen wird. Jene, die diesen Punkt nicht überschreiten können, werden zurückbehalten, bis eine künftige Evolution einen Zustand erreicht, in den sie sich einreihen und so ihre Entwicklung in einer neuen menschlichen Periode fortsetzen können. Sie werden am Weiterkommen mit unserer Menschheit gehindert, weil diese über deren Status so weit hinaus vorgerückt sein wird, daß jene sich als schweres Hemmnis für unseren Fortschritt erweisen würden, um mitgeschleppt zu werden. Sie werden nicht vernichtet, müssen aber bis zu einer anderen Periode der Evolution warten.

Wenn die christliche Religion von einer „Erlösung" spricht, so ist damit der Fortschritt unserer jetzigen Evolutionswoge gemeint. Die Erlösung muß in Wahrheit ernstlich gesucht werden; denn obgleich die „ewige Verdammnis" derer, die nicht „erlöst" werden, weder Vernich-

DIAGRAMM 10

zeigt die verschiedenen Klassen der einzelnen Lebenswogen, die sich in den vier Reichen der Erde entwickeln, ihren Zustand **zu Beginn der Erdperiode** und die Träger, die sie **damals** besaßen, sowie ihren gegenwärtigen Zustand.

KLASSE	TRÄGER	GEGENWÄRTIGER ZUSTAND
1. Pioniere der Saturn-, Sonnen- und Mondperiode	Göttl. Lebens- Menschl. } Geist; Dichter Lebens- Empfind.- } Leib	Die arischen Rassen
2. Die Nachzügler der Mondperiode	Göttl. Lebens- } Geist; Dichter Lebens- Empfind.- } Leib	Die Mongolen, Afrikaner und alle niedrigeren Rassen
3. a) Die Nachzügler der Saturnperiode b) Die Nachzügler der Sonnenperiode	Göttl. Lebens- } Geist; Dichter Lebens- } Leib	Affen (Anthropoiden)
Alle oben	genannten gehören zu unserer	Lebenswoge
c) Pioniere der neuen Sonnenlebenswoge	Wie 3a und 3b	Tiere
4. a) Nachzügler der neuen Sonnenlebenswoge	Göttl. Geist; Dichter Körper	Pflanzenreich Bäume und mehrjährige Pflanzen
b) Pioniere der neuen Mondlebenswoge	Wie 4a	Blumen und Gräser
5. a) Nachzügler der neuen Mondlebenswoge	nur dichter Körper	Mineralreich Sand, weiche Erde usw.
b) Die neue Lebenswoge der Erdperiode	nur dichter Körper; wie 5a	Berge, Felsen usw.

tung noch endlose Folter bedeutet, so ist es doch eine ernste Sache für unzählige Milliarden von Jahren in einem Zustand von Untätigkeit zurückgehalten zu werden, bis eine neue Evolutionswoge eine solche Stufe erreicht hat, daß jene, die hier scheitern, eine Gelegenheit erhalten, fortzuschreiten. Der Geist ist sich des Zeitverlustes nicht bewußt; nichtsdestoweniger ist es doch ein ernstzunehmender Verlust. Und es muß auch ein Gefühl der Heimatlosigkeit bestehen, wenn sich schließlich solche Geister in einer neuen Evolution wiederfinden.

Soweit es die jetzige Menschheit betrifft, ist diese Möglichkeit so gering, daß sie fast außer acht gelassen werden kann. Und doch sagt man, daß von der Gesamtzahl der jungfräulichen Geister, deren Evolution mit der Saturnperiode begann, nur ungefähr drei Fünftel den kritischen Punkt im nächsten, dem fünften Kreislauf der Erdperiode überschreiten und ans Ziel gelangen werden.

Voller Besorgnis blickt der okkulte Gelehrte auf den Materialismus, der, wird er zu weit getrieben, nicht nur den Fortschritt verhindert, sondern alle sieben Träger des jungfräulichen Geistes zerstört und ihn nackt zurückläßt. Dieser wird dann in der neuen Evolution ganz von vorne beginnen müssen. Alle Arbeit, die er seit der Saturnperiode geleistet hat, wird vollständig nutzlos gewesen sein. Aus diesem Grund ist die gegenwärtige Periode für unsere Menschheit die kritischste von allen. Daher sprechen okkulte Gelehrte von den sechzehn Rassen, von denen die germanisch-angelsächsische zu den „sechzehn Möglichkeiten der Vernichtung" zählt. Möge der Leser alle gefahrlos durchschreiten! Denn ihre Fesseln bergen Schlimmeres als das Zurückbleiben im nächsten Kreislauf.

Im allgemeinen erhielt Klasse 5 der vorhergehenden Aufstellung den Keim des göttlichen Geistes im siebten Kreislauf, als die Herren der Flamme wieder erschienen. Sie waren daher die Pioniere der letzten Lebenswoge, die zu Beginn der Mondperiode in die Evolution eintrat.

Sie machten dort ihren mineralischen Zustand durch. So blieben die Nachzügler dieser Lebenswoge nur mit dem Keim eines dichten Körpers zurück.

Zu den vorerwähnten kam noch eine neue Lebenswoge (unser gegenwärtiges Mineralreich) hinzu. Sie trat ihre Evolution mit Beginn der Erdperiode an.

Am Ende der Mondperiode besaßen diese Klassen die in Diagramm 10 angeführten Träger. Mit diesen begannen sie am Anfang der Erdperiode. Während der seither verflossenen Zeit entwickelte die Menschheit das Bindeglied des Intellekts und erhielt dadurch ein vollwaches Bewußtsein. Die Tiere haben einen Empfindungsleib erworben, die Pflanzen einen Lebensleib. Die Nachzügler der Lebenswoge, welche die Entwicklung mit der Mondperiode begannen, sind den harten und festen Bedingungen der Felsenformationen entgangen. Ihre dichten Körper bilden nun unser weicheres Erdreich, während die Lebenswoge, welche die Evolution hier in der Erdperiode antrat, die harten Felsen und Steine bildet.

So haben die verschiedenen Klassen die in Diagramm 3 gezeigten Träger erhalten, worauf der Leser verwiesen wird.

KAPITEL X

DIE ERDPERIODE

Die Globen der Erdperiode liegen in den vier dichtesten Zuständen der Materie: der Region der Konkreten Gedanken, der Empfindungswelt, der Äther - und der Chemischen Region (siehe Diagramm 8). Der dichteste Globus (Globus D) ist unsere heutige Erde.

Wenn wir von den „**dichtesten** Welten“ oder den „**dichtesten** Zuständen der Materie“ sprechen, muß die Bezeichnung relativ aufgefaßt werden. Es würde sonst eine Begrenzung des Absoluten bedeuten und das ist absurd. Dicht und verdünnt, auf und ab, Ost und West sind nur relativ auf unseren gegenwärtigen Zustand oder unsere Position anwendbar. So wie es höhere, feinere Welten als die von unserer Lebenswoge berührten gibt, so bestehen auch dichtere Zustände der Materie, die das Entwicklungsfeld für andere Klassen von Wesen sind. Man muß auch nicht glauben, daß sich diese dichteren Welten sonstwo im Raum befinden. Sie werden von unseren Welten auf eine Weise durchdrungen, wie die höheren Welten unsere Erde durchdringen. Die angenommene Festigkeit der Erde und ihre von uns wahrnehmbaren Formen sind für das Durchdringen eines dichteren Körpers so wenig ein Hindernis, wie unsere festen, dichten Mauern für das Hindurchgehen eines menschlichen in seinen Empfindungsleib eingehüllten Wesens. Festigkeit ist auch nicht gleichbedeutend mit Dichte, wie wir das am Aluminium - einem festen Körper - sehen können, der nicht so dicht wie das flüssige Quecksilber ist. Und dennoch wird letzteres, trotz seiner Dichte evaporieren oder aus vielen festen Körpern austreten.

Wir befinden uns in der vierten Periode und besitzen gegenwärtig vier

Elemente. In der Saturnperiode gab es nur ein Element: Feuer, d.h., es war Wärme oder Hitze, die beginnendes Feuer sind. In der zweiten, oder Sonnenperiode gab es zwei Elemente: Feuer und Luft. In der dritten, der Mondperiode waren es drei Elemente, es kam Wasser hinzu. In der vierten, der Erdperiode wurde Erde als viertes Element hinzugefügt. Daraus ersieht man, daß in jeder Periode ein neues Element hinzukam.

In der Jupiterperiode wird ein Element geistiger Natur hinzugefügt werden. Es wird sich mit der Sprache verbinden, so daß Worte immer auf Verständnis stoßen werden, nicht auf Mißverstehen, wie dies jetzt häufig der Fall ist. Wenn jemand z.B. „Haus“ sagt, so kann er ein Landhaus damit meinen, während der Hörer sich ein flaches Wirtschaftsgebäude vorstellt.

In diese Umgebung der vier oben angegebenen Elemente wurden die verschiedenen, in Diagramm 10 genannten Klassen, durch die für sie verantwortlichen Hierarchien gebracht. Wir erinnern uns, daß während der Mondperiode diese Klassen drei Reiche bildeten: das Tierreich, das Tier - Pflanzenreich und das Pflanzen - Mineralreich. Hier auf der Erde aber sind die Bedingungen so, daß keine großen Halbklassen bestehen können. Es muß vier deutlich verschiedene Reiche geben. In dieser kristallisierten Existenzphase müssen die Linien zwischen ihnen schärfer gezogen sein, als in den früheren Perioden, wo ein Reich allmählich mit dem nächsten verschmolz. Daher rückten einige Klassen wie in Diagramm 10 angeführt, einen halben Schritt vor und andere einen halben Schritt zurück.

Einige der Mineralpflanzen gingen vollständig in das Pflanzenreich über und wurden das Grün der Felder. Andere stiegen ab und wurden reiner Mineralboden, in dem die Pflanzen wuchsen. Von den Pflanzen-Tieren rückten einige, der Zeit vorauseilend, in das Tierreich vor. Diese

Arten haben noch das farblose Pflanzenblut, und einige, wie die Seesterne, besitzen sogar fünf Spitzen wie die Blumenblätter.

Alle aus Klasse 2, deren Empfindungsleib in zwei Teile geteilt werden konnte (wie bei Klasse 1), waren geeignet, menschliche Träger zu werden. Sie rückten daher in die menschliche Gruppe vor.

Wir müssen uns bewußt sein, daß wir es in dem Obenerwähnten mit der Form zu tun haben und nicht mit dem Leben, das in der Form wohnt. Das Instrument wird gestimmt, um sich dem Leben anzupassen, das darin wohnen soll. Diejenigen aus Klasse 2, in deren Trägern die oben erwähnte Teilung vorgenommen werden konnte, wurden zur Menschheit erhoben. Den innewohnenden Geist aber erhielten sie zu einem späteren Zeitpunkt als Klasse 1. Daher sind sie jetzt noch nicht so fortgeschritten wie Klasse 1. Sie bilden daher die weniger entwikkelten Rassen der Menschheit.

Jene, deren Empfindungsleiber nicht zur Teilung fähig waren, kamen als Klasse 3a und 3b in dieselbe Abteilung. Sie sind unsere heutigen Menschenaffen. Diese können unsere Evolution noch einholen, wenn sie vor dem bereits angeführten kritischen Punkt in der Mitte des fünften Kreislaufes ein genügendes Maß an Fortschritt erreichen. Holen sie uns zu dieser Zeit nicht ein, haben sie die Verbindung mit **unserer** Evolution verloren.

Wir erwähnten, daß der Mensch seinen dreifachen Körper mit Hilfe anderer höherer Wesen erbaute, doch gab es in der vorhergehenden Periode keine koordinierende Kraft; der dreifache Geist, das Ego war abgesondert und getrennt von seinen Trägern. Nun war die Zeit gekommen, den Geist und den Körper zu vereinen.

Wo sich der Empfindungsleib trennte, beherrschte der höhere Teil ein wenig den niederen Teil sowie den dichten Körper und den Lebensleib. Er bildete eine Art Tierseele, mit der sich der Geist mit Hilfe des Bindeglieds, des „Intellekts“ vereinigen konnte. Wo keine Teilung des

Empfindungsleibes eintrat, wurde der Träger den Begierden und Leidenschaften ohne Hemmung überlassen. Er konnte daher nicht als Träger, in dem der Geist wohnen konnte, benutzt werden. So wurde er unter die Herrschaft eines Gruppengeistes gestellt, der ihn von **außen** lenkte. Er wurde ein Tierkörper und degenerierte zum Menschenaffen (Antropoid).

Wo eine Teilung des Empfindungsleibes stattfand, nahm der dichte Körper nach und nach eine aufrechte Haltung an. Auf diese Weise entzog er sein Rückgrat den horizontalen Strömungen der Empfindungswelt, in welcher der Gruppengeist auf das Tier durch das horizontale Rückgrat einwirkt. Das Ego konnte dann in die Form eintreten, darin arbeiten, sich durch das senkrechte Rückgrat ausdrücken, den vertikalen Kehlkopf und das Gehirn als Instrument seines adäquaten Ausdruckes im dichten Körper bilden. Ein horizontaler Kehlkopf steht auch unter der Herrschaft des Gruppengeistes. Wenn zwar gewisse Tiere, wie Stare, Raben, Papageien usw., wie bereits erwähnt, infolge ihres aufrechten Kehlkopfes fähig sind, Worte **hervorzubringen,** können sie diese doch nicht verstehend benutzen. **Der Gebrauch von Worten, um Gedanken auszudrücken, ist das höchste menschliche Privileg** und kann nur durch ein vernünftig urteilendes, denkendes Wesen, wie der Mensch es ist, ausgeübt werden. Wenn sich der Schüler das merkt, wird es ihm leichter fallen, die verschiedenen Schritte zu verfolgen, die zu diesem Ziel führen.

DER SATURNKREISLAUF DER ERDPERIODE

Dies ist der Kreislauf, in dem der dichte Körper in jeder Periode rekonstruiert wird. In diesem Kreislauf erhielt er die Fähigkeit, ein Gehirn zu bilden und bekam einen Träger für den Keim des Intellekts, der später hinzugefügt werden sollte. Diese Ergänzung bildete die endgültige Rekonstruktion des dichten Körpers und machte ihn fähig, den höchsten Grad der Brauchbarkeit eines solchen Trägers zu erreichen.

Unaussprechliche Weisheit ist zu seinem Aufbau verwendet worden; er ist ein Wunderwerk. Dem Schüler kann nicht eindringlich genug eingeprägt werden, welch ungeahnte Möglichkeiten zum Erwerb von Erkenntnissen in diesem Instrument enthalten sind, und was es für eine große Wohltat für den Menschen bedeutet. Wie sehr sollte er es schätzen und wie dankbar dafür sein, es zu besitzen.

Schon früher wurden einige Beispiele der Vervollkommnung, der Gestaltung und des intelligenten Anpassungsvermögens dieses Werkzeuges gegeben. Um dem Intellekt des Schülers diese große Wahrheit aber noch mehr einzuschärfen, ist es angebracht, diese Weisheit und auch die Arbeit des Egos im Blut noch eingehender zu veranschaulichen.

Es ist, wenn auch unklar, allgemein bekannt, daß der Magensaft auf die Nahrung einwirkt, um deren Aufnahme zu fördern. Außer den Medizinern wissen aber nur wenige, daß es viele verschiedene Magensäfte gibt, von denen jeder für die Verdauung eines bestimmten Nahrungsmittels geeignet ist. Die Forschungen Pavloff's haben jedoch zweifelsfrei die Tatsache bewiesen, daß es eine Art von Magensaft zur Verdauung des Fleisches, eine zur Verdauung der Milch, eine andere für saure Früchte usw. gibt. Dieser Tatbestand ist übrigens die Ursache, weshalb sich nicht alle Speisen gut vertragen. Milch erfordert zum Beispiel einen Magensaft, der sich stark von fast allen anderen, außer dem unterscheidet, der zur Verdauung stärkehaltiger Produkte benötigt wird. Sie wird nur zusammen mit Getreideprodukten leicht verdaut. Allein darin offenbart sich eine wunderbare Weisheit, daß das im Unterbewußtsein arbeitende Ego fähig ist, die verschiedenen Säfte auszuwählen, die den einzelnen vom Magen aufgenommenen Arten von Nahrungsmitteln angepaßt sind, um jeden in der richtigen Stärke und Menge zur Verdauung der Nahrung zuzubereiten. Die Tatsache, daß sich der Magensaft bereits vor der Speise in den Magen ergießt, läßt den Prozeß noch wunderbarer erscheinen.

Den Vorgang, die Magensäfte zu mischen, steuern wir nicht bewußt. Die meisten Menschen wissen nichts vom Stoffwechsel oder von anderen chemischen Vorgängen. Die Annahme, daß wir die Speise schmekken und den weiteren Prozeß durch Signale über das Nervensystem lenken, genügt nicht.

Als diese Tatsache der Auswahl der Magensäfte zum ersten Mal bewiesen wurde, waren die Wissenschaftler in großer Verlegenheit, herauszufinden, auf welche Weise der richtige Magensaft ausgewählt und zum Eintritt in den Magen veranlaßt würde, **bevor** die Speise dorthin gelangt. Sie meinten, das Signal würde längs des Nervensystems erfolgen. Es wurde aber zweifelsfrei bewiesen, daß sich der richtige Magensaft auch dann in den Magen ergoß, wenn das Nervensystem blockiert war.

Schließlich führten Starling und Bayliss in einer Reihe hervorragender, genialer Experimente den Nachweis, daß verschwindend kleine Teilchen der Nahrung vom Blut aufgenommen werden, sobald die Nahrung in den Mund gelangt. Diese winzigen Nahrungsmengen erreichen schon vorher die Verdauungsdrüsen und veranlassen einen Ausfluß des richtigen Saftes.

Dies wiederum ist nur die physische Seite der Erscheinung. Um den ganzen wunderbaren Zusammenhang zu verstehen, müssen wir uns der okkulten Wissenschaft zuwenden. Diese allein erklärt, warum das Signal durch das Blut gegeben wird.

Das Blut ist eine der höchsten Äußerungen des Lebensleibes. Das Ego führt und beherrscht sein dichtes Instrument durch das Blut. Das Blut ist daher auch das Mittel, das benutzt wird, um auf das Nervensystem einzuwirken. Während einer gewissen Zeit, in der die Verdauung vor sich geht, wirkt das Ego teilweise durch das Nervensystem, jedoch direkt auf den Magen, besonders zu Beginn des Verdauungsprozesses. Wenn bei wissenschaftlichen Versuchen die Nerven blockiert wurden, war der direkte Weg durch das Blut immer noch offen. Auf diese Weise erhielt das Ego die erforderliche Information.

Wir haben auch gesehen, daß das Blut dorthin getrieben wird, wo das Ego gerade seine größte Aktivität entfaltet. Erfordert die Situation ein schnelles Denken und Handeln, wird das Blut sofort zum Kopf getrieben. Soll ein schweres Mahl verdaut werden, verläßt der größte Teil des Blutes den Kopf und stellt sich auf die Verdauungsorgane ein. Das Ego richtet seine Anstrengungen auf die Befreiung des Körpers von nutzloser Nahrung. Daher kann der Mensch nach einem schweren Mahl nicht gut denken. Er wird schläfrig, weil seinem Gehirn so viel Blut entzogen wurde, daß der Rest nicht ausreicht, die notwendigen Funktionen des vollen, wachen Bewußtseins aufrechtzuerhalten; außerdem wird beinahe das ganze Lebensfluid, die von der Milz speziell entwickelte Sonnenenergie vom Blut aufgenommen, das unmittelbar nach einem Mahl stärker durch dieses Organ strömt, als zwischen den Mahlzeiten. So wird dem übrigen Körper während des Verdauungsprozesses eine größere Menge des Lebensfluids entzogen. Es ist das Ego, welches das Blut ins Gehirn treibt. Sobald der Körper einschläft, verläßt das Blut das Gehirn. Das kann nachgewiesen werden, wenn man einen Menschen auf einen als Waage konstruierten, sich in Balance befindlichen Tisch legt. Schläft er ein, senkt sich dieser konstant zum Fußende hin, und das Kopfende hebt sich. Während des Beischlafes wird das Blut in die Geschlechtsorgane geleitet usw. Alle diese Beispiele tragen dazu bei, zu beweisen, daß das Ego während der Stunden des Wachseins durch das Blut im dichten Körper wirkt und ihn beherrscht. Die größere Menge des Blutes geht in jenen Körperteil, in dem das Ego gerade seine besondere Aktivität entfaltet.

Der Wiederaufbau des dichten Körpers während des Saturnkreislaufes der Erdperiode erfolgte zu dem Zweck, ihn tauglich zu machen, vom Intellekt durchdrungen zu werden. Er gab den ersten Impuls zur Erbauung der Stirnseite des Gehirns, auch zur beginnenden Trennung im Nervensystem, die seitdem in den beiden Unterabteilungen, dem willkürlichen und dem sympathischen Nervensystem offenbar geworden ist. Nur das sympathische Nervensystem wurde in der Mondperiode bereitgestellt. Das willkürliche Nervensystem (das den dichten Körper aus einem völlig von außen angetriebenen Automaten zu einem außergewöhnlichen, anpassungsfähigen Instrument für die Führung und Beherrschung durch das Ego von innen machte), wurde erst in der gegenwärtigen Erdperiode hinzugefügt.

Der Hauptteil dieser Wiederherstellungsarbeit wurde durch die Herren der Form geleistet. Sie sind die Schöpferische Hierarchie, die während der Erdperiode am aktivsten ist, so wie es die Herren der Flamme in der Saturnperiode, die Herren der Weisheit in der Sonnenperiode und die Herren der Individualität in der Mondperiode waren.

Die Erdperiode ist vor allem die Periode der Form; denn hier erreicht die körperliche oder materielle Seite der Evolution ihren größten und ausgeprägtesten Zustand. Hier ist der Geist hilfloser und unterdrückter, und die Form der dominierendste Faktor; daher die Bedeutung der Herren der Form.

DER SONNENKREISLAUF DER ERDPERIODE

Während dieses Kreislaufes wurde der Lebensleib wieder aufgebaut, um den keimenden Intellekt aufzunehmen. Der Lebensleib wurde mehr nach der Ähnlichkeit des dichten Körpers gestaltet, so daß er während der Jupiterperiode, wenn der dichte Körper vergeistigt sein wird, als dichtester Träger dienen kann.

Die Engel, die Menschheit der Mondperiode, wurden bei dieser Wiederherstellung von den Herren der Form unterstützt. Das System des Lebensleibes kommt nun in seiner Wirksamkeit dem dichten Körper am nächsten. Einige Autoren, die sich darüber äußern, nennen den Lebensleib ein Bindeglied und behaupten, er sei einfach eine Form des dichten Körpers und nicht ein getrennter Träger.

Diese Behauptung ist, ohne Kritik üben zu wollen, nicht richtig. Der Mensch kann im gegenwärtigen Evolutionsstadium den Lebensleib **normalerweise** nicht als einen getrennten Träger benutzen, weil der

Lebensleib immer beim dichten Körper bleibt. Würde man ihn **vollständig** herausziehen, bedeutete das den Tod des dichten Körpers. Doch gab es eine Zeit, wo der Lebensleib mit dem dichten Körper nicht so fest verbunden war. Wir werden das sogleich erfahren.

Während jener Epochen unserer Erdgeschichte, die bereits als die Lemurische und die Atlantische erwähnt wurden, war der Mensch unwillkürlich hellsichtig. Diese lockere Verbindung zwischen dem dichten Körper und dem Lebensleib war die Ursache davon. (Die Initiatoren dieser Zeit halfen dem Kandidaten, die Verbindung, wie beim willkürlichen Hellseher, noch weiter zu lockern).

Seitdem ist der Lebensleib bei den meisten Menschen viel fester mit dem dichten Körper verwoben worden. Bei allen Sensitiven jedoch ist die Verbindung lose. Es ist jene Lockerung, durch die sich der medial Veranlagte vom Durchschnittsmenschen unterscheidet. Letzterer weiß nichts von alledem, außer den mit seinen fünf Sinnen aufgenommenen Schwingungen. Alle Menschen müssen diese Periode der engen Verbindung ihrer Träger durchlaufen und die sich daraus ergebende Beschränkung des Bewußtseins erfahren. Es gibt daher zwei Klassen von Sensitiven: diejenigen, die nicht fest in die Materie verstrickt worden sind, wie beispielsweise die meisten Inder, die Indianer usw. Sie besitzen einen gewissen niederen Grad von Hellsichtigkeit oder sind empfänglich für die Laute der Natur. Die andere Klasse bildet die Vorhut der Evolution. Letztere gehen aus dem Höhepunkt des Materialismus hervor und teilen sich wiederum in zwei Gruppen. Eine von ihnen entwickelt sich in passiver, willensschwacher Weise. Diese Menschen erwecken mit Hilfe anderer das Sonnengeflecht oder andere Organe, die in Verbindung mit dem unwillkürlichen Nervensystem stehen. Daher sind sie unwillkürliche Hellseher, Medien, die keine Kontrolle über ihre Fähigkeit besitzen. Sie haben sich zurückentwickelt. Die andere Gruppe wird von jenen gebildet, die durch ihren eigenen Willen die schwingenden Kräfte der mit dem willkürlichen Nervensystem verbundenen Organe entfalten. Sie werden so zu geschulten Okkultisten, die ihre eigenen Körper beherrschen und ihre hellseherische Gabe ausüben, wann immer sie wollen. Sie werden willkürliche oder geschulte Hellseher genannt.

In der Jupiterperiode wird der Mensch in seinem Lebensleib ebenso fähig sein, zu wirken, wie jetzt im dichten Körper. Da in der Natur keine Entwicklung plötzlich vor sich geht, hat der Trennungsprozeß der beiden Körper bereits begonnen. Der Lebensleib wird dann einen viel höheren Grad an Leistungsfähigkeit erlangen, als der heutige dichte Körper. Da der Lebensleib ein viel anpassungsfähigerer Träger ist, wird der Geist dann fähig sein, ihn in einer Weise zu gebrauchen, wie es ihm mit dem gegenwärtigen dichten Körper unmöglich ist.

DER MONDKREISLAUF DER ERDPERIODE

Hier wurde die Mondperiode kurz wiederholt. Es herrschten ziemlich dieselben Bedingungen auf einer höheren Stufe vor, wie die auf Globus D erworbenen jener Periode. Es bestand dieselbe Art feurig-nebliger Atmosphäre, derselbe feurige Kern, dieselbe Zweiteilung des Globus, damit sich die höheren Wesen in dem ihnen angemessenen Tempo entwickeln konnten. Für Wesen unserer jetzigen Menschheit entsprechend wäre dies unmöglich gewesen.

In diesem Kreislauf übernahmen die Erzengel (die Menschheit der Sonnenperiode) und die Herren der Form die Aufgabe, den Empfindungsleib wieder aufzubauen; doch sie waren bei dieser Arbeit nicht allein. Als die Trennung des Globus in zwei Teile stattfand, erfolgte eine ähnliche im Empfindungsleib einiger sich entwickelnder Wesen. Wir haben bereits erwähnt, daß dort, wo diese Teilung stattfand, die Form bereit war, der Träger eines **innewohnenden** Geistes zu werden. Um dieses Vorhaben zu fördern, nahmen die Herren des Intellekts (die Menschheit der Saturnperiode) von dem höheren Teil des Empfindungsleibes Besitz. Sie pflanzten in ihn die getrennte Individualität ein, ohne die der gegenwärtige Mensch mit all seinen wunderbaren Möglichkeiten nie hätte existieren können.

So wurde durch die Herren des Intellekts im späteren Teil des Mondkreislaufes der erste Keim zur getrennten Persönlichkeit in den höheren Teil des Empfindungsleibes eingepflanzt.

Die Erzengel waren im niederen Teil des Empfindungsleibes tätig und verliehen ihm die rein animalischen Begierden. Sie arbeiteten auch in den Empfindungsleibern, in denen keine Teilung stattfand. Einige dieser Körper wurden die Träger der von außen auf die Tiere wirkenden Tiergruppengeister. Sie dringen jedoch nicht völlig in die tierischen Formen ein, wie der individuelle Geist in den menschlichen Körper.

Der Empfindungsleib wurde rekonstruiert, um ihn für das Durchdringen mit dem keimenden Intellekt tauglich zu machen. Dieser wird während der Erdperiode in all jene Empfindungsleiber eingepflanzt, in denen es möglich war, die vorerwähnte Teilung vorzunehmen.

Wie schon früher erklärt wurde, ist der Empfindungsleib ein unorganisierter, eiförmiger Körper. Wie das Weiße eines Eies den Dotter umgibt, so trägt er in seiner Mitte den dichten Körper wie einen dunklen Fleck. Im eiförmigen Körper befinden sich eine Anzahl von Sinneszentren, die seit Beginn der Erdperiode in Erscheinung getreten sind. Im Durchschnittsmenschen erscheinen diese Zentren nur wie Wirbel in einem Strom; sie sind gegenwärtig nicht erwacht. Daher ist der Empfindungsleib als **gesonderter** Bewußtseinsträger für den Menschen nicht zu gebrauchen. Sind jedoch die Zentren erweckt, sehen sie wie sich drehende Wirbel aus.

RUHEPAUSEN ZWISCHEN DEN KREISLÄUFEN

Bisher haben wir nur die Kosmischen Nächte zwischen den Perioden betrachtet. Wir sahen, daß zwischen Saturn- und Sonnenperiode eine Ruhepause und eine Assimilation stattfand, eine andere Kosmische

Nacht zwischen der Sonnen- und Mondperiode usw. Aber außer diesen gibt es auch Ruhezeiten zwischen den Kreisläufen.

Die Perioden könnten wir mit den verschiedenen Verkörperungen des Menschen vergleichen: die Kosmischen Nächte zwischen den Perioden mit den zeitlichen Abständen zwischen Tod und neuer Geburt und die Ruhe zwischen den Kreisläufen mit dem Schlaf zwischen zwei Tagen.

Wenn eine Kosmische Nacht einsetzt, werden alle manifestierten Dinge wieder zu einer homogenen Masse - der Kosmos wird wieder Chaos.

Diese periodische Wiederkehr der Materie in die ursprüngliche Substanz ermöglicht es dem Geist, sich zu entwickeln. Würde der Kristallisationsprozeß der aktiven Manifestation unbegrenzt fortdauern, wäre er für den Fortschritt des Geistes ein unüberwindliches Hindernis. Jedesmal, wenn sich die Materie bis zu einem solchen Grad verdichtet hat, daß sie für den Geist zu hart wird, um darin zu wirken, zieht sich letzterer zurück, damit sich seine erschöpfte Energie erholen kann. Nach dem gleichen Prinzip arbeitet ein elektrischer Bohrer. Kann er in hartem Metall nicht weiter vordringen, wird er zurückgezogen, um seine Stoßkraft wiederzugewinnen. Danach kann er tiefer in das Metall eindringen.

Von der kristallisierenden Energie der sich entwickelnden Geister befreit, verwandeln die chemischen Kräfte in der Materie den Kosmos in Chaos, indem sie die Materie in ihren Urzustand zurückführen. Dadurch können die wiederauflebenden jungfräulichen Geister zu Beginn eines neuen Manifestationstages einen neuen Anfang machen. Die Erfahrung, die der Geist in den vorangegangenen Perioden und Kreisläufen erworben hat, befähigt ihn, den zuletzt erzielten Punkt verhältnismäßig schnell wieder zu erreichen, auch den weiteren Fortschritt durch solche Veränderungen zu erleichtern, wie seine angesammelte Erfahrung sie diktiert.

So kehrten am Ende des Mondkreislaufes der Erdperiode alle Globen und alles Leben in das Chaos zurück und tauchten daraus zu Beginn des vierten Kreislaufes wieder auf.

DER VIERTE KREISLAUF DER ERDPERIODE

In der unbeschreiblichen Komplexität des Evolutionsplanes befinden sich in den Spiralen immer wieder neue Spiralen, **bis ins Unendliche**. So wird es nicht überraschen, zu erfahren, daß die Arbeit der Wiederholung und Ruhe in jedem Kreislauf auch auf den verschiedenen Globen verrichtet wird. Als die Lebenswoge in dem Kreislauf auf Globus A wieder erschien, ging sie durch die Entwicklung der Saturnperiode. Nach einer Ruhepause, die aber nicht die völlige Vernichtung des Globus einschloß, sondern nur eine Veränderung bedeutete, erschien sie auf Globus B, wo die Arbeit der Sonnenperiode wieder aufgenommen wurde. Nach einer erneuten Ruhepause ging die Lebenswoge auf Globus C über und die Arbeit der Mondperiode wurde wiederholt. Schließlich tauchte sie auf Globus D auf, der unsere Erde ist. Zu diesem Zeitpunkt und nicht früher begann die eigentliche Arbeit der Erdperiode.

Selbst dann noch hält die Spirale in der Spirale den Beginn unmittelbar nach Ankunft der Lebenswoge von Globus C zurück; denn die Verleihung des Keims des Intellekts fand tatsächlich erst in der vierten Epoche statt. Die drei ersten Epochen waren stets weitere Wiederholungen der Saturn-, Sonnen- und Mondperiode, jedoch immer auf einer höheren Stufe.

KAPITEL XI

DIE GENESIS UND DIE EVOLUTION UNSERES SONNENSYSTEMS

Chaos

Auf den vorhergehenden Seiten wurde nichts über unser Sonnensystem und die verschiedenen Planeten, die es bilden, gesagt; denn die gegenwärtige Trennung wurde nicht eher vorgenommen, als bis die Erdperiode erreicht worden war. Die Erdperiode ist der Höhepunkt der Verschiedenartigkeit. Obwohl wir nur von einer Klasse jungfräulicher Geister gesprochen haben – von denen, die im engsten und begrenztesten Sinne mit der Erdentwicklung in Verbindung stehen – so gibt es in Wirklichkeit sieben „Strahlen" oder Lebensströme. Sie alle verfolgen verschiedene Entwicklungen. Dennoch gehören sie, wie unsere Menschheit, zu derselben ursprünglichen Klasse der jungfräulichen Geister.

In den vorausgehenden Perioden fanden alle diese Unterklassen oder Strahlen auf demselben Planeten eine geeignete Umgebung für ihre Entwicklung. Aber in der Erdperiode wurden die Bedingungen so, daß jede Klasse auf einen anderen Planeten verpflanzt wurde, um jeder die für ihre spezielle Evolutionsphase erforderliche Temperatur und Schwingungszahl zu verleihen. Sie wurden in verschiedenen Entfernungen zur Sonne, der zentralen Lebensquelle, versetzt. Das ist die **Grundlage des Seins**, unseres und aller anderen Sonnensysteme im Universum.

Bevor wir mit der Beschreibung der Evolution unserer Menschheit auf der Erde nach ihrer Trennung von der Zentralsonne fortfahren, ist es zur Aufrechterhaltung der folgerichtigen Ordnung der Beschreibung erforderlich, die Differenzierung zu erklären, wodurch die Planeten unseres Systems im Weltraum verstreut angeordnet wurden.

DIE GENESIS UND DIE EVOLUTION UNSERES SONNENSYSTEMS

Aktive Manifestation, besonders in der Physischen Welt hängt vom Getrenntsein ab, von der Begrenzung des Lebens durch die Form. Doch während der Zeit zwischen den Perioden und Kreisläufen hört der deutliche Unterschied zwischen Leben und Form auf. Das bezieht sich nicht nur auf die Menschheit und auf die niederen Reiche, sondern auch auf die Welten und Globen, welche die Grundlage der Form für das sich entwickelnde Leben sind. Nur die Keimatome und die Kerne oder Zentren der Globen bleiben zurück; alles andere ist eine homogene Substanz. Es ist nur der eine Geist, der den Raum durchdringt. Leben und Form, ihre positiven und negativen Pole sind eins.

Dieser Zustand der Dinge war es, den die griechische Mythologie als „Chaos" beschreibt. In der alten nordischen und germanischen Mythologie heißt er „Ginnungagap", der auf der Nordseite vom kalten und nebligen „Niflheim", dem Land des Nebels und des Dunstes, auf der Südseite vom feurigen „Muspelheim" begrenzt war. Drangen Hitze und Kälte in den von Chaos oder Ginnungagap eingenommenen Raum ein, verursachten sie die Kristallisation des sichtbaren Universums.

Auch die Bibel erweckt die Vorstellung vom unbegrenzten Raum, welcher der Aktivität des Geistes vorausgeht.

In unserer jetzigen materialistischen Periode haben wir leider die Vorstellung von dem verloren, was hinter dem Wort Raum liegt. Wir sind so gewöhnt, von „leerem" Raum zu sprechen, oder von der „großen Leere" des Raumes, daß wir die gewaltige und heilige Bedeutung des Wortes ganz vergessen haben. So fehlt uns das Gefühl der Ehrfurcht, das die Vorstellung von Raum und Chaos in uns erwecken sollte.

Für die Rosenkreuzer sowie für jede andere okkulte Schule gibt es solche Dinge wie einen leeren Raum oder etwas ähnliches nicht. Für sie **ist Raum Geist** in seiner aufgelösten Form, während **die Materie kristallisierter Raum oder Geist ist.** Der Geist ist in seiner Manifestation zweifach. Was wir als Form sehen, ist seine negative Manifestation -

kristallisiert und träge. Der positive Pol des Geistes manifestiert sich als Leben und stimuliert die negative Form zur Tätigkeit. Doch beide, Leben und Form haben ihren Ursprung im Geist, Raum und Chaos.

Um sich davon eine Vorstellung zu machen, nehmen wir aus dem Alltagsleben das Bebrüten eines Eies zur Veranschaulichung. Das Ei ist mit einer mäßig zähen Flüssigkeit gefüllt. Diese Flüssigkeit oder Feuchte wird der Wärme ausgesetzt. Aus der weichen flüssigen Substanz entsteht ein lebendiges Küken mit harten Knochen und verhältnismäßig festem Fleisch, mit flaumigem Gefieder, das relativ harte Kiele hat usw.

Wenn aus der trägen Flüssigkeit eines Eies ohne Hinzufügen irgendeiner härtenden Substanz von außen ein lebendiges Küken hervorkommen kann, ist es dann ein weit hergeholter Gedanke, zu behaupten, daß das Universum kristallisierter Raum oder Geist ist? Zweifellos wird dieser Vergleich vielen töricht erscheinen. Aber dieses Buch ist nicht zu dem Zweck geschrieben, die Welt in ihrer Gesamtheit davon zu überzeugen, daß diese Dinge **existieren.** Es will dem innerlich für diese Dinge Empfänglichen helfen, das Licht des großen Weltmysteriums zu erkennen, das zu sehen dem Verfasser vergönnt war. Die besondere Absicht im Augenblick ist, zu zeigen, daß der Geist während der Manifestation in einer Beziehung und während des Chaos in einer anderen immer tätig ist.

Die moderne Wissenschaft würde über den Gedanken, daß auf einem Globus schon während seines Bildungsprozesses Leben existieren könnte, lachen. Der Grund ist darin zu suchen, daß die Wissenschaft Leben und Körper nicht auseinanderhalten kann. Sie erfaßt eine Form nur, wenn sie fest und greifbar, durch einen unserer fünf Sinne wahrnehmbar ist.

Der okkulte Wissenschaftler ist in Übereinstimmung mit der oben gegebenen Definition von Leben und Form der Ansicht, daß Leben unabhängig von konkreter Form existieren kann. Es kann Formen haben, die unseren beschränkten Sinnen nicht zugänglich sind, und die keinen Gesetzen des jetzigen festen Zustandes der Materie unterworfen sind.

Zwar beinhaltet die Nebeltheorie, daß alles Sein (das heißt, alle Formen, die Welten im Raum und die auf ihnen bestehenden Formen) aus dem feurigen Urnebel entstanden sei. Sie erkennt jedoch die von der okkulten Wissenschaft behauptete weitere Tatsache nicht an, daß der feurige Urnebel Geist ist. Sie läßt nicht gelten, daß die ganze Atmosphäre um uns, der Raum zwischen den Welten Geist ist, und daß immer ein beständiger Austausch vor sich geht, bei dem sich die Form in Raum auflöst und Raum sich in Form kristallisiert.

Chaos ist kein Zustand, der in der Vergangenheit bestanden hat und jetzt völlig verschwunden ist. Es ist stets um uns vorhanden. Würden nicht alte, ihre Nützlichkeit überlebten Formen beständig zur Auflösung ins Chaos zurückkehren, und das Chaos nicht fortwährend neue Formen gebären, könnte es keinen Fortschritt geben. Die Arbeit der Evolutionstätigkeit würde aufhören, und Stagnation die Möglichkeit des Wachstums verhindern.

Es ist erwiesen, daß „je öfter wir sterben, desto besser wir leben." Der Dichter-Eingeweihte Goethe sagt:

> Und solange du das nicht hast,
> Dieses Stirb und Werde,
> Bist du nur ein trüber Gast
> Auf der dunklen Erde.

Und Paulus sagt: „Ich sterbe täglich".

Deshalb muß man als Schüler der okkulten Wissenschaft erkennen, daß selbst während der tätigen Manifestation **das Chaos die Grundlage allen Fortschritts ist.** Unser Leben während des Chaos beruht auf unserem Leben in tätiger Manifestation und **umgekehrt**, d.h., auf dem, was wir während der aktiven Manifestation vollbringen können. Und die Fähigkeit, überhaupt fortzuschreiten, ist das Resultat der Existenz im Chaos. Die Zeit zwischen den Perioden und Kreisläufen ist in Wirklichkeit viel wichtiger für das Wachstum der Seele als die konkrete Existenz, obgleich letztere die Grundlage der ersteren ist und daher nicht entbehrt werden kann. Die Wichtigkeit der Zwischenzeit im Chaos liegt in der Tatsache, daß während dieser Periode die sich entwickelnden Wesen aller Klassen so eng verbunden sind, daß sie tatsächlich eins sind. Folglich sind jene, die während der Manifestation eine niedere Entwicklung haben, in innigster Verbindung mit den höher Entwickelten. So erfahren und genießen sie eine viel höhere Schwingungszahl als ihre eigene. Das befähigt sie, ihre vergangenen Erfahrungen in einer Art zu durchleben und aufzunehmen, wie sie es, an ihre Form gebunden, unmöglich könnten.

Wir haben die Wohltat der Zeit zwischen Tod und Geburt für den menschlichen Geist erkannt. Und doch besteht auch hier noch die Form, wenn auch im Vergleich mit dem dichten Körper wesentlich feiner. Aber in der Kosmischen Nacht und den Zeiten zwischen den Perioden und Kreisläufen, wo vollkommene Formfreiheit herrscht, können die wohltätigen Resultate vergangener Erfahrungen viel wirksamer aufgenommen werden.

Wir gebrauchen ein Wort, das ursprünglich geprägt wurde, um den Zustand der Dinge zwischen den Manifestationen zu bezeichnen. Dieses Wort jedoch ist im materiellen Sinn so viel benutzt worden, daß es seine Urbedeutung verloren hat. Das Wort heißt Gas.

Man möchte glauben, es sei ein sehr altes Wort, das fast immer als Synonym für einen Zustand der Materie gegolten hat, die leichter als Flüssigkeiten ist. Doch das ist nicht der Fall. Das Wort wurde erstmals in „Physica" verwendet, einem Werk, das 1633 erschien und Johann Baptist van Helmont, einen Rosenkreuzer, zum Verfasser hat.

Helmont nannte sich nicht Rosenkreuzer. Kein wahrer Bruder tut das öffentlich. Nur der Rosenkreuzer kennt den Bruder Rosenkreuzer. Nicht einmal die vertrautesten Freunde oder Verwandten wissen von der Verbindung eines Menschen mit dem Orden. Nur diejenigen, die selbst Eingeweihte sind, kennen die Schriftsteller der Vergangenheit, die Rosenkreuzer waren. Sie sehen aus ihren Werken die unverkennbaren Worte, Sätze und Zeichen, die den tiefen Sinn andeuten, der dem Nichteingeweihten verborgen bleibt. Die Rosicrucian Fellowship besteht aus Schülern der Lehren des Ordens, die jetzt öffentlich gegeben werden; denn die Intelligenz der Allgemeinheit ist soweit entwickelt, wie es erforderlich ist, sie zu verstehen. Dieses Werk ist eines der ersten wenigen, öffentlich herausgegebenen Fragmente des Wissens der Rosenkreuzer. Alles, was als solches vor den letzten Jahren gedruckt wurde, (1909), ist die Arbeit entweder von Scharlatanen oder Verrätern.

Rosenkreuzer wie Paracelcus, Commenius, Bacon, Helmont und andere gaben in ihren Werken nur Andeutungen und beeinflußten andere. Der große Meinungsstreit, der die Verfasserschaft des Shakespeare betraf (und nutzlos viele Federkiele abstumpfte und soviel gute Tinte verschwendete, die einem besseren Zweck hätte dienen können), wäre niemals entstanden, wenn man gewußt hätte, daß die große Ähnlichkeit bei Shakespeare und Bacon aus der Tatsache hervorgeht, daß beide durch denselben Eingeweihten inspiriert wurden, der auch auf Jakob Böhme und Jakobus Baldus, einen Pastor aus Ingolstadt, Einfluß ausübte. Letzterer lebte nach dem Tod des Dichters von Avon und schrieb lateinisch-lyrische Gedichte. Liest man das erste Gedicht des Jakobus Baldus mit einem gewissen Schlüssel, wird man durch Auf- und Ablesen der Linien den folgenden Satz finden: „Bis hierher habe ich von jenseits der See mittels des Dramas gesprochen, jetzt werde ich mich in Lyrik ausdrücken".

In seinem Werk „Physica" schrieb der Rosenkreuzer Helmont: „Ad huc spiritum incognitum Gas voco". D.h.: „Diesen bisher unbekannten Geist nenne ich Gas". Weiterhin sagt er in seinem Werk: „Dieser Dunst, den ich Gas genannt habe, ist vom Chaos, von dem die Alten sprachen, nicht weit entfernt.

Wir müssen lernen, uns das Chaos als den Geist Gottes vorzustellen, der jeden Teil der Unendlichkeit durchdringt. Dann wird der okkulte Grundsatz: „Chaos ist der Saatgrund des Kosmos" in seinem wahren Licht erscheinen, und wir werden nicht mehr erstaunt sein, wie „aus nichts etwas hervorgehen kann"; denn der Raum ist keineswegs gleichbedeutend mit „Nichts". Das Chaos enthält in sich die Keime von allem, was während einer physischen Manifestation existiert, und doch nicht alles; denn bei der Vereinigung des Chaos mit dem Kosmos wird jedesmal etwas Neues hervorgebracht, das früher nicht vorhanden war, etwas, das nicht vorhergesehen und latent war. Der Name dieses Etwas ist Genialität, die Ursache der Epigenesis.

Es erscheint in allen Reichen und ist der Ausdruck des fortschreitenden Geistes in Mensch, Tier und Pflanze. Daher ist Chaos ein heiliger Name, ein Name, der die Ursache all dessen bedeutet, was wir in der Natur sehen und der in jedem bewährten, wahren und geschulten Okkultisten ein Gefühl der Ehrfurcht hervorruft. Er betrachtet die sichtbare Sinnenwelt als Offenbarung der verborgenen Entwicklungsmöglichkeiten des Chaos.

Die Geburt der Planeten

Um sich in der dichten, physischen Welt auszudrücken, war es für den Menschen erforderlich, einen geeigneten physischen Körper zu entwikkeln. In einer Welt wie dieser muß er einen Körper mit Gliedern, Organen und einem Muskelsystem haben, durch den er sich bewegen kann. Auch braucht er ein Gehirn, um seine Bewegungen zu lenken und zu koordinieren. Wären die Bedingungen andere gewesen, so wäre der Körper entsprechend verändert worden.

Es ist für alle Wesen, ob hoch oder niedrig, auf der Stufenleiter des Lebens erforderlich, Träger für ihren Ausdruck in jeder einzelnen Welt zu besitzen, in der sie sich zu manifestieren wünschen. Selbst die Sieben Geister vor dem Throne müssen die für sie erforderlichen Träger besitzen, die natürlich für jeden von Ihnen verschieden beschaffen sind. In Ihrer Gesamtheit sind Sie Gott und stellen die göttliche Dreieinigkeit dar, und Er offenbart sich durch einen jeden von Ihnen auf verschiedene Weise.

Es liegt kein Widerspruch darin, Gott verschiedene Zahlen zuzuschreiben. Wir verstoßen nicht gegen die „Einheit" des Lichtes, wenn wir drei Urfarben unterscheiden, in die es sich zerlegt. Das weiße Sonnenlicht enthält die sieben Farben des Spektrums. Der Okkultist sieht sogar zwölf Farben, fünf zwischen Rot und Violett (wenn man den Kreis in einer Richtung verfolgt) außer Rot, Orange, Gelb, Grün usw. des sichtbaren Spektrums. Vier dieser Farben sind wirklich nicht zu beschreiben; die fünfte aber, die mittlere, ähnelt der Farbe einer frisch erschlossenen Pfirsichblüte. Sie ist tatsächlich die Farbe des Lebensleibes. Geschulte Hellseher, die sie als „bläulichgrau" oder „rötlichgrau" bezeichnen, versuchen eine Farbe zu beschreiben, die in der Physischen Welt nicht ihresgleichen hat. Daher sind sie gezwungen, den Ausdruck unserer Sprache zu wählen, welche der Beschreibung am nächsten kommt.

Vielleicht versetzt uns die Farbe besser als irgend etwas anderes in die Lage, die Einheit Gottes mit den Sieben Geistern vor dem Throne zu begreifen. Wenden wir uns daher Diagramm 11 zu.

Wir sehen hier ein weißes Dreieck, das aus einem schwarzen Hintergrund hervorleuchtet. Weiß ist synthetisch und enthält alle Farben in sich, so wie Gott in Sich alle Dinge im Sonnensystem einschließt.

In dem weißen Dreieck ist ein blauer, ein roter und ein gelber Kreis. Alle anderen Farben sind einfach Zusammensetzungen dieser drei Grundfarben. Diese Kreise entsprechen den drei Aspekten Gottes, die sich ohne Anfang und ohne Ende **in Gott** befinden, obgleich sie nur während der tätigen Manifestation nach außen verlagert sind.

Tabelle der Schwingungsfrequenzen,* deren Wirkungen anerkannt und wissenschaftlich geprüft sind.

	Anzahl der Schwingungen pro Sekunde	
1. Oktave	2	
2. Oktave	4	
3. Oktave	8	
4. Oktave	16	
5. Oktave	32	
6. Oktave	64	
7. Oktave	128	
8. Oktave	256	Ton
9. Oktave	512	
10. Oktave	1.024	
15. Oktave	32.768	
20. Oktave	1.047.576	Unbekannt
25. Oktave	33.554.432	
30. Oktave	1.073.741.824	Elektrizität
35. Oktave	34.359.738.368	
40. Oktave	1.099.511.627.776	
45. Oktave	35.184.372.088.832	Unbekannt
46. Oktave	70.368.744.177.664	
47. Oktave	140.737.468.355.328	Hitze
48. Oktave	281.474.979.710.656	
49. Oktave	562.949.953.421.312	Licht
50. Oktave	1.125.899.906.842.624	Chem. Strahlen
51. Oktave	2.251.799.813.685.248	
57. Oktave	144.115.188.075.855.872	Unbekannt
58. Oktave	288.230.376.151.711.744	
59. Oktave	576.460.752.303.423.488	
60. Oktave	1.152.921.504.606.846.976	X-Strahlen
61. Oktave	2.305.843.009.213.693.952	
62. Oktave	4.611.686.618.427.389.904	Unbekannt

* Diese Daten stammen von Professor William Crooks, Präsident der British Association for the Advancement of Science.

Wenn diese drei Farben, wie aus Diagramm 11 ersichtlich, vermischt werden, so erscheinen vier weitere Farben, die drei sekundären Farben - jede hervorgegangen aus der Mischung von zwei Grundfarben - und eine Farbe (Indigo), welche die gesamte Farbenskala enthält, also alle sieben Farben des Spektrums. Diese sieben Farben stellen die Sieben Geister vor dem Thron dar. Die Farben sind verschieden, wie auch die Sieben Geister. Jeder hat eine andere Mission im Königreich Gottes, in unserem Sonnensystem inne.

Die sieben Planeten, die um die Sonne kreisen, sind die dichten Körper der Sieben Planetengeister. Ihre Namen sind: Uranus mit einem Mond, Saturn mit acht Monden, Jupiter mit vier Monden, Mars mit zwei Monden, die Erde mit ihrem Mond, Venus und Merkur (1909).

Man findet immer, daß Körper dem Zweck entsprechen, für den sie erschaffen sind. Daher sind die dichten Körper der Sieben Planetengeister kugelförmig. Diese Form ist am besten der ungeheuren Geschwindigkeit angepaßt, mit der sie den Raum durcheilen. Die Erde, zum Beispiel, legt in ihrer Umlaufbahn ungefähr 106 000 km (ca. 66 000 Meilen) in der Stunde zurück.

Der menschliche Körper war in der Vergangenheit anders als heute gestaltet; das wird auch in Zukunft so sein. Während der Involution war er, wie jetzt noch im vorgeburtlichen Leben, nahezu kugelförmig, weil die Entwicklung in der Gebärmutter eine Wiederholung vergangener Evolutionsstufen ist. Im damaligen Stadium entwickelte der Organismus die Kugelform, weil die Energien des Menschen während der Involution nach innen, auf den Ausbau seiner eigenen Träger gerichtet waren, so wie sich der Embryo innerhalb der Kugel der Gebärmutter entwickelt.

Der dichte Körper und der Lebensleib des Menschen streckten sich, doch seine höheren Träger haben noch die Eiform beibehalten. An einem Ende des dichten Körpers befindet sich das ordnende und herrschende Gehirn. Das ist für ein solches Organ die ungünstigste Stellung.

Impulse, die von einem Ende zum anderen gehen, von Gehirn zu den Füßen, brauchen zu viel Zeit. Ebenso ist es mit Wirkungen, die von den Füßen zum Gehirn gehen. Z.B. hat die Wissenschaft nachgewiesen, daß bei Brandverletzungen durch die Übermittlung der Nachricht von der verletzen Stelle zum Gehirn und zurück, wertvolle Zeit verlorengeht; daher entstehen Brandblasen.

Diese Unzulänglichkeit würde beträchtlich vermindert, wenn sich das Gehirn in der Mitte des Körpers befände. Empfindungen und Reaktionen könnten viel schneller empfangen und übermittelt werden. In den kugelförmigen Planeten lenkt der Planetengeist die Bewegungen seines Trägers **vom Mittelpunkt** aus. In zukünftigen Zeiten wird sich der Mensch rückwärts biegen, wie aus Diagramm 12 ersichtlich ist. Er wird eine Kugel werden und seine Energie nach außen richten; denn die Kugelgestalt bietet die größte Bewegungsmöglichkeit nach allen Richtungen, ebenso die Kombination gleichzeitiger Bewegungen.

Die Rosenkreuzer-Weltanschauung lehrt, daß den Planeten eine weitere Entwicklung bevorsteht.

Wenn sich die Wesen auf einem Planeten in ausreichendem Maß entwickelt haben, wird dieser zu einer Sonne, zum festen Mittelpunkt eines Sonnensystems. Haben sich die Wesen auf ihr bis zu einem noch höheren Grad entfaltet, und hat diese Sonne ihr größtes Maß an Glanz erreicht, löst sie sich in einen Tierkreis auf und wird sozusagen der Mutterleib eines neuen Sonnensystems.

So gewinnen die großen Scharen Göttlicher Wesen, die bis dahin auf diese Sonne beschränkt waren, Handlungsfreiheit über eine große Zahl von Gestirnen. Von hier aus können sie auf verschiedene Weise auf das System einwirken, das innerhalb ihrer Einflußsphäre heranreift. Die Planeten oder menschentragenden Welten innerhalb des Zodiaks werden von diesen Kräften beständig, wenn auch unterschiedlich, beeinflußt, je nach der von ihnen erreichten Evolutionsstufe.

DIAGRAMM 11

1, 3, 7, u. 10 Aspekte Gottes u. des Menschen

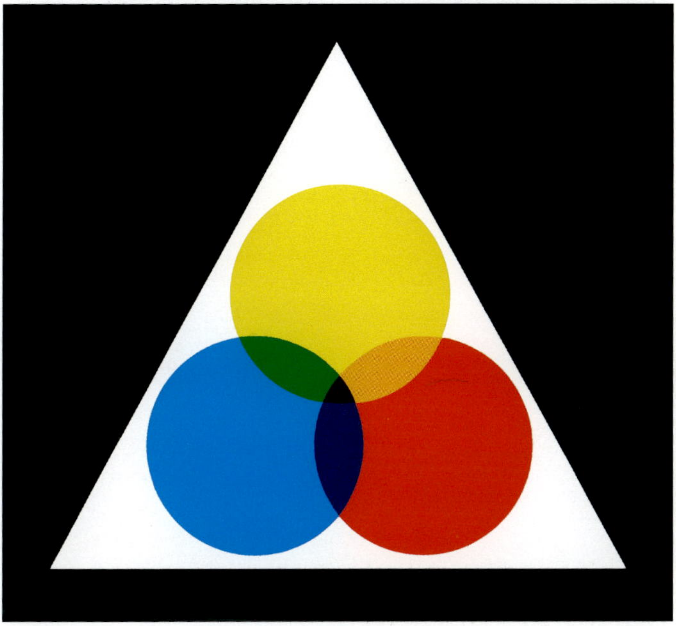

DIE GENESIS UND DIE EVOLUTION
UNSERES SONNENSYSTEMS

DIAGRAMM 12

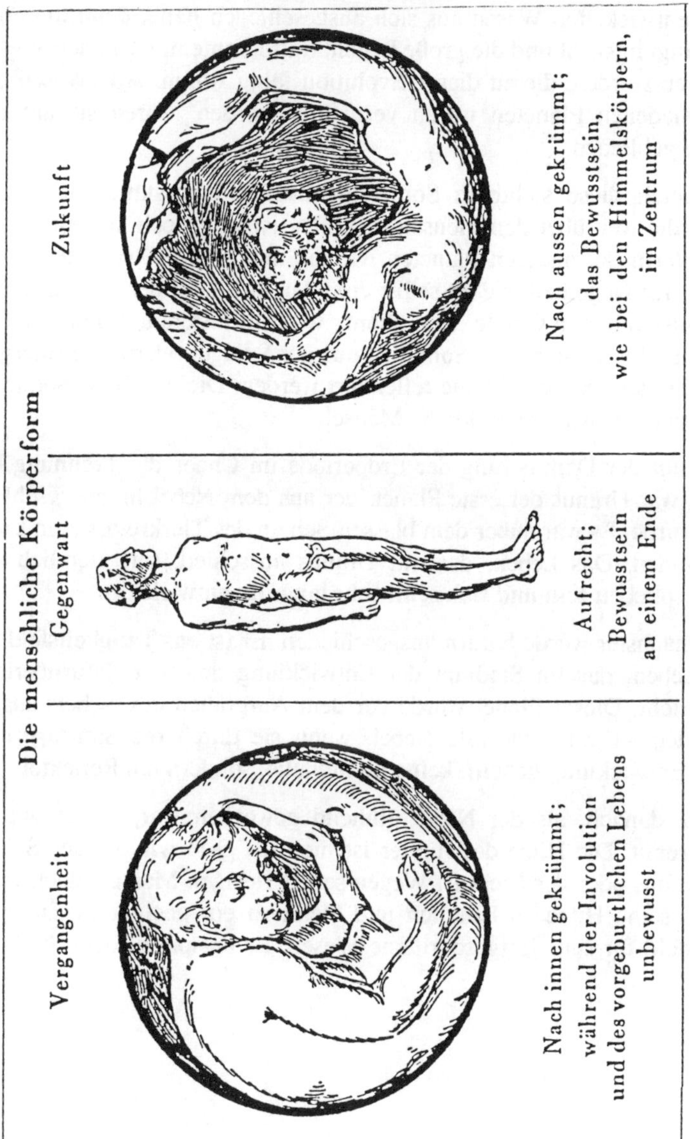

Unsere Sonne konnte erst zur Sonne werden, als sie alle nicht genügend entwickelten Wesen aus sich ausgeschieden hatte; denn die hohe Schwingungszahl und die große Leuchtkraft konnte nur von den Wesen ertragen werden, die zu dieser Evolution fähig waren. Alle Wesen der verschiedenen Planeten wären vernichtet worden, wären sie auf der Sonne geblieben.

Obgleich diese sichtbare Sonne als Entwicklungsstätte für Wesen dient, die weit über den Menschen stehen, ist sie jedoch keinesfalls die Schöpferin der anderen Planeten wie die materielle Wissenschaft vermutet. Im Gegenteil, sie ist selbst eine Ausstrahlung der Zentralsonne, der unsichtbaren Quelle von allem, was in unserem Sonnensystem besteht. Unsere sichtbare Sonne ist nur der Spiegel, worin die Energiestrahlen der geistigen Sonne reflektiert werden. Die wirkliche Sonne ist so unsichtbar wie der wirkliche Mensch.

Als mit der Dämmerung der Erdperiode im Chaos die Trennung begann, war Uranus der erste Planet, der aus dem Nebel hinausgeschleudert wurde. Es war außer dem blassen Schein des Tierkreises kein Licht vorhanden. Das Leben, das mit Uranus ausschied, soll ziemlich zurückgeblieben sein und sich sehr, sehr langsam entwickeln.

Als nächster wurde Saturn ausgeschieden. Er ist das Tätigkeitsfeld für das Leben, das im Stadium der Entwicklung dem der Saturnperiode entspricht. Dieser Planet wurde vor dem Aufglühen des Nebels ausgeschieden; er war (wie alle Nebel, wenn sie durch die Saturnperiode ihrer Entwicklung gehen), keine Lichtquelle, sondern ein Reflektor.

Kurz danach, als der Nebel glühend geworden war, wurde Jupiter abgetrennt. Die Hitze des Jupiter ist nicht so groß wie die der Sonne, der Venus oder des Merkur. Wegen seiner riesigen Masse jedoch ist er fähig, seine Hitze zu behalten und bleibt so ein geeignetes Entwicklungsfeld für sehr fortgeschrittene Wesen. Er entspricht dem Stadium, das die Erde selbst in ihrer Jupiterperiode erreichen wird.

Mars ist ein Mysterium. Über ihn kann nur in beschränktem Umfang Auskunft gegeben werden. Immerhin können wir sagen, daß das Leben auf dem Mars sehr zurückgeblieben ist, und die sogenannten „Kanäle" keine Vertiefungen (excavations) in der Oberfläche des Planeten sind. Sie sind Ströme wie jene, die sich während der Atlantischen Epoche über unseren Planeten ausbreiteten. Die Überreste davon können noch heute im nördlichen und südlichen Polarlicht wahrgenommen werden. Auf diese Weise kann das von den Astronomen bemerkte Wechseln der Marskanäle erklärt werden. Wären sie wirklich Kanäle, so könnten sie schwerlich wechseln. Doch Ströme, die von den Marspolen ausgehen, können das.

Die Erde, einschließlich ihres Mondes wurde als nächster Planet von der Sonne ausgesetzt; danach folgten Venus und Merkur. Auf diese und Mars wird später in Verbindung mit der menschlichen Evolution auf der Erde Bezug genommen. Sie bedürfen deshalb im Augenblick keiner weiteren Beachtung.

Wenn ein Planet Monde hat, so zeigt das, daß auf ihm einige Wesen waren, deren Entwicklung zu sehr zurückgeblieben ist, um an der Hauptlebenswoge teilzunehmen. Diese Wesen wurden daher vom Planeten ausgesetzt, um zu verhindern, daß sie den Fortschritt der Pioniere aufhalten. Das ist bei den Wesen der Fall, die unseren Mond bewohnen. Im Fall des Jupiter wird es als wahrscheinlich angesehen, daß die Bewohner von drei seiner Monde vielleicht fähig sein werden, sich mit dem Leben auf dem Mutterplaneten wieder zu vereinigen. Es gilt aber als sicher, daß der vierte Mond ein achter Himmelskörper ist, wie unser Mond, wo Rückschritt und Auflösung des bereits erworbenen Trägers die Folge von zu engem Festhalten an der materiellen Existenz bei dem Teil der sich entwickelnden Wesen sein wird, die sich selbst in diesen beklagenswerten Zustand gebracht haben.

Neptun und seine Satelliten gehören eigentlich nicht zu unserem Sonnensystem. Die anderen Planeten - vielmehr ihre Geister - üben einen Einfluß auf die gesamte Menschheit aus. Der Einfluß von Neptun jedoch ist weitgehend auf eine besondere Klasse von Menschen, die Astrologen, beschränkt. Der Verfasser z.B. hat mehrere Male seinen zwingenden Einfluß deutlich gefühlt.

Wenn auf einem Mond lebende Nachzügler ihren Zustand verbessert haben und zum Mutterplaneten zurückgekehrt sind, oder wenn fortgesetzter Rückschritt den vollständigen Zerfall ihrer Träger zur Folge hatte, so beginnt der verlassene Mond sich ebenfalls aufzulösen. Die Triebkraft des geistigen Impulses, der ihn für Äonen in einer bestimmten Bahn vorwärtstrieb, kann aber noch Äonen fortdauern, nachdem der Mond verlassen wurde. Vom physischen Standpunkt aus kann er noch immer ein Satellit des von ihm umkreisten Planeten sein. Mit der Zeit nimmt jedoch die von seinem Mutterplaneten ausgeübte Anziehungskraft ab. Seine Bahn erweitert sich, bis er die Grenze des Sonnensystems erreicht. Er wird dann in den interstellaren Raum hinausgestoßen und in Chaos aufgelöst. Die Ausstoßung dieser aschenartigen, toten Welt erfolgt wie das Ausscheiden eines harten Fremdkörpers im menschlichen Organismus durch das Fleisch zur Haut. Die Asteroiden sind ein Beispiel, um dies zu veranschaulichen. Sie sind Überreste von Monden, die einstmals Venus und Merkur umkreisten. Die dorthin verbannten Wesen sind in der Esoterik als die „Herren der Venus“ und „Herren des Merkur“ bekannt. Sie erreichten den Zustand, den sie verloren hatten, großenteils durch Dienste wieder, die sie der Menschheit erwiesen, wie später beschrieben wird. Sie sind jetzt wohlbehalten auf ihrem Mutterplaneten, während sich die von ihnen bewohnten Monde zum Teil aufgelöst haben und sich bereits weit außerhalb der Erdbahn bewegen. Es gibt in unserem System noch andere „scheinbare“ Monde. Da sie sich jedoch außerhalb des Bereichs der Evolution befinden, befaßt sich die **Rosenkreuzer-Weltanschauung** nicht mit ihnen.

KAPITEL XII

DIE EVOLUTION AUF DER ERDE

Die Polarische Epoche

Als die Materie, die jetzt unsere Erde bildet, noch ein Teil der Sonne war, befand sie sich natürlich in einem feurigen Zustand. Da das Feuer den Geist jedoch nicht verbrennt, begann unsere menschliche Evolution sofort, die sich besonders auf die Polarzone der Sonne beschränkte.

Die höchstentwickelten Wesen, die künftigen Menschen, erschienen zuerst. Die Substanzen, die jetzt unsere Erde bilden, waren noch geschmolzen, die Atmosphäre war gasförmig, und doch wiederholte der Mensch seinen mineralischen Zustand aufs neue.

Aus dieser verdünnten, chemischen Sonnensubstanz baute der Mensch mit Hilfe der Herren der Form selbst seinen ersten mineralischen Körper. Hält man dieser Feststellung entgegen, daß der Mensch nicht unbewußt bauen kann, so sei das Beispiel von der Mutter erwähnt. Ist sie sich der Bildung des Kindeskörpers in ihrem Leib bewußt? Und doch wird gewiß niemand sagen, daß sie nichts damit zu tun habe. Der einzige Unterschied ist, daß die Mutter unbewußt für das Kind gestaltet, der Mensch aber unbewußt für sich selbst.

Der erste dichte Körper des Menschen sah seinem gegenwärtigen, ausgezeichnet organisierten Träger nicht im entferntesten ähnlich. Dieser hat sich erst im Laufe von Myriaden von Jahren entwickelt. Der erste dichte Körper war ein großes bauschiges Gebilde mit einer Öffnung am oberen Ende, aus der ein Organ herausragte. Das war eine Art Orientierungs- und Richtungsorgan. Im Laufe der Zeit zog sich der dichte Körper fester zusammen und verdichtete sich. Kam er zu nahe an Stellen größerer Hitze, als er ertragen konnte, so löste er sich auf.

Mit der Zeit reagierte das Organ auf diese Zustände, die es zu vernichten drohten, und der dichte Körper bewegte sich automatisch an einen sichereren Ort.

Dieses Organ ist nun zu dem degeneriert, was wir Zirbeldrüse nennen. Sie wird auch manchmal als das „dritte Auge" bezeichnet. Doch das ist eine falsche Bezeichnung, denn sie war niemals ein Auge, sondern vielmehr das lokalisierte Organ für die Empfindung von Hitze und Kälte. Diese Fähigkeit ist jetzt über den ganzen dichten Körper verbreitet. Während der Polarischen Epoche war dieser Sinn ebenso lokalisiert wie gegenwärtig der Gesichtssinn im Auge und der Gehörsinn im Ohr. Die Erweiterung des Tastsinns seit jener Zeit ist ein Hinweis auf die Art und Weise, wie der gesamte Körper verbessert werden wird, so daß irgendwann in der Zukunft jeder Körperteil fähig sein wird, alle Dinge wahrzunehmen. Der Gesichts- und Gehörsinn werden ebenso über den ganzen Körper ausgedehnt werden wie jetzt der Tastsinn. Dann wird der Mensch ganz Auge und Ohr sein. Gesonderte Sinnesorgane bedeuten Beschränkung. Sinneswahrnehmung, durch den ganzen Körper, ist verhältnismäßige Vollkommenheit.

In dem früheren Zustand, von dem wir jetzt sprechen, gab es auch eine Art Fortpflanzung. Diese riesigen, bauschigen Geschöpfe teilten sich in Hälften, ähnlich wie die Teilung der Zellen durch Spaltung. Die getrennten Teile wuchsen jedoch nicht; jeder blieb nur halb so groß wie die ursprüngliche Form.

Die Hyperboreische Epoche

An verschiedenen Punkten des feurigen Globus begannen sich im Laufe der Zeit Krusteninseln in einem See von Feuer zu bilden.

Die Herren der Form erschienen mit den Engeln (der Menschheit der Mondperiode) und versahen die dichte Form des Menschen mit einem Lebensleib. Die bauschigen Körper begannen dann an Größe zuzunehmen, indem sie Materie von außen sozusagen durch Osmose an sich zogen. Wenn sie sich fortpflanzten, geschah es nicht mehr durch Teilung in zwei Hälften, sondern in zwei unterschiedliche Teile. Beide Teile wuchsen, bis jeder die ursprüngliche Größe der Eltern erreicht hatte.

So wie die Polarische Epoche tatsächlich eine Wiederholung der Saturnperiode war, kann man sagen, daß der Mensch während dieser Zeit durch sein mineralisches Stadium ging. Er hatte denselben Träger - den dichten Körper - und ein Bewußtsein ähnlich dem Trancezustand. Aus analogen Gründen ging er in der Hyperboreischen Epoche durch das Pflanzenstadium; so hatte der Mensch einen dichten Körper, einen Lebensleib und ein traumloses Schlafbewußtsein.

Der Mensch begann seine Entwicklung auf der Erde, nachdem der Mars von der zentralen Masse abgestoßen worden war. Was jetzt die Erde darstellt, war noch nicht von der zentralen Sonne abgetrennt. Gegen das Ende der Hyperboreischen Epoche war die Krustenbildung so weit fortgeschritten, daß sie für die Evolution höher entwickelter Wesen auf der Sonne ein Hindernis wurde. Der feurige Zustand verzögerte auch die Entwicklung einiger Geschöpfe geringeren Grades, so wie die des Menschen, der in diesem Stadium für seine weitere Entwicklung eine dichtere Welt benötigte. Deshalb wurde am Ende der Hyperboreischen Epoche der Teil, der jetzt die Erde ist, von der Sonne abgestoßen und begann seine Bahn um den Mutterkörper in einer etwas anderen Entfernung als gegenwärtig. Kurz danach wurden auch Venus und Merkur aus ähnlichen Gründen hinausgeschleudert.

Kristallisation beginnt immer am Pol eines Planeten, wo die Bewegung langsam ist. Der verdichtete Teil arbeitet sich entsprechend dem Gesetz der Zentrifugalkraft nach außen, hin zum Äquator. Ist diese Kraft stärker als die der Kohäsion, so wird die verdichtete Masse nach außen in den Raum geschleudert.

Zu der Zeit, als der Erdkörper von seiner Elternmasse abgetrennt wurde, schloß er den Teil ein, der jetzt unser Mond ist. Auf diesem großen Globus entwickelten sich die Lebenswoge, die jetzt die Menschheit bildet, sowie die Lebenswogen, die in der Sonnen-, Mond- und Erdperiode in die Evolution eintraten und jetzt in ihrer Entwicklung durch das Tierreich, Pflanzen- und Mineralreich gehen.

Es wurde bereits erwähnt, daß die Nachzügler der verschiedenen Perioden in späteren Zeiten berechtigt waren, einen weiteren Schritt in der Evolution zu machen. Immerhin gab es auch einige, die diesen Schritt nicht vollziehen konnten. Sie entwickelten sich nicht und blieben mehr und mehr zurück, bis sie eine Belastung und ein Hindernis für die Fortgeschrittenen bildeten. Es wurde erforderlich, sie aus dem Weg zu räumen, um die Entwicklung der anderen nicht aufzuhalten.

Zu Beginn der Lemurischen Epoche hatten diese „Fehlgeschlagenen" (man möge beachten, daß es **Gescheiterte** waren und nicht nur Nachzügler) den von ihnen bewohnten Teil der Erde in solchem Maß kristallisiert, daß er wie ein riesiger Schlackenhaufen in der sonst weichen und feurigen Erde wurde. Sie stellten eine Behinderung und eine Blokkierung dar und so wurden sie mit einem Teil der Erde, den sie kristallisiert hatten, unwiderruflich in den Raum geschleudert. Das ist die Entstehungsgeschichte unseres Mondes.

Der Mond, der achte Himmelskörper

Die sieben Globen A - G sind die Bereiche der Evolution, der Mond ist das Feld der Auflösung.

Wenn sich die Erde nicht von dem ursprünglichen Globus, der jetzt die Sonne ist, losgelöst hätte, wären die Träger des Menschen durch die Schnelligkeit der Schwingungen zerstört worden. Er wäre so schnell gewachsen, daß das Wachstum der Pilze im Vergleich dazu langsam erscheinen würde. Er wäre alt geworden, ehe er Zeit gehabt hätte, seine Jugend zu durchleben. Daß dies die Wirkung von zuviel Sonne ist, zeigt sich in der Schnelligkeit des Wachstums in den Tropen, wo die

Reife und das Altern viel früher als im Norden erreicht werden. Wäre andererseits der Mond bei der Erde geblieben, so wäre der Mensch zur Statue versteinert. Die Trennung der Erde von der Sonne, die jetzt ihre Strahlen aus weiter Ferne sendet, ermöglicht es dem Menschen, in einer ihm gemäßen Schwingungszahl zu leben und sich langsam zu entfalten. Die Mondkräfte erreichen ihn genau aus der erforderlichen Entfernung, damit er einen Körper von geeigneter Dichte erbauen kann. Obgleich jedoch diese Kräfte im Erbauen der Form tätig sind, so verursachen sie auch den Tod, sobald ihre fortgesetzte Arbeit schließlich die Gewebe des Körpers kristallisiert.

Die Sonne wirkt im Lebensleib und ist die Kraft, die Leben spendet und gegen die todbringenden Mondkräfte ankämpft.

Die Lemurische Epoche

In dieser Epoche erscheinen die Erzengel (die Menschheit der Sonnenperiode) und die Herren des Intellekts (die Menschheit der Saturnperiode). Diese Hierarchien wurden durch die Herren der Form unterstützt, denen die Aufsicht über die Erdperiode übertragen worden war. Sie halfen dem Menschen seinen Empfindungsleib zu erbauen. Die Herren des Intellekts **gaben** dem größeren Teil der Pioniere, welche die Klasse 1 gemäß Einteilung in Diagramm 10 bildeten, den Keim des Intellekts.

Die Herren der Form belebten den menschlichen Geist in vielen Nachzüglern der Mondperiode, die während der dreieinhalb Kreisläufe, die seit Beginn der Erdperiode vergangen waren, den erforderlichen Fortschritt gemacht hatten. Doch konnten ihnen zu jener Zeit die Herren des Intellekts noch nicht den Keim des Intellekts verleihen. So blieb ein großer Teil der werdenden Menschheit ohne dieses Bindeglied zwischen dem dreifachen Geist und dem dreifachen Körper zurück.

Die Herren des Intellekts übernahmen die Leitung des höheren Teils des Empfindungsleibes und des keimenden Intellekts und versahen sie mit der Eigenschaft getrennter Selbstheit, ohne die es keine gesonderten und selbständigen Wesen, wie wir es heute sind, geben würde.

Den Herren des Intellekts verdanken wir die gesonderte Persönlichkeit mit allen sich durch sie bietenden Möglichkeiten für Erfahrung und Wachstum. Und dieser Punkt kennzeichnet die Geburt des Individuums.

Die Geburt des Individuums

Aus Diagramm 1 geht klar hervor, daß die Persönlichkeit das reflektierte Bild des Geistes ist, wobei der Intellekt als Spiegel oder Brennpunkt dient.

Wie bei Spiegelungen in einem Teich das Bild der Bäume umgekehrt erscheint, so daß man das Blattwerk am tiefsten im Wasser wahrzunehmen glaubt, so findet der höchste Aspekt des Geistes (der Göttliche Geist) sein Pendant in dem niedersten der drei Körper (dem dichten Körper). Der nächsthöchste Geist (der Lebensgeist) spiegelt sich in dem nächstniederen Leib (dem Lebensleib) wider. Der dritte Geist (der menschliche Geist) und seine Spiegelung, der dritte Körper (der Empfindungsleib) sind dem reflektierenden Spiegel des Intellekts am nächsten. Dieser entspricht der Oberfläche des Teiches, des spiegelnden Vermittlers in unserem Gleichnis.

Der Geist senkt sich während der Involution von den höheren Welten hinab. Durch die zusammenwirkende Tätigkeit wurden die Körper innerhalb derselben Periode aufgebaut. Die Begegnung dieser beiden Ströme im Brennpunkt des Intellekts kennzeichnet den Zeitpunkt, wo das Individuum - das menschliche Wesen, das Ego - geboren wird, und der Geist von seinen Trägern Besitz ergreift.

Wir dürfen jedoch nicht glauben, daß dies den Menschen sofort auf seinen gegenwärtigen evolutionären Stand erhob, der ihn zu dem selbstbewußten, denkenden Wesen machte, das er heute ist. Bevor dieser Punkt erreicht werden konnte, mußte eine lange und mühselige Wegstrecke zurückgelegt werden; denn zu der Zeit, von der wir sprechen, befanden sich die Organe in einem äußerst rudimentären Zustand. Es gab noch kein Gehirn, das als Ausdrucksmittel verwendet werden konnte. Daher war das Bewußtsein unvorstellbar trüb. Mit einem Wort, der Mensch jener Zeit war weit davon entfernt, so intelligent zu sein, wie es unsere heutigen Tiere sind. Der erste Schritt in Richtung einer Verbesserung war die Erbauung eines Gehirns, um es als Instrument des Intellekts in der Physischen Welt zu gebrauchen. Das wurde durch die Teilung der Menschheit in Geschlechter erreicht.

Die Trennung der Geschlechter

Im Gegensatz zu der allgemein angenommenen Ansicht ist das Ego doppelgeschlechtig. Wäre das Ego geschlechtslos, müßte es auch unbedingt der Körper sein; denn der Körper ist nur das äußere Symbol des innewohnenden Geistes.

Das Geschlecht des Egos äußert sich natürlich nicht als solches in den inneren Welten, sondern in zwei verschiedenen Eigenschaften: Wille und Vorstellungskraft (Imagination). Der Wille ist die männliche Kraft. Er steht mit den Sonnenkräften in Verbindung. Die schöpferische Phantasie (Imagination) ist die weibliche Kraft. Sie ist immer mit den Mondkräften verbunden. Dies erklärt die phantasievolle Neigung der Frau und die besondere Kraft, die der Mond über den weiblichen Organismus ausübt.

Als die Materie, aus der die Erde und später der Mond gebildet wurden noch ein Teil der Sonne war, ist der Körper des werdenden Menschen noch formbar gewesen. Die Kräfte jenes Teils, die später Sonne wurden, und jene, die jetzt Mond sind, arbeiteten bereitwillig in allen Körpern, so daß der Mensch der Hyperboreischen Epoche ein Hermaphrodit und somit fähig war, ohne Mithilfe eines anderen Wesens aus sich heraus zu gebären.

Als sich die Erde von der Sonne trennte und kurz danach den Mond abstieß, fanden die Kräfte dieser zwei Himmelslichter nicht in allen Menschen den gleichen Ausdruck wie bisher. Einige Körper wurden empfänglicher für die Einflüsse der Sonne, die anderen für die des Mondes.

Der Einfluß des Mars

Während des Teils der Erdperiode, welcher der Trennung der Geschlechter voranging - d.h. während der dreieinhalb Kreisläufe, die zwischen der Zeit, als der Mars (von der Sonne) abgestoßen wurde und dem Beginn der Lemurischen Epoche liegen - bewegte sich der Mars in einer anderen Umlaufbahn als in der gegenwärtigen. Seine Aura (jener Teil seiner feineren Träger, der über den dichten Planeten hinausragt), durchdrang den Körper des Zentralplaneten und polarisierte darin das Eisen.

Da Eisen zur Erzeugung des roten, warmen Blutes unbedingt erforderlich ist, waren alle Wesen kaltblütig, besser gesagt, die flüssigen Teile der Körper waren nicht wärmer als die sie umgebende Atmosphäre.

Als sich die Erde von der Zentralsonne loslöste, veränderte dieses Ereignis die Bahnen der Planeten, und so wurde der Einfluß des Mars auf das Eisen der Erde auf ein Minimum herabgesetzt. Schließlich zog der Planetengeist des Mars den Rest dieses Einflusses ganz zurück. Auch wenn sich die Empfindungskörper der Erde und des Mars noch immer durchdringen, hat die dynamische Kraft des Mars auf das Eisen - ein Marsmetall - aufgehört, und Eisen stand zur Verwendung auf unserem Planeten zur Verfügung.

Eisen ist wahrhaftig die Grundlage zur getrennten Existenz. Ohne das Eisen wäre das rote, wärmespendende Blut eine Unmöglichkeit, und das Ego hätte im Körper keinen Halt. Als sich - im späteren Teil der Lemurischen Epoche - das rote Blut entwickelte, nahm der Körper eine aufrechte Haltung an. Die Zeit war gekommen, wo das Ego beginnen konnte, ihn zu bewohnen und zu beherrschen.

Aber in diesem Körper zu wohnen, ist nicht das Ende und das Ziel der Evolution. Der dichte Körper ist nur ein Mittel, ein Instrument, durch das sich das Ego in der Physischen Welt besser ausdrücken kann. Zu diesem Zweck mußten Sinnesorgane, Kehlkopf und vor allem ein Gehirn erbaut und vervollkommnet werden.

Während des früheren Teils der Hyperboreischen Epoche, als die Erde noch mit der Sonne verbunden war, versorgten die Sonnenkräfte den Menschen mit all der von ihm benötigten Nahrung. Den Überschuß strahlte er unbewußt zum Zweck der Fortpflanzung aus.

Als das Ego von seinen Trägern Besitz ergriff, wurde es erforderlich, einen Teil dieser Kräfte zum Aufbau des Gehirns und des Kehlkopfes zu verwenden, der ursprünglich ein Teil des schöpferischen Organs war. Der Kehlkopf wurde gebildet, als sich der dichte Körper noch in der bereits beschriebenen ballonförmigen, zusammengekrümmten Gestalt befand, die jetzt noch die Form des menschlichen Embryos ist. Als sich der dichte Körper streckte und aufrichtete, blieb ein Teil des schöpferischen Organs beim oberen Teil des dichten Körpers und wurde später zum Kehlkopf.

So kam es zur Teilung der zweifachen schöpferischen Kraft, die bisher nur in einer Richtung zu dem Zweck gewirkt hatte, ein anderes Geschöpf zu erzeugen. Ein Teil wurde aufwärts gerichtet, um das Gehirn und den Kehlkopf zu bilden, durch die das Ego fähig werden sollte, zu denken und seine Gedanken anderen mitzuteilen.

Als Resultat dieser Veränderung steht jedem Individuum nur ein Teil der zur Schaffung eines anderen Wesens benötigten Kraft zur Verfügung. Von da an war es für jeden Menschen (zur Zeugung neuer Körper erforderlich, die Mitwirkung eines anderen zu suchen, der den ihm fehlenden Teil dieser Zeugungskraft besaß.

So erwarb das sich entwickelnde Wesen auf Kosten der einen Hälfte seiner schöpferischen Kraft ein Gehirnbewußtsein der Außenwelt. Vor dieser Zeit verwendete es beide Teile dieser Kraft in sich, um ein anderes Wesen auf die Welt zu bringen. Als Folge dieser Veränderung entwickelte es jedoch die Kraft, Gedanken hervorzubringen und auszudrücken. Vorher war es nur Schöpfer in der Physischen Welt. Seit damals wurde es fähig, in den drei Welten zu schaffen.

Die Rassen und ihre Führer

Bevor wir die Entwicklung der Lemurier eingehend betrachten, scheint es angebracht, einen allgemeinen Überblick über die Rassen und ihre Führer zu gewinnen.

Einige sehr wertvolle Werke über Okkultismus, die der Öffentlichkeit die Lehren östlicher Weisheit vermitteln, enthielten dennoch gewisse Fehler, infolge Mißverstehens jener, die das Glück hatten, diese Lehren zu empfangen. Alle Bücher, die nicht unmittelbar von den Älteren Brüdern geschrieben wurden, enthalten wahrscheinlich solche Irrtümer. Betrachtet man die außerordentliche Kompliziertheit und Vielfältigkeit dieses Themas, wundert man sich nicht, daß Fehler unterlaufen, sondern nur darüber, daß sie nicht häufiger auftreten. Daher maßt sich der Verfasser auch nicht an, zu kritisieren; denn vielleicht enthält dieses Werk zahlreichere und ernsthaftere, aus eigenem Mißverstehen der Lehren entspringende Fehler. Auf den folgenden Seiten gibt er einfach wieder, was er erhalten hat, um zu zeigen, wie die verschiedenen (und anscheinend so gegensätzlichen) Lehren zwei so wertvoller Werke wie „Die Geheimlehre" von H. P. Blavatzky und „Esoterischer Buddhismus" von A. P. Sinnett in Einklang gebracht werden können.

Der Teil der menschlichen Evolution, der von der Lebenswoge während des gegenwärtigen Aufenthaltes auf unserer Erde vollendet werden soll, läßt sich in sieben große Stufen oder Epochen einteilen. Sie können eigentlich nicht Rassen genannt werden. Bis zum Ende der Lemurischen Epoche erscheint nichts, worauf diese Bezeichnung richtig anzuwenden wäre. Von dieser Zeit an folgen einander verschiedene Rassen durch die Atlantische und Arische Epoche. Sie werden sich auch noch geringfügig in die sechste, große Epoche erstrecken.

Die Gesamtzahl der vergangenen, gegenwärtigen und zukünftigen Rassen in unserem Evolutionsplan ist sechzehn, eine gegen Ende der Lemurischen Epoche, sieben während der Atlantischen, weitere sieben in unserer Arischen und eine zu Beginn der sechsten Epoche. Nach dieser Zeit wird nichts mehr bestehen, das Rasse genannt werden könnte.

In den Perioden, die der Erdperiode vorangingen, gab es keine Rassen. Es wird auch in den folgenden Perioden keine geben. Nur hier im eigentlichen Nadir der physischen Existenz ist der Unterschied zwischen Mensch und Mensch groß genug, um die Trennung in Rassen zu rechtfertigen.

Die unmittelbaren Führer der Menschheit (abgesehen von den Schöpferischen Hierarchien) waren auf dem Evolutionspfad viel weiter fortgeschritten als der Mensch. Sie halfen ihm bei seinen ersten schwankenden Schritten in der Evolution, nachdem die Involution ihn mit den nötigen Trägern versehen hatte. Sie kamen zu diesem Liebesdienst von den zwei Planeten, die zwischen Erde und Sonne liegen, von Venus und Merkur.

Die Wesen, die Venus und Merkur bewohnen, sind nicht ganz so weit fortgeschritten wie die, deren gegenwärtiges Entwicklungsfeld die Sonne ist; doch sind sie viel weiter fortgeschritten als unsere Menschheit. Daher blieben sie etwas länger bei der Zentralmasse als die Bewohner der Erde. Aber an einem gewissen Punkt erforderte ihre Entwicklung getrennte Schauplätze. So wurden diese zwei Planeten, zuerst Venus, und dann Merkur, abgestoßen. Jedem wurde zum Zentralgestirn die Entfernung zugewiesen, die ihm die zu seiner Evolution erforderliche Schwingungszahl sicherte. Die Bewohner des Merkur sind am fortgeschrittensten und daher der Sonne am nächsten.

Einige Bewohner von jedem Planeten wurden auf die Erde gesandt, um der werdenden Menschheit zu helfen. Sie sind den Okkultisten als „Herren der Venus" und „Herren des Merkur" bekannt.

Die Herren der Venus waren die Führer der Volksmassen. Sie waren tieferstehende Wesen der Venusentwicklung, die unter den Menschen erschienen und als „Botschafter der Götter" bekannt waren. Sie führten und leiteten unsere Menschheit Schritt für Schritt zu ihrem Besten. Gegen ihre Autorität gab es keine Auflehnung; denn der Mensch hatte noch keinen unabhängigen Willen entwickelt. Er sollte auf die Stufe gebracht werden, auf der er fähig sein würde, Wille und Urteilsvermögen zu äußern. Sie führten ihn, bis er in der Lage war, es selbst zu tun.

Es war bekannt, daß diese Botschafter mit den Göttern verkehrten. Sie wurden hoch verehrt. Ihre Befehle wurden, ohne zu fragen, befolgt.

Als die Menschheit durch Anleitung dieser Wesen eine gewisse Entwicklungsstufe erreicht hatte, kamen die Fortgeschrittensten unter die Führung der „Herren des Merkur", die sie in die höheren Wahrheiten einweihten, um sie zu Führern der Völker zu machen. Diese Eingeweihten wurden dann zur Königswürde erhoben und waren die Begründer der Dynastien göttlicher Herrscher, die in der Tat Könige „von Gottes Gnaden" waren, d.h. durch die Gnade der Herren der Venus und des Merkur, die der kindlichen Menschheit als Götter erscheinen mußten. Sie führten und unterrichteten die Könige zum Wohle der Völker und nicht zur Selbstverherrlichung und Anmaßung von Rechten auf deren Kosten.

Zu jener Zeit hatte ein Herrscher das heilige Vertrauensamt inne, sein Volk zu unterrichten, ihm zu helfen, Gerechtigkeit zu üben und Wohlergehen zu fördern. Er hatte das Licht Gottes, das ihm Weisheit verlieh und sein Urteil bestimmte. Daher gediehen alle Dinge unter der Herrschaft dieser Könige. Es war in der Tat ein goldenes Zeitalter. Und doch werden wir sehen, wenn wir die Menschheitsentwicklung im einzelnen verfolgen, daß die gegenwärtige Phase oder Periode der Evolution, nur im materiellen Sinn, ein goldenes Zeitalter genannt werden kann. Dennoch ist sie erforderlich, um den Menschen zu dem Punkt zu bringen, von dem aus er fähig sein wird, sich selbst zu beherrschen. **Selbstbeherrschung ist der Zweck und das Ziel aller Herrschaft. Kein Mensch kann gefahrlos unbeherrscht bleiben, der nicht gelernt hat, sich selbst zu beherrschen.** Im gegenwärtigen Entwicklungsstadium ist dies die schwerste Aufgabe, die ihm gestellt werden konnte. Es ist leicht, anderen zu befehlen, aber schwer, sich selbst Gehorsam abzuringen.

Der Einfluß des Merkur

Die Absicht der Herren des Merkur jener Zeit und aller Hierophanten der Mysterien seit damals, sowie aller okkulten Schulen unserer Tage war und ist, dem Kandidaten die Kunst der Selbstbeherrschung zu lehren. In dem Maß, wie ein Mensch gelernt hat, sich selbst zu meistern, **und nur in diesem Maß** ist er berechtigt, über andere zu herrschen. Wären die gegenwärtigen Herrscher der Massen fähig, **sich selbst** zu beherrschen, so hätten wir wieder ein Millenium oder goldenes Zeitalter.

So wie die Herren der Venus vor grauen Zeiten an den Massen gearbeitet hatten, so wirken jetzt die Herren des Merkur an den Individuen. Sie erziehen sie zur Selbstbeherrschung und (übrigens nicht in erster Linie) zur Herrschaft über andere. Ihr Wirken ist nur der Beginn von dem, was in den restlichen dreieinhalb Kreisläufen der Erdperiode einen zunehmenden Einfluß des Merkur darstellt.

Während der ersten dreieinhalb Kreisläufe hatte der Mars die Herrschaft. Er polarisierte das Eisen, verhinderte die Bildung des roten Blutes und hielt das Ego davon zurück, sich im Körper einzuschließen, bevor er die erforderliche Entwicklungsstufe erreicht hatte.

In den letzten dreieinhalb Kreisläufen wird Merkur tätig sein, um das Ego durch Einweihung aus seinem dichtesten Träger zu befreien.

Übrigens polarisierte Mars das Eisen, so wie Merkur das Quecksilber polarisiert hat, das seinen Namen trägt. Die Wirkungsweise dieses Metalls kennzeichnet sehr gut die Tendenz, den Geist vom dichten Körper zu befreien.

Jene gefürchtete Krankheit, die Syphilis, ist ein Beispiel des Zustandes, in dem das Ego nahezu krampfhaft im Körper gefesselt und darin eingekerkert ist. Eine ausreichende Gabe Quecksilber erleichtert den Zustand. Es vermindert den Einfluß des Körpers auf das Ego und überläßt es innerhalb des Körpers jener relativen Freiheit, der sich der normale Mensch erfreut. Andererseits aber verursacht eine Überdosis Quecksilber Lähmung, indem es den dichten Körper in ungeeigneter Weise vom Ego trennt.

Die Herren des Merkur lehrten den Menschen, seinen Körper nach Belieben zu verlassen und wieder zu betreten, in seinen höheren Trägern unabhängig vom dichten Körper zu handeln, so daß dieser zu einem freien Wohnhaus, anstatt zu einem fest verschlossenen Gefängnis, zu einem nützlichen Instrument, anstatt zu einer hemmenden Fessel wird.

Deshalb spricht die okkulte Wissenschaft von der Erdperiode als einer Mars-Merkur-Periode, und man kann in Wahrheit behaupten, daß wir im Mars gewesen sind und zum Merkur gehen, wie eines der früher erwähnten okkulten Werke lehrt. Es ist aber ebenso wahr, daß wir niemals den Planeten Mars bewohnt haben. Auch werden wir die Erde in

Zukunft nicht verlassen, um unseren Wohnsitz auf dem Planeten Merkur aufzuschlagen, wie es das andere erwähnte Werk feststellt, in der Absicht, den Irrtum des ersteren zu berichtigen.

Merkur, der sich jetzt in der Verdunkelung befindet, übt einen sehr geringen Einfluß auf uns aus. Doch taucht er aus einer planetarischen Ruhe auf, und sein Einfluß wird, als ein Faktor in unserer Entwicklung, im Laufe der Zeit immer deutlicher werden. Die künftigen Rassen werden von den Merkurianern viel Hilfe erfahren und die Menschen noch späterer Epochen und Kreisläufe sogar noch mehr.

Die Lemurische Rasse

Wir sind nunmehr in der Lage, die folgenden Informationen über die Menschen zu verstehen, die **im späteren Teil** der Lemurischen Epoche lebten, und die wir die Lemurische Rasse nennen.

Die Atmosphäre von Lemurien war noch sehr dicht, etwa wie der Feuernebel der Mondperiode, jedoch dichter. Die Erdkruste begann gerade an manchen Stellen ganz hart und fest zu werden, während sie an anderen Stellen noch feurig war. Zwischen Inseln von Erdkrusten war ein Meer brodelnden, siedenden Wassers. Vulkanische Ausbrüche und Katastrophen kennzeichneten diese Zeit, als die inneren Feuer schwer gegen die Bildung der sie umgebenden Mauern kämpften, die sie gefangennehmen sollten.

Auf den härteren und verhältnismäßig kühleren Stellen lebte der Mensch, umgeben von Riesenfarnwäldern und Tieren von ungeheurer Größe. Die Körper der Menschen und Tiere waren noch sehr formbar. Das Skelett war ausgebildet, und der Mensch hatte große Fähigkeiten, das Fleisch seines eigenen Körpers und das der ihn umgebenden Tiere zu formen.

Vom Augenblick seiner Geburt an konnte er hören und fühlen, seine Lichtwahrnehmungen kamen jedoch erst später hinzu. Wir haben analoge Fälle bei Tieren, wie bei Hunden und Katzen, deren Junge den Gesichtssinn erst einige Zeit nach der Geburt erlangen. Die Lemurier hatten keine Augen. Sie hatten zwei empfindliche Flecken, die durch das Sonnenlicht beeinflußt wurden, das schwach durch die feurige Atmosphäre des alten Lemurien schien. Das Sehvermögen, wie wir es heute besitzen, erlangte der Mensch aber erst gegen Ende der Atlantischen Epoche. Bis zu dieser Zeit wurde ständig an der Gestaltung des Auges weiter gearbeitet. Solange die Sonne im Innern war, und die Erde einen Teil dieser lichtspendenden Masse bildete, brauchte der Mensch keine äußere Beleuchtung; er war selbst leuchtend. Als aber die dunkle Erde von der Sonne getrennt wurde, war es erforderlich, das Licht zu sehen. Daher nahm der Mensch die auf ihn treffenden Lichtstrahlen wahr. Die Natur schuf das Auge als Lichtwahrnehmer, als Reaktion der Inanspruchnahme der bereits bestehenden Funktion, was immer der Fall ist, wie Prof. Huxley so glänzend bewiesen hat. Die Amöbe hat keinen Magen; und doch verdaut sie. Sie ist ganz Magen. Die Notwendigkeit, Nahrung zu verdauen, schuf im Laufe der Zeit den Magen. Die Verdauung jedoch fand statt, bevor der Ernährungskanal gebildet war. Ähnlich rief die Lichtwahrnehmung die Erbauung des Auges hervor. Das Licht selbst erbaut und erhält das Auge. Wo kein Licht ist, kann auch kein Auge sein. In Fällen, wo Tiere sich zurückgezogen, in Höhlen gelebt und sich vom Licht ferngehalten haben, degenerierten und verkümmerten die Augen, weil keine Lichtstrahlen vorhanden waren, um sie zu erhalten, und in dunklen Höhlen keine Augen gebraucht wurden. Der Lemurier benötigte Augen; er hatte eine Lichtwahrnehmung, und das Licht begann das Auge als Reaktion auf seine Forderung, zu erbauen.

Seine Sprache bestand aus Lauten, ähnlich denen der Natur. Das Seufzen des Windes in den riesigen Wäldern, die in großer Üppigkeit in diesem subtropischen Klima wuchsen, das Murmeln des Baches, das

Heulen des Sturmes - denn Lemurien war sturmdurchbraust - der Donner des Wasserfalls und das Grollen des Vulkans waren ihm Stimmen der Götter, als deren Abkömmling er sich verstand.

Von der Geburt seines Körpers wußte er nichts. Er konnte weder ihn noch irgend etwas anderes **sehen.** Doch seine Mitgeschöpfe **nahm er wahr.** Es war jedoch eine innere Wahrnehmung, so wie unsere von Menschen und Dingen in Träumen, nur mit dem wichtigen Unterschied, daß seine Traumwahrnehmung klar und vernünftig war.

So wußte er überhaupt nichts von seinem Körper, ja nicht einmal, daß er einen Körper besaß, so wie wir uns des Besitzes unseres Magens nicht bewußt sind, solange er gesund ist. Wir bemerken erst seine Existenz, wenn uns ein Mißbrauch dort Schmerzen empfinden läßt. Unter normalen Umständen ist uns seine Wirkungsweise vollkommen unbewußt. So ähnlich diente der Körper dem Lemurier ganz ausgezeichnet, obwohl er von dessen Existenz nichts wußte. Schmerz war das Mittel, dem Menschen seinen Körper und die Außenwelt bewußt zu machen.

Alles in Verbindung mit der Fortpflanzung der Rasse und mit der Geburt wurde unter der Leitung der Engel und Jehovas Führung, des Regenten des Mondes, ausgeführt. Die Zeugungstätigkeit wurde jährlich zu bestimmten Zeiten vollzogen, wenn sich die von Planet zu Planet fließenden Kraftlinien im richtigen Winkel in einem Brennpunkt vereinigten. So begegnete die Schöpferische Kraft keinem Widerstand und das Gebären war schmerzlos. Der Mensch war sich der Geburt nicht bewußt, weil er zu dieser Zeit so wenig von der Physischen Welt wußte, wie wir heute während des Schlafes. Nur durch die innige Berührung bei der geschlechtlichen Verbindung wurde sich der Geist des Fleisches bewußt, und der Mann „erkannte" seine Frau. Das zeigt sich in solchen Bibelstellen wie „Adam **erkannte** Eva und sie gebar Seth", „Elkanah **erkannte** Hannah und sie gebar Samuel", sowie in Marias

Frage: „Wie soll ich empfangen, da ich keinen Mann **kenne**?" Das ist auch der Schlüssel zur Bedeutung des „Baumes der Erkenntnis", dessen Früchte Adam und Eva die Augen öffneten, so daß ihnen das Gute und Böse bewußt wurde. Vorher hatten sie nur das Gute gekannt. Als sie aber begannen, die schöpferische Tätigkeit selbständig auszuüben, wußten sie, wie ihre Nachkommen, nichts von Sterneneinflüssen. Jehovas vermeintlicher Fluch war keineswegs ein Fluch. Es war nur eine reine Feststellung der Folge, die unvermeidlich eintreten mußte, wenn die Zeugungskräfte gebraucht wurden, ohne den Einfluß der Gestirnsstrahlungen auf die Kindesgeburt in Betracht zu ziehen.

Somit ist in erster Linie die unwissentlich angewandte Zeugungskraft für Schmerz, Krankheit und Kummer verantwortlich.

Der Lemurier kannte keinen Tod. Wenn sein Körper im Laufe eines hohen Alters dahinwelkte, trat er in einen anderen ein. Diese Veränderung war ihm vollkommen unbewußt. Sein Bewußtsein war nicht auf die Physische Welt gerichtet. Daher bedeutete für ihn das Ablegen eines Körpers und das Aufnehmen eines anderen nicht mehr als das Abfallen eines welkenden Blattes oder Zweiges von einem Baum und deren Ersatz durch neues Wachstum.

Die Sprache war den Lemuriern etwas Heiliges. Sie war keine tote Sprache wie die unsere, kein bloßes, wohlgeordnetes Aneinanderreihen von Lauten. Jeder Ton, der vom Lemurier geäußert wurde, hatte Gewalt über seine Mitgeschöpfe, über die Tiere und selbst über die ihn umgebende Natur. Deshalb wurde unter der Leitung der Herren der Venus, welche die Boten Gottes, die Vermittler der Schöpferischen Hierarchien waren, die Kraft der Rede mit großer Ehrfurcht als etwas höchst Heiliges angewandt.

Die Erziehung der Knaben unterschied sich wesentlich von derjenigen der Mädchen. Die lemurische Erziehungsmethode erscheint unserer verfeinerten Sensibilität empörend. Um die Gefühle des Lesers zu schonen, soll nur das am wenigsten Grausame berührt werden. Bei ihrer außerordentlich streng erscheinenden Erziehung muß man bedenken, daß der lemurische Körper nicht annähernd so feinfühlig war, wie die menschlichen Körper unserer Tage. Auch konnte das überaus trübe Bewußtsein nur durch die härtesten Maßnahmen beeinflußt werden. Als im Laufe der Zeit das Bewußtsein mehr und mehr erwachte, wurden solche, damals angewandten strengen Maßregeln unnötig und verschwanden. Zu jener Zeit aber waren sie unentbehrlich, um die schlummernden geistigen Kräfte zum Bewußtsein der Außenwelt zu erwecken.

Die Erziehung der Knaben hatte als besonderes Ziel die Entwicklung des Willens. Sie wurden veranlaßt, sich gegenseitig zu bekämpfen. Diese Kämpfe waren außerordentlich brutal. Sie wurden gepfählt und mußten, obwohl sie die volle Macht besaßen, sich zu befreien, trotz des Schmerzes auf den Pfählen bleiben, um dadurch Willenskraft zu üben. Sie lernten, ihre Muskeln zu spannen und durch Willenstraining ungeheure Lasten zu tragen.

Die Erziehung der Mädchen diente dem Zweck, die Entwicklung der Vorstellungsfähigkeit zu fördern. Sie wurden auch einer strengen und harten Behandlung unterzogen. Die Mädchen wurden in die großen Wälder hinausgeschickt, um die Klänge des Windes in den Baumwipfeln auf sich wirken zu lassen und den heftigen Ausbrüchen der Fluten und des Sturmes zu lauschen. So verlernten sie die Furcht vor diesen Ausbrüchen der Natur und erfuhren die erhabene Größe der kämpfenden Elemente. Die häufigen vulkanischen Ausbrüche wurden als Erziehungsmittel besonders hoch geschätzt. Sie waren für die Erweckung der Fähigkeit des Gedächtnisses besonders förderlich.

Solche Erziehungsmethoden kämen in unseren Tagen nicht mehr in

Betracht. Sie machten jedoch den Lemurier nicht morbid, weil er kein Gedächtnis hatte. Alle schmerzlichen und entsetzlichen Erlebnisse waren vergessen, sobald sie vorüber waren. Die oben erwähnten schmerzlichen Erfahrungen dienten zur Entwicklung des Gedächtnisses. Die heftigen und unaufhörlich wiederholten Eindrücke von außen sollten sich dem Gehirn einprägen, denn das Erinnerungsvermögen ist erforderlich, damit Erfahrungen der Vergangenheit als Richtschnur für Handlungen genutzt werden können

Die Erziehung der Mädchen entwickelte das erste, keimende flackernde Gedächtnis. **Der erste Begriff von Gut und Böse wurde von ihnen gebildet;** denn ihre Erfahrungen wirkten hauptsächlich auf die Vorstellungskraft. Die Erlebnisse, die am wahrscheinlichsten eine Erinnerung zurücklassen, hielt man für „gut", solche, die nicht zu diesem vielgewünschten Resultat führten, galten als „schlecht".

So wurde die Frau Wegbereiterin der Kultur; denn sie war die erste, welche die Idee „eines guten Lebens" entwickelte. Sie wurde die geachtete Vertreterin der Alten und hat seitdem in dieser Hinsicht würdig die Führung behalten. Da jedes Ego abwechselnd als Mann oder Frau wiedergeboren wird, gibt es selbstverständlich keinen wirklichen Vorrang. Es ist einfach so, daß diejenigen, die zu einer gegebenen Zeit im dichten Körper als Frau leben, einen positiven Lebensleib haben und daher geistigen Einflüssen zugänglicher sind als solche, bei denen der Lebensleib negativ ist wie beim Mann.

Wie wir gesehen haben, war der Lemurier der geborene Magier. Er fühlte sich als Abkömmling der Götter, als geistiges Wesen; daher war das Ziel seines Fortschrittes nicht der Gewinn geistiger, sondern **materieller** Kenntnisse. Die Einweihungstempel für die Fortgeschrittensten brauchten dem Menschen seinen hohen Ursprung nicht erst zu offenbaren oder ihn zur Ausübung magischer Kräfte zu erziehen, ihn zu lehren, wie er in der Empfindungswelt und den höheren Welten zu handeln habe. Dieser Unterricht ist heute erforderlich, weil der Durchschnittsmensch weder Kenntnisse der geistigen Welt besitzt, noch in überphysischen Welten wirken kann. Der Lemurier jedoch besaß dieses Wissen auf seine Weise, und konnte diese Fähigkeiten ausüben. Andererseits aber kannte er weder die Gesetze des Kosmos noch die bei uns allgemein bekannten, zum Alltagswissen gehörenden Angelegenheiten der Physischen Welt. Deshalb lehrte man ihn in den Einweihungsschulen die Kunst, die Naturgesetze und die Fakten, die sich auf die Physische Welt beziehen. Sein Wille wurde gestärkt, seine Vorstellungskraft und sein Gedächtnis erweckt, so daß er Erfahrungen aufeinander abstimmen, Wege und Mittel zu Handlungen ausdenken konnte, wenn seine vergangenen Erfahrungen ihm keine geeignete Verfahrensweise aufzeigten. So waren die Einweihungstempel der Lemurischen Epoche hohe Schulen zur Pflege der Willenskraft und der Imagination mit „weiterführenden Kursen" in Kunst und Wissenschaft.

Obwohl der Lemurier der geborene Magier war, mißbrauchte er seine Kräfte niemals, denn er fühlte sich mit den Göttern verwandt. Unter der Anleitung der Botschafter der Götter, von denen bereits die Rede war, wurden seine Kräfte darauf gerichtet, Formen in der Tier- und Pflanzenwelt zu bilden. Für den Materialisten mag es schwer zu verstehen sein, wie er diese Arbeit verrichten konnte, ohne die ihn umgebende Welt zu sehen. Es ist wahr, daß der Mensch nicht so „sehen" konnte, wie wir heute den Ausdruck verstehen und nicht in der Lage war, die Gegenstände mit seinen physischen Augen im Raum - außerhalb - wahrzunehmen. Und doch, so wie die reinsten unserer Kinder noch heute hellsichtig sind, solange sie im Zustand sündloser Unschuld bleiben, so besaßen die Lemurier, die noch rein und sündlos waren, eine innere Wahrnehmung. Sie gab ihnen nur eine schwache Vorstellung von der **„äußeren"** Gestalt eines Gegenstandes, doch leuchtete seine innere Natur und Seeleneigenschaft durch eine aus unschuldiger Reinheit geborene, geistige, bewußte Wahrnehmung um so heller.

Aber Unschuld (innocence) ist nicht gleichbedeutend mit Tugend. Unschuld ist das Kind der Unwissenheit. Sie konnte in einem Weltall, dessen Evolutionsziel die Erlangung von Weisheit ist, nicht bestehen bleiben. Um dieses Ziel zu erreichen, ist Kenntnis von Gut und Böse, von Recht und Unrecht, sowie die Wahl der Handlung unbedingt erforderlich.

Wenn der Mensch das Wissen besitzt und die Wahl hat, sich auf die Seite des Guten und Rechten zu stellen, so pflegt er Tugend und Weisheit. Wenn er der Versuchung unterliegt, und wissentlich Unrecht begeht, so fördert er das Laster.

Gottes Plan kann dennoch nicht zunichtegemacht werden. Jede Handlung ist ein Saatgrund für das Gesetz der Ursache und Wirkung. Wir ernten, was wir säen. Das Unkraut falscher Handlungen trägt Blüten des Kummers und des Leids, und wenn seine Samen in ein geläutertes Herz fallen, sie durch Reuetränen begossen wurden, wird daraus schließlich die Tugend erblühen. Welch gesegnete Verheißung, daß aus jedem von uns begangenen Übel letztlich Gutes entstehen wird; denn im Königreich unseres Vaters kann nur das Gute Bestand haben.

Deshalb ist der „Fall" mit seinem nachfolgenden Schmerz und Leid nur ein vorübergehender Zustand, in dem wir durch ein dunkles Glas sehen. Bald aber werden wir den Gott im Inneren und Äußeren von Angesicht zu Angesicht schauen. Er wird immer von denen wahrgenommen, die reinen Herzens sind.

Der Fall des Menschen

Dieser „Fall" wird kaballistisch als die Erfahrung eines Paares beschrieben, das selbstverständlich die Menschheit darstellt. Der Schlüssel wird in dem Vers gegeben, in dem der Botschafter der Götter zur Frau sagt: „In Schmerzen sollst du gebären". Den Schlüssel finden wir auch im Satz vom Tod, der gleichzeitig verkündet wurde.

DIE EVOLUTION AUF DER ERDE

Es konnte beobachtet werden, daß vor dem Fall das Bewußtsein nicht auf die Physische Welt gerichtet war. Der Mensch war sich der Fortpflanzung, der Geburt und des Todes nicht bewußt. Die Engel, die den Lebensleib (das Mittel der Fortpflanzung) in ihrer Obhut haben, und an ihm arbeiten, regelten die Fortpflanzungstätigkeit und führten die Geschlechter zu bestimmten Jahreszeiten zusammen, wobei sie sich der Sonnen- und Mondkräfte bedienten, wenn deren Bedingungen für die Befruchtung am günstigsten waren. Anfänglich erfolgte die Vereinigung den Teilnehmern unbewußt, doch später bewirkte sie ein augenblickliches physisches Erkennen. Damals bereitete die Zeit der Schwangerschaft keine Unannehmlichkeiten. Das Gebären geschah schmerzlos, während eines tiefen Schlafes der Mutter. Geburt und Tod verursachten keinen Bruch im Bewußtsein und bestanden daher nicht für die Lemurier.

Ihr Bewußtsein war nach innen gerichtet. Sie nahmen physische Dinge auf eine geistige Art und Weise wahr, so wie wir sie in einem Traum erleben, wobei sich alles, was wir sehen, in uns befindet.

Als ihre Augen „geöffnet wurden", und ihr Bewußtsein nach außen auf die Wirklichkeiten der Physischen Welt gerichtet wurde, änderten sich die Bedingungen. Die Fortpflanzung wurde nicht mehr durch die Engel, sondern durch den Menschen selbst gelenkt, der die Wirkung der Sonnen- und Mondkräfte nicht kannte. Auch mißbrauchte er die Geschlechtsfunktion zur Befriedigung der Sinnenlust. Die Folge war, daß Schmerzen den Geburtsvorgang begleiteten. Von nun an konzentrierte sich das Bewußtsein des Menschen auf die physische Welt, auch wenn er alle Dinge bis gegen das Ende der Atlantischen Epoche nicht klar umrissen wahrnahm. Nach und nach erlebte er den Tod durch den entstandenen Bruch in seinem Bewußtsein, als dieses beim Tod in die höheren Welten übertragen und bei der Wiedergeburt in die physische Welt zurückversetzt wurde.

Das „Öffnen der Augen" ging folgendermaßen vor sich. Wir erinnern uns, daß bei der Trennung der Geschlechter der Mann Ausdruck des Willens wurde, der einen Teil der zweifachen Seelenkraft darstellt. Die Frau verkörpert den anderen Teil, die Vorstellungskraft (imagination). Wäre die Frau nicht phantasievoll, könnte sie den neuen Körper in der Gebärmutter nicht aufbauen. Und wäre der Same keine Verkörperung des konzentrierten menschlichen Willens, könnte er weder die Befruchtung vollbringen, noch den Keimprozeß beginnen, der sich in der fortgesetzten Zellteilung des Eies äußert.

Diese Zwillingskräfte, Wille und Imagination, sind beide zur Zeugung von Körpern erforderlich. Seit der Trennung der Geschlechter verbleibt jedoch eine dieser Kräfte in jedem Individuum. Nur der ausgegebene Teil steht zur Fortpflanzung zur Verfügung. Daher ist es für das eingeschlechtliche, nur eine Art der Seelenkraft ausdrückende Wesen erforderlich, sich mit einem anderen zu verbinden, das die ergänzende Seelenkraft darstellt. Das wurde früher erläutert, ebenso, daß der zur Fortpflanzung nicht verwendete Teil der Seelenkraft für das **innere** Wachstum zur Verfügung steht. Solange der Mensch die volle zweifache Geschlechtskraft zur Zeugung verwendete, konnte er nichts für sein eigenes Seelenwachstum vollbringen. Seitdem aber wurde der durch die Geschlechtsorgane nicht benutzte Teil vom innewohnenden Geist verwendet, um das Gehirn und den Kehlkopf zu seinem Ausdruck zu erbauen.

So bildete sich der Mensch weiter durch den späteren Teil der Lemurischen Epoche und durch die beiden ersten Drittel der Atlantischen Epoche, bis er durch den vorerwähnten Gebrauch seiner halben Geschlechtskraft ein vollbewußtes, denkendes und urteilendes Geschöpf wurde.

Beim Menschen ist das Gehirn das Bindeglied zwischen dem Geist und der Außenwelt. Nur durch die Vermittlung des Gehirns kann er etwas von der Außenwelt wissen. Die Sinnesorgane sind lediglich die Übermittler äußerer Eindrücke auf das Gehirn, welches das Instrument ist, das diese Eindrücke auswertet und koordiniert. Die Engel gehörten einer anderen Evolution an. Sie waren niemals in einem so dichten und schwerfälligen, langsamen Träger wie dem unseren eingesperrt. Sie hatten gelernt, ohne physisches Gehirn Wissen zu erlangen. Ihr niederster Träger ist der Lebensleib. Weisheit erhielten sie geschenkt, ohne sich diese mühsam durch ein physisches Gehirn erarbeiten zu müssen.

Der Mensch hingegen mußte „in die Fortpflanzung fallen", und sich Wissen erarbeiten. Der Geist erbaute durch den nach innen gerichteten Teil der Geschlechtskraft das Gehirn, um Kenntnisse von der physischen Welt zu sammeln. Dieselbe Kraft nährt und erbaut das Gehirn auch heute. Diese Kraft wird jedoch von ihrer eigentlichen Bahn insofern abgelenkt, als sie sich zur Fortpflanzung hätte nach außen richten sollen. Doch der Mensch hält sie zu selbstsüchtigen Zwecken zurück; nicht so die Engel. Sie hatten keine Trennung ihrer Seelenkräfte durchgemacht und konnten deshalb die zweifache Seelenkraft **ohne selbstsüchtigen Vorbehalt** ausgeben.

Die nach außen gehende, ein anderes Wesen schaffende Kraft ist Liebe. Die Engel sandten ihre **ganze Liebe ohne Selbstsucht oder Begierde** aus. Dafür strömte Kosmische Weisheit in sie hinein.

Der Mensch gibt nur einen Teil seiner Liebe hin. Den Rest behält er selbstsüchtig zurück und verwendet ihn, um seine inneren Ausdrucksorgane zu erbauen, um **sich selbst** zu verbessern. So wird seine Liebe egoistisch und sinnlich. Mit einem Teil seiner schöpferischen Seelenkraft liebt er selbstsüchtig ein anderes Wesen, weil er Mitwirkung zur Fortpflanzung wünscht. Mit dem anderen Teil seiner schöpferischen Seelenkraft denkt er (ebenfalls aus egoistischen Gründen), weil er Wissen begehrt.

Die Engel lieben ohne Begierde. Der Mensch aber muß durch die Selbstsucht hindurchgehen. Er muß egoistisch begehren und für Weisheit selbstsüchtig tätig sein, damit er die Selbstlosigkeit auf einer höheren Stufe erreichen kann.

Die Engel halfen ihm, sich fortzupflanzen, selbst nach dem Mißbrauch eines Teils seiner Seelenkraft. Sie unterstützten ihn, das physische Gehirn zu erbauen. Doch sie hatten kein Wissen, durch das es vermittelt werden konnte, weil sie ein solches Instrument nicht anzuwenden wußten, und nicht unmittelbar zu einem Gehirngeschöpf sprechen konnten. Alles, was sie tun konnten, war, den physischen Ausdruck der menschlichen Liebe zu überwachen und sie durch Gefühlsregungen in einer liebevollen, unschuldigen Weise zu lenken, um dem Menschen so die Schmerzen und Beschwerden zu ersparen, die mit der ohne Weisheit ausgeübten Geschlechtsfunktion verbunden sind.

Hätte diese **Führung** angedauert, so wäre der Mensch einfach ein gottgelenkter Automat geblieben und nie eine Persönlichkeit, ein Individuum geworden. Daß er das werden konnte, verdankt er einer viel verleumdeten Klasse von Wesen, den Luzifergeistern.

Die Luzifergeister

Diese Geister waren eine Klasse von Nachzüglern in der Lebenswoge der Engel. In der Mondperiode erreichten sie einen großen Vorsprung vor denen, die jetzt zu den Fortgeschrittensten unserer Menschheit zählen. Die Luzifergeister haben sich nicht so fortentwickelt wie die Engel, welche die Pioniere der Menschheit der Mondperiode waren. Sie waren aber unserer gegenwärtigen Menschheit so weit voraus, daß es ihnen unmöglich war, einen dichten Körper anzunehmen, wie wir es getan haben. Und doch konnten sie ohne den Gebrauch eines inneren Organs, eines physischen Gehirns keine Kenntnisse erlangen. Sie standen zwischen dem Menschen, der ein Gehirn hat, und den Engeln, die keines benötigen; kurz gesagt, sie waren Halbgötter.

So befanden sie sich in einer ernsthaften Lage. Die einzige Möglichkeit, einen Weg zu finden, sich auszudrücken und Kenntnisse zu erwerben, bestand darin, sich des physischen, menschlichen Gehirns zu bedienen; denn sie waren in der Lage, sich einem mit einem Gehirn ausgestatteten physischen Wesen verständlich zu machen. Die Engel konnten das nicht.

Wie bereits erwähnt, sah der Mensch in der späteren Zeit der Lemurischen Epoche die physische Welt nicht so, wie wir sie heute sehen. Ihm war die Empfindungswelt viel realer. Er hatte das Traumbewußtsein der Mondperiode, ein inneres Bildbewußtsein. Er war sich der Welt außerhalb seiner selbst nicht bewußt. Die Luzifergeister hatten keine Schwierigkeiten, sich seinem inneren Bewußtsein zu offenbaren und seine Aufmerksamkeit auf seine von ihm bisher noch nicht wahrgenommene äußere Form zu lenken. Sie sagten ihm, wie er aufhören könne, nur der Knecht äußerer Mächte zu sein, wie er sein eigener Herr werden und den Göttern gleich, „Gut und Böse" unterscheiden könne. Sie machten ihm auch klar, daß er keine Furcht zu haben brauche, wenn sein Körper stürbe; denn er habe die schöpferische Fähigkeit in sich, ohne Hilfe der Engel neue Körper zu bilden. Alle diese Informationen dienten dem einen Zweck, sein Bewußtsein nach außen zu richten, zum Erwerb von Kenntnissen.

Das taten die Luzifergeister, um daraus selbst Nutzen zu ziehen, Kenntnisse zu erlangen, wie der Mensch sie erwarb. Sie brachten ihm Schmerzen und Leiden, wo es vorher keine gab, aber auch den unschätzbaren Segen der Befreiung von äußerem Einfluß und äußerer Führung. Dadurch brachten sie ihn auf den Pfad der Entfaltung seiner eigenen geistigen Kräfte, einer Entwicklung, die ihn schließlich befähigen wird, sich mit der Weisheit wie die der Engel und anderer Wesen weiter zu bilden, die ihn leiteten, bevor er seinen freien Willen ausübte.

Vor der Aufklärung des Menschen durch die Luzifergeister hatte er weder Krankheit, Schmerz, noch Tod gekannt. Das alles erfolgte aus der unklugen Verwendung der Zeugungskraft und ihrem Mißbrauch durch Befriedigung der Sinne. Tiere in ihrem wilden Zustand sind frei von Krankheit und Schmerz, weil ihre Fortpflanzung unter der Obhut und Leitung des weisen Gruppengeistes nur zu den für diesen Vorgang günstigen Zeiten des Jahres erfolgt. Die Geschlechtsfunktion ist lediglich zur Fortpflanzung der Art und keineswegs zur Befriedigung sinnlicher Begierden bestimmt.

Wäre der Mensch ein gottgeleiteter Automat geblieben, hätte er bis zum heutigen Tag keine Krankheit, keinen Schmerz und keinen Tod gekannt. Allerdings würde er auch kein Gehirnbewußtsein und keine Unabhängigkeit besitzen, die sich aus seiner Aufklärung durch die Luzifergeister, die „Lichtgeber", ergaben. Sie öffneten ihm die Augen seines Verstehens und lehrten ihn, sein damals trübes Vorstellungsvermögen zum Erwerb von Kenntnissen über die Physische Welt zu gebrauchen, die zu erobern seine Bestimmung war.

Seit dieser Zeit wirken zwei Kräfte im Menschen. Die eine Kraft ist die der Engel, die neue Wesen im Mutterleib erschaffen mittels der Liebe. Sie ist zur Fortpflanzung abwärts gerichtet. Die Engel sind daher die Erhalter des Menschengeschlechtes.

Die andere Kraft ist die der Luziferischen Geister. Sie sind die Initiatoren jeder mentalen Tätigkeit mit Hilfe des anderen Teils der Geschlechtskraft, die für die Arbeit im Gehirn aufwärts gerichtet ist.

Die Luzifergeister werden auch „Schlangen" genannt und in anderen Mythologien verschieden dargestellt. Wenn wir zur Analyse der Genesis kommen, wird mehr über sie gesagt werden. Einstweilen reichen die Ausführungen, um die Hauptlinie der Forschung verfolgen zu können, die uns den Weg des evolutionären Fortschritts der Menschheit durch die Atlantische und Arische Epoche hindurch bis zur Gegenwart zeigt.

DIE EVOLUTION AUF DER ERDE

Was über die Aufklärung der Lemurier gesagt wurde, gilt nur für den kleineren Teil jener, die im späteren Abschnitt dieser Epoche lebten. Sie wurden der Same für die sieben Atlantischen Rassen. Der größere Teil der Lemurier war tierähnlich, und die von ihnen bewohnten **Formen** sind zu den Naturvölkern und den Menschenaffen unserer Tage degeneriert.

Der Schüler wird gebeten, sorgsam zu beachten, daß es die **Formen** waren, die degenerierten. Wir sollten uns merken, daß ein großer Unterschied zwischen den Körpern (Formen) einer Rasse und den Egos (oder dem Leben) besteht, die sich in diesen Rassen verkörpern.

Wenn eine Rasse geboren wird, werden die **Formen** durch eine bestimmte Gruppe von Geistern beseelt und haben eine angeborene Fähigkeit, sich bis zu einer gewissen Stufe der Vervollkommnung zu entwickeln und nicht weiter. Es gibt in der Natur keinen Stillstand. Daher beginnen die Körper oder Formen dieser Rasse, sobald die Grenze der Vervollkommnung erreicht worden ist, zu degenerieren. Sie sinken tiefer und tiefer, bis schließlich die Rasse ausstirbt.

Die Ursache braucht man nicht lange zu suchen. Neue Rassenkörper sind besonders flexibel und formbar. Sie bieten den sich in ihnen wiederverkörpernden Egos großen Spielraum, um diese Träger zu verbessern, und sich dadurch weiter zu entwickeln. Die fortgeschrittensten Egos werden in solchen Körpern geboren und verbessern sie, so gut sie es können. Diese Egos jedoch sind auch nur Lehrlinge und lassen die Körper nach und nach kristallisieren und verhärten, wenn die Grenze der Verbesserung für diese besondere Art von Körpern erreicht worden ist. Dann werden Formen für eine andere, neue Rasse geschaffen, um den fortschreitenden Egos mehr Spielraum für größere Erfahrungen und höhere Entwicklung zu gewähren. Sie verlassen die alten Rassenkörper zugunsten neuer. Ihre abgelegten Rassenkörper werden zu Wohnungen für Egos von geringerer Entwicklung, die sie nun wieder als Stufen auf dem Weg des Fortschritts verwenden. So werden die alten Rassenkörper durch immer **weniger entwickelte** Egos benutzt, die allmählich degenerieren, bis es schließlich keine Egos mehr gibt, die niedrig genug stehen, um aus solchen Körpern durch Wiedergeburt Nutzen zu ziehen. Dann werden die Frauen unfruchtbar und die Rassen**körper** sterben.

Wir können diesen Vorgang leicht anhand verschiedener Beispiele verfolgen. Die germanisch-angelsächsische Rasse (insbesondere deren amerikanischer Zweig) hat einen weicheren, anpassungsfähigeren Körper und ein feinfühligeres Nervensystem als irgend eine andere gegenwärtige Rasse auf der Erde. Die Indianer und Negriden haben viel härtere Körper und sind, wegen ihres trägeren Nervensystems, viel weniger empfindlich gegen Verletzungen. Ein Indianer wird weiterkämpfen, wenn ihm Wunden zugefügt wurden, die einen westlichen Menschen weißer Hautfarbe zu Boden strecken oder töten würden, wogegen sich der Indianer schnell wieder erholt. Die australischen Ureinwohner oder Buschmänner liefern ein Beispiel für eine Rasse, die aufgrund von Unfruchtbarkeit am Aussterben ist, obwohl die Regierung alles für ihren Fortbestand unternimmt.

Der weißen Rasse wurde von weißen Menschen nachgesagt, daß dort, wo immer sie erscheinen, die anderen Rassen aussterben. Die Weißen haben sich furchtbarer Unterdrückungen jener Rassen schuldig gemacht. Sie haben in vielen Fällen unzählige wehrlose, ahnungslose Eingeborene grausam umgebracht. Um nur eines von vielen Beispielen zu nennen, sei das Vorgehen der Spanier gegen die alten Peruaner und Mexikaner angeführt. Die Verpflichtungen, die sich aus einem solchen Vertrauensbruch und Mißbrauch der überlegenen Intelligenz und Macht ergeben, werden von denen, die sie auf sich geladen haben, bis zum kleinsten, letzten Jota bezahlt werden müssen. Es ist aber ebenso wahr, daß diese Völker sicher, wenn auch langsamer ausgestorben wären, wenn die Weißen diese älteren Rassen nicht niedergemetzelt, ausgehungert, in die Sklaverei verschleppt, aus der Heimat vertrieben und auf andere Weise mißhandelt hätten; denn das ist das Gesetz der

Evolution, die Ordnung der Natur. Irgendwann in der Zukunft werden die Körper der weißen Rasse, nachdem sie von den jetzt in roter, schwarzer, gelber oder brauner Haut verkörperten Egos bewohnt wurden, soweit degeneriert sein, daß auch sie verschwinden werden, um anderen, besseren Trägern Platz zu machen.

Die Wissenschaft spricht nur von Evolution. Sie läßt die **Richtlinien der Degeneration** außer acht, wonach langsam aber sicher alle Körper zerstört werden, die sich jenseits der Verbesserungsmöglichkeiten kristallisiert haben.

Die Atlantische Epoche

Vulkanische Ausbrüche zerstörten den größeren Teil des Lemurischen Kontinents. An seiner Stelle entstand der Atlantische Kontinent, wo sich jetzt der Atlantische Ozean befindet.

Materialistische Wissenschaftler, die durch die Erzählung Platos angeregt, Nachforschungen bezüglich Atlantis anstellten, haben bewiesen, daß reichlich Grund für die Sage vorhanden ist, wonach ein solcher Kontinent existiert habe (1909). Die okkulten Gelehrten wissen, daß er bestand. Sie kennen auch die Bedingungen, die dort herrschten und im folgenden beschrieben werden.

Das alte Atlantis unterschied sich von unserer heutigen Welt (in vielerlei Hinsicht). Der größte Unterschied aber bestand in der Zusammensetzung der Atmosphäre und des Wassers jener Epoche.

Von der südlichen Seite des Planeten kam der heiße, feurige Atem der noch reichlich tätigen Vulkane. Vom Norden fegte der eisige Hauch der Polarregion herunter. Der Kontinent Atlantis war der Begegnungsort dieser beiden Strömungen. Seine Atmosphäre war daher beständig von einem dicken, trüben Nebel erfüllt. Das Wasser war nicht so dicht wie heute, enthielt aber einen größeren Anteil an Luft. Es wurde auch viel Wasser in der schweren, nebligen Atmosphäre von Atlantis in Schwebe gehalten.

Durch diese Atmosphäre drang niemals klarer Sonnenschein. Es schien, als sei sie von einem Strahlenkranz von Lichtnebel umgeben, wie unsere Straßenlaternen, durch dichten Nebel gesehen. Damals konnte man nur einige wenige Fuß weit nach irgend einer Richtung sehen. Die Umrisse aller nicht ganz nahen Gegenstände erschienen trübe, verschwommen und undeutlich. Der Mensch wurde mehr durch innere Wahrnehmung als durch äußeres Sehvermögen geleitet.

Nicht nur das Land, sondern auch der Mensch jener Zeit unterschied sich sehr von allem, was gegenwärtig auf der Erde existiert. Er hatte einen Kopf, jedoch kaum eine Stirn. Sein Gehirn hatte keine Stirnbildung. Der Kopf neigte sich von einem Punkt über den Augen schräg, nahezu abrupt nach hinten. Mit der heutigen Menschheit verglichen, war er ein Riese; im Verhältnis zu seinem Körper waren seine Arme und Beine viel länger als unsere. Statt zu gehen, bewegte er sich durch eine Reihe fliegender Sprünge vorwärts, ähnlich wie das Känguruh. Er hatte kleine zwinkernde Augen. Seine Haare waren im Querschnitt rund. Diese Eigentümlichkeit zeichnet die bis zum heutigen Tag noch unter uns lebenden Nachkommen der Atlantischen Rasse aus. Ihr Haar war straff, glänzend, schwarz und im Querschnitt **rund.** Das der Arier ist immer **oval,** auch wenn es in der Farbe verschieden sein mag. Die Ohren der Atlantier saßen viel weiter hinten als die der Arier.

Die höheren Träger der frühen Atlantier waren nicht wie bei uns konzentrisch zum dichten Körper angeordnet. Der Geist war nicht ganz innewohnend. Er befand sich teilweise außerhalb und konnte daher die Träger nicht mit der gleichen Leichtigkeit lenken, als wenn er ganz darin gewohnt hätte. Der Kopf des Lebensleibes war außerhalb des physischen Kopfes und ragte weit über diesen hinaus. Zwischen den Augenbrauen, ungefähr einen halben Zoll unter der Hautoberfläche, befindet sich ein Punkt, der einen entsprechenden im Lebensleib hat. Dieser Punkt ist nicht die Hypophyse. Sie liegt viel tiefer im Kopf des dichten Körpers. Man könnte ihn als die Wurzel der Nase bezeichnen. Wenn diese beiden Punkte, im dichten Körper und im Lebensleib, in Verbindung treten, wie dies bei der Menschheit unserer Tage der Fall ist, sieht der geschulte Hellseher sie als einen schwarzen Fleck, oder besser gesagt als einen leeren Raum, ähnlich dem Unsichtbaren, dem Kern einer Gasflamme. Das ist der Sitz des dem Menschen innewohnenden Geistes, das Allerheiligste im Tempel des menschlichen Körpers, allem verschlossen, außer dem innewohnenden menschlichen Ego, dessen Heimstatt er ist. Der geschulte Hellseher kann mit mehr oder weniger Genauigkeit, je nach seiner Fähigkeit und Schulung, all die verschiedenen Körper sehen, welche die Aura des Menschen bilden. Nur diese Stelle wird vor ihm verborgen. Es ist die „Isis", deren Schleier niemand lüften kann. Nicht einmal das höchstentwickelte Wesen auf Erden kann das Ego des geringsten und am wenigsten entwickelten Geschöpfes enthüllen. Das, und nur das allein auf Erden, ist so heilig, daß es vor einem Eindringen absolut sicher ist.

Diese beiden Punkte, von denen eben gesprochen wurde - der eine im dichten Körper und sein Gegenstück im Lebensleib - waren im Menschen der frühen Atlantischen Epoche weit voneinander entfernt, so wie es bei den Tieren unserer Tage der Fall ist. Der Kopf des Lebensleibes des Pferdes ist weit außerhalb des Kopfes seines dichten Körpers. Beim Hund sind die beiden Punkte näher zusammen als bei irgend einem anderen Tier, außer vielleicht beim Elefanten. Wenn sie zusammenträfen, hätten wir ein Wundertier, das fähig wäre, zu zählen, zu buchstabieren usw.

Aufgrund des Abstandes zwischen diesen beiden Punkten war die Wahrnehmungskraft oder Vision des Atlantiers in den inneren Welten viel schärfer als in der dichten Physischen Welt, die durch ihre Atmosphäre von dicken, schweren Nebeln verdüstert war. Zur gegebenen Zeit jedoch wurde die Atmosphäre langsam klarer. Gleichzeitig näherte sich der erwähnte Punkt im Lebensleib immer mehr dem entsprechenden Punkt im dichten Körper. In dem Maß, wie die beiden Punkte einander näher kamen, verlor der Mensch allmählich die Berührung mit den inneren Welten. Diese wurden um so trüber, je klarer die Umrisse der dichten, Physischen Welt wurden. Schließlich wurde im letzten Drittel der Atlantischen Epoche der Punkt im Lebensleib mit dem entsprechenden des dichten Körpers vereinigt. Erst von da ab erwachte der Mensch völlig in der dichten Physischen Welt. Doch zur gleichen Zeit, als das volle Seh- und Wahrnehmungsvermögen in der Physischen Welt erreicht wurde, ging die Fähigkeit, die inneren Welten zu sehen, den meisten Menschen nach und nach verloren.

In den früheren Zeiten nahm der Atlantier die Umrisse eines Gegenstandes oder einer Person nicht deutlich wahr, wohl aber sah er die Seele und erkannte sofort ihre Eigenschaften, ob sie für ihn günstig waren oder nicht. Er wußte, ob der Mensch oder das Tier, denen er begegnete, ihm freundlich oder feindlich gesonnen waren. Er wurde durch geistige Wahrnehmung genau belehrt, wie er mit anderen umzugehen hatte, und auch, wie er Schaden abwenden konnte. Als die geistige Welt in seinem Bewußtsein allmählich verblaßte, war daher sein Kummer über den Verlust groß.

Die Rmoahals waren die ersten der Atlantischen Rassen. Sie hatten ein nur schwaches Gedächtnis, das hauptsächlich mit Sinnesempfindung verbunden war. Sie erinnerten sich der Farben und Töne und entwickelten so in einem gewissen Maß Gefühle. Dem Lemurier fehlte das Gefühl völlig, wenigstens in der feineren Bedeutung des Wortes. Er besaß einen Tastsinn, konnte das körperliche Empfinden des Schmerzes, ebenso das des Wohlbehagens, nicht aber das der mentalen und geistigen Art der Freude, des Kummers, der Sympathie und Antipathie fühlen.

Mit dem Gedächtnis stellten sich bei den Atlantiern die Uranfänge einer Sprache ein. Sie entwickelten Worte und gebrauchten keine Naturlaute mehr wie die Lemurier. Die Rmoahals begannen, den Dingen Namen zu geben. Sie waren noch eine geistige Rasse, und ihre Seelenkräfte glichen den Kräften der Natur. Sie benannten nicht nur die sich in ihrer Umgebung befindlichen Gegenstände, sondern in ihren Worten lag auch die Macht über die mit Namen genannten Dinge. Ihre Gefühle, Geistwesen zu sein, inspirierten sie auf gleiche Weise wie die letzten der Lemurier. Keiner tat dem anderen jemals ein Leid an. Ihnen war die Sprache als höchster unmittelbarer Ausdruck des Geistes heilig. Die Kraft wurde niemals durch Geschwätz oder Geplapper mißbraucht oder entwürdigt. Durch die Anwendung einer präzisen Sprache wurde die Seele in dieser Rasse erstmals fähig, Kontakt mit der Seele der Dinge in der Außenwelt aufzunehmen.

Die Tlavatlis bildeten die zweite Atlantische Rasse. Sie begannen schon ihren Wert als getrennte menschliche Wesen zu fühlen; sie wurden ehrgeizig. Sie verlangten, daß man sich ihrer Werke erinnerte. Gedächtnis wurde ein Faktor im Leben der Gemeinschaft. Die Erinnerung an Großtaten, die von bestimmten Tlavatlis vollbracht wurden, veranlaßten eine Volksgruppe, einen als ihren Führer zu wählen, der sich durch Heldentaten ausgezeichnet hatte. Das war der Ursprung des Königtums.

Diese Erinnerung an verdienstvolle Taten großer Männer erstreckte sich sogar über die Zeit nach deren Tod. Die Menschheit begann, das Andenken der Vorfahren zu ehren und denen zu huldigen, die große Verdienste erworben hatten. Das war der Beginn einer Art von Verehrung, wie sie bis heute noch von einigen asiatischen Völkern ausgeübt wird.

Die Tolteken waren die dritte Atlantische Rasse. Sie gestalteten die Ideen ihrer Vorgänger noch weiter aus, indem sie Monarchien einführten und die Erbfolge einsetzten. Die Tolteken fingen mit dem Brauch an, die Menschen wegen der von ihren Vorfahren vollbrachten Großtaten zu ehren. Es bestand damals ein guter Grund dazu; denn durch die besondere Schulung zu jener Zeit hatte der Vater die Macht, seine Fähigkeiten in einer Art und Weise auf den Sohn zu übertragen, die der heutigen Menschheit unmöglich ist.

Die Erziehung bestand darin, Bilder aus verschiedenen Lebensphasen vor der Seele des Kindes entstehen zu lassen. Das Bewußtsein des frühen Atlantiers war bis dahin hauptsächlich noch ein inneres Bildbewußtsein. Die Fähigkeit der Erzieher, diese Bilder vor die Seele des Kindes zu rufen, war der bestimmende Faktor von dem die Seeleneigenschaften abhingen, die dann der erwachsene Mensch besitzen würde. Der Naturtrieb und nicht die Vernunft wurden angesprochen und wachgerufen. Durch diese Methode der Erziehung nahm der Sohn in den meisten Fällen leicht Eigenschaften des Vaters an. Daraus wird ersichtlich, daß zu jener Zeit guter Grund vorhanden war, den Nachkommen großer Männer Ehre zu erweisen; denn der Sohn erbte fast immer die meisten der guten Eigenschaften seines Vaters. Leider ist das in unserer Zeit nicht der Fall, obwohl wir noch immer die gleiche Gewohnheit haben, die Söhne großer Männer zu ehren. Es gibt aber keinen triftigen Grund mehr dafür.

Unter den Tolteken wurden Erfahrungen hoch geschätzt. Der Mensch, der die verschiedenartigsten Erfahrungen gesammelt hatte, war am meisten angesehen und begehrt. Das Gedächtnis war damals so groß und genau, daß unser gegenwärtiges im Vergleich dazu nichts ist. In einer kritischen Lage konnte sich ein Tolteke mit weitreichender praktischer Erfahrung sehr wahrscheinlich an ähnliche Fälle aus der Vergangenheit erinnern und vorschlagen, welche Maßnahme getroffen werden sollte. So wurde er der Gemeinschaft ein wertvoller Ratgeber, wenn eine Situation entstand, die keinem der Mitglieder früher begegnete, und sie unfähig waren, aus der Analogie zu erkennen und zu schließen, wie man mit dieser kritischen Lage schnell fertig werden konnte. Wenn ein solches Individuum nicht zur Verfügung stand, waren sie gezwungen, zu experimentieren, um herauszufinden, was zu tun am besten war.

Im mittleren Drittel von Atlantis finden wir den Beginn getrennter Nationen. Gruppen von Menschen, die untereinander ähnliche Neigungen und Gewohnheiten feststellten, verließen ihre alte Heimat, um eine neue Kolonie zu gründen. Sie erinnerten sich an die alten Gewohnheiten und folgten ihnen, soweit sie ihnen in ihrer neuen Umgebung nützlich waren. Um ihren eigenen, besonderen Ideen und Notwendigkeiten gerecht zu werden, schufen sie neue.

Die Führer der Menschen weihten zu dieser Zeit überragende Könige ein, denen sie große Macht über die zu regierenden Völker gaben. Die Massen respektierten diese Könige mit aller Ehrfurcht, wie sie wahren Königen „von Gottes Gnaden“ gebührte. Dieser glückliche Zustand jedoch trug bereits den Keim der Auflösung in sich; denn die Könige ließen sich mit der Zeit von ihrer Macht berauschen. Sie vergaßen, daß sie diese als ein heiliges Vertrauenspfand durch die Gnade Gottes erhalten hatten und zu dem Zweck zu Königen gekrönt worden waren, das Volk gerecht zu behandeln und ihm zu helfen. Sie begannen, ihre Macht unredlich aus selbstsüchtigen Gründen und zu persönlicher Verherrlichung zu gebrauchen, statt zum allgemeinen Wohl. Sie maßten sich Privilegien und Befugnisse an, die niemals für sie bestimmt waren. Ehrgeiz und Selbstsucht beherrschten sie. Sie mißbrauchten ihre hohe von Gott übernommene Macht zu Zwecken der Unterdrückung und der Rache. Das traf nicht nur auf die Könige zu, sondern auch auf die Edlen und die höheren Stände. Wenn man in Betracht zieht, welche Macht sie über ihre Mitmenschen der weniger entwickelten Klassen besaßen, so ist leicht zu verstehen, daß der Mißbrauch dieser Macht schreckliche Zustände hervorrufen mußte.

Die Urturanier waren die vierte Atlantische Rasse. In ihrer abscheulichen Selbstsucht waren sie besonders gemein. Sie errichteten Tempel, in denen die Könige wie Götter verehrt wurden und unterdrückten die hilflosen niederen Klassen aufs äußerste. Es blühte schwarze Magie der schlimmsten und widerlichsten Art. Alle ihre Bemühungen waren auf die Befriedigung der Eitelkeit und auf äußerliche Zurschaustellung gerichtet.

Die Ursemiten waren die fünfte und wichtigste der sieben Atlantischen Rassen; denn wir finden in ihr den ersten Keim sich verbessernder Gedankeneigenschaft. Deshalb wurde die ursemitische Rasse die „Keimrasse“ für die sieben Rassen der gegenwärtigen Arischen Epoche.

In der Polarischen Epoche erwarb der Mensch den dichten Körper als Instrument zum Handeln. In der Hyperboreischen Epoche wurde der Lebensleib hinzugefügt, um die zum Handeln erforderliche Bewegungskraft zu geben. In der Lemurischen Epoche lieferte der Empfindungsleib den Antrieb zum Handeln.

In der Atlantischen Epoche erhielt der Mensch den Intellekt, um dem Handeln Sinn zu verleihen. Da aber das Ego außerordentlich schwach und die Begierdennatur stark waren, verband sich der werdende Intellekt mit dem Empfindungsleib. Daraus erfolgte die Fähigkeit der Schlauheit (cunning); sie war die Ursache für all die Gottlosigkeit im mittleren Drittel der Atlantischen Epoche.

In der Arischen Epoche sollten Denken und Vernunft durch die Arbeit des Egos im Intellekt entwickelt werden, um die Begierden in solche Kanäle zu lenken, die zur Erlangung geistiger Vervollkommnung führen, die das Endziel der Evolution bedeutet. Die Fähigkeit zu denken und Ideen zu entwickeln, wurde vom Menschen auf Kosten des Verlustes der Gewalt über die Lebenskräfte, d.h. der Macht über die Natur usw. erworben.

Mit Gedanken und Intellekt kann der Mensch gegenwärtig nur Macht über Mineralien und Chemikalien ausüben; denn sein Intellekt ist jetzt in der ersten oder mineralischen Stufe seiner Entwicklung, wie es sein dichter Körper in der Saturnperiode war. Er kann keine Macht über Pflanzen und tierisches **Leben** ausüben. Holz und vielfältige Pflanzensubstanzen werden zusammen mit verschiedenen Bestandteilen der Tiere vom Menschen in seinen Industrien verwendet. All diese Stoffe sind in der endgültigen Analyse chemische Materie, beseelt mit mineralischem Leben, aus dem, wie bereits erwähnt, die **Körper** in allen Reichen gebildet sind. Über all diese Mannigfaltigkeit der chemisch-mineralischen Zusammensetzungen kann der Mensch in seinem gegenwärtigen Stadium herrschen. Seine Herrschaft wird aber nicht vor dem Erreichen der Jupiterperiode auf das Arbeiten mit Leben erweitert werden. In dieser Periode wird er jedoch die Macht besitzen, mit Pflanzenleben zu arbeiten, wie die Engel gegenwärtig in der Erdperiode.

Die materialistischen Wissenschaftler haben viele Jahre daran gearbeitet, in dem Bestreben, Leben zu „schaffen". Ihnen wird aber so lange kein Erfolg beschieden sein, bis sie gelernt haben, sich dem Laboratoriumstisch wie dem Altar eines Tempels mit tiefster Ehrfurcht zu nähern, mit reinem Herzen und heiligen Händen, frei von gierigem und selbstsüchtigem Ehrgeiz.

In weiser Entscheidung bewahren die Älteren Brüder dieses und alle anderen tiefen Geheimnisse der Natur, bis der Mensch fähig sein wird, sie zur Hebung der Rasse, zur Ehre Gottes, und nicht zum persönlichen Nutzen oder zur Selbstverherrlichung zu gebrauchen.

Es war jedoch gerade der von den Atlantiern über die Lebenskräfte erlittene Machtverlust, der es dem Menschen möglich machte, sich weiter zu entwickeln. Seine Selbstsucht, wie sehr sie auch danach zunahm, erwies sich nicht als absolut destruktiv für ihn und die Natur. Dies wäre der Fall gewesen, wenn sein zunehmender Egoismus von jener großen Macht begleitet gewesen wäre, die der Mensch in seinem früheren unschuldigen Zustand besaß. Der nur **im** Menschen arbeitende Gedanke ist machtlos, die Natur zu beherrschen. Er kann die Menschheit niemals gefährden. Dies würde eintreten, wenn die Naturkräfte unter seiner Herrschaft stünden.

Die Ursemiten beherrschten einigermaßen ihre Begierden durch den Intellekt. Statt des bloßen Begehrens kamen Klugheit und Geschicklichkeit hinzu, durch die sie ihre selbstsüchtigen Ziele zu erreichen suchten. Obwohl sie ein sehr unstetes Volk waren, lernten sie ihre Leidenschaften weitgehend zu zügeln und ihre Vorhaben durch Gebrauch der Klugheit zu erreichen, die feiner und wirksamer ist als bloße tierische Kraft. Sie waren die ersten, die entdeckten, daß das „Gehirn" der Muskelkraft überlegen ist.

Während des Bestehens dieser Rasse begann sich die Atmosphäre von Atlantis endgültig aufzuhellen und der früher erwähnte Punkt im Lebensleib kam mit dem entsprechenden des dichten Körpers in Verbindung. Die Kombination der Ereignisse gab dem Menschen die Fähigkeit, die Gegenstände in klaren, scharf umrissenen Konturen zu sehen. Dies hatte aber auch den Verlust der zu den inneren Welten gehörenden Sicht zur Folge.

Daraus können wir präzise das Gesetz erkennen, nach dem jeder Fortschritt immer auf Kosten einiger früher innegehabter Fähigkeiten erzielt wird, die später in einer höheren Form wiedergewonnen werden.

Der Mensch erbaute das Gehirn auf Kosten des zeitweiligen Verlustes der Kraft, Nachkommen aus sich selbst heraus, allein zu zeugen. Um das Instrument zur Lenkung seines dichten Körpers zu erhalten, wurde er all den damit verbundenen Schwierigkeiten des Kummers und der Schmerzen ausgesetzt, zum Zweck des erforderlichen Fortbestandes der Rasse. Der Mensch erhielt seine Urteilskraft durch zeitweiligen Verlust seiner geistigen Einsicht.

Während ihn der Verstand in vieler Hinsicht förderte, verschloß er dem Menschen die Seele der Dinge, die vorher zu ihm gesprochen hatten. Der Erwerb des Intellekts, der jetzt ein kostbares Eigentum des Menschen bildet, wurde von den Atlantiern zuerst als beklagenswert betrachtet. Sie bedauerten den durch den Erwerb des Intellekts erlittenen Verlust der geistigen Sicht und Kraft.

Das Eintauschen geistiger Kräfte gegen physische Fähigkeiten war jedoch erforderlich, damit der Mensch fähig werde, unabhängig von äußerer Führung in der von ihm zu erobernden Physischen Welt zu handeln. Hat er aufgrund seiner Erfahrungen während seiner Wanderung durch die dichtere Physische Welt gelernt, seine höheren geistigen Kräfte richtig zu gebrauchen, wird er sie im Lauf der Zeit zurückgewinnen. Als er sie besaß, war er sich ihres richtigen Gebrauchs nicht bewußt. Sie waren zu wertvoll und zu gefährlich, um als Spielzeug für Experimente benutzt zu werden.

DIE EVOLUTION AUF DER ERDE

Die ursemitische Rasse wurde von einem großen Wesen vom Kontinent Atlantis ostwärts, über Europa, in das als Wüste Gobi bekannte große, unbewohnte Gebiet Zentralasiens geführt. Dort bereitete das große Wesen sie zum Keim der sieben Rassen der Arischen Epoche vor und versah sie mit latent vorhandenen Eigenschaften, die von ihren Nachkommen entwickelt werden sollten.

Während aller vorhergehender Zeitalter, vom Beginn der Saturnperiode, durch die Sonnen- und Mondperioden sowie während der dreieinhalb Kreisläufe der Erdperiode (der Polarischen, Hyperboreischen, Lemurischen und des früheren Teils der Atlantischen Epoche) war der Mensch, ohne die geringste Wahlfreiheit, von höheren Wesen gelenkt worden. Da er noch keinen eigenen Intellekt entwickelt hatte, war er in jener Zeit unfähig, sich selbst zu führen. Doch nun war schließlich die Zeit gekommen, in der es für seine weitere Entwicklung erforderlich wurde, zu beginnen, sich selbst zu lenken. Für seine eigenen Handlungen mußte er Unabhängigkeit lernen und Verantwortung übernehmen. Bisher war er gezwungen gewesen, den Anordnungen seiner Führer zu folgen. Nun sollten seine Gedanken von den sichtbaren Führern, den Herren von der Venus, die er als Botschafter der Götter verehrte, abgewandt und der Idee des wahren Gottes, des unsichtbaren Schöpfers des ganzen Systems, zugewandt werden. Der Mensch sollte lernen, die Gebote eines Gottes, den er nicht sehen konnte, zu befolgen und ihn zu verehren.

Daher rief ihr Führer die Völker zusammen und sprach zu ihnen etwa in folgender, ihre Seele bewegende Rede:

„Bisher habt ihr Jene gesehen, die euch leiteten. Es gibt aber Führer verschiedener Grade der Herrlichkeit, die höher stehen als Sie. Ihr habt Sie noch nicht gesehen. Sie lenkten jeden eurer schwankenden Schritte in der Entwicklung des Bewußtseins. Erhaben über all diesen glorreichen Wesen steht der unsichtbare Gott, der Himmel und die von euch bewohnte Erde erschaffen hat. Er hat es gewollt, euch die Herrschaft über alles Land zu geben, auf daß ihr fruchtbar seid und euch darin vermehret.

Ihr sollt nur diesen unsichtbaren Gott anbeten. Aber ihr sollt Ihn im Geist und in der Wahrheit anbeten, und euch von Ihm weder ein Bildnis noch ein Gleichnis machen; denn Er ist allgegenwärtig und jenseits jedes Vergleichs oder Ebenbildes.

Wenn ihr Seinen Geboten folgt, so wird Er euch überreich mit allem Guten segnen. Wenn ihr von Seinem Weg abirrt, wird Unheil folgen. Die Wahl ist euer. Ihr seid frei, **aber ihr müßt die Konsequenzen eurer eigenen Handlungen tragen.“**

Die Erziehung des Menschen geht in vier großen Abschnitten vor sich. Zuerst wird von außen an ihm gearbeitet, ohne sich darüber bewußt zu sein. Dann wird er unter die Herrschaft göttlicher Botschafter und Könige gestellt, die er sieht und deren Befehlen er gehorchen muß. Dann wird er gelehrt, die Gebote eines Gottes, den er nicht sieht, zu befolgen. Schließlich lernt er, sich über die Gebote zu erheben, sich selbst Gesetz zu werden und durch Selbstüberwindung aus eigenem freien Willen, in Übereinstimmung mit der Ordnung der Natur zu leben, welche das Gesetz Gottes ist.

Vierfach sind auch die Stufen, durch die der Mensch aufwärts zu Gott gelangt.

Zuerst verehrt er aus Furcht den Gott, den er zu fühlen beginnt. Wie ein Fetischanbeter bringt er Ihm Opfer dar, um Ihn zu versöhnen.

Dann lernt er Gott als den **Geber** aller Dinge anzusehen und hofft, von ihm **hier und jetzt** materielle Wohltaten zu empfangen. Er opfert aus Habsucht und erwartet, daß der Herr ihm sein Opfer hundertfach vergelten werde, oder hofft, **geschickt** der Bestrafung durch Seuchen, Krieg usw. entgehen zu können.

Danach wird er belehrt, Gott durch Gebete und durch ein gutes Leben zu verehren. Er muß den Glauben an einen Himmel pflegen, in dem er in **Zukunft** belohnt werden soll. Er hat sich des Bösen zu enthalten, um **künftigen** Höllenstrafen zu entrinnen.

Schließlich gelangt er an einen Punkt, an dem er ohne irgend einen Gedanken an Belohnung, Bestechung oder Bestrafung Gutes tun kann, einfach deshalb, weil es „recht ist, recht zu tun". Er liebt das Gute um seiner selbst willen und handelt danach, ungeachtet gegenwärtiger Vergünstigungen, Beleidigungen oder künftiger schmerzlicher Folgen.

Die Ursemiten hatten die zweite dieser Stufen erreicht. Sie wurden gelehrt, einen unsichtbaren Gott anzubeten in der Erwartung, daß sie durch materielle Zuwendungen belohnt und durch schmerzliche Gebrechen bestraft werden.

Das volkstümliche Christentum ist die dritte Stufe. Esoterische Christen und die Schüler aller okkulten Schulen versuchen den höchsten Grad zu erlangen. Dieser wird in der sechsten Epoche, im neuen Galiläa generell erreicht werden. Dann wird die vereinigende Christliche Religion die Herzen der Menschen öffnen, so wie ihr Verstand jetzt geöffnet worden ist.

Die Akkadier waren die sechste und die Mongolen die siebte der Atlantischen Rassen. Sie entwickelten die Fähigkeit des Denkens noch weiter, doch folgten sie Denkweisen, die mehr und mehr von der Hauptrichtung des sich entfaltenden Lebens abwichen. Die chinesischen Mongolen behaupten bis zum heutigen Tag, daß die alten Wege die besten sind. Der Fortschritt erfordert jedoch unablässig neue Methoden und Anpassungsfähigkeit, indem er Ideen lebendig erhält. Daher fielen diese Rassen zurück und degenerieren mit dem Rest der Atlantischen Rassen.

Als die schweren Nebel von Atlantis sich mehr und mehr verdichteten, überschwemmte die ansteigende Wassermasse allmählich diesen

Kontinent und vernichtete den größten Teil der Bevölkerung sowie die Spuren ihrer Zivilisation.

Große Scharen wurden durch die Fluten von dem zum Untergang geweihten Kontinent vertrieben. Sie wanderten quer durch Europa. Die mongolischen Rassen sind Abkömmlinge dieser Atlantischen Flüchtlinge. Die Negriden hingegen, die Rassen mit krausem Haar sind die letzten Überreste der Lemurier.

Die Arische Epoche

Zentralasien war die Wiege der von den Ursemiten abstammenden Arischen Rassen. Von dort sind die verschiedenen Rassen ausgegangen. Es ist nicht erforderlich, sie an dieser Stelle zu beschreiben; denn geschichtliche Nachforschungen haben ihre Hauptzüge hinlänglich aufgezeigt.

In der gegenwärtigen (der fünften oder Arischen) Epoche lernte der Mensch den Gebrauch des Feuers und anderer Kräfte kennen. Deren göttlicher Ursprung wurde ihm absichtlich vorenthalten, um die Freiheit zu haben, sie zu höheren Zwecken oder zu seiner eigenen Entwicklung zu verwenden. Daher haben wir in dieser gegenwärtigen Epoche zwei Klassen von Menschen; die eine schaut auf diese Erde und den Menschen als Wesen göttlichen Ursprungs, die andere betrachtet alles vom reinen Nützlichkeitsstandpunkt aus.

Die höheren Einweihungen wurden den Fortgeschrittensten unter der Menschheit zu Beginn der Arischen Epoche gegeben, damit sie die Stelle der Botschafter Gottes, d.h. die der Herren der Venus einnehmen konnten. Diese menschlichen Eingeweihten waren von dieser Zeit an die einzigen Mittler zwischen Gott und den Menschen. Auch erschienen sie nicht öffentlich, noch gaben sie Zeichen und wirkten Wunder, daß sie Führer und Lehrer waren. Dem Menschen war es vollkommen freigestellt, sie nach seinem Wunsch aufzusuchen oder nicht.

DIE EVOLUTION AUF DER ERDE

Am Ende unserer jetzigen Epoche wird der höchste Eingeweihte öffentlich erscheinen, wenn eine genügende Anzahl Menschen dies wünscht und sich aus freiem Entschluß seiner Führung unterwirft. Sie werden somit den Kern der letzten Rasse bilden, die zu Beginn der sechsten Epoche erscheinen wird. Nach dieser Zeit werden Rassen und Nationen aufhören zu bestehen. Die Menschheit wird dann, wie vor dem Ende der Lemurischen Epoche, wieder eine geistige Bruderschaft bilden.

Die Namen der Rassen, die sich während der fünften Epoche bis heute über die Erde verbreitet haben, sind folgende:

1. Die Arische, die südlich nach Indien ging.
2. Die Babylonisch-Assyrisch-Chaldäische.
3. Die Persisch-Griechisch-Lateinische.
4. Die Keltische.
5. Die Germanisch-Angelsächsische (zu der wir gehören).

Aus der jetzt in den Vereinigten Staaten stattfindenden Mischung der verschiedenen Nationen wird zu Beginn der sechsten Epoche der „Keim" der letzten Rasse hervorgehen.

In unserer gegenwärtigen Epoche werden sich zwei weitere Rassen entwickeln, von denen eine die Slawen sind. Wenn im Lauf einiger hundert Jahre die Sonne durch die Präzession des Frühlingspunktes in das Zeichen Wassermann eintreten wird, werden das Russische Volk und die Slawischen Rassen im allgemeinen einen solchen Grad geistiger Entwicklung erlangen, der sie weit über ihren derzeitigen Zustand vorrücken läßt. Musik wird der Hauptfaktor sein, um dies zuwege zu bringen. Auf ihren Flügeln kann sich die darauf eingestimmte Seele zum Thron Gottes erheben, zu dem der Intellekt allein nicht zu gelangen vermag. Eine auf diese Weise erzielte Entwicklung ist jedoch nicht von langer Dauer, weil sie einseitig ist und daher nicht mit dem Gesetz der Evolution in Einklang steht. Dieses verlangt, daß die Entwicklung, um von Dauer zu sein, ausgeglichen sein muß, mit anderen Worten, damit sich die Spiritualität durch den oder zumindest mit dem Intellekt in gleichem Maße entwickle. Aus diesem Grund wird die slawische Zivilisation nur von kurzer Lebensdauer, doch während dieser Zeit großartig und lebensfroh sein; denn sie wird aus tiefem Kummer und unsagbarem Leid geboren werden und das Gesetz des Ausgleichs wird zur gegebenen Zeit das Gegenteil bringen.

Aus den Slawen wird ein Volk hervorgehen, das die letzte der sieben Rassen der Arischen Epoche formen wird. Und aus der Bevölkerung der Vereinigten Staaten wird die letzte aller Rassen in diesem Evolutionsplan hervorgehen, die ihren Lauf mit Beginn der sechsten Epoche aufnehmen wird.

Die sechzehn Pfade der Vernichtung

Die sechzehn Rassen werden die „sechzehn Pfade der Vernichtung" genannt, weil in jeder Rasse immer die Gefahr liegt, daß die Seele zu sehr an der Rasse haftet, in Rasseneigentümlichkeiten verstrickt wird und sich nicht über die **Rassen**idee erheben kann. Deshalb wird sie den Fortschritt versäumen und kann sich sozusagen in der Rasse kristallisieren. Sie bleibt als Folge auf die Rassenkörper beschränkt, wenn sie zu degenerieren beginnt, wie es mit den Juden geschah.

In Perioden, Kreisläufen und Epochen, in denen es keine Rassen gibt, steht viel mehr Zeit zur Verfügung, so daß die Wahrscheinlichkeit der Versteinerung nicht so groß und häufig ist. Die sechzehn Rassen werden geboren und sterben in so relativ kurzer Zeit, daß ernste Gefahr zurückgelassen zu werden für den besteht, der zu sehr an den Rassenverhältnissen haftet.

Christus ist der große einigende Führer der sechsten Epoche. Er offenbarte dieses Gesetz, als er die wenig verstandenen Worte äußerte: „So jemand zu mir kommt, und hasset nicht seinen Vater, Mutter, Frau, Kinder, Brüder und Schwestern, auch dazu sein eigenes Leben, der kann nicht mein Jünger sein" (Luk. 14, 26).

„Und wer nicht sein Kreuz auf sich nimmt und mir nachfolgt, ist meiner nicht wert" (Matth. 10, 38).

„.....Also auch ein jeglicher unter euch, der nicht absagt allem, was er hat, kann nicht mein Jünger sein" (Luk. 14, 33).

Nicht, daß wir Familienbande aufgeben und unterbewerten, wir sollen uns aber über sie erheben, Vater und Mutter sind „Körper", alle Verwandten sind Teile der Rasse, die zur Form gehören. Die Seelen müssen erkennen, daß sie weder Körper noch Rassen, sondern Egos sind, die nach Vollkommenheit streben. Vergißt der Mensch das und identifiziert sich mit seiner Rasse, indem er sich mit fanatischem Patriotismus an sie hängt, kann er sehr leicht in sie verstrickt werden und mit ihr versinken, während seine Mitmenschen auf dem Pfad der Entwicklung zu größeren Höhen emporsteigen.

P.S. Selbstverständlich besteht diese Gefahr bei allen Völkern. Die jüdische Rasse wurde vom Verfasser dieses Buches hier und in der Folge deswegen als Beispiel gewählt, weil diese Rasse dem Schüler aufgrund deren Geschichte und den Hinweisen im Alten Testament so besonders eindringlich vor Augen gestellt wird, um das jahrhundertelange Leid und die schmerzlichen Folgen einer solchen Bindung erkennen zu können. Da jeder Mensch während seiner Entwicklung durch viele Rassen gegangen ist und noch geht, betrifft das Geschehen **jeden** von uns. Darum möge sich der Leser davor hüten, dieses Wissen zu mißbrauchen, indem er dem jüdischen Volk Abneigung entgegenbringt. Dadurch würde er nur seiner eigenen Unzulänglichkeit Ausdruck verleihen und Schicksalsschuld auf sich laden. Sowohl der christliche Mystiker als auch der Okkultist wissen vielmehr, daß allen das Göttliche Ego innewohnt. Die Personen erscheinen nur durch die äußeren Formen in der Individuation getrennt. Aus dieser Erkenntnis heraus ist es dem nach Wahrheit Strebenden möglich, jedes menschliche Wesen mit ganzer Kraft zu lieben, wie es uns Christus vorgelebt hat, ohne Unterschied der Rasse, der Nationalität oder des gesellschaftlichen Standes und des Geschlechts. (Siehe auch Addendum C, Seite 613)

KAPITEL XIII *

ZURÜCK ZUR BIBEL

In unserer Zeit ist der Missionsgeist mächtig. Die westlichen Kirchen senden Missionare in die ganze Welt, um Menschen aller Nationen zum Glauben ihrer Bekenntnisse zu bekehren. In ihren Bekehrungsbemühungen sind sie nicht allein. Der Osten hat in westlichen Gefilden eine starke Invasion begonnen. Viele Christen, denen die von ihren Geistlichen gelehrten Glaubensbekenntnisse und Dogmen nicht genügen, sehen sich gezwungen, nach der Wahrheit zu suchen, um die Forderungen des Intellekts nach einer angemessenen Erklärung der Lebensprobleme zu erfüllen. Sie haben sich mit den östlichen Lehren des Buddhismus, des Hinduismus usw. vertraut gemacht und sie in vielen Fällen angenommen.

Vom okkulten Standpunkt aus sind diese Missionsbemühungen, ob sie von Ost nach West oder **umgekehrt** erfolgen, nicht wünschenswert, weil sie dem Trend der Evolution widersprechen. Die großen für die Entwicklung der Menschheit verantwortlichen Führer geben uns jede notwendige Hilfe, um das Ziel zu erreichen. Die Religion ist eine von diesen Hilfen. Es gibt triftige Gründe, weshalb die Bibel, die nicht nur eine, sondern beide, die jüdische Religion und die christlichen Religionen enthält, dem Westen gegeben worden ist. Wenn wir ernsthaft nach Licht suchen, werden wir die höchste Weisheit erkennen, die uns diese doppelte Religion vermittelt hat; keine andere Religion unserer Tage entspricht unseren besonderen Bedürfnissen in gleicher Weise. Deshalb wollen wir in diesem Kapitel gewisse, an bestimmten Stellen und in anderen Zusammenhängen gebrachte Gesichtspunkte noch einmal betrachten.

* Siehe P.S. Seite 307 u. Addendum C, Seite 613

ZURÜCK ZUR BIBEL

Die Aufgabe, die Menschheit in den Polarischen, Hyperboreischen und Lemurischen Epochen zu führen, war verhältnismäßig leicht; denn der Mensch besaß damals keinen Intellekt. Als aber dieses störende Element im ersten Teil der Atlantischen Epoche hinzukam, entwickelte er die Schlauheit. Sie ist das Produkt des vom Geist unkontrollierten Intellekts. Schlauheit begünstigt das Begehren, ohne Rücksicht darauf, ob es gut oder böse ist, ob es Freude oder Kummer bereitet.

In der Mitte der Atlantischen Epoche war der Geist vollständig in seine Träger eingezogen. Er begann nun im Intellekt zu arbeiten, um Gedanken und Vernunft hervorzubringen: die Fähigkeit, eine gegebene Ursache bis zu ihrer unvermeidlichen Wirkung zu verfolgen und von einer bestimmten Wirkung auf die Ursache zu schließen, die sie hervorrief. Diese Fähigkeit der Schlußfolgerung oder Logik sollte in der Arischen Epoche noch vollständiger entwickelt werden. Daher waren die Ursemiten (die 5. Rasse der Atlantischen Epoche) ein „auserwähltes Volk", das diese keimende Begabung zu einer solchen Reife bringen sollte, daß sie jede Fiber ihrer Nachkommen durchdringe, die auf diese Weise die Neue Rasse bilden sollten.

Die Umwandlung von Schlauheit in Vernunft erwies sich als keine leichte Aufgabe. Es war einfach gewesen, die früheren Veränderungen in der Natur des Menschen zustande zu bringen. Er konnte damals ohne Schwierigkeiten geführt werden, denn er hatte kein bewußtes Verlangen und keinen Intellekt, der ihn führte. Doch zur Zeit der Ursemiten war er schlau genug geworden, um Beschränkungen seiner Freiheit übelzunehmen und die getroffenen Maßnahmen, die ihn in Grenzen halten sollten, wiederholt zu umgehen. Die Aufgabe, ihn zu leiten, war um so schwieriger, weil es erforderlich war, ihm einige Wahlfreiheit zu lassen, damit er mit der Zeit Selbstbeherrschung lerne. Daher wurde ein Gesetz erlassen, das für Gehorsam **unmittelbare Be-**

lohnung und für Mißachtung seiner Anordnung **augenblickliche Bestrafung** vorschrieb. So wurde der Mensch in begrenzter Weise belehrt, ihm gut zugeredet und zur Einsicht gezwungen, daß „der Weg des Missetäters" schwer sei und er „Gott" oder den Führer, der ihn leitete „fürchten" müsse.

Von allen, die als „Keime" für die neue Rasse auserwählt worden waren, blieben nur wenige treu. Die meisten von ihnen waren rebellisch. Sie durchkreuzten völlig die Absichten ihres Führers durch Mischehen mit anderen Atlantischen Rassen. Dadurch brachten sie minderwertiges Blut in ihre Nachkommen. Davon spricht die Bibel, wenn berichtet wird, daß die Söhne Gottes die Töchter der Menschen heirateten. Wegen dieses Aktes des Ungehorsams wurden sie im Stich gelassen und gingen „verloren". Sogar die Treuen starben, dem Körper nach, in der Wüste Gobi (der Wildnis) in Zentralasien, der Wiege unserer gegenwärtigen Rasse. Sie wurden als ihre eigenen Nachkommen natürlich wiedergeboren und erbten so „das Land der Verheißung" (oder das gelobte Land), die Erde, so wie sie jetzt ist. Sie sind die Arischen Rassen, in denen die Vernunft zur Vollkommenheit entwickelt werden wird.

Die Rebellen, die verlassen wurden, sind die Juden. Viele von ihnen werden noch mehr durch die atlantische Fähigkeit der Schlauheit als durch Vernunft geleitet. In ihnen ist das Rassegefühl so stark, daß sie nur zwei Klassen von Menschen unterscheiden: Juden und Nichtjuden. Sie schätzen die anderen Völker gering und werden von diesen dann wieder wegen ihrer Eigenheiten wenig geachtet. Es wird nicht bestritten, daß auch sie Nächstenliebe üben, jedoch vornehmlich, wenn nicht ausschließlich, an ihrem eigenen Volk und selten international, wie es im Fall der Erdbebenkatastrophe in Italien geschah, wo Schranken des Glaubens, der Rasse und der Nationalität im menschlichen Gefühl des Mitleids überwunden wurden.

In solchen Fällen wie auch bei der Katastrophe von San Francisco, offenbart sich die innere geistige Natur des Menschen stärker als unter anderen Umständen, und der aufmerksame Beobachter kann den Trend der Evolution feststellen. Hier beweist die Wirklichkeit, daß wir trotz allem im Herzen die große Wahrheit wissen und anerkennen, daß wir Brüder und Schwestern sind. Der Schmerz des einen wird von allen empfunden, obwohl unter dem Druck des Alltags unsere Handlungen das oft leugnen. Solche Ereignisse zeigen die Richtung der Evolution. Der Beherrschung des Menschen durch die Vernunft muß diejenige durch die Liebe folgen, die gegenwärtig unabhängig und manchmal sogar gegen die Gebote der Vernunft handelt. Diese Anomalie entsteht daraus, daß unsere Liebe heutzutage selten ganz selbstlos und unsere Vernunft nicht immer richtig ist. In dem „Neu-Galiläa" der kommenden sechsten Epoche wird die Liebe selbstlos werden und die Vernunft ihre Gebote gutheißen. Dann wird die Universale Bruderschaft voll verwirklicht sein. Jeder wird zum Wohle aller tätig; denn Selbstsucht wird der Vergangenheit angehören.

Damit dieses heiß ersehnte Ziel erreicht werden kann, wird es erforderlich werden, aus der gegenwärtigen Menschheit ein anderes „auserwähltes Volk" zu selektieren, das als Kern dient, aus dem die neue Rasse entstehen wird. Diese Auswahl soll nicht gegen den Willen des Auserwählten geschehen. Jeder Mensch muß selbst seine Wahl treffen, er muß **bereitwillig** in die Reihe eintreten.

Die Rassen sind jedoch eine vergängliche Erscheinung der Evolution. Vor dem Ende der Lemurischen Epoche gab es ein „auserwähltes Volk", das sich von der übrigen Menschheit jener Tage unterschied und zu den Vorfahren der Atlantischen Rassen wurde. Aus der fünften dieser Rassen ging ein anderes „auserwähltes Volk" hervor. Von ihm stammten die Arischen Rassen ab, von denen es bisher fünf gab, zwei weitere werden folgen. Ehe jedoch eine neue Epoche eingeleitet wird, muß ein „neuer Himmel und eine neue Erde" vorhanden sein. Die physischen Merkmale der Erde werden verändert und ihre Dichte wird vermindert werden. Zu Beginn der nächsten Epoche wird es nur noch eine Rasse geben, doch danach wird jedes Rassedenken und Rassegefühl vergehen. Die Menschheit wird wieder, ohne Rücksicht auf alle Unterschiede, eine große Gemeinschaft bilden. Rassen sind einfach Stufen in der Evolution, die erklommen werden müssen, sonst gäbe es keinen Fortschritt für die in den Rassen wiedergeborenen Geistwesen. Auch wenn sie notwendige Stufen sind, erweisen sie sich dennoch als sehr gefahrvoll und sind daher Grund zu großer Sorge für die Führer der Menschheit. Sie nennen diese sechzehn Rassen die „sechzehn Pfade der Vernichtung"; weil in den vorhergehenden Epochen die Veränderungen in so gewaltigen Zeiträumen stattfanden, daß es leichter war, die Mehrheit der Wesen auf den Weg, in Übereinstimmung mit dem Fortschritt zu bringen. Mit den Rassen jedoch ist das anders. Sie sind verhältnismäßig vergänglich. Deshalb muß ganz besondere Sorgfalt darauf verwendet werden, daß so wenig Geistwesen wie möglich in die Fesseln der Rassen verstrickt werden.

Genau das widerfuhr den Geistwesen, die in den jüdischen Rassenkörpern reinkarnierten. Viele waren so fest mit der Rasse verbunden, daß sie in aufeinanderfolgenden Geburten in sie zurückgezogen wurden. „Einmal ein Jude, immer ein Jude" ist ihr Wahlspruch. Sie haben vollkommen ihre geistige Natur vergessen und freuen sich über den physischen Tatbestand, „Abrahams Same" zu sein. Daher sind sie weder „Fisch noch Fleisch". Sie haben keinen Anteil an der fortschreitenden „Arischen Rasse". Dennoch stehen sie über den noch unter uns weilenden Resten der Lemurischen und Atlantischen Völker. Sie sind ein Volk ohne Heimat geworden, eine Anomalie unter der Menschheit.

Wegen ihrer Gebundenheit an die Rassenidee war ihr einstiger Führer gezwungen, sie zu verlassen, und so gingen sie „verloren". Um aufzuhören, sich als getrennt von anderen Menschen und Völkern zu betrachten, wurden andere Nationen durch die Führer der Menschheit zu verschiedenen Zeiten gegen sie aufgestachelt. Sie wurden von dem Land, in dem sie sich ansiedelten, gefangen gehalten, doch vergebens. Sie weigerten sich hartnäckig, sich mit anderen zu verschmelzen. Wieder und wieder kehrten sie geschlossen in ihr dürres Land zurück. Propheten ihrer eigenen Rasse wurden erweckt, die sie erbarmungslos tadelten und ihnen furchtbares Unheil voraussagten, doch ohne Erfolg.

Als letzten Versuch, sie zu überzeugen, die Fesseln der Rasse abzustreifen, erleben wir die scheinbare Anomalie, daß der Führer der kommenden Rasse, der große Lehrer Christus, unter den Juden erschien. Dies zeigt außerdem das Mitleid und die Weisheit der großen Wesen, welche die Evolution lenken. Unter all den Rassen auf der Erde war keine in diesem Sinne „verloren" wie die Juden, keine andere bedurfte so sehr der Hilfe. Ihnen einen Fremden, keinen ihrer eigenen Rasse zu senden, wäre von vornherein zwecklos gewesen. Es war im voraus anzunehmen, daß sie ihn zurückweisen würden. Da sich der große Geist, der als Booker T. Washington bekannt ist, unter den Negriden wiederverkörperte, um von ihnen als einer der ihren aufgenommen zu werden, war es ihm möglich, sie aufzuklären, wie kein Weißer das gekonnt hätte. So hofften die großen Führer, daß die Erscheinung des Christus unter den Juden als einer der ihren, sie veranlassen könnte, ihn und seine Lehren anzunehmen. Auf diese Weise sollten sie der Verstrickung ihrer Rassenkörper entzogen werden. Doch es ist traurig zu sehen, wie menschliches Vorurteil obsiegen kann. „Er erschien unter den Seinen, und sie wählten Barabbas". Er verherrlichte nicht Abraham noch sonst einen anderen aus ihren alten Überlieferungen. Er sprach von einer „anderen Welt", von einer neuen Erde, von Liebe und Vergebung und wies die Lehre „Auge um Auge" zurück. Er rief sie nicht zu Waffengewalt gegen Caesar auf. Hätte er es getan, so hätten sie Ihn als Befreier begeistert aufgenommen. In dieser Hinsicht wurde Er sogar von seinen Jüngern mißverstanden, die ebensosehr über ihre enttäuschte Hoffnung auf ein Königreich dieser Welt trauerten, wie über den Freund, der durch Römerhand getötet wurde.

Die Ablehnung des Christus durch die Juden war der absolute Beweis ihrer Rassenknechtschaft. Von da ab wurden alle Anstrengungen, sie durch besondere Propheten und Lehrer **als ein Ganzes** zu retten, aufgegeben. Da sich die Zwecklosigkeit, sie als **Gesamtheit** zu verbannen, erwiesen hatte, blieb nur noch als letztes Hilfsmittel, sie unter die Völker der Erde zu zerstreuen. Aber trotz allem hat sich die unglaubliche Zähigkeit dieses Volkes, sogar bis zum heutigen Tag durchgesetzt. Die Mehrheit der Juden ist noch **orthodox** (1909). In Amerika läßt sich aber in letzter Zeit ein leichter Abfall feststellen. Die jüngere Generation beginnt, außerhalb der Rasse zu heiraten. So wird es mit der Zeit eine immer größer werdende Anzahl von Körpern für sich reinkarnierende Geister der Juden der Vergangenheit mit zunehmend weniger Rasseneigentümlichkeiten geben. Auf diese Weise wird das Volk, sich selbst zum Trotz, gerettet werden. Sie gingen durch Heiraten mit niedrigeren Rassen „verloren"; sie werden durch Verschmelzung mit fortgeschritteneren Rassen gerettet werden.

Da die gegenwärtigen Arischen Rassen aus vernunftbegabten Menschen bestehen, können sie aus früheren Erfahrungen Nutzen ziehen. Es gibt ein überzeugendes Mittel, ihnen zu helfen, indem man ihnen von den vergangenen Entwicklungsstufen und dem Schicksal erzählt, das die ungehorsamen Juden ereilte. Jene Rebellen hatten eine schriftliche Aufzeichnung darüber, wie sie von ihren Führern behandelt wurden. Sie legte dar, wie sie auserwählt worden waren, sich auflehnten, gestraft wurden und doch auf eine endgültige Errettung hofften. Dieser Bericht kann von uns vorteilhaft benutzt werden, zu erkennen, wie wir **nicht** handeln sollten. Es ist unwesentlich, daß er im Laufe der Zeit verstümmelt wurde, und die Juden unserer Tage noch in der Selbsttäuschung leben, ein auserwähltes Volk zu sein. Die Lehre, die aus ihren Erfahrungen gezogen werden kann, verliert dadurch nicht an Wert. Wir erfahren, wie ein „auserwähltes Volk" seinen Führer quälen, seine Pläne vernichten und wie es so durch Zeitläufte an eine Rasse gebunden werden kann. Ihre Erfahrungen sollten jedem künftigen „auserwählten Volk" zur Warnung dienen. Darauf weist Paulus in nicht mißzuverstehenden Worten hin: „Denn wenn schon das durch Engel verkündete Wort rechtskräftig war, und jede Übertretung und jeder Ungehorsam die gerechte Vergeltung fand, wie sollen dann wir entrinnen, wenn wir uns um ein so erhabenes Heil nicht kümmern, das zuerst durch den Herrn verkündet und uns von den Ohrenzeugen bestätigt wurde?" (Hebr.2, 3-4). Paulus sprach hier zu Christen; denn die Hebräer, denen er das schrieb, waren zum Christentum bekehrt. Es waren Menschen, von denen er erwartete, daß sie in einem künftigen Leben dem neuen „auserwählten Volk" angehören würden, das **bereitwillig** einem Führer folgen und die Fähigkeit der Liebe und geistigen Wahrnehmung, der Intuition, entwickeln würde, die das Selbstsuchen und die Vernunft ablösen soll.

Die christlichen Lehren des Neuen Testaments stehen besonders den Pionierrassen der Westlichen Welt zur Verfügung und werden vor allem dem Volk der Vereinigten Staaten eindringlich ins Bewußtsein gebracht. Denn das Ziel der neuen Rasse der sechsten Epoche wird die Vereinigung aller Rassen sein. Die Vereinigten Staaten werden zum „Schmelztiegel", in dem alle Nationen der Erde vereint werden. Aus dieser Verschmelzung wird vor allem der Kern des nächsten „auserwählten Volkes" hervorgehen.

Jene Geister aus allen Ländern der Erde, die sich, bewußt oder anderweitig bemüht haben, den Lehren Christi zu folgen, werden in den Vereinigten Staaten wiedergeboren. Hier werden ihnen die für ihre Entwicklung geeigneten Bedingungen geboten. Daher unterscheidet sich der in Amerika geborene Jude von den Juden anderer Länder. Schon die Tatsache seiner Wiedergeburt in der Welt des Westens zeigt, daß er sich in Loslösung vom Rassengeist befindet. Er ist folglich dem in der alten Welt kristallisierten orthodoxen Juden voraus, so wie seine Eltern, sonst hätten sie nicht den Gedanken gefaßt, die alten Fesseln zu sprengen und nach Amerika auszuwandern (1909). Deshalb ist der in Amerika geborene Jude der Pionier, der den Pfad bereiten wird, auf dem die anderen seines Volkes später folgen werden.

So sehen wir, daß die Bibel speziell die für die westlichen Völker benötigte Lehre enthält, damit sie eine Lektion aus dem schrecklichen Beispiel der Jüdischen Rasse, wie im Alten Testament aufgezeichnet, erhalten. Mögen sie lernen nach den Lehren Christi im Neuen Testament zu leben, bereitwillig ihre Körper als ein **lebendes** Opfer auf dem Altar der Gemeinschaft und der Liebe darzubringen.

KAPITEL XIV

DIE OKKULTE ANALYSE DER GENESIS

Die Begrenzung der Bibel

Vor dem dreizehnten Kapitel wurde verhältnismäßig wenig Bezug auf die Bibel genommen. Doch nun wollen wir unsere Aufmerksamkeit eine Zeitlang auf sie lenken. Es ist nicht beabsichtigt, zu versuchen, eine Rechtfertigung der Bibel (wie sie heute allgemein bekannt ist) in dem Sinne vorzunehmen, als sei sie das einzig wahre und inspirierte Wort Gottes. Dennoch enthält sie gewiß viel wertvolles und okkultes Wissen. Dieses ist zu einem großen Teil unter Einfügungen und durch willkürliches Vorenthalten verschiedener als „apokryph" geltender Teile verborgen. Der okkulte Wissenschaftler, der die bestimmte Bedeutung kennt, kann natürlich leicht ersehen, welche Teile die ursprünglichen und welche durch Einschiebungen geändert sind. Und doch, wenn wir uns das erste Kapitel der Genesis in der besten uns vorliegenden Übersetzung vornehmen, werden wir finden, daß es den gleichen Evolutionsplan enthüllt, der in dem vorhergehenden Teil dieses Werkes erklärt worden ist. Es stimmt vollkommen mit den okkulten Informationen über die Perioden, Kreisläufe, Rassen usw. überein. Die gegebenen Umrisse sind notwendigerweise äußerst kurz und gedrängt. So wird eine ganze Periode mit einigen zwanzig Worten beschrieben. Dennoch sind die Umrisse vorhanden.

Bevor wir an eine Erklärung herangehen, muß erwähnt werden, daß die Worte der hebräischen Sprache, insbesondere die des alten Stils, ineinanderfließen und nicht, wie jene unserer Sprache, getrennt sind.

Ferner ist es gebräuchlich, die Vokale beim Schreiben auszulassen, so daß beim Lesen sehr viel davon abhängt, wo und wie sie eingefügt werden. Man sieht, wie groß die zu überwindenden Schwierigkeiten sind, den ursprünglichen Sinn in Erfahrung zu bringen. Eine kleine Umstellung kann den Sinn fast jedes Satzes völlig verändern.

Zusätzlich zu diesen großen Schwierigkeiten müssen wir bedenken, daß von den siebenundvierzig Bibelübersetzern der King James-Lesart (die in England und Amerika am gebräuchlichsten ist), nur **drei** die hebräische Sprache beherrschten. Von diesen drei starben zwei, bevor die Psalmen übersetzt waren. Wir müssen weiter noch in Betracht ziehen, daß ihnen die Erlaubnis zum Übersetzen unter der Bedingung erteilt wurde, in ihre Wiedergabe nichts hineinzubringen, was von dem bereits bestehenden Glauben ablenken oder ihn stören könnte. Unter diesen Umständen ist es klar, daß die Möglichkeit, eine genaue Übersetzung zu erhalten, in der Tat sehr gering war.

Auch in Deutschland waren die Bedingungen nicht viel günstiger; denn hier war Martin Luther der einzige Übersetzer, und selbst er übersetzte nicht aus dem ursprünglich hebräischen, sondern lediglich aus einem lateinischen Text. Die meisten Lesarten, die in protestantischen Ländern des Kontinents gegenwärtig benutzt werden, sind einfach Übertragungen der lutherischen Übersetzung in verschiedene Sprachen.

Es ist wahr, daß Überarbeitungen vorgenommen worden sind. Sie haben aber keine wesentlichen Verbesserungen gebracht. In Nordamerika gibt es außerdem eine große Anzahl von Menschen, die beteuern, daß der **englische** Text der King James-Lesart von der ersten bis zur letzten Seite absolut richtig sei, als ob die Bibel ursprünglich in englischer Sprache geschrieben worden wäre und eine beglaubigte Kopie des Urtextes sei. So sind die alten Fehler, trotz aller Anstrengungen, sie auszumerzen, noch vorhanden.

Man muß ferner bemerken, daß die ursprünglichen Verfasser der Bibel nicht die Absicht hatten, die Wahrheit in einer so einfachen, für jeden verständlichen Form zu bringen. Nichts lag ihnen ferner, als ein „offenes Buch Gottes" zu schreiben. Die großen Okkultisten, die den Zohar schrieben, betonten gerade diesen Punkt sehr nachdrücklich. Die Geheimnisse der Thora sollten nicht von allen verstanden werden, wie wir aus folgendem Zitat entnehmen können:

„Wehe dem Menschen, der in der Thora (dem Gesetz) nur einfache Berichte und gewöhnliche Worte sieht! Denn, wenn es in Wahrheit nur solche enthielte, so könnten wir heute eine Thora abfassen, die bewundernswerter wäre. Aber so ist es nicht. Jedes Wort der Thora enthält eine erhabene Bedeutung und ein großartiges Mysterium... Die Berichte der Thora sind die Gewänder der Thora. Wehe dem, der das Gewand der Thora für die Thora selbst hält. Der Einfältige bemerkt einzig und allein die Gewänder und Berichte der Thora. Er kennt nichts anderes. Er sieht nicht, was sich unter dem Gewand verbirgt. **Die besser geschulten Menschen beachten die Kleidung nicht,** sondern den Körper, den sie einhüllt".

In diesen Worten ist die allegorische Bedeutung klar und deutlich mit einbegriffen. Auch Paulus sagt eindeutig, daß die Geschichte von Abraham und den zwei Söhnen, die er von Sarah und Hagar hatte, rein allegorisch ist (Gal.4, 22-26). Viele Textstellen sind verschleiert, andere sind wörtlich aufzufassen. Und keiner, der nicht den okkulten Schlüssel besitzt, kann die tiefe Wahrheit finden, die oftmals in einem unscheinbaren Gewand verborgen ist.

Auch Christus wahrte Verschwiegenheit inbezug auf die tieferen Geheimnisse und sprach ausnahmslos in Gleichnissen, wenn die Volksmenge mit okkulten Wahrheiten in Berührung gebracht werden sollte.

Den sie beinhaltenden tieferen Sinn erklärte er danach seinen Jüngern im geheimen. Bei verschiedenen Gelegenheiten legte er ihnen über solche nicht öffentlichen Belehrungen Geheimhaltung nahe.

Auch die Methoden des Paulus stimmen damit überein; denn er gibt den „Säuglingen“ im Glauben „Milch“, die einfacheren Lehren, und bewahrt das „Fleisch“, die tieferen Lehren, für die „Starken“ auf, die sich als fähig erwiesen hatten, sie zu verstehen und aufzunehmen.

Die jüdische Bibel war ursprünglich hebräisch geschrieben. Wir besitzen jedoch nicht eine einzige Zeile der ursprünglichen Schriften. Um das Jahr 280 v.Chr. wurde die Septuaginta, eine Übersetzung ins Griechische, herausgebracht. Sogar zur Zeit Christi herrschte die größte Verwirrung und Meinungsverschiedenheit darüber, was als Original anzusehen sei und was eingefügt worden ist.

Erst nach Rückkehr aus der babylonischen Gefangenschaft begannen die Schreiber die einzelnen Schriften zusammenzufassen. Der Talmud erschien erst 500 n.Chr. und lieferte den ersten Text, der dem gegenwärtigen ähnelt. In Anbetracht der vorerwähnten Fakten kann er nicht vollkommen sein.

Der Talmud wurde dann von der Masoretenschule in die Hand genommen, die sich von 590 - ungefähr 800 n.Chr. hauptsächlich in Tiberias befand. Durch große und mühevolle Arbeit wurde ein hebräisches Altes Testament herausgebracht, das gegenwärtig dem Original am nächsten kommt.

Dieser masoretische Text wird für die folgende Erläuterung der Genesis benutzt. Ohne sich auf die Arbeit eines einzelnen Übersetzers zu verlassen, wird dieser Text durch eine deutsche Übersetzung, die Arbeit dreier hervorragender hebräischer Gelehrter, H. Arnheim, M. Sachs und Jul. Fürst, die mit einem vierten, dem Herausgeber Dr. Zunz, zusammenarbeiteten, ergänzt.

DIE OKKULTE ANALYSE DER GENESIS

Am Anfang

Der Eingangssatz der Genesis ist ein sehr gutes Beispiel für das, was bereits zur Auslegung des hebräischen Textes angeführt worden ist. Dieser kann durch Verschiebung der Vokale und durch verschiedene Trennung der Worte vollkommen verändert werden.

Es gibt zwei anerkannte Deutungen dieses Satzes. Die eine heißt: „Am Anfang schuf Gott Himmel und Erde", die andere: „Aus der immer bestehenden Essenz (des Raumes) bildete die zweifache Energie den doppelten Himmel".

Es ist viel darüber gesprochen und geschrieben worden, welche dieser beiden Interpretationen die richtige sei. Die Schwierigkeit besteht darin, daß die Menschen etwas Feststehendes und Festumrissenes haben wollen. Sie stehen auf dem Standpunkt, wenn eine bestimmte Erklärung wahr sei, müßten alle anderen falsch sein. Das ist aber bestimmt nicht der Weg, der zur Wahrheit führt, die vielseitig und verschiedenartig ist. Jede okkulte Wahrheit bedarf der Prüfung vieler verschiedener Gesichtspunkte. Jeder Standpunkt bietet einen bestimmten Aspekt der Wahrheit und erst ihre Gesamtheit ermöglicht eine vollständige und bestimmte Vorstellung von dem, was auch immer Gegenstand der Betrachtung sein mag.

Die Tatsache, daß dieser Satz und viele andere im Gewand der Thora verschiedene Bedeutungen ergeben können, was für die Uneingeweihten verwirrend, für jene aber aufklärend ist, die den Schlüssel besitzen, stellt einen Beweis für die erhabene Weisheit jener wunderbaren Intelligenzen dar, welche die Thora inspirierten. Wären die Vokale eingeschoben und wäre eine Teilung in Worten vorgenommen worden, so hätten sie nur auf eine Weise gelesen werden und sich die großartigen und erhabenen Mysterien nicht darin verbergen können. Hätten die Autoren vorgehabt, ein offenes Buch Gottes zu schreiben, wäre die vorerwähnte Schreibart dazu eine geeignete Methode gewesen. Doch das lag nicht in ihrer Absicht. Es war ausschließlich für die Eingeweihten geschrieben und kann nur von ihnen verständnisvoll gelesen werden. Es hätte viel weniger Geschicklichkeit erfordert, das Buch leicht verständlich zu schreiben, als seinen Sinn zu verhüllen. Es wird keine Mühe gescheut, zur gegebenen Zeit all denen das Wissen zu vermitteln, die dazu berechtigt sind. Denen aber, die dieses Recht noch nicht erworben haben, muß die Wahrheit vorenthalten bleiben.

Die Urnebeltheorie

In dem auf die Genesis und Evolution unseres Sonnensystems fallenden Licht betrachtet wird deutlich, daß beide Interpretationen des Eröffnungssatzes für ein Verstehen des Sachverhaltes erforderlich sind. Der erste spricht von einem Beginn unserer Evolution, in dem die Himmel geschaffen wurden. Die zweite Auslegung ergänzt die erste dahingehend, daß die Himmel und die Erde aus der „immer bestehenden Essenz“ und nicht aus „Nichts“ geschaffen wurden, wie es die Materialisten spöttisch deuten. Die kosmische Ursubstanz wird zusammengezogen und in Bewegung gesetzt. Die Ringe, die sich infolge der Trägheit der rotierenden Masse bilden, brechen von dem zentralen Teil ab, bilden Planeten usw., wie dies der moderne Gelehrte mit bewundernswerter Genialität herausgefunden hat. Die okkulte und moderne Wissenschaft stimmen, was den **Modus operandi** anbelangt, völlig überein. In diesen Feststellungen ist nichts, was mit den zwei Theorien in Widerspruch stünde, wie sogleich gezeigt werden wird. Die okkulte Wissenschaft lehrt, daß Gott den Bildungsprozeß in Gang setzte und das System unablässig in eine bestimmte Bahn lenkt. Der moderne Gelehrte widerlegt die für ihn törichte Idee, wie er sie nennt. Zum Beweis, daß ein Gott nicht erforderlich sei, nimmt er eine Schüssel mit Wasser und schüttet ein wenig Öl hinein. Wasser und Öl stellen in dieser Reihenfolge Raum und Feuernebel dar. Nun beginnt er das Öl mit einer Nadel zu drehen und bringt es in eine Kugelform, die, so erklärt er, die Zentralsonne verkörpere. Wenn der Ölball immer schneller gedreht wird, schwillt er am Äquator an und stößt einen Ring ab, der zerreißt. Die Teile vereinigen sich und bilden eine kleinere Kugel, die um die Sonne, die Zentralmasse kreist. Dann fragt er den okkulten Gelehrten mitleidsvoll: „Sehen sie nicht, wie das vor sich geht? Dazu bedarf es keines Gottes, auch keiner sonstigen übernatürlichen Kraft."

Der Okkultist erkennt bereitwillig an, daß ein Sonnensystem sich etwa auf ähnliche Weise bilden kann. Aber er wundert sich sehr, daß ein Mann, der mit so klarer Intuition die Wirkungsweise kosmischer Vorgänge wahrnehmen kann und den Intellekt besitzt, für diese monumentale Theorie eine so ausgezeichnete Beweisführung zu liefern, gleichzeitig außerstande ist, zu erkennen, daß er bei seiner Vorführung **selbst die Rolle Gottes spielte.** Es war seine Kraft, die das Öl ins Wasser goß, wo es in alle Ewigkeit träge und gestaltlos geblieben wäre, hätte er es nicht durch seine Kraft in Bewegung gesetzt. Auf diese Weise wurde die Verkörperung der Sonne und Planeten dargestellt. Es war sein Gedanke, der das Experiment entwarf, wobei Öl, Wasser und Kraft benutzt wurden, um dadurch auf großartige Weise den Dreieinigen Gott zu veranschaulichen, der in der Kosmischen Substanz arbeitet, um ein Sonnensystem zu schaffen.

Die Attribute Gottes sind: Wille, Weisheit und Tätigkeit (siehe Diagramm 6 und beachte sorgfältig, was der Name „Gott" in dieser Terminologie bedeutet). Der Wissenschaftler hat den **Willen,** das Experiment durchzuführen. Seine Erfindungsgabe findet Mittel und Wege, es zu demonstrieren. Diese Genialität entspricht der **Weisheit,** dem zweiten Attribut Gottes. Er hat auch die zur Ausführung des Vorganges nötige Muskelkraft, die der **Tätigkeit,** dem dritten Attribut Gottes entspricht.

Das Weltall ist ferner kein riesiges perpetuum mobile, das, einmal in Gang gesetzt, ohne innere Ursache und leitende Kraft in Bewegung bleibt. Auch das wird durch das Experiment des Gelehrten bewiesen; denn in dem Augenblick, wo er seinen Ölball nicht mehr dreht, hört die geordnete Bewegung seiner Miniaturplaneten ebenfalls auf. Alles wird wieder zu einer gestaltlosen Masse, einer auf dem Wasser schwimmenden Ölschicht. In entsprechender Weise würde sich das Weltall plötzlich in „lichten Raum" auflösen, wenn Gott für einen Augenblick aufhörte, seine allumfassende Fürsorge und seine energieverleihende Tätigkeit walten zu lassen.

Die zweite Deutung der Genesis ist wunderbar genau in ihrer Beschreibung einer zweifachen formbildenden Kraft. Sie stellt nicht ausdrücklich fest, daß Gott dreieinig ist. Sie setzt diese Kenntnis beim Leser voraus. Sie drückt die genaue Wahrheit aus, wenn sie berichtet, daß nur zwei Kräfte bei der Bildung eines Weltalls tätig sind.

Wenn sich der erste Aspekt des Dreieinigen Gottes als der Wille zur Schöpfung offenbart, so erweckt er den zweiten Aspekt, der Weisheit ist, um einen Plan für das künftige Weltall zu entwerfen. Diese erste Manifestation der Kraft ist Vorstellung (imagination). Nachdem diese Urkraft der Imagination die Idee eines Weltalls entwickelt hat, ruft der dritte Aspekt (die Tätigkeit) durch seine Wirkung in der kosmischen Substanz Bewegung hervor. Diese ist die zweite Manifestation der Kraft. Bewegung allein genügt jedoch nicht. Um ein Weltensystem zu schaffen, muß die Bewegung **geordnet** sein. Es ist daher Weisheit erforderlich, um die Bewegung in einer intelligenten Weise zu lenken und bestimmte Ergebnisse zu erzielen.

So finden wir die Deutung des ersten Satzes der Genesis: Am Anfang bildete geordnete, rhythmische Bewegung in der Kosmischen Wurzelsubstanz das Weltall.

Die Schöpferischen Hierarchien

Die zweite Auslegung des Eröffnungssatzes gibt uns auch dadurch einen vollkommeneren Begriff von Gott, daß sie von einer „zweifachen Energie" spricht. Sie weist damit auf die positiven und negativen Aspekte des Einen Geistes von Gott in der Offenbarung hin. In Übereinstimmung mit der Lehre der okkulten Wissenschaft wird Gott als ein zusammengesetztes Wesen dargestellt. Das wird in den übrigen Versen des Kapitels betont.

Außer den Schöpferischen Hierarchien, die aus freiem Willen an unserer Entwicklung arbeiteten, gibt es noch sieben andere, die zu unserer Evolution gehören. Sie sind Mitarbeiter Gottes bei der Gestaltung des Universums. Im ersten Kapitel der Genesis werden diese Hierarchien „Elohim" genannt. Der Name bezeichnet eine Schar zweifacher oder doppelgeschlechtiger Wesen. Der erste Teil des Wortes „Eloh" ist ein weibliches Hauptwort. Der Buchstabe „h" weist auf das Geschlecht hin. Wenn ein einziges weibliches Wesen gemeint wäre, hätte man das Wort „Eloh" benutzt. Der weibliche Plural ist „oth". Hätte man also eine Anzahl Götter weiblichen Geschlechts bezeichnen wollen, müßte das Wort „Elooth" heißen. Statt dessen finden wir die männliche Pluralendung „im", die an das weibliche Hauptwort „Eloh" angehängt wurde. Elohim weist auf eine Schar männlich/weiblicher, also zweigeschlechtiger Wesen hin. Sie sind der Ausdruck der zweifachen, positiv-negativen schöpferischen Energie.

Die Vielzahl der Schöpfer wird nochmals im späteren Teil des Kapitels angedeutet, wo den Elohim die Worte zugeschrieben werden: „Laßt **uns** Menschen machen als **unser** Abbild, uns ähnlich". Danach wird widersprüchlich hinzugefügt: „Als Mann und Frau schuf **Er sie"**.

Die Übersetzer haben hier das rätselhafte Wort „Elohim" (das zweifellos nicht nur ein Plural, sondern beides, männlich und weiblich war) als gleichbedeutend mit dem Singular, mit dem geschlechtslosen Wort

„Gott" wiedergegeben. Doch hätten sie anders handeln können, selbst wenn sie es gewußt hätten? Ihnen war verboten, bestehende Ideen in Unordnung zu bringen. King James wünschte nicht Wahrheit um jeden Preis, sondern Frieden um jeden Preis. Seine einzige Sorge war, Gegensätze zu vermeiden, die eine Störung in seinem Königreich hervorrufen könnten.

In der Schöpfungsgeschichte des Menschen wird ebenfalls der Plural „sie" verwendet. Damit wird klar auf die Erschaffung von ADM, der menschlichen Wesen, und nicht auf Adam, das Individuum, hingewiesen.

Wir haben gezeigt, daß sechs Schöpferische Hierarchien (außer den Herren der Flamme, den Cherubim, den Seraphim und den zwei ungenannten Hierarchien, die in die Freiheit eingegangen sind), aktiv waren, um den jungfräulichen Geistern zu helfen, die in sich selbst eine siebte Hierarchie bilden.

Die Cherubim und die Seraphim hatten mit der Erschaffung der Form nichts zu tun. Daher werden sie in dem Kapitel, das sich hauptsächlich mit der Formseite der Schöpfung befaßt, nicht erwähnt. Hier wird nur von sieben Schöpferischen Hierarchien gesprochen, welche die eigentliche Arbeit am Menschen leisteten. Sie leiteten ihn an, eine dichte physische Form zu erwerben, durch die der innewohnende Geist wirken konnte.

Nach einer Beschreibung jedes Teils der Schöpfungsarbeit wird gesagt: „Und Elohim sah, daß es gut war". Das wird siebenmal gesagt, das letzte Mal am sechsten Tag, nachdem die menschliche Form erschaffen worden war.

Es wird erwähnt, daß am siebten Tag „Elohim ruhte". Das steht ganz im Einklang mit unserer okkulten Lehre über den Anteil, an dem jede der Schöpferischen Hierarchien bei der Evolutionsarbeit bis zur gegenwärtigen Periode mitwirkte. Es wird auch gelehrt, daß in der gegenwärtigen Epoche die Götter und die Schöpferischen Hierarchien sich von aktiver Mitwirkung zurückgezogen haben, damit der Mensch selbst an seiner Erlösung arbeiten könne. So bleibt die erforderliche Führung der Durchschnittsmenschheit den „Älteren Brüdern" überlassen. Sie sind jetzt die Mittler zwischen den Menschen und den Göttern.

Die Saturnperiode

Nachdem wir uns überzeugen konnten, daß nach der Beschreibung der okkulten Wissenschaft der Beginn unseres Sonnensystems und die Arbeit der Schöpferischen Hierarchien mit den Lehren der Bibel übereinstimmen, wollen wir den Bericht der Bibel über die verschiedenen Schöpfungstage prüfen. Wir werden sehen, wie sie mit den okkulten Lehren über die Saturn-, Sonnen- und Mondperioden, mit den dreieinhalb Kreisläufen der Erdperiode und den Polarischen, Hyperboreischen, Lemurischen und Atlantischen Epochen übereinstimmen, die der gegenwärtigen Arischen Epoche vorausgegangen sind.

Natürlich konnte in wenigen Zeilen wie denen des ersten Kapitels der Genesis keine detaillierte Beschreibung gegeben werden. Die Hauptpunkte jedoch sind in geordneter Folge vorhanden und ähneln sehr einer algebraischen Formel für Schöpfung.

Der zweite Vers lautet: „Und die Erde war wüst und leer und Finsternis lag über dem Antlitz der Tiefe; und die Geister der Elohim fluteten über der Tiefe". Zu Beginn der Manifestation befand sich die jetzige Erde in der Saturnperiode. Es herrschten in ihr genau jene Zustände, die bei der Beschreibung dieser Periode bereits erwähnt wurden. Die Erde war nicht „ohne Form und leer", wie in der King James-Lesart zum Ausdruck kommt. Sie war heiß, daher wohl begrenzt und von der Tiefe des Raumes getrennt, der kalt war. Zwar ist es wahr, daß sie finster war. Aber sie konnte finster und dennoch heiß sein; denn „dunkle" Hitze geht notwendigerweise der glühenden oder sichtbaren Hitze voraus. Über der dunklen Erde der Saturnperiode schwebten die Schöpferischen Hierarchien. Sie wirkten von außen auf sie ein und formten sie. Die Bibel nennt sie die „Geister der Elohim".

Die Sonnenperiode

Die Sonnenperiode wird im dritten Vers gut beschrieben, der besagt: „Und Elohim sprach, es werde Licht! Und es ward Licht“. Diese Stelle wird als lächerlicher Unsinn abgetan. Man stellte spöttisch die Frage, wie auf Erden Licht sein konnte, wo die Sonne erst am vierten Tag erschaffen wurde. Der Erzähler in der Bibel spricht aber nicht von der Erde allein. Er spricht vom zentralen „Feuernebel“, aus dem die Planeten unseres Sonnensystems einschließlich der Erde gebildet wurden. Sobald also der Urnebel den Zustand glühender Hitze erreichte, was in der Sonnenperiode der Fall war, bestand keine Notwendigkeit eines Beleuchtungskörpers von außen. Das Licht war im Innern.

Im vierten Vers lesen wir: „Die Elohim schieden das Licht von der Finsternis“. Selbstverständlich, denn der Außenraum war dunkel im Gegensatz zum glühenden Nebel, der während der Sonnenperiode vorhanden war.

Die Mondperiode

Die Mondperiode wird im sechsten Vers wie folgt beschrieben: „Und Elohim sprach: Es werde eine **Feste** (in anderen Übersetzungen durch „Firmament“ wiedergegeben) in den Wassern, die da scheide das Wasser vom Wasser. Dies schildert genau die Zustände der Mondperiode, als die Hitze des glühenden Feuernebels und die Kälte des Weltraums einen Wasserkörper um den feurigen Kern gebildet hatten. Die Berührung von Feuer und Wasser erzeugte Dampf, der Wasser in Ausdehnung ist, wie unser Vers es beschreibt. Er unterschied sich von dem verhältnismäßig kühlen Wasser, das beständig von dem heißen, feurigen Kern angezogen wurde, um den ausströmenden Dampf zu ersetzen. So entstand ein steter Kreislauf des in Schwebe und Ausdehnung gehaltenen Wassers. Ferner bildete der vom feurigen Kern nach außen schießende Dampf eine Atmosphäre aus „Feuernebel", der sich durch die Berührung mit dem Weltraum verdichtete. Von da kehrte er zum Kern zurück, um wieder erwärmt zu werden und einen anderen Kreislauf zu vollbringen. Somit gab es zwei Arten von Wasser und eine Trennung zwischen ihnen, wie in der Bibel festgestellt wird. Das verdichtete Wasser umschloß den feurigen Kern. Das ausgedehnte Wasser, oder Dampf, war an der Außenseite.

Das stimmt auch mit der modernen wissenschaftlichen Theorie überein: zuerst die dunkle Hitze, dann der glühende Nebel, später außen Feuchtigkeit und innen Hitze, schließlich Verkrustung.

Die Erdperiode

Die Erdperiode wird als nächstes beschrieben. Bevor wir damit beginnen, müssen wir uns jedoch mit den Wiederholungen befassen. Auch die angeführten Verse und gegebenen Beschreibungen stimmen mit den Wiederholungen überein. Daher gilt das, was von der Saturnperiode gesagt wird, auch von dem Zustand eines Systems, wenn es aus einer der Ruhepausen hervorgeht. Die Beschreibungen der Saturn-, Sonnen- und Mond-periode würden daher den drei ersten Kreisläufen unserer gegenwärtigen Erdperiode, und die folgenden den Bedingungen auf der Erde im gegenwärtigen Kreislauf entsprechen.

Im neunten Vers lesen wir: „Und Elohim sprach: „Lasset die Wasser sich scheiden vom trockenen Land...... und Elohim nannte das trockene Land Erde". Das bezieht sich auf die ersten festen Verkrustungen. Hitze und Feuchtigkeit hatten den festen Körper unseres gegenwärtigen Globus gebildet.

Die Polarische Epoche. Der neunte Vers, der die Erdperiode in ihrem vierten Kreislauf beschreibt (in der die wirkliche Arbeit dieser Periode begann), schildert auch die Bildung des Mineralreiches und die Wiederholung des mineralischen Zustandes durch den Menschen in der Polarischen Epoche. Jede Epoche ist auch eine Wiederholung der vorhergehenden Stufe. Ebenso wie es Wiederholungen von Globen, Kreisläufen und Perioden gibt, so wiederholt sich auf jedem Globus all das, was vorausgegangen ist. Diese Wiederholungen sind endlos. Es ist immer eine Spirale in der Spirale, im Atom, im Globus und in allen anderen Phasen der Evolution.

Kompliziert und verwirrend, wie das anfänglich erscheinen mag, ist es dennoch nicht so schwer zu verstehen. Es geht ein geordneter Plan durch das Ganze. Mit der Zeit wird man fähig, die Arbeitsweise dieser Methode als Schlüssel, der die Verwirrung erschließt, zu erkennen und zu verfolgen. Analogie ist eine der besten Hilfen für das Verständnis der Evolution.

Die Hyperboreische Epoche wird im Vers 11-19 als die Arbeit des vierten Tages beschrieben. Dort wird berichtet, daß Elohim das Pflanzenreich, die Sonne, den Mond und die Sterne schuf.

Die Bibel stimmt mit der modernen Wissenschaft darin überein, daß die Pflanzen den Mineralien folgten. Der Unterschied zwischen den beiden Lehren liegt in der Zeit, als die Erde von der Zentralmasse losgetrennt wurde. Die Wissenschaft behauptet, daß dies vor der Bildung irgend einer Kruste geschah, die als mineralisch oder pflanzlich bezeichnet werden könnte. Wenn wir Mineralien und Pflanzen meinen, wie wir sie heute haben, so hat die Wissenschaft recht. Es gab keine dichte materielle Substanz; dennoch war die erste Krustenbildung, die auf der Zentralsonne stattfand, mineralisch. Der Bibelerzähler gibt nur die hauptsächlichsten Ereignisse an. Es wird nicht berichtet, daß die Verkrustung schmolz, als sie von der Zentralmasse als Ring abgestoßen wurde, der auseinanderbrach, dessen Bruchstücke sich danach vereinigten. Bei einem Körper, der so klein wie unsere Erde ist, war die zur Wiederkristallisation erforderliche Zeit verhältnismäßig so kurz, daß der Geschichtsschreiber sie nicht erwähnt. Er führt auch nicht die andere, untergeordnete Tatsache an, daß der Schmelzprozeß noch ein weiteres Mal stattfand, als der Mond von der Erde abgestoßen wurde. Er nimmt wahrscheinlich an, daß jemand, der zu okkulten Belehrungen berechtigt ist, bereits von solch unbedeutenden Einzelheiten wie dieser Kenntnis hat.

Zur Zeit der Verkrustung des inneren Feuernebels waren die Pflanzen ätherisch. Der Schmelzprozeß zerstörte sie daher nicht. So wie die Kraftlinien, längs derer sich die Eiskristalle bilden, im Wasser vorhanden sind, so befanden sich jene ätherischen Pflanzenformen in der Erde, als sie sich kristallisierte. Sie waren die Formen, welche die dichte Materie an sich zogen. Sie bildeten die Pflanzenkörper der Gegenwart und der Vergangenheit, die in den geologischen Schichten unserer Erde eingelagert sind.

Diese ätherischen Pflanzenformen wurden bei ihrer Entwicklung unterstützt, als die Wärme, nach der Trennung der Erde von Sonne und Mond, von außen kam. Diese Wärme gab ihnen die Lebenskraft, die dichteren Substanzen an sich zu ziehen.

Die Lemurische Epoche wird als Arbeit des fünften Tages beschrieben. Diese dritte Epoche ist in gewissem Sinn die Wiederholung der Mondperiode. Wir finden solche Zustände, wie sie in der Mondperiode herrschten, in der biblischen Erzählung wiedergegeben: Wasser, Feuernebel und die ersten Versuche des sich bewegenden und atmenden Lebens.

Die Verse 20 und 21 berichten uns, daß „Elohim sprach: Lasset das Wasser hervorbringen lebenatmende Wesen... und Vögel... und Elohim schuf die großen Seetiere und alle lebenatmenden Dinge gemäß ihren Arten und auch Getier mit Flügeln" (King James-Lesart).

Dies steht in Einklang mit den Lehren der materialistischen Wissenschaft, demzufolge die Amphibien den Vögeln vorausgingen.

Der Schüler wird gebeten, besonders darauf zu achten, daß **die Dinge, die gebildet wurden, nicht Leben waren.** Es heißt nicht, daß Leben geschaffen wurde, sondern **„Dinge" die atmen oder Leben einatmen**.... Das hebräische Wort für das, was sie einatmen, ist **nephesch.** Man sollte sich dieses Wort gut merken, weil wir ihm später in einer anderen Form wieder begegnen werden.

Die Atlantische Epoche, befaßt sich mit der Arbeit des sechsten Tages. In Vers 24 wird die Erschaffung der Säugetiere erwähnt. Hier kommt das Wort **nephesch** wieder vor mit der Erklärung, daß die Säugetiere „Leben atmeten". „Elohim sprach: Lasset die Erde hervorbringen lebenatmende Wesen..... Säugetiere..... ". Und in Vers 27 heißt es: „Die Elohim erschufen den Menschen nach ihrem Ebenbilde; als Mann und Frau schufen sie ihn".

Der biblische Historiker übergeht hier die ungeschlechtlichen und hermaphroditen Phasen der Menschen und spricht von den zwei, uns jetzt bekannten, getrennten Geschlechtern. Er konnte nicht anders, denn er beschrieb die Atlantische Epoche. Um diese Zeit war die Stufe der Evolution erreicht, wo es weder geschlechtslose Menschen noch Hermaphroditen gab. Die Trennung der Geschlechter hatte früher, in der Lemurischen Epoche stattgefunden. Das, was später Mensch wurde, konnte in jenen früheren Stadien seiner Entwicklung kaum als Mensch bezeichnet werden; es unterschied sich nur wenig von den Tieren. Daher verfälscht der Bibelschreiber die Tatsachen nicht, wenn er feststellt, daß der Mensch in der Atlantische Epoche erschaffen wurde.

In Vers 28 (aller englischen Lesarten) finden wir ein kleines Wort von großer Bedeutung. „Elohim sagte: Seid fruchtbar und erfüllet die Erde

wieder". Dies zeigt deutlich, daß der Verfasser, der das schrieb, von der okkulten Lehre Kenntnis hatte, daß sich die Lebenswoge hier, auf Globus D der Erdperiode, bereits in früheren Kreisläufen entwickelt hatte.

Die Arische Epoche entspricht dem siebten Schöpfungstag, an dem die Elohim von ihrer Arbeit als Schöpfer und Führer ausruhten, und die Menschheit eine unabhängige Laufbahn begonnen hatte.

Hiermit kommt die Darstellung der Art und Weise, wie die Formen erschaffen wurden, zum Abschluß. Im folgenden Kapitel wird diese Erzählung vom Gesichtspunkt aus wiedergegeben, der sich etwas mehr mit der Lebensseite befaßt.

Jehova und seine Mission

Es gab viele gelehrte Diskussionen über den Widerspruch zwischen der Schöpfungsgeschichte des ersten Kapitels, und dem Text, der mit dem vierten Vers des zweiten Kapitels beginnt, besonders über ihre Urheberschaft. Es wird behauptet, daß die beiden Berichte von verschiedenen Männern verfaßt wurden, weil das oder die Wesen, die der Übersetzer in beiden Kapiteln (Moses) der englischen Lesart als „Gott" wiedergibt, im ersten Kapitel des hebräischen Textes „Elohim", im zweiten Kapitel „Jehova" genannt werden. Man argumentierte damit, daß ein und derselbe Bibelerzähler Gott nicht mit zwei verschiedenen Namen bezeichnet haben würde.

Hätte er in beiden Fällen den gleichen Gott gemeint, so würde er es wahrscheinlich nicht getan haben; denn er war kein Monotheist. Er wußte wohl, daß er sich Gott nicht einfach als einen erhabenen Menschen vorstellen dürfte, der den Himmel als Thron und die Erde als Fußschemel benutzt. Als er von Jehova schrieb, meinte er den Führer, der für den besonderen Teil des Schöpfungswerkes verantwortlich war, das damals beschrieben wurde. Jehova war und ist einer der Elohim. Er ist der Führer der Engel, welche die Menschheit der Mondperiode waren. Er ist der Herrscher unseres Mondes. Der Leser wird zum genaueren Verständnis der Stellung und des Wesens von Jehova auf Diagramm 14 verwiesen.

Als Herrscher unseres Mondes hat er die dortigen, degenerierten, bösartigen Wesen in Obhut. Er herrscht auch über die Engel. Einige Erzengel, welche die Menschheit der Sonnenperiode waren, umgeben ihn. Diese sind die „Rassengeister".

Es ist Jehovas Arbeit, feste Körper oder Formen durch die erhärtenden, kristallisierenden Mondkräfte zu erbauen. Deshalb ist er der Geber der Kinder, und die Engel sind bei dieser Arbeit seine Boten. Physiologen wissen genau, daß der Mond in Beziehung zur Schwangerschaft steht. Zumindest haben sie beobachtet, daß er die Perioden des Lebens in der Gebärmutter und andere physiologische Funktionen bestimmt und regelt.

Man weiß, daß die Erzengel als Geister und Führer einer Rasse für oder gegen ein Volk kämpfen, je nachdem es die Erfordernisse der Evolution dieser Rasse verlangen. In Daniel, Kapitel 10, Vers 20, sagt ein Erzengel zu Daniel: „Jetzt werde ich wiederkommen und mit dem Engelfürsten im Perserland streiten; aber wenn ich weggegangen bin, siehe so wird der Engelfürst von Griechenland kommen".

Der Erzengel Michael ist der Rassengeist der Juden (Daniel 12,1), doch **Jehova ist nicht der Gott der Juden allein. Er ist der Begründer aller zum Christentum führenden Rassenreligionen.** Dennoch ist es wahr, daß Er sich besonders für die Vorfahren der jetzigen, in ihrer Entwicklung zurückgefallenen Juden, die ursprünglichen Semiten, interessierte, die „Keimrasse" für die sieben Rassen der Arischen Epoche. Natürlich untersteht eine Keimrasse, der die embryonalen Fähigkeiten der Menschheit einer neuen Epoche eingeprägt werden sollen, der speziellen Obhut Jehovas. Aus diesem Grund war er besonders besorgt um die Ursemiten. Sie waren „sein auserwähltes Volk", auserwählt, um der Keim einer neuen Rasse zu werden, die das „Gelobte

Land" erben sollte, nicht nur das bedeutungslose Palästina, sondern die ganze gegenwärtige Erde.

Er führte sie nicht aus Ägypten heraus. Diese Erzählung ist unter ihren Nachkommen entstanden. Sie ist ein verworrener Bericht ihrer Flucht ostwärts aus dem durch Fluten und Unglücksfälle untergehenden Atlantis in die „Wildnis" (die Wüste Gobi in Zentralasien). Dort wanderten sie während der kabbalistischen 40 Jahre umher, bevor sie das gelobte Land betreten konnten. In dieser Beziehung liegt eine doppelte und besondere Bedeutung in dem beschreibenden Wort „gelobt". Das Land wurde das „Gelobte Land" genannt, weil es zu jener Zeit, als das „auserwählte Volk" in die „Wildnis" geführt wurde, als Land oder Erde zur Besitznahme durch Menschen nicht existierte. Ein Teil der Erde war von Fluten überschwemmt, andere Teile waren durch vulkanische Ausbrüche verändert worden. Daher mußte ein Zeitraum vergehen, ehe die neue Erde in einem geeigneten Zustand war, um zum Besitztum der Arischen Rasse zu werden.

Die Ursemiten wurden abgesondert. Es wurde ihnen verboten, in andere Stämme und Völker einzuheiraten. Sie waren aber ein halsstarriges und schwieriges Volk, das größtenteils durch Begehren und Schlauheit geleitet wurde. Daher mißachtete es den Befehl. Ihre Bibel berichtet, daß die Söhne Gottes die Töchter der Menschen, die niederen Grade ihrer Atlantischen Landsleute heirateten. So durchkreuzten sie die Pläne Jehovas und wurden „verworfen". Die Frucht einer solchen Mischrasse war als Same einer kommenden Rasse nicht zu gebrauchen.

Diese Mischlinge waren die Vorfahren der gegenwärtigen Juden, die jetzt von „verlorenen Stämmen" sprechen. Sie wissen, daß einige von der ursprünglichen Anzahl sie verließen und einen anderen Weg einschlugen. Sie wissen aber nicht, daß dies jene wenigen waren, die treu blieben. Die Erzählung von den zehn verlorenen Stämmen ist eine Fabel. Die meisten von ihnen gingen zugrunde, die Getreuen aber überlebten, und von diesem treuen Überrest stammen die jetzigen Arischen Rassen ab.

Der Behauptung der Bibelgegner, daß dieses Buch eine reine Verstümmelung der ursprünglichen Schriften sei, stimmt die okkulte Wissenschaft gerne zu. Sie gibt auch zu, daß Teile davon ganz und gar Fälschungen sind. Es wird kein Versuch gemacht, ihre Echtheit als Ganzes in der Form, in der wir sie jetzt besitzen, zu beweisen. Die gegenwärtige Bemühung ist einfach ein Versuch, ein paar Kerne okkulter Wahrheit aus der verwirrenden Ansammlung irreführender und unzutreffender Auslegungen herauszuschälen, unter denen sie von verschiedenen Übersetzern und Überarbeitern begraben worden sind.

Involution, Evolution und Epigenesis

Wir haben in den vorhergehenden Abschnitten die Identität und die Mission Jehovas aus der allgemeinen Verwirrung herausgelöst. Vielleicht gelingt es jetzt, in den zwei sich anscheinend widersprechenden Berichten des ersten und zweiten Kapitels der Genesis (Moses) über die Erschaffung des Menschen, Übereinstimmung zu finden. Im ersten steht, daß er das letzte und im zweiten, daß er das ersterschaffene aller lebenden Wesen war.

Wir bemerken, daß das erste Kapitel sich hauptsächlich mit der Erschaffung der Form befaßt. Das zweite widmet sich der Betrachtung des Lebens während sich das fünfte mit dem Bewußtsein beschäftigt. Der Schlüssel zum Erfassen der Bedeutung ist, daß wir deutlich zwischen der physischen Form und dem Leben unterscheiden müssen, das sich diese Form zu seinem eigenen Ausdruck erbaut. Wenn auch die Reihenfolge der Erschaffung der anderen Reiche im zweiten Kapitel nicht so genau wiedergegeben wird wie im ersten, so trifft es dennoch zu, daß der Mensch, betrachten wir ihn von der Lebensseite her, als **erster** erschaffen worden ist. Sehen wir ihn jedoch, wie im ersten Kapitel ausgeführt, vom Standpunkt der Form aus, wurde er **zuletzt** erschaffen.

Durch den ganzen Verlauf der Evolution - durch Perioden, Globen, Kreisläufe und Rassen werden diejenigen, die sich nicht durch Bildung **neuer** Charaktereigenschaften verbessern, zurückgehalten und beginnen unmittelbar zu degenerieren. Nur das, was formbar, biegsam und anpassungsfähig für neue Formen zum Ausdruck des sich erweiternden Bewußtseins bleibt, nur das Leben, das die ihm innewohnenden Möglichkeiten zur Verbesserung der Form, die es beseelt, auszuschöpfen vermag, kann sich mit den Pionieren einer Lebenswoge entwickeln. Alles andere muß zum Nachzügler werden.

Das ist der Kern der okkulten Lehre. Der Fortschritt ist nicht nur einfach Entfaltung, nicht einfach Involution und Evolution. Da gibt es noch einen dritten Faktor zur Bildung einer Dreiheit - **Involution, Evolution und -Epigenesis -.**

Die ersten beiden Worte sind all denen bekannt, die Leben und Form studiert haben. Es wird zwar generell anerkannt, daß die Involution des Geistes in der Materie stattfindet, damit die Form erbaut werden kann. Doch weniger bekannt ist, daß **die Involution des Geistes Seite an Seite mit der Evolution der Form erfolgt.**

Vom Urbeginn der Saturnperiode bis zur Zeit der Atlantischen Epoche, als „die Augen der Menschen durch die Luzifergeister geöffnet wurden", richteten sich, als eine Folge davon, die Aktivitäten des Menschen - oder die Lebenskraft, die Mensch geworden ist - hauptsächlich nach innen. Dieselbe Kraft, die er jetzt nach außen sendet, um Eisenbahnen, Schiffe usw. zu bauen, wurde nach innen gerichtet, um einen Träger zu bilden, durch den er sich offenbaren kann. Dieser Träger ist dreifach, wie der Geist, der ihn erschuf.

Dieselbe Kraft, durch die der Mensch jetzt die äußeren Bedingungen verbessert, wurde während der Involution zum Zweck inneren Wachstums verwendet.

Die Form wurde durch Evolution erbaut. Der Geist erschuf sie und betrat sie durch Involution. Aber das Mittel, Verbesserungen zu ersinnen, ist Epigenesis.

Es besteht eine starke Neigung, die Gegenwart aus der Vergangenheit zu erklären. Alle Verbesserungen an früher existierenden Formen werden als latent in ihnen vorhanden angesehen. Die Evolution sei einfach die Entfaltung der im Keime befindlichen Verbesserungen. Eine solche Auffassung schließt Epigenesis von der schematischen Darstellung der Dinge aus. Sie läßt keine Möglichkeit der Schaffung von etwas **Neuem** zu. Sie gewährt der Originalität keinen Spielraum.

Der Okkultist glaubt, daß das Ziel der Evolution die Entwicklung des Menschen von einem statischen zu einem dynamischen Gott ist, zu einem Schöpfer. Wenn die Entwicklung, die er gegenwärtig durchläuft, seine Erziehung sein soll, und würde er nur latente Möglichkeiten entfalten, wie könnte er dann lernen, zu **ERSCHAFFEN?**

Wenn die Entwicklung des Menschen nur darin bestünde zu lernen, immer bessere Formen nach **Modellen** zu bauen, wie sie bereits im Intellekt des Schöpfers bestehen, so könnte er bestenfalls nur ein guter **Nachahmer,** niemals aber ein **Schöpfer** werden.

Damit er ein unabhängiger origineller Schöpfer werden kann, muß ihm seine Erziehung genügend Bewegungsfreiheit zur Ausübung seiner individuellen Originalität lassen, die Schöpfung von Nachahmung unterscheidet. Solange gewisse Eigenschaften der alten Formen den Erfordernissen des Fortschritts entsprechen, werden sie beibehalten. Doch bei jeder Wiedergeburt fügt das sich entwickelnde Leben solche originellen Verbesserungen hinzu, die für seinen weiteren Ausdruck erforderlich sind.

Die Pioniere der Wissenschaft begegnen fortwährend der Epigenesis als einem Faktor in allen Bereichen der Natur. Schon 1759 veröffentlichte Caspar Wolf seine „Theoria generationis", in der er zeigt, daß sich im menschlichen Ei absolut keine Spur des kommenden Organismus befindet und dessen Evolution im Hinzufügen neuer Zusammensetzungen bestehe, im Erschaffen von etwas, das im Ei nicht latent vorhanden ist.

Haeckel (dieser große und furchtlose Erforscher der Natur - welcher dem Erkennen der vollen Wahrheit bezüglich der Evolution sehr nahe kam), sagte von der „Theoria generationis": „Ungeachtet ihres geringen Umfanges und ihrer schwierigen Terminologie ist sie eines der wertvollsten Werke in der gesamten Literatur der Biologie".

Haeckels eigene Ansichten finden wir in seiner „Anthropogenie" dargestellt: „Heutzutage sind wir kaum berechtigt, Epigenesis als eine Hypothese zu bezeichnen, weil wir uns vollkommen davon überzeugt haben, daß sie eine **Tatsache** ist. Wir können sie jeden Augenblick mit Hilfe des Mikroskops nachweisen".

Ein Baumeister wäre ein bedauernswerter Handwerker, wenn sich seine Fähigkeiten nur darauf beschränkten, Häuser nach einem bestimmten Modell zu errichten, das sein Meister ihm während der Lehrzeit nachzubilden beibrachte, ohne es zu verändern, um neuen Anforderungen zu entsprechen. Um erfolgreich zu sein, muß er neue und bessere Häuser entwerfen können. Er muß das verbessern, was erfahrungsgemäß in alten Häusern nicht zweckdienlich war. Dieselbe Kraft, die der Baumeister jetzt nach außen richtet, um Häuser mit neuen, besser angepaßten Bedingungen zu erstellen, wurde in vergangenen Perioden verwendet, um neue und bessere Träger für die Entwicklung des Egos zu schaffen.

Mit dem einfachsten Organismus beginnend, baute das Leben, das jetzt Mensch ist, die seinen Bedürfnissen geeignete Form. Mit fortschreitender Entwicklung der menschlichen Wesen wurde es offenkundig, daß neue Verbesserungen hinzugefügt werden mußten, die mit den früher befolgten Richtlinien in Widerspruch standen. Ein neuer Anlauf mit einer neuen Menschheit war erforderlich. So konnten irgendwelche früheren Fehler wiedergutgemacht werden; denn die Erfahrung lehrte, daß weitere Entwicklung verhindert werden würde, behielte man die alten Richtlinien bei. Auf diese Weise wurde es dem sich entfaltenden Leben möglich, in einer neuen Klasse von Menschen weiter fortzuschreiten. Lehrten spätere Erfahrungen, daß auch die neue Form ungeeignet war, weil sie sich einigen notwendigen Verbesserungen zum Fortschritt des sich entwickelnden Lebens nicht anpassen konnte, wurde auch sie verlassen. Ein noch anderer Weg wurde eingeschlagen mit einer den Erfordernissen angepaßten, verbesserten Form.

So verfeinert das sich entwickelnde Leben schrittweise seine Träger. Und diese Veredlung schreitet noch immer fort. Der Mensch, der sich in der Vorhut der Entwicklung befindet, hat seinen Körper von amöbenähnlicher Gestalt bis zur menschlichen Form des Wilden aufgebaut. Von da an durchschritt er die verschiedenen Stufen bis zu den fortgeschrittensten Rassen, die jetzt die besten und höchst organisierten Körper auf Erden benutzen. Zwischen Tod und Wiedergeburt bauen wir beständig Körper, in denen wir während unseres Lebens handeln sollen. Und ein noch weit höherer Grad an Leistungsfähigkeit als der gegenwärtige wird erreicht werden. Machen wir zwischen den Leben im Erbauen Fehler, so werden sie offenbar, wenn wir den Körper während unseres Erdenlebens benutzen. Es ist gut für uns, fähig zu sein, unsere Fehler zu bemerken und zu erkennen, damit wir vermeiden, sie in späteren Leben abermals zu begehen.

Aber so, wie der Erbauer von Häusern geschäftlich Einbußen erleiden würde, wenn er seine Methoden, Häuser zu bauen, nicht ständig verbesserte und nicht den Anforderungen seines Berufes nachkäme, so versäumen es auch die, welche sich hartnäckig an alte Formen klammern, sich über die Arten zu erheben. Sie werden als Nachzügler zurückgelassen. Wie früher erwähnt, übernehmen diese Nachzügler die von den Pionieren verlassenen Formen. Sie bilden die niederen Rassen und Arten irgendeines Naturreiches, in dem sie sich entwickeln. Als das Leben, das jetzt Mensch ist, durch die Stufen, ähnlich denen des Mineral-, Pflanzen- und Tierreiches, und durch die niederen menschlichen Rassen schritt, blieben längs des gesamten Weges Nachzügler zurück.

Es mißlang ihnen, die erforderliche Reife zu erlangen, um mit der Spitze der Evolution Schritt zu halten. Sie übernahmen die verlassenen Formen der Pioniere, benutzten sie als Sprungbrett und versuchten damit, die anderen zu überholen. Doch die fortgeschrittenen Formen standen nicht still. Im Fortschreiten der Evolution gibt es keine Haltestelle. In dem sich entwickelnden Leben gibt es ebensowenig, wie beim Handel, ein **bloßes** „Festhalten am Besitz“. Das Gesetz lautet: Fortschritt oder Rückschritt. Die Form, die weiterer Verbesserungen nicht fähig ist, muß degenerieren.

Daher gibt es eine Kette sich **verbessernder,** von den Pionieren des sich entwickelnden Lebens beseelter **Formen,** und eine andere Kette **degenerierender,** von den Pionieren abgelegter Formen. Sie werden von den Nachzüglern beseelt, solange es solche in der besonderen Lebenswoge gibt, zu der jene Formen ursprünglich gehörten.

Sind keine Nachzügler mehr vorhanden, stirbt die Art allmählich aus. Die Formen haben sich kristallisiert infolge zunehmender Unfähigkeit ihrer Bewohner, sie zu verbessern. Sie kehren daher zum Mineralreich zurück, werden fossil und den verschiedenen Schichten der Erdkruste hinzugefügt.

Die Behauptung der materialistischen Wissenschaft, daß der Mensch durch das Pflanzen- und Tierreich, wie sie heute bestehen, zu den Antropoiden und von ihnen bis zu den Menschen aufgestiegen sei, ist nicht ganz richtig. Der Mensch bewohnte niemals Formen, die mit denen unserer heutigen Tiere identisch sind, auch nicht mit denen der gegenwärtigen antropoiden Affen. Er bewohnte Formen, die den heutigen Menschenaffen ähnlich, jedoch **höher** als diese waren.

Der Wissenschaftler sieht, daß eine anatomische Ähnlichkeit zwischen den Menschen und Affen besteht. Da der Evolutionsimpuls immer nach Verbesserung strebt, schließt er daraus, daß der Mensch vom Affen abstamme. Doch in seinen Bemühungen, das „fehlende Bindeglied“ zwischen beiden zu finden, steht er stets vor einem Rätsel.

Die Pioniere unserer Lebenswoge (die Arischen Rassen) sind von der Stufe, als sie affenähnliche Formen bewohnten, bis zu ihrem gegenwärtigen Entwicklungsstadium **fortgeschritten,** während die Formen (die das fehlende „Bindeglied" waren), **degenerierten.** Sie werden jetzt von den letzten Nachzüglern der Saturnperiode beseelt.

Die niederen Affen sind nicht Vorfahren höherer Arten, sondern Nachzügler, welche die degeneriertesten menschlichen Formen bewohnen. Der Mensch hat sich nicht aus den antropoiden Affen entwickelt. Das Gegenteil ist der Fall: Die antropoiden Affen leben in degenerierten menschlichen Körpern. Die materielle Wissenschaft, die sich nur mit der Formseite befaßt, hat sich so selbst irregeführt. Sie hat in dieser Angelegenheit falsche Schlußfolgerungen gezogen.

Dieselben entsprechenden Verhältnisse finden wir auch im Tierreich. Die Pioniere der Lebenswoge, die in der Sonnenperiode in die Evolution eintraten, sind die Säugetiere unserer Tage. Die verschiedenen Grade entsprechen den Stufen, die einstmals von Menschen eingenommen wurden. **Doch alle Formen degenerieren, wenn sie von Nachzüglern benutzt werden.** Ähnlich verhält es sich mit den Pionieren der Lebenswoge, die in der Mondperiode in die Evolution eintraten. Sie werden unter den Obstbäumen gefunden, wogegen die Nachzügler dieser Lebenswoge alle anderen Pflanzenformen beseelen.

Jede Lebenswoge jedoch verbleibt absolut in ihren eigenen Grenzen. Die Menschenaffen können uns einholen und menschliche Wesen werden. Doch kein anderes Tier wird unseren besonderen Entwicklungsstand erlangen. Sie werden in der Jupiterperiode eine ähnliche Stufe erreichen, jedoch unter anderen Bedingungen. Die gegenwärtigen Pflanzen werden die Menschheit der Venusperiode sein, allerdings unter noch größeren veränderten Bedingungen, und unsere Mineralien werden die menschliche Stufe unter den in der Vulkanperiode herrschenden Zuständen erreichen.

P.S. Pioniere sind nach der Terminologie der Rosenkreuzer-Lehre Menschen, die in ihrer Entwicklung durch die hinter uns liegenden Perioden und Kreisläufe eine herausragende Stellung einnehmen und durch ihr vorbildliches, außergewöhnliches Leben als eine Art bahnbrechende Vorhut dienen..

Zu bemerken ist, daß die moderne Evolutionstheorie, besonders die von Haeckel, fast mit den Erkenntnissen der okkulten Wissenschaft übereinstimmen würde, wenn man sie vollständig umkehrte.

Der Affe ist vom Menschen degeneriert.

Die Polypen nehmen die letzte Degenerationsstufe der Säugetiere ein.

Die Moose stellen die niedrigste Degenerationsstufe des Pflanzenreiches dar.

Das Mineralreich ist das Endstadium der Formen aus allen Reichen, wenn sie den Höhepunkt der Degeneration erreicht haben.

Eine Bestätigung hierzu findet man in der Kohle, die einst pflanzlich war, auch in versteinertem Holz und in den von verschiedenen Tierformen zurückgebliebenen Fossilien. Der gewöhnliche Stein oder Fels hat seinen Ursprung, was kein Gelehrter anerkennen würde, in einem anderen Reich. Für den okkulten Forscher ist er ebenso mineralisierte Pflanze wie die Kohle selbst. Der Mineraloge wird gelehrt erklären, daß er aus Hornblende, Feldspat und Glimmer zusammengesetzt ist. Doch der geschulte Hellseher, der ihn im Gedächtnis der Natur durch Millionen von Jahren zurückverfolgen kann, ergänzt diese Feststellung mit dem Hinweis: ja, und was ihr Hornblende und Feldspat nennt, sind die Blätter und Stengel prähistorischer Pflanzen, und der Glimmer ist alles, was von ihren Blumenblättern zurückblieb.

Die okkulte Evolutionslehre wird auch durch die Wissenschaft der Embryologie bestätigt, wonach im vorgeburtlichen Zustand eine Wiederholung aller vergangenen Entwicklungsstadien erfolgt. Der Unterschied zwischen einem menschlichen Ei und einem der höheren Säugetiere, sogar der höheren Entwicklungsstufen im Pflanzenreich ist selbst unter dem Mikroskop nicht erkennbar. Experten sind unfähig anzugeben, welches Ei das tierische und welches das menschliche ist. Auch nach einigen vorgeburtlichen Stadien kann der Sachkundige nicht zwischen dem menschlichen und tierischen Embryo unterscheiden.

Wenn man aber das tierische Ei durch die ganze Trächtigkeitsperiode prüft, so wird man beobachten, daß es nur durch den mineralischen und pflanzlichen Zustand hindurchgeht. Es wird geboren, wenn es die Tierstufe erreicht. Das kommt daher, weil das Leben, das ein solches Ei beseelt, während der Sonnenperiode seine mineralische Entwicklung und in der Mondperiode sein Pflanzenleben durchlief. Jetzt, in der Erdperiode, ist es gezwungen, im tierischen Zustand zu bleiben.

Andererseits hatte das Leben, welches das menschliche Ei benutzt, seine mineralische Existenz in der Saturnperiode, sein Pflanzendasein in der Sonnenperiode. Es durchlief den Tierzustand während der Mondperiode. Nach Erreichen dieser Stufe steht noch gewisser Spielraum für Epigenesis zur Verfügung. Nun schreitet es zur menschlichen fort und bleibt nicht einmal hier stehen. Vater und Mutter geben den Stoff ihrer Körper zum Aufbau des Kindeskörpers; besonders aber in den höheren Rassen macht es Epigenesis möglich, etwas hinzuzufügen, wodurch sich das Kind von seinen Eltern unterscheidet.

Wo Epigenesis im Individuum, in der Familie, Nation oder Rasse inaktiv ist, hört die Evolution auf und Degeneration beginnt.

Eine lebende Seele?

So stimmen die beiden Schöpfungsgeschichten sehr gut überein.

Die eine behandelt die Form, die in ihrem Aufbau Mineral, Pflanze und Tier durchlief und **zuletzt** die menschliche Form erreichte.

Die andere sagt uns, daß das Leben, das jetzt die menschlichen Formen beseelt, sich früher als das Leben manifestierte, das die Formen der anderen Reiche beseelt.

Einer dieser Schöpfungsberichte allein wäre nicht vollständig gewesen. Hinter den Erzählungen von der Erschaffung des Menschen verbergen sich im zweiten Kapitel wichtige Einzelheiten. Der Vers lautet:

„Dann bildete Jehova den Menschen aus dem Staub der Erde und blies in seine Nasenlöcher den Atem **(nephesch)** und der Mensch wurde ein atmendes Wesen **(nephesch chayim)".**

An anderen Stellen der King James-Lesart wird nephesch mit „Leben" übersetzt. In diesem besonderen Fall jedoch (Gen. 2.Kap.7) wird es mit „lebender Seele" wiedergegeben und vermittelt so die Vorstellung, daß ein Unterschied gemacht wurde zwischen dem Leben, das den menschlichen Körper beseelte und dem, das die tieferstehende Schöpfung beseelte. Dieser Unterschied in der Übersetzung ist durch nichts zu begründen; er ist rein willkürlich. Der Lebensatem **(nephesch)** ist ein und derselbe bei Mensch und Tier. Das kann selbst denen bewiesen werden, denen die Bibel Autorität ist. Denn selbst die King James-Lesart stellt eindeutig fest, (Pred. 3, 19, 20) : „....wie der eine stirbt, so stirbt der andere, ja sie alle haben denselben Atem **(nephesch),** so daß der Mensch keinen Vorrang vor dem Tier hat,... alle gehen an einen Ort".

Die Tiere sind nur unsere „jüngeren Brüder". Obgleich sie jetzt nicht so fein organisiert sind wie wir, werden sie schließlich einen Zustand erreichen, der so hoch ist wie der unsere. Wir werden dann noch weiter aufgestiegen sein.

Wenn behauptet wird, daß der **Mann** seine Seele auf die Weise erhielt, wie in dem siebten Vers des 2. Kapitels der Genesis (2. Moses) beschrieben wird, und sie auf keine andere Weise empfangen haben konnte, ist es angemessen, zu fragen, wo und wie die **Frau** ihre Seele erhielt.

Wenn wir den okkulten Schlüssel benutzen, wird die Bedeutung des Kapitels und das Einhauchen des Lebensatems durch Jehova ganz einfach und klar. Außerdem hat es den weiteren, gewaltigen Vorteil, logisch zu sein.

Die Tatsache, daß Jehova, der Regent des Mondes, mit seinen Engeln und Erzengeln die Hauptbeteiligten an diesem Geschehen waren, setzt den Zeitpunkt fest, zu dem diese Schöpfung stattfand. Es war zwischen dem frühen und mittleren Teil der Lemurischen Epoche. Es muß gewesen sein, nachdem der Mond von der Erde abgestoßen worden war; denn Jehova hatte vor der Mondabtrennung mit der Erschaffung von Körpern nichts zu tun. Die Formen waren damals ätherischer. Es gab keine dichten und konkreten Körper. Nur mit Hilfe der verhärtenden und kristallisierenden Mondkräfte ist die Herstellung dieser Körper möglich. Es muß in der ersten Hälfte der Lemurischen Epoche gewesen sein, weil die Trennung der Geschlechter, worüber später berichtet wird, in der Mitte der Epoche stattfand.

Zu jener Zeit hatte der sich in der Entwicklung befindende Mensch noch nicht begonnen, durch die Lunge zu atmen. Er besaß das kiemenähnliche Organ, das noch beim Embryo vorhanden ist, wenn er den dieser Epoche entsprechenden Zustand seines vorgeburtlichen Lebens durchläuft. Er hatte kein rotes, warmes Blut; denn auf jener Stufe gab es keinen persönlichen Geist. Der ganze Körper war weich und biegsam und das Skelett weich wie Knorpel. Erst später, als es erforderlich wurde, die Menschen in Geschlechter zu teilen, wurde das Skelett hart und fest.

Die von Jehova verrichtete Arbeit war: feste, harte Knochensubstanz in die schon bestehenden, weichen Körper zu bauen. Vor dieser Zeit, d.h. während der Polarischen und Hyperboreischen Epochen hatten weder Mensch noch Tier Knochen.

Adams Rippe

Die groteske und nicht vorstellbare Art, in der sich die Teilung der Geschlechter (nach den gebräuchlichen Lesarten der Bibel und besonders auch nach dem masoretischen Text) vollzogen haben soll, ist ein anderes Beispiel, was sich im alten hebräischen Text durch Vertauschen der Vokale ergeben kann. Auf eine Weise gedeutet heißt das Wort „Rippe“. Nach einer anderen Auslegung jedoch, die zumindest ebenso einen Anspruch auf Berücksichtigung hat und überdies dem gesunden Menschenverstand entspricht, heißt es „Seite". Wenn wir das so verstehen, daß der Mensch männlich/weiblich war, und Jehova eine Seite oder ein Geschlecht in jedem latent werden ließ, müssen wir unserer Vernunft keine Gewalt antun, wie dies durch die Annahme der „Rippen"- Geschichte der Fall wäre.

Wird diese wechselseitige Folge angenommen, stimmt die zuvor angegebene okkulte Lehre mit der Bibel überein, und beide entsprechen den Lehren der modernen Wissenschaft, nach denen der Mensch einstmals zweigeschlechtig war, ehe er ein Geschlecht auf Kosten des anderen entwickelte. Zur Bestätigung dessen wird darauf hingewiesen, daß der Fötus bis zu einem bestimmten Punkt zweigeschlechtig ist. Danach herrscht ein Geschlecht vor, während das andere unwirksam bleibt. So besitzt jeder Mensch die entgegengesetzten Geschlechtsorgane in rudimentärer Form. Daher ist er wirklich zweigeschlechtig wie es der Urmensch war.

Offensichtlich wollte der Bibelerzähler in diesem zweiten Schöpfungsbericht kein genaues Bild der ganzen Evolution geben, vielmehr das, was im ersten gesagt wurde, eingehender darstellen. Er erzählt uns, daß der Mensch nicht immer so wie jetzt atmete. Es gab eine Zeit, wo die Menschen nicht in Geschlechter geteilt waren. Jehova war es, der die Veränderung bewirkte, wodurch der Zeitpunkt des Ereignisses festgelegt wurde. So wie wir fortschreiten, werden wir finden, daß darüber noch mehr Belehrungen gegeben werden.

Schutzengel

Während der früheren Epochen und Perioden hatten die großen Schöpferischen Hierarchien an der sich unbewußt entwickelnden Menschheit gearbeitet. **Alle** menschlichen Wesen hatten damals nur **ein gemeinsames Bewußtsein.** Es gab sozusagen einen Gruppengeist für die gesamte Menschheit.

In der Lemurischen Epoche wurde ein neuer Schritt unternommen. Die Körper hatten sich endgültig gebildet. Sie mußten aber rotes, warmes Blut haben, ehe sie beseelt und die Wohnung des innewohnenden Geistes werden konnten.

In der Natur gibt es keine plötzlichen Prozesse. Wir würden uns einen falschen Begriff machen, wenn wir glaubten, daß in die Nasenlöcher eingeblasene Luft einer Statue aus Lehm eine Seele geben und sie schlagartig lebendig, als empfindendes, denkendes Wesen werden lassen könnte.

Der individuelle Geist war sehr schwach, hilflos und vollkommen untauglich für die Aufgabe, seine dichten Träger zu lenken. Er ist in dieser Hinsicht auch jetzt noch nicht stark. Jedem befähigten Beobachter wird es auffallen, daß der Empfindungsleib die Persönlichkeit mehr regiert als der Geist, sogar auf unserer gegenwärtigen Fortschrittsstufe. In der Mitte der Lemurischen Epoche, als die niedere Persönlichkeit - der dreifache Körper - mit dem Licht des Egos ausgestattet werden sollte, wäre dieses, sich selbst überlassen, dennoch vollständig machtlos gewesen, seine Träger zu lenken.

Daher war es erforderlich, daß ein viel höher entwickeltes Wesen dem individuellen Geist helfe und allmählich seine vollständige Vereinigung mit seinen Trägern vorbereite. Das geschah ähnlich wie mit einer jungen Nation, über die, ehe sie fähig wird, eine stabile Regierung zu bilden, eine stärkere Macht ein Protektorat ausübt. Diese Schutzherrschaft bewahrt sie vor Gefahren von außen und vor Unbesonnenheiten im Innern. Ein solcher Protektor der sich entwickelnden Menschheit war der Rassengeist. Für die Tiere ist es, in etwas anderer Weise, der Gruppengeist.

Jehova ist der Höchste Rassengeist. Er ist sozusagen Rassengott und hat die Herrschaft über alle Formen. Er ist der oberste Herrscher und die höchste Kraft, zur Aufrechterhaltung der Form. Er übt über sie eine geordnete Herrschaft aus. Die Erzengel sind die Rassengeister. Jeder gebietet sowohl einer bestimmten Volksgruppe als auch den Tieren. Die Engel hingegen herrschen über die Pflanzen.

Die Erzengel haben die Herrschaft über Rassen oder Volksgruppen und auch über die Tiere, weil diese zwei Reiche Empfindungleiber besitzen. Die Erzengel sind erfahrene Baumeister von Empfindungsstoff; denn in der Sonnenperiode setzte sich der dichteste Globus aus dieser Materie zusammen. Die Menschen jener Periode sind jetzt Erzengel. Sie lernten ihre dichtesten Körper aus Empfindungsstoff zu erbauen, wie wir jetzt lernen, unsere Körper aus den chemischen Elementen zu gestalten, aus denen unser Erdglobus besteht. Daher wird man leicht verstehen, daß die Erzengel besonders befähigt sind, späteren Lebenswogen durch diese Phase zu helfen, wo sie das Erbauen und Beherrschen ihres Empfindungsleibes lernen.

Aus analogen Gründen arbeiten die Engel am Lebensleib der Menschen, Tiere und Pflanzen. Ihre dichtesten Körper sind aus Äther gebildet, aus dem auch Globus D in der Mondperiode bestand, als sie menschlich waren.

Jehova und seine Erzengel haben eine ähnliche Beziehung zu den Rassen wie die Gruppengeister zu den Tieren. Wenn einzelne Mitglieder einer Rasse vollständige Selbstbeherrschung entwickelt haben, sind sie vom Einfluß des Rassengeistes und verwandter Wesen befreit.

Wie wir gesehen haben, liegt der günstige Punkt des Gruppengeistes wie auch der des im dichten Körper lebenden Egos im Blut. Der masoretische Text zeigt, daß der Verfasser des dritten Buches Moses (Leviticus) dieses Wissen besaß. Im vierzehnten Vers des siebzehnten Kapitels wird den Juden der Genuß von Blut verboten, weil "... die Seele allen Fleisches im Blut ist", und im elften Vers desselben Kapitels finden wir folgende Worte:" ...denn die Seele des Fleisches ist im Blut..., das Blut selbst vermittelt die Seele". Dadurch wird offenbar, daß dies für beide, Mensch und Tier, gilt, denn das hebräische Wort lautet an dieser Stelle **neshamah** und bedeutet „Seele"- nicht „Leben"-, wie es in der King James-Version angegeben ist.

Das Ego wirkt unmittelbar durch das Blut. Der Rassengeist lenkt die Rassen durch seine Tätigkeit im Blut, wie der Gruppengeist die Tiere nach ihren Arten durch das Blut führt. So beherrscht auch das Ego seine eigenen Träger, jedoch mit einem Unterschied.

Das Ego ist mittels der **Blutwärme** tätig, während der Rassengeist (bzw. Stammes - oder Familiengeist) durch die **Luft** wirkt, die in die Lungen eingeatmet wird. Deshalb bliesen Jehova oder seine Boten dem Menschen „den lebendigen Odem in seine Nase". Dadurch sicherten sie dem Rassengeist und den Gemeinschaftsgeistern usw. den Zutritt.

Die verschiedenen Klassen von Rassengeistern führten ihre Völker in abwechslungsreiche Klimate und in verschiedene Teile der Erde. Dem geschulten Hellseher erscheint ein Stammesgeist als eine Wolke, welche die Atmosphäre eines ganzen Landes umhüllt und durchdringt, dessen Bewohner unter seiner Herrschaft stehen. So werden die verschiedenen Völker und Nationen geschaffen. Paulus sprach von dem „Fürsten, der in der Luft herrscht" (Eph. 2, 2); von „Fürsten und Gewalten" usw. (Eph. 3,10). Er ließ damit erkennen, daß er von den Rassengeistern wußte. Jetzt aber macht man nicht einmal den Versuch, zu verstehen, was sie bedeuten, obwohl ihr Einfluß stark empfunden wird. Patriotismus ist eines der von ihnen ausgehenden und gepflegten Gefühle. Er hat heute (1909) nicht mehr die Gewalt über die Völker wie früher. Es gibt einige Menschen, die sich vom Rassengeist befreit haben, und mit Thomas Paine sagen können: "Die Welt ist mein Vaterland". Es gibt solche, die Vater und Mutter verlassen und alle Menschen als ihre Brüder ansehen können. Sie haben sich vom Geist der Familie oder der Sippe befreit, der vom Rassengeist verschieden, ein ätherisches Wesen ist. Andere dagegen, die tief in die Fesseln des Familien- und Rassengeistes verstrickt sind, leiden unter schrecklichen Depressionen, wenn sie Heim oder Vaterland verlassen und die Luft eines anderen Rassen- oder Familiengeistes atmen.

Zu der Zeit, als der Rassengeist in die menschlichen Körper eintrat, begann das individualisierte Ego geringe Herrschaft über seine Träger zu gewinnen. Jedes menschliche Wesen wurde sich mehr und mehr bewußt, von anderen getrennt und verschieden zu sein. Dennoch hielt es sich während ganzer Zeitalter nicht in erster Linie für ein Einzelindividuum, sondern für ein zu einer Familie, zu einem Stamm gehörendes Wesen. Die Nachsilbe -sohn, die manchem Nachnamen unserer Tage hinzugefügt ist, stellt ein Überbleibsel dieses Gefühls dar. Ein Mann war nicht einfach Johann oder Jakob. Er was Johann Robert**sohn** oder Jakob Wilhelm**sohn.** In einigen Ländern war eine Frau nicht Maria oder Martha, sie war Maria Marthastochter, Martha Mariastochter. Dieser Brauch setzte sich in manchen europäischen Ländern bis vor wenigen Generationen fort. Die Nachsilbe -sohn ist noch immer üblich und der Familienname wird noch sehr geehrt.

Sogar bis zur Zeit Christi war der Rassengeist unter den Juden stärker als der individuelle Geist. Jeder Jude fühlte sich **zuerst** als Angehöriger eines bestimmten Stammes oder einer bestimmten Familie. Sein größter Stolz war, vom Samen Abrahams zu sein. Das alles war die Einwirkung des Rassengeistes.

Vor der Ankunft Jehovas, als die Erde noch ein Teil der Sonne war, gab es einen gemeinsamen Gruppengeist, der aus allen Schöpferischen Hierarchien bestand und die gesamte menschliche Familie beherrschte. Es war jedoch beabsichtigt, daß jeder Körper der Tempel und das fügsame Instrument eines innewohnenden Geistes sein sollte. Das bedeutete eine unendliche Teilung der Herrschaft.

Jehova kam mit seinen Engeln und Erzengeln und nahm die erste große Teilung in Rassen vor. Er stellt jede Gruppe unter den führenden Einfluß eines Rassengeistes - eines Erzengels. Für jedes Ego setzte er einen Engel als Hüter ein, bis der persönliche Geist stark genug geworden war, um sich von allen äußeren Einflüssen zu befreien.

Blutmischung in der Ehe

Christus kam, um den Weg zur Befreiung der Menschheit von der Führung der sich voneinander abgrenzenden Rassen und Familiengeister vorzubereiten und die ganze menschliche Familie in einer universalen Bruderschaft zu vereinigen.

Er lehrte, daß „Abrahams Same" sich nur auf die **Körper** beziehe und lenkte die Aufmerksamkeit auf die Tatsache, daß, ehe Abraham lebte, das „ich" - das Ego - existierte. Der dreifache individuelle Geist hatte sein Dasein vor allen Stämmen und Rassen und wird weiterbestehen, wenn sie vergangen sind, und selbst die Erinnerung an sie nicht mehr besteht.

Der dreifache Geist im Menschen, das Ego, ist der innewohnende Gott, dem der persönliche, körperliche Mensch gehorchen lernen muß. Daher sagte Christus, daß derjenige, der sein Jünger werden wolle, alles verlassen müsse, was er besitze. Seine Lehre weist auf die Befreiung des Gottes im Innern hin. Er ruft den Menschen auf, sein Vorrecht als Individuum auszuüben und sich über Familie, Stamm und Nation zu erheben. Er soll Verwandtschaft und Heimat nicht mißachten. Er muß alle Pflichten erfüllen, doch soll er aufhören, sich mit einem Teil der Menschheit zu identifizieren und sollte eine ebenbürtige Verwandtschaft mit der **ganzen** Welt anerkennen. Das ist das der Menschheit von Christus gegebene Ideal.

Unter der Herrschaft des Rassengeistes wurde zuerst die Nation, der Stamm oder die Familie in Betracht gezogen, zuletzt das Individuum. Die Familie mußte intakt bleiben. Wenn ein Mann, ohne Nachkommen zu hinterlassen, starb, mußte sein Bruder zum Fortbestand seines Namens der Witwe „Samen bringen", damit kein Aussterben erfolgte (5. Moses 25, 5 - 10). Heiraten außerhalb der Familie erregte in der ersten Zeit Entsetzen. Ein Mitglied eines Stammes konnte nicht mit einem anderen verbunden werden, ohne die Zugehörigkeit zu seinem eigenen zu verlieren. Es war nicht leicht, Mitglied einer anderen Familie zu werden. Nicht nur bei den Juden und in anderen früheren Nationen bestand man auf der Einheit der Familie, sondern auch noch in neuerer Zeit. Wie früher erwähnt, hingen die Schotten noch bis vor kurzem zäh an ihrem Clan, und die altnordischen Wikinger wollten keinen in ihre Familie aufnehmen, ohne mit ihm zuerst das „Blut zu mischen"; denn die geistigen Wirkungen von der Blutmischung, von der die materielle Wissenschaft heute nichts weiß, waren früher bekannt.

Alle diese Bräuche stammen aus der Tätigkeit des Rassen- und Stammesgeistes im gemeinschaftlichen Blut. Jemand als Mitglied aufzunehmen, in dem dieses gemeinschaftliche Blut nicht floß, würde „Verwirrung der Kaste" hervorgerufen haben. Je geschlossener die Inzucht war, desto stärker war die Macht des Rassengeistes und die Bande, die das Individuum an den Stamm fesselten. Denn die Lebenskraft befindet sich im Blut des Menschen. Das Gedächtnis hängt eng mit dem Blut zusammen, das der höchste Ausdruck des Lebensleibes ist.

Das Gehirn und das Nervensystem sind der höchste Ausdruck des Empfindungsleibes. Sie rufen Bilder der Außenwelt hervor. Doch bei der mentalen Bilderzeugung, z.B. bei der Imagination vermittelt das Blut den Stoff für die Bilder. Daher fließt das Blut beim Denken zum Kopf.

Wenn derselbe unvermischte Blutstrom über Generationen in den Adern einer Familie fließt, werden dieselben vom Urgroßvater, vom Großvater und vom Vater gebildeten mentalen Vorstellungen im Sohn durch den im Hämoglobin lebenden Familiengeist reproduziert. Er sieht sich als die Fortsetzung einer langen Reihe **in ihm lebender** Vorfahren. Er erlebt alle Ereignisse der vergangenen Leben der Familie, als wäre er dabei gewesen. Deshalb erkennt er sich nicht als Ego. Er ist nicht einfach „David", sondern „der **Sohn** Abrahams", nicht Josef, sondern „der **Sohn** Davids".

Von Menschen eines solch gemeinschaftlichen Blutes wird gesagt, daß sie durch viele Generationen gelebt hätten. Denn durch das Blut hatten ihre Nachkommen Zutritt zum Gedächtnis der Natur, in dem die Berichte über die Leben ihrer Vorfahren aufbewahrt wurden. Deshalb wird im fünften Kapitel der Genesis erwähnt, daß die Patriarchen über Jahrhunderte lebten. Adam, Methusalem und die anderen Patriarchen erreichten **persönlich** kein so hohes Alter. Sie lebten jedoch im Bewußtsein ihrer Nachkommen, die das Leben ihrer Vorfahren so sahen, als hätten **sie** es selbst gelebt. Nach Ablauf dieser Periode dachten die Nachkommen von sich nicht mehr als Adam oder Methusalem. Die Erinnerung an diese Vorfahren verblaßte, und so hieß es, sie seien gestorben.

Das „zweite Gesicht" der schottischen Hochlandbewohner zeigt, daß das Bewußtsein der inneren Welt durch Heirat innerhalb der Sippe bewahrt bleibt. Sie heirateten bis in die jüngste Zeit innerhalb des Clans; ebenso die Zigeuner, die stets innerhalb ihres Stammes heirateten. Je kleiner der Stamm, desto enger ist die Inzucht, um so ausgeprägter „das Hellsehen".

Die früheren Rassen hätten es nicht gewagt, die vom Stammesgott erlassenen Anordnungen zu mißachten, noch außerhalb des Stammes zu heiraten. Sie hätten auch keine Neigung gehabt, dies zu tun; denn sie besaßen keinen eigenen Intellekt.

Die Ursemiten waren die ersten, die den Willen entwickelten. Sie heirateten sogleich die Töchter von Menschen anderer Stämme. So durchkreuzten sie einstweilig den Plan ihres Rassengeistes. Sie wurden sofort als Übeltäter ausgestoßen, weil sie „fremden Göttern dienten". Dadurch erwiesen sie sich als ungeeignet, den „Samen" für die sieben Rassen unserer gegenwärtigen Arischen Epoche zu geben. Die Ursemiten waren in der damaligen Zeit die letzte Rasse, um deren Absonderung sich der Rassengeist bemühte.

Später wurde dem Menschen der freie Wille gegeben. Die Zeit war gekommen, wo er für die Individualisierung vorbereitet werden sollte. Das frühere „gemeinschaftliche" Bewußtsein, die unwillkürliche Hellsichtigkeit oder das zweite Gesicht vermittelten dem Angehörigen eines Stammes stets die Lebensbilder seiner Vorfahren und veranlaßten ihn, sich mit seinem Stamm oder seiner Familie aufs engste identisch zu fühlen. Dies sollte für einige Zeit durch ein ausgeprägtes, auf die materielle Welt beschränktes, individuelles Bewußtsein ersetzt werden, um die Nationen in Individuen aufzulösen, so daß die Bruderschaft der Menschen, ungeachtet der äußeren Umstände, Wirklichkeit werde. Dies beruht auf demselben Prinzip wie der Wunsch, eine Anzahl von Gebäuden in ein großes Bauwerk zu verwandeln. Dazu ist erforderlich, die Gebäude in einzelne Ziegelsteine zu zerlegen. Erst dann kann das große Bauwerk errichtet werden.

Um die Spaltung der Nationen in Individuen zu erreichen, wurden Gesetze erlassen, die Sippen- oder Familienheiraten untersagten. Von nun an wurden nach und nach blutschänderische Heiraten mit Abscheu betrachtet. Auf diese Weise wurde in alle Familien der Erde fremdes Blut eingeführt. Es löschte allmählich die unwillkürliche Hellsichtigkeit aus, die das Sippengefühl förderte, das die Menschheit in Gruppen schied. Der Altruismus ersetzt den Patriotismus und als Folge der Blutmischung schwindet das Gefühl der Treue zur Familie.

Kürzlich entdeckte die Wissenschaft bei Bluttransfusionen (1909) zwischen zwei verschiedenartigen Wesen, daß der Tod des niederen der beiden durch Blutzersetzung verursacht wird. So stirbt jedes Tier, dem man menschliches Blut überträgt. Ein Vogel wird getötet, wenn in seine Venen das Blut eines Hundes injiziert wird. Wird jedoch Vogelblut in die Venen des Hundes übertragen, hat diese Transfusion keine Folgen. Die Wissenschaft stellt hier nur eine Tatsache fest; der Okkultist gibt hierfür den Grund an. Wie schon an anderer Stelle gezeigt wurde, ist das Blut das Arbeitsfeld des Geistes. Das Ego wirkt in seinen eigenen Trägern durch die **Wärme** des Blutes. Der Rassen-, Familien- oder Gemeinschaftsgeist hingegen gelangt durch die von uns eingeatmete **Luft** ins Blut. In den Tieren befinden sich beide, der gesonderte Geist des Tieres und der Gruppengeist derjenigen Art, dem das Tier angehört. Der Geist des Tieres jedoch ist nicht individualisiert und wirkt nicht selbstbewußt in seinen Trägern im Gegensatz zum Ego. Daher wird das Tier vollständig von dem in seinem Blut wirkenden Gruppengeist beherrscht.

Wird das Blut eines höheren Tieres in die Venen einer niederen Art injiziert, ist der Geist im Blut des höheren Tieres selbstverständlich stärker als der des niederen Tieres. Wenn daher der Geist versucht, sich zu behaupten, tötet er die fesselnde Form und befreit sich. Wird andererseits das Blut einer niederen Art in die Venen einer höheren Art übertragen, so ist der höhere Geist fähig, den im fremden Blut weniger entwickelten Geist zu verdrängen und das Blut seinem eigenen Gebrauch anzupassen; daher folgt keine sichtbare Katastrophe.

Der Gruppengeist ist immer darauf bedacht, die Unversehrtheit der unter seiner Obhut stehenden Art zu erhalten. Wie der menschliche Rassengott, so verübelt er die Heirat seiner Schutzbefohlenen mit anderen Arten und sucht die Sünden der Väter an den Kindern heim, wie wir dies am Beispiel der Bastardtiere sehen. Wenn beispielsweise ein Pferd und ein Esel ein Maultier hervorbringen, so zerstört die Mischung fremden Blutes die Fortpflanzungsfähigkeit, damit sich die

Kreuzung nicht vermehren kann, die vom Standpunkt des Gruppengeistes verabscheuenswert ist; denn das Maultier untersteht weder definitiv der Herrschaft des Gruppengeistes der Pferde noch der des Gruppengeistes der Esel. Und doch ist das Maultier nicht so weit von ihnen entfernt, um von deren Einfluß ganz befreit zu sein. Könnten sich zwei Maultiere fortpflanzen, würden ihre Nachkommen noch weniger unter dem Einfluß eines dieser Gruppengeister stehen und so ergäbe sich eine neue Art, **ohne einen Gruppengeist.** Das wäre so lange eine Anomalie in der Natur, eine Unmöglichkeit, bis sich die gesonderten Tiergeister genügend entwickelt hätten, um nicht **auf fremde Hilfe angewiesen** zu sein. Könnte eine solche Art hervorgebracht werden, würde sie ohne den sogenannten führenden Instinkt sein, der in Wirklichkeit den Antrieb des Gruppengeistes darstellt. Es würde ihr wie einem Wurf junger Katzen ergehen, die man vor der Geburt aus dem Mutterleib nähme. Die Tiere könnten sich unmöglich selbst helfen und würden umkommen.

Da es der Gruppengeist der Tiere ist, der die verschiedenen Geistwesen der Tiere zur Verkörperung entsendet, hält er einfach das befruchtende Keimatom zurück, wenn Tiere mit weit voneinander abweichenden Arten gekreuzt werden. Einem seiner Pflegebefohlenen erlaubt er, eine günstige Gelegenheit zur Verkörperung zu ergreifen, wenn zwei Tiere fast gleicher Natur gepaart werden. Er verwehrt jedoch den Bastarden, sich fortzupflanzen. So sehen wir, daß die Infusion fremden Blutes den Einfluß des Gruppengeistes schwächt. Er zerstört daher entweder die **Form** oder die Fortpflanzungs**fähigkeit** dort, wo er die Macht dazu hat.

Der menschliche Geist ist individualisiert, ist ein Ego. Es entwickelt freien Willen und Verantwortlichkeit. Das unwiderstehliche Gesetz von Ursache und Wirkung führt es zur Geburt, so daß es außerhalb der Macht des Rassen-, Gemeinschafts- oder Familiengeistes steht, es im gegenwärtigen Zustand der menschlichen Entwicklung von einer Reinkarnation zurückzuhalten. Durch Beimischen fremden Blutes, bei Mischehen zwischen Angehörigen verschiedener Stämme und Nationen, helfen ihm die Führer der Menschheit, den Familien-, Stamm- und Nationalgeist allmählich aus dem Blut zu verdrängen. Damit schwindet notwendigerweise auch die unwillkürliche Hellsichtigkeit. Sie rührt vom Wirken im Blut her, wodurch die Familientraditionen in ihren Schützlingen gepflegt wurden. So sehen wir, daß **durch die Blutmischung auch beim Menschen eine Fähigkeit zerstört wurde.** Dieser Verlust jedoch war ein Gewinn, denn er hat die Energie des Menschen auf die materielle Welt gerichtet. Er kann nun besser deren Lektionen lernen, als wenn er noch durch die Visionen der höheren Welt abgelenkt würde.

Sowie der Mensch unabhängig wird, hört er allmählich auf, sich für „Abrahams Same", einen „Stewart-Clan-Menschen", „Brahmanen" oder „Leviten" zu halten. Er lernt überdies sich selbst als ein Individuum, als ein „Ich" zu verstehen. Je mehr er dieses „Selbst" pflegt, desto mehr befreit er sich vom Familien- und Nationalgeist in seinem Blut, um so mehr wird er ein sich selbst genügender Bürger dieser Welt.

Es gibt viel albernes, ja sogar gefährliches Gerede über das Aufgeben des Selbstes für das Nicht-Selbst. Nur wenn wir ein „Selbst" entwickelt haben, können wir uns **selbst** opfern und es für das GANZE hingeben. Solange wir nur unsere eigene Familie oder die Nation lieben können, sind wir unfähig, andere zu lieben. Wir sind durch die Fesseln der Verwandtschaft und des Vaterlandes gebunden. Wenn wir die Fesseln des Blutes gesprengt haben, wenn wir **uns selbst behaupten** und unabhängig sind, können wir selbstlose Helfer der Menschheit werden. Hat ein Mensch diese Stufe erreicht, wird er feststellen, daß er, anstatt seine eigene Familie verloren zu haben, alle Familien der Welt gewonnen hat; denn sie werden seine Brüder und Schwestern, seine Väter und Mütter sein, die ihm beistehen und helfen.

Dann wird er das Schauen der inneren Welten wiedergewinnen, das er durch die Blutmischung verlor. Es wird jedoch eine höhere Fähigkeit, eine intelligente, willkürliche Hellsichtigkeit sein, durch die er das sehen kann, was er will. Es ist nicht mehr die negative, durch den Familiengeist seinem Blut eingeprägte Fähigkeit, die ihn an seine Familie band, unter Ausschluß aller anderen Familien. Seine Sicht wird allumfassend, zum allgemeinen Wohl der Menschheit sein.

Aus den vorerwähnten Gründen wurden Heiraten zwischen verschiedenen Stämmen und später internationale Heiraten zunehmend als erwünscht angesehen und den Heiraten zwischen engen Blutsverwandten vorgezogen.

Als sich der Mensch durch diese Phasen weiterentwickelte und allmählich die Berührung mit den inneren Welten verlor, grämte er sich über den Verlust; er sehnte sich nach einer Wiederkehr der „inneren" Schau. Doch mit der Zeit verlernte er sie. Nach und nach zeichnete sich die materielle Welt als die einzige Wirklichkeit vor seinem Intellekt ab. Schließlich wies er den Gedanken an die Existenz solch innerer Welten verächtlich zurück. Er betrachtete den Glauben daran als einen törichten Aberglauben.

Die vier Ursachen, die zu diesem Zustand führten, waren:

1. Das Aufklären der nebligen Atmosphäre des Atlantischen Kontinents.
2. Der Einzug des Lebensleibes (in den dichten Körper), so daß ein Punkt an der Nasenwurzel einem ähnlichen im Lebensleib entspricht.
3. Das Ausschalten der Inzucht und deren Ersatz durch Heiraten außerhalb der Familie und des Stammes.
4. Der Gebrauch von Betäubungsmitteln.

Noch lebt der Rassengeist im Menschen und arbeitet mit ihm. Je fortgeschrittener die Nation jedoch ist, um so mehr Freiheit erhält das Individuum. In Ländern, deren Völker am stärksten an den Rassengeist gefesselt sind, ist dieser am mächtigsten. Je mehr sich der Mensch in

Harmonie mit dem Gesetz der Liebe befindet, je höher seine Ideale sind, um so mehr befreit er sich vom Rassengeist.

Patriotismus, obwohl an sich gut, ist eine Fessel des Rassengeistes. Das Ideal der Universalen Bruderschaft, die sich weder mit Land noch mit Rasse identifiziert, ist der einzige Weg, der zur Befreiung führt.

Christus kam, um die getrennten Rassen durch Bande des Friedens und guten Willens wieder zu vereinigen, worin alle bereitwillig und bewußt dem Gesetz der Liebe folgen.

Das gegenwärtige Christentum ist nicht einmal ein Schatten der wahren Religion Christi. Diese wird in der Verborgenheit bleiben, bis alles Rassengefühl überwunden sein wird. In der sechsten Epoche wird es nur noch eine Universale Bruderschaft unter der Führung des **wiedergekommenen** Christus geben. Doch Tag und Stunde weiß kein Mensch; denn der Zeitpunkt dafür ist nicht festgesetzt. Er hängt davon ab, wie schnell eine genügende Anzahl Menschen begonnen haben wird, ein Leben der Gemeinschaft und Liebe zu führen, welches das Kennzeichen der neuen göttlichen Ordnung sein soll.

Der Fall des Menschen

In Verbindung mit der Analyse der Genesis müssen noch ein paar Worte über „den Fall" gesagt werden, der das Rückgrat und die Stütze des populären Christentums bildet. Hätte es keinen „Fall" gegeben, wäre auch kein „Erlösungsplan" notwendig geworden.

Als in der Mitte der Lemurischen Epoche (bei der Jehova und seine Engel tätig waren) die Trennung des Geschlechtes erfolgte, begann das Ego kaum merklich am dichten Körper zu arbeiten und darin Organe zu bauen. Damals war der Mensch noch nicht das heutige vollwache, bewußte Geschöpf. Er erbaute aber, wie früher bereits beschrieben, mittels der Hälfte der Geschlechtskraft ein Gehirn, um damit Gedanken ausdrücken zu können. In der Geistigen Welt war er wacher als in der Physischen. Er konnte seinen Körper kaum wahrnehmen und war sich des Zeugungsaktes nicht bewußt. Die Feststellung der Bibel, daß Jehova den Menschen in Schlaf versetzte, wenn er gebären sollte, ist richtig. Mit der Geburt waren weder Schmerz noch Leid verbunden. Seine physische Umgebung war ihm kaum bewußt, auch nicht der Verlust seines dichten Trägers durch Tod oder sein Eintritt in einen neuen dichten Träger bei der Geburt.

Es wird daran erinnert, daß die luziferischen Geister ein Teil der Menschheit der Mondperiode waren. Sie sind die Nachzügler der Lebenswoge der Engel und zu weit fortgeschritten, um einen dichten physischen Körper zu benutzen. Sie benötigten jedoch zum Erwerb von Kenntnissen ein „inneres" Organ. Überdies konnten sie mit Hilfe eines physischen Gehirns wirken. Das konnten die Engel oder Jehova nicht.

Diese Geister traten in das Rückgrat und Gehirn des Menschen ein. Sie sprachen zur Frau, deren Vorstellungskraft, wie an anderer Stelle erläutert wurde, durch Schulung der Lemurischen Rasse geweckt worden war. Da ihr Sichbewußtsein hauptsächlich ein innerliches war, hatte sie von ihnen ein Bildbewußtsein. Sie sah diese als Schlangen, weil sie durch das schlangenförmige Rückenmark in ihr Gehirn eingedrungen waren.

Zur Ausbildung der Frau gehörte das Beobachten der gefährlichen Kraftakte der Männer zur Entwicklung ihres Willens. Bei diesen Kämpfen wurden die Körper oft zwangsläufig getötet. Das schwache Bewußtsein von etwas Ungewöhnlichem versetzte die Vorstellung der Frau über diese seltsamen Dinge, die sie sah, in Verwunderung. Sie war sich des lebendigen Geistes jener bewußt, die ihren Körper verloren hatten. Doch mit ihrer noch schwachen Erfassung der Physischen Welt gelang es ihr nicht, die Freunde zu erkennen, deren dichte Körper zerstört worden waren.

Die luziferischen Geister lösten für sie das Problem, indem sie „ihre Augen öffneten". Sie enthüllten ihr den eigenen Körper sowie den des Mannes und lehrten sie, wie sie zusammen den Tod durch Erschaffung neuer Körper überwinden könnten. So konnte der Tod sie nicht berühren, denn sie konnten, wie Jehova, nach Belieben erschaffen.

Luzifer öffnete die Augen der Frau. Sie suchte die Hilfe des Mannes und öffnete seine Augen. Somit erkannten sie einander erstmals wirklich, allerdings undeutlich, und wurden auch der Physischen Welt gewahr. Sie wurden sich des Todes und der Schmerzen bewußt. Auf diese Weise lernten sie, zwischen dem inneren Menschen und dem äußeren Gewand, das er trägt, zu unterscheiden. Er erneuert es jedesmal, wenn es erforderlich ist, den nächsten Schritt in der Evolution zu machen. Sie hörten auf, Automaten zu sein und wurden freidenkende Wesen auf Kosten des Befreitseins von Schmerz, Krankheit und Tod.

Daß das Essen der Frucht als Symbol für den Zeugungsakt kein weithergeholtes Bild ist, wird durch die Verkündung Jehovas offenbar (sie ist durchaus kein Fluch, sondern einfach eine Feststellung der Folgen, die diese Handlung haben würde), daß die Menschen sterben und die Frauen ihre Kinder unter Schmerzen und Leid gebären würden. Er wußte, daß der Mensch den Verlust seines physischen Körpers erfahren würde, nachdem seine Aufmerksamkeit auf diesen Träger gelenkt worden war. Auch wußte er, daß der Mensch noch nicht die Weisheit besaß, seine Leidenschaft zu zügeln und den geschlechtlichen Verkehr durch die Stellung der Planeten zu regeln. Daher mußte Schmerz beim Gebären die Folge eines von Unwissenheit zeugenden Mißbrauchs der Geschlechtstätigkeit sein.

Für die Bibelausleger war es immer ein großes Rätsel, welche Verbindung zwischen dem Essen einer Frucht und dem Gebären von Kindern bestehen könnte. Wenn wir aber verstehen, daß das Essen der Frucht ein Symbol für den Zeugungsakt ist, wodurch der Mensch „Gott" insofern „gleich" wird, als er seine Gattung **erkennt** und dadurch neue Geschöpfe zeugen kann, ist die Lösung einfach.

Als sich der Mensch im späteren Teil der Lemurischen Epoche das Vorrecht anmaßte, den Zeugungsakt auszuführen, wann er wollte, ermöglichte ihm sein machtvoll gewordener Wille, es zu tun. Durch das

Essen der „Frucht vom Baum der Erkenntnis“, zu jeder beliebigen Zeit, war er fähig, einen neuen Körper zu schaffen, wenn er einen alten Träger verlor.

Gewöhnlich denken wir mit Schrecken an den Tod. Würde der Mensch auch vom „Baum des Lebens gegessen haben“, hätte er das Geheimnis der ständigen Erneuerung seines Körpers mit Lebenskraft erfahren. Ein schlimmer Zustand wäre dadurch eingetreten. Wir wissen, daß unsere Körper heute noch nicht vollkommen sind. Und in jener alten Zeit waren sie äußerst primitiv. Daher war die Sorge der Schöpferischen Hierarchien wohlbegründet, aus Furcht, daß der Mensch „auch vom Baum des Lebens essen könnte“ und so fähig werden würde, seinen Lebensleib zu erneuern. Hätte er es getan, so wäre er tatsächlich unsterblich geworden; eine Weiterentwicklung wäre jedoch niemals möglich gewesen. Die Evolution des Egos hängt von seinen Trägern ab. Könnte es durch Tod und Geburt keine neuen und besseren erlangen, so müßte ein Stillstand eintreten. Es ist ein okkulter Grundsatz, daß wir, je öfter wir sterben, um so besser leben, denn jede neue Geburt gibt uns eine neue Chance.

Wir haben gesehen, daß das Gehirnwissen, mit seiner Begleiterscheinung der Selbstsucht, vom Menschen auf Kosten der Kraft, aus sich selbst und allein zu gebären, erlangt wurde. Er bezahlte seinen freien Willen mit Schmerz und Tod. Wenn der Mensch aber lernt, seinen Intellekt zum Wohle der Menschheit einzusetzen, wird er geistige Macht über das Leben gewinnen und außerdem von einem inneren Wissen geleitet werden, das weit höher über dem gegenwärtigen Hirnbewußtsein steht, als dieses dem niedersten Tierbewußtsein überlegen ist.

Der Fall in die Zeugung war erforderlich, um das Gehirn zu erbauen. Dies aber ist bestenfalls nur ein indirekter Weg, Wissen zu erlangen und wird durch unmittelbare Berührung mit der Weisheit der Natur ersetzt werden. Diese Weisheit wird dann der Mensch ohne irgend eine

Mitwirkung zur Schaffung neuer Körper verwenden können. Der Kehlkopf wird wieder das „verlorene Wort", das „schöpferische Fiat" sprechen, das unter der Führung von großen Lehrern im alten Lemurien zur Schaffung von Pflanzen und Tieren angewendet wurde.

Der Mensch wird dann in Wahrheit ein Schöpfer sein. Durch die Anwendung des richtigen Wortes oder der magischen Formel, und nicht in der langsamen und mühevollen Art unserer Tage, wird er fähig sein, einen Körper zu erschaffen.

Alles, was sich während der absteigenden Periode der Involution manifestierte, bleibt bestehen, bis der entsprechende Punkt des aufsteigenden Bogens erreicht ist. Die gegenwärtigen Zeugungsorgane werden degenerieren und absterben. Das weibliche Organ kam zuerst als getrennte Einheit ins Dasein. Nach dem Gesetz, daß „die ersten die letzten sein werden", wird es als letztes verkümmern. Das männliche Organ wurde zuletzt abgeteilt. Es beginnt schon jetzt, sich vom Körper zu trennen. Diagramm 13 wird dies veranschaulichen.

DIAGRAMM 13

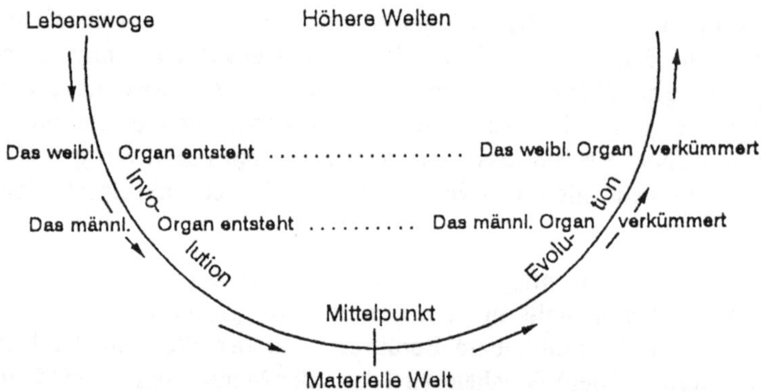

TEIL III

DIE ZUKÜNFTIGE ENTWICKLUNG DES MENSCHEN UND DIE EINWEIHUNG

DIAGRAMM C

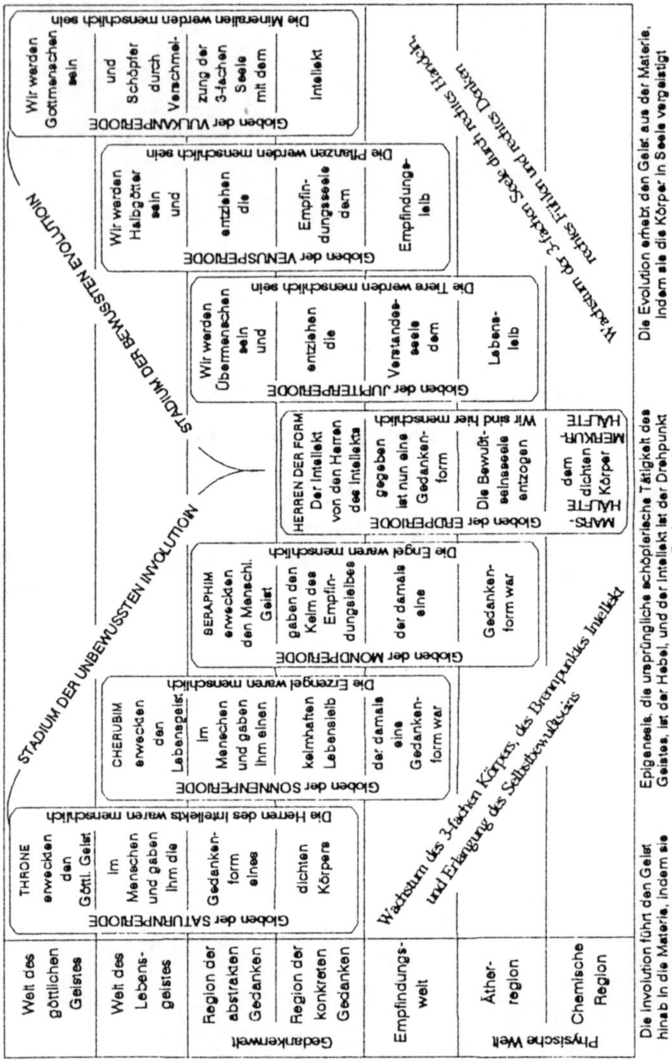
DIE SIEBEN SCHÖPFUNGSTAGE
Gedankenwelt
Physische Welt
Welt des göttlichen Geistes
Welt des Lebensgeistes
Region der abstrakten Gedanken
Region der konkreten Gedanken
Empfindungswelt
Äther-region
Chemische Region
Globen der SATURNPERIODE
THRONE erweckten den Göttl. Geist
Im Menschen und gaben ihm die
Gedankenform eines
dichten Körpers
Die Herren des Intellekts waren menschlich
Globen der SONNENPERIODE
CHERUBIM erweckten den Lebensgeist.
Im Menschen und gaben ihm einen
keimhaften Lebensleib
der damals eine Gedankenform war
Die Erzengel waren menschlich
Globen der MONDPERIODE
SERAPHIM erweckten den Menschl. Geist
gaben den Keim des Empfindungsleibes
der damals eine
Gedankenform war
Die Engel waren menschlich
Globen der ERDPERIODE
HERREN DER FORM Der Intellekt von den Herren des Intellekts
gegeben ist nun eine Gedankenform
Die Bewußtseinsseele entzogen
MARS-HÄLFTE dem dichten Körper
MERKUR-HÄLFTE
Wir sind hier menschlich
Globen der JUPITERPERIODE
Wir werden Übermenschen sein und
entziehen die
Verstandesseele dem
Lebensleib
Die Tiere werden menschlich sein
Globen der VENUSPERIODE
Wir werden Halbgötter sein und
entziehen die
Empfindungsseele dem
Empfindungsleib
Die Pflanzen werden menschlich sein
Globen der VULKANPERIODE
Wir werden Gottmenschen sein
und Schöpfer durch Verschmelzung der 3-fachen Seele mit dem
Intellekt
Die Mineralien werden menschlich sein
STADIUM DER UNBEWUSSTEN INVOLUTION
STADIUM DER BEWUSSTEN EVOLUTION
Wachstum des 3-fachen Körpers, des Brennpunktes Intellekt
und Erlangung des Selbstbewußtseins
Wachstum der 3-fachen Seele durch rechtes Handeln,
rechtes Fühlen und rechtes Denken
Die Involution führt den Geist hinab in die Materie, indem sie ihn in Körper hineinverdichtet
Epigenesis, die ursprüngliche schöpferische Tätigkeit des Geistes, ist der Hebel, und der Intellekt ist der Drehpunkt auf dem sich die Involution zur Evolution wendet
Die Evolution erhebt den Geist aus der Materie, indem sie die Körper in Seele vergeistigt

KAPITEL XV

CHRISTUS UND SEINE MISSION

DIE ENTWICKLUNG DER RELIGION

Im vorhergehenden Teil dieses Werkes erfuhren wir, wie die uns umgebende Außenwelt entstand, und wie der Mensch den komplizierten Organismus entwickelte, durch den er mit der Außenwelt in Verbindung steht. Wir haben auch bis zu einem gewissen Grad die jüdische Rassenreligion studiert. Nun wollen wir zunächst die letzte und größte der göttlichen Maßnahmen zur Hebung der Menschheit betrachten: das Christentum, das die Weltreligion der Zukunft sein wird.

Es ist eine bemerkenswerte Tatsache, daß die Menschheit und ihre Religionen sich Seite an Seite schrittweise entwickelt haben. Die früheste Religion einer Rasse wird man immer so primitiv wie das von ihr geführte Volk vorfinden. Je zivilisierter die Völker werden, um so menschlicher werden ihre Religionen, in Harmonie mit höheren Idealen.

Aus dieser Tatsache haben die Materialisten die Schlußfolgerung gezogen, daß keine Religion einen höheren Ursprung habe, als der Mensch selbst. Ihre Forschungen in der frühen Geschichte haben zur Überzeugung geführt, daß der Mensch seinem Fortschritt entsprechend seinen Gott zivilisierte und IHN nach seinem eigenen Ebenbild gestaltete.

Diese Folgerung ist unzulänglich. Sie übersieht, daß der Mensch **nicht** der Körper, sondern ein **innewohnender** Geist, ein Ego ist, das dem Fortschritt der Evolution entsprechend seinen Körper mit stetig zunehmender Leichtigkeit benutzt.

Für den Körper gilt zweifellos das Gesetz „vom Überleben der Fähigsten". Das Gesetz für die Evolution des Geistes verlangt „Opfer". Solange der Mensch glaubt, daß „Macht Recht sei", gedeiht der Körper und wird stark, weil alle Hindernisse aus dem Weg geräumt werden, ohne Rücksicht auf andere. Bedeutete der Körper alles, wäre diese Lebensweise die einzig mögliche für den Menschen. Er wäre völlig unfähig, Rücksicht auf andere zu nehmen. Mit Gewalt würde er sich jedem Versuch widersetzen, in sein Recht, das Recht des Stärkeren einzugreifen; denn dieses Recht wäre das einzige Maß für Gerechtigkeit unter dem Gesetz des Überlebens der Fähigsten. Er würde vollkommen rücksichtslos gegen seine Mitmenschen und absolut unempfindlich gegen jede **von außen** kommende Kraft sein, die darauf abzielte, ihn in irgendeiner Weise zu Handlungen zu veranlassen, die seinem eigenen, augenblicklichen Gutdünken nicht dienlich wären.

Es ist offenkundig, daß das, was immer den Menschen in seinem Umgang mit anderen zu einer edleren Handlungsweise anspornt, aus **seinem Innern** kommen muß, aus einer Quelle, die mit dem Körper nicht identisch ist; denn sonst käme sie nicht mit ihm in Widerstreit und würde nicht des öfteren die Oberhand über seine meist durchsichtigen Interessen gewinnen. Überdies muß sie eine stärkere Kraft als die des Körpers sein, sonst könnte sie seine Begierden nicht erfolgreich überwinden und ihn nicht zwingen, für die physisch Schwächeren Opfer zu bringen.

Sicherlich wird niemand leugnen, daß eine solche Kraft besteht. Wir sind auf jener Stufe unserer Entwicklung angelangt, auf der wir im physisch Schwächeren keine leichte Beute sehen, sondern in seiner ganzen Gebrechlichkeit die Verantwortung übernehmen, ihn zu beschützen. Die Selbstsucht wird langsam aber sicher zum Altruismus führen.

Die Natur wird unfehlbar ihre Ziele erreichen. Der Fortschritt ist, wenn auch langsam, so doch geordnet und gewiß. In der Brust eines jeden Menschen arbeitet diese Kraft des Altruismus wie ein Sauerteig.

Sie wird den sogenannten Wilden in einen zivilisierten Menschen und mit der Zeit in einen Gott verwandeln.

Wenn auch rein Geistiges nicht vollkommen verstanden werden kann, so läßt es sich doch mindestens mit Hilfe eines Beispiels erfassen.

Wird eine von zwei Stimmgabeln mit genau gleicher Tonhöhe angeschlagen, ruft der Klang in der anderen, zunächst schwach, dieselbe Schwingung hervor. Setzt man aber das Anschlagen der ersten Stimmgabel fort, wird die zweite immer stärker ertönen und schließlich eine Klangfülle von sich geben, die der ersten gleichkommt. Das geschieht sogar, wenn die Gabeln mehrere Fuß voneinander entfernt sind, und selbst dann, wenn eine von ihnen in Glas eingeschlossen ist. Der Klang der angeschlagenen Gabel durchdringt das Glas, und das eingeschlossene Instrument sendet den entsprechenden Ton aus.

Diese unsichtbaren Schallschwingungen haben große Gewalt über feste Materie. Sie können sowohl aufbauen, als auch zerstören. Streut man eine geringe Menge von sehr feinem Pulver oder Sand auf eine Messing- oder Glasplatte und streicht mit einem Geigenbogen über deren Rand, so nimmt das Pulver durch die Vibrationen schöne, geometrische Formen an. Auch die menschliche Stimme kann diese Figuren hervorrufen, immer dieselbe Figur für denselben Ton.

Wenn auf einem Musikinstrument ein Ton nach dem anderen oder dementsprechend auch Saiten angeschlagen werden, (eine Violine eignet sich dazu besser als ein Klavier, weil mit ihr mehr Tonabstufungen erzielt werden können) kann schließlich ein Ton erreicht werden, der beim Hörer im tieferen Teil des Hinterkopfes eine deutlich wahrnehmbare Schwingung hervorruft. Sooft dieser Ton angeschlagen wird, empfindet man die Vibration. Er ist der Grundton des Menschen, der ihn so erregt. Wenn er langsam und besänftigend angeschlagen wird, baut er den Körper auf, der sich dadurch erholt; er regt die Nerven an und stellt die Gesundheit wieder her. Wird er dagegen übermäßig stark, laut und anhaltend genug angeschlagen, so wird er so sicher töten wie eine Pistolenkugel.

Wenn wir nun das, was über die Musik und den Klang gesagt wurde, auf das Problem dieser inneren Kraft anwenden und betrachten, wie sie erweckt und gestärkt wird, können wir vielleicht den Sachverhalt besser verstehen.

An erster Stelle wollen wir besonders die Tatsache beachten, daß die zwei Stimmgabeln die **gleiche Tonhöhe** hatten. Wäre das nicht der Fall gewesen, so hätten wir die eine bis zum jüngsten Tag anschlagen können, die andere wäre stumm geblieben. Wollen wir uns das sorgfältig einprägen: Schwingungen können in einer Stimmgabel **nur** durch eine **gleichgestimmte** hervorgerufen werden. Jeder Gegenstand oder jedes Wesen kann, wie oben festgestellt, nur durch **seinen eigenen Grundton** berührt werden.

Wir wissen, daß die Kraft des Altruismus existiert. Wir wissen auch, daß sie unter unzivilisierten Völkern weniger ausgeprägt ist als unter Menschen mit höherer Entwicklung. Bei den niedersten Rassen fehlt sie fast vollkommen. Daraus kann die Schlußfolgerung gezogen werden, daß es eine Zeit gab, wo sie völlig fehlte. Und folgerichtig müssen wir uns fragen: „Was rief sie hervor?"

Die körperliche Person hatte sicherlich nichts damit zu tun. Dieser Teil der menschlichen Natur fühlte sich tatsächlich am wohlsten ohne sie. Der Mensch muß die Kraft des Altruismus latent **in sich** gehabt haben, sonst hätte sie nicht erweckt werden können. Mehr noch: sie muß, so wie die zweite Stimmgabel **nach** dem Anschlagen der ersten in Schwingungen versetzt wurde, durch eine Kraft derselben Art erweckt worden sein, durch eine ähnliche Kraft, die bereits tätig war.

Wir sahen auch, daß die Schwingungen in der zweiten Stimmgabel unter den andauernden Toneinwirkungen der ersten immer stärker wurden, und das Glasgefäß kein Hindernis für das Entstehen des Klanges war. Unter den ständigen Einwirkungen einer im Menschen ähnlich tätigen Kraft hat die Liebe Gottes zu ihm die Kraft des Altruismus erweckt, sie erhöht unablässig ihre Wirksamkeit.

Daher ist es vernünftig und logisch anzunehmen, daß es zunächst erforderlich war, dem Menschen eine, seiner Unwissenheit entsprechende Religion zu geben. Auf dieser Stufe wäre es zwecklos gewesen, mit ihm über einen Gott zu sprechen, der ganz Mitgefühl und Liebe ist. Von seinem Standpunkt aus waren diese Attribute Schwächen. Man hätte von ihm nicht erwarten können, einen Gott zu verehren, der für ihn verachtenswerte Eigenschaften besitzt. Der Gott, dem er gehorchte, mußte ein starker Gott sein, ein Gott, den man fürchtete. Ein Gott, der den Donnerkeil schwingen und den Blitzstrahl zücken konnte.

So wurde der Mensch zuerst veranlaßt, Gott zu **fürchten.** Man gab ihm Religionen in der Form, die sein geistiges Wohlergehen unter dem Druck von Furcht fördern sollten.

Der nächste Schritt sollte in ihm eine Art Selbstlosigkeit bewirken. Der Mensch wurde veranlaßt, etwas von seinen weltlichen Gütern aufzugeben, zu opfern. Das wurde dadurch erreicht, daß ihm der Stammes- oder Rassengott gegeben wurde. Er war ein eifersüchtiger Gott, der den strengsten Gehorsam sowie Opfer an Besitz forderte, den der aufstrebende Mensch hoch schätzte. Andererseits war dieser Rassengott ein Freund und mächtiger Bundesgenosse. Er lenkte die Schlachten und gab dem Menschen die von ihm geopferten Schafe, Ochsen und Feldfrüchte vielfältig zurück. Der Mensch hatte noch nicht die Stufe erreicht, auf der er verstehen konnte, daß alle Geschöpfe gleich sind. Der Stammesgott lehrte ihn jedoch, daß er mit seinen **Stammesbrüdern** barmherzig umzugehen habe. Er gab ihm Gesetze, die der Gerechtigkeit und rechtem Handeln unter gleichen Rassenangehörigen dienten.

Man darf nicht glauben, daß diese aufeinanderfolgenden Schritte ohne Widerstand und Vergehen angenommen wurden, und dem einfachen Menschen leichtfielen. Selbstsucht ist bis in unsere Tage in der niederen Natur verwurzelt. Es müssen wohl viele Verfehlungen und Rückfälle vorgekommen sein. Das alte Testament (the Jewish Bible) gibt uns gute Beispiele, wie der Mensch Gottes Gebote vergaß und vom Stammesgott geduldig und beharrlich immer und immer wieder „angetrieben“ werden mußte. Nur die Heimsuchungen eines überaus geduldigen Rassengeistes waren damals mächtig genug, ihn zum Gesetz zurückzuführen, dem Gesetz, das zu befolgen, bisher sehr wenig Menschen gelernt haben.

Trotz allem gibt es aber immer Pioniere, die nach etwas Höherem verlangen. Sind sie zahlreich genug, wird ein neuer Schritt in der Evolution vollzogen, so daß immer verschiedene Abstufungen bestehen. Vor ungefähr zweitausend Jahren brach eine Zeit an, in der die Fortgeschrittensten der Menschheit bereit waren, einen weiteren Schritt vorwärts zu gehen. Sie konnten eine Religion empfangen, die verlangte, ein gutes Leben zu führen, um dafür in einem künftigen Dasein, an das sie glauben sollten, belohnt zu werden.

Dies war ein großer und schwieriger Schritt, der getan werden mußte. Es war verhältnismäßig leicht, ein Schaf oder einen Ochsen in den Tempel zu bringen und zu opfern. Wenn ein Mensch die Erstlinge seiner Ernte, seines Weinberges oder seiner Herden, von denen er noch mehrere hatte, darbrachte, glaubte er, daß der Stammesgott seine Speicher wieder füllen und ihm zur Belohnung mehr als er gab zurückerstatten würde. Aber bei diesem neuen Anfang ging es nicht darum, seine Güter zu opfern. Es wurde verlangt, daß er **sich selbst** aufopfert. Es war auch nicht ein Opfer, das durch einen überragenden Akt eines Märtyrertods dargebracht werden sollte. Auch das wäre noch verhältnismäßig leicht gewesen. Statt dessen wurde von ihm verlangt, Tag für Tag, vom Morgen bis zum Abend, barmherzig gegenüber allen zu sein. Er müsse die Selbstsucht ablegen und seinen Nächsten ebenso **lieben**, wie er gewohnt war, sich selbst zu lieben. Außerdem wurde ihm keine unmittelbare und sichtbare Belohnung versprochen, sondern er mußte an ein künftiges Glück glauben.

Ist es verwunderlich, daß es die Menschen schwer finden, dieses hohe Ideal **kontinuierlichen** rechten Handelns zu verwirklichen, das durch den Umstand doppelt erschwert wird, das Selbstinteresse nicht zu beachten? Man verlangt Opfer und bietet keine feste Zusicherung **irgendeiner** Belohnung. Gewiß spricht es für die Menschheit, daß so viel Altruismus praktiziert wird, und dieser ständig zunimmt. Die weisen Führer, welche die Schwachheit des menschlichen Geistes im Kampf mit den selbstsüchtigen Naturtrieben des Körpers und die Gefahren der Verzagtheit angesichts solcher Verhaltensregeln kennen, gaben dem Menschen einen erhebenden Impuls, als sie die Lehre des „stellvertretenden Sühneopfers“ in die neue Religion aufnahmen.

Diese Idee wird von einigen weit fortgeschrittenen Philosophen verächtlich zurückgewiesen. Für sie steht das Gesetz der „Ursache und Wirkung“ an erster Stelle. Sollte der Leser diesen Philosophen zustimmen, so bitten wir ihn, die im folgenden gegebene Erklärung abzuwarten, die zeigen soll, daß **beide** Anschauungen Teil des Entwicklungsplanes sind. Es genüge vorerst, wenn gesagt wird, daß die Lehre vom Sühneopfer vielen aufrichtigen Seelen, trotz wiederholter Fehlschläge, ihre niedere Natur zu unterwerfen, die Kraft gibt, weiterzustreben. Man erinnere sich, daß die westliche Menschheit aus Gründen, die erwähnt wurden, als vom Gesetz der Wiedergeburt sowie der Ursache und Wirkung die Rede war, von diesen Gesetzen praktisch nichts wußte. Angesichts eines solch hohen Ideals, wie Christus es darstellte und im Glauben, daß die Menschheit nur ein paar Jahre Zeit hätte, um einen derart hohen Grad ihrer Vollkommenheit zu erlangen, wäre es nicht die größte Grausamkeit gewesen, sie ohne Hilfe zu lassen? Deshalb wurde DAS GROßE OPFER auf Golgatha - auch wenn es anderen Absichten diente, wie gezeigt werden wird - mit Recht die Hoffnungsfackel für jede ernste Seele, die danach strebt, das Unmögliche zu vollbringen: in einem kurzen Leben die von der christlichen Religion geforderte Vollkommenheit zu erlangen.

JESUS UND CHRISTUS – JESUS

Um ein wenig Einblick in das große Mysterium von Golgatha zu gewinnen und die Mission Christi, des Begründers der Universalen Religion der Zukunft, zu verstehen, müssen wir zunächst mit seiner wahren Natur vertraut werden, auch mit der von Jehova, des Hauptes der Rassenreligionen wie des Taoismus, Buddhismus, Hinduismus, Judaismus usw., ebenso mit der Identität „des Vaters", dem Christus einst das Reich übergeben soll.

Im christlichen Glaubensbekenntnis finden wir folgenden Satz: „Jesus Christus, der eingeborene Sohn Gottes". Dies wird gewöhnlich so verstanden, daß eine bestimmte Person, die vor ungefähr zweitausend Jahren in Palästina erschien, von der man als von Jesus Christus spricht, einem besonderen Individuum, der eingeborene Sohn Gottes war.

Das ist ein großer Irrtum. In diesem Satz werden drei gesonderte und sehr verschiedene Wesen charakterisiert. Es ist von größter Wichtigkeit, daß der Schüler die genaue Natur dieser Drei Großen und Erhabenen Wesen erkenne, die sich an Glorie gewaltig unterscheiden, von denen aber jedes Anspruch auf unsere tiefste ehrfurchtsvollste Anbetung hat.

Der Schüler wird gebeten, sich Diagramm 6 anzusehen und zu beachten, daß „Der Eingeborene" („Das Wort", von dem Johannes spricht), der zweite Aspekt des Höchsten Wesens ist.

Dieses „Wort" und nur dieses allein „ist von Seinem Vater (dem ersten Aspekt) vor allen Welten gezeugt"..„Ohne Dasselbe ist nichts erschaffen, was erschaffen ist", auch nicht der dritte Aspekt des Höchsten Wesens, der aus den beiden anderen Aspekten hervorgegangen ist. Deshalb ist der „Eingeborene", das erhabene Wesen, das über allem im Universum steht, den „Kraftaspekt" ausgenommen, der es schuf.

Der erste Aspekt des höchsten Wesens „denkt" sich das Weltall aus oder stellt es sich vor, ehe die tätige Manifestation beginnt. Alle die

Millionen Sonnensysteme und die großen Schöpferischen Hierarchien, welche die kosmischen Ebenen des Seins über der siebten bewohnen, die unser Evolutionsfeld ist, sind darin eingeschlossen (siehe Diagramm 6). Dieser Aspekt ist auch die Kraft, die alles auflöst, was sich jenseits der Möglichkeit weiteren Wachstums kristallisiert hat. Wenn schließlich das Ende der tätigen Manifestation gekommen ist, nimmt sie in sich alles, was ist, bis zur Dämmerung einer anderen Manifestationsperiode auf.

Der zweite Aspekt des höchsten Wesens, der sich in der Materie als die Kräfte der Anziehung und der Kohäsion (des Zusammenhalts) äußert, gibt ihm so die Möglichkeit, Formen vielfältiger Arten zu bilden. Das ist das „Wort", „das schöpferische Fiat", das die ursprüngliche kosmische Wurzelsubstanz in einer Art und Weise modelliert, die der Entstehung von Figuren durch musikalische Schwingungen ähnlich ist, wobei derselbe Ton, wie vorher erwähnt, immer dieselbe Figur hervorbringt. So brachte oder „sprach" dieses große „URWORT" in der feinsten Materie all die verschiedenen Welten mit ihren Myriaden von Formen ins Dasein. Seitdem sind sie von den unzähligen Schöpferischen Hierarchien nachgebildet und in allen Einzelheiten ausgearbeitet worden.

„Das Wort" jedoch hätte dies nicht vollbringen können, wenn nicht der dritte Aspekt des Höchsten Wesens zuerst die kosmische Wurzelsubstanz vorbereitet, sie aus ihrem normalen Zustand der Trägheit erweckt hätte. Er versetzte die zahllosen **ungetrennten** Atome in eine, um ihre Achse rotierende Bewegung, wobei diese Achsen in verschiedene Winkel zueinander gestellt wurden und jede eine bestimmte Schwingungszahl erhielt.

Diese verschiedenen Neigungswinkel der Achsen und die Schwingungszahlen machten es der kosmischen Wurzelsubstanz möglich, verschiedene Kombinationen zu formen, welche die Grundlage der sieben großen Kosmischen Ebenen sind. In jeder dieser Ebenen besteht eine andere Achsenneigung und eine andere Schwingungszahl. Folglich sind die Bedingungen und die Kombinationen in jeder Ebene von denen der anderen verschieden, was der Aktivität des „Eingeborenen" zu verdanken ist. Diagramm 14 zeigt uns, daß:

„Der Vater" der höchste Eingeweihte der Menschheit der Saturnperiode ist. Die gewöhnliche Menschheit dieser Periode sind jetzt die Herren des Intellekts

„Der Sohn" (Christus) der höchste Eingeweihte der Sonnenperiode ist. Die gewöhnliche Menschheit dieser Periode sind jetzt die Erzengel.

„Der Heilige Geist" (Jehova) der höchste Eingeweihte der Mondperiode ist. Die gewöhnliche Menschheit dieser Periode sind jetzt die Engel.

Dieses Diagramm zeigt uns auch die Träger dieser verschiedenen Ordnungen von Wesen. Im Vergleich mit Diagramm 8 sieht man, daß ihre Körper und Träger (im Diagramm 14 keilförmig angedeutet), den Globen der Periode entsprechen, in der sie menschlich waren. Das ist immer der Fall, soweit es die gewöhnliche Menschheit betrifft; denn am Ende der Periode, in der irgendeine Lebenswoge als Menschheit individualisiert wird, behalten diese Wesen **Körper**, die den Globen entsprechen, auf denen sie gewirkt haben.

Andererseits haben die Eingeweihten Fortschritte gemacht, für sich höhere Träger entwickelt und den normalen Gebrauch des niedersten Trägers aufgegeben, wenn die Fähigkeit, einen neuen und höheren zu benutzen, erworben wurde. Im allgemeinen ist der Empfindungsleib der niederste Träger eines Erzengels. Doch Christus, der höchste Eingeweihte der Sonnenperiode, gebraucht gewöhnlich den Lebensgeist als niedersten Träger. Damit wirkt Er ebenso bewußt in der Welt des Lebensgeistes wie wir in der Physischen Welt. Der Schüler wird gebeten,

DIAGRAMM 14

Die Träger der höchsten Eingeweihten und der gewöhnlichen Menschheit

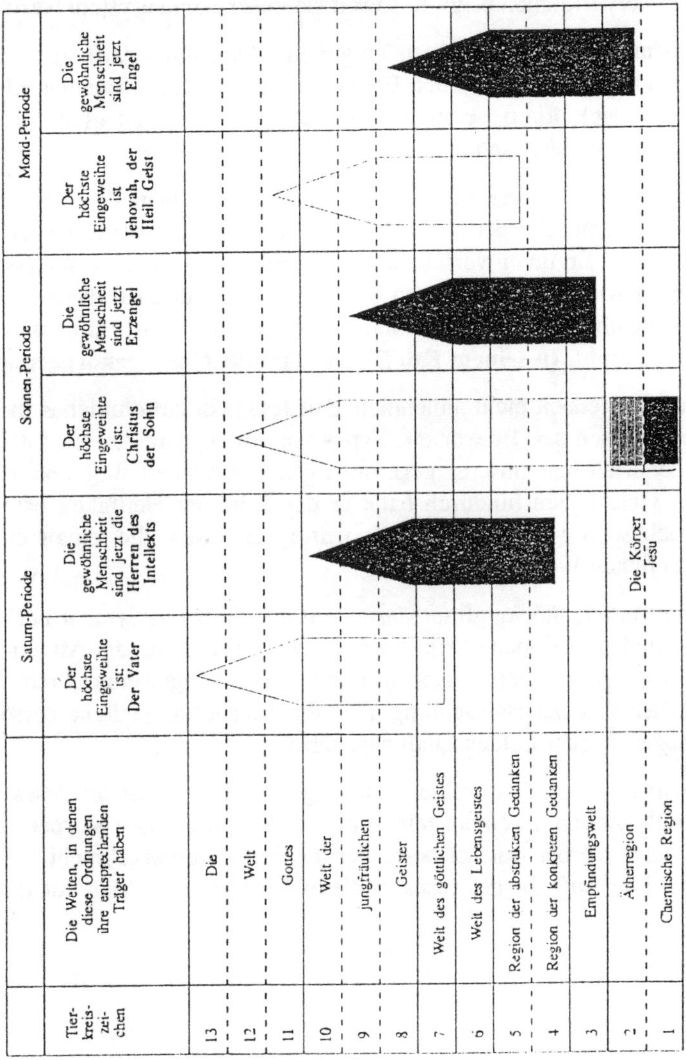

diesen Punkt besonders zu beachten, weil die Welt des Lebensgeistes die erste universale Welt ist, wie im Kapitel über die Welten erläutert wurde. Sie ist die Welt, in der die Trennung aufhört, und die Einheit sich zu verwirklichen beginnt, soweit sie unser Sonnensystem betrifft.

Christus hat die Macht, einen Träger zu erbauen und darin zu wirken, der so nieder wie der von den Erzengeln benutzte Empfindungsleib ist. **Tiefer jedoch kann er nicht hinabsteigen**. Die Bedeutung dessen werden wir sogleich sehen.

Jesus gehört unserer Menschheit an. Erforscht man den Menschen Jesus im Gedächtnis der Natur, kann er Leben für Leben zurückverfolgt werden, wo Er unter verschiedenen Umständen, unter verschiedenen Namen sowie in verschiedenen Verkörperungen und (in dieser Beziehung) gleich anderen menschlichen Wesen lebte. **Das kann man bei Christus nicht. In seinem Fall findet man nur eine Verkörperung.**

Man darf jedoch nicht annehmen, daß Jesus ein gewöhnliches Individuum gewesen sei. Er war ein Typus von einzigartig reinem Intellekt und der Mehrheit unserer gegenwärtigen Menschheit weit überlegen. Durch viele Leben hindurch hatte er den Pfad der Heiligkeit betreten und sich so der größten Ehre als würdig erwiesen, die jemals einem menschlichen Wesen zuteil wurde.

Seine Mutter, die Jungfrau Maria, war ebenfalls ein Symbol höchster menschlicher Reinheit. Daher wurde sie auserwählt, die Mutter des Jesus zu werden. Sein Vater war ein hoher Eingeweihter, rein und fähig, den Akt der Befruchtung als Sakrament ohne jegliche persönliche Begierde oder Leidenschaft auszuüben.

So wurde der schöne, reine, großartige Geist, den wir als Jesus von Nazareth kennen, in einem reinen und leidenschaftslosen Körper geboren. Dieser Körper war der beste, der auf Erden hervorgebracht werden konnte. Die Aufgabe des Jesus in dieser Verkörperung war, für ihn zu sorgen und ihn zum höchstmöglichen Grad von Wirksamkeit zu entwickeln, ihn zu dem großen Zweck vorzubereiten, dem er dienen sollte.

Jesus von Nazareth wurde ungefähr um die Zeit geboren, die in historischen Berichten angegeben wird und nicht um 105 v.Chr., wie in einigen okkulten Werken erwähnt wird. Der Name Jesus ist im Osten gebräuchlich. Ein Eingeweihter namens Jesus lebte 105 v.Chr. Er aber empfing die ägyptische Einweihung und war nicht Jesus von Nazareth, mit dem wir uns befassen.

Die Persönlichkeit, die sich später unter dem Namen Christian Rosenkreuz verkörperte, war bereits hoch entwickelt, als Jesus von Nazareth geboren wurde. Sie ist auch heute wieder inkarniert. Ihr Zeugnis sowie die Ergebnisse von Forschungen aus erster Hand durch spätere Rosenkreuzer stimmen alle darin überein, daß die Geburt Jesu von Nazareth zu Beginn der christlichen Ära erfolgte, ungefähr zu dem Zeitpunkt, dem gewöhnlich dieses Ereignis zugeschrieben wird.

Jesus wurde durch die Essener erzogen und erreichte während der dreißig Jahre, in denen er seinen Körper gebrauchte, einen sehr hohen Stand geistiger Entwicklung.

Die Essener waren neben den im Neuen Testament erwähnten Pharisäern und Sadduzäern eine dritte in Palästina lebende Religionsgemeinschaft, ein außerordentlich frommer Orden. Sie unterschieden sich wesentlich von den materialistischen Sadduzäern und stellten das genaue Gegenteil der heuchlerischen, die Öffentlichkeit suchenden Pharisäer dar. Die Essener mieden jeden öffentlichen Auftritt und gaben die Methoden des Studiums und der Anbetung nicht preis. Darauf ist es zurückzuführen, daß beinahe nichts von ihnen bekannt ist, und sie im Neuen Testament nicht erwähnt werden.

Es ist ein kosmisches Gesetz, wonach kein Wesen, und sei es noch so erhaben, in irgendeiner Welt handeln kann, ohne einen aus der Materie dieser Welt erbauten Träger zu besitzen (siehe Diagramm 8 und 14). Deshalb war der Empfindungsleib der niederste Träger der Gruppe von

Geistwesen, die in der Sonnenperiode den menschlichen Zustand erreicht hatten.

Christus war eines dieser Geistwesen. Folglich konnte er sich nicht selbst einen Lebensleib und einen dichten physischen Körper erbauen. Er hätte an der Menschheit in einem Empfindungsleib wirken können, wie es seine jüngeren Brüder, die Erzengel, als Rassengeister taten. Jehova hatte ihnen einen Weg geöffnet, durch die eingeatmete Luft in den dichten Körper des Menschen zu gelangen. Alle Rassenreligionen waren Religionen des Gesetzes und Verursacher der Sünde durch Ungehorsam gegenüber dem Gesetz. Sie wurden von Jehova geleitet. Dessen niederster Träger ist der menschliche Geist, durch den Er in Wechselbeziehung mit der Welt der Abstrakten Gedanken steht, wo alles getrennt erscheint und daher zur Selbstsucht führt.

Das ist genau der Grund, der die Intervention des Christus notwendig machte. Unter der **Herrschaft** Jehovas ist Einheit unmöglich. Deshalb mußte Christus, der als niedersten Träger den einigenden Lebensgeist besitzt, in den dichten menschlichen Körper eintreten. Er mußte als Mensch unter Menschen erscheinen und in diesem Körper wohnen, weil die den Menschen von **außen** beeinflussende Rassenreligion nur von **innen** besiegt werden kann.

Christus konnte in keinem dichten Körper **geboren** werden, weil Er nie durch eine Evolution wie die der Erdperiode gegangen war. Folglich hätte Er zuerst die Fähigkeit erwerben müssen, einen dichten Körper, wie den unseren zu erbauen. Doch selbst wenn Er diese Fähigkeit gehabt hätte, wäre es für ein so erhabenes Wesen unangemessen gewesen, die zur Erbauung eines Körpers im vorgeburtlichen Leben, in der Kindheit und in der Jugend erforderliche Energie auszugeben um einen Körper für den Gebrauch zu genügender Reife zu bringen. Er benutzte gewöhnlich keine unserem menschlichen Geist, dem Intellekt und dem Empfindungsleib entsprechenden Träger, obwohl Er in der Sonnenperiode gelernt hatte, sie zu erbauen und die Fähigkeit behielt, in ihnen, falls wünschenswert oder erforderlich, zu wirken. Er gebrauchte all seine eigenen Träger und nahm nur den Lebensleib sowie den dichten

Körper Jesu hinzu. Als letzterer 30 Jahre alt war, trat Christus in diese Körper ein und benutzte sie bis zum Höhepunkt seiner Mission auf Golgatha. Nach der Zerstörung des dichten Körpers erschien Christus im Lebensleib unter seinen Jüngern, in dem Er einige Zeit wirkte. Der Lebensleib ist der Träger, den Er gebrauchen wird, wenn Er wieder erscheint; denn Er wird niemals mehr einen dichten Körper annehmen.

Es ist ein Vorgriff auf ein später zu behandelndes Thema, wenn bemerkt wird, daß der Zweck jeder esoterischen Erziehung ist, so am Lebensleib zu arbeiten, daß der Lebensgeist aufgebaut und belebt wird. Wenn wir uns mit der Einweihung befassen werden, wird es möglich sein, mehr detaillierte Erläuterungen zu geben. An dieser Stelle jedoch kann zu diesem Thema nicht mehr gesagt werden. Bei der Beschreibung der mit dem Leben **nach dem Tod** verbundenen Ereignisse ist dieses Thema teilweise behandelt worden. Der Schüler wird gebeten, zu beachten, daß der Mensch seinen Empfindungsleib in einem beträchtlichen Maß beherrschen sollte, bevor er sich an die Esoterik wagt. Seine esoterische Übung und die früheren Einweihungen sind der Arbeit am Lebensleib gewidmet und gipfeln im Aufbau des Lebensgeistes. Zur Zeit, als Christus in den Körper Jesu eintrat, war letzterer ein Jünger hohen Grades. Infolgedessen war sein Lebensgeist gut organisiert. Der niederste Träger, in dem Christus wirkte und der bestorganisierte der höheren Träger des Jesus waren daher identisch. Als Christus den Lebensleib und den dichten Körper Jesu übernahm, war Er dadurch mit einer vollständigen Kette von Trägern ausgestattet, welche die Kluft zwischen der Welt des Lebensgeistes und der dichten Physischen Welt überbrückten.

Die Bedeutung der Tatsache, daß Jesus durch verschiedene Einweihungen gegangen war, liegt in der Wirkung auf den Lebensleib. Der Lebensleib Jesu war bereits auf die hohen Schwingungen des Lebensgeistes abgestimmt. Der Lebensleib eines gewöhnlichen Menschen wäre sofort unter den gewaltigen Schwingungen des Großen Geistes, der in den Körper Jesu eintrat, zusammengebrochen. Selbst dieser Körper, rein und hochgestimmt wie er war, konnte diesen enormen Belastungen nicht viele Jahre standhalten. Wenn wir lesen, daß Christus sich zeitweise von seinen Jüngern zurückzog, z.B. als er später über den See wandelte, um sie zu treffen, so weiß der Esoteriker, daß er sich aus den Trägern Jesu herauszog, um ihnen unter der Pflege der Essener-Brüder Ruhe zu gönnen. Diese wußten besser als Christus, wie solche Träger zu behandeln waren.

Dieser Wechsel erfolgte im vollen und freien Einverständnis mit Jesus, der während seiner ganzen Verkörperung wußte, daß er einen Träger für Christus vorbereitete. Er unterwarf sich freudig seiner Mission, damit seine Brüder, die Menschheit, den gigantischen Impuls zu ihrer Entwicklung empfangen konnten, der durch das mystische Opfer auf Golgatha gegeben wurde.

So besaß (wie in Diagramm 14 gezeigt wird) Christus Jesus die zwölf Träger, die eine ununterbrochene Kette von der Physischen Welt bis zum wahren Thron Gottes bildeten. Deshalb ist Er das einzige Wesen im Universum, das sowohl mit Gott als auch mit dem Menschen in Verbindung steht und fähig ist, zwischen beiden zu vermitteln, weil Er persönlich und individuell alle Zustände erfahren hat und jede mit dem physischen Dasein verbundene Beschränkung kennt.

Christus steht unter allen Wesen in den sieben Welten einzig da. Er allein besitzt zwölf Träger. Niemand außer Ihm ist zu derartigem Mitleid fähig, niemand versteht die Lage und Bedürfnisse der Menschheit so vollkommen wie Er. Niemand außer Ihm ist fähig, uns völlige Abhilfe in unseren Nöten zu bringen.

Wir kennen nun die Natur Christi. Er ist der höchste Eingeweihte der Sonnenperiode. Er bediente sich des dichten Körpers und des Lebensleibes Jesu, damit Er in der Physischen Welt unmittelbar handeln und als Mensch unter Menschen erscheinen konnte. Hätte Er sich in übernatürlicher Weise geoffenbart, wäre dies in Widerspruch zum Evolutionsplan gestanden; denn gegen Ende der Atlantischen Epoche war der Menschheit die Freiheit gegeben worden, recht oder unrecht zu handeln. Damit der Mensch lerne, sich selbst zu beherrschen, durfte keinerlei Zwang ausgeübt werden. Er mußte Gut und Böse durch Erfahrung kennenlernen. Vor dieser Zeit war die Menschheit willenlos geführt worden. Von da an jedoch wurde ihr unter den verschiedenen Rassenreligionen die Freiheit gegeben, wobei jede Religion sich den Bedürfnissen der einzelnen Stämme oder Völker anpaßte.

NICHT FRIEDE SONDERN EIN SCHWERT

Alle Rassenreligionen stammen vom Heiligen Geist. Sie sind aber ungenügend, weil sie auf dem Gesetz beruhen, das sündig werden läßt und Tod, Schmerz und Kummer bringt.

Alle Rassengeister wissen das und sind sich bewußt, daß ihre Religionen nur Schritte zu etwas Besserem sind. Das zeigt sich in der Tatsache, daß alle Rassenreligionen, ohne Ausnahme, auf einen hinweisen, **der kommen soll**. Die Religion der Perser wies auf Mithras hin, die der Chaldäer auf Tammuz. Die alten nordischen Götter sahen das Nahen der „Götterdämmerung" voraus, wenn Surtr, der helle Sonnengeist sie ersetzen und auf „Gimmle", der erneuerten Erde eine neue und bessere Ordnung errichtet wird. Die Ägypter warteten auf Horus, die neugeborene Sonne. Mithras und Tammuz werden auch als Sonnenräder symbolisiert. Die Haupttempel waren so erbaut, daß die Frontansicht nach Osten zeigte, damit die Strahlen der aufgehenden Sonne durch die offenen Portale scheinen konnten. Selbst der Petersdom in Rom ist so angelegt. All diese allgemein bekannten Tatsachen weisen darauf hin, daß der Eine, Der da kommen sollte, ein Sonnengeist war, der die Menschheit von den trennenden Einflüssen befreien sollte, die notwendigerweise in allen Rassenreligionen enthalten sind.

Diese Religionen waren Stufen, welche zur Vorbereitung für die Ankunft Christi von der Menschheit erklommen werden mußten. Zuerst muß der Mensch ein „Selbst" entwickeln, bevor er wahrhaftig selbstlos werden und die höhere Stufe der Universalen Bruderschaft – Einheitlichkeit des Zieles und des Interesses – verstehen kann, für die Christus bei seinem ersten Kommen das Fundament legte und die Er bei seiner Wiederkunft zur lebendigen Wirklichkeit machen wird.

Da das Hauptprinzip der Rassenreligion Trennung ist, die Selbstsucht auf Kosten anderer Menschen und Nationen verlangt, ist klar, daß dieses Prinzip, wenn es bis zu seiner letzten Konsequenz durchgeführt wird, zwangsläufig eine zunehmend zerstörende Tendenz haben muß. Schließlich würde sogar die Evolution vereitelt, wenn ihm nicht eine mehr aufbauende Religion folgte.

Deshalb müssen die trennenden Religionen des Heiligen Geistes der einigenden Religion des Sohnes Platz machen. Sie ist die Christliche Religion.

Das Gesetz muß der Liebe weichen, und die getrennten Rassen und Nationen müssen in einer Universalen Bruderschaft mit Christus, als dem Ältesten Bruder, vereinigt werden.

Die Christliche Religion hat bis jetzt noch keine Zeit gehabt, dieses große Ziel zu erreichen. Noch befindet sich der Mensch in den Schlingen des herrschenden Rassengeistes. Die Ideale des Christentums sind für ihn noch zu hoch. Der Intellekt vermag einige Schönheiten der christlichen Religion zu erfassen und erkennt auch bereitwillig an, daß wir unsere Feinde lieben sollen. Doch die Leidenschaften unseres Empfindungsleibes sind noch zu stark. Das Gesetz des Rassengeistes heißt: „Auge um Auge", das Gefühl ist: „Ich will Vergeltung". Das Herz betet um Liebe; der Empfindungsleib hofft auf Rache. Der Intellekt erkennt **rein theoretisch** das Schöne an, seine Feinde zu lieben. In konkreten Fällen jedoch verbindet er sich mit dem Rachegefühl des Empfindungsleibes und führt als Entschuldigung für „die Vergeltung" an, daß „das gemeinschaftliche Ganze" geschützt werden müsse.

Immerhin ist es zu begrüßen, daß sich die Gesellschaft gezwungen fühlt, sich für die angewandten Vergeltungsmaßnahmen zu entschuldigen. Verbesserte Methoden und Barmherzigkeit gewinnen bei den Gerichten mehr und mehr an Boden. Das hat sich in der günstigen Aufnahme der sehr modernen Institution der Jugendgerichte gezeigt. Ein weiterer Beweis für diese Tendenz besteht darin, daß den für schuldig erklärten Häftlingen immer häufiger eine Bewährungsfrist eingeräumt wird. Auch sind die Kriegsgefangenen in den letzten Jahren mit größerer Menschlichkeit behandelt worden. Dies sind die Vorboten des Gefühls der Universalen Bruderschaft, die langsam aber sicher ihren Einfluß spüren läßt (1909).

Die Welt macht weiter Fortschritte. So war es beispielsweise für den Verfasser verhältnismäßig leicht, in den verschiedenen Städten, in denen er Vorträge hielt, Zuhörer zu gewinnen. Solange er sich darauf beschränkte, von den höheren Welten und dem Zustand **nach dem Tod** zu sprechen, widmeten die Zeitungen seinen Worten manchmal eine ganze, ja sogar die erste Seite. Es ist äußerst bemerkenswert, daß seine Artikel stets in den Papierkorb wanderten, sobald sie das Thema der Universalen Bruderschaft behandelten.

Im allgemeinen schenkt die Welt sehr ungern dem Beachtung, was sie für „zu" selbstlos hält. Es muß „etwas daran sein". Nur das wird als eine völlig natürliche Lebensführung betrachtet, was Gelegenheit bietet, den besten Nutzen aus seinen Mitmenschen zu ziehen. Kaufmännische Unternehmen werden nach diesem Grundsatz geplant und geführt. Und im Intellekt derer, die durch das Verlangen nach nutzlosem Reichtum versklavt sind, beschwört die Idee der Universalen Bruderschaft schreckliche Visionen von der Abschaffung des Kapitalismus und seiner Begleiterscheinung der Ausbeutung anderer herauf, verbunden mit der Zerstörung von „Geschäftsinteressen". Das Wort „versklavt", beschreibt genau diesen Zustand. Nach der Bibel sollte der Mensch über die Welt herrschen. Doch in den meisten Fällen ist es umgekehrt, die Welt hat die Herrschaft über den Menschen. Jeder Mensch, der an Eigentum interessiert ist, wird vernünftigerweise zugeben, daß es eine nie versiegende Quelle von Unannehmlichkeiten für ihn ist, ständig zu planen, um seinen Besitz zu erhalten, oder sich zumindest durch „raffiniertes Geschäftsgebaren" davor zu bewahren, seinen Besitz zu verlieren; denn er weiß, daß andere ebenso unablässig darauf bedacht sind, ihr ersehntes Ziel zu erreichen. Der Mensch ist der Sklave von dem, was er mit unbewußter Ironie „seinen Besitz" nennt, der jedoch in Wirklichkeit ihn besitzt. Mit Recht sagt der Weise von Concord: „Die **Dinge** sitzen im Sattel und reiten die Menschheit".

Diese Lage der Dinge ist die Folge der Rassenreligionen mit ihrem Gesetzessystem. Deshalb schauen sie alle nach „Einem aus, Der da kommen soll". Die christliche Religion **ALLEIN** blickt nicht nach Einem aus, Der kommen soll, sondern nach Einem, Der **wieder**kommen soll. Die Zeit dieses zweiten Kommens hängt davon ab, wann sich die Kirche vom Staat befreien kann. Die Kirche, besonders in Europa, ist an den Staatswagen gebunden (1909). Die Priester sind durch wirtschaftliche Überlegungen behindert und wagen es nicht, die Wahrheiten zu verkünden, die ihre Studien ihnen offenbart haben.

Ein Besucher in Kopenhagen (Dänemark) war kürzlich Zeuge einer Konfirmationsfeier (1909). Die Kirche steht dort unter Aufsicht des Staates. Alle Priester werden durch die Regierung ernannt. Die Gemeindemitglieder haben in dieser Angelegenheit kein Stimmrecht. Es steht ihnen frei, die Kirchen zu besuchen oder nicht. Doch die Kirchensteuer müssen sie zur Unterstützung der Institution bezahlen.

Außerdem wird der Gottesdienst mit Staatshilfe abgehalten. Der Pastor der betreffenden Kirche war noch mit verschiedenen, vom König verliehenen Orden dekoriert. Deren glitzernde Sterne legten ein stilles, aber beredtes Zeugnis für das Ausmaß seiner Abhängigkeit vom Staat ab. Während der Zeremonie betete er für den König und die Gesetzgeber, daß sie das Land weise regieren mögen. Solange Könige und Gesetzgeber bestehen, erscheint dieses Gebet für sie wirklich angebracht. Es war aber schockierend zu hören, als der Pastor hinzufügte: „ ....und Allmächtiger Gott beschütze und stärke unsere Armee und Marine".

Ein solches Gebet zeigt deutlich, daß der angebetete Gott der Stammes- oder Nationalgott, der Rassengeist ist; denn die letzte Tat des gütigen Christus Jesus war, das Schwert des Freundes zurückzuhalten, der ihn damit beschützen wollte. Wenn Er sagte, daß Er nicht gekommen sei, Frieden zu bringen, sondern ein Schwert, so geschah dies, weil Er Meere von Blut voraussah, das durch die kriegführenden „Christlichen" Nationen im Mißverstehen Seiner Lehren vergossen würde, und weil hohe Ideale von der Menschheit nicht sofort erreicht werden können. Der Massenmord des Krieges und ähnliche Abscheulichkeiten sind hart, aber machtvolle Beispiele für das, wovon uns die Liebe befreien möchte.

Es besteht anscheinend ein offener Widerspruch zwischen den Worten Christi Jesu: „Ich bin nicht gekommen, um Frieden zu bringen, sondern ein Schwert" und dem himmlischen Gesang, der die Geburt Jesu mit den Worten ankündigte: „Friede auf Erden und den Menschen ein Wohlgefallen". Dieser Widerspruch ist jedoch nur scheinbar.

Es liegt ebenso ein scheinbarer Widerspruch in den Worten und dem Handeln einer Frau, wenn sie sagt: „Jetzt werde ich aufräumen und saubermachen", und dann beginnt, Teppiche wegzunehmen, Stühle aufeinanderzustellen und ein allgemeines Durcheinander in ein vorher ordentliches Haus zu bringen. Jemand, der nur diesen Aspekt der Angelegenheit betrachtet, würde mit Recht sagen, sie „macht alles nur schlimmer", anstatt besser. Wenn er aber den Sinn ihrer Arbeit begreift, wird er die Nützlichkeit der zeitweiligen Unordnung verstehen. Schließlich wird ihr Haus nach dem vorübergehenden Durcheinander besser geordnet sein.

Dementsprechend sollten wir bedenken, daß die Zeit, die seit dem Erscheinen des Christus Jesus vergangen ist, im Vergleich mit der Dauer eines Manifestationstages nicht viel mehr als ein Augenblick ist. Wir müssen, wie Whitman es getan hat, „die Fülle der Zeit erkennen" und über die vergangenen und gegenwärtigen Grausamkeiten und Eifersüchteleien der streitenden Sekten hinaus auf das leuchtende Zeitalter der Universalen Bruderschaft schauen. Sie wird den nächsten großen Schritt der Menschheitsentwicklung auf ihrer langen und wunderbaren Reise vom Erdklumpen zu Gott, vom Protoplasma zur bewußten Einheit mit dem Vater kennzeichnen:diesem

> einen weit entfernten göttlichen Ereignis,
> zu dem sich hin bewegt die ganze Schöpfung.

Es wäre noch hinzuzufügen, daß der oben erwähnte Pastor die Konfirmanden während ihrer feierlichen Aufnahme in die Kirche lehrte, daß Jesus der sterbliche, menschliche Teil und Christus der göttliche, unsterbliche Geist des zusammengesetzten Wesens Jesu Christi, war. Wahrscheinlich hätte er diese Aussage in einer Diskussion nicht aufrechterhalten können. Dennoch sprach er damit eine okkulte Wahrheit aus.

DER STERN VON BETHLEHEM

Den vereinigenden Einfluß des Christus symbolisiert die schöne Legende von der Anbetung der drei Magier oder „der Weisen aus dem Morgenland", die von General Lew Wallace so geschickt in seine bezaubernde Geschichte „Ben Hur" eingeflochten wurde.

CHRISTUS UND SEINE MISSION

Die drei Weisen – Kaspar, Melchior und Balthasar – stellen die Repräsentanten der weißen, gelben und schwarzen Rassen dar. Sie symbolisieren die Völker von Europa, Asien und Afrika, die alle durch den Stern zum Welterlöser geführt werden, vor dem sich schließlich „jedes Knie beugen" und „den jede Zunge bekennen wird". Er wird alle zerstreuten Völker unter dem Banner des Friedens und guten Willens vereinigen und die Menschen veranlassen, aus ihren Schwertern Pflugscharen und aus ihren Lanzen Sicheln zu schmieden.

Der Stern von Bethlehem soll zur Zeit der Geburt Jesu erschienen sein und die drei Weisen zum Erlöser geführt haben.

Über die Natur dieses Sterns ist viel spekuliert worden. Die meisten materialistischen Wissenschaftler erklären ihn für einen Mythos. Andere meinen, wenn er mehr als ein Mythos wäre, so könnte es ein „zufälliges Zusammentreffen", die Kollision von zwei erloschenen Sonnen gewesen sein, die eine Feuersbrunst verursacht haben könnten. Doch jeder Mystiker kennt den „Stern", ja, auch das „Kreuz", nicht nur als Symbole, die mit dem Leben Jesu und des Christus-Jesus verbunden sind, sondern aus seiner eigenen Erfahrung. Paulus sagt: „Wenn Christus in euch ist", und der Mystiker Angelus Silesius wiederholt seine Worte:

> Und wäre Christus tausendmal in Bethlehem geboren
> Und nicht in dir, ging deine Seele dennoch dir verloren,
> Zum Kreuz auf Golgatha schaust du vergeblich hin,
> Hast du es nicht errichtet in deinem eig'nen Sinn.

Richard Wagner zeigt die intuitive Erkenntnis des Künstlers, wenn auf die Frage Parsifals „wer ist der Gral?", Gurnemanz antwortet:

> Das sagt sich nicht;
> Doch bist du selbst zu ihm erkoren,
> Bleibt dir die Kunde unverloren.
> Und sieh! – Mich dünkt, daß ich dich recht erkannt:
> Kein Weg führt zu ihm durch das Land,
> Und niemand könnte ihn beschreiben,
> Den er nicht selber möcht geleiten.

Nach dem „Alten Testament" war der Weg zur Einweihung nicht frei. Er war es nur für wenige Auserwählte. Einige mochten den Pfad suchen. Aber nur jene, die durch die Hierophanten zum Tempel geleitet wurden, fanden Eintritt. Vor der Ankunft Christi gab es keine allumfassende Einladung: „Kommt her zu mir alle.... ."

In dem Augenblick jedoch, als das Blut auf Golgatha floß, „zerriß der Vorhang im Tempel" (aus Gründen, die sogleich erklärt werden). Wer auch immer den Zutritt seit dieser Zeit sucht, wird ihn sicherlich finden.

In den Mysterientempeln lehrte der Hierophant seine Schüler, daß in der Sonne sowohl eine geistige als auch eine physische Kraft ist. Die physische Kraft in den Sonnenstrahlen ist das befruchtende Prinzip in der Natur. Sie ruft das Wachstum in der Pflanzenwelt hervor und ernährt dadurch das Tierreich und die Menschheit. Sie ist die aufbauende Energie, die Quelle aller physischen Kraft.

Diese physische Sonnenenergie erreicht ihren höchsten Ausdruck in der Mitte des Sommers, um die Sonnenwende, wenn die Tage am längsten und die Nächte am kürzesten sind. Denn dann fallen die Sonnenstrahlen direkt auf die nördliche Halbkugel. Zu dieser Zeit sind die geistigen Kräfte am untätigsten

Andererseits ruht die physische Kraft der Sonnenstrahlen im Dezember, während der langen Winternächte, und die geistigen Kräfte erreichen ihren Höhepunkt an Aktivität.

Die Nacht zwischen dem 24. und 25. Dezember ist die „Heilige Nacht" des ganzen Jahres schlechthin. Das Himmelszeichen der unbefleckten himmlischen Jungfrau steht nahe Mitternacht über dem östlichen Horizont. Die Sonne des neuen Jahres wird dann geboren und beginnt ihre Reise vom südlichsten Punkt zur nördlichen Hemisphäre, um diesen Teil der Menschheit (physisch) vor Dunkelheit und Hungersnot zu bewahren, die unweigerlich eintreten würde, wenn die Sonne immer südlich vom Äquator bliebe.

Für die Völker der nördlichen Hemisphäre, auf der alle unsere gegenwärtigen Religionen entstanden, ist die Sonne um Mitternacht des 24. Dezember direkt unter der Erde; dann sind die geistigen Einflüsse im Norden am stärksten.

Daraus ist erklärlich, daß es zu dieser Zeit für diejenigen, die wünschten, den endgültigen Schritt zur Einweihung zu machen, selbstverständlich am leichtesten ist, in bewußte Berührung mit der geistigen Sonne zu kommen, besonders beim ersten Mal.

Daher wurden die Schüler, die zur Einweihung bereit waren, von den Hierophanten der Mysterien in Obhut genommen. Durch Tempelzeremonien wurden sie in einen Zustand der Erhebung versetzt, in welchem sie die körperlichen Zustände überschritten. In ihrer geistigen Vision wurde die feste Erde durchsichtig, und sie sahen die Sonne zur Mitternacht - „Den Stern" -. Es war nicht die physische Sonne, die sie mit geistigen Augen sahen, sondern den Geist in der Sonne - Den Christus - ihren geistigen Erlöser, so wie die physische Sonne ihr physischer Retter war.

Dies ist der Stern, der in der Heiligen Nacht schien und dem Mystiker immer noch in der Dunkelheit der Nacht leuchtet. Wenn sich Lärm und Wirrnis der physischen Aktivität gelegt haben, tritt der Mystiker in seine Kammer und sucht den Weg zum Friedenskönig. Der leuchtende Stern ist immer da, um ihn zu führen, und seine Seele hört den prophetischen Gesang: „Friede auf Erden und den Menschen ein Wohlgefallen".

Friede und Wohlgefallen für alle ohne Ausnahme! Da ist kein Platz mehr für einen einzigen Feind oder Ausgestoßenen. Verwundert es, daß die Menschheit zu einem solch hohen Ideal nur schwer zu erziehen ist? Gibt es, im Vergleich zum gegenwärtigen Kriegszustand, zur Selbstsucht und zum Haß einen besseren Weg, die Schönheit und Notwendigkeit von Frieden, Wohlgefallen und Liebe aufzuzeigen?

Je stärker das Licht ist, um so tiefere Schatten wirft es. Je höher unsere Ideale sind, desto deutlicher erkennen wir unsere Unzulänglichkeiten.

Leider ist die Menschheit auf ihrer gegenwärtigen Entwicklungsstufe nur durch härteste Erfahrungen zu lernen bereit. Als eine Rasse muß sie absolut eigennützig werden, damit sie die bitteren Schmerzen kennenlernt, die durch die Selbstsucht der anderen hervorgerufen werden, so wie man Krankheit erfahren muß, um für die Gesundheit äußerst dankbar zu sein.

Die Religion, die zu **Unrecht** Christentum genannt wird, ist daher die blutigste der bekannten Religionen geworden, den Mohammedanismus nicht ausgenommen, der in dieser Hinsicht unserem schlecht ausgeübten Christentum ein wenig ähnelt. Auf dem Schlachtfeld und durch die Inquisition sind im Namen des edlen Nazareners unzählige und unbeschreibliche Greueltaten verübt worden. Das Schwert und der Weinbecher, die Umkehrungen von Kreuz und Abendmahlskelch waren die Mittel, durch welche die Mächtigeren der sogenannten christlichen Nationen die Vorherrschaft über heidnische Völker und sogar über schwächere Völker erlangten, die sich zum selben Glauben wie ihre Eroberer bekannten. Das flüchtigste Studium der Geschichte der griechisch-lateinischen, germanischen und angelsächsischen Rassen wird dies bestätigen.

Als der Mensch unter dem **vollständigen** Einfluß der Rassenreligionen stand, war jedes Volk ein geschlossenes Ganzes. Persönliche Interessen wurden denen der Gemeinschaft bereitwillig untergeordnet. Alle standen „unter dem Gesetz". Alle waren in erster Linie Angehörige ihrer betreffenden Stämme, in zweiter Linie Individuen.

Gegenwärtig besteht die Tendenz zum anderen Extrem, das „Selbst" über alles andere zu erheben. Das Ergebnis zeigt sich offensichtlich in den nach Lösung verlangenden ökonomischen und industriellen Problemen, denen jede Nation gegenübersteht.

Der Entwicklungszustand, in dem sich jeder Mensch als völlig getrennte Einheit, als Ego fühlt und allein seinen eigenen Weg verfolgt, ist eine notwendige Phase. Zuerst muß die Einheit der Nation, des Stammes und der Familie zerfallen, ehe die universale Bruderschaft Wirklichkeit werden kann. Das **System** des Paternalismus ist weitgehend durch die Herrschaft des Individualismus abgelöst worden. Deren Übel lernen wir mit dem Fortschreiten unserer Zivilisation immer besser kennen. Unsere planlose Methode der Verteilung der Produktionsgüter, die Habgier einzelner und die Ausbeutung der Massen, diese sozialen Vergehen laufen auf Unterversorgung, Wirtschaftskrisen und Arbeitsstörungen hinaus. Sie zerstören den inneren Frieden. Der industrielle Krieg unserer Tage ist gewaltiger, weitreichender und vernichtender als die militärischen Kriege der Völker.

DAS HERZ ALS EINE ANOMALIE

Eine Lektion, auch wenn ihre Wahrheit oberflächlich anerkannt worden sein mag, kann als aktives Lebensprinzip erst dann von wirklichem Wert sein, wenn das Herz sie in Sehnsucht und Bitterkeit erfaßt hat. Daraus ist die Lehre zu ziehen, daß nie einem einzelnen etwas wahrhaftig nützlich sein kann, was nicht allen zum Segen gereicht. Nahezu zweitausend Jahre lang haben wir mit Worten leichtfertig zugestimmt, unsere Leben in Einklang mit solchen Grundsätzen wie „Böses mit Gutem zu vergelten", zu führen. Das Herz verlangt nach Barmherzigkeit und Liebe, der Verstand aber drängt zu Streit und Vergeltungsmaßnahmen, wenn nicht aus Rache, so doch zumindest als Mittel, eine Wiederholung von Feindseligkeiten zu verhindern. Dieser Zwiespalt zwischen Herz und Kopf hemmt das Wachstum eines echten Gefühls für Universale Bruderschaft und behindert die Annahme der Lehren Christi, des Herrn der Liebe.

Der Intellekt ist der Brennpunkt, durch den das Ego sich der materiellen Welt bewußt wird. Als ein Instrument zum Erwerb von Kenntnissen in diesen Reichen ist der Intellekt unschätzbar. Maßt er sich jedoch die Rolle eines Diktators in bezug auf das Verhalten von Mensch zu Mensch an, so ist es, als sage eine Linse zum Astronomen, der eben im Begriffe ist, die Sonne durch ein Teleskop zu fotografieren: „Sie haben mich nicht exakt eingestellt. Sie sehen nicht genau auf die Sonne. Ich meine, daß es überhaupt nicht gut ist, die Sonne zu fotografieren. Ich möchte, daß sie mich auf den Jupiter einstellen. Die Sonnenstrahlen erhitzen mich zu sehr und könnten mir leicht Schaden zufügen".

Wenn der Astronom seinen Willen ausübt, das Teleskop wunschgemäß einstellt und ihm, seiner Aufgabe entsprechend befiehlt, die auftreffenden Lichtstrahlen zu übertragen und ihm die Resultate zukommen zu lassen, wird die Arbeit gut gelingen. Hätte jedoch die Linse den stärkeren Willen, und würde sich der Mechanismus des Teleskops mit ihr verbinden, wäre der Astronom stark behindert. Er hätte mit einem widerspenstigen Instrument zu kämpfen und bekäme undeutliche Bilder von geringem oder keinem Wert.

So ist es auch mit dem Ego. Es arbeitet mit einem dreifachen Körper, den es durch den Intellekt beherrscht oder beherrschen sollte. Leider muß jedoch gesagt werden, daß dieser Körper einen eigenen Willen besitzt und oft Hilfe und Beistand vom Intellekt erhält, wodurch die Absichten des Egos vereitelt werden.

Dieser widerstreitende „niedere Wille" ist ein Ausdruck des höheren Teils des Empfindungsleibes. Als am Anfang der Lemurischen Epoche die Trennung von Sonne, Mond und Erde stattfand, machte der fortgeschrittenere Teil der werdenden Menschheit eine Trennung des Empfindungsleibes in einen höheren und einen niederen Teil durch. Das gleiche geschah mit dem Rest der Menschheit im frühen Abschnitt der Atlantischen Epoche.

Dieser höhere Teil des Empfindungsleibes wurde zu einer Art Tierseele. Er erbaute das zerebrospinale Nervensystem und die willkürlichen Muskeln und beherrschte dadurch solange den niederen Teil des dreifachen Körpers, bis ihm der Intellekt als Bindeglied gegeben wurde. Dann „vereinigte“ sich der Intellekt mit dieser Tierseele und wurde zu einem Mitregenten.

So ist der Intellekt an die Begierde gebunden. Er ist in die selbstsüchtige, niedere Natur verstrickt. Das macht es dem Geist schwer, den Körper zu beherrschen. Der als Brennpunkt wirkende Intellekt, welcher der Verbündete der höheren Natur sein sollte, ist ihr durch die niedere Natur entfremdet und im Bund mit dieser durch die Begierde zum Sklaven gemacht.

Das Gesetz der Rassenreligionen wurde gegeben, um den Intellekt von der Begierde zu befreien. Die „Gottesfurcht“ wurde den „Begierden des Fleisches“ entgegengestellt. Das genügte aber immer noch nicht, um die Herrschaft über den Körper zu erlangen und sich seine bereitwillige Mitarbeit zu sichern. Der Geist benötigte im Körper einen anderen Stützpunkt, der nicht unter der Herrschaft der Begierdennatur stand. Alle Muskeln sind Ausdruck des Empfindungsleibes. Sie sind eine gerade Straße zu der Stelle, an welcher der verräterische Intellekt mit der Begierde verbunden ist und unangefochten herrscht.

Wenn die Vereinigten Staaten mit Frankreich Krieg führten, so würden sie ihre Truppen nicht in England landen lassen und hoffen, auf diese Weise die Franzosen zu unterwerfen. Sie würden ihre Soldaten zum Kämpfen unmittelbar nach Frankreich entsenden.

Wie ein weiser General folgte das Ego einem ähnlichen Aktionsplan. Es begann seinen Feldzug nicht, indem es seine Herrschaft auf eine der Drüsen ausübte; denn diese sind Ausdruck des Lebensleibes. Auch war es nicht möglich, die Gewalt über die willkürlichen Muskeln zu erlangen, denn diese sind durch den Feind zu gut garnisoniert. Der Teil des unwillkürlichen Muskelsystems, der durch das ganze sympathische Nervensystem beherrscht wird, wäre für den Zweck ebenfalls nutzlos. Es mußte in eine unmittelbarere Berührung mit dem zerebrospinalen (Gehirn- Rückenmark-) Nervensystem kommen. Um dieses zu erreichen und sich eine Operationsbasis im Feindesland zu sichern, mußte es einen Muskel beherrschen, der unwillkürlich ist und dennoch mit dem willkürlichen Nervensystem in Verbindung steht. Ein solcher Muskel ist das Herz.

Wir haben bereits früher von den zwei Arten von Muskeln gesprochen, den willkürlichen und den unwillkürlichen. Die letzteren sind längs gestreift. Sie sind mit Funktionen verbunden, die nicht unter der Herrschaft des Willens stehen, wie die der Verdauung, der Atmung, der Ausscheidung usw. Die willkürlichen Muskeln, wie die von Händen und Armen, werden vom Willen durch das willkürliche Nervensystem beherrscht. Sie sind **sowohl** längs- als auch quergestreift.

Dies gilt von allen Muskeln des Körpers mit **Ausnahme des Herzens**, das ein unwillkürlicher Muskel ist. Gewöhnlich haben wir keinen Einfluß auf die Zirkulation des Blutes. Unter normalen Bedingungen ist der Herzschlag gleichbleibend. Und doch ist das Herz zum Erstaunen der Physiologen ein quergestreifter, ein willkürlicher Muskel. Es ist das einzige Organ des Körpers, das diese Eigentümlichkeit aufweist, doch gleich der Sphinx verweigert es dem Naturwissenschaftler die Lösung des Rätsels.

Der okkulte Wissenschaftler findet die Antwort leicht im Gedächtnis der Natur. Aus dieser Aufzeichnung erfährt er, daß das Ego, als es zunächst einen Stützpunkt im Herzen suchte, dieses wie jeder andere unwillkürliche Muskel nur längs gestreift war. Als aber das Ego mehr und mehr Kontrolle über das Herz gewann, haben sich allmählich die Querstreifen entwickelt. Sie sind nicht so zahlreich und treten nicht so deutlich hervor wie die der Muskeln, die unter der vollen Herrschaft des Empfindungsleibes stehen. Doch wie die altruistischen Prinzipien der Liebe und Bruderschaft an Stärke zunehmen und nach und nach die Oberhand über die Vernunft gewinnen, die in der Begierde begründet ist, werden diese Querstreifen zahlreicher und sich deutlicher ausprägen.

Wie bereits früher erwähnt, befindet sich das Keimatom des dichten Körpers während des Lebens im Herzen. Erst beim Tod wird es herausgezogen. Das Ego wirkt aktiv im Blut. Das Herz ist, mit Ausnahme der Lunge, das einzige Organ des Körpers, durch das bei jedem Kreislauf das gesamte Blut strömt.

Das Blut ist der höchste Ausdruck des Lebensleibes; denn es ernährt den gesamten physischen Organismus. Es ist in gewissem Sinne auch der Träger des unterbewußten Gedächtnisses. Es steht in Verbindung mit dem in der höchsten Abteilung der Ätherregion befindlichen Gedächtnis der Natur. Das Blut trägt die Lebensbilder der Vorfahren durch Generationen hindurch zu den Nachkommen, die gemeinsames, durch Inzucht hervorgebrachtes Blut besitzen.

Im Kopf befinden sich drei Punkte. Jeder von ihnen ist der gesonderte Sitz eines der drei Aspekte des Geistes (siehe Diagramm 17). Der zweite und dritte Aspekt haben außerdem noch eine sekundäre, günstige Stellung.

Der Empfindungsleib ist der umgekehrte Ausdruck des Egos. Er verwandelt die „Selbstheit" des Geistes in „Selbstsucht". Selbstheit sucht nicht sich selbst auf Kosten anderer. Selbstsucht sucht den Vorteil ohne Rücksicht auf andere. Der Sitz des menschlichen Geistes befindet sich in erster Linie in der Zirbeldrüse, in zweiter Linie im Gehirn und im zerebrospinalen Nervensystem, das die willkürlichen Muskeln beherrscht.

Die Liebe und die Einheit in der Welt des Lebensgeistes finden ihr nur in der Illusion bestehendes Pendant in der Ätherregion, mit der wir durch den Lebensleib, der die geschlechtliche Liebe und geschlechtliche Vereinigung fördert, in Wechselbeziehung stehen. Der Lebensgeist hat seinen Sitz primär in der Hirnanhangdrüse und sekundär im Herzen, dem Tor für das Blut, das die Muskeln ernährt.

Der nichtaktive Göttliche Geist - der Stille Wächter - findet seinen physischen Ausdruck im passiven, schwerfälligen und reaktionslosen Skelett des dichten Körpers, dem gehorsamen Instrument der anderen Körper. Er hat jedoch keine Macht, aus sich selbst heraus zu handeln.

Der Göttliche Geist hat seinen Stützpunkt im undurchdringlichen Punkt an der Nasenwurzel.

In Wirklichkeit gibt es nur einen Geist, das Ego. Betrachtet man es aber von der Physischen Welt aus, zerteilt es sich in drei Aspekte, die, wie erklärt, wirken.

Während das Blut, im ständigen Kreislauf, Stunde um Stunde, das ganze Leben lang, durch das Herz pulsiert, graviert es die Bilder, die es mit sich trägt, solange sie noch frisch sind, in die Keimatome ein. Es vermittelt so einen wahrheitsgetreuen Bericht des Lebens, welcher der Seele im Zustand nach dem Tod unauslöschlich eingeprägt ist. Das Blut befindet sich ständig in engster Berührung mit dem Lebensgeist, dem Geist der Liebe und der Einheit. Deshalb ist das Herz die Heimat der altruistischen Liebe.

Da sich diese Bilder nach innen, zur Welt des Lebensgeistes bewegen, in der sich das wahre Gedächtnis der Natur befindet, durchlaufen sie nicht die langsamen physischen Sinne, sondern kommen direkt durch den vierten Äther herein, der in der von uns eingeatmeten Luft enthalten ist. In der Welt des Lebensgeistes sieht der Lebensgeist viel klarer, als ihm dies in den dichteren Welten möglich ist. In seiner hohen Heimat ist er mit der kosmischen Weisheit in Berührung. Er weiß in jeder Lage sofort, was zu tun ist. Die Botschaft der Belehrung und des rechten Handelns gibt er blitzschnell an das Herz durch, das sie als „erste Eindrücke" unverzüglich über den pneumogastrischen Nerv an das Gehirn weiterleitet. Dieser intuitive Impuls ist immer gut, weil er direkt dem Quell der kosmischen Weisheit und Liebe entströmt.

Dies geschieht so schnell, damit das Herz die Kontrolle behält, bevor der langsamere Verstand Zeit hat, die „Situation zu erfassen". Es ist wahr, daß der Mensch „so ist" wie er „in seinem Herzen denkt". Der Mensch ist dem Wesen nach ein jungfräulicher Geist, gut, edel und wahr in jeder Hinsicht. Alles, was nicht gut ist, kommt von der niederen Natur, dieser illusorischen Spiegelung des Egos. Der jungfräuliche Geist gibt uns immer weisen Rat. Wenn wir nur dem Impuls des Herzens - dem ersten Gedanken - folgten, so wäre die Universale Bruderschaft bereits hier und jetzt verwirklicht.

Das ist aber genau der Punkt, an dem die Schwierigkeit beginnt. Nach dem guten Rat des ersten Gedankens, fängt der Verstand an zu überlegen, mit dem Ergebnis, daß er in den meisten Fällen über das Herz herrscht. Es ist wie bei einem Teleskop, das seinen eigenen Brennpunkt nach Belieben einstellt, unter Mißachtung des Astronomen. Der Intellekt und der Empfindungsleib vereiteln die Absichten des Geistes, indem sie die Herrschaft an sich reißen. Und da ihnen die Weisheit des Geistes fehlt, leiden beide, Geist und Körper.

Die Physiologen haben festgestellt, daß gewissen Bereichen des Gehirns besondere Denktätigkeiten zugewiesen werden. Die Phrenologen haben diesen Wissenszweig noch weiter entwickelt. Nun ist bekannt, daß das Denken Nervengewebe abbaut und es zerstört. Dieses und alle anderen Körperausscheidungen werden durch das Blut ersetzt. Durch die Entwicklung des Herzens zu einem willkürlichen Muskel wird die Blutzirkulation schließlich unter die absolute Herrschaft des einigenden Lebensgeistes - des Geistes der Liebe – gelangen. Dann wird es in der Macht dieses Geistes liegen, das Blut von den Gehirnpartien mit selbstsüchtigen Zielen fernzuhalten. Die Folge wird ein allmähliches Verkümmern jener besonderen Denkzentren sein.

Andererseits wird es dem Geist möglich werden, den Blutzufluß zu verstärken, wenn die mentalen Aktivitäten altruistisch geworden sind. So werden die Bereiche aufgebaut, die sich dem Altruismus widmen. Dadurch wird mit der Zeit die Begierdennatur besiegt und der Intellekt durch Liebe von seiner Begierdenknechtschaft befreit. Nur die vollständige Befreiung durch die Liebe, kann den Menschen über das Gesetz erheben; er wird so zu seinem eigenen Gesetz. Hat er sich selbst besiegt, wird er die ganze Welt besiegen.

Die Querstreifen des Herzens können sich durch bestimmte Übungen unter okkulter Schulung bilden. Da jedoch einige dieser Übungen gefährlich sind, sollten sie nur unter der Aufsicht eines kompetenten Lehrers durchgeführt werden. Damit kein Leser dieses Buches durch Betrüger getäuscht werde, die sich für fähig und bereit erklären, Aspiranten in diesen Übungen gegen Entgelt zu unterrichten, wird eindringlich wiederholt, daß **kein wahrer Okkultist sich jemals rühmt, ein solcher zu sein oder für seine okkulten Fähigkeiten wirbt. Auch verkauft er nicht okkulte Information oder Lektionen zu einer bestimmten Beratungs- oder Kursgebühr; noch gibt er sich zu theatralischer Zurschaustellung her. Seine Arbeit wird in einer Weise verrichtet, die so unauffällig wie möglich ist. Er führt sie einzig und allein zu dem Zweck aus, anderen zu helfen, ohne dabei an sich selbst zu denken.**

Wie am Anfang dieses Kapitels erwähnt wurde, dürfen alle Menschen, die den ernsthaften Wunsch nach höherem Wissen haben, sicher sein, daß sie, wenn sie nur suchen, den Weg für sich offen finden werden. Christus selbst bereitete den Weg „für alle, die guten Willens sind". Er wird allen wahrhaft Suchenden, die für die Universale Bruderschaft wirken wollen, helfen und sie herzlich aufnehmen.

DAS MYSTERIUM VON GOLGATHA

Während der letzten zweitausend Jahre ist viel über „das reinigende Blut" gesprochen worden. Das Blut Christi ist als unübertreffliches Heilmittel für Sünden, als einziges Mittel für Sühne und Erlösung, von der Kanzel gepriesen worden.

Wenn die Gesetze der Wiedergeburt sowie der Ursache und Wirkung in solcher Weise arbeiten, daß die sich entwickelnden Wesen das ernten, was sie gesät haben, wenn der Evolutionsimpuls die Menschheit immer höher und höher, schließlich zur Vollkommenheit führt - wozu bedarf es dann der Sühne und Erlösung? Und selbst, wenn diese Notwendigkeit bestünde, wie kann der Tod eines einzelnen Individuums allen anderen helfen? Wäre es nicht edler, die Folgen seiner Tat zu tragen, als sich hinter einem anderen zu verbergen? Das sind einige der

Einwände gegen die Lehre vom stellvertretenden Sühneopfer und von der Erlösung durch das Blut des Christus Jesus. Wir wollen versuchen, sie zu beantworten, bevor wir die logische Übereinstimmung zwischen der Wirkungsweise des Gesetzes von Ursache und Wirkung und dem Sühneopfer durch Christus behandeln.

Es entspricht vor allem vollkommen der Wahrheit, daß der Evolutionsimpuls zur Erlangung höchster Vollkommenheit für alle tätig ist. Dennoch gibt es einige, die stets zurückbleiben. Wir haben gegenwärtig gerade den äußersten Punkt des Materialismus durchschritten und gehen durch die sechzehn Rassen. Wir betreten „die sechzehn Pfade der Vernichtung“ und sind infolgedessen in ernsterer Gefahr zurückzubleiben, als an irgendeinem anderen Punkt der Evolutionsreise.

Im Abstrakten bedeutet die Zeit nichts. Eine Anzahl von Wesen kann so weit zurückbleiben, daß sie aufgegeben werden müssen. Sie nehmen ihre weitere Entwicklung in einem anderen Evolutionsplan wieder auf. In ihm können sie ihre Wanderschaft bis zur Vollkommenheit fortsetzen. Und dennoch war das nicht die für sie ursprünglich bestimmte Entwicklung. Es ist vernunftgemäß anzunehmen, daß die erhabenen, für unsere Entwicklung verantwortlichen Intelligenzen jedes Mittel anwenden, um soviel wie möglich der unter ihrer Obhut stehenden Wesen in Sicherheit zu bringen.

In der gewöhnlichen Evolution genügen die Gesetze der Wiedergeburt sowie der Ursache und Wirkung vollkommen, um den größeren Teil der Lebenswoge der Vollendung zuzuführen. Doch für die Nachzügler, die in den verschiedenen Rassen zurückbleiben, sind diese Gesetze nicht ausreichend. Während des Stadiums des Individualismus, der den Höhepunkt der Illusion des Getrenntseins darstellt, benötigte die gesamte Menschheit einen besonderen Beistand. Für die Nachzügler jedoch mußte eine zusätzliche, spezielle Hilfe zur Verfügung gestellt werden.

Es war Christi Mission, diese besondere Hilfe den Nachzüglern zu ihrer Erlösung zu gewähren. Er sagte, daß Er gekommen sei, die Verlorenen zu suchen und zu retten. Er öffnete allen den Weg der Einweihung, die willens sind, ihn zu suchen.

Gegner des stellvertretenden Sühneopfers wenden ein: es sei feige, sich hinter einem anderen zu verbergen. Jeder Mensch müsse die Folgen seiner Taten tragen.

Betrachten wir einen analogen Fall. Die Wasser der großen amerikanischen Seen sammeln sich im Niagara-River. In einer Länge von etwa zweiunddreißig Kilometern fließt diese gewaltige Wassermenge mit großer Geschwindigkeit dem Niagarafall zu. Das Flußbett ist voller Felsen. Würde ein Mensch einen bestimmten Punkt überschreiten und sein Leben nicht schon in den Stromschnellen oberhalb des Katarakts verlieren, so büßte er es bestimmt durch einen Sturz über dessen Rand ein.

Angenommen, es erschiene ein Mensch, der aus Mitleid mit den Opfern des Stromes ein Seil über den Katarakt spannte. Obwohl er weiß, daß er durch diese Tat dem sicheren Tod entgegengeht, gibt er sein Leben freudig und aus eigenem freien Willen hin. Dadurch werden die vorherigen Bedingungen geändert, so daß andere, hilflose Opfer, die das Seil ergreifen, gerettet werden würden; es müßte niemand mehr verlorengehen.

Was würden wir von einem Menschen halten, der durch seine eigene Unachtsamkeit ins Wasser fiele, und während seines Kampfes, das Ufer zu erreichen sagen würde: „Was! Ich soll mich retten und versuchen, der Strafe für meine Sorglosigkeit dadurch zu entgehen, daß ich durch die Kraft eines anderen gerettet werde, der nicht durch eigene Schuld sein Leben für mich hingibt? Nein, niemals! Das wäre nicht „mannhaft". Ich will tragen, was ich verdiene." Wäre das nicht töricht?

Nicht alle bedürfen der Erlösung. Christus wußte wohl, daß viele auf diese Weise keine Erlösung nötig haben. Aber so sicher wie es neunundneunzig geben mag, welche die Gesetze der Wiedergeburt sowie der Ursache und Wirkung wohl beachten und auf diese Weise zur Vollkommenheit gelangen, so gibt es auch „Sünder", die in der Materie versanken und nicht ohne Seil entkommen können. Christus kam, um sie zu erlösen und allen Frieden und Wohlgefallen zu bringen, indem Er sie zur erforderlichen Höhe von Geistigkeit emporhebt, eine Änderung in ihren Empfindungskörpern hervorruft, die den Einfluß des Lebensgeistes im Herzen stärker werden lassen.

Seine jüngeren Brüder, die Sonnengeister, die Erzengel, waren als Rassengeister am Empfindungsleib des Menschen tätig. Ihre Arbeit erfolgte jedoch von außen. Sie war nur eine reflektierte, geistige Sonnenkraft und kam durch den Mond, so wie Mondlicht reflektiertes Sonnenlicht ist. Christus, der höchste Eingeweihte der Sonnengeister, trat direkt in den dichten Körper der Erde ein und brachte ihr die unmittelbare Sonnenkraft. Das ermöglichte Ihm, unseren Empfindungsleib von innen her zu beeinflussen.

Der Mensch kann nicht lange in die Sonne sehen, ohne zu erblinden, weil ihre Schwingungen so hoch sind, daß sie die Netzhaut des Auges zerstören. Er kann aber ohne nachteilige Folgen in den Mond blicken. Die von ihm kommenden Schwingungen sind viel langsamer, obwohl sie auch Sonnenlicht sind. Die höheren Sonnenschwingungen werden jedoch vom Mond aufgenommen, der den Rest dann zu uns reflektiert.

So ist es mit den geistigen Impulsen, die dem Menschen in seiner geistigen Entwicklung helfen. Unsere Menschheit konnte die gewaltigen physischen und geistigen Impulse der Sonne nicht ertragen, deshalb wurde die Erde von der Sonne abgestoßen. Selbst nachdem zwischen Erde und Sonne ein gewaltiger Abstand gesetzt worden war, wäre der geistige Impuls noch zu stark gewesen, wenn er nicht zuerst zum Mond geleitet worden wäre. So konnte er von Jehova, dem Regenten des Mondes, zum Nutzen des Menschen verwendet werden. Eine Anzahl von Erzengeln (gewöhnliche Sonnengeister), wurden Jehova als Helfer gegeben, welche diese geistigen Impulse von der Sonne in Form von jehovistischen oder Rassenreligionen auf die Menschheit der Erde reflektieren.

Der niederste Träger der Erzengel ist der Empfindungsleib. Unser

Empfindungsleib wurde in der Mondperiode hinzugefügt. Zu dieser Zeit war Jehova der höchste Eingeweihte. Daher kann er (Jehova) sich mit dem Empfindungsleib des Menschen befassen. Sein niederster Träger ist der menschliche Geist (siehe Diagramm 14). Dessen Gegenstück stellt der Empfindungsleib dar. Die Erzengel sind Seine Helfer, weil sie fähig sind, die geistigen Sonnenkräfte zu lenken. Der Empfindungsleib ist ihr niederster Träger. So können sie mit der Menschheit arbeiten und sie für die Zeit vorbereiten, in der sie die geistigen Impulse vom Sonnengestirn ohne Vermittlung des Mondes direkt empfangen kann.

Christus, dem höchsten Eingeweihten der Sonnenperiode, fällt die Aufgabe zu, diesen Impuls auszusenden. Der Impuls, den Jehova reflektierte, wurde von Christus ausgesandt, Der so beide, Erde und Menschheit, für Seinen unmittelbaren Eintritt vorbereitete.

Der Ausdruck „die Erde vorbereitet“ bedeutet, daß jede Entwicklung auf einem Planeten Hand in Hand mit der Evolution **dieses Planeten selbst** vor sich geht. Hätte ein mit geistiger Sicht Begabter die Entwicklung unserer Erde von einem entfernten Stern aus beobachtet, würde er die allmähliche Veränderung in ihrem Empfindungsleib bemerkt haben.

In der im Alten Testament beschriebenen Zeit wurden die Empfindungsleiber der Menschen im allgemeinen mit Hilfe des Gesetzes verbessert. Diese Arbeit wird bei den meisten Menschen, die sich auf diese Weise auf das höhere Leben vorbereiten, noch fortgesetzt.

Doch das höhere Leben (die Einweihung) beginnt erst, wenn die Arbeit am Lebensleib einsetzt. Das Mittel, um diese Tätigkeit einzuleiten, ist Liebe, besser gesagt, Altruismus. Das Wort „Liebe“ ist so mißbraucht worden, daß es nicht mehr das ausdrückt, was hier gemeint ist.

Während des Alten Testaments war der Pfad der Einweihung nicht frei und offen, außer für einige Auserwählte. Die Hierophanten der Mysterien versammelten bestimmte Familien um die Tempel und sonderten sie vom übrigen Volk ab. Diese auserwählten Familien wurden dann zur genauen Durchführung bestimmter Riten und Zeremonien angehalten. Ihre Heiraten und ihr Geschlechtsverkehr wurden durch die Hierophanten geregelt.

Dies geschah zu dem Zweck, eine Rasse hervorzubringen, bei der die Verbindung zwischen dem dichten Körper und dem Lebensleib im richtigen Maß gelockert war. Ferner wurde der Empfindungsleib während des Schlafes aus dem lethargischen Zustand erweckt. So wurden nur einige wenige zur Einweihung vorbereitet. Sie erhielten Gelegenheiten, die nicht allen geboten werden konnten. Wir finden Beispiele dieser Methoden bei den Juden, unter denen der Stamm der Leviten die auserwählten Tempelhüter waren. Ebenso war bei den Hindus die Kaste der Brahmanen die einzige Priesterklasse.

Die Mission Christi war, nicht nur die Verlorenen zu retten, sondern auch die Einweihung allen zu ermöglichen. Daher war Jesus kein Levit der Klasse, nach der man das Priesteramt durch Vererbung erlangte. Er kam aus dem einfachen Volk. Obwohl Er nicht der Klasse der Lehrer angehörte, war seine Lehre höher als die des Moses.

Christus Jesus leugnete weder Moses noch das Gesetz und die Propheten. Im Gegenteil, Er erkannte alle an und erklärte dem Volk, daß sie Seine Zeugen waren; denn sie alle wiesen auf Einen hin, der da kommen sollte. Er sagte dem Volk, daß jene Wesen ihren Zweck erfüllt hätten, und daß von nun an Liebe das Gesetz ersetzen müsse.

Christus Jesus wurde getötet. In Verbindung mit dieser Tatsache kommen wir zu dem größten und wesentlichen Unterschied zwischen Ihm und den früheren Lehrern, in denen sich die Rassengeister verkörperten. Sie alle starben und mußten immer wieder von Neuem geboren werden, um ihren Völkern ihr Schicksal tragen zu helfen. Der Erzengel Michael (der Rassengeist der Juden) erhöhte Moses, der zum Sterben auf den Berg Nebo geführt wurde. Er wurde als Elias wiedergeboren. Elias kehrte als Johannes der Täufer wieder. Buddha starb und wurde als Shankaracharya wiedergeboren. Shri Krischna sagt: „Wenn immer Verfall in Dharma ist..... und..... Erhebung von Adharma, dann komme ich selbst hervor zum Schutz des Guten und zur Vernichtung der Übeltäter, um Dharma beständig zu errichten. Ich werde von Zeitalter zu Zeitalter geboren."

Als der Tod kam, **strahlte** das Gesicht Moses und Buddhas Körper wurde **leuchtend.** Sie beide erreichten den Zustand, in dem der Geist von innen zu leuchten beginnt; doch dann starben sie.

Christus Jesus erreichte diesen Zustand auf dem Berg der Verklärung. Es ist von höchster Bedeutung, daß **Sein eigentliches Werk nach diesem Ereignis stattfand.** Er litt, wurde **getötet** und **ist auferstanden.**

Getötet werden unterscheidet sich sehr vom Sterben. Das Blut, das der Träger des Rassengeistes gewesen war, mußte **fließen** und von diesem schädlichen Einfluß gereinigt werden. Die Liebe zu Vater und Mutter unter Ausschluß anderer Väter und Mütter muß schwinden, sonst können die Universale Bruderschaft und eine allumfassende Altruistische Liebe niemals Wirklichkeit werden.

DAS REINIGENDE BLUT

Bei der Kreuzigung des Erlösers Christus Jesus wurde Sein Körper an fünf Stellen durchbohrt, an den fünf Zentren, an denen die Ströme des Lebensleibes fließen. Auch der Druck der Dornenkrone verursachte ein Fließen des Blutes aus dem sechsten Zentrum (dies ist ein Hinweis für jene, die diese Ströme schon kennen. Eine vollständige Aufklärung hierüber kann jetzt noch nicht öffentlich gegeben werden.)

Als das Blut aus diesen Zentren floß, wurde der große Sonnengeist Christus vom physischen Träger des Jesus befreit und befand sich mit seinen individuellen Trägern **in der Erde.** Er durchdrang die bereits bestehenden planetarischen Träger mit Seinen eigenen Trägern und breitete in einem Augenblick seinen eigenen Empfindungsleib über den Planeten aus. Das ermöglichte Ihm, seitdem an der Erde und ihrer Menschheit von **innen** her zu arbeiten.

In diesem Augenblick überflutete eine gewaltige Woge geistigen Sonnenlichts die Erde. Sie zerriß den Vorhang, den der Rassengeist vor den Tempel gehängt hatte, um alle, außer den wenigen Auserwählten, auszuschließen. Von da an gab sie den Weg der Einweihung für alle frei, die ihn betreten wollen. Wie ein Blitzstrahl verwandelte diese Woge die Bedingungen der Erde, soweit es die geistigen Welten betrifft. Doch auf die dichten, konkreten Zustände wirken sie natürlich viel langsamer ein.

Wie alle schnellen und hohen Lichtschwingungen blendete diese große Woge das Volk durch seine übernatürliche Helligkeit. Daher hieß es, „die Sonne verdunkelte sich." Was sich wirklich ereignete, war das genaue Gegenteil. Die Sonne war nicht verdunkelt, sondern erstrahlte in herrlichem Glanz. Es war das Übermaß an Licht, welches das Volk blendete. Erst als die ganze Erde den Empfindungsleib des strahlenden Sonnengeistes aufgenommen hatte, kehrten die Schwingungen in einen normaleren Zustand zurück.

Der Ausdruck „das reinigende Blut Jesu Christi" bedeutet, daß das Blut, als es auf Golgatha floß, den großen Sonnengeist Christus mit sich trug. Der sich dadurch den Zugang zur Erde sicherte und seit diesem Augenblick ihr Herrscher geworden ist. Er breitete Seinen eigenen Empfindungsleib über den Planeten aus. Dadurch reinigte Er ihn von allen üblen Einflüssen, die unter der **Herrschaft** der Rassengeister erwachsen waren.

Unter dem Gesetz sündigten alle. Nein, mehr noch, sie konnten nicht anders. Sie waren nicht so weit fortgeschritten, daß sie um der Liebe willen das Rechte tun konnten. Die Begierdennatur war so stark, daß es ihnen unmöglich war, sie ganz und gar zu beherrschen. Daher sammelte sich ihre unter dem Gesetz von Ursache und Wirkung aufgeladene Schuld in ungeheuerlichem Maß an. Die Entwicklung wäre außerordentlich verzögert worden, und viele wären gänzlich für unsere Lebenswoge verloren gewesen, wenn sie keine Hilfe erhalten hätten.

Deshalb kam Christus „die Verlorenen zu suchen und zu retten". Er nahm die Sünden der Welt durch Sein reinigendes Blut weg, das Ihm Zugang zur Erde und zu ihrer Menschheit ermöglichte. Er reinigte die Zustände. Wir verdanken es Ihm, daß wir reineren Empfindungsstoff als früher für unseren Empfindungsleib erwerben können. Und Er hilft uns weiterhin, indem Er unsere äußere Umgebung fortwährend reinigt.

Daß dies auf Kosten großer Leiden für Ihn selbst geschah und geschieht, daran kann niemand zweifeln, der sich auch nur die geringste Vorstellung von den Beschränkungen machen kann, die dieser große Geist durch die beengenden Bedingungen der physischen Existenz, selbst in dem besten und reinsten Träger, ertrug. Auch Seine gegenwärtige Beschränkung als Herrscher der Erde ist nicht weniger schmerzvoll. Zwar ist Er auch Herrscher der Sonne, und daher nur teilweise an die Erde gebunden. Doch die durch die verkrampfend langsamen Schwingungen unseres dichten Planeten hervorgerufenen Beschränkungen müssen Ihm nahezu unerträglich sein.

Wäre Christus einfach gestorben, so wäre es für Ihn unmöglich gewesen, sein Werk zu vollenden. Doch die Christen haben einen **Auferstandenen** Erlöser, einen, der immer gegenwärtig ist, jenen zu helfen, die Seinen Namen anrufen. Da Er selbst gleich uns in allem gelitten hat und unsere Nöte kennt, ist Er gegen unsere Fehler und Verfehlungen nachsichtig, solange wir versuchen, ein gutes Leben zu führen. Wir müssen uns immer die Tatsache vor Augen halten, daß **die einzige, wirkliche Verfehlung das Aufgeben des Strebens ist.**

Nach dem Tod des dichten Körpers des Christus Jesus wurde das Keimatom dem ursprünglichen Besitzer, Jesus von Nazareth, zurückgegeben. Dieser wirkte noch einige Zeit danach in einem zeitweilig angenommenen Lebensleib und lehrte den Kern des von Christus hinterlassenen neuen Glaubens. Jesus von Nazareth hatte seither die Führung der esoterischen Zweige, die überall in Europa plötzlich entstanden sind.

An vielen Orten waren die Ritter der Tafelrunde hohe Eingeweihte in den Mysterien des Neuen Testaments, so auch die Ritter des Grals, denen Joseph von Arimathäa den Gralskelch zu treuen Händen übergab, den Christus Jesus beim Letzten Abendmahl benutzte. Ihnen wurde später die Lanze, die Seine Seite durchbohrte, anvertraut und auch das Gefäß, welches das Blut aus Seiner Wunde auffing.

Die Druiden von Irland und die Trotten vom nördlichen Rußland waren esoterische Schulen, durch die der Meister Jesus während der sogenannten „finsteren Zeitalter" wirkte. Wenn sie auch finster waren, der geistige Impuls breitete sich dennoch aus. Vom Standpunkt des okkulten Wissenschaftlers waren sie „lichte Zeitalter" im Vergleich mit dem wachsenden Materialismus der letzten dreihundert Jahre, der das naturwissenschaftliche Wissen unermeßlich vermehrt, das Licht des Geistes jedoch fast ausgelöscht hat.

Sagen vom „heiligen Gral", von den „Rittern der Tafelrunde", usw. werden jetzt als Aberglaube verächtlich zurückgewiesen und alles, was nicht sachlich bewiesen werden kann, wird für unglaubwürdig gehalten. So glorreich die Entdeckungen der modernen Wissenschaft sind, so teuer sind sie durch Unterdrückung der geistigen Intuition erkauft worden. Vom geistigen Standpunkt aus betrachtet, hat kein dunklerer Tag als der gegenwärtige je gedämmert.

Die Älteren Brüder, unter ihnen Jesus, sind bemüht und bemühen sich noch, diesem schrecklichen Einfluß entgegenzuwirken, der dem Blick der Schlange gleicht, der den Vogel bannt, bis er zur Beute ihrer Kiefer wird. Jeder Versuch, das Volk aufzuklären, und in ihm ein Bedürfnis nach Pflege der geistigen Seite des Lebens zu erwecken, ist ein Beweis für die Aktivitäten der Älteren Brüder.

Mögen ihre Bemühungen von Erfolg gekrönt sein und den Tag beschleunigen, an dem die moderne Wissenschaft vergeistigt sein wird und ihre Forschungen in der Materie vom geistigen Standpunkt aus betreibt. Dann und nicht eher wird sie zur wahren Erkenntnis der Welt gelangen.

„WIE OBEN SO UNTEN"

Die Welt, der Mensch und das Atom werden von demselben Gesetz beherrscht. Unsere dichte Erde ist nun in ihrem vierten Zustand der Verdichtung. Der Intellekt, der Empfindungsleib und der Lebensleib sind weniger fest als unser vierter Träger, der dichte Körper. Im Atomgewicht der chemischen Elemente besteht eine ähnliche Anordnung. Die vierte Gruppe bezeichnet den Höhepunkt der Dichtigkeit.

Diagramm D

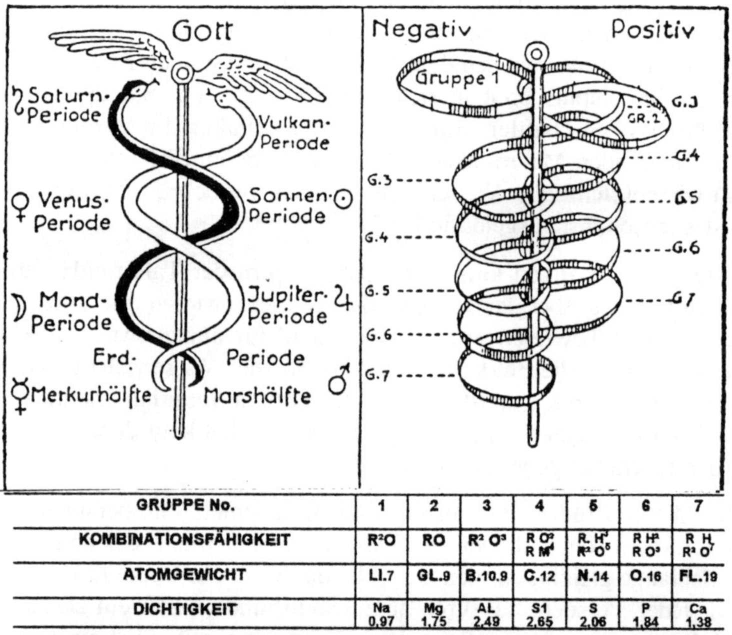

GRUPPE No.	1	2	3	4	5	6	7
KOMBINATIONSFÄHIGKEIT	R^2O	RO	$R^2 O^3$	$R O^2$ $R M^4$	$R H^3$ $R^2 O^5$	$R H^2$ $R O^3$	$R H$ $R^2 O^7$
ATOMGEWICHT	LI.7	GL.9	B.10.9	C.12	N.14	O.16	FL.19
DICHTIGKEIT	Na 0,97	Mg 1,75	AL 2,49	S1 2,65	S 2,06	P 1,84	Ca 1,38

KAPITEL XVI
ZUKÜNFTIGE ENTWICKLUNG UND EINWEIHUNG

DIE SIEBEN SCHÖPFUNGSTAGE

Der Rosenkreuzer bezeichnet die Erdperiode auch als Mars-Merkur-Periode. Der große Schöpfungstag wird auch in den sieben Namen der Wochentage dargestellt; denn sie sind nach den Evolutionsstufen benannt worden, welche die jungfräulichen Geister auf ihrer Pilgerfahrt durch die Materie durchschreiten.

Tag	Entspricht der	wird beherrscht von
Samstag	Saturnperiode	Saturn
Sonntag	Sonnenperiode	Sonne
Montag	Mondperiode	Mond
Dienstag	1.Hälfte der Erdperiode	Mars
Mittwoch	2.Hälfte der Erdperiode	Merkur
Donnerstag	Jupiterperiode	Jupiter
Freitag	Venusperiode	Venus

Die Vulkanperiode ist die letzte Periode unseres Evolutionsplanes. Die Quintessenz aller vorhergehenden Perioden wird bei der Wiederholung, Spirale um Spirale, herausgezogen. Keine neue Arbeit wird begonnen, bevor nicht der letzte Kreislauf des allerletzten Globus in der siebten Epoche eingesetzt hat. Man kann daher sagen, daß die Vulkanperiode der Woche entspricht, die alle sieben Tage einschließt.

Die Behauptung der Astrologen, daß die Wochentage von den betreffenden Planeten regiert werden, nach denen sie benannt sind, ist wohl begründet. Auch den Weisen des Altertums war dieses okkulte Wissen bekannt. Das zeigt sich in ihren Mythologien, in denen die Namen der Götter mit den Tagen der Woche in Verbindung gebracht sind. Der Sonnabend (engl. Saturday) ist einfach „Saturns Tag". Der Sonntag (engl. Sunday) steht mit der Sonne in Beziehung und Montag (engl. Monday) mit dem Mond. Der Lateiner nennt den Dienstag „Dies Martis". Das zeigt deutlich den Zusammenhang mit Mars, dem Kriegsgott. Der Name Dienstag (engl. Tuesday) ist von „Tirstag", „Tir" oder „Tyr", dem altnordischen Kriegsgott abgeleitet. Der Mittwoch (engl. Wednesday) hat den Namen von „Wotanstag", dem altnordischen Gott Wotan. Er heißt bei den Lateinern „Dies Mercurii", der Merkurtag, was auf seine Verbindung mit Merkur hinweist.

„Donnerstag" (engl. Thursday) oder „Thorstag" ist nach Donar oder Thor, dem altnordischen Donnergott benannt und heißt bei den Lateinern „Dies Jovis", nach dem Donnergott „Jovis", oder „Jupiter".

Der Freitag (engl. Friday) hat seinen Namen von der altnordischen Göttin der Schönheit „Freya", und aus gleichen Gründen nennt der Lateiner ihn „Dies Veneris" oder Tag der Venus.

Diese Namen der Perioden haben mit den physischen Planeten nichts zu tun. Sie beziehen sich auf vergangene, gegenwärtige und zukünftige Inkarnationen der Erde. Denn wieder läßt sich der hermetische Grundsatz anwenden: „Wie oben so unten". Danach muß der Makrokosmos ebenso seine Inkarnationen durchlaufen wie der Mikrokosmos, der Mensch.

Die okkulte Wissenschaft lehrt, daß es 777 Inkarnationen gibt. Das bedeutet aber nicht, daß die Erde 777 Metamorphosen durchmacht. Damit ist gemeint, daß das sich entwickelnde Leben

7 Kreisläufe um die
7 Globen der
7 Weltperioden macht.

DIAGRAMM 15

Die sieben Schöpfungstage und die vier großen Einweihungen

Die gewöhnliche Menschheit folgt dem Pfad der Spirale, der Eingeweihte geht den geraden und schmalen Weg, der ihn führt

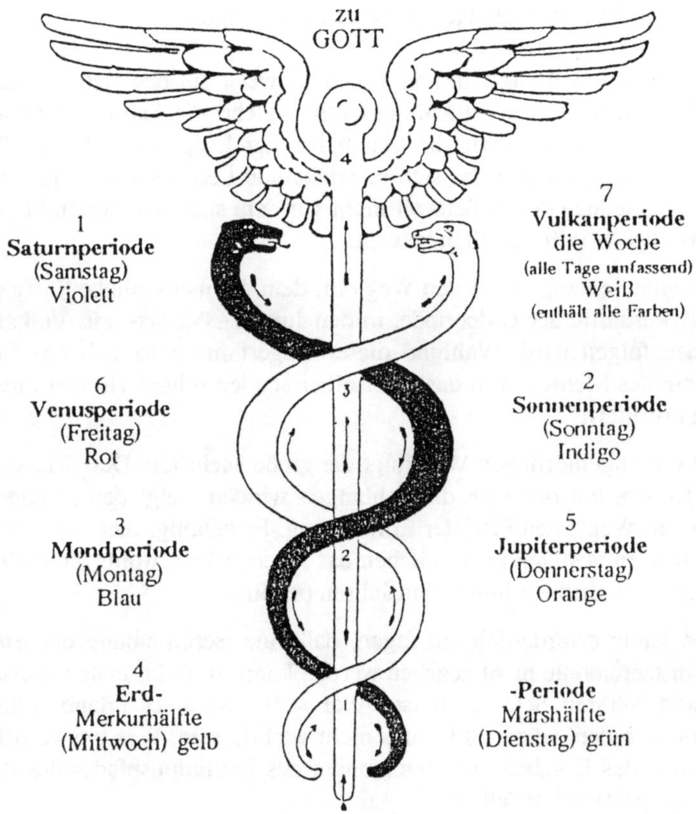

DER WEG DER EINWEIHUNG

Es gab keine Einweihung vor dem Ende der Marshälfte der Erdperiode. Die kleineren Mysterien umfassen die menschliche Entwicklung während der Merkurhälfte der Erdperiode

Diese Pilgerfahrt der Involution und Evolution, die den verkürzten Weg zur Einweihung einschließt, wird in dem Caduceus oder „Merkur-Stab" verkörpert (siehe Diagramm 15), so genannt, weil dieses okkulte Symbol auf den Pfad der Einweihung hindeutet, die dem Menschen erst seit Beginn der Merkurhälfte der Erdperiode offen steht. Einige der kleineren Mysterien wurden den früheren Lemuriern und Atlantiern gegeben, nicht jedoch die vier großen Einweihungen.

Die schwarze Schlange im Diagramm 15 weist auf den sich windenden zyklischen Pfad der Involution hin, welche die Saturn- Sonnen- und Mond-Perioden, sowie die Marshälfte der Erdperiode einschließt. Während dieser erbaute das sich entwickelnde Leben seine Träger. Es wurde sich jedoch der Außenwelt nicht vor dem späteren Abschnitt der Atlantischen Epoche deutlich bewußt.

Die weiße Schlange stellt den Weg dar, dem die menschliche Rasse in der Merkurhälfte der Erdperiode, in den Jupiter-, Venus- und Vulkan-Perioden folgen wird. Während dieser Pilgerfahrt wird sich das Bewußtsein des Menschen in das einer allwissenden schöpferischen Intelligenz erweitern.

Dem schlangenförmigen Weg folgt die große Mehrheit. Der „Merkurstab" jedoch, um den sich die Schlangen winden, zeigt den „geraden und engen Weg", den Pfad der Einweihung. Er befähigt diejenigen, die ihn gehen, in wenigen kurzen Leben das zu erreichen, wofür die Mehrheit der Menschen Millionen von Jahren benötigt.

Es ist kaum erforderlich, zu sagen, daß eine Beschreibung der Einweihungszeremonie nicht gegeben werden kann, weil das erste Gelübde des Eingeweihten Schweigen ist. Aber selbst wenn es erlaubt wäre, darüber zu reden, würde es für uns nicht wichtig sein. Was uns betrifft, kann man das Ergebnis der Zeremonien des Evolutionspfades aus der Vogelperspektive feststellen.

Der gesamte Ablauf der Einweihung soll dem geistig Strebenden Gelegenheit geben, die höheren Fähigkeiten und Kräfte in kurzer Zeit durch strenges Training zu entwickeln. Dadurch erlangt er die Bewußtseinserweiterung, welche die gesamte Menschheit sicherlich einst besitzen wird. Die große Mehrheit zieht es jedoch vor, sie durch den langsamen Prozeß der normalen Evolution zu erreichen. Wir können die vom Kandidaten erworbenen Bewußtseinszustände und die sie begleitenden Kräfte erkennen, wenn er durch die aufeinanderfolgenden großen Einweihungen geht, vorausgesetzt, wir wissen, was diese künftigen Zustände und Kräfte für die Menschheit im allgemeinen bedeuten werden. Einige Hinweise sind bereits gegeben worden und noch mehr können aus diesen folgerichtig durch Anwendung des Gesetzes der Entsprechungen abgeleitet werden, um uns ein ziemlich abgerundetes Bild der uns allen bevorstehenden Evolution und der Bedeutung der großen Stufen in der Einweihung zu geben. Hierbei kann für uns ein Rückblick auf die einzelnen Schritte behilflich sein, durch die sich das Bewußtsein des Menschen in den verschiedenen Perioden entwickelt hat.

Wir erinnern uns, daß während der Saturnperiode die Unbewußtheit des Menschen ähnlich der des in tiefstem Trancezustand eingetauchten dichten Körpers war. Dem folgte in der Sonnenperiode das Bewußtsein traumlosen Schlafes. In der Mondperiode leuchtete das erste Erwachen auf. Dem Menschen zeigten sich äußere Dinge durch innere Bilder. Das gesamte Bewußtsein bestand aus solchen inneren Darstellungen äußerer Gegenstände, Farben oder Klänge. Im späteren Teil der Atlantischen Epoche wich schließlich dieses Bildbewußtsein dem gegenwärtigen vollwachen Bewußtsein. Nun konnten die Gegenstände außerhalb (im Raum) in klaren deutlichen Umrissen gesehen werden. Als dieses objektive Bewußtsein erreicht wurde, begann der Mensch die Außenwelt wahrzunehmen. Zum ersten Mal erkannte er völlig klar den Unterschied zwischen sich „selbst" und „den anderen". Es kam ihm seine Getrenntheit zum Bewußtsein. Von da an wurde das „Ich"-Bewußtsein, der Egoismus, vorherrschend. Vor dieser Zeit hatte es weder Gedanken noch Vorstellungen gegeben, die sich mit der Außenwelt befaßten. Folglich gab es keine Erinnerung an Ereignisse.

Der Wechsel vom inneren Bildbewußtsein zum objektiven Selbstbewußtsein vollzog sich in einem sehr langsamen Prozeß, der seiner Bedeutung entsprach. Er dauerte von der Existenz auf Globus C im dritten

Kreislauf der Mondperiode bis in den späteren Teil der Atlantischen Epoche.

Während dieser Zeit ging das sich entwickelnde Leben durch vier **große** Phasen tier-**ähnlicher** Entwicklung, ehe es die menschliche Stufe erreichte. Diese Schritte der Vergangenheit entsprechen vier **noch** zu durchlaufenden Stufen und den **vier** Einweihungen.

Innerhalb dieser vier, vorher durchschrittenen Phasen des Bewußtseins, gibt es im ganzen dreizehn Stufen. Vom gegenwärtigen Zustand des Menschen bis zur letzten Großen Einweihung sind es ebenfalls dreizehn Einweihungen, die neun Grade der kleineren Mysterien und die vier Großen Einweihungen.

Unter unseren gegenwärtigen Tieren besteht eine ähnliche Teilung, die durch die Form verfolgt werden kann. Da die Form der Ausdruck des Lebens ist, so muß natürlich jeder Schritt ihrer Entwicklung einem Schritt in der Erweiterung des Bewußtseins entsprechen.

Cuvier war der erste, der das Tierreich in vier Hauptklassen teilte. Bei seiner Aufgliederung dieser Klassen in Unterabteilungen war er jedoch nicht so erfolgreich. Der Embryologe Karl Ernst von Baer, sowie Prof. Agassiz und andere Gelehrte teilen das Tierreich in vier Haupt- und dreizehn Unterklassen wie folgt ein:

I. Strahltiere
- 1. Polypen, Seeanemonen und Korallen
- 2. Quallen
- 3. Seesterne, Seeigel

II. Mollusken
- 4. Muscheln (Austern usw.)
- 5. Schnecken
- 6. Kopffüßer

III. Gliedertiere
- 7. Würmer
- 8. Krustentiere (Hummern usw.)
- 9. Insekten

IV. Wirbeltiere
- 10. Fische
- 11. Reptilien
- 12. Vögel
- 13. Säugetiere

Die ersten drei Abteilungen korrespondieren mit den verbleibenden drei Kreisläufen der Merkur-Hälfte der Erdperiode. Ihre neun Stufen entsprechen den neun Graden der kleineren Mysterien, die von der Menschheit im allgemeinen erreicht sein werden, wenn sie in der Mitte des letzten Kreislaufes der Erdperiode angelangt ist.

Die vierte Abteilung in der Liste des fortschreitenden Tierreiches hat vier Unterabteilungen: Fische, Reptilien, Vögel und Säugetiere. Die so angezeigten Bewußtseinsschritte entsprechen ähnlichen Fortschrittsstufen, die von der Menschheit am Ende der Erd-, Jupiter-, Venus- und Vulkan-Perioden erreicht werden sollen, die jeder dazu befähigte Mensch jetzt durch die Einweihung erlangen kann. Die erste der großen Einweihungen vermittelt den Bewußtseinszustand, der von der gewöhnlichen Menschheit am Ende der Erdperiode erzielt werden wird, die zweite werden alle am Ende der Jupiterperiode erlangen. Die dritte gibt uns die Erweiterung des Bewußtseins, die am Ende der Venusperiode erzielt wird. Die vierte und letzte vermittelt dem Eingeweihten die Macht und Allwissenheit, zu der die Mehrheit erst am Ende der Vulkanperiode kommen wird.

Das objektive Bewußtsein, durch das wir Kenntnis von der Außenwelt erhalten, hängt davon ab, was wir durch die Vermittlung der Sinne wahrnehmen. Dies nennen wir „wirklich", im Unterschied zu unseren Gedanken und Ideen, die durch unser inneres Bewußtsein zu uns gelangen. Deren Realität wird uns nicht so offenbar wie die eines Buches oder eines Tisches oder irgend eines anderen im Raum sichtbaren oder greifbaren Gegenstandes. Gedanken und Ideen scheinen unklar und **unwirklich** zu sein. Daher sprechen wir von einem „bloßen" Gedanken oder „nur" von einer Idee.

Die Ideen und Gedanken von heute haben jedoch eine Evolution vor sich. Es ist ihnen bestimmt, ebenso wirklich, klar und greifbar zu werden, wie irgend ein Gegenstand der Außenwelt, den wir jetzt durch die physischen Sinne wahrnehmen. Denkt man gegenwärtig an einen Gegenstand oder eine Farbe, sind Bild und Farbe, die unserem inneren Bewußtsein von unserem Gedächtnis dargeboten werden, nur ein trüber schattenhafter Abglanz der äußeren Wirklichkeit.

Mit dem Beginn der Jupiterperiode wird in dieser Hinsicht eine deutliche Veränderung eintreten. Dann werden die Traumbilder der Mondperiode wiederkehren. Sie werden dann aber dem Befehl des Denkers unterstehen und nicht nur Nachbildungen der äußeren Gegenstände sein. So wird eine Kombination der Bilder der Mondperiode und der während der Erdperiode bewußt entwickelten Gedanken und Ideen stattfinden; d.h. es wird dann ein **Selbst-Bewußtsein, Bild-Bewußtsein** sein.

Wenn ein Mensch der Jupiterperiode „rot" sagt oder den Namen eines Gegenstandes ausspricht, wird eine klare und genaue Wiedergabe der besonderen Schattierung von rot, an die er denkt, oder des Gegenstandes, auf den er sich bezieht, vor seiner inneren Vision erscheinen und auch dem Zuhörer völlig sichtbar sein. Es wird kein Mißverständnis in der Bedeutung des gesprochenen Wortes mehr geben. Gedanken und Ideen werden lebendig und sichtbar sein. Daher werden Heuchelei und Schmeichelei vollkommen ausgeschlossen sein. Man wird die Menschen genauso sehen können, wie sie sind. Es wird sowohl gute als auch böse Menschen geben, doch werden sich diese beiden Eigenschaften nicht in ein und demselben Menschen vermischen. Es wird den vollkommen guten und den ausgesprochen bösen Menschen geben. Eines der ernsthaften Probleme dieser Zeit wird sein, wie letzterer zu behandeln ist. Die Manichäer, ein Orden von höherer Geistigkeit als die Rosenkreuzer, studieren gegenwärtig dieses sehr schwierige Problem. Eine Vorstellung des angedeuteten Zustandes kann aus einer kurzen Wiedergabe ihrer Legende vermittelt werden. (Alle mystischen Orden haben eine Legende, die für ihre Ideale und Bestrebungen symbolhaft ist).

Die Legende der Manichäer erzählt von zwei Königreichen, dem der

Lichtelfen und dem der Nachtelfen. Letztere greifen die Lichtelfen an, werden besiegt und müssen bestraft werden. Da aber die Lichtelfen vollkommen gut wie die Nachtelfen schlecht sind, können sie ihren Feinden nichts Böses antun, sondern **müssen sie mit Gutem** bestrafen. Daher wird ein Teil des Reiches der Lichtelfen in das der Nachtelfen einverleibt. Auf diese Weise wird das Böse mit der Zeit überwunden. Haß, dem man sich nicht unterwirft, muß der Liebe weichen.

Die inneren Bilder der Mondperiode waren ein bestimmter Ausdruck der äußeren Umgebung des Menschen. In der Jupiterperiode werden sich die Bilder aus dem Inneren heraus ausdrücken. Sie werden ein Ergebnis des Innenlebens des Menschen sein. Auch wird der Mensch die in der Erdperiode zusätzlich entwickelte Fähigkeit besitzen, Dinge im Raum außerhalb seiner selbst zu sehen. Während der Mondperiode sah er keine konkreten Gegenstände, sondern nur deren Seeleneigenschaften. In der Jupiterperiode wird er beides sehen. Dadurch wird er seine Umgebung umfassend wahrnehmen und vollkommen verstehen. In einem späteren Stadium derselben Periode wird dieser Wahrnehmungsfähigkeit eine noch höhere Stufe folgen. Sein Talent, sich klare, geistige Vorstellungen von Farben, Tönen und Gegenständen zu machen, wird ihn befähigen, mit übersinnlichen Wesen verschiedener Ordnungen in Verbindung zu treten, sie zu beeinflussen und sich ihres Gehorsams zu sichern. Er wird ihre Kräfte nach seinem Willen gebrauchen, aber nicht in der Lage sein, aus sich heraus Kräfte zu entsenden, um damit seine Pläne auszuführen. Er wird auf die Hilfe dieser übersinnlichen Wesen angewiesen sein, die dann in seinem Dienst stehen werden.

Am Ende der Venusperiode wird er dann fähig sein, seine eigene Kraft zu benutzen, seinen Bildern Leben zu geben und sie als Gegenstände außerhalb seiner selbst in den Raum zu stellen. Er wird dann ein **objektives, selbst-bewußtes, schöpferisches Bewußtsein** besitzen.

Über das hochgeistige Bewußtsein, das am Ende der Vulkanperiode erreicht werden wird, kann sehr wenig gesagt werden. Es liegt völlig außerhalb unseres gegenwärtigen Fassungsvermögens.

SPIRALEN IN DEN SPIRALEN

Man darf nicht annehmen, daß diese Bewußtseinszustände mit dem Beginn der Periode einsetzen, zu der sie gehören und bis zum Ende fortdauern. Es gibt immer Wiederholungen. Daher muß es entsprechende Bewußtseinszustände in aufsteigender Ordnung geben. Der Saturnkreislauf jeder Periode, der Aufenthalt auf Globus A und die erste Epoche eines jeden Globus sind Wiederholungen der Entwicklungszustände der Saturnperiode. Der Sonnenkreislauf, der Aufenthalt auf Globus B und die zweite Epoche eines jeden Globus sind Wiederholungen der Zustände in der Sonnenperiode unserer Entwicklung und so weiter, die ganze Reihe hindurch (Mondperiode, Erdperiode etc.). Hieraus wird man erkennen, daß sich das Bewußtsein, als das spezielle und eigentümliche Ergebnis oder Produkt jeder Periode erst zu entwikkeln beginnt, wenn alle Wiederholungen durchlaufen worden sind. Das Wachbewußtsein der Erdperiode setzte erst im vierten Kreislauf ein, als die Lebenswoge den vierten Globus (D) erreicht hatte und sich in der vierten oder Atlantischen Epoche auf diesem Globus befand.

Das Jupiterbewußtsein wird in der Jupiterperiode, erst im fünften Kreislauf einsetzen, wenn der fünfte Globus (E) erreicht ist. Auf ihm beginnt die fünfte Epoche.

Dementsprechend wird das Venus-Bewußtsein erst beginnen, wenn der sechste Kreislauf zum sechsten Globus und zur sechsten Epoche gekommen ist. Die spezielle Vulkanarbeit wird schließlich auf den allerletzten Globus und die allerletzte Epoche beschränkt sein, gerade noch, bevor der Manifestationstag endet.

Die Zeit, die erforderlich ist, um die betreffenden Perioden zu durchschreiten, ist sehr verschieden. Je weiter die jungfräulichen Geister in die Materie hinabsteigen, um so langsamer sind ihre Fortschritte, und um so zahlreicher die Schritte oder Stufen der Progression. Nachdem der Tiefpunkt der materiellen Existenz überschritten worden ist und die Lebenswoge in feinere und beweglichere Zustände aufsteigt, wird der Fortschritt nach und nach beschleunigt. Die Sonnenperiode dauert etwas länger als die Saturnperiode und die Mondperiode länger als die Sonnenperiode. Die Mars- oder erste Hälfte der Erdperiode ist die längste Hälfte irgendeiner Periode. Danach beginnt sich die Zeit wieder zu verkürzen, so daß die Merkurhälfte der Erdperiode, also die letzten dreieinhalb Kreisläufe weniger Zeit in Anspruch nehmen als die Marshälfte. Die Jupiterperiode wird kürzer sein als die Mondperiode, die Venusperiode kürzer als die entsprechende Sonnenperiode, und die Vulkanperiode wird die kürzeste von allen sein.

Die Bewußtseinszustände während der einzelnen Perioden können wie folgt dargestellt werden:

Periode	Entsprechendes Bewußtsein
Saturn.....	Unbewußtheit. Sie entspricht dem tiefen Trancezustand
Sonne.....	Unbewußtheit, ähnlich dem traumlosen Schlaf
Mond.....	Bildbewußtsein, das dem Traumzustand entspricht
Erde......	Waches, objektives Bewußtsein
Jupiter.....	Selbstbewußtes Bildbewußtsein
Venus.....	Objektives, selbstbewußtes, schöpferisches Bewußtsein
Vulkan.....	Höchstes geistiges Bewußtsein

Nach diesem allgemeinen Überblick über die in den nächsten dreieinhalb Perioden zu entwickelnden Bewußtseinszustände, wollen wir uns nun dem Studium der Mittel und Wege zuwenden, sie zu erreichen.

ALCHIMIE UND SEELENWACHSTUM

Der dichte Körper nahm in der Saturnperiode seinen Anfang, ging während der Sonnen- und Mondperiode durch verschiedene Veränderungen hindurch. Er wird seine Höchstentwicklung in der Erdperiode erreichen.

Der Lebensleib entstand im zweiten Kreislauf der Sonnenperiode und wurde während der Mond- und Erdperioden wieder aufgebaut. Er wird seine Vollendung in der Jupiterperiode erreichen, die sein viertes Stadium, wie die Erdperiode das vierte Stadium des dichten Körpers ist.

Der Empfindungsleib begann seine Entwicklung in der Mondperiode. In der Erdperiode wurde er rekonstruiert. Er wird während der Jupiterperiode weitere Veränderungen erfahren und in der Venusperiode Vollkommenheit erlangen.

Der Intellekt wurde in der Erdperiode eingesetzt, wird in der Jupiter- und Venusperiode modifiziert werden und Vollkommenheit in der Vulkanperiode erreichen.

Ein Blick auf Diagramm 8 wird zeigen, daß der niederste Globus der Jupiterperiode in der Ätherregion liegt. Hier wäre es daher unmöglich, den dichten, physischen Träger zu gebrauchen; denn in der Ätherregion kann nur der Lebensleib benutzt werden. Man darf jedoch nicht annehmen, daß der dichte Körper, der die Zeit, vom Beginn der Saturnperiode bis zum Ende der Erdperiode zu seiner Vervollständigung und Vervollkommnung benötigte, danach weggeworfen wird, damit der Mensch in einem „höheren" Träger tätig sein kann.

Nichts geht in der Natur verloren. In der Jupiterperiode werden die Kräfte des dichten Körpers dem vollendeten Lebensleib hinzugefügt. Dieser Träger wird zu seinen eigenen Fähigkeiten noch die Kräfte des dichten Körpers besitzen. Dadurch wird er ein viel wertvolleres Instrument für den Ausdruck des dreifachen Geistes sein, als wenn er nur aus seinen eigenen Kräften erbaut wäre.

Entsprechend liegt Globus D der Venusperiode in der Empfindungswelt (siehe Diagramm 8). Deshalb könnte weder ein dichter Körper noch ein Lebensleib als Instrument des Bewußtseins dienen. Die Essenzen des zur Vollendung gebrachten dichten Körpers und Lebensleibes werden daher mit dem vollendeten Empfindungsleib verbunden, der dadurch ein Träger übersinnlicher Eigenschaften und wunderbar anpassungsfähig wird. Er reagiert auf den leisesten Wunsch des innewohnenden Geistes und zwar auf eine Art, die bei unseren gegenwärtigen Beschränkungen jenseits unseres fernsten Begriffsvermögens liegt.

Doch wird die Wirksamkeit dieses großartigen Trägers noch übertroffen werden, wenn in der Vulkanperiode seine Essenz zusammen mit den Essenzen des dichten Körpers und des Lebensleibes dem Intellekt hinzugefügt wird. Dieser wird zum höchsten menschlichen Träger, der in sich die Quintessenz des Besten aller Träger enthält. Der Träger der Venusperiode übersteigt unser gegenwärtiges Vorstellungsvermögen. Um wieviel mehr wird jener sein, der den göttlichen Wesen der Vulkanperiode zur Verfügung stehen wird.

Während der Involution halfen die Schöpferischen Hierarchien dem Menschen seinen dreifachen Geist, das Ego, in Tätigkeit zu setzen, den dreifachen Körper aufzubauen und das Bindeglied, den Intellekt, zu erwerben. Jetzt am siebten Tage (um die Sprache der Bibel zu verwenden) ruht jedoch Gott. Der Mensch muß jetzt selbst an seiner Erlösung arbeiten. Der dreifache Geist muß die Ausarbeitung des von den Göttern begonnenen Planes vollenden.

Der während der Involution in der Mondperiode erweckte menschliche Geist wird der bedeutendste der drei Aspekte des Geistes während der Evolution in der Jupiterperiode - der entsprechenden Periode zur Mondperiode - auf dem nach oben gerichteten Bogen der Spirale sein. Der Lebensgeist, der in der Sonnenperiode in Tätigkeit gesetzt wurde, wird seine Hauptaktivität in der entsprechenden Venusperiode offenbaren. Und in der Vulkanperiode werden die besonderen Einflüsse des Göttlichen Geistes am stärksten sein, weil er in der ihr entsprechenden Saturnperiode belebt wurde.

Alle drei Aspekte des Geistes sind während der ganzen Evolutionszeit tätig; doch wird sich die Hauptaktivität eines jeden Aspektes in jener besonderen Periode entfalten; denn die dort zu verrichtende Arbeit ist seine spezielle Aufgabe.

Als der dreifache Geist den dreifachen Körper entwickelt und die Kontrolle über ihn durch den Brennpunkt des Intellekts gewonnen hatte, begann er die dreifache Seele durch die Arbeit von innen heraus zu entfalten. Wie viel oder wie wenig Seele ein Mensch besitzt, hängt vom Wert der Arbeit ab, die der Geist in den Körpern geleistet hat. Das wurde in dem Kapitel erläutert, das **die Erfahrungen nach dem Tod** beschreibt.

Der Teil des Empfindungsleibes, der vom Ego verarbeitet worden ist, wird in die Empfindungsseele umgewandelt und schließlich vom menschlichen Geist assimiliert, dessen besonderer Träger der Empfindungsleib ist.

Der Teil des Lebensleibes, der vom Lebensgeist verarbeitet worden ist, wird zur Verstandesseele und gestaltet den Lebensgeist, weil dieser Aspekt des dreifachen Geistes sein Gegenüber im Lebensleib hat.

Der Teil des dichten Körpers, der vom Göttlichen Geist verarbeitet worden ist, wird Bewußtseinsseele genannt. Sie wird letztlich mit dem Göttlichen Geist vereinigt; denn der dichte Körper ist seine physische Ausstrahlung.

Die Bewußtseinsseele wächst durch Handeln, äußere Einflüsse und Erfahrungen.

Die Empfindungsseele wächst durch Gefühle und Emotionen, hervorgerufen durch Handlungen und Erfahrungen.

Die Intellektuelle- oder Verstandes-Seele, als Mittlerin zwischen den beiden anderen, wächst durch Gedächtnistraining, durch das sie vergangene und gegenwärtige Erfahrungen verbindet. Die dabei erzeugten Gefühle rufen „Sympathie" und „Antipathie" hervor, die außerhalb des Gedächtnisses nicht bestehen könnten, weil die Gefühle, die allein aus Erfahrung resultieren, vergänglich wären.

Während der Involution entwickelte sich der Geist weiter durch das Wachsen der Körper. Die Evolution hängt jedoch vom Seelenwachstum ab, von der Umwandlung der Körper in Seele. Die Seele ist sozusagen die Quintessenz, die Fähigkeit oder Stärke des Körpers. Und wenn ein Körper durch die oben beschriebenen Stufen und Perioden vollkommen erbaut und zu seiner Vollendung gebracht worden ist, wird die Seele aus ihm vollkommen extrahiert und von jenem der drei Aspekte des Geistes absorbiert, der den Körper an erster Stelle bildete; folglich wird:

die **Bewußtseinsseele** vom **Göttlichen Geist** im siebten Kreislauf der Jupiterperiode absorbiert,

die **Verstandesseele** vom **Lebensgeist** im sechsten Kreislauf der Venusperiode absorbiert,

die **Empfindungsseele** im fünften Kreislauf der Vulkanperiode vom **menschlichen Geist** absorbiert.

DAS SCHÖPFERISCHE WORT

Der Intellekt ist das wichtigste Instrument, das der Geist besitzt und ist sein besonderes Werkzeug beim Schöpfungswerk. Der vergeistigte und vervollkommnete Kehlkopf wird das schöpferische Wort sprechen. Der zur Vollendung gebrachte Intellekt wird jedoch über die besondere Form sowie das Maß der Schwingungen entscheiden und so zum bestimmenden Faktor werden. Die Vorstellungskraft wird die vergeistigte Fähigkeit sein, welche die schöpferische Arbeit leitet.

In der heutigen Zeit besteht eine starke Neigung, der Fähigkeit der Imagination wenig Beachtung zu schenken. Und doch ist sie einer der bedeutendsten Faktoren unserer Zivilisation. Gäbe es keine schöpferische Phantasie, wären wir noch unbekleidete Urmenschen. Imagination entwarf unsere Häuser, unsere Kleidung, unsere Verkehrs- und Nachrichtenmittel. Hätten die Erfinder dieser Verbesserungen keinen Intellekt und Ideenreichtum gehabt, um mentale Bilder zu gestalten, so hätten diese Verbesserungen niemals Wirklichkeit werden können. In unserem materialistischen Zeitalter wird der schöpferischen Phantasie vielfach unverhohlen Geringschätzung entgegengebracht; niemand fühlt sie schmerzlicher als die Erfinder. Gewöhnlich werden diese für „überspannt" gehalten, und doch sind sie die Hauptfaktoren bei der Unterwerfung der Physischen Welt und der Hebung der sozialen Umgebung, wie sie heute ist. Jede Verbesserung geistiger oder physischer Bedingungen muß zuerst als Möglichkeit in der Vorstellung vorhanden sein, ehe sie eine Wirklichkeit werden kann.

Anhand von Diagramm 1 wird dem Schüler diese Tatsache klar werden. Bei dem Vergleich, der hier zwischen den Funktionen der einzelnen menschlichen Träger und den Teilen eines Projektionsapparates gezogen wird, entspricht der Intellekt der Linse. Er ist das fokusierende Ausdrucksmittel, durch das die von der Vorstellungskraft des Geistes geformten Ideen in die materielle Welt projiziert werden. Zuerst sind sie nur Gedankenformen. Wenn aber der Wunsch, die sich vorgestellten Möglichkeiten zu verwirklichen, den Menschen bewogen hat, in der Physischen Welt zu arbeiten, werden sie zu dem, was wir konkret „Wirklichkeiten" nennen.

In der gegenwärtigen Zeit ist jedoch der Intellekt nicht zur Wiedergabe eines klaren und wahren Bildes fähig, das der Geist sich vorstellt. Sein Brennpunkt ist nicht scharf eingestellt. Er vermittelt unklare und trübe Bilder. Daher besteht die Notwendigkeit zu experimentieren, um die Unzulänglichkeiten des ersten Entwurfes aufzuzeigen und neue Vorstellungen und Ideen hervorzubringen, bis das vom Geist in mentaler Substanz erzeugte Bild in physische Materie übertragen worden ist.

Mit dem Intellekt können wir bestenfalls nur solche Bilder gestalten, die mit der Form zu tun haben, weil der Intellekt des Menschen erst in der Erdperiode seinen Anfang nahm und sich daher jetzt in seinem Form- oder „mineralischen" Zustand befindet. Wir sind daher in unserem Wirken auf die Formen und Mineralien beschränkt. Wir können uns Mittel und Wege vorstellen, um mit den mineralischen Formen der drei niederen Reiche zu arbeiten. Doch können wir wenig oder gar nicht auf lebende Körper einwirken. Wir sind zwar fähig, einem lebenden Baum einen lebenden Zweig aufzupfropfen oder einen lebenden Teil eines Tieres oder Menschen zu transplantieren. Wir arbeiten aber nicht mit dem **Leben,** sondern nur mit der Form. Wir schaffen verschiedene Lebensbedingungen, das Leben jedoch, das die Form bewohnt, bleibt davon unberührt. Leben zu schaffen, liegt solange außerhalb der Fähigkeit des Menschen, bis sein Intellekt lebendig geworden ist.

In der Jupiterperiode wird der Intellekt bis zu einem gewissen Grad belebt werden. Der Mensch kann sich dann Formen vorstellen, die wie Pflanzen **leben** und wachsen.

Wenn sein Intellekt in der Venusperiode „Gefühl" erworben haben wird, kann er lebende, wachsende und **empfindende** Dinge schaffen.

Hat er am Ende der Vulkanperiode Vollkommenheit erlangt, so wird er fähig sein, sich vorzustellen, Wesen ins Dasein treten zu lassen, die leben, wachsen, fühlen und **denken**.

In der Saturnperiode begann die Lebenswoge, welche die jetzige Menschheit darstellt, ihre Evolution. Damals waren die Herren des Intellekts menschlich. Sie arbeiteten in jener Periode mit dem Menschen, als er mineralisch war. Sie haben jetzt mit den niederen Reichen nichts zu tun, sondern sind einzig und allein mit unserer menschlichen Entwicklung beschäftigt.

Unsere gegenwärtigen Tiere begannen ihr mineralisches Dasein in der Sonnenperiode, in der die Erzengel menschlich waren. Diese sind daher die Herrscher und Führer derer, die sich jetzt auf der Tierstufe ihrer Evolution befinden. Mit Pflanzen und Mineralien jedoch haben sie nichts zu tun.

Die gegenwärtigen Pflanzen durchliefen ihr mineralisches Stadium in der Mondperiode. Die Engel waren damals menschlich. Sie haben daher eine besondere Beziehung zum Leben der gegenwärtigen Pflanzen und die Aufgabe, es an die menschliche Stufe heranzuführen; sie interessieren sich jedoch nicht für Mineralien.

Unsere gegenwärtige Menschheit wird mit der neuen Lebenswoge zu arbeiten haben, die ihre Evolution in der Erdperiode begann und **jetzt die Mineralien beseelt.** Gegenwärtig arbeiten wir mit ihr durch unsere Vorstellungskraft. Wir geben ihr Form, verarbeiten die Mineralien zu Schiffen, Brücken, Eisenbahnen, Häusern usw.

In der Jupiterperiode werden wir die Evolution des Pflanzenreiches lenken. Denn das, was jetzt mineralisch ist, wird dann eine pflanzenähnliche Daseinsform haben. Wir müssen an ihr arbeiten wie die Engel jetzt an unserem Pflanzenreich. Unser Vorstellungsvermögen wird dann so entwickelt sein, daß wir fähig sein werden, mit seiner Hilfe nicht nur Formen zu schaffen, sondern diese Formen auch mit Leben zu versehen.

In der Venusperiode wird unsere gegenwärtige mineralische Lebenswoge noch um eine Stufe weiter fortgeschritten sein. Wir werden dann für die Tiere dieser Periode so wirken, wie die Erzengel heute an unseren Tieren tätig sind und ihnen lebende und empfindende Formen geben.

Schließlich wird es in der Vulkanperiode unser Privileg sein, ihnen einen keimenden Intellekt zu geben, so wie wir ihn von den Herren des Intellekts erhielten. Die gegenwärtigen Mineralien werden dann die Menschheit der Vulkanperiode geworden sein. Wir werden ähnliche Zustände durchschritten haben, die jetzt von den Engeln und Erzengeln durchlaufen werden. In der Evolution werden wir dann einen Punkt erreicht haben, der etwas höher ist als jener der gegenwärtigen Herren des Intellekts. Wie man sich erinnern wird, gibt es nirgends eine genaue Wiederholung, sondern immer eine progressive Verbesserung, entsprechend dem spiralförmigen Entwicklungsweg.

Der Göttliche Geist wird am Ende der Jupiterperiode den menschlichen Geist absorbieren, den Lebensgeist am Ende der Venusperiode.

Und der vervollkommnete Intellekt, der alles einschließt, was er während seiner Pilgerfahrt durch alle sieben Perioden erworben hat, wird am Ende der Vulkanperiode vom Göttlichen Geist absorbiert werden. (Dies widerspricht nicht der vorerwähnten Feststellung, daß die Empfindungsseele vom menschlichen Geist im fünften Kreislauf der Vulkanperiode aufgenommen wird, weil letzterer sich dann innerhalb des Göttlichen Geistes befindet).

Dann wird die lange Zeitspanne subjektiver Tätigkeit folgen. In ihr wird der jungfräuliche Geist alle Früchte der siebenfachen Perioden tätiger Manifestation assimilieren. Er ist dann mit Gott vereinigt, aus Dem er hervorging, um in der Dämmerung eines neuen Schöpfungstages als einer Seiner glorreichen Helfer wieder aufzutauchen. Während seiner vergangenen Evolution sind seine latenten Möglichkeiten in dynamische Kräfte umgewandelt worden. Als Frucht seiner Pilgerreise durch die Materie hat er **Seelenkraft** und einen **Schöpferischen Intellekt** erworben. **Ohnmacht hat sich in Allmacht, Unwissenheit in Allwissenheit** verwandelt.

KAPITEL XVII

DIE METHODE, KENNTNISSE AUS ERSTER HAND ZU ERWERBEN

DIE ERSTEN SCHRITTE

Die Zeit ist nun reif, jedem Menschen den Weg zu weisen, durch eigene Forschung alle Fakten zu erfahren, mit denen wir uns bei unserem Studium bisher befaßt haben. Wie am Anfang festgestellt wurde, gibt es keine besonderen Gaben, die nur einem Menschen zuteil werden. Jeder kann selbst die Wahrheit über die Pilgerfahrt der Seele, die vergangene Evolution und die künftige Bestimmung der Welt erfahren, ohne gezwungen zu sein, sich auf die Wahrhaftigkeit eines anderen zu verlassen. Es gibt eine Methode, diese wertvolle Fähigkeit zu erwerben und mit der sich der ernsthaft Strebende qualifizieren kann, jene übersinnlichen Bereiche zu erforschen. Wenn man diese Methode beharrlich befolgt, können die Kräfte eines Gottes entwickelt werden.

Ein einfaches Beispiel möge die ersten Schritte aufzeigen. Der allerbeste Mechaniker ist ohne sein Handwerkszeug nahezu hilflos. Es ist das Kennzeichen eines guten Handwerkers, daß er sehr wählerisch in Bezug auf die Qualität und den Zustand seiner Werkzeuge ist, die er gebraucht; denn er weiß, daß das Werkstück ebensosehr von deren Güte als auch von seiner Geschicklichkeit abhängt.

Das Ego hat verschiedene Instrumente: einen dichten Körper, einen Lebensleib, einen Empfindungsleib und einen Intellekt. Diese sind sein Handwerkszeug. Von ihren Eigenschaften und ihrem Zustand hängt es ab, wieviel oder wie wenig das Ego in jedem Leben an Leistung vollbringen kann, um Erfahrungen zu sammeln. Sind die Instrumente mangelhaft und stumpf, wird nur geringes geistiges Wachstum möglich, und das Leben in geistiger Beziehung fruchtlos sein.

ERWERB VON KENNTNISSEN AUS ERSTER HAND

Im allgemeinen beurteilen wir ein „erfolgreiches" Leben nach dem Bankkonto, nach der erreichten gesellschaftlichen Stellung, oder nach dem Glück, das aus sorgenfreier Existenz und geschützter Umgebung resultiert.

Wenn man das Leben auf diese Weise betrachtet, wird all das, was Ewigkeitswert hat, vergessen. Der Mensch wird vom Vergänglichen und Illusorischen geblendet. Ein Bankkonto erscheint als wirklicher Erfolg. Darüber wird jedoch die Tatsache vergessen, daß das Ego vom Augenblick des Verlassens seiner irdischen Hülle keinen Anteil an Gold oder irgendeinem anderen weltlichen Schatz hat. Es kann sogar für die angewandte Methode, mit der es dieses Gut erwarb, zur Verantwortung gezogen werden und schwer darunter leiden, wenn es sieht, wie andere es ausgeben. Auch vergißt man, daß die einflußreiche, gesellschaftliche Stellung ebenfalls verlorengeht, sobald die Silberschnur gelöst ist. Die einstigen Schmeichler können nun hohnlachen. Selbst jene, die ihm im Leben treu waren, mögen bei dem Gedanken an eine Stunde schaudern, die sie allein in Gesellschaft mit dem Toten verbrachten. Alles, was nur aus diesem Leben ist, **bedeutet** Eitelkeit. Nur das ist von wahrem Wert, was von uns als geistiger Schatz über die Schwelle mitgenommen werden kann.

Die Treibhauspflanze kann in ihrem geschützten Glashaus, wenn sie blüht, wunderschön aussehen. Fiele aber die Heizung aus, würde sie verwelken und sterben. Dagegen wird die Pflanze, die in Regen und Sonnenschein, in Sturm und Windstille gewachsen ist, den Winter überleben und jedes Jahr von neuem erblühen. Vom Standpunkt der Seele aus sind irdisches Glück und eine geborgene Umgebung im allgemeinen ungünstige Umstände. Der verhätschelte Schoßhund unterliegt Krankheiten, die der heimatlose Straßenhund, der um die Reste aus dem Abfalleimer kämpfen muß, nicht kennt. Das Leben dieses Tieres ist hart. Es gewinnt aber Erfahrung, die es wachsam, lebhaft und findig machen. Sein Leben ist ereignisreich. Es sammelt sehr viele Erfahrungen, während der verwöhnte Schoßhund seine Zeit in schrecklicher Eintönigkeit vertrödelt.

Im Falle des Menschen ist es in etwa ähnlich. Es mag hart sein, gegen Armut und Hunger kämpfen zu müssen. Vom Standpunkt der Seele aus ist das aber einem trägen, luxuriösen Leben unbedingt vorzuziehen. Wenn Reichtum nichts weiter als der Diener **wohl ausgedachter** Menschenfreundlichkeit wäre, die hilft, den Menschen wirklich emporzuheben, so könnte sie ein großer Segen sein und seinem Besitzer zu Wachstum verhelfen. Wird aber der Reichtum zu selbstsüchtigen Zwecken und zur Unterdrückung anderer verwendet, kann er nur als reiner Fluch betrachtet werden.

Die Seele ist auf der Erde, um Erfahrungen mit Hilfe ihrer Instrumente zu sammeln. Diese sind die Werkzeuge, die jeder bei ihrer Geburt mitgegeben werden. Sie sind gut, schlecht oder mittelmäßig, je nachdem, wie wir durch vergangene Erfahrungen gelernt haben, sie zu erbauen. Nun müssen wir mit ihnen, so wie sie sind, arbeiten.

Wenn wir aus der gewohnten Lethargie aufgerüttelt werden und bestrebt sind, Fortschritte zu machen, erhebt sich natürlich die Frage: „Was muß ich tun?"

Ohne gut gepflegtes Werkzeug kann der Handwerker keine ausgezeichnete Arbeit leisten. Ebenso müssen die Instrumente des Egos gereinigt und geschliffen werden. Dann können wir beginnen, für irgend einen Zweck zu arbeiten. Wenn man mit diesen wunderbaren Werkzeugen arbeitet, werden sie durch richtigen Gebrauch sogar noch besser. Sie werden zu einer immer wirksameren Hilfe bei der Arbeit. Das Ziel dieser Tätigkeit **ist die Vereinigung mit dem höheren Selbst**.

Es sind drei Schritte, durch welche diese Arbeit die niedere Natur besiegt; doch diese werden nicht nacheinander getan. In gewissem Sinne erfolgen sie zusammen in der Weise, daß auf der gegenwärtigen Stufe der erste Schritt am sichtbarsten wird, der zweite weniger und der dritte am allerwenigsten. Mit der Zeit, wenn der erste Schritt vollständig gemacht sein wird, kann natürlich den beiden anderen mehr Beachtung geschenkt werden.

Um diese drei Stufen zu erreichen, gibt es drei Hilfen. Sie können in der Außenwelt wahrgenommen werden, wo sie die großen Führer der Menschheit eingesetzt haben.

Die erste Hilfe sind die Rassenreligionen, die der Menschheit bei der **Überwindung des Empfindungsleibes** helfen und ihn für die Vereinigung mit dem Heiligen Geist vorbereiten.

Die volle Wirksamkeit dieser Hilfe zeigte sich am Pfingsttag. Da der Heilige Geist der Rassengott ist, sind alle Sprachen sein Ausdrucksmittel. Daher redeten die Apostel, als sie in der Gemeinschaft versammelt und vom Heiligen Geist erfüllt waren, in verschiedenen Zungen und konnten ihre Zuhörer überzeugen. Ihre Empfindungsleiber waren genügend gereinigt, um die gewünschte Vereinigung zustandezubringen. Das ist ein Vorgeschmack dessen, was der Strebende eines Tages erreichen wird – die Fähigkeit, in allen Zungen zu reden. Als historisches Beispiel neuerer Zeit kann angeführt werden, daß der Graf von St. Germain (eine der späteren Verkörperungen von Christian Rosenkreuz, dem Begründer unseres geheiligten Ordens) alle Sprachen beherrschte. Alle, mit denen er sprach, glaubten, er gehöre ihrer Nation an. Auch er hatte bereits die Vereinigung mit dem Heiligen Geist erreicht.

In der Hyperboreischen Epoche, bevor der Mensch einen Empfindungsleib besaß, gab es nur eine universale Verständigungsform. Wenn der Empfindungsleib genügend gereinigt sein wird, werden alle Menschen wieder fähig sein, einander zu verstehen. Dann wird es die trennenden Rassenunterschiede nicht mehr geben.

Die zweite Hilfe, die sich jetzt der Menschheit bietet, ist die Religion des Sohnes, die Christliche Religion, deren Ziel die **Vereinigung mit Christus** durch Reinigung und Beherrschung des Lebensleibes ist.

Paulus bezieht sich auf diesen zukünftigen Zustand, wenn er sagt: „Bis Christus in euch Gestalt annimmt" (Gal.4.19) und ermahnte seine Jünger, sich von jeder Last zu befreien, weil sie Menschen gleichen würden, die einen Wettlauf machen.

Das Grundprinzip der Erbauung des Lebensleibes ist Wiederholung. Wiederholte Erfahrungen wirken an ihm, um das Gedächtnis zu entwickeln. Die Führer der Menschheit, die bestrebt waren, uns durch bestimmte Übungen unbewußt Hilfe zu geben, setzten das Gebet als Mittel ein, um am Lebensleib reine und erhabene Gedanken arbeiten zu lassen. Sie schärften den Menschen ein, „ohne Unterlaß zu beten". Spötter haben oft höhnisch gefragt, warum man es für erforderlich hält, ständig zu beten. Ist Gott allwissend, so kennt Er unsere Bedürfnisse. Ist Er es nicht, werden Ihn unsere Gebete wahrscheinlich niemals erreichen. Ist Er nicht allwissend, kann Er auch nicht allmächtig sein, und daher auch keine Gebete erhören. Mancher ernsthafte Christ mag es auch als Unrecht empfunden haben, den Thron der Gnade ständig mit Bitten zu bedrängen.

Solche Gedanken beruhen auf einem Mißverstehen der Fakten. Gott ist wahrlich allwissend. Er braucht nicht an unsere Sorgen erinnert zu werden. Beten wir aber in der rechten Weise, so erheben wir uns zu Ihm, arbeiten an unserem Lebensleib und reinigen ihn. Im richtigen Beten aber liegt die große Schwierigkeit. Wir beschäftigen uns gewöhnlich mehr mit zeitlichen Dingen als geistiger Erhebung. Die Kirchen veranstalten besondere Zusammenkünfte, um Regen zu erbitten, und Geistliche feindlicher Heere und Kriegsflotten beten sogar vor der Schlacht, daß ihren Waffen Erfolg beschieden werde.

Das ist das Gebet zum Rassengott, der sich für sein Volk einsetzt, seine Herden vermehrt, seine Kornkammern füllt und seine irdische Not behebt. Solche Gebete wirken nicht einmal reinigend. Sie entspringen dem Empfindungsleib, der die Situation so erfaßt: „Herr, nun halte ich

Deine Gebote nach besten Kräften, und ich wünsche, daß auch Du dafür das Deine tust".

Christus gab der Menschheit ein Gebet. Es ist einzigartig und allumfassend wie Er selbst. In ihm sind sieben verschiedene und gesonderte Gebete enthalten, eines für jeden der sieben Grundbestandteile des Menschen, den dreifachen Körper, den dreifachen Geist und das Bindeglied des Intellekts. Jedes Gebet ist besonders geeignet, die Weiterentwicklung des Teils des zusammengesetzten Menschen zu fördern, auf den es sich bezieht.

Der Zweck des Gebetes, das sich auf den dreifachen Körper bezieht, ist die Vergeistigung dieser Träger und das Herausziehen der dreifachen Seele aus ihnen.

Die Gebete, die sich auf den dreifachen Geist beziehen, bereiten ihn vor, die extrahierte Essenz, die dreifache Seele, aufzunehmen.

Das Gebet für den Intellekt soll ihn als Bindeglied in die richtige Beziehung zur höheren und niederen Natur bringen.

Die dritte, der Menschheit gegebene Hilfe wird die Religion des Vaters sein. Wir wissen sehr wenig von ihr, nur, daß das Ideal sogar ein noch höheres als das der Bruderschaft sein wird, durch das der dichte Körper vergeistigt werden wird.

Die Religionen des Heiligen Geistes, die Rassenreligionen, dienten zur Hebung der menschlichen Rasse durch ein Gefühl der Verwandtschaft, beschränkt auf eine Gruppe, Familie, Stamm oder Nation.

Das Ziel der Religion Christi, des Sohnes ist, die Erhebung der Menschheit zu fördern durch Schaffung einer Universalen Bruderschaft von getrennten Individuen.

Das Ideal der Religion des Vaters wird der Ausschluß aller Getrenntheit sein durch eine alle umschließende Vereinigung mit dem Einen. Es gibt dann weder ein „Ich" noch ein „Du" und alles wird in **Wirklichkeit Eins** sein. Solange wir noch Bewohner der physischen Erde sind, wird dies nicht eintreten, sondern in einem kommenden Zustand, in dem wir unsere Vereinigung mit allem erfahren werden. Dann wird jeder Zutritt zu den von jedem Individuum erworbenen Kenntnissen haben. So wie die einzelne Facette eines Diamanten Zutritt zu allem Licht hat, das durch jede der anderen Facetten strahlt und mit ihnen, wenn auch durch Linien begrenzt, eins ist, die ihr eine gewisse Individualität **ohne Getrenntheit** geben, so wird der individuelle Geist **das Gedächtnis seiner besonderen Erfahrungen behalten** und gleichzeitig allen anderen **die Früchte** seines persönlichen Lebens geben.

Dies sind die Schritte und Stufen, durch welche die Menschheit unbewußt geführt wird.

In vergangenen Zeiten herrschte allein der Rassengeist. Der Mensch war mit einer patriarchalischen und paternalistischen Herrschaft zufrieden, an der er keinen Anteil hatte. Nun sehen wir in der ganzen Welt das Zusammenbrechen des alten Systems. Das Kastensystem, das in Indien ein Bollwerk für England bedeutete, zerfällt. Anstatt sich in kleine Gruppen zu teilen, vereinigen sich die Menschen mit der Forderung, daß der Unterdrücker abziehen und sie verlassen solle, um in Freiheit unter Leitung einer aus dem Volk und für das Volk gewählten Regierung zu leben. Rußland wird durch Kämpfe zur Befreiung von einer diktatorischen und autokratischen Regierung zerrissen. Die Türkei ist erwacht und hat einen großen Schritt hin zur Freiheit getan. Hier in unserem Land in Nordamerika, von dem angenommen wird, daß es sich bereits einer solchen Freiheit erfreut, die von anderen erst angestrebt oder erfochten wird, ist man noch nicht zufrieden. Wir erfahren, daß es noch andere Unterdrückungen gibt, als die einer autokratischen Monarchie. Wir erkennen, daß wir noch industrielle Freiheit erwerben müssen. Wir stöhnen unter dem Joch der Trusts und eines ungesunden Konkurrenzsystems. Wir streben nach Zusammenarbeit, wie sie jetzt von Trusts innerhalb ihrer eigenen Grenzen und zu ihrem eigenen Nutzen praktiziert wird. Wir wünschen einen sozialen Zustand, wo „ein jeglicher unter seinem Weinstock und unter seinem Feigenbaum" (1.Könige 5,5) wohnen kann und ihn niemand ängstigt.

So verändern sich die alten Systeme patriarchalischer Herrschaft auf der ganzen Welt. Die Nationen als solche haben ihren Höhepunkt hinter sich und arbeiten unbewußt, in Übereinstimmung mit dem Plan der unsichtbaren Führer, auf eine Universale Bruderschaft hin. Auch wenn diese Führer nicht im Rat der Nationen sitzen, so wirken sie doch nicht minder machtvoll an der Gestaltung der Ereignisse.

Dies sind die langsam wirkenden Mittel, durch welche die verschiedenen Körper der Menschheit umfassend gereinigt werden. Doch der nach höherer Erkenntnis Strebende arbeitet nach wohlersonnenen, seiner Veranlagung entsprechenden Methoden, **bewußt** an diesem Ziel.

WESTLICHE METHODEN FÜR WESTLICHE VÖLKER

In Indien werden von den verschiedenen Yogasystemen verschiedene Methoden angewendet. Yoga bedeutet Vereinigung. Wie im Westen ist das Ziel der Strebenden die Vereinigung mit dem Höheren Selbst. Um wirksam zu sein, müssen jedoch die Methoden des Suchens nach Vereinigung verschieden sein. Die Träger des Hindu sind ganz anders beschaffen als jene des Kaukasiers. Die Hindus haben viele, viele Jahrtausende in einer Umgebung und in einem Klima gelebt, das von dem unseren grundverschieden ist. Sie sind einer anderen Denkmethode gefolgt. Ihre Zivilisation, obgleich von hohem Rang, unterscheidet sich in ihren Auswirkungen von unserer. Deshalb wäre es für uns sinnlos, ihre Methoden anzunehmen, die das Resultat höchsten okkulten Wissens und diesem Volk vollkommen angepaßt sind. Für die Völker des Westens jedoch wären sie ungeeignet wie eine Haferdiät für einen Löwen.

So verlangen z.B. einige Systeme, daß der Yogi in bestimmten Stellungen sitzen muß, damit besondere kosmische Ströme auf gewisse

Weise durch seinen Körper fließen, um präzise Resultate hervorzubringen. Diese Schulung ist für den Kaukasier völlig nutzlos, weil er durch seine Lebensweise für diese Ströme absolut unempfindlich ist. Wenn er überhaupt Resultate erzielen will, muß er im Einklang mit der Beschaffenheit seiner Träger arbeiten. Daher wurden die „Mysterienschulen“ während des Mittelalters in verschiedenen Teilen Europas gegründet. Die Alchimisten waren scharfsinnige Schüler der höheren okkulten Wissenschaft. Die allgemein verbreitete Meinung, das Ziel ihrer Studien und Experimente sei die Verwandlung niederer Metalle in Gold gewesen, entstand durch die von ihnen gewählte symbolische Sprache, mit der sie ihre eigentliche Tätigkeit der Umwandlung der niederen Natur in Geist beschrieben. Damit sollte der Argwohn der Priester zerstreut werden, ohne die Unwahrheit zu sagen. Die Feststellung, daß die Rosenkreuzer eine Gemeinschaft waren, die sich dem Auffinden der Formel des „Steines der Weisen“ und deren Gebrauch widmeten, war und ist richtig. Es ist auch wahr, daß die meisten Menschen mit diesem wunderbaren Stein in Berührung kamen und kommen. Er ist Gemeingut, aber nur für den von Nutzen, der sich ihn selbst herstellt. Die Formel wird in der esoterischen Schulung gegeben. In dieser Hinsicht unterscheidet sich ein Rosenkreuzer nicht von dem Angehörigen einer anderen okkulten Schule. Alle beschäftigen sich mit der Herstellung dieses begehrten Steines, doch wendet jeder seine eigene Methode an, denn es sind nicht zwei Menschen gleich. Daher ist wirklich erfolgreiche Arbeit innerhalb ihres Bereiches immer individuell.

Alle okkulten Schulen sind in sieben teilbar, wie die „Lebens-Strahlen“, die jungfräulichen Geister. Jede Schule oder jeder Orden gehört einem dieser sieben Strahlen an, wie jede Einheit unserer Menschheit. Wenn daher ein Individuum danach strebt, sich mit einer dieser okkulten Gruppen zu verbinden, deren „Brüder“ nicht zu seinem

Strahl gehören, so geschieht das nicht zu seinem Nutzen. Die Mitglieder dieser Gruppe sind Brüder in engerem Sinn als es der Rest der Menschheit ist.

Wenn man die sieben Strahlen mit den sieben Farben des Spektrums vergleicht, wird vielleicht ihre Beziehung zueinander verständlicher. Würde sich z.B. ein roter Strahl mit einem grünen verbinden, so entstünde Disharmonie. Das gleiche Prinzip gilt für Geister. Jeder muß mit der Gruppe fortschreiten, zu der er während der Manifestation gehört, und doch sind sie alle eins. So wie alle Farben im weißen Licht enthalten sind, die strahlenbrechende Eigenschaft unserer Atmosphäre es jedoch in sieben Farben zu zerlegen scheint, so lassen die Scheinbedingungen des konkreten Daseins die jungfräulichen Geister in Gruppen erscheinen. Diese erkennbare Gruppierung wird fortdauern, solange wir uns in diesem Zustand befinden.

Der Orden der Rosenkreuzer wurde hauptsächlich für die ins Leben gerufen, deren hohe Stufe intellektueller Entwicklung sie veranlaßte, das Herz, (das Mitgefühl) abzulehnen. Der Intellekt verlangt gebieterisch eine vernunftgemäße Erklärung für alles, – für das Weltmysterium, die Fragen des Lebens und des Todes. Die Gründe für das Dasein und dessen **modus operandi** werden durch das priesterliche Gebot, „den Mysterien Gottes nicht nachzuforschen" nicht erklärt.

Es ist von großer Wichtigkeit, daß jeder Mann und jede Frau, die mit einem forschenden Intellekt gesegnet sind, alle Belehrungen erhalten werden, nach denen sie verlangen, damit das Herz sprechen könne, wenn der Kopf beruhigt ist. Intellektuelles Wissen ist nur ein Mittel zum Zweck, nicht das Ziel selbst. Daher beabsichtigt der Rosenkreuzer, zuerst den nach Wissen Dürstenden davon zu überzeugen, daß alles im Universum vernunftgemäß ist. Auf diese Weise gewinnt er die Oberhand über den rebellischen Intellekt. Wenn er aufgehört hat, zu kritisieren und bereit ist, Aussagen, die nicht umgehend nachgeprüft werden können, einstweilig als **glaubhaft wahr** zu akzeptieren, dann und nur dann wird die esoterische Schulung erfolgreich die höheren Fähigkeiten entwickeln, wodurch der Mensch vom Glauben zum Wissen aus erster Hand gelangt. Doch selbst dann wird sich zeigen, daß der Schüler, so wie er sich durch Erlangung von Wissen aus erster Hand fortentwickelt, fähig wird, selbst zu forschen. Er wird immer wieder Wahrheiten begegnen, die er als solche erkennt. Er ist jedoch noch nicht fortgeschritten genug, um sie zu erforschen.

Der Schüler sollte sich daran erinnern, daß nichts Unlogisches im Universum bestehen kann, und die Logik der sicherste Führer in allen Welten ist. Er darf aber nicht vergessen, daß seine Fähigkeiten beschränkt sind. Es kann mehr als sein logisches Urteilsvermögen zur Lösung eines bestehenden Problems erforderlich sein, auch wenn es eine vollkommene Erklärung zuläßt, die jedoch nach Regeln der Beweisführung, jenseits des Fassungsvermögens des Schülers auf seiner gegenwärtigen Entwicklungsstufe liegt. Ein anderer Punkt, der zu beachten ist, stellt das unbedingt erforderliche, unerschütterliche Vertrauen in den Lehrer dar.

Das eben Erwähnte wird der besonderen Aufmerksamkeit all derer empfohlen, die beabsichtigen, die ersten Schritte zur Erlangung höherer Erkenntnisse zu machen. Will man den gegebenen Richtlinien überhaupt folgen, muß man ihnen uneingeschränkten Glauben schenken, als ein wirksames Mittel zur Erfüllung ihres Zweckes. Sie mit halbem Herzen zu befolgen, würde nichts nützen. Unglaube wird die schönste Blume töten, die jemals aus dem Geist erwuchs.

Die Arbeit an den verschiedenen Körpern des Menschen erfolgt synchron. Ein Körper kann nicht beeinflußt werden, ohne Einwirkung auf die anderen. Die Hauptarbeit kann aber an einem von ihnen erfolgen.

Wird strikt auf Gesundheitspflege und Ernährung geachtet, wirkt sich dies hauptsächlich auf den dichten Körper aus, ebenso auf den Lebens- und Empfindungsleib. Je reinere und bessere Nahrung dem dichten Körper einverleibt wird, in desto reineren planetarischen Äther und Empfindungsstoff werden auch die Partikelchen eingehüllt. Folglich werden die planetarischen Teile des Lebens- und Empfindungsleibes reiner. Achtet man nur auf Nahrung und Hygiene, können der persönliche Lebens- und Empfindungsleib fast so unrein wie zuvor bleiben. Es ist aber für den Menschen doch etwas leichter, mit dem Guten in Berührung zu kommen, als wenn er schwere Nahrung zu sich nähme.

Wenn man andererseits trotz Belästigungen ein gleichmäßiges Temperament, sowie die literarische und künstlerische Geschmacksrichtung kultiviert, so wird der Lebensleib eine Wirkung des Wählerischen, Anspruchsvollen in körperlichen Angelegenheiten erzielen. Ebenso wird er veredelnde Gefühle im Empfindungsleib hervorrufen.

Wenn man danach trachtet, seine Gefühlsregungen zu veredeln, hat das auch Rückwirkungen auf die anderen Träger und hilft, sie zu verbessern.

DIE WISSENSCHAFT DER ERNÄHRUNG

Beginnen wir mit dem dichten Körper. Wenn wir die zur Verfügung stehenden natürlichen Hilfsmittel in Betracht ziehen, um ihn zu verbessern und zum bestmöglichen Instrument für den Geist zu machen, hernach die geistigen Mittel zu demselben Zweck berücksichtigen, schließen wir genauso auch alle anderen Träger ein. Daher wollen wir dieser Methode folgen.

Der erste sichtbare Zustand des menschlichen Embryos ist ein kleiner, kugelförmiger, weicher oder gallertartiger Zellkörper, der dem Eiweiß oder dem Weißen im Ei gleicht. In diesem weichen Kügelchen erscheinen verschiedene Partikelchen festerer Materie. Diese nehmen allmählich an Größe und Dichte zu, bis sie miteinander in Verbindung kommen. Die verschiedenen Berührungspunkte werden nach und nach in Verbindungsstellen oder Gelenke umgewandelt. So wird allmählich ein ausgeprägtes Gerüst aus fester Materie, ein Skelett, geformt.

Während der Bildung dieses Gerüstes akkumuliert die gallertartige Materie und verändert sich in der Form, bis sich schließlich die uns als Fötus bekannte Aufbaustufe bildet. Dieser wird größer, fester und gestaltet sich bis zur Zeit der Geburt, dem Beginn des Säuglingsalters, vollständiger aus.

Derselbe Verdichtungsprozeß, der mit der ersten sichtbaren Daseinsstufe begann, setzt sich noch fort. Das Wesen schreitet durch die verschiedenen Stadien des Säuglingsalters, der Kindheit, der Jugend, des Mannes- oder Frauen- und des Greisenalters. Schließlich kommt es zur Veränderung, die man Tod nennt.

Jede dieser Stufen ist durch einen **zunehmenden Grad an Härte und Festigkeit gekennzeichnet.**

Es findet eine allmähliche Zunahme an Dichte und Festigkeit der Knochen, Sehnen, Knorpel, Bänder, Gewebe, Membranen, der Haut und sogar der Substanz des Magens, der Leber, der Lunge und anderer Organe statt. Die Gelenke werden starr und trocken. Sie beginnen zu knacken und zu knistern, wenn sie bewegt werden, weil die Gelenkschmiere, die sie einfettet und weich erhält, an Quantität abnimmt und zu dick und zu zäh wird, um ihren Zweck zu erfüllen.

Das Herz, das Gehirn und das gesamte Muskelsystem, das Rückenmark, die Nerven, Augen usw. nehmen an demselben Kristallisationsprozeß teil und versteifen immer mehr. Millionen über Millionen winziger Kapillargefäße, die sich wie Zweige eines Baumes verästeln und über den ganzen Körper ausbreiten, verstopfen nach und nach und werden zu einem festen, für das Blut nicht mehr durchlässigen Gewebe.

Die größeren Blutgefäße, sowohl Arterien als auch Venen, verhärten sich, verlieren ihre Elastizität, werden enger und unfähig, die erforderliche Blutmenge zu befördern. Die Flüssigkeiten des Körpers dicken ein, werden träge und mit erdiger Materie beladen. Die Haut wird welk, runzelig und trocken. Das Haar fällt aus Mangel an Fettstoff aus, die Zähne werden kariös und fallen wegen fehlender Gelatine aus. Die motorischen Nerven beginnen einzutrocknen, und die Körperbewegungen werden unbeholfen und langsam. Die Sinne lassen nach. Die Blutzirkulation verzögert sich, stagniert. Das Blut gerinnt in den Gefäßen. Der Körper verliert immer mehr seine früheren Kräfte. Einst elastisch, gesund, lebhaft, geschmeidig, aktiv und empfindsam, wird er nun steif, langsam und unempfindlich. Schließlich stirbt er an Altersschwäche.

Es erhebt sich die Frage nach der Ursache dieser allmählichen Verknöcherung des Körpers, die Steifheit, Altersschwäche und Tod zur Folge haben.

Vom rein physischen Standpunkt aus scheinen die Chemiker einstimmig der Ansicht zu sein, daß hauptsächlich eine Zunahme von phosphorsaurem Kalk (Knochenmaterie), kohlensaurem Kalk (gewöhnlichem Kalk) und schwefelsaurem Kalk (Gips) gelegentlich mit ein wenig Magnesium und einer unbedeutenden Menge anderer erdiger Substanzen die Ursache sei.

Der einzige Unterschied zwischen den Körpern alter Menschen und denen von Kindern ist die größere Dichte, Zähigkeit und Steifheit, die durch das Eindringen eines verhältnismäßig größeren Anteils kalkiger, erdiger Materie in das Körpersystem alter Menschen entstehen. Die Knochen des Kindes bestehen zu drei Vierteln aus Knorpel und einem Viertel erdiger Substanz. Im Alter ist dieses Verhältnis umgekehrt. Was ist nun die Ursache dieser tödlichen Ansammlung fester Materie?

Es scheint sicher zu sein, daß der ganze Körper durch das Blut ernährt wird. Alles im Körper Vorhandene, von welcher Natur auch immer, muß zuerst im Blut gewesen sein. Eine Analyse zeigt, daß das Blut erdige Substanzen derselben Art enthält, wie die zur Verdichtung wirkenden Stoffe. Man beachte: das **arterielle** Blut enthält mehr erdige Bestandteile als das **venöse** Blut.

Das ist von großer Wichtigkeit. Es beweist, daß das Blut in jedem Umlauf erdige Substanzen absetzt. Es befördert somit das, was das System verstopft. Sein Vorrat an erdigen Substanzen muß jedoch ergänzt werden, sonst könnte es dies nicht fortgesetzt tun. Wo erneuert das Blut seine tödliche Last? Auf diese Frage gibt es nur eine einzige Antwort: durch Nahrung und Getränke; es gibt absolut keine andere Quelle.

Die Speisen und Getränke, die den Körper ernähren, müssen zugleich auch die Hauptquelle kalkhaltiger, erdiger Materie sein, die vom Blut im ganzen Körper abgesetzt wird. Sie verursacht Altersschwäche und schließlich den Tod. Um das physische Leben zu erhalten, müssen wir essen und trinken. Da es aber viele Arten von Speisen und Getränken gibt, ist es im Hinblick auf die oben erwähnten Tatsachen unsere Pflicht, wenn möglich festzustellen, welche Sorten von Nahrungsmitteln den geringsten Anteil gesundheitsschädlicher Substanz enthalten. Finden wir eine solche Nahrung, können wir unser Leben verlängern. Es ist vom okkulten Standpunkt aus erstrebenswert, in jedem dichten Körper so lange wie möglich zu leben, besonders dann, wenn man begonnen hat, den Pfad (der Einweihung) zu beschreiten. Es bedarf so vieler Jahre, um jeden bewohnten Körper durch die Kindheit und die stürmische Jugend zu erziehen, bis endlich der Geist ihn einigermaßen beherrschen kann. Je länger wir einen Körper behalten können, der sich von den Eingebungen des Geistes leiten läßt, um so besser ist es. Daher ist es äußerst wichtig, daß der Schüler solche Nahrung und Getränke zu sich nimmt, welche die geringste Menge an verhärtender Materie absetzen, gleichzeitig die Ausscheidungsorgane in Tätigkeit halten.

Das Haut- und Harnsystem rettet den Menschen vor einem frühen Grab. Würden nicht durch seine Tätigkeit die meisten erdigen Bestandteile aus unserem Körper ausgeschieden, könnte niemand ein Alter von zehn Jahren erreichen.

Man hat in etwa errechnet, daß gewöhnliches, nicht destilliertes Quellwasser kohlensauren Kalk und andere Kalkverbindungen in einem solchen Maß enthält, daß die durchschnittliche Menge, die von einem Menschen täglich in Form von Tee, Kaffee, Suppen usw. zu sich genommen wird, ausreicht, um in vierzig Jahren einen Block von festem Kalk oder Marmor in der Größe eines stattlichen Mannes zu bilden. Es ist auch bezeichnend, daß sich im Urin der Erwachsenen immer phosphorsaurer Kalk befindet, jedoch nicht im Urin von Kindern, weil in ihm die ungeheuer schnelle Bildung von Knochen das Zurückhalten dieses Salzes erfordert. Während der Schwangerschaft ist im Urin der Mutter sehr wenig erdige Materie. Diese wird zum Aufbau des Fötus verwendet. Unter gewöhnlichen Umständen enthält der Urin Erwachsener jedoch deutlich feststellbare erdige Substanzen. Diesem Tatbestand ist es zu verdanken, daß wir wenigstens unser jetziges Alter erreichen.

Nicht destilliertes Wasser als Getränk ist der schlimmste Feind des Menschen, hingegen äußerlich angewendet, wird es zu seinem besten Freund. Es hält die Poren der Haut offen, regt die Blutzirkulation an und verhindert Stauungen. Sie bieten die beste Möglichkeit zur Ablagerung des erdigen, todbringenden phosphorsauren Kalkes.

Harvey, der den Blutkreislauf entdeckte, sagte, daß Gesundheit das Zeichen eines freien und Krankheit die Folge eines behinderten Blutkreislaufes sei.

Die Badewanne trägt viel zur Erhaltung körperlicher Gesundheit bei und sollte von den nach höherem Leben Strebenden reichlich benutzt werden. Die Ausdünstung, bewußt oder unbewußt, führt mehr erdige Materie aus dem Körper als irgend ein anderes Mittel. Solange man Öl dem Feuer zuführt, und es von Asche frei hält, wird es brennen. Die Nieren sind wichtig, um die Asche aus dem Körper zu entfernen. Doch trotz der großen Menge an erdigen Bestandteilen, die durch den Urin abgeleitet werden, bleibt in vielen Fällen noch genug zurück, um Grieß und Steine in der Blase zu bilden, wodurch unerträgliche Schmerzen entstehen und oftmals der Tod verursacht wird.

Lasse sich niemand zu der Annahme verleiten, daß gekochtes Wasser weniger Kalkstein enthalte. Der am Boden des Wasserkessels gebildete Kalkstein wurde dort von verdampftem Wasser zurückgelassen. Wäre der Dampf verdichtet, hätten wir destilliertes Wasser, das ein wichtiger Faktor zur Jungerhaltung des Körpers ist.

Im destillierten Wasser sind absolut keine erdigen Bestandteile, auch nicht im Regen- Schnee- oder Hagelwasser (ausgenommen, was durch Berührung mit den Hausdächern gesammelt wird). Doch Kaffee, Tee oder Suppe, die mit normalem Leitungswasser - ganz gleich wie lange - gekocht werden, sind nicht von erdigen Partikeln gereinigt. Im Gegenteil, je länger sie gekocht werden, desto mehr werden sie mit Asche beladen. Wer an Urinbeschwerden leidet, sollte niemals etwas anderes als destilliertes Wasser trinken.

Man kann im allgemeinen sagen, daß von den festen Nahrungsmitteln, die wir in unseren Körper aufnehmen, frisches Gemüse und reife Früchte das höchste Maß an Nährstoffen und den geringsten Anteil an erdigen Substanzen enthalten.

Da wir für den Höherstrebenden und nicht für die allgemeine Öffentlichkeit schreiben, kann man auch sagen, daß tierische Nahrung, wenn möglich, gänzlich vermieden werden sollte. Niemand, der tötet, kann auf dem Pfad der Heiligkeit sehr weit vorankommen. Wenn wir Fleisch essen, handeln wir sogar schlimmer, als wenn wir eigenhändig töteten; denn, um sich vor der Ausübung des Tötens zu bewahren und doch Nutznießer zu sein, nötigen wir einen Mitmenschen, aus Erwerbsgründen, seine ganze Zeit dem Morden zu widmen. Dadurch verroht er derart, daß ihm das Gesetz nicht einmal mehr erlaubt, in Fällen von Kapitalverbrechen als Geschworener aufzutreten, weil sein Beruf ihn mit dem Töten allzu vertraut gemacht hat.

Der Aufgeklärte weiß, daß die Tiere seine jüngeren Brüder sind, die in der Jupiterperiode menschlich sein werden. Wir werden ihnen dann so helfen, wie die Engel, die in der Mondperiode menschlich waren, es jetzt für uns tun. Für einen nach höheren Idealen Strebenden kommt das Töten nicht in Frage, weder eigenhändig noch durch einen Vertreter.

Verschiedene, sehr wichtige tierische Nahrungsmittel, wie Milch, Käse und Butter können verwendet werden. Diese sind die Erzeugnisse von Lebens**vorgängen**. Sie erfordern keine Tragödien, um sie in Nahrung zu verwandeln. Milch, ein für den okkulten Schüler wichtiges Nahrungsmittel, enthält kaum erdige Materie. Sie hat einen Einfluß auf den Körper wie kein anderes Nahrungsmittel.

Während der Mondperiode wurde der Mensch durch die Milch der Natur ernährt. Überall anzutreffende Nahrung wurde von ihm aufgenommen. Der Gebrauch von Milch diente dem Zweck, ihn in Berührung mit den Kosmischen Kräften zu bringen und ihn zu befähigen, andere zu heilen.

Man nimmt allgemein an, daß Zucker und andere Saccharinprodukte gesundheitsschädlich seien, besonders den Verfall der Zähne und die damit verbundenen Schmerzen hervorrufen. Das ist nur unter gewissen Umständen richtig. Zucker ist bei bestimmten Erkrankungen wie Gallenleiden und Zuckerkrankheit (Diabetes) schädlich, oder wenn man ihn als Kandiszucker lange im Mund behält. Wenn der gesunde Mensch ihn aber mäßig genießt und die Menge langsam steigert, so daß sich der Magen allmählich an ihn gewöhnt, wird er für sehr nahrhaft befunden. Während der Zuckerrohrernte verbessert sich die Gesundheit der Arbeiter erheblich, trotz gesteigerter Arbeit. Dies wird allein ihrer Vorliebe für den süßen Zuckerrohrsaft zugeschrieben. Dasselbe trifft in jenen Gegenden auch auf Pferde, Kühe und andere Tiere zu, die mit Zuckerrohrabfällen gefüttert werden, die sie gerne fressen. Sie werden während der Erntezeit dick; ihr Fell wird glatt und glänzend. Pferde, die man ein paar Wochen lang mit gekochten Mohrrüben füttert, bekommen infolge der Saccharinsubstanzen dieses Gemüses ein seidiges Fell. Zucker ist ein nahrhaftes, bekömmliches Nahrungsmittel, das keine Bestandteile aus Asche enthält.

Früchte sind ein ideales Nahrungsmittel. Die Bäume bringen sie hervor, damit Tier und Mensch sie essen und sich der Same verbreite. Zu ähnlichem Zweck ziehen Blumen Bienen an.

Frische Früchte enthalten Wasser der besten und reinsten Qualität, das den Organismus auf wunderbare Weise zu durchdringen imstande ist. Traubensaft ist ein besonders wertvolles Lösungsmittel. Es verdünnt das Blut, regt es an und öffnet den Weg zu bereits vertrockneten und verstopften Kapillargefäßen, wenn der Prozeß noch nicht zu weit fortgeschritten ist. Durch eine Behandlung mit unvergorenem Traubensaft werden Leute mit eingefallenen Augen, welker Haut und schlechtem Teint stattlich, rotwangig und lebhaft. Die vermehrte Durchlässigkeit macht es dem Geist möglich, sich freier und mit erneuerter Energie zu äußern. Die folgende Tabelle, die mit Ausnahme der letzten Spalte den Veröffentlichungen des U.S. Departments of Agriculturals entnommen ist, wird dem Strebenden eine ungefähre Vorstellung von der Menge geben, die bei verschiedenen Tätigkeiten zu essen erforderlich ist, als auch von den Bestandteilen der angeführten, verschiedenen Nahrungsmittel.

Wenn wir den Körper vom rein physischen Standpunkt aus betrachten, könnte er als chemischer Hochofen bezeichnet werden, in dem die Nahrung den Brennstoff darstellt. Je mehr der Körper beansprucht wird, um so mehr Brennmaterial ist erforderlich. Es wäre töricht von einem Menschen, wenn er seine gewohnte Kost, die ihn jahrelang hinreichend ernährt hat, änderte, ohne gründlich darüber nachzudenken, welche für seine Zwecke die beste wäre. Wollte man einfach Fleisch aus der täglichen Nahrung der Fleischesser weglassen, würde fraglos die Gesundheit der meisten von ihnen beeinträchtigt werden. Der einzig sichere Weg ist, zu experimentieren, sich zu informieren und das Urteilsvermögen richtig zu gebrauchen. Man kann keine festen Regeln aufstellen; denn die Ernährungsfrage ist ebenso individuell wie alles andere Charakteristische. Alles, was getan werden kann ist, eine Tabelle mit den Nährwerten zu geben und den allgemeinen Einfluß jedes chemischen Elements zu beschreiben, wobei es dem Strebenden überlassen bleibt, seine eigene Methode auszuarbeiten.

Wir dürfen auch nicht unsere Meinung über den Gesundheitszustand eines Menschen von dessen äußerer Erscheinung beeinflussen lassen. Es gibt allgemeine Vorstellungen über das Aussehen eines gesunden Menschen. Man kann sie jedoch nicht zur gültigen Richtlinie, zur Bildung eines Urteils erheben. Rote Wangen können bei einem Menschen ein Anzeichen von Gesundheit, bei einem anderen das einer Krankheit sein. Eine besondere Regel, durch die man die Gesundheit eines Menschen erkennen kann, gibt es nicht, außer seinem Gefühl des Behagens und Wohlbefindens, dessen er sich, unabhängig von seinem Aussehen, erfreut.

Die folgende Nahrungsmitteltabelle befaßt sich mit fünf chemischen Bestandteilen.

Wasser ist das große Lösungsmittel.

Stickstoff oder Eiweiß ist der lebenswichtige Erbauer von Fleisch, enthält aber einige erdige Materie.

Kohlehydrate oder Zucker sind die hauptsächlichsten Kraftspender.

Fette sind die Erzeuger von Wärme und die Speicher von Kraftreserven.

Asche ist mineralisch, erdig und verstopft den Organismus. Wir brauchen nicht zu fürchten, daß wir sie in ungenügender Menge zur Knochenbildung bekommen. Im Gegenteil, wir können nicht sorgfältig genug darauf achten, so wenig wie möglich davon aufzunehmen.

Eine Kalorie ist die einfache Wärmeeinheit. Die Tabelle zeigt die jeweilige Anzahl, die in den auf den Markt gebrachten Nahrungsmitteln enthalten ist. In einem Pfund (pound) Brasilnüsse sind z.B. 49,6% der Gesamtmenge Abfall (Schalen). Die verbleibenden 50,4% jedoch enthalten 1485 Kalorien. D.h., daß eine Hälfte als Abfall gekauft wird, der Rest aber noch diese Anzahl erwähnter Wärmeeinheiten enthält. Um aus unserer Nahrung das höchste Maß an Kraft entziehen zu können, müssen wir auf die Anzahl der Kalorien achten, die sie enthält;

denn von ihnen erhalten wir die zur Ausführung unserer täglichen Arbeit benötigte Energie. Die unter verschiedenen Bedingungen zur Erhaltung des Körpers erforderliche, tägliche Kalorienmenge, wird in der folgenden Tabelle aufgeführt:

Ein Mann bei schwerer Muskelarbeit	**5500**	**Kalorien**
Ein Mann bei mäßig schwerer Muskelarbeit	**4150**	"
Ein Mann bei mäßiger Muskelarbeit	**3400**	"
Ein Mann bei mäßig leichter Muskelarbeit	**3050**	"
Ein Mann bei sitzender Tätigkeit	**2700**	"
Ein Mann ohne Muskelbetätigung	**2450**	"
Frauen bei leichter und mäßiger Muskelarbeit	**2450**	"

NÄHRWERTTABELLE

FRÜCHTE	Abfall %	Wasser %	Proteide %	Fett %	Kohlen-hydrate %	Asche %	Energie-wert/ pound	Verdau-Ungszeit Std.:Min.
Äpfel, getrocknet		28,1	1,6	2,2	66,1	2.0	1185	
Äpfel, frisch	25,0	63,3	0,3	0,3	10,8	0,3	190	2:30
Aprikosen, getr.		29,4	4,7	1,0	62,5	2,4	1125	
Bananen	35,0	48,0	0,8	0,4	14,3	0,6	260	1:45
Birnen	10,0	76,0	0,5	0,4	12,7	0,4	230	2:00
Datteln, getrocknet	10,0	13,8	1,9	2,5	70,6	1,2	1275	
Erdbeeren	5,0	85,9	0,9	0,6	7,0	0,6	150	2:45
Feigen, getrocknet		18,8	4,3	0,3	74,2	2,4	1280	3:00
Gurke	15,0	81,1	0,7	0,2	2,6	0,4	65	
Himbeeren		85,5	1,0		12,6	0,6	220	3:45
Kürbis	50,0	44,2	0,7	0,2	4,5	0,4	100	
Orangen	27,1	63,4	0,6	0,1	8,5	0,4	150	2:45
Persimmonen		66,1	0,8	0,7	31,5	0,9	550	
Rosinen, getrocknet	10,0	13,1	2,3	3,0	68,5	3,1	1265	4:00
Tomaten in Dosen		94,0	1,2	0,2	4,0	0,6	95	2:00
Tomaten, frisch		94,3	0,9	0,4	3,9	0,5	100	2:00
Wassermelone	59,4	37,5	0,2	0,1	2,7	0,1	50	
Weintrauben	25,0	58,0	1,0	1,2	14,4	0,4	295	
Zitronen	30,0	62,5	0,7	0,5	5,9	0,4	124	
Zuckermelone	50,0	44,8	0,3		4,6	0,3	80	3:00
NÜSSE								
Graunüsse	86,4	0,6	3,8	8,3	0,5	0,4	385	4:00
Haselnüsse	52,1	1,8	7,5	31,3	6,2	1,1	1430	
Hickory Nüsse	62,2	1,4	5,8	25,5	4,3	0,8	1145	4:00
Kastanien, getr.	24,0	4,5	8,1	5,3	56,4	1,7	1385	
Kastanien, frisch	16,0	37,0	5,2	4,5	35,4	1,1	915	
Mandeln	a5,o	2,7	11,5	30,2	9,5	1,1	1515	4:00
Paranüsse	49,6	2,6	8,6	33,7	3,5	2,0	1485	4:00
Pecannüsse	53,2	1,4	5,2	33,3	6,2	0,7	14,65	4:00
Walnüsse, schwarz	74,1	0,6	7,2	14,6	3,0	0,5	730	4:00
Walnüsse, Englisch	58,1	1,0	6,9	26,6	6,8	0,6	1250	4:00
GETREIDE								
BROT: Vollkorn		43,6	5,4	1,8	47,1	2,1	1040	4:00
Graham		35,7	8,9	1,8	52,1	1,5	1195	4:00
Roggen		35,7	9,0	0,6	53,2	1,5	1170	4:00
weiß, frisch		35,3	9,2	1,3	53,1	1,1	1200	4:30

NÄHRWERTTABELLE (Fortsetzung)

	Abfall %	Wasser %	Proteide %	Fett %	Kohlenhydrate %	Asche %	Energiewert / pound	Verdauungszeit Std.: Min.
Weiß, altbacken		35,3	9,2	1,3	53,1	1,1	1200	3:30
Vollweizen		38,4	9,7	0,9	49,7	1,3	1139	4:00
Dosenmais, süß		76,1	2,8	1,2	19,0	0,9	430	3:45
Mais, grün, süß, eßbarer Anteil		75,4	3,1	1,1	19,7	0,7	440	3:45
Maismehl		12,5	9,2	1,9	75,4	1,0	1635	
MEHL:								
Buchweizen		13,6	6,4	1,2	77,9	0,9	1605	
Graham		11,3	13,3	1,9	71,4	1,8	1645	
Roggen		12,9	6,8	0,9	78.7	0,7	1620	
Weizen, wenig ausge		12,0	11,4	1,0	75,1	0,5	1635	
Weizen, stark ausge.		12,0	14,0	1,9	71,2	0,9	1640	
Vollweizen		11,4	13,8	1,9	71,9	1,0	1650	
Teigwaren		10,3	13,4	0,9	74,1	1,3	1645	3:00
Hafer Frühstück		7,7	16,7	7,3	66,2	2,1	1800	
gesalzene Kräcker		4,8	11,3	10,5	70,5	2,9	1910	
Reis		12,3	8,0	0,3	79,0	0,4	1620	1:00
Kräcker		5,9	9,8	9,1	73,1	2,1	1875	
Stärke					90,0		1675	
Weizen Frühstück		9,6	12,1	1,8	75,2	1,3	1680	
HÜLSENFRÜCHTE								
Bohnen in Dosen		68,9	6,9	2,5	19,6	2,1	555	3:45
Bohnen getrocknet		12,6	22,5	1,8	59,6	3,5	1520	3:45
Limabohnen gesch.		68,5	7,1	0,7	22,0	1,7	540	3:30
Stangenbohnen	7,0	83,0	2,1	0,3	6,9	0,7	170	
Erbsen, in Dosen		35,3	3,6	0,2	9,8	1,1	235	
Erbsen, getrocknet		9,5	24,6	1,0	62,0	2,9	1565	
Erbsen, geschält		74,6	7,0	0,5	16,9	1,0	440	2:35
Erdnüsse	24,5	6,9	19,5	29,1	18,5	1,5	1775	
GEMÜSE								
Rote Beete	20,2	70,0	13	0,1	7,7	0,9	160	3:45
Kohl	15,0	77,7	1,3	0,1	4,8	0,9	115	4:30
Sellerie	20,0	75,6	0,9	0,1	2,6	0,8	65	3:15
Salat	15,5	80,5	1,0	0,2	2,5	0,8	65	
Zwiebel	10,0	62,6	1,4	0,3	8,9	0,5	190	3:30
Pastinaken	20,0	66,4	1,3	0,4	10,8	1,1	230	3:30
Kartoffel	20,0	62,6	1,8	0,1	14,7	0,8	295	3:30
Rhabarber	40,0	56,6	0,4	0,4	2,2	0,4	60	
Spinat		92,3	2,1	0,3	3,2	2,1	95	
Süßkartoffel	20,2	55,2	1,4	0,6	21,9	0,9	440	
Weißrüben	30,0	62,7	0,9	0,1	5,7	0,6	120	4:40
ZUCKER								
Zucker, roh					96,0		1680	
Honig					81,0		1420	
Ahornsirup					71,4		1250	
Melasse					70,0		1225	
Zuckerraffinade					100,0		1750	
VERSCHIEDENES								
Schokolade		3,5	12,9	48,7	30,3	2,2	5625	
Kokosnüsse	48,8	7,2	2,9	48,7	30,3	2,2	5625	
Kokosnüsse, verarb.		3,5	6,3	57,4	31,5	1,3	2805	
Kakaopulver		4,6	21,6	28,9	37,7	7,2	2160	
Pilze		88,1	3,5	0,4	6,8	1,2	185	1:20
Sago		11,4	0,4	0,1	88,0	0,1	1650	2:00

Aus dieser Tabelle geht klar hervor, daß Schokolade die nahrhafteste unserer Speisen ist, Kakaopulver aber zu den gefährlichsten aller Nahrungsmittel zählt; denn es enthält dreimal so viel Asche wie die meisten anderen Produkte und zehnmal soviel wie viele von ihnen. Es ist eine kraftvolle Nahrung und ein ebenso starkes Gift; denn es verstopft den Organismus schneller als irgendeine andere Substanz.

Gewiß wird es am Anfang ein wenig Studium erfordern, die individuell geeignetsten Nahrungsmittel auszuwählen. Doch das macht sich durch Gesundheit und ein langes Leben bezahlt. Solche Nahrungsmittel sichern einen uneingeschränkten Gebrauch des Körpers, machen das Studium und die Hingabe an höhere Dinge möglich. Nach einiger Zeit wird der Strebende mit diesem Thema so vertraut sein, daß er nicht weiter darauf zu achten braucht.

Die vorhergehende Tabelle zeigt die Größenverhältnisse chemischer Substanzen an, die in den einzelnen aufgeführten Nahrungsmitteln enthalten sind, doch sollte man bedenken, daß sie nicht alle für den Gebrauch des Körpers geeignet sind; denn es gibt bestimmte Teile davon, die der Körper nicht assimiliert.

Von Gemüsen nehmen wir jedoch ungefähr 83% der Eiweißbestandteile (Protein), 90% des Fettes und 95% der Kohlehydrate auf.

Von Früchten einverleiben wir ungefähr 85% der Eiweißbestandteile, 90% des Fettes und 90% der Kohlehydrate.

Das Gehirn ist der koordinierende Mechanismus, durch den die Bewegungen des Körpers beherrscht und unsere Ideen ausgedrückt werden. Es ist aus denselben Substanzen wie alle anderen Körperteile aufgebaut unter Hinzufügung von Phosphor, der nur im Gehirn zu finden ist.

Der logische Schluß daraus ist, daß es sich bei Phosphor um das besondere Element handelt, durch welches das Ego befähigt wird, Gedanken auszudrücken und den dichten Körper zu beeinflussen. Tatsache ist auch, daß das Verhältnis und die Schwankung dieser Substanz dem Zustand und der Stufe der vom Individuum erreichten Intelligenz entsprechen. Schwachsinnige haben sehr wenig, scharfsinnige Denker jedoch viel Phosphor. Auch in der Tierwelt entspricht der Grad des Bewußtseins und der Intelligenz proportional der Menge des im Gehirn befindlichen Phosphors.

Es ist daher von großer Wichtigkeit, daß der Aspirant, der seinen Körper für intellektuelle und geistige Arbeit gebraucht, sein Gehirn mit der zu diesem Zweck benötigten Substanz versorgt. Die meisten Gemüse und Früchte enthalten eine gewisse Menge Phosphor. Es ist aber eine Eigentümlichkeit, daß die gewöhnlich weggeworfenen Blätter den größeren Teil enthalten. Man findet ihn in beträchtlicher Menge in Trauben, Zwiebeln, Salbei, Bohnen, Knoblauch, Ananas, in den Blättern und Stengeln vieler Gemüse, auch im Zuckerrohrsaft, aber nicht im raffinierten Zucker.

Die folgende Tabelle zeigt das Verhältnis der Phosphorsäure in einigen Waren:

100 000 Teile von	Teile an Phosphorsäure
Getrockneter Gerste	210
Bohnen	292
Rüben	167
Rübenblätter	690
Buchweizen	170
Trockene Karotten	395
Karottenblätter	963
Leinsamen	880
Stengel der Leinsamen	118
Pastinak	111
Pastinakblätter	1784
Erbsen	190

Das Wesentliche der vorhergehenden Ausführungen kann wie folgt zusammengefaßt werden:

1. Während der gesamten Lebenszeit unterliegt der Körper einem unaufhörlichen Verdichtungsprozeß.

2. Dieser Prozeß geht durch Ablagerung erdiger Bestandteile durch das Blut vor sich, hauptsächlich durch phoshor- und kohlensauren

Kalk, wodurch die verschiedenen Teile verknöchern, in Knochensubstanz oder ähnliche Stoffe verwandelt werden.

3. Diese Umwandlung in Knochen zerstört die Biegsamkeit der Gefäße, Muskeln und anderer der Bewegung dienenden Körperteile. Sie verdickt das Blut und verstopft die winzigen Kapillargefäße vollständig, so daß die Zirkulation der Flüssigkeiten und die Tätigkeit des Organismus generell abnimmt. Der Abschluß dieses Vorganges ist der Tod.

4. Dieser Verdichtungsprozeß kann verzögert, das Leben verlängert werden, wenn man die Nahrungsmittel achtsam meidet, die viel Asche enthalten, indem man destilliertes Wasser für Speisen und Getränke verwendet und die Ausscheidungen aus der Haut durch häufiges Baden fördert.

Das obenerwähnte macht verständlich, weshalb manche Religionen häufige Waschungen als religiöse Übung vorschreiben. Sie reinigen den dichten Körper und fördern die Gesundheit. Auch Fasten wird zu demselben Zweck verordnet. Sie geben dem Magen eine notwendige Ruhepause, ermöglichen dem Körper, die **verbrauchten** Stoffe auszuscheiden, und fördern so die Gesundheit, wenn man diese Übungen nicht allzuoft wiederholt und zu lange ausdehnt. Im allgemeinen kann ebensoviel erreicht werden, wenn man dem Körper geeignete Nahrungsmittel zuführt; sie sind die beste Medizin.

Die erste Aufmerksamkeit des Arztes richtet sich darauf, zu erfahren, ob die richtige Ausscheidung erfolgt. Sie ist das Hauptmittel der Natur, den Körper von den sich in der Nahrung befindenden Giften zu befreien.

Schlußfolgerung: Der Strebende möge daher solche Nahrungsmittel wählen, die leicht verdaulich sind. Denn je leichter die Energie der Nahrung entzogen wird, um so länger ist die Zeit, die der Organismus zur Erholung verwenden kann, ehe es notwendig wird, ihn wieder mit Nahrung zu versorgen. Milch sollte man niemals wie Wasser trinken; denn auf diese Weise eingenommen, bildet sie im Magen einen großen

Käseklumpen, der von den Magensäften nicht durchdrungen werden kann. Man sollte sie schluckweise trinken, wie man Tee oder Kaffee zu sich nimmt. Sie bildet dann im Magen viele, leicht verdauliche Klümpchen. Richtig verwendet, ist Milch eines der besten Nahrungsmittel. Zitrusfrüchte wirken stark antiseptisch und Getreide, besonders Reis, sind Gegengifte von großer Effizienz.

Nachdem wir das für den dichten Körper Erforderliche vom rein physischen Standpunkt aus erklärt haben, wollen wir dieses Thema von der okkulten Seite aus beleuchten unter Berücksichtigung der Wirkung auf die beiden unsichtbaren, unseren dichten Körper durchdringenden Träger.

Den besonderen Stützpunkt des Empfindungsleibes bilden, wie bereits erwähnt wurde, die Muskulatur und das zerebrospinale Nervensystem. Die Energie, die von einem Menschen entfaltet wird, der unter großer Erregung und großem Zorn leidet, ist ein Beweis dafür. In solchen Augenblicken ist das gesamte Muskelsystem angespannt. Keine schwere Arbeit strengt so an, wie ein „Temperamentsausbruch". Er läßt den Körper manchmal wochenlang geschwächt zurück. Daraus kann man die Notwendigkeit erkennen, den Empfindungsleib durch Beherrschung des Temperaments zu veredeln. Dadurch werden dem dichten Körper Leiden erspart, die sich aus unkontrollierter Handlungsweise des Empfindungsleibes ergeben.

Vom okkulten Standpunkt aus betrachtet, stellt alles Bewußtsein in der Physischen Welt das Resultat eines ständigen Kampfes zwischen Empfindungs- und Lebensleib dar.

Die Tendenz des Lebensleibes ist, zu mildern und aufzubauen. Seine Hauptausdrucksmittel sind das Blut, die Drüsen sowie das sympathische Nervensystem, das Zugang zum Stützpunkt des Empfindungsleibes (dem Muskel- und dem willkürlichen Nervensystem) erlangt hat, als er (der Lebensleib) begann, das Herz in einen willkürlichen Muskel umzuwandeln.

Der Empfindungsleib hat die Neigung, zu verhärten. Er wiederum ist in den Bereich des Lebensleibes eingedrungen, hat von der Milz Besitz ergriffen und die weißen Blutkörperchen gebildet. Diese sind nicht die „Polizisten des Organismus“, wie die Wissenschaft heute annimmt, sondern seine Zerstörer. Der Empfindungsleib benutzt das Blut, um diese winzigen Zerstörer im ganzen Körper zu verbreiten. Sie dringen durch die Wände der Arterien und Venen, sooft man Ärger empfindet, besonders in Zeiten großen Zornes. Dann läßt der Kräfteandrang im Empfindungsleib die Arterien und Venen anschwellen und gibt den weißen Blutkörperchen den Weg in das Körpergewebe frei. Dort bilden sie die Grundlagen für erdige, den Körper tötende Materie.

Bei gleicher Menge und Art der Nahrung wird ein Mensch von heiterem und jovialem Wesen länger leben, sich einer besseren Gesundheit erfreuen und aktiver sein, als ein Mensch, der bekümmert ist oder die Geduld verliert. Bei letzterem bilden und verbreiten sich im Körper mehr zerstörerische, weiße Blutkörperchen als bei ersterem. Hätte ein Wissenschaftler die Körper dieser beiden Menschen zu analysieren, so würde er feststellen, daß sich bedeutend weniger erdige Materie im Körper des freundlich gestimmten Menschen befindet, als in dem des zänkischen.

Diese Zerstörung geht unaufhörlich weiter; es ist unmöglich, alle Zerstörer auszuschalten. Dies wäre auch gar nicht beabsichtigt. Hätte der Lebensleib ständig die Oberhand, so würde er unaufhörlich bauen und seine ganze Energie dafür verwenden. Es gäbe weder Bewußtsein noch Denken. Das Bewußtsein entwickelt sich, weil der Empfindungsleib die inneren Teile beherrscht und verhärtet.

In ferner Vergangenheit gab es eine Zeit, wo wir alle festen Bestandteile abstießen. Der Körper war weich, biegsam und knochenlos, wie bei den heutigen Weichtieren. Doch zu jener Zeit besaßen wir nur ein trübes, schwach schimmerndes Bewußtsein, das die Weichtiere heute besitzen. Bevor wir Fortschritte machen konnten, wurde es erforderlich, die festen Bestandteile einzubehalten. Man wird finden, daß der Bewußtseinszustand jedes Wesens im Verhältnis zur Entwicklung des

Knochensystems in seinem **Inneren** steht. Das Ego muß feste Knochen mit halbflüssigem, rotem Mark haben, damit es zu seinem Ausdruck die roten Blutkörperchen bilden kann.

Das ist die höchste Entwicklung des dichten Körpers. In diesem Zusammenhang ist es ohne Bedeutung, daß die höchste Klasse der Tiere eine innere Knochenbildung, ähnlich der des Menschen hat. Sie haben aber noch keinen innewohnenden Geist. Sie gehören einer anderen Evolutionswoge an.

DAS GESETZ DER ASSIMILATION

Das Gesetz der Assimilation erlaubt nur solchen Teilchen die Einverleibung in unseren Körper, die wir, als Geister, überwunden und uns selbst unterworfen haben. Die nach diesen Grundsätzen wirkenden Kräfte sind, wie wir uns erinnern, hauptsächlich unsere in den „Himmel" eingegangenen „Verstorbenen ", die dort lernen, Körper für den Gebrauch auf Erden zu bilden. Sie arbeiten jedoch nach bestimmten Gesetzen, die sie nicht umgehen können. In jedem Nahrungsteilchen, das wir in unsere Körper aufnehmen, befindet sich Leben. Bevor wir dieses Leben durch den Assimilationsprozeß in unsere Körper einbauen können, müssen wir es überwinden und uns unterwerfen. Sonst gäbe es im Körper keine Harmonie. Alle Teilchen würden unabhängig handeln, so wie sie es tun, wenn das koordinierende Leben zurückgezogen worden ist. Dies wäre dann das, was wir Verwesung nennen, den Prozeß der Zersetzung, der das genaue Gegenteil der Assimilation ist. Je individualisierter das zu assimilierende Teilchen ist, desto mehr Energie ist erforderlich, um es zu verdauen, und um so kürzere Zeit verbleibt es im Organismus, bevor es danach strebt, sich wieder zu befreien.

Menschen sind nicht so organisiert, daß sie von festen Mineralien leben können. Wenn eine rein mineralische Substanz, wie z.B. Salz, gegessen wird, geht sie durch den Körper hindurch und hinterläßt nur wenig Rückstände. Was sie aber zurückläßt, ist von sehr schädlicher Beschaffenheit. Würde es dem Menschen möglich sein, sich nur von Mineralien zu ernähren, so wäre dies wegen ihrer Haltbarkeit und der erforderlichen geringen Energie, sie zu überwinden und dem Leben des Körpers zu unterwerfen, ein idealer Zustand. Wir müßten wesentlich seltener und viel weniger als jetzt essen. Unsere Laboratorien werden uns eines Tages mit chemischer Nahrung versorgen, deren Qualität bei weitem alles übertreffen wird, was wir jetzt haben; sie wird immer frisch sein. Nahrung, die den höheren Pflanzen und dem noch höheren Tierreich entzogen wird, ist wegen der Schnelligkeit ihres Verfalls wirklich schädlich. Dieser Prozeß wird durch das Bestreben der individuellen Teilchen, dem zusammengesetzten Ganzen zu entgehen, hervorgerufen.

Das Pflanzenreich ist das nächste über dem Mineralreich. Es hat einen organischen Aufbau, der die mineralischen Verbindungen der Erde assimilieren kann. Menschen und Tiere können Pflanzen assimilieren. Sie nehmen auf diese Weise die chemischen Bestandteile zum Aufbau ihrer Körper auf. Da der Bewußtseinszustand der Pflanzen der des traumlosen Schlafes ist, bietet er keinen Widerstand. Es erfordert nur geringe Energie, um die so übernommenen Partikelchen zu assimilieren. Da sie nur geringe eigene Individualität besitzen, strebt das sie beseelende Leben nicht so rasch danach aus unserem Körper zu entweichen wie eine Nahrung, die von den höher entwickelten Formen stammt. Die Kraft, die einer Früchte- und Gemüsenahrung entzogen wurde, ist daher dauerhafter als die einer Fleischspeise. Die Nahrung muß nicht so häufig ergänzt werden. Darüber hinaus verleiht sie verhältnismäßig mehr Kraft, weil zur Assimilation weniger Energie erforderlich ist.

Nahrungsmittel aus Tierkörpern bestehen aus Partikeln, an denen ein persönlicher Empfindungsleib gearbeitet und sie durchdrungen hat. Sie sind somit in größerem Maß individualisiert als die Pflanzenpartikelchen. Sie haben eine individuelle Zellseele, die von den Leidenschaften und Begierden des Tieres durchdrungen ist. Es erfordert in erster Linie eine beträchtliche Energie, sie zu überwinden, damit sie assimiliert werden kann. Noch dazu wird sie dem Zellenstaat des Körpers nie so vollkommen einverleibt wie die Pflanzenbestandteile, die keine solch starken individuellen Neigungen haben. Die Folge davon ist, daß der Fleischesser größere Mengen verzehren muß als der, welcher sich von Früchten ernährt. Auch muß er öfter essen. Darüber hinaus verursacht der innere Kampf der Fleischpartikelchen im allgemeinen einen größeren Verschleiß im Körper. So ist der Fleischesser weniger aktiv und auch nicht so ausdauernd wie der Vegetarier. Alle Kontroversen zwischen den Vertretern der beiden Methoden haben dies bestätigt.

Wenn das Fleisch pflanzenfressender Tiere schon eine solch unbeständige Ernährung ist, liegt es auf der Hand, daß wir große Mengen Nahrung zu uns nehmen müßten, wenn wir versuchten, das Fleisch fleischfressender Tiere zu essen, deren Zellen noch individualisierter sind. Das Essen würde einen größeren Teil unserer Zeit beanspruchen. Wir blieben dennoch immer mager und hungrig. Der Wolf und der Geier beweisen das. Ihre Magerkeit und ihr Hunger sind sprichwörtlich geworden. Kannibalen essen Menschenfleisch, aber nur als Genußmittel und in langen Intervallen. Da sich der Mensch nicht ausschließlich von Fleisch ernährt, ist sein Fleisch nicht das eines nur fleischfressenden Tieres. So ist auch der Hunger der Kannibalen ebenfalls zum Kern eines Sprichwortes geworden.

Würde das Fleisch der Pflanzenfresser die Essenz von dem, was in Pflanzen gut ist, enthalten, müßte logischerweise das der Fleischfresser die Quintessenz sein. Das Fleisch der Wölfe und Geier würde folglich die **„creme de la creme" - das Beste vom Besten** - und sehr begehrenswert sein. Wir wissen jedoch, daß gerade das Gegenteil der Fall ist. Je mehr wir uns von Pflanzenkost ernähren, um so mehr Kraft gewinnen wir aus unserer Nahrung. Wäre das Gegenteil der Fall, so wäre das Fleisch fleischfressender Raubtiere besonders begehrt.

Doch Beispiele, daß ein „Hund den anderen frißt", gibt es in der Natur sehr selten.

LEBEN UND LEBEN LASSEN

Das erste Gesetz der okkulten Wissenschaft ist: „Du sollst nicht töten". Es sollte für den nach höherem Leben Strebenden von größter Bedeutung sein. Wir können nicht einmal ein Staubkörnchen erschaffen. Welches Recht haben wir daher, die geringste Form zu zerstören? Jede Form ist der Ausdruck des Einen Lebens - des Lebens Gottes. Wir haben nicht das Recht, eine Form zu zerstören, durch die das Leben Erfahrungen sammelt und sie zu zwingen, sich einen neuen Träger zu erbauen.

Ella Wheeler Wilcox setzt sich für diesen okkulten Grundsatz mit dem wahren Mitleid aller weit fortgeschrittenen Seelen mit folgenden, schönen Worten ein:

Ich bin des Stimmlosen Stimme,
Die für ihn durch die Lande streift,
Bis der Welt taubes Ohr
Seine Dumpfheit verlor
Und des Wortlosen Qualen begreift.

Dieselbe Kraft den Sperling schuf,
Die den Menschen, den König, beruft.
Einen Seelenstrahl
Gab der **Schöpfer des All**
Dem Tier und dem Vogel der Luft.

Und ich bin **meines Bruders Hüter,**
Seine Kämpfe fechte ich aus.
Der Welt schrei ich's zu
Laß' sie nimmer zur Ruh',
Bis sie endet des Brudermord's Graus.

Manchmal hört man den Einwand, daß beim Verzehr von Gemüse und Früchten ebenfalls Leben genommen werde. Doch diese Feststellung beruht auf vollständigem Verkennen der Tatsachen. Wenn die Frucht reif ist, hat sie ihren Zweck, dem reifenden Samen als Mutterleib zu dienen, erfüllt. Wird sie nicht verzehrt, so verfällt sie und verdirbt. Überdies ist sie dazu bestimmt, dem Tierreich und der Menschheit als Nahrung zu dienen. Dadurch wird es dem Samen ermöglicht, verstreut in fruchtbaren Boden zu gelangen und zu wachsen. So wie das menschliche Ei und der menschliche Same ohne das Keimatom des sich wiederverkörpernden Egos und die Prägeform (Matrix) des Lebensleibes fruchtlos sind, so ist jedes Ei und jeder Same aus sich heraus ohne Leben. Wenn ihnen aber die richtigen Bedingungen zum Brüten bzw. der erforderliche Boden gegeben werden, so strömt das Leben des Gruppengeistes in sie und ergreift die ihm gebotene Gelegenheit, einen dichten Körper hervorzubringen. Wenn das Ei oder der Same gekocht bzw. zerdrückt werden und sie nicht die benötigten Lebensbedingungen erhalten, so geht diese Gelegenheit verloren. Das ist aber auch alles.

Auf der gegenwärtigen Stufe der Evolutionsreise weiß jeder Mensch von selbst, daß Töten Unrecht ist. Der Mensch wird die Tiere lieben und beschützen in den Fällen, wo ihn seine Gier und sein selbstsüchtiges Interesse nicht gegen ihre Rechte erblinden lassen. Das Gesetz schützt selbst Hunde und Katzen vor **mutwilliger** Quälerei. Außer beim „Sport", diesem mutwilligsten all unserer Tierquälereien, geschieht es immer nur um des Geldes willen, Tiere zu töten oder zum Töten heranzuzüchten. Nur die Verfechter des „Sports", schießen aus falscher Vorstellung von Tapferkeit des Jägers die hilflose Kreatur sinnlos nieder. Es ist kaum zu fassen, daß sonst vernünftig und freundlich erscheinende Menschen zeitweilig all ihre sonst sicher edleren Gefühle vergessen, zu blutdürstiger Wildheit zurückkehren, und aus reiner Lust am Blutvergießen und aus Freude an Zerstörung töten. Es ist sicher eine Rückkehr zu den niedersten, tierischen Instinkten. Dieser Sport kann nicht im entferntesten den Schein von Männlichkeit erwecken, selbst wenn er von einem sonst humanen und würdigen Herrscher einer mächtigen Nation ausgeübt und verteidigt wird.

Wie viel besser wäre es für den Menschen, Freund und Beschützer der Schwachen zu sein. Wer besucht wohl nicht gerne den Central Park von New York City und liebkost, streichelt und füttert die zu Hunderten herumspringenden Eichhörnchen, die sicher in dem Gefühl sind, nicht belästigt zu werden. Und wer freut sich nicht dieser Tiere zuliebe über das Schild mit der Aufschrift: „Hunde, die Eichhörnchen jagen, werden erschossen" Das ist hart gegen Hunde. Doch ist es ein Beweis dafür, daß das Gefühl wächst, die Schwachen gegen das unsinnige, erbarmungslos Mächtige beschützen zu müssen. Auf der Tafel wird nichts von Verletzungen der Eichhörnchen durch Menschen erwähnt, weil so etwas undenkbar wäre. So stark wirkt das Vertrauen, das die kleinen Tiere in die Güte des Menschen setzen, daß niemand sie verletzen würde.

DAS GEBET DES HERRN

Kehren wir zu unserer Betrachtung der geistigen Hilfen für menschlichen Fortschritt zurück. Das Gebet des Herrn, das als abstrakte, algebraische Formel für die Erhebung und Reinigung aller menschlichen Träger gelten kann, drückt den Begriff einer angemessenen Fürsorge für den dichten Körper mit den Worten aus: „Unser täglich Brot gib uns heute".

Das Gebet, das sich mit den Erfordernissen des Lebensleibes befaßt, lautet: „Vergib uns unsere Schuld, wie wir vergeben unseren Schuldigern".

Der Lebensleib ist der Sitz des Gedächtnisses. In ihm sind die unterbewußten Aufzeichnungen aller vergangenen Ereignisse unseres Lebens, die guten wie die schlechten, aufbewahrt. Alle uns zugefügten und von uns ertragenen Kränkungen, alle empfangenen oder selbst erwiesenen Wohltaten sind darin eingeschlossen. Wir erinnern uns, daß der Lebensbericht aus diesen Bildern, unmittelbar nach dem Verlassen des dichten Körpers - nach dem Tod - entnommen wird. Alle Leiden der **post mortem** - Existenz sind die Folgen der diese Lebensbilder wiedergebenden Ereignisse.

Wenn uns durch fortwährendes Gebet das an anderen begangene Unrecht vergeben wurde, wenn wir jede mögliche Wiedergutmachung leisten und unseren Lebensleib reinigen, durch Vergebung jenen, die uns Unrecht zugefügt haben, wenn wir alle bösen Gefühle ausschalten, so ersparen wir uns **nach dem Tod** viel Elend. Außerdem bereiten wir den Weg für die Universale Bruderschaft vor, die besonders vom Sieg des Lebensleibes über den Empfindungsleib abhängt. In Form von Erinnerung prägt der Empfindungsleib dem Lebensleib den Rachegedanken ein. Ein ausgeglichenes Temperament inmitten mannigfaltiger Ärgernisse des täglichen Lebens weist auf einen solchen Sieg hin. Der Strebende sollte sich daher der Beherrschung seines Temperaments befleißigen; denn das wirkt auf beide Träger ein. Das Gebet des Herrn schließt auch die Kontrolle des Temperaments ein. Wenn wir einsehen, daß wir andere verletzt haben, so prüfen wir nach und versuchen die Ursache zu finden. Eine davon ist das Verlieren der Selbstbeherrschung; diese entspringt dem Empfindungsleib.

Die meisten Menschen verlassen den dichten Körper mit demselben Temperament, mit dem sie ins Leben eingetreten sind. Der Strebende muß jedoch systematisch alle Versuche des Empfindungsleibes, die Herrschaft zu übernehmen, vereiteln. Das kann durch Konzentration auf hohe Ideale geschehen. Das stärkt den Lebensleib und ist viel wirksamer als die gewöhnlichen Gebete der Kirche. Der **okkulte Gelehrte** zieht die Konzentration dem Gebet vor, weil sie mit Hilfe des Intellekts vollzogen wird, der kalt und ohne Gefühl ist. Das Gebet hingegen entspringt gewöhnlich der Gemütsbewegung. Wo es aber aus reiner, selbstloser Hingabe an hohe Ideale verrichtet wird, ist es viel höher als die kalte Konzentration. Es kann niemals kalt sein, denn es trägt auf den Flügeln der Liebe die Ausströmungen des Mystikers zum Thron der Gottheit.

Das Gebet für den Empfindungsleib lautet: „Führe uns nicht in Versuchung". Das Gefühl ist der große Versucher der Menschheit. Es stellt den großen Impuls aller Handlungen dar. Soweit diese den Absichten des Geistes dienlich sind, ist es gut. Richtet sich aber das Gefühl auf etwas Entwürdigendes, auf etwas, das die Natur erniedrigt, so ist unsere Bitte, nicht in Versuchung geführt zu werden, wirklich angebracht.

Liebe, Reichtum, Macht und Ruhm sind die vier großen Beweggründe menschlichen Handelns. Der Wunsch nach einem oder mehreren davon ist das Motiv für alles, was der Mensch tut oder ungeschehen läßt. Die großen Führer der Menschheit haben sie uns klugerweise als Ansporn zum Handeln gegeben, damit der Mensch Erfahrungen sammle und durch sie lerne. Sie sind erforderlich, und der Strebende kann sie gefahrlos weiterhin als Motive zum Handeln benutzen, sollte sie aber in etwas Höheres verwandeln. Er muß die selbstsüchtige Liebe, die nach dem Besitz eines anderen Körpers trachtet, durch edlere Bestrebungen überwinden, ebenso auch alles andere Begehren nach Vermögen, Macht und Ruhm aus niederen und persönlichen Gründen.

Die Liebe, nach der er sich sehnen soll, ist nur die der Seele und umfaßt alle Wesen, ob hoch oder niedrig. Sie nimmt im Verhältnis zur Bedürftigkeit des Empfängers zu.

Reichtum ist nur der, welcher allein in der Fülle an Gelegenheiten, den Mitmenschen zu dienen, besteht.

Macht ist allein nur die, welche nach der Hebung der gesamten Menschheit strebt.

Ruhm ist nur der, welcher uns fähiger macht, die gute Botschaft zu verbreiten, damit alle, die leiden, schnell Trost für den Kummer des Herzens finden können.

Das Gebet für den Intellekt lautet: „Erlöse uns von dem Übel". Wir wissen, daß der Intellekt das Bindeglied zwischen der höheren und der niederen Natur des Menschen ist. Tiere können ihren Begierden ohne jede Einschränkung nachgehen. Für sie gibt es weder gut noch böse,

DIAGRAMM 16

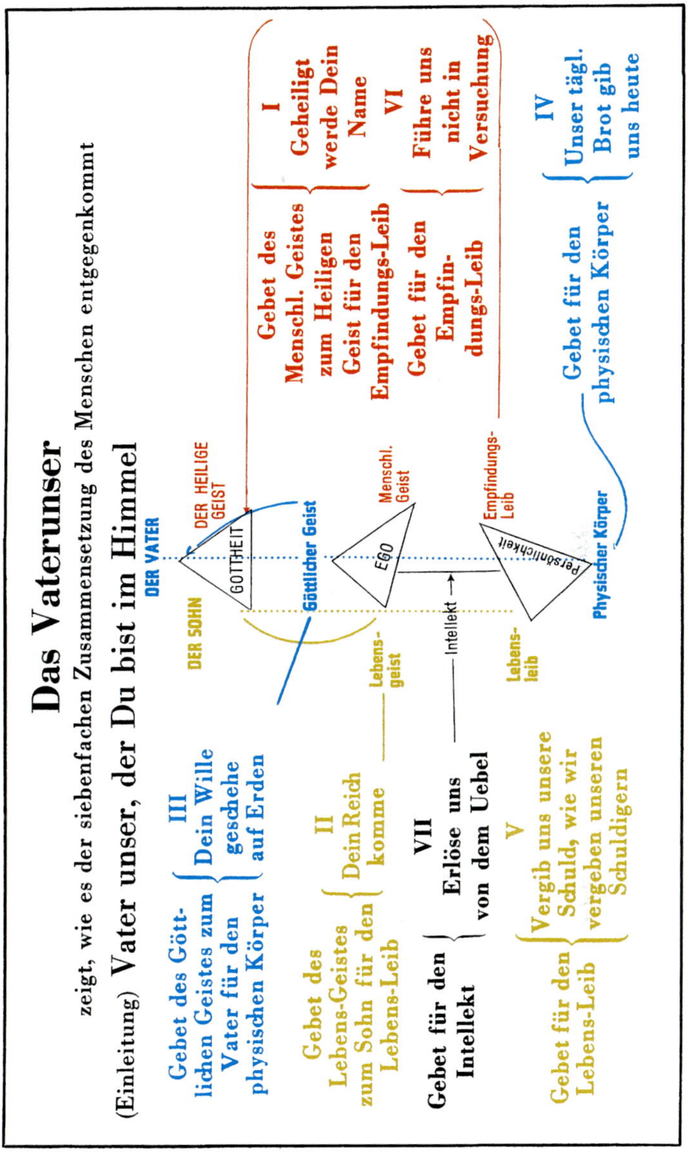

Das Vaterunser
zeigt, wie es der siebenfachen Zusammensetzung des Menschen entgegenkommt
(Einleitung) Vater unser, der Du bist im Himmel
DER VATER
DER SOHN
DER HEILIGE GEIST
GOTTHEIT
Göttlicher Geist
Menschl. Geist
EGO
Lebens-geist
Intellekt
Empfindungs-Leib
Persönlichkeit
Physischer Körper
Lebens-leib
Gebet des Göttlichen Geistes zum Vater für den physischen Körper
III Dein Wille geschehe auf Erden
Gebet des Lebens-Geistes zum Sohn für den Lebens-Leib
II Dein Reich komme
Gebet für den Intellekt
VII Erlöse uns von dem Uebel
Gebet für den Lebens-Leib
V Vergib uns unsere Schuld, wie wir vergeben unseren Schuldigern
Gebet des Menschl. Geistes zum Heiligen Geist für den Empfindungs-Leib
I Geheiligt werde Dein Name
Gebet für den Empfindungs-Leib
VI Führe uns nicht in Versuchung
Gebet für den physischen Körper
IV Unser tägl. Brot gib uns heute

weil ihnen der Intellekt fehlt, die Fähigkeit der Unterscheidung. Die Art des Selbstschutzes gegen tötende und raubende Tiere ist verschieden von der, die wir gegen Menschen anwenden, die Gleiches tun. Sogar ein menschliches Wesen, das des Verstandes beraubt ist, wird nicht verantwortlich gemacht. Man erkennt die Tatsache an, daß es sich seines unrechten Tuns nicht bewußt ist. Daher wird es nur in seiner Freiheit eingeschränkt.

Erst als seine geistigen Augen geöffnet wurden, lernte der Mensch Gut und Böse kennen. Wenn sich das Bindeglied des Intellekts mit dem höheren Selbst vereinigt und dessen Anordnungen befolgt, haben wir einen hochgesinnten Menschen vor uns. Im Gegensatz hierzu bringt das Bündnis des Intellekts mit der niederen Begierdennatur niedrig gesinnte Menschen hervor. Daher bedeutet dieses Gebet, daß wir von den Erfahrungen befreit werden mögen, die sich durch die Verbindung des Intellekts mit dem Empfindungsleib und allem damit in Zusammenhang Stehenden ergeben.

Der nach einem höheren Leben Strebende vollzieht die Vereinigung der höheren Natur mit der niederen durch Meditation über erhabene Themen. Diese Vereinigung wird noch weiter gefestigt durch Betrachtung (Kontemplation). Diese beiden Zustände werden durch Anbetung übertroffen, die den Geist zum wahren Thron emporhebt.

Das „Vaterunser", das für den allgemeingültigen Gebrauch der Kirche gegeben ist, setzt die Anbetung an die erste Stelle, um zu geistiger Erhebung zu gelangen, die für das Vorbringen einer Bitte für die Bedürfnisse der niederen Träger erforderlich ist. Jeder Aspekt des dreifachen Geistes, mit dem niedersten beginnend, erhebt sich in Anbetung zu dem ihm entsprechenden Aspekt Gottes. Wenn die drei Aspekte des Geistes alle vor dem Thron der Gnade stehen, so trägt jeder das Gebet für die Bedürfnisse seines physischen Doppelgängers vor. Alle drei schließen sich dem Schlußgebet für den Intellekt an.

Der menschliche Geist erhebt sich zu seinem Ebenbild, dem Heiligen Geist (Jehova) und spricht: „Geheiligt werde Dein Name".

Der Lebensgeist beugt sich vor seinem Ebenbild, dem Sohn (Christus) und sagt: „Dein Reich komme".

Der göttliche Geist kniet vor seinem Urquell, dem Vater, mit dem Gebet: „Dein Wille geschehe".

Dann bittet der höchste, der göttliche Geist, den höchsten Aspekt der Gottheit, den Vater, für sein Ebenbild, den dichten Körper: „Unser tägliches Brot gib uns heute".

Der nächsthöchste, der Lebensgeist betet zu seinem Urquell, dem Sohn, für sein Ebenbild in der niederen Natur, dem Lebensleib: „Vergib uns unsere Schuld, wie auch wir vergeben unseren Schuldigern".

Der niederste Aspekt des Geistes, der menschliche Geist, bringt seine Bitte dem niedersten Aspekt der Gottheit für den höchsten der dreifachen Körper, den Empfindungsleib vor: „Führe uns nicht in Versuchung".

Schließlich vereinigen sich alle drei Aspekte des dreifachen Geistes im Menschen einstimmig zum wichtigsten der Gebete, zur Bitte für den Intellekt mit den Worten: „Erlöse uns von dem Übel".

Die Einleitung, „Vater unser, der Du bist im Himmel", gleicht lediglich einer Anschrift auf einem Briefumschlag. Die Schlußformel: „Denn Dein ist das Reich und die Kraft und die Herrlichkeit in Ewigkeit, Amen", wurde nicht von Christus gegeben. Sie ist aber als Schlußgebet des dreifachen Geistes sehr angemessen; denn sie schließt die unmittelbare Anrede an Gott ab.

Diagramm 16 versinnbildlicht die vorerwähnte Erläuterung auf einfache und leicht zu beherzigende Weise. Es zeigt den Zusammenhang zwischen den verschiedenen Gebeten und den zugeordneten, entsprechend gefärbten Trägern. Dieses Diagramm erscheint gegenüber der Seite 464.

DAS GELÜBDE DER EHELOSIGKEIT

Der sexuell Perverse oder Sexbesessene sind ein Beweis für die Richtigkeit der Behauptung des Okkultisten, daß ein Teil der Geschlechtskraft das Gehirn erbaut. Der Mensch wird schwachsinnig, unfähig zu denken, wenn er nicht nur den negativen oder positiven Teil der Geschlechtskraft (je nach Geschlecht), die normalerweise durch die Geschlechtsorgane zur Fortpflanzung verwendet wird, sondern darüber hinaus noch einen Teil der Kraft verbraucht, die das Gehirn erbaut und ihm ermöglicht, Gedanken hervorzubringen; daher der mentale Mangel.

Wenn sich andererseits Menschen geistiger Arbeit widmen, besteht geringe Neigung, die Geschlechtskraft zur Fortpflanzung zu gebrauchen, so daß der unverbrauchte Teil in geistige Kraft umgesetzt werden kann.

Dies ist der Grund, weshalb der Eingeweihte auf einer gewissen Entwicklungsstufe das Gelübde der Ehelosigkeit auf sich nimmt. Es ist kein leichtes Gelübde, auch nicht eines, das leichtfertig von einem nach geistigem Fortschritt Strebenden abgelegt werden soll. Viele für ein höheres Leben noch nicht reife Menschen haben sich unwissend an ein asketisches Leben gebunden. Sie sind für die Allgemeinheit und für sich selbst ebenso gefährlich, wie andererseits der durch sexuelle Manie Schwachsinnige.

Auf der gegenwärtigen menschlichen Entwicklungsstufe ist die Geschlechtsfunktion das Mittel, durch das Körper bereitgestellt werden, in denen der Geist Erfahrungen sammeln kann. Menschen, die sehr fruchtbar sind, und dem Geschlechtstrieb uneingeschränkt nachgeben, stellen die niedersten Klassen dar. Folglich ist es für Individuen, die zur Verkörperung herabsteigen, schwierig, gute Träger in einer Umgebung zu finden, in der sie ihre Fähigkeiten in solcher Weise entfalten können, daß sie für sich selbst und die übrige Menschheit ständig zum

Segen wirken. Unter den Wohlhabenderen, die günstigere Bedingungen bieten könnten, haben viele, aus ganz und gar selbstsüchtigen Gründen und nicht aufgrund von Enthaltsamkeit, wenig oder gar keine Kinder. Sie möchten bequemem, freiem und uneingeschränktem Geschlechtsgenuß nachgehen, ohne die Last einer Familie auf sich zu nehmen. In der weniger wohlhabenden Mittelklasse wird der Familienzuwachs ebenfalls eingeschränkt, in diesem Fall jedoch teilweise aus wirtschaftlichen Erwägungen, damit sie einem Kind oder zwei Kindern erzieherische und andere Vorteile bieten können, die auf vier oder fünf Kinder auszudehnen, ihre Mittel nicht erlauben würden.

So übt der Mensch sein göttliches Vorrecht aus, durch das er Unordnung in die Natur bringt. Ins Leben tretende Egos müssen manchmal die ihnen unter ungünstigen Begleiterscheinungen gebotenen Gelegenheiten ergreifen. Andere Egos, die das nicht können, müssen warten, bis sich eine günstige Umgebung bietet. So beeinflussen wir einander durch unsere Handlungen. In diesem Maß werden die Sünden der Väter an den Kindern heimgesucht; denn so wie der Heilige Geist die schöpferische Energie in der Natur darstellt, ist die Geschlechtskraft seine Widerspiegelung im Menschen. Mißbrauch und Vergeudung dieser Kraft ist die Sünde, die nicht vergeben wird, sondern durch verminderte Leistungsfähigkeit der Träger gesühnt wird, um uns die Heiligkeit der schöpferischen Kraft gründlich zu lehren.

Nach einem höheren Leben Strebende, die von ernstem Wunsch nach einem edlen, geistigen Leben erfüllt sind, betrachten voller Entsetzen die Geschlechtstätigkeit wegen der Folgen all des Elends, das der Menschheit aus dem Mißbrauch entstanden ist. Sie neigen dazu, sich mit Ekel von dem abzuwenden, was sie als unrein ansehen. Dabei übersehen sie die Tatsache, daß gerade Menschen wie sie (die ihre Träger durch geeignete, gesunde Ernährung, hohe und erhabene Gedanken, sowie durch reines und geistiges Leben in einen guten Zustand gebracht haben) am besten geeignet sind, dichte Körper zu schaffen, die für die Entwicklung der nach Verkörperung suchenden Wesen unbedingt erforderlich sind. Es ist unter den okkulten Gelehrten allgemein bekannt, daß beim Niedergang einer Rasse viele hervorragende Egos von der Wiederverkörperung abgehalten werden, nur weil sie keine Eltern finden können, die rein genug sind, ihnen die nötigen physischen Träger zur Verfügung zu stellen.

Menschen, die es aus oben erwähntem Grund unterlassen, ihre Pflicht gegenüber der Menschheit zu erfüllen, vergrößern die Sonnenflecken so sehr, daß sie darüber vergessen, die Sonne selbst zu sehen. Die Geschlechtstätigkeit hat ihren wichtigen Platz im Haushalt der Welt. Richtig angewendet gibt es für das Ego keinen größeren Segen, denn es stellt dann reine und gesunde Körper bereit, wie die Menschheit sie zu ihrer Entwicklung braucht. Wird sie dagegen mißbraucht, gibt es keinen größeren Fluch; denn sie wird dann zur Ursache der schlimmsten Übel, die das Fleisch erbt.

Es ist eine Binsenwahrheit, daß kein „Mensch für sich allein lebt". Durch unsere Worte und Taten wirken wir unablässig auf andere ein. Durch richtiges Erfüllen oder Vernachlässigen unserer Pflicht schaffen oder vereiteln wir Leben, in erster Linie das unserer unmittelbaren Umgebung, im Grunde aber das aller Bewohner der Erde und noch darüber hinaus. Niemand hat das Recht, das höhere Leben zu suchen, bevor er nicht die Pflicht gegenüber seiner Familie, seinem Land und der Menschheit erfüllt hat. Selbstsüchtig alles andere beiseite zu schieben, und nur für den eigenen geistigen Fortschritt zu leben, ist ebenso tadelnswert, wie sich überhaupt nicht um das geistige Leben zu kümmern. Nein, es ist schlimmer im Hinblick auf jene, die im täglichen Leben nach bestem Wissen und Gewissen ihre Pflicht tun und sich dem Wohlergehen jener widmen, die von ihnen abhängen; sie pflegen die lebenswichtige Eigenschaft der Treue. Sie werden gewiß zur rechten Zeit bis zu einem Punkt fortschreiten, an dem sie für geistige Erfordernisse erweckt werden. Sie werden dann ihre auf anderem Gebiet entwickelte Treue auf Geistiges übertragen. Der Mensch, der seinen gegenwärtigen Pflichten bewußt den Rücken kehrt, um ein geistiges Leben zu beginnen, wird sicherlich, ohne entkommen zu können, auf den Pfad der Pflicht, von dem er fälschlicherweise abgewichen ist, zurückgezwungen werden, bis die Lektion gelernt ist.

Bestimmte indische Stämme haben folgende ausgezeichnete Lebenseinteilung. Die ersten zwanzig Jahre dienen der Erziehung. Die Zeit vom zwanzigsten bis zum vierzigsten Lebensjahr ist der Aufgabe der Familiengründung gewidmet. Während der restlichen Zeit befaßt man sich mit spiritueller Entwicklung, ohne daß physische Sorgen den Intellekt beunruhigen oder ablenken.

In der ersten Periode wird das Kind von den Eltern ernährt. In der zweiten sorgt der Mann für seine eigene Familie und zusätzlich für seine Eltern, die sich dann höheren Dingen widmen werden. Für den Rest seines Lebens wird er wiederum von seinen Kindern unterstützt.

Das scheint eine sehr vernünftige und vollkommen befriedigende Methode in einem Land zu sein, wo alle von der Wiege bis zur Bahre das Bedürfnis nach geistiger Entfaltung so stark in sich fühlen, daß sie irrtümlicherweise die materielle Entwicklung vernachlässigen, wenn sie nicht von äußerster Not bedrängt werden. Die Kinder kommen bereitwillig für ihre Eltern auf und sind sich sicher in dem Bewußtsein, daß sie ihrerseits wieder versorgt werden und sich somit vollkommen höheren Dingen widmen können, nachdem sie ihre Pflicht gegenüber ihrem Land und der Menschheit erfüllt haben. In der westlichen Welt jedoch, wo gegenwärtig keine geistigen Bedürfnisse vom Durchschnittsmenschen empfunden werden, weil er der materiellen Entwicklungsrichtung folgt, wäre es unmöglich, eine solche Lebensweise zu realisieren.

Geistiges Streben setzt erst ein, wenn die Zeit dazu reif ist und immer erst dann, wenn die besonderen Voraussetzungen bestehen, unter denen wir es, wenn überhaupt, befriedigen können. Bestehende Pflichten, die uns als Beschränkungen erscheinen, müssen erfüllt werden. Wenn die

Fürsorge der Familie gegenüber die ersehnte vollständige Hingabe an ein höheres Leben verhindert, wäre der Strebende gewiß nicht berechtigt, seine Familienpflicht zu vernachlässigen und die ganze Zeit und Energie geistigen Vorhaben zuzuwenden. Man sollte sich bemühen, solchen Bestrebungen, ohne Pflichtversäumnisse der Familie gegenüber zu entsprechen.

Wenn in einem, in ehelicher Gemeinschaft stehenden Menschen der Wunsch nach einem ehelosen Leben aufkommt, dürfen die Verpflichtungen solcher Verbindungen nicht vergessen werden. Es wäre völlig falsch, unter solchen Umständen das Zölibat auszuüben und zu versuchen, der **ordnungsgemäßen** Pflichterfüllung zu entgehen. Was die Pflicht zur Ausübung des Geschlechtsaktes betrifft, gilt für einen nach einem höheren Leben Strebenden ein anderer Maßstab, als der für durchschnittliche Männer und Frauen.

Die meisten Menschen betrachten die Ehe als einen Freibrief für uneingeschränkte Befriedigung geschlechtlichen Verlangens. Nach dem Gesetzesrecht ist dies vielleicht richtig. Doch darf weder ein vom Menschen erlassenes Gesetz noch ein menschlicher Brauch über diese Angelegenheit bestimmen. Die okkulte Wissenschaft lehrt, daß die Geschlechtsfunktion **niemals** zur Befriedigung des Sinnengenusses, sondern **nur** zur Fortpflanzung dienen soll. Daher wäre ein nach dem höheren Leben Strebender berechtigt, die Ausübung des Geschlechtsaktes seinem Ehepartner zu verweigern, es sei denn, es bestünde die Absicht, ein Kind zu zeugen und auch nur dann, wenn beide Teile vollkommen gesund sind - physisch, moralisch und geistig - denn sonst würde wahrscheinlich die Verbindung zur Zeugung schwacher und anomaler Körper führen.

Jeder Mensch ist Eigentümer seines Körpers. Vor dem Gesetz der Ursache und Wirkung ist er für jeden Mißbrauch verantwortlich, der sich aus willenloser Überlassung dieses Körpers an einen anderen ergibt.

Im Licht des oben Gesagten und vom Standpunkt der okkulten Wissenschaft aus betrachtet, ist es für alle körperlich und geistig gesunden

Menschen sowohl Pflicht als auch ein Privileg (das dankend für die Gelegenheit ausgeübt werden sollte), so vielen Wesen Träger zur Verfügung zu stellen, wie es sich mit der Gesundheit und Fähigkeit, für diese zu sorgen, vereinbaren läßt. Und wie früher dargelegt, sind besonders die nach einem höheren Leben Strebenden in dieser Hinsicht dazu verpflichtet, weil ihre reineren Leben eine Läuterung ihrer Körper bewirkt haben. Sie sind daher geeigneter als andere Menschen, reine Träger zu zeugen. Somit ermöglichen sie es, für fortgeschrittenere Wesen passende Träger zu finden. Auch helfen sie der Menschheit in ihrem Fortschritt, indem sie diesen wartenden Egos Gelegenheiten bieten, sich zu verkörpern und ihren Einfluß zu einer früheren Zeit auszuüben, als dies sonst möglich gewesen wäre.

Wenn man die Geschlechtskraft auf diese Weise gebraucht, wird die geschlechtliche Vereinigung in einem Leben nur wenige Male stattfinden. Die ganze Geschlechtskraft könnte dann für geistige Zwecke genutzt werden. Nicht der Gebrauch, sondern der Mißbrauch ruft all die Störungen hervor und beeinträchtigt das geistige Leben. Daher ist es auch nicht nötig, das höhere Leben aufzugeben, weil man nicht ehelos leben kann. Während der Zeit, in der man durch die kleineren Einweihungen geht, ist es nicht erforderlich, vollständig enthaltsam zu leben. Das Gelübde absoluter Ehelosigkeit gilt nur für die höheren Einweihungen. Selbst dann kann ein einzelner Akt der Befruchtung manchmal als Opfer erforderlich sein, wie es bei der Bereitstellung eines Körpers für Christus der Fall war.

Man kann sogar sagen, daß es schlimmer ist, unter einer brennenden Begierde zu leiden und ständig lebhaft an die Befriedigung des Geschlechtstriebes zu denken, als ein Eheleben in mäßiger Weise zu führen. Christus lehrte, daß unkeusche Gedanken ebenso schlecht, ja übler seien als unkeusche Handlungen; denn Gedanken können unbegrenzt wiederholt werden, wogegen den Handlungen Grenzen gesetzt sind.

Der nach höherem Leben Strebende kann nur im Verhältnis zum Ausmaß der Beherrschung seiner niederen Natur erfolgreich sein; doch sollte er sich vor dem anderen Extrem hüten.

DIE HYPOPHYSE UND DIE EPIPHYSE

Im Gehirn, ungefähr an den in Diagramm 17 gezeigten Stellen, befinden sich zwei kleine Organe, die Hypophyse (Hirnanhangdrüse) und Epiphyse (Zirbeldrüse) genannt werden. Die medizinische Wissenschaft weiß von ihnen und anderen endokrinen Drüsen nur wenig. Sie bezeichnet die Zirbeldrüse als das „verkümmerte dritte Auge". Doch weder sie noch die Hypophyse verkümmern. Das ist für die Wissenschaftler sehr verwirrend; denn die Natur behält nichts Nutzloses zurück. Im ganzen Körper finden wir Organe, die entweder verkümmern oder sich entwickeln. Erstere sind sozusagen Meilensteine längs des Pfades, den der Mensch gewandert ist, um seine gegenwärtige Entwicklungsstufe zu erreichen. Letztere weisen auf die Richtlinien künftiger Verbesserungen und Entwicklungen hin. So sind z.B. die Muskeln, welche die Tiere gebrauchen, um ihre Ohren zu bewegen, gegenwärtig auch beim Menschen vorhanden. Da sie aber verkümmern, können sie nur wenig Menschen benutzen. Das Herz gehört zu der Kategorie, welche die künftige Entwicklung anzeigt. Wie schon erwähnt wurde, wird es ein willkürlicher Muskel werden.

Die Hirnanhangdrüse und die Zirbeldrüse gehören noch einer anderen Gruppe von Organen an, die derzeit weder verkümmern noch sich entwickeln, sondern untätig sind. In ferner Vergangenheit, als der Mensch noch mit den inneren Welten in Berührung stand, waren diese Organe seine Mittel zu deren Zutritt, und sie werden in einer späteren Stufe wieder diesem Zweck dienen. Sie waren mit dem unwillkürlichen oder sympathischen Nervensystem verbunden. Damals, in der Mondperiode, im letzten Teil der Lemurischen Epoche und zu Beginn der Atlantischen Epoche sah der Mensch die inneren Welten. Die Bilder stellten sich ganz unabhängig vom Willen ein. Die Sinneszentren seines Empfindungsleibes drehten sich entgegen dem Uhrzeigersinn (negativ, der Erdbewegung folgend, die sich in dieser Richtung um ihre Achse dreht) wie die Sinneszentren der „Medien" bis heute wirken.

Diese Sinneszentren sind bei den meisten Menschen untätig, doch eine richtige Entwicklung wird sie, wie an anderer Stelle erläutert wurde, zur Bewegung im Uhrzeigersinn (d.h. rechtsläufig) bringen. Das ist die schwierige Besonderheit in der Entwicklung positiven Hellsehens.

Die Entwicklung der Mediumschaft ist viel leichter, weil sie nur ein Wiederaufleben der spiegelgleichen Funktion ist, die der Mensch in ferner Vergangenheit besaß. Durch sie wurde die Außenwelt unwillkürlich in ihm reflektiert. Später wurde diese Funktion durch Inzucht beibehalten. Bei den gegenwärtigen Medien setzt diese Kraft zeitweilig aus, was auch erklärt, warum sie manchmal „sehen" können und zu anderen Zeiten ohne ersichtlichen Grund gänzlich versagen. Gelegentlich befähigt sie der starke Wunsch des Ratsuchenden, mit den Informationen in Berührung zu kommen, die er sucht. In solchen Fällen sehen sie richtig. Sie sind jedoch nicht immer redlich. Die Büromiete und andere Auslagen müssen bezahlt werden, und wenn die Fähigkeiten (die sie nicht bewußt beherrschen) versagen, greifen manche zum Betrug und äußern irgendeine, ihnen einfallende Ungereimtheit, damit sie ihre Kunden zufriedenstellen und ihr Geld erhalten. So bringen sie das in Mißkredit, was sie zu anderen Zeiten wirklich sehen.

Wer nach wahrer spiritueller Sicht und Einsicht strebt, muß vor allem den Beweis seiner Selbstlosigkeit erbringen; denn der geschulte Hellseher hat keine Tage „des Mißlingens". Er ist keineswegs wie ein Spiegel, der von den Bildern abhängt, die sich ihm zufällig zeigen. Er ist fähig, zu jeder beliebigen Zeit in jeder Richtung zu wirken und die Gedanken und Vorhaben anderer zu lesen, vorausgesetzt, er lenkt speziell darauf seine Aufmerksamkeit.

Die große Gefahr, die sich für die Gesellschaft aus kritiklosem Gebrauch dieser von einem unwürdigen Menschen ausgeübten Macht ergeben würde, kann man leicht verstehen. Er wäre fähig, die geheimsten Gedanken anderer zu lesen. Daher ist der Eingeweihte durch feier-

DIAGRAMM 17

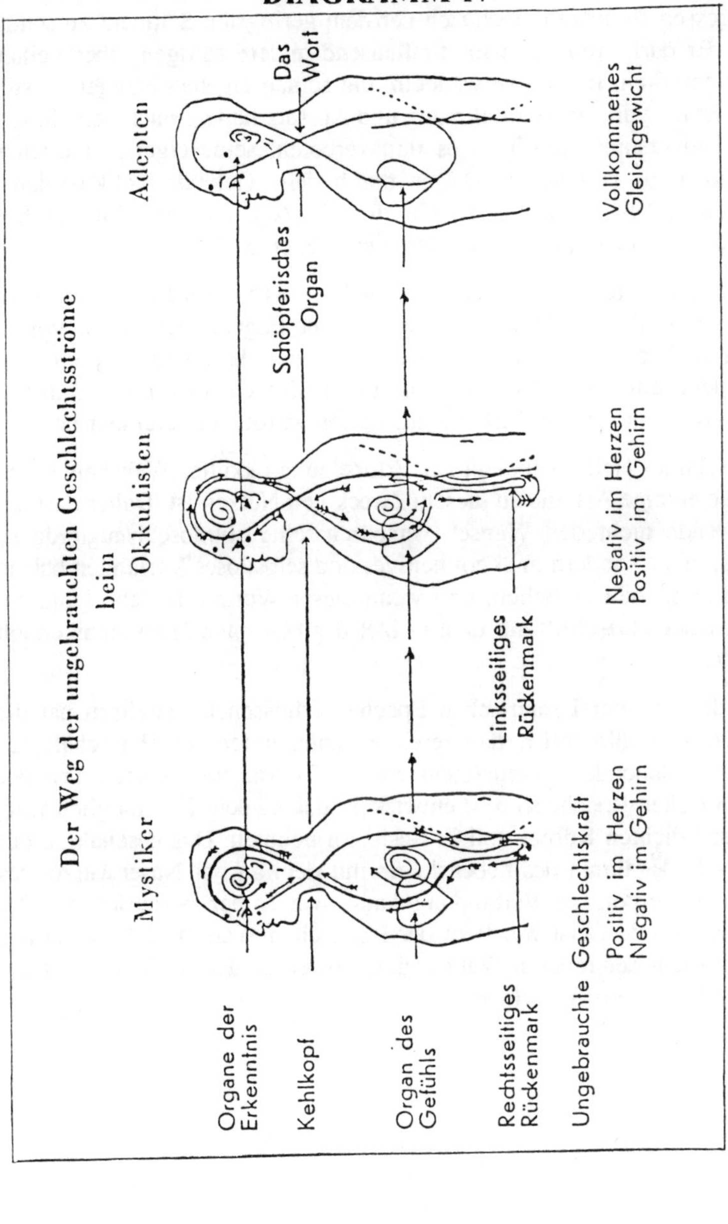
Der Weg der ungebrauchten Geschlechtsströme
beim
Mystiker
Okkultisten
Adepten
Organe der Erkenntnis
Kehlkopf
Organ des Gefühls
Rechtsseitiges Rückenmark
Ungebrauchte Geschlechtskraft
Positiv im Herzen
Negativ im Gehirn
Linksseitiges Rückenmark
Negativ im Herzen
Positiv im Gehirn
Schöpferisches Organ
Das Wort
Vollkommenes Gleichgewicht

lichste Eide verpflichtet, niemals diese Fähigkeit für seine persönlichen Interessen zu nutzen, noch sich vor dem geringsten Schmerz zu schützen. Er darf, wenn er will, fünftausend andere sättigen, aber keinen einzigen Stein in Brot verwandeln, um seinen eigenen Hunger zu stillen. Er mag andere von Lähmung und Aussatz heilen, nach dem Gesetz des Universums jedoch ist es ihm verboten, seine eigenen tödlichen Wunden zu behandeln. Da er durch sein Gelübde vollkommener Selbstlosigkeit gebunden ist, gilt für alle Zeit, daß der Eingeweihte, obwohl er andere rettet, sich selbst nicht retten darf.

Der geschulte Hellseher, der wirklich etwas zu geben vermag, wird nie ein Schild aushängen, auf dem er seine Begabungen gegen Vergütung anbietet. Er wird aber immer mit offener Hand geben, wenn er es mit dem reifen Schicksal, das von dem Hilfesuchenden unter dem Gesetz von Ursache und Wirkung geschaffen wurde, für vereinbar hält.

Geschultes Hellsehen dient zur Erforschung okkulter Wahrheiten und ist die einzige Art, die zu diesem Zweck von Nutzen ist. Daher darf der Strebende nicht den Wunsch verspüren, eine sinnlose Neugierde zu befriedigen, sondern muß ein heiliges und selbstloses Verlangen haben, der Menschheit zu helfen. Erst wenn dieser Wunsch besteht, kann ein wirklicher Fortschritt auf dem Gebiet des bewußten Hellsehens erzielt werden.

In den seit der Lemurischen Epoche verflossenen Zeitaltern hat die Menschheit allmählich das zerebrospinale, unter der Herrschaft des Willens stehende Nervensystem erbaut. Es war im späteren Teil der Atlantischen Epoche so weit entwickelt, daß es dem Ego möglich wurde, den dichten Körper voll in Besitz zu nehmen. Das geschah zu der Zeit, als der Punkt des Lebensleibes mit dem an der Nasenwurzel des dichten Körpers in Verbindung kam (wie früher beschrieben). Der innewohnende Geist wurde in der Physischen Welt erweckt, doch das Bewußtsein der inneren Welten ging, soweit es den größeren Teil der Menschheit betrifft, verloren.

Seit dieser Zeit ist die Verbindung zwischen Epiphyse und Hypophyse mit dem zerebrospinalen Nervensystem langsam hergestellt worden; sie ist jetzt fast vollendet.

Um die Verbindung mit den inneren Welten wiederzugewinnen, müssen lediglich die Hypophyse und die Epiphyse wiedererweckt werden. Wenn das erreicht ist, wird der Mensch die Fähigkeit der Wahrnehmung in den höheren Welten erneut besitzen, jedoch in einem gewaltigeren Ausmaß als früher. Denn sie wird in Verbindung mit dem willkürlichen Nervensystem und daher unter der Herrschaft des Willens stehen. Durch diese innere Wahrnehmungsfähigkeit werden ihm alle Zugänge zum Wissen geöffnet. Er wird zum Erwerb von Informationen über ein Mittel verfügen, mit dem alle anderen Forschungsmethoden im Vergleich dazu nur ein Kinderspiel sind.

Die Erweckung dieser Organe wird durch esoterische Erziehung erlangt, die wir anschließend beschreiben wollen, soweit dies öffentlich geschehen kann.

ESOTERISCHE ERZIEHUNG

Bei den meisten Menschen wird der größere Teil der Geschlechtskraft, die in rechter Weise durch die schöpferischen Organe verwendet werden sollte, zur Befriedigung der Sinne verausgabt. Daher ist in solchen Menschen sehr wenig des in Diagramm 17 gezeigten aufsteigenden Stromes vorhanden.

Wenn der nach höherem Leben Strebende beginnt, diese Ausschweifungen mehr und mehr zu zügeln und seine Aufmerksamkeit geistigen Gedanken und Bestrebungen zuzuwenden, kann der geschulte Hellseher wahrnehmen, wie die ungebrauchte Geschlechtskraft aufzusteigen beginnt. Sie strömt auf dem durch die Pfeile in Diagramm 17 aufgezeigten Weg in zunehmend größerem Umfang aufwärts, durchquert das Herz und den Kehlkopf oder das Rückenmark und den Kehlkopf oder beide und geht dann direkt zwischen Hypophyse und Epiphyse zu dem dunklen Punkt an der Nasenwurzel, wo der „Stille Wächter", der höchste Geist, seinen Sitz hat.

Diese Ströme nehmen gewöhnlich nicht einen der beiden in Diagramm 17 angezeigten Wege unter völligem Ausschluß des anderen. Im allgemeinen jedoch wird vom größeren Teil der Geschlechtsströme ein dem Temperament des Strebenden entsprechender Weg eingeschlagen. Bei einem, der Erleuchtung nach rein intellektuellen Grundsätzen sucht, führt der Geschlechtsstrom hauptsächlich über das Rückenmark. Nur ein kleiner Teil nimmt den Weg über das Herz. Beim Mystiker, der mehr fühlt als weiß, steigen die Ströme aufwärts durch das Herz.

Beide, der Intellektuelle und der Mystiker, entwickeln sich anomal. Jeder muß irgendwann einmal die Entwicklung nehmen, die er vernachlässigte, um vollkommen zu werden. Deshalb ist es das Ziel der Rosenkreuzer, eine Lehre zu geben, die beide Gruppen zufriedenstellt, obgleich ihre Hauptanstrengung darauf gerichtet ist, den intellektuell Veranlagten zu erreichen; denn er ist der Bedürftigere von beiden.

Der Strom an sich, auch wenn er die Ausdehnung eines Niagara erreichte, und bis zum Jüngsten Tag flösse, ist nutzlos. Da er nicht nur eine notwendige Begleiterscheinung, sondern eine Vorbedingung zu selbstbewußter Arbeit in den inneren Welten ist, muß er doch bis zu einem gewissen Grad verfeinert werden, bevor die richtige esoterische Schulung beginnen kann. Daraus kann man ersehen, daß der Aspirant eine gewisse Zeit hindurch ein moralisches Leben, das spirituellen Gedanken gewidmet ist, führen muß. Erst dann ist es möglich, die Arbeit zu beginnen, die ihm Kenntnisse über die überphysischen Welten aus erster Hand vermittelt und ihn befähigt, im wahrsten Sinne ein Helfer der Menschheit zu werden.

Wenn der Kandidat ein solches Leben genügend lange geführt hat, um den Strom geistiger Kraft herzustellen, und er für würdig und fähig befunden wird, esoterische Unterweisung zu empfangen, so wird er in bestimmten Übungen unterrichtet, um die Hypophyse in Schwingung zu versetzen. Diese Schwingung veranlaßt die Hypophyse auf die nächste Kraftlinie (Diagramm 17) einzuwirken und sie leicht abzulenken. Das wiederum wirkt auf die ihr am nächsten liegende Kraftlinie. Dieser Vorgang setzt sich fort, bis die Schwingungskraft erschöpft ist. Das geschieht auf ähnliche Weise wie das Anschlagen einer Taste auf dem Klavier, wobei eine Anzahl von Obertönen entsteht. Dadurch werden die Schwingungen auf andere Saiten mit entsprechenden Höhenintervallen übertragen.

Wenn durch die erhöhte Schwingung der Hypophyse die Kraftlinien genügend abgelenkt worden sind, um zur Epiphyse zu gelangen, ist das Ziel erreicht und der Zwischenraum zwischen beiden Organen ist überbrückt. Das ist die Brücke zwischen der Sinnen- und Empfindungswelt. Von dieser Zeit an wird der Mensch hellsehend. Er kann seinen Blick richten, wohin er will. Feste Gegenstände werden sowohl von innen als auch von außen gesehen. Für ihn haben Raum und Dichte als Hindernisse der Beobachtung aufgehört, zu existieren.

Er ist noch kein **geschulter** Hellseher, sondern ein Hellseher nach **Belieben**, ein willkürlicher Hellseher. Seine Fähigkeit unterscheidet sich sehr von der des Mediums, eines gewöhnlich unwillkürlichen Hellsehers, der nur das sehen kann, was gerade erscheint. Ein Medium hat bestenfalls nur wenig mehr als diese rein negative Fähigkeit. Der Mensch aber, bei dem diese Brücke einmal erbaut ist, steht immer in sicherer Berührung mit den inneren Welten. Er kann die Verbindung nach Belieben herstellen oder abbrechen. Nach und nach lernt der Beobachter die Schwingung der Hypophyse in einer Weise zu beherrschen, die ihn befähigt, mit jeder beliebigen Region der inneren Welten in Berührung zu kommen, die er zu besuchen wünscht. Diese Fähigkeit steht vollständig unter der Herrschaft des Willens. Er muß durchaus nicht in einen Trancezustand fallen oder etwas Außergewöhnliches tun, um sein Bewußtsein zur Empfindungswelt zu erheben. Er **will** einfach sehen und sieht.

Wie bereits im früheren Teil dieses Werkes erläutert, muß der Neophyt (Neuling) in der Empfindungswelt sehen lernen oder besser gesagt, er muß verstehen lernen, was er dort sieht. In der Physischen Welt sind die Gegenstände dicht, fest und verändern sich nicht augenblicklich. In der Empfindungswelt wechseln sie auf die unberechenbarste Art und Weise. Für den negativ, unwillkürlich Hellsehenden, ja selbst für den Neophyten, der unter der Leitung eines Lehrers hier eintritt, ist das eine Quelle ständiger Verwirrung. Der Unterricht aber bringt den Schüler bald auf einen Punkt, an dem die Form wechseln kann, so oft sie will. Er kann das Leben wahrnehmen, das den Wechsel verursacht, und es als das erkennen, was es ist, trotz aller erdenklichen und verwirrenden Veränderungen.

Nun besteht noch ein anderer wichtiger Unterschied. Die Kraft, die einen Menschen befähigt, die Gegenstände in einer Welt **wahrzunehmen**, ist **nicht** dieselbe Kraft, mit der er in diese Welt **eindringt** und dort **tätig** ist. Der willkürliche Hellseher kann wohl eine gewisse Schulung erfahren haben und fähig sein, in der Empfindungswelt das Wahre vom Falschen zu unterscheiden. Doch steht er zu ihr praktisch in gleicher Beziehung wie ein Gefangener hinter Gitterstäben zur Außenwelt. Er kann sie sehen, aber nicht in ihr handeln. Deshalb öffnet die esoterische Schulung nicht nur das innere Auge des Aspiranten, sondern es werden zur rechten Zeit weitere Übungen gegeben, um ihn mit einem Träger auszustatten, mit dem er in den inneren Welten in vollständig selbstbewußter Weise handeln kann.

WIE MAN DEN INNEREN TRÄGER ERBAUT

Der gewöhnliche Mensch lebt, um zu essen, zu trinken und seine geschlechtliche Leidenschaft uneingeschränkt zu befriedigen. Sie verlieren bei der geringsten Provokation ihre Fassung. Obwohl diese Menschen nach außen sehr „ehrbar" sein mögen, bringen sie beinahe täglich heillose Verwirrung in ihren Organismus. Die ganze Schlafenszeit wird vom Empfindungs- und Lebensleib damit verbracht, den Schaden, der während des Tages entstanden ist, wiedergutzumachen. Für äußere Tätigkeiten irgendwelcher Art bleibt keine weitere Zeit übrig. Wenn aber der Mensch die Notwendigkeit eines höheren geistigen Lebens zu fühlen beginnt, die Geschlechtskraft sowie das Temperament beherrscht und eine heitere Stimmung pflegt, wird während der Wachstunden weniger Unordnung in den Trägern hervorgerufen werden. Infolgedessen ist auch während des Schlafes weniger Zeit erforderlich, um den Schaden zu reparieren. So wird es möglich, den dichten Körper während des Schlafes für längere Zeit zu verlassen, um in den inneren Welten, den höheren Trägern, tätig zu sein. Da der Empfindungsleib und der Intellekt noch nicht organisiert sind, können sie als selbständige Bewußtseinsträger nicht gebraucht werden. Auch kann der Lebensleib den dichten Körper nicht verlassen. Dies würde den Tod hervorrufen. Deshalb mußten Maßnahmen ergriffen werden, um einen organisierten Träger zur Verfügung zu stellen, der leicht beweglich und derart beschaffen ist, daß er den Bedürfnissen des Egos in den inneren Welten so entspricht, wie der dichte Körper denjenigen in der Physischen Welt.

Ein solch organisierter Träger ist der Lebensleib. Würde man eine Möglichkeit finden, ihn vom dichten Körper zu lösen, ohne den Tod zu verursachen, so wäre das Problem gelöst. Überdies ist der Lebensleib der Sitz des Gedächtnisses. Ohne Gedächtnis wäre es unmöglich, die Erinnerung an überphysische Erfahrungen in unser physisches Bewußtsein zurückzubringen, um so deren vollen Segen zu erlangen.

Wir erinnern uns, daß die Hierophanten der alten Mysterientempel, Teile des Volkes in Kasten und Stämme trennten, wie die Brahmanen und Leviten, um auf diese Weise Körper für den Gebrauch solcher Egos vorzubereiten, die weit genug fortgeschritten waren, um für die Einweihung bereit zu sein. Das geschah derart, daß der Lebensleib zweigeteilt wurde, wie es der Empfindungsleib der gesamten Menschheit zu Beginn der Erdperiode war. Wenn der Hierophant die Schüler aus ihren

Körpern herausnahm, ließ er einen Teil des Lebensleibes zurück, der den ersten (chemischen) und zweiten (Lebens-) Äther einschloß, um die rein animalischen Funktionen zu erfüllen (sie sind die einzig tätigen während des Schlafes). Der Schüler nahm durch seine Verbindung mit den Sinneszentren des dichten Körpers einen wahrnehmungsfähigen Träger mit. Dieser Träger besaß diese Fähigkeiten aufgrund seiner Zusammensetzung aus dem dritten (Licht-) und vierten (rückstrahlenden) Äther; sie sind die Vermittler der Sinneseindrücke und des Gedächtnisses.

Das ist in der Tat auch jener Teil des Lebensleibes, den der Strebende von Leben zu Leben zurückbehält, und als Verstandesseele unsterblich ist.

Als Christus kam und die „Sünden der Welt hinwegnahm", (nicht die des Individuums) und den Empfindungsleib unseres Planeten reinigte, ist die Verbindung zwischen allen dichten menschlichen Körpern und Lebensleibern in einem solchen Maß gelockert worden, daß es durch Schulung möglich ist, die beschriebene Teilung vorzunehmen. Daher steht nun die Einweihung allen offen.

Der feinere Teil des Empfindungsleibes, der die Empfindungsseele bildet, kann bei den meisten Menschen getrennt werden (dies war tatsächlich schon vor der Ankunft Christi möglich). Wenn die feineren Teile der Träger während des Schlafes oder zu einer beliebigen anderen Zeit durch Konzentration und Anwendung einer geeigneten Formel abgesondert worden sind, bleiben noch die niederen Teile des Empfindungs- und Lebensleibes zurück. Sie setzen den Wiederherstellungsprozeß im dichten, lediglich animalischen Teil des dichten Trägers fort.

Wie wir gesehen haben, ist der Teil des Lebensleibes, der aus dem dichten Körper heraustritt, hoch organisiert. Er ist ein genaues Ebenbild des dichten Körpers. Die nicht organisierten Träger, der Empfindungsleib und der Intellekt, sind nur durch ihre Verbindung mit dem hochorganisierten, dichten Körper zu gebrauchen. Wenn sie von ihm getrennt werden, sind sie nur armselige Werkzeuge. Bevor sich der Mensch aus dem dichten Körper zurückziehen kann, müssen daher die Sinneszentren des Empfindungsleibes erweckt werden.

Im gewöhnlichen Leben befindet sich das Ego **innerhalb** seiner Träger, und seine Kraft richtet sich nach **außen**. Der ganze Wille und die ganze Energie des Menschen sind darauf gerichtet, die Physische Welt zu unterwerfen. Zu keiner Zeit kann sich der Mensch von den Einwirkungen seiner äußeren Umgebung lösen, um so frei zu sein, in seinen wachen Stunden an sich zu arbeiten. Während des Schlafes, wo sich eine solche Gelegenheit bietet, weil der dichte Körper das Wissen von der Welt verloren hat, befindet sich das Ego **außerhalb** seiner Körper. Soll der Mensch überhaupt an seinen Trägern arbeiten, so muß das geschehen, wenn ihm die Außenwelt wie im Schlaf verschlossen ist, der Geist aber dennoch, wie im wachen Zustand, innerhalb der Träger und im Vollbesitz seiner Fähigkeiten bleibt. Erst wenn dieser Zustand erreicht werden kann, wird es dem Geist möglich sein, innerlich zu arbeiten und seine Träger richtig zu sensibilisieren.

Die Konzentration ist solch ein Zustand. In ihr sind die Sinne beruhigt. Der Mensch befindet sich äußerlich in demselben Zustand wie im tiefsten Schlaf, und doch bleibt der Geist voll bewußt im Körper. Die meisten Menschen haben diesen Zustand wenigstens in gewissem Maß erfahren, wenn sie interessiert in ein Buch vertieft sind. Dann leben sie in den Schilderungen des Verfassers und sind für ihre Umgebung verloren. Spricht man sie an, reagieren sie nicht. Sie beachten weder Geräusche noch Vorgänge in ihrer Umgebung. Doch sind sie für alles, was sie lesen, vollkommen wach. Sie leben in der vom Verfasser geschaffenen unsichtbaren Welt und empfinden die Herzschläge aller verschiedenen Charaktere des Werkes. Sie sind nicht frei, sondern an das Leben gebunden, das jemand für sie im Buch geschaffen hat.

Der Aspirant für das höhere Leben entwickelt die Fähigkeit, **willentlich** von einem beliebigen, selbstgewählten Gegenstand, dem er sich zuwendet, ganz in Anspruch genommen zu werden oder, besser gesagt, nicht von einem üblichen Objekt, sondern von einem sehr einfachen Gegenstand, den er sich vorstellt. Wenn nun der richtige Zustand oder Punkt der Versenkung erreicht worden ist, und seine Sinne vollkommen beruhigt sind, konzentriert er seine Gedanken auf die verschiedenen Sinneszentren seines Empfindungsleibes, **die sich dann zu drehen beginnen**

Zuerst ist ihre Bewegung langsam und schwer zustandezubringen, doch allmählich schaffen sich die Sinneszentren des Empfindungsleibes Raum im dichten Körper und im Lebensleib. Beide lernen, sich dieser neuen Tätigkeit anzupassen. Eines Tages, wenn das tugendhafte Leben die erforderliche Trennung zwischen dem höheren und dem niederen Teil des Lebensleibes erreicht hat, setzt eine äußerste Willensanstrengung ein. Es findet eine in viele Richtungen gehende spirale Bewegung statt, und der Aspirant steht **außerhalb seines dichten Körpers**. Er sieht auf ihn wie auf eine andere Person. Die Tür seines Gefängnisses hat sich geöffnet. Er hat die Freiheit, zu kommen und zu gehen, sich in den inneren Welten so frei zu bewegen wie in der Physischen Welt. Er kann nach Belieben in beiden handeln und all denen ein Helfer sein, die in einer dieser Welten seine Dienste wünschen.

Bevor der Strebende lernt, seinen Körper willkürlich zu verlassen, kann er während des Schlafes im Empfindungsleib gewirkt haben; denn in einigen Menschen wird der Empfindungsleib aufgebaut, ehe die Trennung im Lebensleib zustandegebracht werden kann. Unter diesen Umständen ist es unmöglich, persönliche Erfahrungen ins Wachbewußtsein zurückzubringen. Im allgemeinen jedoch wird man in solchen Fällen als erstes Zeichen der Entwicklung bemerken, daß alle verworrenen Träume aufhören. Dann, nach einer Weile, werden die Träume lebhafter und vollkommen logisch. Der Strebende wird träumen, daß er an Orten und mit Menschen (einerlei, ob sie ihm im Wachzustand bekannt sind oder nicht) zusammen ist, die sich so vernünftig wie im Wachzustand verhalten. Wenn ihm der Ort, von dem er träumte, in

Wachstunden zugänglich ist, kann er, wenn er sich einige physische Einzelheiten der Szene merkt, manchmal Beweise für die Realität seines Traumes erhalten, und die Richtigkeit seiner nächtlichen Eindrücke am nächsten Tag nachprüfen.

Er wird zunächst finden, daß er während der Schlafenszeit irgendeinen beliebigen Ort auf der Erde besuchen und ihn viel gründlicher erforschen kann, als wenn er in seinem dichten Körper dort hingegangen wäre; denn er hat in seinem Empfindungsleib ohne Rücksicht auf Riegel und Schlösser zu allen Orten Zutritt. Bleibt er beharrlich, kommt schließlich der Tag, an dem er nicht auf den Schlaf zu warten braucht, um die Verbindung zwischen seinen Trägern zu lösen. Er kann sich bewußt befreien.

Besondere Anleitungen zur Befreiung der höheren Träger können nicht wahllos gegeben werden. Die Trennung wird nicht durch eine feste Formel in **Worten** zustandegebracht, sondern vielmehr durch einen **Willensakt.** Doch die Art und Weise, in welcher der Wille gelenkt wird, ist individuell und kann daher nur durch einen berufenen Lehrer vermittelt werden. Wie alle anderen echten, esoterischen Belehrungen wird sie niemals verkauft. Sie wird nur dem Schüler gegeben, der sich dafür eignet. Alles, was an dieser Stelle geschehen kann ist, die ersten Schritte anzudeuten, die zum Erwerb der Fähigkeit willkürlichen Hellsehens führen.

Die günstigste Zeit zum Üben ist gleich nach dem Erwachen am Morgen, ehe Sorgen und Plagen des täglichen Lebens in den Intellekt eindringen. Man kommt dann frisch aus den inneren Welten und wird daher leichter wieder mit ihnen in Berührung gebracht, als zu irgendeiner anderen Tageszeit. Man kleide sich nicht an und richte sich auch nicht im Bett auf, sondern entspanne den Körper vollständig und beginne die Übungen bei dem ersten wachen Gedanken. Entspannung bedeutet nicht einfach eine bequeme Lage. Es ist möglich, daß sich mit der **Erwartung** jeder Muskel verkrampft. Das vereitelt den Erfolg; denn in diesem Zustand beherrscht der Empfindungsleib die Muskeln.

Er kann nicht anders wirken, ehe nicht der Intellekt beruhigt ist.

KONZENTRATION

Die erste Übung ist, seine Gedanken auf ein Ideal zu richten und dort festzuhalten, **ohne sie abschweifen zu lassen.** Es ist dies eine äußerst schwierige Aufgabe. Sie muß jedoch zumindest bis zu einem gewissen Grad bewältigt werden, bevor es möglich ist, weitere Fortschritte zu machen. Der Gedanke ist die Kraft, die wir anwenden, um den inneren Ideen entsprechend, Bilder und Gedankenformen zu schaffen. Er ist unsere hauptsächliche Kraft. Wir müssen lernen, vollständig Kontrolle über ihn zu haben, damit das, was wir hervorbringen, kein wildes, durch äußere Bedingungen verursachtes Fantasieren ist, sondern wahre, durch den Geist von innen hervorgerufene Vorstellungskraft. (siehe Diagramm 1)

Skeptiker sagen, daß dies **alles** Einbildung sei. Wäre aber der Erfinder, wie bereits erwähnt, nicht fähig gewesen, sich das Telefon vorzustellen, so würden wir heute weder dieses noch andere Dinge besitzen. Meistens waren seine Vorstellungen nicht sofort fehlerfrei oder genau, sonst hätten die Erfindungen von Anfang an, ohne die vielen Fehler und scheinbar überflüssigen Versuche, die beinahe immer der Produktion eines praktischen und nützlichen Werkzeugs oder einer Maschine vorausgingen, erfolgreich funktioniert. Auch die Vorstellungskraft eines sich entwickelnden Okkultisten ist anfänglich nicht genau. Die einzige Möglichkeit, sie zu berichtigen ist ununterbrochenes, tägliches Üben, um den Willen zu schulen, den Gedanken auf ein Thema, einen Gegenstand oder eine Idee, unter Ausschluß aller anderen zu richten. Denken ist eine große Kraft. Wir haben uns daran gewöhnt, sie zu vergeuden. Wir gestatten unseren Gedanken, ziellos freien Lauf zu lassen, so wie das Wasser über einen Abgrund stürzt, ehe es das Schaufelrad antreibt.

Die sich über die ganze Erde ausbreitenden Sonnenstrahlen erzeugen nur eine mäßige Wärme; aber schon einige wenige von ihnen können, durch eine Sammellinse gebündelt, im Brennpunkt Feuer entzünden.

Gedankenkraft ist das mächtigste Mittel, um Wissen zu erlangen. Wird sie auf einen Gegenstand gerichtet, bahnt sie sich ihren Weg durch jedes Hindernis und löst das Problem. Wenn wir das erforderliche Maß an Gedankenkraft anwenden, wird dem menschlichen Verständnis alles zugänglich sein. Solange wir die Gedankenkraft zerstreuen, ist sie uns von geringem Nutzen. Aber sobald wir bereit sind, uns die erforderliche Mühe zu machen, sie einzuspannen, gehört uns alles Wissen.

Oftmals hören wir Menschen ungeduldig ausrufen: „Oh, ich kann nicht an hundert Dinge gleichzeitig denken!“ Aber gerade das ist es, was sie getan haben und die Schwierigkeit verursachte, über die sie sich beklagen. Gewöhnlich denken die Menschen mehr an hundert andere Dinge als an das eine, das sie gerade in der Hand haben. Jeder Erfolg ist durch beharrliche Konzentration auf das erwünschte Ziel zustandegekommen.

Das muß der nach dem höheren Leben Strebende unbedingt lernen. Es gibt keinen anderen Weg. Anfangs wird er feststellen, daß er eher an alles andere unter der Sonne denkt, als an das Ideal, auf das er sich zu konzentrieren entschlossen hat. Das darf ihn aber nicht entmutigen. Mit der Zeit wird es ihm leichter fallen, seine Sinne zu beruhigen und seine Gedanken festzuhalten. „Beharrlichkeit“, „Beharrlichkeit“ und immer wieder **BEHARRLICHKEIT,** wird am Ende den Sieg davontragen. Ohne sie jedoch kann kein Erfolg erwartet werden. Es nützt nichts, die Übungen an zwei oder drei Morgen oder Wochen zu machen und sie dann ebenso lange zu vernachlässigen. Um erfolgreich zu sein, müssen sie gewissenhaft und ausnahmslos jeden Morgen ausgeführt werden.

Entsprechend dem Temperament und der mentalen Veranlagung des Strebenden kann jeder beliebige Gegenstand gewählt werden, solange er rein und dem Zweck nach geistig erhebend ist. Einige werden Christus wählen; andere, die besonders Blumen lieben, hilft es, eine zum Thema ihrer Konzentration zu nehmen. Der Gegenstand selbst ist von geringer Bedeutung. Welcher Art er auch sei, wir müssen ihn uns bis in alle Einzelheiten lebensgetreu vorstellen. Wenn es Christus ist, so stellen wir ihn uns als wirklichen Christus vor, mit lebendigen Gesichtszügen, Leben in Seinen Augen und einem Ausdruck, der nicht steinern und tot ist. Wir müssen uns ein lebendes Ideal erbauen und keine Statue. Wenn es eine Blume ist, so müssen wir im Geiste den Samen nehmen, ihn in die Erde geben und unseren Intellekt stetig darauf richten. Wir werden alsbald sehen, wie seine Hülle aufspringt und seine Wurzeln die Erde spiralförmig durchdringen. Von den Hauptzweigen der Wurzeln beobachten wir Myriaden von Wurzelfasern, die sich verteilen und nach allen Richtungen verästeln. Dann beginnt der Stengel sich aufwärts zu strecken. Er durchbricht die Erdoberfläche und kommt als zarter, grüner Halm zum Vorschein; die Pflanze wächst. Wir sehen jetzt einen Ausläufer: ein zarter Zweig sprießt aus dem Hauptstengel. Es wächst ein anderer Sproß und ein Zweig erscheint. Aus den Zweigen kommen kleine Stiele mit Knospen an den Enden hervor. Bald darauf erscheinen viele Blätter. Dann bildet sich an der Spitze eine Knospe. Sie wird größer, bis sie aufzuspringen beginnt und sich die roten Rosenblätter unter dem Grün zeigen. Die Rose entfaltet sich in der Luft, wobei sie einen herrlichen Duft ausströmt, den wir mit unseren Sinnen ganz wahrnehmen, gleich einer sanften Sommerbrise, die uns diese wundervolle Schöpfung zärtlich vor das geistige Auge weht.

Nur wenn wir uns etwas in solch klaren und vollständigen Umrissen „vorstellen“, dringen wir in den Geist der Konzentration ein. Es darf kein schattenhaftes, schwaches Abbild sein.

Indienreisende haben von Fakiren erzählt, die ihnen einen Samen zeigten, der in die Erde gebracht wurde, aus dem vor den Augen der erstaunten Zuschauer eine Pflanze wuchs, die Früchte hervorbrachte, die der Reisende kostete. Das wurde durch derart starke Konzentration erreicht, daß das Bild nicht nur dem Fakir, sondern auch den Zuschauern sichtbar wurde. Man berichtete von einem Fall, in dem Mitglieder eines Wissenschaftler-Kommittees all die wunderbaren Dinge sahen, die sich vor ihren Augen zutrugen, unter Bedingungen, bei denen ein Schwindel ausgeschlossen war. Und doch wurde auf den Fotographien, die man während des Experiments machte, nichts gesehen. Auf den lichtempfindlichen Platten blieb kein Eindruck zurück, weil nichts Materielles, Konkretes da war.

Zuerst werden die Bilder, die der Aspirant entwirft, nur schattenhaft und armselig sein. Er kann aber schließlich durch Konzentration ein Bildnis entstehen lassen, das lebendiger und wirklicher ist, als es die Dinge der Physischen Welt sind.

Wenn der Strebende fähig ist, solche Bilder zu gestalten und es ihm gelingt, seinen Intellekt auf ein so geschaffenes Bild gerichtet zu halten, kann er versuchen, das Bild plötzlich fallenzulassen. Er hält nun seinen Intellekt frei von jeglichen Gedanken und wartet ab, was in die Leere tritt.

Lange Zeit mag nichts erscheinen. Der Strebende muß sich sorgsam vor selbstgeschaffenen Visionen hüten. Wenn er aber jeden Morgen gewissenhaft und geduldig übt, wird eine Zeit kommen, wo im Augenblick, in dem er das imaginierte Bild fallenläßt, sich die ihn umgebende Empfindungswelt mit einem Schlag seinem inneren Auge öffnet. Zuerst mag es nur ein flüchtiger Anblick sein. Es ist aber ein Zeichen dessen, was später nach Belieben kommen wird.

MEDITATION

Wenn der Strebende die Konzentration eine Zeitlang geübt hat, indem er seinen Intellekt auf irgendeinen einfachen Gegenstand richtet und durch imaginative Fähigkeit eine lebende Gedankenform bildet, wird er durch Meditation alles über das so erschaffene Objekt erfahren.

Nehmen wir an, der Strebende habe durch Konzentration das Bild Christi hervorgerufen, so ist es sehr leicht, durch Meditation die Ereignisse Seines Lebens, Seines Leidens und Seiner Auferstehung ins Gedächtnis zurückzurufen. Doch darüber hinaus kann vieles durch Meditation gelernt werden. Ein Wissen, von dem man niemals vorher auch nur geträumt hat, wird die Seele mit glorreichem Licht durchfluten. Es ist jedoch für das Üben besser, etwas Uninteressantes zu wählen, etwas, was einem von sich aus nichts Wundersames eingibt. Versuche beispielsweise alles über ein Streichholz oder einen gewöhnlichen Tisch herauszufinden.

Hat man im Intellekt das Bild eines Tisches klar geformt, so denke man darüber nach, aus welchem Holz er besteht und woher es kam. Gehe zurück bis zu der Zeit, wo der winzige Same des Baumes, aus dem das Holz geschnitten wurde, in den Waldboden fiel. Beobachte sein Wachstum von Jahr zu Jahr, wie er, von Winterschnee bedeckt und von der Sommersonne erwärmt, unablässig wächst, und seine Wurzeln sich zwischenzeitlich beständig unter der Erde ausbreiten. Zuerst ist es ein zarter, im Winde schwankender Schößling. Dann, als junger Baum streckt er sich allmählich immer höher in die Luft, der Sonne entgegen. Mit den Jahren wird sein Umfang immer größer, bis schließlich eines Tages der Holzfäller mit Axt und Säge kommt, welche die Strahlen der Wintersonne glänzend widerspiegeln. Unser Baum ist gefällt und seiner Zweige beraubt. Nur der Stamm bleibt noch übrig. Dieser wird in Klötze geschnitten, die auf gefrorenen Wegen zum Flußufer geschleift werden, um dort auf das Frühjahr zu warten, wenn der schmelzende Schnee die Ströme anschwellen läßt. Aus den Stämmen, unter denen sich die Teile unseres Baumes befinden, wird ein großes Floß gebaut. Wir kennen jede kleine Besonderheit von ihnen und würden sie unter Tausenden sofort erkennen, so genau haben wir die Teile in unserem Intellekt festgehalten. Wir folgen dem Floß flußabwärts, beobachten die vorüberziehende Landschaft und werden mit den Männern bekannt, die das Floß führen und in kleinen, auf der schwimmenden Ladung gebauten Hütten schlafen. Schließlich sehen wir, wie es bei der Sägemühle ankommt und zerlegt wird. Die Stämme werden, einer nach dem anderen, von Haken, die an langen Ketten befestigt sind, erfaßt und aus dem Wasser gezogen. Hier kommt einer von den Klötzen, aus dessen breitester Stelle die Platte unseres Tisches angefertigt werden soll. Er wird aus dem Wasser herausgezogen und auf den Holzplatz gebracht, wo er von Männern mit langen Hakenstangen herumgewälzt wird. Wir hören das laute Kreischen der großen Kreissägen, die sich so schnell drehen, daß sie unseren Augen nur als verschwommene Ringe erscheinen. Unser Klotz wird auf einen Wagen gelegt und zu einer von ihnen befördert, wo die Stahlzähne sofort ihren Weg durch den Stamm reißen. Sie teilen ihn in Bretter und Planken. Einige Teile werden für den Hausbau ausgewählt. Die besten aber werden in die Möbelfabrik gebracht, in einen Trockenraum gelegt und durch Dampf getrocknet, damit das Holz nach der Verarbeitung zu Möbel nicht schrumpft. Dann wird es hervorgeholt und durch die vielen scharfen Messer einer Hobelmaschine geglättet. Gleich darauf wird es in verschiedene Längen zersägt und zur Herstellung von Tischplatten zusammengeleimt. Die Beine werden aus dickeren Stücken gedreht und in den Rahmen eingesetzt, der die Platte trägt. Dann wird das gesamte Möbelstück noch einmal mit Sandpapier geglättet, anschließend lackiert und poliert. Der Tisch ist fertig. Als nächstes wird er mit anderen Möbelstücken in das Warenlager gebracht, wo wir ihn kauften. Wir folgen ihm, wie er von diesem Ort in unser Heim gefahren wird und im Speisezimmer seinen Platz erhält.

So sind wir durch Meditation mit den verschiedenen Industriezweigen bekanntgeworden, die erforderlich sind, um einen Waldbaum in ein Möbelstück zu verwandeln. Wir haben alle Maschinen und Menschen gesehen und die Besonderheiten auf den verschiedenen Plätzen beachtet. Wir haben sogar den Lebensprozeß verfolgt, durch den dieser Baum vom winzigen Samenkorn aufgewachsen ist und erfahren, daß auch ganz gewöhnlich erscheinende Dinge eine große, außerordentlich fesselnde Geschichte haben. Eine Stecknadel, das Zündholz, mit dem wir unser Gas anzünden, das Gas selbst und der Raum, in dem das Gas verbrannt wird, sie alle haben interessante Geschichten, die es wert sind, sie kennenzulernen.

BEOBACHTUNG

Eine der wichtigsten Hilfen für den Strebenden bei seinen Bemühungen ist die Beobachtung. Die meisten Menschen gehen mit verbundenen Augen durchs Leben. Es ist buchstäblich wahr, daß sie „Augen haben und nicht sehen, Ohren haben und nicht hören". Es besteht bei der Mehrheit der Menschheit ein beklagenswerter Mangel an Beobachtungsgabe.

Bei den meisten Menschen ist das bis zu einem gewissen Grad entschuldbar, weil ihr Sehvermögen nicht normal ist. Das städtische Leben hat zahllose Augenschäden verursacht. Auf dem Land lernt das Kind die Muskeln seiner Augen in vollem Umfang zu gebrauchen. Es entspannt sie oder zieht sie zusammen, je nachdem es ein Gegenstand auf weite Entfernung im Freien, außerhalb des Hauses oder im Haus erfordert. Das Stadtkind sieht so gut wie **alles** aus der Nähe. Die Muskeln seiner Augen werden selten gebraucht, um Gegenstände in großer Entfernung zu beobachten. Dadurch ist diese Fähigkeit weitgehend verlorengegangen. Das äußert sich im Überhandnehmen von Kurzsichtigkeit und anderen Augenleiden.

Für einen nach dem höheren Leben Strebenden ist es sehr wichtig, alle Dinge seiner Umgebung klar, in präzisen Umrissen und in allen Einzelheiten zu sehen. Für einen, der an mangelndem Sehvermögen leidet, ist der Gebrauch der Brille wie das Öffnen einer neuen Welt. Statt der früheren Verschwommenheit sieht er alles scharf und deutlich. In Fällen, in denen Gläser mit zwei Brennweiten benötigt werden, sollte man nicht je eine Brille für Nah- und Fernsicht tragen, was häufigen Wechsel erfordert. Nicht nur, daß der Wechsel ermüdet, es wird auch leicht eine Brille beim Fortgehen vergessen. Die beiden Brennweiten können in einer Brille mit Bifokalgläsern vereinigt werden, durch deren Tragen man die Beobachtung winziger Einzelheiten erleichtern kann.

UNTERSCHEIDUNG

Wenn der Strebende seine Aufmerksamkeit der Sehkraft zugewandt hat, sollte er systematisch alles und jeden Menschen beobachten, Schlüsse aus dessen Handeln ziehen und so die Fähigkeit logischer Schlußfolgerung pflegen. Logik ist der beste Lehrer in der Physischen Welt, ebenso der sicherste und verläßlichste Führer in jeder anderen Welt.

Während man die Methode der Beobachtung praktiziert, sollte man immer daran denken, daß sie nur zum Sammeln von Tatsachen und nicht zum Zweck der Kritik, zumindest nicht der mutwilligen Kritik verwendet werden darf. Aufbauende Kritik, die auf die Fehler und die Mittel, sie zu korrigieren, hinweist, ist die Grundlage des Fortschritts. Zerstörende Kritik jedoch, die vandalisch Gutes und Böses gleichermaßen vernichtet, ohne auf Höherentwicklung hinzuarbeiten, ist ein Krebsgeschwür im Charakter und muß beseitigt werden. Geschwätz und müßiger Klatsch sind Hemmnisse und Behinderungen. Niemand verlangt von uns, zu sagen, schwarz sei weiß und offenkundig schlechtes Betragen zu übersehen. Kritik sollte zum Zweck des Helfens geübt werden, nicht um mutwillig den Charakter eines Mitmenschen zu beflecken, weil wir einen kleinen Makel gefunden haben. Wir sollten immer an das Gleichnis von Splitter und Balken denken und schonungslose Kritik uns gegenüber anwenden. Keiner ist so vollkommen, daß es keine Veranlassung zur Besserung gäbe. Je untadeliger ein Mensch ist, desto weniger ist er geneigt, an anderen Fehler zu finden und den ersten Stein auf einen anderen zu werfen. Wenn wir auf Fehler hinweisen und Wege der Besserung vorschlagen, so muß dies ohne jegliches persönliche Gefühl geschehen. Wir müssen immer das Gute suchen, das in allem verborgen ist. Die Pflege dieser Haltung hinsichtlich des Unterscheidungsvermögens ist besonders wichtig.

Wenn der nach Kenntnissen aus erster Hand Strebende Konzentrations- und Meditationsübungen einige Zeit praktiziert und darin ziemlich geübt ist, so ist ein noch höherer Schritt zu machen.

Wir haben gesehen, daß Konzentration den Gedanken auf einen einzigen Gegenstand richtet. Sie ist das Mittel, durch das wir ein klares, objektives und lebendiges Bild der Form aufbauen, worüber wir Kenntnisse zu erlangen wünschen.

Meditation ist die Übung, durch die wir die Geschichte des von uns zu erforschenden Gegenstandes verfolgen, gewissermaßen in ihn eindringen, um jedes Beweisstück inbezug auf seine Verbindung mit der Welt im allgemeinen herauszufinden.

Diese beiden mentalen Übungen befassen sich in tiefster und gründlichster Weise mit **Gegenständen.** Sie führen zu einem höheren, vollkommeneren und feinsinnigeren Zustand geistiger Entwicklung, die sich mit der wahren **Seele der Dinge** beschäftigt. Der Name dieser Stufe ist Betrachtung (Kontemplation).

KONTEMPLATION

Während der Kontemplation gibt es kein sich Versenken in Gedanken oder in eine Vorstellung, um Informationen zu erhalten, wie im Fall der Meditation. Sie besteht einfach darin, daß wir den Gegenstand vor unserem geistigen Auge festhalten und seine Seele zu uns sprechen lassen. Wir ruhen still und entspannt auf einem Bett oder sonstigen Lager - nicht passiv, sondern vollständig wach. Wir nehmen die Belehrung auf, die wir sicher erhalten werden, wenn wir die richtige Entwicklung erreicht haben. Dann scheint die Form des Gegenstandes zu verschwinden, und wir sehen nur das **Leben** bei seiner Arbeit. Die Kontemplation wird uns über die Lebensseite aufklären, wie die Meditation uns über die Formseite belehrte.

Wenn wir diesen Zustand erreichen und vor uns z.B. einen Baum des Waldes sehen, so verlieren wir völlig den Anblick der Form, und wir sehen nur das Leben, das in diesem Fall ein Gruppengeist ist. Wir werden zu unserem Erstaunen feststellen, daß der Gruppengeist des Baumes die verschiedenen Insekten einschließt, die sich von ihm nähren; der Parasit und sein Wirt sind Ausstrahlungen ein und desselben Gruppengeistes. Je höher wir in die unsichtbaren Reiche aufsteigen, desto weniger herrschen die getrennten und verschiedenen Formen, um so vollkommener herrscht das Eine Leben vor, das dem Forscher die höchste Wahrheit vermittelt: es gibt nur dieses Eine Leben - das Universale Leben Gottes, in dem wir tatsächlich „leben, uns bewegen und unser Sein haben". Mineralien, Pflanzen, Tiere und Menschen - alle ohne Ausnahme - sind Offenbarungen Gottes. Diese Tatsache bildet die wahre Grundlage der Bruderschaft - einer Bruderschaft, die alles umfaßt, vom Atom bis zur Sonne, weil alles Ausstrahlungen Gottes sind. Vorstellungen von Bruderschaften, die auf einer anderen Basis beruhen, wie Klassenunterschiede, Rassenverwandtschaft, Berufsgemeinschaft usw. bleiben weit hinter dieser wahren Grundlage zurück, wie der okkulte Wissenschaftler klar erkennt, wenn er das Universale Leben in allem, was besteht, fluten sieht.

ANBETUNG

Wenn diese Höhe durch Kontemplation erreicht worden ist, und der Aspirant in dem alles durchdringenden Leben in Wahrheit Gott sieht, so bleibt noch der höchste Schritt, die Anbetung. Durch sie vereinigt er sich mit dem Ursprung allen Seins, und erreicht durch diesen Akt das höchste Ziel, zu dem der Mensch gelangen kann, bis am Ende des großen Manifestationstages die ewige Vereinigung stattfindet.

Der Verfasser ist der Meinung, daß sowohl die Höhen der Kontemplation, als auch der letzte Schritt der Anbetung nur mit Hilfe eines Lehrers erreicht werden können. Der Strebende braucht jedoch niemals zu fürchten, daß er mangels eines Lehrers gehindert wird, diese Schritte zu machen. Er muß sich auch nicht nach einem Lehrer umsehen. Alles, was er tun muß, ist, daß er sich zu bessern beginnt und darin ernsthaft und **beharrlich** fortfährt. Auf diese Weise wird er seine Träger reinigen. Sie fangen an, in den inneren Welten zu leuchten und ziehen die Aufmerksamkeit der Lehrer an, die immer gerade nach solchen Aspiranten Ausschau halten. Sie sind voller Erwartung und mehr als froh, denen zu helfen, die durch ernsthaftes Bemühen, sich zu reinigen, das Recht auf Hilfe erworben haben. Die Menschheit braucht dringend Helfer, die fähig sind, aus den inneren Welten heraus zu wirken, daher: „Suchet, so werdet ihr finden". Suchen ist aber kein Herumwandern von einem berufsmäßigen Lehrer zum andern. Ein „Suchen" in diesem Sinne kann in dieser finsteren Welt nichts nützen. Wir müssen selbst das Licht anzünden, das Licht, das konstant von den Trägern eines aufrichtig Strebenden ausstrahlt. Das ist der Stern, der uns zum Lehrer geleiten wird, oder besser gesagt, den Lehrer zu uns.

Die Zeit, die erforderlich ist, um Erfolge bei den Übungen zu erzielen, ist bei jedem Menschen verschieden. Sie hängt ab vom Eifer, von seiner Entwicklungsstufe und von dem, was im Buch des Schicksals verzeichnet ist. Daher kann kein allgemeines Zeitmaß festgesetzt werden. Reife Menschen erzielen in ein paar Tagen oder Wochen gute Resultate. Andere müssen Monate, Jahre, ja sogar ihr ganzes Leben lang arbeiten, ohne **sichtbare** Erfolge zu erzielen, und doch sind die Erfolge da. Und der Strebende, der treu und unbeirrt fortfährt, wird eines Tages in diesem oder einem anderen Leben den Lohn für seine Ausdauer und Gewissenhaftigkeit erhalten. Die inneren Welten werden sich seinem Blick öffnen. Er wird sich als Bürger in Reichen wiederfinden, wo günstige Gelegenheiten unermeßlich größer sein werden als in der Physischen Welt.

Von dieser Zeit an wird der Mensch – im Wach- oder Schlafzustand, in dem, was er Leben und Tod nennt – ein ununterbrochenes Bewußtsein haben. Er wird ein bewußt kontinuierliches Dasein führen und den Nutzen aus all den Zuständen ziehen, die auf einen schnelleren Fortschritt in immer höhere Vertrauensstellungen bei der Verwendung zur Hebung der Rasse abzielen.

KAPITEL XVIII

DIE STRUKTUR DER ERDE UND VULKANAUSBRÜCHE

Selbst unter okkulten Gelehrten zählt die Erforschung des geheimnisvollen Aufbaus der Erde zu den schwierigsten Aufgaben. Jeder okkulte Gelehrte weiß, wieviel leichter es ist, gründlich und genau die Empfindungswelt und die Region der Konkreten Gedanken zu erforschen und die Ergebnisse zurück in die Physische Welt zu bringen, als vollständig die Geheimnisse unseres physischen Planeten zu enthüllen. Denn um das zu vollbringen, muß man durch die neun kleineren und die erste der großen Einweihungen gegangen sein.

Die modernen Wissenschaftler wissen sehr wenig von diesen Dingen. Was die Phänomene der Erdbeben betrifft, ändern sie häufig ihre Theorien, weil sie immer Gründe finden, durch die ihre früheren Hypothesen unhaltbar werden. Sie haben in bewundernswerter Sorgfalt die äußerste Erdschicht durchforscht, allerdings nur bis zu einer unbedeutenden Tiefe. So wie sie vulkanische Ausbrüche und alles andere auf rein mechanische Weise zu erklären suchen, so beschreiben sie das Zentrum der Erde als einen feurigen Schmelzofen und folgern daraus, daß die Eruptionen durch zufälliges Eindringen von Wasser, oder auf andere, ähnliche Weise entstehen.

In gewissem Sinn sind diese Theorien begründet. Sie übersehen aber in diesem Fall die spirituellen, dem Okkultisten als wahr erscheinenden Ursachen. Für ihn ist die Welt keineswegs „tot". Im Gegenteil, jeder Winkel und jede Spalte sind vom Geist durchdrungen, welcher der Sauerteig ist, durch den Veränderungen in und auf dem Planeten hervorgerufen werden.

Die vielfältigen Quarzsorten, die Metalle, die Anlage der verschiedenen Schichten, alle haben eine viel größere Bedeutung, als der materialistische Forscher jemals erfassen kann. Für den Okkultisten ist die Art und Weise, wie diese Materialien angeordnet sind, voller Bedeutung. Zu diesen wie auch zu allen anderen Dingen verhält sich die okkulte Wissenschaft zur modernen, wie die Physiologie zur Anatomie. Die Anatomie stellt bis in die kleinsten Einzelheiten die genaue Stellung jedes Knochens, Muskels, Bandes und Nervs usw. fest, bestimmt ihre verhältnismäßige Lage zueinander usw. Sie gibt jedoch keinen Hinweis auf den Gebrauch von irgendeinem der verschiedenen Teile, aus denen der Körper besteht. Andererseits bestimmt die Physiologie nicht nur Stellung und Struktur jedes Körperteils, sondern berichtet auch über deren Funktion im Körper.

Wissen über die verschiedenen Schichten der Erde und die entsprechenden Stellungen der Planeten am Himmel zu besitzen, ohne auch deren Sinn, Bedeutung im Leben und den Zweck des Kosmos zu kennen, ist ebenso nutzlos, wie nur über die Stellung der Knochen, Nerven usw. im Bild zu sein, ohne gleichzeitig ihre Verwendung im funktionellen Haushalt des Körpers zu verstehen.

DIE ZAHL DES TIERES

Dem Blick des geschulten Hellsehers, des in die verschiedenen Grade der Mysterien Eingeweihten, erscheint die Erde in Schichten aufgebaut, ähnlich einer Zwiebel, wobei eine Schicht über der anderen liegt. Es gibt neun solcher Schichten und den zentralen Kern, insgesamt also zehn. Diese Schichten werden dem Eingeweihten nach und nach enthüllt. Bei jeder Einweihung wird ihm eine Schicht zugänglich, so daß er am Ende der neun kleineren Einweihungen Meister aller Schichten ist, jedoch noch keinen Zutritt zu den Geheimnissen des inneren Kerns hat.

Im alten Sprachgebrauch heißen die neun Schritte die „kleinen Mysterien". Sie führen den Neophyten bewußt durch alles, was sich auf seine vergangene Entwicklung und die Aktivitäten der Existenz während der Involution bezieht, so daß er die Art und die Bedeutung der Arbeit verstehen lernt, die er damals unbewußt verrichtete. Ihm wird gezeigt, wie die gegenwärtige, neunfache Zusammensetzung (der dreifache Körper, die dreifache Seele und der dreifache Geist) ins Dasein gebracht wurde, wie die großen Schöpferischen Hierarchien am jungfräulichen Geist arbeiteten, in ihm das Ego erweckten und ihm halfen, den Körper zu bilden. Er sieht auch die Arbeit, die er selbst geleistet hat, um aus dem dreifachen Körper soviel von der dreifachen Seele herauszuziehen, wie er gegenwärtig besitzt. Schritt für Schritt wird er durch die neun Stufen der kleineren Mysterien, durch die neun Schichten der Erde geführt.

Die Zahl 9 ist die Grundzahl unserer gegenwärtigen Evolutionsstufe. Sie hat eine Bedeutung in unserem Sonnensystem, die keine andere Zahl besitzt. Sie ist die Zahl Adams, das Leben, das seine Entwicklung als Mensch begann und den menschlichen Zustand während der Erdperiode erreichte. Im Hebräischen sowie im Griechischen gibt es keine Ziffern, doch hat ein jeder Buchstabe einen Zahlenwert. Im Hebräischen heißt Adam „ADM". Der Wert von „A" ist 1, von „D" 4 und von „M", 40. Zählen wir diese Zahlen zusammen, so erhalten wir: 1 + 4 + 40 = 9, die Zahl Adams oder der Menschheit.

Wenn wir uns von der Genesis (1. Moses), die sich mit der Erschaffung des Menschen in grauer Vorzeit befaßt, dem Buch der Offenbarung zuwenden, das seine künftigen geistigen Errungenschaften behandelt, so finden wir die Zahl 666, die des Tieres „dem gegeben ward zu streiten" (Off.Joh.13, 7). Zählen wir diese Ziffern zusammen: 6 + 6 + 6 = 18 und weiter: 1 + 8 = 9, dann erhalten wir wieder die Zahl der Menschheit, die selbst die Ursache allen Übels ist, die ihren eigenen Fortschritt hindert. Kommen wir zu der Stelle, wo die Zahl jener angeführt wird, die gerettet werden sollen, so finden wir, daß sie einhundertvierundvierzigtausend ist. Wenn man auch hier die Quersumme bildet, so erhalten wir: 1 + 4 + 4 + OOO = 9, wieder die Zahl der Menschheit. Sie zeigt, daß sie tatsächlich in ihrer Gesamtheit gerettet werden wird. Die Zahl der für den Fortschritt unserer gegenwärtigen Evolution Unfähigen, ist im Vergleich zur gewaltigen Gesamtzahl unbedeutend, und selbst die wenigen, die versagen, gehen nicht verloren, sondern werden mit einer späteren Lebenswoge fortschreiten.

Die Mineralien und Pflanzen haben wirklich kein Bewußtsein. Der erste Schimmer des Bewußtseins beginnt im Tierreich. Wir haben auch gesehen, daß es im Tierreich nach modernster Klassifikation dreizehn Abstufungen gibt. Drei Klassen Strahlentiere, drei Klassen Mollusken, drei Klassen Gliedertiere und vier Klassen Wirbeltiere.

Wenn wir die gewöhnliche Menschheit als eine Stufe für sich betrachten und uns erinnern, daß es dreizehn Einweihungen vom Menschen zu Gott gibt, oder von der Zeit an, als der Mensch sich zu qualifizieren begann, eine selbstbewußte, schöpferische Intelligenz zu werden, so haben wir wieder die Zahl 9: 13 + 1 + 13 = 27 und 2 + 7 = 9.

Die Zahl 9 ist auch in Jesu Christi Alter von 33 Jahren verborgen, 3 x 3 = 9 und ebenso in den 33 Graden der Freimaurer. In alten Zeiten war das Freimaurertum ein System der Einweihung in die kleineren Mysterien, die, wie festgestellt, 9 Grade haben. Die Eingeweihten schrieben jedoch oft 33. Ebenso liest man vom 18. Grad der Rosenkreuzer. Das war nur ein „Blenden" der Uneingeweihten; denn es gibt in einem kleineren Mysterium niemals mehr als 9 Grade. In den Graden der Freimaurer unserer Tage ist nur noch sehr wenig vom okkulten Ritus erhalten geblieben.

Wir haben auch die neun Monate der Schwangerschaft. Während dieser Zeit wird der menschliche Körper bis zu seiner gegenwärtigen-Leistungsfähigkeit aufgebaut; auch befinden sich in unserem Körper neun Öffnungen: zwei Augen, zwei Nasenlöcher, zwei Ohren, ein Mund und die zwei unteren Öffnungen.

Wenn der fortschreitende Mensch durch die neun kleineren Einweihungen hindurchgegangen ist und dadurch Zugang zu allen Schichten der Erde gewonnen hat, so muß noch der Zutritt in das Innerste der Erde erlangt werden. Dieses öffnet sich ihm bei der ersten der vier großen Einweihungen, in der er das Mysterium des Intellekts kennenlernt, jenen Teil seines Wesens, der auf der Erde begann. Wenn er zur ersten großen Einweihung bereit ist, so hat er seinen Intellekt bis zu dem Grad entwickelt, den zu erreichen für alle Menschen am Ende der Erdperiode bestimmt ist. In dieser Einweihung erhält er den Schlüssel für die nächste Stufe. Alle Arbeit, die er danach leistet, wird die sein, welche die Menschheit im allgemeinen während der Jupiterperiode vollbringen wird. Es betrifft uns gegenwärtig nicht.

Nach seiner ersten großen Einweihung ist er ein Adept, die zweite, dritte und vierte Einweihung gehören den Entwicklungsstufen an, die von der gewöhnlichen Menschheit während der Jupiter-, Venus- und Vulkanperiode erreicht werden.

Diese dreizehn Einweihungen werden symbolisch durch Christus und seine zwölf Apostel dargestellt. Judas Ischariot stellt die verräterische Neigung der niederen Natur des Neophyten dar. Der Lieblingsjünger Johannes symbolisiert die Venus-Einweihung und Christus selbst den göttlichen Eingeweihten der Vulkanperiode.

In den verschiedenen Schulen der okkulten Wissenschaft variieren auch die Riten der Einweihung, ebenso die Angaben über die Zahl der Einweihungen. Doch das ist lediglich eine Angelegenheit der Klassifikation. Man wird feststellen, daß solche unklar gegebenen Beschreibungen immer unbestimmter werden, je höher man steigt. Wo man von sieben und mehr Graden spricht, wird von der sechsten Einweihung fast nichts gesagt und überhaupt nichts von denen, die darüber liegen. Das beruht auf einer anderen Einteilung, die sechs Stufen der „Vorbereitung" und die vier Einweihungen, die den Kandidaten am Ende der

Erdperiode zum Adeptentum führen. Folglich muß es stets drei weitere Initiationen geben, sofern die Philosophie der Schule oder der Gemeinschaft so weit reicht. Der Verfasser kennt nur die Rosenkreuzer, die etwas über die der Erdperiode vorangegangenen Perioden zu berichten wissen, von der wenig aussagekräftigen Feststellung abgesehen, wonach es solche Perioden gab. Sie werden jedoch mit unserer gegenwärtigen Daseinsphase nicht eindeutig in Beziehung gebracht. Auch stellen andere okkulte Lehren einfach fest, daß es noch drei weitere Evolutionspläne geben wird, es werden aber keine Einzelheiten angeführt. Selbstverständlich werden unter solchen Umständen die drei letzten Einweihungen nicht erwähnt.

Diagramm 18 wird eine Vorstellung von der Anordnung der Erdschichten geben. Der innere Kern ist weggelassen, um die Ströme der Lemniskateform in der neunten Erdschicht deutlicher aufzuzeigen. Im Diagramm werden die Schichten so dargestellt, als wären sie von gleicher Stärke. In Wirklichkeit sind jedoch manche viel dünner als andere. Mit der Außenseite beginnend erscheinen sie in folgender Anordnung:

1. Die mineralische Erde: Das ist die steinige Erdrinde, mit der sich die Geologie befaßt, soweit sie einzudringen vermag.

2. Die Flüssigkeitsschicht: Die Materie dieser Schicht ist flüssiger als die der äußeren Rinde, jedoch nicht wäßrig. Sie gleicht mehr einer dicken breiigen Masse und hat die Ausdehnungsfähigkeit wie die eines äußerst explosiven Gases. Sie wird nur durch den gewaltigen Druck der äußeren Erdrinde zusammengehalten. Würde man diese entfernen, so verschwände die gesamte flüssige Schicht im Raum mit einer gewaltigen Explosion. Diese Schicht entspricht der Chemischen Region und der Ätherregion der Physischen Welt.

3. Die Dampfschicht: In der ersten und zweiten Schicht besteht tatsächlich kein bewußtes Leben. In der dritten Schicht jedoch gibt es ein immer flutendes und pulsierendes Leben, so wie in der Empfindungswelt, die unsere Erde umgibt und durchdringt.

4. Die Wasserschicht: in ihr befinden sich die Keimmöglichkeiten für alles, was auf der Erdoberfläche existiert. Hier befinden sich die hinter den Gruppengeistern stehenden Urtypenkräfte, auch die Urtypenkräfte der Mineralien; denn diese Schicht ist der unmittelbare, physische Ausdruck der Region der Konkreten Gedanken.

5. Die Keimschicht: in ihrem Bemühen, den Ursprung des Lebens zu enthüllen, war es den Naturwissenschaftlern ein Rätsel, wie die ersten lebenden Dinge aus der vorher toten Materie entstanden.

Nach okkultem Verständnis der Evolution sollte die Frage in Wirklichkeit lauten, wie die „toten" Dinge entstanden sind. **Das Leben bestand vor den toten Formen.** Es bildete seine Körper aus der verdünnten, nebligen Substanz, lange bevor diese sich zu der festen Kruste der Erde verdichtete. **Erst als das Leben die Formen verlassen hatte, konnten sie kristallisieren; sie wurden hart und tot.**

Die Kohle besteht nur aus kristallisierten Pflanzenkörpern. Die Koralle ist ebenfalls die Kristallisation tierischer Formen. Das Leben verläßt die **Formen**, und die **Formen** sterben. Das Leben kam niemals in eine Form, um sie zum Leben zu erwecken. Das Leben verließ die Formen und sie starben. So kamen die „toten" Dinge ins Sein.

In der fünften Schicht befindet sich die Urquelle des Lebens, aus welcher der Anstoß kam, der alle Formen der Erde aufbaute. Sie entspricht der Region der Abstrakten Gedanken.

6. Die Feuerschicht: diese Schicht hat Empfindung, so eigenartig es erscheinen mag. Vergnügen und Schmerz, Sympathie und Antipathie üben hier ihre Wirkung auf die Erde aus. Es wird allgemein angenommen, daß die Erde keinerlei Empfindungen haben kann. Wenn der Okkultist im Herbst das Einbringen des reifen Getreides und der Früchte der Bäume oder das Pflücken der Blumen beobachtet, nimmt er

das Wohlgefühl wahr, das die Erde dabei empfindet. Es entspricht dem Wohlgefühl einer Kuh, wenn ihre prallen Euter vom saugenden Kalb erleichtert werden. Die Erde empfindet Wonne, Nahrung für ihre Nachkommen der Formen hervorgebracht zu haben. Und diese Wonne erreicht ihren Höhepunkt zur Erntezeit.

Werden andererseits Pflanzen mit der Wurzel ausgerissen, ist es für den Okkultisten offenkundig, daß die Erde einen schmerzhaften Stich empfindet. Aus diesem Grund nimmt er keine Nahrung von Pflanzen zu sich, die unter der Erdoberfläche wachsen. In erster Linie sind sie voller Erdkraft; es mangelt ihnen an Sonnenenergie. Außerdem werden sie durch das Herausziehen mit den Wurzeln vergiftet. Die einzige Ausnahme bildet die Kartoffel, die er mäßig essen kann. Sie wuchs ursprünglich auf der Erdoberfläche und begann erst in verhältnismäßig jüngster Zeit unter der Erde zu wachsen. Die Okkultisten sind bestrebt, ihre Körper von Früchten zu ernähren, die sich nach der Sonne strekken, weil sie mehr von der höheren Sonnenkraft enthalten, und der Erde keinen Schmerz verursacht haben.

Man könnte vermuten, daß der Bergbau für die Erde sehr schmerzlich sei. Doch das Gegenteil ist der Fall. Jede Zerkleinerung der Erdkruste verursacht ein Gefühl der Erleichterung, und jedes Festwerden ist eine Quelle des Schmerzes. Wo ein Gebirgsbach das Erdreich fortspült und zur Ebene trägt, fühlt sich die Erde freier. Wo die gelöste Materie wieder abgelagert wird, wie an Sandbänken, vor der Mündung großer Flüsse, besteht demgemäß ein Gefühl des Unbehagens.

So wie die Sinneswahrnehmung in Tier und Mensch ihrem gesonderten Lebensleib zu verdanken ist, so ist das Gefühl der Erde speziell in der sechsten Schicht aktiv, die der Welt des Lebensgeistes entspricht. Um das Wohlbehagen zu verstehen, das wahrgenommen wird, wenn durch Bergarbeiten harte Felsen zertrümmert werden und um den Schmerz zu spüren, wenn sich Ablagerungen anhäufen, müssen wir uns daran erinnern, daß die Erde der dichte Körper eines großen Geistes ist. Um eine Umwelt zu schaffen, in der wir leben und Erfahrungen sammeln können, mußte er diesen Körper in den gegenwärtigen, festen Zustand kristallisieren.

So wie die Evolution jedoch fortschreitet, und der Mensch die Lektionen lernt, die auf diesem Höhepunkt der Verdichtung erteilt werden können, wird die Erde immer weicher und ihr Geist immer freier werden. Das meinte Paulus, als er von der ganzen Schöpfung sprach, die seufzend und in Geburtswehen liegend, auf den Tag der Befreiung wartet.

7. Die widerspiegelnde Schicht: dieser Teil der Erde entspricht der Welt des Göttlichen Geistes. Dort befinden sich die in der okkulten Wissenschaft bekannten „sieben unaussprechlichen Geheimnisse". Den Menschen, die diese Geheimnisse nicht kennen und nicht die leiseste Ahnung von ihrer Bedeutung haben, müssen die Eigenschaften dieser Schicht besonders absurd und grotesk erscheinen. In ihr bestehen all die uns als „Naturgesetze" bekannten Kräfte als moralische oder vielmehr unmoralische Kräfte. Zu Beginn des bewußten Werdegangs des Menschen waren sie viel schlimmer, als sie jetzt sind. Es scheint aber, daß sich diese Kräfte, dem moralischen Fortschritt der Menschen entsprechend verbessern, und auch jeder sittliche Verfall die Tendenz hat, diese Naturkräfte zu entfesseln und Verwüstungen auf der Erde hervorzurufen. Strebt der Mensch jedoch nach höheren Idealen, ist sie weniger feindselig gegen ihn gestimmt.

So sind die Kräfte dieser Schicht zu jeder Zeit eine genaue Spiegelung des moralischen Zustandes der Menschheit. Vom okkulten Standpunkt aus war die „Hand Gottes", die Sodom und Gomorrha heimsuchte, kein törichter Aberglaube. Denn so sicher wie es individuelle Verantwortung gegenüber dem Gesetz der Ursache und Wirkung gibt, das jedem Menschen die gerechten Resultate, die guten oder schlechten seiner Handlungen bringt, so tragen auch Gemeinschaften und Nationen Verantwortung. Sie rufen bei Gruppen von Menschen die entsprechenden Auswirkungen der von ihnen begangenen kollektiven Handlungen hervor. Die Naturkräfte sind die „Generalbevollmächtigten" einer solch ausgleichenden Gerechtigkeit. Sie bewirken Fluten, Erdbeben oder die Entstehung von Öl und Kohle, die gemeinnützig den verschiedenen Volksgruppen, ihren Verdiensten entsprechend, zugute kommen.

8. Die atomistische Schicht: diesen Namen haben ihr die Rosenkreuzer gegeben. Diese Schicht ist der Ausdruck der Welt der Jungfräulichen Geister. Sie scheint die Fähigkeit zu besitzen, die Dinge in sich zu vervielfältigen. Dies gilt jedoch für jene Dinge, die klar umrissen geschaffen worden sind. Ein ungeformtes Holzstück oder ein unbehauener Stein kommen hier nicht vor. Doch übt diese Schicht in erstaunlichem Maß eine vervielfältigende Wirkung auf alles aus, was entwickelt worden ist, oder was Leben und Form hat (so wie eine Blume oder ein Bild).

9. Der materielle Ausdruck des Erdgeistes: hier befinden sich die Lemniskatenströme, die innig mit dem Gehirn, dem Herzen und den Geschlechtsorganen der menschlichen Rasse verbunden sind. Diese Schicht entspricht der Welt Gottes.

10. Das Zentrum des Seins des Erdgeistes: darüber kann gegenwärtig nicht mehr gesagt werden, als daß es der allerletzte Keimgrund all dessen ist, was in und auf der Erde besteht. Es entspricht dem Absoluten.

Von der sechsten oder Feuerschicht führen an verschiedenen Orten eine Anzahl Schächte zur Erdoberfläche. Ihre äußeren Enden werden „vulkanische Krater" genannt. Wenn die Naturkräfte in der siebten

Schicht entfesselt werden, so daß sie sich durch einen Vulkanausbruch ausdrücken können, setzen sie die feurige (sechste) Schicht in Bewegung. Deren Erschütterung breitet sich bis zur Kratermündung aus. Die Hauptmasse der Materie wird der zweiten Schicht entnommen; denn sie ist der dichtere Doppelgänger der sechsten Schicht, so wie der Lebensleib, der zweite Träger des Menschen, das dichtere Ebenbild des Lebensgeistes, des sechsten Prinzips, ist. Diese flüssige Schicht mit expansiver und hochexplosiver Eigenschaft sichert an der Stelle der Eruption einen unbegrenzten Vorrat an Materie. Die Berührung mit der Außenwelt verhärtet den nicht in den Raum hinausgewirbelten Teil. Es bildet sich so Lava und Staub. Wie das gerinnende Blut einer Wunde dem Fließen Einhalt gebietet, so versiegelt schließlich die Lava die Öffnung zu den inneren Teilen der Erde.

So wie man aus der Tatsache schließen kann, daß es die widergespiegelte Unmoral und die materialistischen Tendenzen der Menschheit sind, welche die Naturkräfte in der siebten Erdschicht zu vernichtender Tätigkeit erwecken, so unterliegen im allgemeinen auch lasterhafte und degenerierte Menschen diesen Katastrophen. Durch übermenschliche Kräfte werden sie mit denen, die ihr Schicksal unter dem Gesetz von Ursache und Wirkung selbst herausgefordert und aus unterschiedlichen Gründen einen gewaltsamen Tod verschuldet haben, aus verschiedenen Ländern der Erde zusammengezogen. Die Ausbrüche des Vesuv z.B. werden für den nachdenklichen Menschen eine Bestätigung dieser Aussage sein.

Eine Liste der Vulkanausbrüche in den letzten zweitausend Jahren zeigt, daß ihre Häufigkeit mit der Zunahme des Materialismus wuchs. Besonders in den letzten sechzig Jahren ist sie in dem Verhältnis gestiegen, wie die materialistische Wissenschaft in ihrer arroganten, absoluten und umfassenden Ablehnung alles Spirituellen zugenommen hat. Während sich in den ersten tausend Jahren n. Chr. nur sechs Ausbrüche ereigneten, fanden die letzten fünf, wie gezeigt wird, innerhalb von 51 Jahren statt.

Diagramm 18

Die Zusammensetzung der Erde

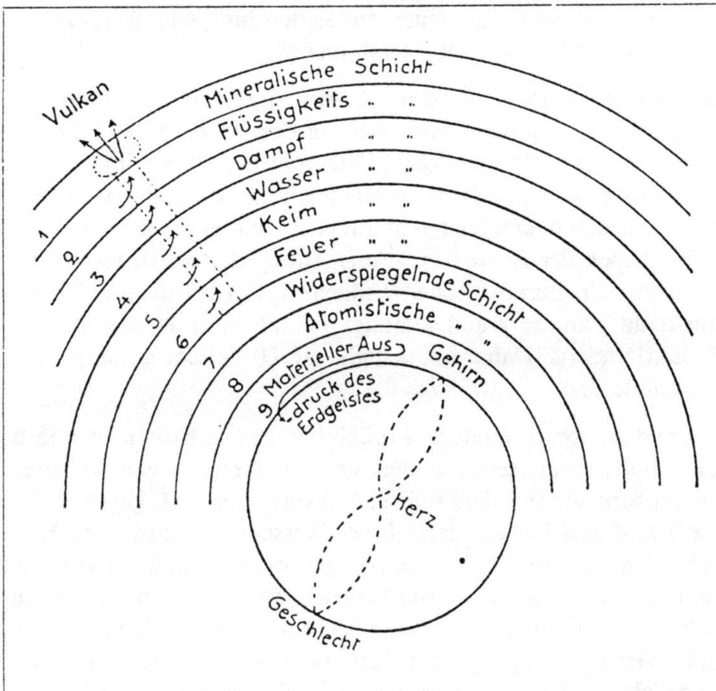

Die erste Eruption während der christlichen Ära vernichtete Herkulanum und Pompeji, bei dem Plinius der Ältere (79 n.Chr.) ums Leben kam. Die anderen Eruptionen folgten in den Jahren 203, 472, 512, 652, 982, 1036, 1158, 1500, 1631, 1737, 1794, 1822, 1855, 1872, 1885, 1891, 1906.

In den ersten tausend Jahren waren sechs Ausbrüche. In den zweiten tausend waren es zwölf, von denen die letzten fünf, wie oben erwähnt, innerhalb eines Zeitraumes von 51 Jahren erfolgten.

Von den gesamten 18 Ausbrüchen fanden die ersten neun im sogenannten „dunklen Zeitalter“ statt, d.h., in den ersten 1600 Jahren, in denen die westliche Welt von den „Heiden“ wie man sie im allgemeinen bezeichnete, oder von der Römischen Kirche beherrscht wurde. Die übrigen haben sich in den letzten dreihundert Jahren ereignet. Während dieser Zeit haben der Beginn und Aufschwung der modernen Wissenschaft mit ihren materialistischen Tendenzen fast den letzten Überrest von Spiritualität an die Wand gedrängt, besonders in der letzten Hälfte des 19. Jahrhunderts. Daher fiel beinahe ein Drittel der gesamten Ausbrüche in diese Zeit.

Um diesem demoralisierenden Einfluß entgegenzuwirken, wurde der Menschheit in dieser Zeit von den stets zu ihrem Segen wirkenden Älteren Brüdern der Weisheit sehr viel okkulte Auskunft gegeben. Man hofft, daß es durch Bekanntgabe dieses Wissens und durch die Erziehung der Wenigen, die sie noch empfangen werden, möglich sein wird, die Flut des Materialismus einzudämmen. Seine Vertreter wären sonst ernsthaften Folgen ausgesetzt. Diese Menschen, die so lange die Existenz des Geistigen geleugnet haben, sind außerstande, ihr inneres Gleichgewicht zu finden, wenn sie plötzlich erkennen, daß sie nach dem Verlust ihres dichten Körpers noch leben. Diesen Menschen kann ein Schicksal zuteil werden, das zu traurig ist, um es mit Gleichmut zu betrachten. Eine der Ursachen der gefürchteten „Pest“ ist dieser Materialismus, der möglicherweise in der gegenwärtigen Verkörperung nicht nachweisbar, jedoch die Folge vergangener materialistischer Anschauungen und deren Bejahung ist.

Wir haben vom Tod Plinius des Älteren, zur Zeit der Zerstörung Pompeji's, gesprochen. Es ist interessant, das Schicksal eines solchen Gelehrten zu verfolgen, nicht so sehr dieses speziellen Individuums, als des Lichtes wegen, das die Art und Weise beleuchtet, wie der Okkultist im Gedächtnis der Natur liest, wie in diesem die Eindrücke entstehen und sich das Ergebnis früherer Charakterzüge in den gegenwärtigen Anlagen äußert.

Wenn ein Mensch stirbt, so löst sich sein dichter Körper auf. Die Gesamtheit seiner Kräfte aber kann in der siebten oder widerspiegelnden Erdschicht gefunden werden, von der man sagen kann, daß sie ein Sammelbecken darstellt, in dem die vergangenen Formen als Kräfte aufbewahrt werden. Wenn wir die Todesstunde eines Menschen kennen und dieses Reservoir durchforschen, so ist es möglich, dort die Form des Verstorbenen zu finden. Sie ist nicht nur in der siebten Schicht aufbewahrt, sondern auch in der achten oder atomistischen Schicht, die sie vervielfältigt, so daß jeder beliebige Typus von anderen Menschen nachgebildet und modifiziert werden kann. So wird er immer wieder zur Bildung anderer Körper benutzt. Die Gehirnanlagen eines Plinius des Älteren, können tausend Jahre später wieder hervorgebracht werden und teilweise die Ursache der gegenwärtigen großen Zahl materialistisch denkender Gelehrter geworden sein.

Für moderne materialistische Gelehrte gibt es noch viel zu lernen und zu verlernen. Obwohl sie bis aufs äußerste das bekämpfen, was sie höhnisch als „illusorische Ideen" der okkulten Gelehrten bezeichnen, werden sie doch gezwungen, deren Wahrheiten eine nach der anderen anzunehmen. Es ist nur eine Frage der Zeit, wann sie nicht mehr umhin können, sie alle zu akzeptieren.

Mesmer, von den Älteren Brüdern gesandt, wurde ganz und gar lächerlich gemacht. Als man aber die Bezeichnung der von ihm entdeckten Kraft änderte und sie „Hypnotismus" nannte, anstatt „Mesmerismus", wurde sie sogleich „wissenschaftlich".

Im Jahre 1889 sagte Frau H. P. Blavatzky, eine treue Schülerin östlicher Meister, daß die Erde außer den zwei Bewegungen, die Tag und Nacht sowie die Jahreszeiten bewirken, eine dritte Bewegung ausführe. Sie wies darauf hin, daß die Neigung der Erdachse durch eine Bewegung verursacht wird, die mit der Zeit den Nordpol dahin bringt, wo jetzt der Äquator ist und noch später dorthin, wo sich jetzt der Südpol befindet. Dies, sagte sie, sei den alten Ägyptern bekannt gewesen, und das berühmte Planiglobium von Dendera zeigt, daß sie Kenntnis von drei solcher Bewegungen hatten. Diese Feststellungen wurden ebenso wie ihr unübertroffenes Werk „Die Geheimlehre", lächerlich gemacht.

Vor Jahren entdeckte ein Astronom, Herr G. E. Sutcliffe aus Bombay, daß Laplace in seinen Berechnungen einen Fehler gemacht habe und wies das auch mathematisch nach. Die Entdeckung und die Richtigstellung dieses Irrtums bestätigte mathematisch die Existenz einer dritten Erdbewegung, wie H. P. Blavatzky behauptete. Dies lieferte auch eine Erklärung für die bisher verwirrende Tatsache, daß in der Polarzone die Überreste tropischer Pflanzen und Fossilien gefunden wurden. Eine solche Bewegung würde zu gegebener Zeit notwendigerweise an allen Orten der Erde tropische Perioden und Eiszeiten hervorrufen, entsprechend ihrer veränderten Lage zur Sonne. Herr Sutcliffe sandte der Zeitschrift „Nature" einen Bericht mit Beweisen. Dieses Magazin weigerte sich jedoch, ihn zu publizieren. Als der Autor seine Entdekkung schließlich in einer Broschüre veröffentlichte, zog er einen erschreckenden Sturm wüster Beschimpfungen auf sich. Er war ein treuer Anhänger und gewissenhafter Schüler der Geheimlehre. Das erklärt die Animosität und ihre unvermeidlichen Folgen.

Später jedoch konstruierte ein Franzose, ein Mechaniker, kein Astronom, einen Apparat, der die weitgehende Möglichkeit des Bestehens einer solchen Bewegung aufzeigte. Das Gerät wurde in der Louisiana Purchase Exhibition in St.Louis ausgestellt und von M. Camille Flammarion, als wertvoll für die Nachforschung, begeistert gutgeheißen. Hier lag etwas Greifbares, etwas „Mechanisches" vor. Der Herausgeber des „ The Monist", beschrieb den Erfinder als einen Mann, der ein wenig unter „mystischen Illusionen" leide (wegen seiner Anschauung, nach der die alten Ägypter über diese dritte Bewegung Bescheid wußten). Nichtsdestoweniger übersah er großmütig diese Besonderheit des Falles und sagte, daß er deswegen den Glauben an Herrn Beziau's Theorie nicht verloren habe. Er veröffentlichte eine Erklärung und einen Aufsatz des Herrn Beziau, worin die Bewegung und ihre Wirkungen auf die Erdoberfläche mit ähnlichen Fachausdrücken beschrieben wurden, wie Frau Blavatzky und Herr Sutcliffe sie benutzt hatten. Herr Beziau war zweifellos nicht als Okkultist bekannt, deshalb konnte seine Entdeckung gutgeheißen werden.

Man könnte viele Beispiele anführen, die zeigen, daß okkultes Wissen später von der materialistischen Wissenschaft bestätigt wurde. Eine davon ist die Atomtheorie, die in den griechischen Philosophien und später in der „Geheimlehre" vertreten wird. Sie wurde 1897 von Professor Thomson „entdeckt".

In Herrn A. P: Sinnett's 1896 veröffentlichtem wertvollen Werk „Das Wachstum der Seele", stellte der Autor fest, daß sich außerhalb der Umlaufbahn des Neptun zwei Planeten befinden, von denen seiner Ansicht nach nur einer von modernen Astronomen entdeckt werden würde. In der Zeitschrift „Nature", August 1906 wurde berichtet, daß Professor Barnard durch den 36zölligen (ca. 91 cm) Lick-Refractor (Lick-Sternwarte, USA) im Jahre 1892 einen solchen Planeten entdeckt habe. Er hatte sich darin nicht geirrt. Dennoch hatte er mit der Veröffentlichung seiner Entdeckung vierzehn Jahre gewartet. Darüber braucht man nicht beunruhigt zu sein. Die Hauptsache ist, daß der Planet existiert und A. P. Sinnett dies zehn Jahre vor Professor Barnard's Anspruch, ihn entdeckt zu haben, bereits in seinem Buch geschrieben hatte. Vermutlich hätte vor 1906 die Ankündigung des neu entdeckten Planeten Verwirrung in einige allgemein anerkannte Theorien gebracht!

Es gibt viele solcher Theorien. Die kopernikanische ist nicht absolut richtig. Auch gibt es viele Tatsachen, die durch die gepriesene Nebeltheorie allein nicht erklärt werden können. Der berühmte dänische Astronom Tycho Brahe lehnte die kopernikanische Theorie ab. Er hatte einen guten Grund, dem ptolemäischen System treu zu bleiben, weil, wie er sagte, darin die Bewegungen der Planeten richtig berechnet wurden, während die kopernikanische Theorie eine Korrekturtabelle erfordere. Das ptolemäische System ist vom Standpunkt der Empfindungswelt aus richtig; es enthält manches in der Physischen Welt Brauchbare.

Viele Menschen werden die in den vorhergehenden Seiten gemachten Angaben als phantastisch finden. Dem sei so! Mit der Zeit werden alle Kenntnis der hier dargestellten Tatsachen erhalten. Dieses Buch ist nur für die wenigen geschrieben, die ihren Verstand von den Fesseln der orthodoxen Wissenschaft und Religion befreit haben und bereit sind, diese Lehren anzunehmen, bis bewiesen worden ist, daß sie falsch sind.

KAPITEL XIX

CHRISTIAN ROSENKREUZ UND DER ORDEN DER ROSENKREUZER

ALTE WAHRHEITEN IN NEUEM GEWAND

In der Öffentlichkeit begegnet man dem weit verbreiteten Wunsch, etwas über den Orden der Rosenkreuzer zu erfahren. Da selbst unsere Schüler wenig über die bedeutende Stellung, welche die Brüder vom Rosenkreuz in der westlichen Zivilisation einnehmen, wissen, erscheint es angebracht, authentische Informationen zu diesem Thema zu geben.

Alles in der Welt unterliegt Gesetzen; auch unsere Evolution fällt darunter. Geistige und physische Weiterentwicklung gehen Hand in Hand. Die Sonne ist die physische Lichtquelle. Wie wir wissen, bewegt sie sich scheinbar von Ost nach West, um einem Teil der Erde nach dem anderen Licht und Leben zu spenden. Die sichtbare Sonne ist aber nur ein Teil der Sonne, so wie der sichtbare Körper nur ein kleiner Teil des zusammengesetzten Menschen ist. Es gibt eine unsichtbare, geistige Sonne. Ihre Strahlen fördern das Seelenwachstum auf einem Teil der Erde nach dem anderen, so wie die physische Sonne das Wachstum der Formen unterstützt. Der spirituelle Impuls bewegt sich in derselben Richtung wie die physische Sonne, von Ost nach West.

Sechs- oder siebenhundert Jahre vor Christus wurde nahe der westlichen Küste des Pazifischen Ozeans eine neue Woge der Geistigkeit in Bewegung gesetzt, um den Chinesen Erleuchtung zu bringen. Die Religion des Konfuzius umfaßt bis heute im himmlischen Reich (China) viele Millionen Anhänger. Später finden wir die Wirkung dieser Woge in der Religion Buddha's, einer Lehre, die dazu bestimmt war, das geistige Streben von Millionen Hindus und der westlichen Chinesen zu wecken. Auf ihrem Weg nach Westen erscheint sie unter den mehr intellektuellen Griechen, in den erhabenen Philosophien eines Pythagoras und Plato. Schließlich verbreitete sie sich in der westlichen Welt unter den Pionieren der menschlichen Rasse, wo sie die erhabene Form der christlichen Religion annimmt.

Die christliche Religion hat sich langsam ihren Weg nach Westen bis zu den Ufern des Stillen Ozeans gebahnt. Dort werden sich die geistigen Bestrebungen sammeln, vereinigen und ihren Höhepunkt erreichen, bevor die Woge einen neuen Sprung über den Ozean macht, um im Orient ein höheres und erhabeneres geistiges Erwachen einzuleiten, als es jetzt in diesem Teil der Erde besteht.

So wie sich Tag und Nacht, Sommer und Winter, Ebbe und Flut nach dem Gesetz der abwechselnden Zyklen in ununterbrochener Folge ablösen, so wird auch einer Woge geistiger Hochflut in jedem Teil der Welt eine Periode materialistischer Reaktion folgen, so daß unsere Entwicklung nicht einseitig werden kann.

Religion, Kunst und Wissenschaft sind die drei wichtigsten Mittel der menschlichen Erziehung. Sie sind eine Dreiheit in der Einheit, die nicht getrennt werden kann, ohne unseren Blickpunkt für das zu verschieben, was auch immer wir erforschen wollen.

Wahre Religion umfaßt sowohl Kunst als auch Wissenschaft, denn sie lehrt ein schönes Leben in Harmonie mit den Naturgesetzen.

Wahre Wissenschaft ist künstlerisch und religiös im höchsten Sinne; denn sie lehrt uns, Gesetze, die unser Wohlergehen regeln, zu achten und uns nach ihnen zu richten. Sie erklärt, warum ein religiöses Leben der Gesundheit und Schönheit förderlich ist.

Wahre Kunst ist so erzieherisch wie die Wissenschaft und so erhebend in ihrem Einfluß wie die Religion. In der Architektur finden wir eine großartige Darstellung der kosmischen Kraftlinien im Universum. Sie erfüllt den geistigen Betrachter mit tiefster Verehrung und Anbetung, die aus einer ehrfurchtgebietenden Vorstellung der überwältigenden Größe und Herrlichkeit der Gottheit entspringt. Die Bildhauerei, die Malerei, die Musik und die Literatur erwecken in uns ein Gefühl der alles überragenden Liebe Gottes, der unveränderlichen Quelle und des Zieles dieser wunderschönen Welt.

Nur eine solch allumfassende Lehre wird den Bedürfnissen der Menschheit dauerhaft entsprechen. In einer so späten Epoche wie der griechischen, gab es eine Zeit, in der **Religion, Kunst** und **Wissenschaft** als Einheit in den Mysterientempeln gelehrt wurden. Zur besseren Entwicklung jeder einzelnen jedoch, wurde es notwendig, sie zeitweilig zu trennen.

Im sogenannten „finsteren Mittelalter" hatte die **Religion** die Alleinherrschaft inne. Während dieser Zeit band sie beide, Kunst und Wissenschaft an Händen und Füßen. Dann kam die Periode der Renaissance, und die **Kunst** tat sich auf allen ihren Gebieten hervor. Die Religion war jedoch noch sehr stark, und nur zu oft wurde die Kunst im Dienst der Religion entwürdigt. Schließlich kam die Woge der modernen **Wissenschaft**. Sie hat die Religion mit eiserner Hand unterworfen.

Die Fesselung der Wissenschaft durch die Religion wurde zum Nachteil für die Welt. **Unwissenheit und Aberglaube** verursachten unsagbares Leid, dennoch pflegte damals der Mensch erhabene, geistige Ideale. Er hoffte auf ein höheres, besseres Leben. Unendlich viel verhängnisvoller aber wirkte der vernichtende Einfluß der Wissenschaft auf die Religion; denn jetzt entschwand sogar die **Hoffnung,** die einzige von den Göttern in der Büchse der Pandora zurückgelassene Gabe, vor dem **Materialismus und Agnostizismus.**

Ein solcher Zustand kann nicht andauern. Die Reaktion muß einsetzen. Geschieht das nicht, so wird Anarchie den Kosmos sprengen. Um eine Katastrophe abzuwenden, müssen sich **Religion, Kunst** und **Wissenschaft** wieder vereinigen in einen noch höheren Ausdruck des **Guten,** des **Wahren** und des **Schönen**, als sie ihn vor der Trennung erreicht hatten.

Kommende Ereignisse werfen ihre Schatten voraus. Als die großen Führer der Menschheit die Tendenz zum übertriebenen Materialismus bemerkten, der jetzt in der westlichen Welt überhandnimmt, ergriffen sie bestimmte Maßnahmen, um ihm zu einer günstigen Zeit entgegenzuwirken und ihn umzuwandeln. Sie wünschten nicht, die in der Entwicklung befindliche Wissenschaft auf die gleiche Art zu zerstören, wie diese die Religion stranguliert hatte; denn sie sahen das elementar Gute, das entstehen wird, wenn eine moderne Wissenschaft die Mitarbeiterin der Religion geworden ist.

Eine spirituelle Religion kann sich mit einer materialistischen Wissenschaft nicht verschmelzen, so wenig wie sich Öl mit Wasser verbinden läßt. Daher wurden Schritte unternommen, die Wissenschaft zu vergeistigen und die Religion wissenschaftlich zu gestalten.

Im dreizehnten Jahrhundert erschien in Europa ein hoher geistiger Lehrer, der den symbolischen Namen Christian Rosenkreuz (das Christliche Rosen-Kreuz) trug, um diese Arbeit zu beginnen. Er gründete den Geheimorden der Rosenkreuzer mit dem Ziel, okkultes Licht auf die mißverstandene christliche Religion zu werfen und die Geheimnisse des Lebens und des Seins vom wissenschaftlichen Standpunkt aus in Harmonie mit der Religion zu erklären.

Seit der Geburt von Christian Rosenkreuz als Gründer der Rosenkreuzer-Mysterien-Schule sind Jahrhunderte vergangen. Von vielen wird seine Existenz sogar als Mythos betrachtet. Seine Geburt als Christian Rosenkreuz kennzeichnet den Beginn einer neuen Epoche im geistigen Leben der westlichen Welt. Dieses besondere Ego hat seither ununterbrochen physisch in dem einen oder anderen europäischen Land gewirkt. Wenn seine aufeinander folgenden bzw. alten Träger verbraucht waren, oder die Umstände es erforderten, den Ort seiner Wirksamkeit zu wechseln, nahm es einen neuen Körper an. Es ist auch heute - als ein Eingeweihter hohen Grades verkörpert und in allen Angelegenheiten des Westens ein aktiver und einflußreicher Faktor - obwohl die Welt nichts davon weiß.

Er arbeitete Jahrhunderte vor dem Erwachen der modernen Wissenschaft mit den Alchimisten. Durch einen Vermittler inspirierte er die jetzt verstümmelten Werke von Bacon. Jakob Böhme und andere erhielten durch ihn die Inspiration, die ihre Werke so geistig leuchtend macht. In den Werken des unsterblichen Goethe und in den Meisterwerken Richard Wagners begegnet uns derselbe Einfluß. Alle furchtlosen Geister, die es ablehnen, sich weder von orthodoxer Wissenschaft noch von orthodoxer Religion Fußfesseln anlegen zu lassen, welche die Hüllen abwerfen und ohne Rücksicht auf Verleumdung oder Schmeichelei zum geistigen Kern vordringen, erhielten und erhalten ihre Inspiration aus derselben Quelle wie der große Geist, der Christian Rosenkreuz beseelte.

Sein besonderer Name stellt die Art und den Weg dar, durch die der heutige Mensch in den göttlichen Übermenschen verwandelt wird. Dieses Symbol:

(the) „Christian Rose Cross"
(das) „Christliche Rosen-Kreuz"

zeigt uns den Zweck und das Ziel der menschlichen Evolution, den Weg, der zu beschreiten ist und die Mittel, durch die dieses Ziel erreicht wird. In dem weißen Kreuz, dem grünen, das Kreuz umrankenden Stengel der Pflanze, in den Dornen, den blutroten Rosen, liegt die Lösung des Weltmysteriums verborgen: des Menschen vergangene Evolution, die gegenwärtige Zusammensetzung und vor allem das Geheimnis seiner künftigen Entwicklung.

Es verbirgt sich dem weltlichen Menschen, enthüllt aber dem Eingeweihten um so klarer, wie er Tag für Tag arbeiten soll, um den kostbarsten aller Edelsteine, den Stein der Weisen, der wertvoller ist als der Kohinoor, sogar als aller Reichtum der irdischen Welt, für sich selbst herzustellen. Es erinnert ihn daran, wie die Menschheit in ihrer Unwissenheit stündlich das eigentliche, wirkliche Material ungenutzt läßt, das zur Bildung dieses unbezahlbaren Schatzes verwendet werden könnte.

Damit der Mensch in allen Widerwärtigkeiten des Lebens standhaft und treu bleibe, zeigt das Rosenkreuz gleich einer Inspiration hinauf auf die glorreiche Vollendung, die den erwartet, der überwindet. Es weist auf Christus, als den Stern der Hoffnung, den „Erstling", der diesen wunderbaren Stein erschuf, als er den Körper Jesu bewohnte.

Forschungen zufolge gab es in allen Religionssystemen eine Lehre, die nur der Priesterschaft vorbehalten und nicht für die Allgemeinheit bestimmt war. Auch Christus sprach zum Volk in Gleichnissen. Seinen Jüngern aber erklärte er den verborgenen Sinn dieser Gleichnisse, um in ihnen, ihrem entwickelten Geist entsprechend, ein tieferes Verständnis zu erwecken.

Paulus gab den **Säuglingen** oder jüngeren Mitgliedern der Gemeinde „Milch", den **Starken** aber, die intensiver lernten, „Fleisch". So hat es zu allen Zeiten eine **geheime** und eine **äußere Lehre** gegeben. Diese geheime Lehre wurde in den sogenannten Mysterienschulen vermittelt, die sich von Zeit zu Zeit den Bedürfnissen des Volkes entsprechend verändert haben, unter dem sie zu wirken bestimmt waren.

Der Orden der Rosenkreuzer ist nicht nur eine Geheimgesellschaft. Er ist eine der Mysterienschulen. Die Brüder sind Hierophanten der kleineren Mysterien, Wächter der geheiligten Lehren. Sie sind eine geistige Kraft, die einflußreicher im Leben der westlichen Welt wirkt, als irgendeine der sichtbaren Regierungen, obwohl sie auf die Menschheit nicht einwirken und sie ihres freien Willens nicht berauben dürfen.

Da der Entwicklungspfad stets vom Temperament des Aspiranten abhängt, gibt es zwei Wege, den **mystischen** und den **intellektuellen.** Der Mystiker ist gewöhnlich ohne intellektuelles Wissen. Er folgt den Geboten seines Herzens und ist bestrebt, den Willen Gottes zu erfüllen, wie er ihn **erfühlt.** Er erhebt sich, ohne sich irgend eines bestimmten Zieles bewußt zu sein und gelangt am Ende zur Erkenntnis. Im Mittelalter waren die Völker nicht so intellektuell, wie wir es heutzutage sind. Diejenigen, die den Ruf eines höheren Lebens fühlten, folgten gewöhnlich dem mystischen Pfad. Aber seit dem Aufschwung der modernen Wissenschaft während der letzten Jahrhunderte, wird die Erde von einer mehr **intellektuellen** Menschheit bevölkert. Der Kopf hat vollständig die Oberhand über das Herz gewonnen. Der Materialismus beherrscht alle geistigen Impulse. Der größere Teil denkender Menschen glaubt nur an das, was sie greifen, schmecken oder fühlen können. Es ist daher erforderlich, an ihren Intellekt zu appellieren, um dem Herzen zu erlauben, das zu glauben, was der Intellekt gutgeheißen hat. Als Antwort auf diese Forderung beabsichtigen die Mysterienlehren der Rosenkreuzer, wissenschaftliche Tatsachen mit spirituellen Wahrheiten in Übereinstimmung zu bringen.

In der Vergangenheit wurden diese Lehren gegenüber allen, mit Ausnahme von einigen Eingeweihten, geheimgehalten; und selbst heute zählen sie zu den geheimnisvollsten der westlichen Welt. Alle sogenannten „Enthüllungen" der Vergangenheit, die angeblich Rosenkreuzergeheimnisse preisgaben, sind entweder Betrug oder die Folge von Treulosigkeit einiger Außenstehender, die zufällig oder sonstwie Bruchstücke von Gesprächen aufgefangen haben mögen, die allen unverständlich sein müssen, außer denen, die den Schlüssel dazu besitzen. Es ist möglich, mit einem Eingeweihten irgendeiner Schule unter einem Dach zu leben und mit ihm auf vertrautestem Fuß zu stehen, doch sein Geheimnis wird immer in seiner Brust verborgen bleiben, bis sein Freund die Stufe erreicht hat, auf der er ein Bruder-Eingeweihter werden kann. Die Enthüllung der Geheimnisse hängt nicht vom Willen des Eingeweihten ab, sondern von der Eignung des Aspiranten.

Wie alle anderen Mysterienorden folgt auch der Orden der Rosenkreuzer kosmischen Gesetzen. Wenn wir Kugeln von gleicher Größe nehmen und prüfen, wie viele wir benötigen, um eine zu bedecken und sie den Blicken zu entziehen, dann werden wir feststellen, daß zwölf Kugeln erforderlich sind, um eine dreizehnte zu verbergen. Die letzte Teilung physischer Materie, das wirkliche im interplanetarischen Raum gefundene Atom, ist demgemäß angeordnet: zwölf umgeben eins. Die zwölf Tierkreiszeichen, die unser Sonnensystem umfassen, die zwölf Halbtöne der Tonleiter, welche die Oktave bilden, die zwölf Apostel, die sich um Christus scharten usw. sind weitere Beispiele von dieser Gruppierung von zwölf und eins. Deshalb besteht auch der Orden der Rosenkreuzer aus zwölf Brüdern und einem Dreizehnten.

Es ist aber auch auf andere Teilungen zu achten. Wir haben gesehen, daß aus der himmlischen Schar von zwölf Schöpferischen Hierarchien, die an unserem Evolutionsplan aktiv waren, sich fünf in die Freiheit zurückgezogen haben. Nur sieben sind zurückgeblieben, um sich mit unserem weiteren Fortschritt zu befassen. Dem entspricht, daß der heutige Mensch, das innewohnende Ego, der Mikrokosmos, nach außen durch sieben sichtbare Öffnungen in seinem Körper wirkt: zwei Augen, zwei Ohren, zwei Nasenlöcher und einen Mund, während fünf weitere Öffnungen ganz oder teilweise geschlossen sind: die Brustdrüsen, der Nabel und die zwei Ausscheidungsorgane.

Die sieben Rosen, die unser schönes Emblem schmücken und der fünfeckige, strahlende Stern dahinter, stellen symbolisch die zwölf Großen Schöpferischen Hierarchien dar, die dem sich entwickelnden menschlichen Geist während seiner vorhergehenden Stadien im mineralischen, pflanzlichen und tierischen Zustand beistanden, als er ohne Selbstbewußtsein und unfähig war, für sich selbst zu sorgen. Von diesen zwölf Scharen Großer Wesenheiten arbeiteten drei am und mit dem Menschen aus eigenem freien Willen ohne irgendeine Verpflichtung.

Diese werden durch die drei aufwärts weisenden Spitzen des Sterns auf unserem Emblem versinnbildlicht. Weitere zwei Große Hierarchien sind im Begriff sich zurückzuziehen. Sie werden durch die beiden nach unten weisenden Spitzen dargestellt. Die sieben Rosen enthüllen die Tatsache, daß noch sieben Große Schöpferische Hierarchien an der Entwicklung der Wesen auf der Erde tätig sind. Da alle diese Wesen, von den kleinsten bis zu den größten, nur Teile Eines Großen Ganzen sind, das wir Gott nennen, ist das vollständige Emblem ein Symbol Gottes in Manifestation.

Der Hermetische Grundsatz sagt: „Wie oben, so unten." Die weniger bedeutenden Lehrer der Menschheit sind auch nach denselben kosmischen Prinzipien von sieben, fünf und eins gruppiert. Auf der Erde gibt es sieben Schulen der kleineren Mysterien und fünf der Größeren Mysterien. Das Ganze untersteht einem gemeinsamen Oberhaupt, das der Befreier (Liberator) genannt wird.

Wann immer Veranlassung besteht, gehen sieben Brüder des Rosenkreuzerordens in die Welt hinaus. Sie erscheinen als Menschen unter anderen Menschen, oder arbeiten je nach Erfordernis in ihren unsichtbaren Trägern mit oder an anderen. Man sollte aber bedenken, daß sie niemand gegen seinen Willen oder sein Verlangen beeinflussen, sondern nur das Gute stärken, wo immer sie es vorfinden.

Die zurückbleibenden fünf Brüder verlassen nie den Tempel. Obwohl sie physische Körper besitzen, verrichten sie alle ihre Arbeit von den inneren Welten aus.

Der dreizehnte ist das Haupt des Ordens und das Bindeglied zu einem höheren Zentralrat, der aus Hierophanten der Größeren Mysterien besteht. Dieser Rat jedoch befaßt sich keineswegs mit der durchschnittlichen Menschheit, sondern nur mit den Graduierten der kleineren Mysterien.

Das Haupt des Ordens wird vor der äußeren Welt durch die zwölf Brüder verborgen, wie die in unserem vorhergehenden Beispiel erwähnte zentrale Kugel. Sogar die Schüler der Schule sehen ihn nie. Doch bei den nächtlichen Diensten im Tempel wird seine Gegenwart, wann immer Er eintritt, von allen **gefühlt,** was dann auch als Zeichen zum Beginn der Zeremonie gilt.

Um die Brüder vom Rosenkreuz schart sich als deren Schüler eine Anzahl von „Laienbrüdern". Diese sind Menschen, die in verschiedenen Teilen der westlichen Welt leben, die aber fähig sind, ihre Körper bewußt zu verlassen. Sie wohnen den Diensten bei und nehmen an der geistigen Arbeit im Tempel teil. Jeder einzelne von ihnen wurde hierin von einem der Älteren Brüder „eingeweiht". Die meisten von ihnen sind fähig, sich all dessen, was geschehen ist, zu erinnern. Es gibt aber auch einige wenige Fälle, bei denen die Fähigkeit, den Körper zu verlassen, in einem der vorhergehenden tugendhaften Leben erworben wurde und wo eine Drogenabhängigkeit oder eine in diesem Leben zugezogene Krankheit das Gehirn untauglich machte, Eindrücke von der Arbeit zu empfangen, die der Mensch außerhalb seines dichten Körpers verrichtete.

EINWEIHUNG

Im allgemeinen stellt man sich unter Einweihung eine Zeremonie vor, durch die man Mitglied einer geheimen Gesellschaft wird. Man meint, sie könne jedem offen stehen, der gewillt ist, einen bestimmten Preis, in den meisten Fällen eine Geldsumme, dafür zu zahlen.

Das trifft bei den sogenannten Einweihungen in brüderlichen Orden und auch bei den meisten pseudo-okkulten Orden zu. Diese Auffassung ist aber vollkommen falsch, wenn es sich um Einweihungen in die verschiedenen Grade einer wirklich okkulten Bruderschaft handelt. Ein wenig Verständnis für die wirklichen Erfordernisse und deren Angemessenheit wird dies sogleich deutlich machen.

In erster Linie gibt es keinen goldenen Schlüssel zum Tempel. Der Verdienst zählt, nicht aber das Geld. Verdienste erwirbt man nicht an einem Tag. Sie sind die gesammelten Früchte vergangener, guter Taten. Der Anwärter zur Einweihung ist sich gewöhnlich nicht bewußt, ein Kandidat zu sein. Meistens verbringt er sein Leben in der Gemeinschaft und dient Tage und Jahre hindurch, ohne irgendeinen jenseitigen Gedanken zu haben, bis eines Tages der Lehrer, ein Hierophant der kleineren Mysterien, in seinem Leben, in einer seinem Land angepaßten Weise erscheint. Bis dahin hat der Kandidat in sich bestimmte Fähigkeiten entwickelt, gewisse Kräfte des Dienstes und der Hilfe gespeichert, deren er sich für gewöhnlich nicht bewußt ist, von denen er nicht weiß, wie sie richtig zu gebrauchen sind. Nun ist die Arbeit des Einweihenden leicht. Er zeigt dem Kandidaten die latenten Fähigkeiten, die schlafenden Kräfte und weiht ihn ein, sie anzuwenden. Er erklärt oder zeigt dem Kandidaten **zum ersten Mal**, wie er seine statische Energie zu einer dynamischen Kraft erwecken kann.

Einweihung kann durch eine Zeremonie vollzogen werden oder auch nicht. Es ist besonders zu bemerken, daß die Einweihung, die der unausbleibliche Höhepunkt fortgesetzter geistiger Bemühung ist, ob bewußt oder unbewußt, niemals im Kandidaten definitiv stattfinden kann, bevor nicht die erforderliche innere Entwicklung die latenten Kräfte angesammelt hat. Diese dynamisch zu gebrauchen, lehrt die Einweihung. Der Abzug eines Hahnes kann keine Explosion hervorrufen, wenn die Flinte nicht vorher geladen wurde.

Es besteht keine Gefahr, daß der Lehrer irgend jemanden übersehen könnte, der die erforderliche Entwicklung bereits erlangt hat. Jede gute und selbstlose Handlung vermehrt die Leucht- und Schwingungskraft der Aura des Anwärters außerordentlich. So sicher, wie der Magnet die Nadel anzieht, wird auch das Leuchten des aurischen Lichtes den Lehrer bringen.

Selbstverständlich ist es unmöglich, in einem für die breite Öffentlichkeit bestimmten Werk, Stadien der Einweihungen in die Rosenkreuzer-Bruderschaft zu beschreiben. Das wäre ein Vertrauensbruch. Auch wäre es aus Mangel an Worten unmöglich, sich angemessen auszudrücken. Es ist aber erlaubt, einen Umriß zu geben, um den Zweck der Einweihung aufzuzeigen.

Die kleineren Mysterien befassen sich nur mit der Entwicklung der Menschheit während der Erdperiode. In den ersten dreieinhalb Kreisläufen der Lebenswoge um die sieben Globen hatten die Jungfräulichen Geister noch kein Bewußtsein erlangt. Infolge dieser Tatsache wissen wir nicht, wie wir das wurden, was wir heute sind. Der Strebende soll über dieses Thema aufgeklärt werden. Durch die Formel des Hierophanten während der Einweihung in den ersten Grad wird das Bewußtsein auf die Seite des Gedächtnisses der Natur gelenkt, welche die Berichte über den ersten Kreislauf enthält, als wir die Entwicklung der Saturnperiode wiederholten. Dabei ist er immer im Vollbesitz seines Wachbewußtseins. Er erinnert sich an Tatsachen des Lebens im 20. Jahrhundert, beobachtet jedoch bewußt den Fortschritt der sich entwikkelnden Schar der Jungfräulichen Geister, mit denen er in der Saturnperiode eine Einheit bildete. So lernt er, wie die ersten Stufen in der Erdperiode zur Erlangung dieses Zieles erklommen wurden, das ihm in einem später zu vollziehenden Schritt enthüllt werden wird.

Nachdem der Kandidat die Lektion gelernt hat, die im Kapitel X beschrieben ist, hat er Wissen aus erster Hand über diesen Gegenstand erworben. Er ist damit in unmittelbare Berührung mit den Schöpferischen Hierarchien gekommen, bei ihrer Arbeit an und mit dem Menschen. Daher weiß der Kandidat ihr segensreiches Wirken in der Welt zu würdigen und kann sich gewissermaßen bei ihnen einreihen und wird so zu ihrem Mitarbeiter.

Wenn für ihn die Zeit der Einweihung in den zweiten Grad gekommen ist, wird er entsprechend veranlaßt, seine Aufmerksamkeit auf die Ereignisse des zweiten Kreislaufes der Erdperiode zu richten, der im Gedächtnis der Natur bildlich dargestellt ist. Dann beobachtet er voll bewußt, den zu dieser Zeit von den Jungfräulichen Geistern erzielten Fortschritt. - Er tut es wie „Peter Ibbetson", der Held des Buches („Peter Ibbetson") von Georg du Maurier. Es zu lesen lohnt sich, denn es beschreibt anschaulich bestimmte Phasen des Unterbewußtseins, die Peter Ibbetson während der Nächte seines Kinderlebens beobachtete, in denen er „Wahrträume" hatte. Im dritten Grad der Einweihung verfolgt der Kandidat den Mondkreislauf. Im vierten Grad sieht er die Fortschritte, die wir in der bereits zurückgelegten Hälfte des vierten oder Erdkreislaufes gemacht haben.

In jedem Grad erfolgt aber noch ein weiterer Schritt. Außerdem sieht der Schüler zu der in jedem Kreislauf verrichteten Arbeit auch die, welche in der entsprechenden Epoche während unseres gegenwärtigen Aufenthaltes auf Globus D, der Erde, geleistet wurde.

Während des ersten Grades verfolgt er die Arbeit des Saturnkreislaufes und ihre letzte Vollendung in der Polarischen Epoche.

Im zweiten Grad verfolgt er die Arbeit des Sonnenkreislaufes und seiner Nachbildung: der Hyperboreischen Epoche.

Während des dritten Grades beobachtet er die Arbeit, die im Mondkreislauf vollzogen wurde und sieht, wie sie die Lebensgrundlage in der Lemurischen Epoche war.

Während des vierten Grades erlebt er die Entwicklung des letzten halben Kreislaufes mit der ihm entsprechenden Zeitperiode unseres gegenwärtigen Aufenthaltes auf der Erde, nämlich der ersten Hälfte der Atlantischen Epoche. Sie endete, als sich die dichte nebelige Atmosphäre von Atlantis niederschlug, und die Sonne erstmals über Land und Meer schien. Dann war die Nacht des Unbewußtseins vorüber. Die Augen des innewohnenden Egos wurden vollständig geöffnet. Es wurde fähig, das Licht der Vernunft auf die schwierige Aufgabe der Eroberung der Welt zu lenken. Dies war die Zeit, wo der Mensch, wie wir ihn jetzt kennen, zum ersten Mal geboren wurde.

Wenn wir vom alten Einweihungssystem hören, daß der Kandidat dreieinhalb Tage in Trance versetzt war, so bezieht sich das auf die soeben beschriebene Einweihung. Die dreieinhalb Tage verweisen auf die durchlebten Stufen. Sie sind keineswegs vierundzwanzig-Stundentage. Die tatsächliche Dauer ist bei jedem Kandidaten verschieden. Doch wird er stets durch die unbewußte Entwicklung der Menschheit während der vergangenen Kreisläufe geführt. Wenn gesagt wird, daß er mit Sonnenaufgang des vierten Tages erwacht sei, so ist das die mystische Ausdrucksweise dafür, daß seine Einweihung in die Arbeit des unwillkürlichen Werdegangs des Menschen zu dem Zeitpunkt ihren Abschluß fand, als die Sonne erstmals über der reinen Atmosphäre von Atlantis aufging. Dann wird der Kandidat auch als ein „Erstgeborener" begrüßt.

Nachdem der Kandidat mit der Wegstrecke vertraut gemacht wurde, die wir in der Vergangenheit zurückgelegt haben, führt ihn der fünfte Grad bis zum äußersten Ende der Erdperiode. Dann wird eine glorreiche Menschheit die Früchte dieser Periode sammeln und sie von den sieben Globen, auf denen wir uns während eines jeden Offenbarungstages entwickeln, auf den ersten der fünf dunklen Globen mitnehmen, die unseren Aufenthaltsort während der kosmischen Nächte bilden. Der dichteste von ihnen liegt in der Region der Abstrakten Gedanken und ist in Wahrheit das „Chaos", von dem auf Seite 249 und den folgenden Seiten gesprochen wurde. Dieser Globus ist auch der dritte Himmel. Und wenn Paulus davon spricht, daß er in den dritten Himmel erhoben wurde und dort Dinge sah, die er dem Gesetz nach nicht offenbaren dürfe, so verwies er auf Erfahrungen, die dem fünften Grad in den gegenwärtigen Rosenkreuzer-Mysterien entsprechen.

Nachdem im fünften Grad das Ende gezeigt wurde, wird der Kandidat mit den Mitteln bekannt gemacht, durch die dieses Ziel in den restlichen dreieinhalb Kreisläufen der Erdperiode erreicht wird. Die vier restlichen Grade dienen in dieser Hinsicht zu seiner Erleuchtung.

Durch den auf diese Weise gewonnenen Einblick ist er fähig, einsichtsvoll mit den Kräften, die für das Gute wirken, zusammenzuarbeiten und hilft so mit, unsere Befreiung zu beschleunigen.

Um ein allgemeines Mißverständnis auszuräumen, wollen wir dem Schüler deutlich machen, daß wir nicht Rosenkreuzer sind, auch wenn wir ihre Lehren studieren. Selbst die Zulassung zum Tempel berechtigt nicht, uns mit diesem Namen zu bezeichnen. Der Verfasser z.B. ist nur ein Laienbruder, ein Schüler. Er würde sich unter keinen Umständen Rosenkreuzer nennen.

Wir wissen wohl, daß ein junger Mensch nach Abschluß der Mittelschule noch nicht zum Unterrichten befähigt ist. Er muß zuerst das Gymnasium und die Universität absolvieren und fühlt sich vielleicht auch dann noch nicht zum Lehrer berufen. Entsprechend verhält es sich in der Schule des Lebens. Auch wenn jemand die Mysterienschule der Rosenkreuzer durchlaufen hat, ist er noch lange kein Rosenkreuzer. Absolventen der verschiedenen Schulen der kleineren Mysterien rücken in die fünf Schulen der größeren Mysterien auf. In den ersten vier legen sie die vier großen Einweihungen ab und erreichen schließlich den Befreier (liberator), wo sie Kenntnisse über andere Evolutionen erhalten. Es wird ihnen freigestellt, hierzubleiben und ihre Brüder zu unterstützen oder in andere Evolutionen als Helfer einzutreten. Diejenigen, die sich als Helfer zum Hierbleiben entscheiden, erhalten verschiedene Positionen, je nach ihren Neigungen und ihrer natürlichen Veranlagung. Unter diesen Mitleidvollen befinden sich auch die Brüder vom Rosenkreuz. Es ist ein Frevel, den Rosenkreuzernamen in den Schmutz zu ziehen, indem wir ihn auf uns selbst anwenden, solange wir nur Schüler ihrer erhabenen Lehren sind.

In den letzten Jahrhunderten haben die Brüder für die Menschheit im Verborgenen gearbeitet. Allnächtlich zur Mitternacht findet im Tempel ein Dienst statt. Die Älteren Brüder - unterstützt von den Laienbrüdern, denen es möglich ist, ihre weltliche Arbeit zu verlassen, (denn viele von ihnen leben in Ländern, in denen es Tag, in der Gegend des Rosenkreuzertempels jedoch Mitternacht ist) - nehmen von überall in der westlichen Welt die Gedanken der Sinnlichkeit, der Gier, der Selbstsucht und des Materialismus auf. Diese versuchen sie nun in reine Liebe, Wohlwollen, Altruismus und geistiges Streben umzuwandeln, um sie wieder in die Welt zurückzusenden und dadurch alles Gute zu heben und zu fördern. Bestünde nicht diese mächtige Quelle geistiger Schwingungen, so hätte der Materialismus schon längst alle geistigen Anstrengungen zunichte gemacht; denn vom geistigen Standpunkt aus hat es niemals ein dunkleres Zeitalter als die letzten dreihundert Jahre des Materialismus gegeben.

Nun aber ist die Zeit gekommen, in der die Methode verborgener Bemühungen durch eine deutlichere Anstrengung ergänzt werden soll, um eine klare, logische und folgerichtige Lehre über den Ursprung, die Evolution und die weitere Entwicklung der Welt und des Menschen zu verbreiten. In ihr soll beides, der geistige wie auch der wissenschaftliche Aspekt aufgezeigt werden: eine Lehre, deren Aussagen von Vernunft und Logik getragen werden, eine Lehre, die den Verstand befriedigt, weil sie eine annehmbare Lösung aller Geheimnisse enthält. Sie fordert keine Fragen heraus, umgeht sie aber auch nicht. Ihre Erklärungen sind sowohl tiefgehend als auch klar.

Aber, und das ist ein sehr wichtiges „Aber": **die Rosenkreuzer betrachten ein intellektuelles Verstehen Gottes und des Weltalls nicht als Ziel für sich;** weit davon entfernt! Je größer der Intellekt, um so größer ist die Gefahr seines Mißbrauchs. **Daher wird diese wissenschaftliche, logische und erschöpfende Lehre gegeben, daß der Mensch in seinem Herzen glaubt, was sein Kopf gutgeheißen hat und das religiöse Leben beginnen möge.**

THE ROSICRUCIAN FELLOWSHIP

Um diese Lehre zu verbreiten, ist die Rosicrucian Fellowship gegründet worden. Jeder, der **kein** HYPNOTISEUR, kein berufsmäßiges(r) MEDIUM, HELLSEHER, CHIROMANT oder ASTROLOGE ist, kann sich als **Schüler** für den **Einführungskurs** beim esoterischen Sekretär der Rosicrucian Fellowship, P.O.Box 713, Oceanside 92049, CA/ USA, bewerben. Es gibt keine Beiträge und keine Gebühr für Einweihung. Mit Geld kann man unsere Lehre nicht kaufen. Der Fortschritt hängt vom Verdienst ab.

Nach Beendigung des Einführungskurses wird man für die Dauer von 2 Jahren als regulärer Student geführt. Wenn er von der Wahrheit der Rosenkreuzerlehren so durchdrungen ist, daß er bereit ist, **seine Verbindung mit allen anderen okkulten oder religiösen Orden zu lösen - die christlichen Kirchen und Bruderorden sind davon ausgenommen** - so kann er frühestens nach 2 Jahren die Verpflichtung eingehen und als **Prüfling** zugelassen werden.

Wir wollen durch den vorerwähnten Vorbehalt nicht andeuten, daß alle anderen okkulten Schulen wertlos sind, - weit davon entfernt -

denn viele Wege führen nach Rom. Wir werden jedoch das Ziel mit wesentlich geringerer Anstrengung erreichen, wenn wir einer Schule folgen, als im Zickzack von einem zum anderen Pfad zu wechseln. In erster Linie sind unsere Zeit und Energie begrenzt. Sie werden durch Familie, gesellschaftliche Pflichten usw. weiter eingeschränkt, die nicht zum Vorteil unserer eigenen Selbstentwicklung vernachlässigt werden dürfen. Es soll mit einem Minimum an Energie, die wir berechtigt für uns selbst aufwenden können, haushälterisch umgegangen werden. Um die Vergeudung der uns zur Verfügung stehenden spärlichen Augenblicke zu vermeiden, bestehen unsere Lehrer darauf, aus allen anderen Orden auszutreten.

Die Welt bietet eine Vielzahl von Gelegenheiten. Um aber vorteilhaft eine davon wahrnehmen zu können, müssen wir in einer bestimmten Richtung unserer Bemühungen leistungsfähig sein. Mit der Entwicklung unserer geistigen Kräfte können wir unseren schwächeren Brüdern helfen oder schaden. Sie ist aber nur gerechtfertigt, wenn Effizienz im Dienste der Menschheit das Ziel ist.

Die Rosenkreuzermethode zur Erlangung von Vollkommenheit unterscheidet sich von anderen Systemen durch eine Besonderheit. Schon von Anfang an ist sie darauf ausgerichtet, den Schüler von der Abhängigkeit von anderen zu befreien, ihm höchstes **Selbstvertrauen** zu geben, damit er unter allen Umständen allein stehen und mit allen Lebensbedingungen fertig werden kann. Nur jemand, der vollkommen ausgeglichen ist, kann dem Schwachen helfen.

Wenn sich Menschen in einer Gruppe oder einem Zirkel in **negativer** Weise zur Selbstentwicklung treffen, so werden gewöhnlich in kurzer Zeit Ergebnisse nach dem Grundsatz erzielt, daß es leichter ist, mit dem Strom, als gegen ihn zu schwimmen. Das Medium ist nicht Herr seiner Handlungen, wohl aber der Sklave einer geistigen Kontrolle. Daher sind solche Versammlungen von Novizen zu meiden.

Selbst Gruppen, die sich in positiver Geisteshaltung begegnen, werden von den Älteren Brüdern nicht empfohlen. Denn bei solchen Versammlungen werden die schlummernden Kräfte aller Mitglieder zusammengezogen, und die von einem dort Anwesenden empfangenen Visionen der inneren Welten sind zum Teil auf die Fähigkeiten der anderen zurückzuführen. Die Hitze einer Kohle inmitten eines Feuers wird durch die sie umgebenden Kohlen erhöht. Der von einem solchen Kreis hervorgebrachte Hellseher, sei er auch noch so positiv, gleicht einer Treibhauspflanze, die selbst zu abhängig ist, um mit der Pflege von anderen betraut zu werden.

Deshalb hält jeder Prüfling der Rosicrucian Fellowship seine Übungen in der Abgeschiedenheit seines Zimmers ab. Vielleicht werden Erfolge durch dieses System langsamer erzielt, wenn sie sich aber zeigen, werden sie als selbst entwickelte Kräfte offenbar, die unabhängig von allen anderen verwendet werden können. Darüber hinaus bilden die Methoden der Rosenkreuzer bei gleichzeitiger Entwicklung geistiger Fähigkeiten auch den Charakter. Das schützt den Schüler davor, der Versuchung nachzugeben, göttliche Kräfte weltlicher Vorteile willen preiszugeben.

Wenn der Prüfling die nötigen Voraussetzungen eingehalten und die Bedingungen der Probezeit erfüllt hat, kann er ein Gesuch für individuelle Unterrichtung durch die Älteren Brüder an den esoterischen Sekretär der Weltzentrale der Rosicrucian Fellowship richten.

DIE WELTZENTRALE DER ROSICRUCIAN FELLOWSHIP

Nach der Gründung der Rosicrucian Fellowship wurde es zum Zweck der Verbreitung der in diesem Buch gegebenen Lehre und zum Beistand der Schüler auf ihrem Pfad des Fortschritts notwendig, ein festes Heim und Möglichkeiten für die Bewältigung der erforderlichen Arbeit zu finden. Dafür wurde ein entsprechendes Grundstück in Oceanside, Kalifornien - 162 km südlich von Los Angeles und 72 km nördlich von San Diego, der südwestlichsten Stadt der Vereinigten Staaten - erworben.

Es hat eine eindrucksvolle Lage mit einem herrlichen Blick auf den Pazifik gegen Westen und die schönen schneebedeckten Berge nach Osten.

Südkalifornien bietet außergewöhnliche Möglichkeiten für geistiges Wachstum, weil dort die ätherische Atmosphäre dichter ist als in irgendeinem anderen Teil der Welt. Mount Ecclesia, wie die Weltzentrale der Rosicrucian Fellowship genannt wird, ist in dieser Hinsicht besonders begünstigt.

DIE KORRESPONDENZSCHULE

Außer den am Ende dieses Buches aufgeführten Publikationen bietet die Rosicrucian Fellowship Korrespondenzkurse an. Sie unterweisen Studenten, die sich durch Studium der Rosenkreuzer-Mysterien und der Wissenschaft der Astrologie weiter entwickeln möchten und Erleuchtung suchen.

DIE SYMBOLIK DES ROSENKREUZES

Wenn nach dem Sinn eines Mythos, einer Legende oder eines Symbols von okkultem Wert geforscht wird, ist es eine absolute Notwendigkeit, zu verstehen, daß ein Gegenstand in der dreidimensionalen Welt von allen Seiten betrachtet werden kann oder besser gesagt, betrachtet werden sollte, um ein genaues und vollständiges Verständnis von ihm zu bekommen. So haben alle Symbole mehrere Aspekte. Jeder Gesichtspunkt enthüllt eine andere Entwicklungsstufe, und doch haben alle gleichen Anspruch auf Beachtung.

Als Ganzes betrachtet, enthält dieses wundervolle Symbol zusammen mit der Methode, Vollkommenheit zu erlangen, den Schlüssel zur vergangenen Entwicklung, gegenwärtigen Zusammensetzung und künftigen Entfaltung des Menschen. Wird es mit einer einzigen Rose im Mittelpunkt dargestellt, symbolisiert es den Geist, der aus sich die vier Träger ausstrahlt: den dichten Körper, Lebensleib, Empfindungsleib und Intellekt. Der Geist ist **in** seine Träger eingetreten und ein **innewohnender** menschlicher Geist geworden. Doch gab es eine Zeit, wo dieser Zustand nicht vorherrschte, eine Zeit, als der dreifache Geist über seinen Trägern schwebte und nicht in der Lage war, in sie einzutreten. Damals stand das Kreuz allein, ohne Rose. Es symbolisierte die Situation im frühen Drittel von Atlantis. Es gab sogar eine Zeit, in der das obere Glied des Kreuzes fehlte und die Zusammensetzung des Menschen durch das Tau (T) dargestellt wurde. Das war in der Lemurischen Epoche, als der Mensch nur den dichten Körper, den Lebensleib und den Empfindungsleib besaß, ihm aber der Intellekt fehlte. Damals war die animalische Natur vorherrschend. Der Mensch folgte uneingeschränkt seiner Begierde. In einer noch früheren Zeit, in der Hyperboreischen Epoche, fehlte ihm auch der Empfindungsleib. Er besaß nur den dichten Körper und den Lebensleib. Der werdende Mensch war wie die Pflanze: keusch und frei von Begierde. Zu dieser Zeit konnte seine Zusammensetzung nicht durch ein Kreuz dargestellt werden. Sie wurde durch einen geraden Schaft, einen Pfeiler (I) symbolisiert.

Dieses Zeichen wurde als ein phallisches angesehen, als ein Emblem, das die Zügellosigkeit des Volkes erkennen ließ, das dieses Zeichen verehrte. Tatsächlich ist es ein Symbol der Zeugung, doch ist Zeugung keineswegs gleichbedeutend mit Entwürdigung, im Gegenteil. Der Pfeiler ist das untere Glied des Kreuzes und symbolisiert den werdenden Menschen, als er pflanzenähnlich war. Die Pflanze ist frei von Leidenschaft, Begierden und vom Bösen. Sie zeugt und erhält ihre Art auf eine so reine und keusche Weise, daß sie, richtig verstanden, ein Vorbild für die gefallene und leidenschaftliche Menschheit darstellt, die in ihr ein Ideal verehren sollte; zu diesem Zweck wurde es den früheren Rassen gegeben. Der Phallus und die Yona, die in den griechischen Mysterientempeln verwendet wurden, waren von den Hierophanten in diesem Geist gegeben worden. Und über dem Tempel standen die rätselhaften Worte: „Mensch, erkenne Dich selbst". Richtig verstanden, gleicht dieses Motto dem des Rosenkreuzes; denn es zeigt, warum der Mensch in Begierde, Leidenschaft und Sünde fiel und gibt den Schlüssel zu seiner Befreiung auf dieselbe Weise, wie auch die Rosen am Kreuz den Pfad der Befreiung andeuten.

Die Pflanze ist unschuldig, **aber nicht tugendhaft.** Sie hat weder Begierde noch die Wahl. Der Mensch hat beides. Er kann je nach Belieben seiner Begierde folgen oder nicht, damit er lerne, sich selbst zu beherrschen.

Als er pflanzenähnlich und hermaphrodit war, konnte er **aus sich selbst,** ohne die Beihilfe eines anderen zeugen. Er war keusch und unschuldig wie die Pflanze, aber auch so unbewußt und träge wie sie. Um Fortschritte zu machen, mußte er Begierde haben, die ihn anspornt, und einen Intellekt, der ihn leitet. Daher wurde die Hälfte seiner schöpferischen Kraft zu dem Zweck zurückgehalten, um ein Gehirn und einen Kehlkopf zu bilden. Damals hatte er eine runde Gestalt, ähnlich der des Embryo. Der gegenwärtige Kehlkopf war ein Teil des Zeugungsorgans, das dem Kopf anhaftete, als der Körper sich streckte. Die Verbindung von beiden zeigt sich sogar heute noch, wenn sich beim Knaben, der den positiven Pol der Zeugungskraft ausdrückt, beim Eintritt in die Pubertät seine Stimme verändert. Wenn wir beachten, daß dieselbe Kraft, **nach außen** gerichtet, dem Aufbau eines neuen Körpers dient, und wenn sie zurückbehalten wird, das Gehirn erbaut, so verstehen wir, daß sexuelle Manie zu Geisteskrankheit führt; der tiefgründige Denker dagegen verspürt wenig Neigung zu Liebespraktiken. Er verwendet seine ganze schöpferische Kraft dazu, Gedanken zu erzeugen, anstatt sie zur Befriedigung der Sinne zu vergeuden.

Zu der Zeit, als der Mensch begann, die Hälfte seiner Zeugungskraft zum oben erwähnten Zweck zurückzuhalten, war sein Bewußtsein noch nach **innen** gerichtet, um Organe zu bilden. Er war damals fähig, die Organe zu **sehen.** Unter der Anleitung Schöpferischer Hierarchien verwendete er dieselbe schöpferische Kraft, um Pläne für Organe zu entwerfen und sie auszuführen, die er heute in der **äußeren** Welt zum Bauen von Luftschiffen, Häusern, Automobilen, Telefonen usw. gebraucht. Damals war er sich dessen nicht bewußt, wie diese nach **außen** strömende Hälfte der schöpferischen Kraft zur Erzeugung eines anderen Körpers verwendet wurde.

Die Zeugung erfolgte unter der Leitung der Engel. Zu bestimmten Zeiten des Jahres vereinigten sie die werdenden Menschen in großen Tempeln, wo der Zeugungsakt vollzogen wurde. Der Mann war sich dieser Tatsache nicht bewußt. Seine Augen waren noch nicht geöffnet worden. Obwohl es für ihn erforderlich war, einen Partner zu haben, der die Hälfte oder den anderen Pol, der zur Fortpflanzung erforderlichen schöpferischen Kraft besaß, die er zur Bildung innerer Organe zurückbehielt, erkannte er zunächst seine Frau nicht. Im gewöhnlichen

Leben war er, soweit es die Physische Welt betraf, in sich verschlossen. Dies aber änderte sich, als er in eine so innige und enge Berührung mit einem anderen Menschen kam, wie dies beim Zeugungsakt der Fall ist. Damals durchdrang der Geist für einen Augenblick den Schleier des Fleisches, und Adam **erkannte** seine Frau. Er hatte aufgehört, **nur sich zu erkennen.** Sein Bewußtsein konzentrierte sich mehr und mehr von sich heraus auf die **Außenwelt**, und er verlor seine **innere Wahrnehmung.** Diese kann erst dann vollständig wiedergewonnen werden, wenn er jene Stufe erreicht hat, auf der er keinen Partner mehr zur Zeugung benötigt und seine **gesamte** schöpferische Kraft mit Hilfe des Willens wieder gebrauchen kann. Dann wird er wieder **sich selbst erkennen,** wie einst im Stadium seiner pflanzenähnlichen Existenz, doch mit dem sehr wesentlichen Unterschied, daß er seine schöpferische Fähigkeit bewußt nutzen wird und sich nicht darauf beschränken muß, sie allein zur Schöpfung seiner eigenen Art zu gebrauchen, sondern zur Schöpfung dessen, was er will. Auch wird er seine gegenwärtigen Zeugungsorgane nicht verwenden. Der Kehlkopf jedoch wird das **schöpferische Wort sprechen,** das vom Geist durch den koordinierenden Mechanismus des Gehirns geleitet wird. So werden die beiden Organe, die durch je eine Hälfte der schöpferischen Kraft erbaut wurden, zu gegebener Zeit das Mittel werden, durch das der Mensch schließlich zum unabhängigen, selbstbewußten Schöpfer wird.

Schon in unserer Zeit kann der Mensch die Materie durch seine Gedanken und Stimme formen. Das ist durch wissenschaftliche Versuche bewiesen worden, bei denen Gedanken Bilder auf einer fotografischen Platte hervorgebracht haben, und die menschliche Stimme geometrische Figuren im Sand (auf einer Glasplatte) gebildet hat usw. In dem Maß wie der Mensch selbstlos wird, befreit er die gefesselte schöpferische Kraft. Das wird ihm seine Gedankenkraft vermehren und ihn befähigen, sie zur Hebung anderer zu verwenden, anstatt Pläne zu schmieden, andere nach seinem Willen zu entwürdigen und zu unterwerfen. Er wird lernen, wie er **sein Leben** meistert und wird aufhören, zu versuchen, andere zu beherrschen; es sei denn, es würde vorübergehend zu deren Wohl erfolgen, jedoch niemals aus selbstsüchtigen Gründen. Nur jemand, der sich selbst beherrscht, ist fähig, über andere zu herrschen und wenn es sein muß, kompetent zu richten, zum Besten der Betroffenen.

So sehen wir, daß die gegenwärtige leidenschaftliche Fortpflanzungsweise von einer reineren und wirksameren Methode abgelöst werden wird. Auch das wird durch das Rosenkreuz symbolisiert, auf dem sich die Rose im Mittelpunkt zwischen den vier Balken befindet. Der lange, senkrechte Teil des Kreuzes stellt den Körper, die zwei horizontalen Teile die beiden Arme und das obere Glied den Kopf dar. **Die Rose nimmt die Lage des Kehlkopfes ein.**

Die Rose stellt, wie jede andere Blüte, das Fortpflanzungsorgan der Pflanze dar. Ihr grüner Stiel trägt das farblose und leidenschaftslose Pflanzenblut. Die blutrote Rose zeigt das mit Leidenschaft erfüllte Blut der menschlichen Rasse, doch der Lebensstrom der Rose ist nicht sinnlich, sondern keusch und rein. So ist sie ein herrliches Symbol der Zeugungsorgane in dem reinen und heiligen Zustand, den der Mensch erreichen wird, wenn er sein Blut von der Begierde gesäubert und gereinigt hat, wenn er keusch, rein und Christus gleich geworden ist.

Daher sehen die Rosenkreuzer voller Sehnsucht dem Tag entgegen, an dem die Rosen auf dem Kreuz der Menschheit erblühen werden. Deshalb begrüßen auch die Älteren Brüder die strebende Seele mit den Worten des Rosenkreuzergrußes: „Mögen die Rosen blühen auf Deinem Kreuz". Aus diesem Grund wird derselbe Gruß in den Versammlungen der Gemeinschaftszentren vom Leiter an die versammelten Schüler, Prüflinge und Jünger gegeben, die den Gruß mit: „Und auch auf Deinem", erwidern.

Johannes spricht in 1.Joh. 3, 9 von seiner Reinigung und er sagt, daß er, der aus Gott geboren ist, nicht sündigen kann, **denn er behält seinen Samen in sich.** Zum Fortschritt ist es für den Anwärter eine absolute Notwendigkeit, keusch zu sein. Es muß aber auch festgehalten werden, daß absolute Ehelosigkeit vom Menschen erst dann verlangt wird, wenn er eine Stufe erreicht hat, auf der er für die großen Einweihungen bereit ist, und daß er die Pflicht gegenüber der Gesamtheit hat, die Rasse zu erhalten. Wer geistig, moralisch, physisch und finanziell dazu fähig ist, kann an den Zeugungsakt als heiliges Opfer herantreten, das er auf dem Altar der Menschheit darbringt, nicht aber aus sinnlichem Vergnügen. Auch soll diese Handlung nicht in einem strengen abstoßenden Gemütszustand vollzogen werden, sondern in freudiger Selbsthingabe für das Privileg, einem nach der Geburt strebenden Freund einen Körper und eine Umgebung zu verschaffen, die er zur Entwicklung benötigt. So werden auch wir ihm helfen, die blühenden Rosen auf seinem Kreuz zu pflegen.

Alphabetische Liste der Stichwörter und Hinweise zu den im Sachregister vorkommenden Themen

Das Sachregister wurde mit der besonderen Absicht zusammengestellt, das Studium themenbezogener Gebiete zu erleichtern. Gleichzeitig wurde eine alphabetische Reihenfolge soweit wie möglich eingehalten. Für jedes in dieser Liste befindliche Wort ist eine Seitennummer angegeben, auf die sich dieses Wort themenmäßig bezieht.

Der Leser wird besonders gebeten, die folgerichtige Gliederung der Angaben im Sachregister zu beachten. So zeigt der erste Hinweis z.B. unter dem Stichwort **„Lebensleib"**, wo in diesem Werk dieser Träger seinen Anfang nahm, der letzte weist auf die Seite, die über seine endgültige Vergeistigung aussagt. Die sich dazwischen befindlichen Bemerkungen machen in geordneter Reihenfolge auf die Stellen aufmerksam, wo seine allmähliche Entwicklung beschrieben wird. Diese Hinweise bilden in sich somit eine ausgezeichnete Darstellung des Lebensleibes.

Durch eifrigen Gebrauch des Sachregisters wird man **Die Rosenkreuzer-Weltanschauung** als eine vollständige und erschöpfende Nachschlagebibliothek finden. Wir empfehlen dem Schüler das **Sachregister** so oft wie das Buch selbst zu studieren. Oftmals weckt allein schon das Lesen der verschiedenen Hinweise das Verständnis für einen Gegenstand und enthüllt vieles, das bei allgemeinem Studium des Buches verborgen bleibt.

Das **Stichwortverzeichnis** des Sachregisters erscheint in dieser Ausgabe alphabetisch angeordnet, das **Sachregister** selbst in der Reihenfolge des englischen Originals. Es war der Wunsch von Max Heindel, die gesamte Seitenordnung des deutschen Textes der des englischen Originals anzupassen, um in den Briefen und Erläuterungen die Bezugnahme durch Querverweise zu erleichtern.

Alphabetisches Stichwortverzeichnis

Seite

A

B

Seite

S

Seite

T

U

Sachregister

Seite

Seite

Schöpferische Hierarchien und andere Lebenswogen

ROSENKREUZER WELTANSCHAUUNG

Seite

Seite

Seite

ROSENKREUZER WELTANSCHAUUNG

Seite

Menschheit

Menschlicher Organismus

ROSENKREUZER WELTANSCHAUUNG

Das Leben hier und später

Seite

ROSENKREUZER WELTANSCHAUUNG

Seite

Einweihung (Initiation) und ihre Folgen

Involution, Evolution und Epigenesis

Die unsichtbaren Träger des Menschen

Seite

Seite

Seite

Sonnensystem

Seite

ROSENKREUZER WELTANSCHAUUNG

Die sieben Weltperioden

Seite

Verzeichnis der Diagramme und Tafeln

ADDENDUM A

DIE MORGEN - UND ABENDÜBUNGEN DES ROSENKREUZER SCHÜLERS

DIE ABENDÜBUNG

(erwähnt auf Seite 111)

Die Abendübung, **die Rückschau**, ist für den Fortschritt des Aspiranten auf dem zur Vollkommenheit führenden Pfad von größerem Wert als irgendeine andere Methode. Sie hat eine so weitreichende Wirkung, daß sie ihn befähigt, nicht nur die Lektionen dieses Lebens zu lernen, sondern auch die, welche allgemein zukünftigen Leben vorbehalten sind.

Hat man sich abends zu Bett begeben, sollte der Körper entspannt werden. Dann beginnt der Schüler, auf die Ereignisse des Tages **in umgekehrter Reihenfolge** zurückzublicken. Er fängt mit den Begebenheiten des Abends an und geht dann zu den Vorfällen des Nachmittags, des Vormittags und des Morgens über. Dabei versucht er, sich noch einmal jedes Vorkommnis so wahrheitsgetreu wie möglich **bildhaft** vorzustellen. Vor seinem geistigen Auge **läßt er all das wieder erstehen, was in jeder der veranschaulichten Szenen stattfand. Es dient dem Zweck, seine Handlungsweise zu beurteilen und festzustellen, ob seine Worte jenen Sinn ausdrückten, den zu vermitteln er beabsichtigte, ob sie einen falschen Eindruck hervorriefen, oder ob er seine Erfahrungen bei der Weitergabe überschätzte oder unterbewertete.** Er überprüft sein moralisches Verhalten im Hinblick auf jede Szene. Nahm er die Mahlzeiten um zu leben ein, oder lebte er, um zu essen und Gaumenfreuden zu genießen? Nun urteile er selbst und tadle, wo Tadel erforderlich ist, und lobe, wo er Lob verdiente.

Manchmal fällt es den Menschen schwer, solange wach zu bleiben, bis die Übung beendet ist. In solchen Fällen ist es zulässig, im Bett zu sitzen, bis es möglich ist, die übliche Methode zu befolgen.

Der Wert der Rückschau ist außerordentlich groß; er übersteigt bei weitem unsere Vorstellung. **In erster Linie** stellen wir die Harmonie **bewußt** und in kürzerer Zeit her, als es dem Empfindungsleib während des Schlafes möglich wäre. Dadurch steht uns für **andere** Arbeit außerhalb unseres Körpers ein größerer Teil der Nacht zur Verfügung, als dies sonst der Fall wäre. **In zweiter Linie** erleben wir unser Fegefeuer und unseren ersten Himmel **jede Nacht** und bauen die Essenz der täglichen Erfahrung als **rechtes Fühlen** in unseren Geist ein. So entgehen wir dem Fegefeuer nach dem Tod und gewinnen Zeit, die wir im ersten Himmel verbringen. Um **nicht zu vergessen**, wir leben dann, nachdem wir Tag für Tag die Essenz aus den der Seele zum Wachstum dienenden Erfahrungen herausgezogen und dem Geist einverleibt haben, effektiv in einer Geisteshaltung, in der wir uns nach Prinzipien entwikkeln, die normalerweise zukünftigen Leben vorbehalten wären. Bei gewissenhafter Ausführung dieser Übung eliminieren wir Tag für Tag die unerwünschten Vorkommnisse aus unserem unterbewußten Gedächtnis. So **werden unsere Sünden getilgt. Unsere Aura beginnt in geistigem Gold zu leuchten, das durch die Rückschau aus den Erfahrungen jedes Tages gewonnen wurde. Dadurch ziehen wir die Aufmerksamkeit des Lehrers auf uns.**

Christus sagte, daß diejenigen, die reinen Herzens sind, Gott schauen werden. Der Lehrer wird sofort unsere Augen öffnen, **SOBALD WIR DAFÜR REIF SIND,** in die „Halle des Lernens", in die Empfindungswelt, einzutreten. Dort erwerben wir unsere ersten Erfahrungen bewußten Lebens, ohne dichten Körper.

DIE MORGENÜBUNG

(siehe Seite 485)

Konzentration, die zweite Übung, wird morgens, zum frühest möglichen Zeitpunkt, nach dem Erwachen des Schülers ausgeführt. Er muß sich nicht erheben, um die Jalousien zu öffnen oder sonst etwas Unnötiges zu tun. Wenn sich der Körper wohl fühlt, sollte sogleich mit der

Entspannung und mit der Konzentration begonnen werden. Das ist sehr wichtig, weil der Geist im Augenblick des Erwachens gerade aus der Empfindungswelt zurückgekehrt ist. Zu dieser Zeit ist es leichter, erneut mit dieser Welt in **bewußte** Berührung zu kommen, als zu irgendeiner anderen Zeit des Tages.

Wir erinnern uns an die Lektion Nr.4 (aus dem Buch: „Das Rosenkreuzerische Christentum"). Es heißt darin, daß die Ströme des Empfindungsleibes während des Schlafes fließen und sich seine Wirbel mit enormer Geschwindigkeit bewegen und drehen. Doch sobald der Empfindungsleib den dichten Körper betritt, werden seine Ströme und Wirbel durch die dichte Materie und die Nervenströme des Lebensleibes, welche die Botschaften zum und vom Hirn bringen, beinahe vollkommen zum Stillstand gebracht. Der Zweck dieser Übung ist, den dichten Körper auf denselben Grad von Untätigkeit und Unempfindlichkeit wie im Schlaf zu bringen, obgleich der Geist darin vollständig wach, rege und bewußt bleibt. So schaffen wir einen Zustand, bei dem die Sinneszentren des Empfindungsleibes beginnen können, sich zu drehen, während sie sich im dichten Körper befinden.

Konzentration ist ein Wort, das viele verwirrt und nur wenigen den richtigen Sinn vermittelt. Daher wollen wir uns bemühen, ihre Bedeutung zu erklären. Das Wörterbuch gibt mehrere Definitionen, die alle auf unseren Begriff anwendbar sind. Eine lautet „zum Mittelpunkt zusammenziehen", eine andere aus der Chemie „auf die höchste Reinheit und Stärke zurückführen durch Beseitigung wertloser Bestandteile". Eine der anderen Begriffsbestimmungen erklärt, auf unser Problem bezogen, daß wir die Kraft unserer Gedanken erhöhen, wenn wir sie auf einen Mittelpunkt, einen Punkt, konzentrieren. Auf dem gleichen Prinzip beruht die Verstärkung der Sonnenstrahlen, wenn sie durch ein Vergrößerungsglas gebündelt auf einen Punkt gerichtet werden. Wenn wir für eine gewisse Zeit alles andere aus unseren Gedanken eliminieren, steht uns zum Gebrauch unsere ganze Gedankenkraft zur Verfügung, das Ziel zu erreichen oder das Problem zu lösen, auf das wir uns konzentrieren. Wir können derart in einen Gegenstand vertieft sein, daß wir ein über unserem Kopf abgefeuertes Geschütz nicht hören würden. Man kann in einem Buch so aufgehen, daß man alles andere um sich herum **vergißt.** Der nach geistigem Schauen Strebende muß die Fähigkeit erwerben, in gleicher Weise vollkommen von einer Idee in Anspruch genommen zu werden, auf die er sich konzentriert, daß er die Sinnenwelt aus seinem Bewußtsein ausschalten und seine ganze Aufmerksamkeit auf die geistige Welt richten kann. Wenn er dies lernt, wird er die geistige Seite eines Gegenstandes oder einer Idee von geistigem Licht beleuchtet sehen. Er wird auf diese Weise Kenntnis von der inneren Natur der Dinge erlangen, die kein weltlicher Mensch zu erträumen vermag.

Wenn er diesen Punkt der Abstraktion erreicht hat, beginnen sich die Sinneszentren des Empfindungsleibes im dichten Körper langsam zu drehen und verschaffen sich so allmählich einen Raum. Dies wird mit der Zeit immer deutlicher hervortreten. Es wird dann immer weniger Anstrengung erfordern, die Sinneszentren in Bewegung zu bringen.

Als Thema für die Konzentration kann irgend ein hohes, erhabenes Ideal dienen. Es sollte jedoch möglichst ein Gegenstand sein, der die Sinne des Schülers aus den gewöhnlichen Dingen jenseits von Raum und Zeit herausführt. Es gibt dafür nichts Besseres, als den Wortlaut der ersten fünf Verse des Johannesevangeliums. Wenn er sie zum Thema nimmt, Satz für Satz und Morgen für Morgen, so werden sie ihm mit der Zeit einen wunderbaren Einblick in den Anfang unseres Weltalls und in das Schöpfungssystem geben, einen Einblick, der weit jedes Bücherstudium übertrifft.

Wenn der Schüler nach einiger Zeit gelernt hat, fünf Minuten lang unentwegt die Idee, auf die er sich konzentriert, festzuhalten, kann er versuchen, sie plötzlich fallen und eine Leere entstehen zu lassen. Nun denke er an nichts und warte einfach, um zu sehen, ob irgend etwas in der entstandenen Leere erscheint. Mit der Zeit werden die Bilder und Szenen der Empfindungswelt diesen leeren Raum ausfüllen. Nachdem sich der Schüler damit vertraut gemacht hat, kann er verlangen, daß dieser oder ein anderer beliebiger Gegenstand vor ihm erscheine. Das wird geschehen, und er kann ihn dann erforschen.

Die Hauptsache jedoch ist, daß **der Schüler sich durch Befolgung der obigen Belehrungen selbst reinigt; seine Aura beginnt zu strahlen und wird mit Sicherheit die Aufmerksamkeit eines Lehrers auf sich ziehen.** Dieser wird jemanden delegieren, Hilfe zu gewähren, wenn es für den nächsten Schritt zum Aufstieg erforderlich ist. Selbst wenn Monate und Jahre vergehen sollten und sich kein sichtbares Resultat zeigt, so sei man versichert, daß keine Anstrengung umsonst gewesen ist. Die großen Lehrer sehen und würdigen unsere Bemühungen. Sie sind ebenso darauf bedacht, unsere Mitarbeit unserem Wirken entsprechend zu erlangen. Sie mögen Gründe erkennen, die es für uns nicht als ratsam erscheinen lassen, die Arbeit für die Menschheit bereits in diesem Leben oder gegenwärtig aufzunehmen. Irgendwann werden die hemmenden Zustände vergehen. Wir werden zum Licht zugelassen und es selbst sehen können.

In einer alten Legende wird erzählt, daß nach einem Schatz in der Stille der Nacht und bei vollständigem Schweigen gegraben werden sollte. Wird ein einziges Wort gesprochen, bevor der Schatz sicher gehoben ist, wird unvermeidlich sein Verschwinden die Folge sein. Dies ist ein mystisches Gleichnis, das sich auf das Suchen nach geistiger Erleuchtung bezieht. Wenn wir plaudern und anderen von den Erfahrungen unserer Konzentrationsstunde erzählen, verlieren wir sie; denn sie können keine mündliche Übermittlung vertragen und werden so in Nichts zerrinnen. Durch Meditation müssen wir aus ihnen volle Kenntnis der zugrundeliegenden kosmischen Gesetze erlangen. Dann braucht die Erfahrung selbst nicht weitergegeben zu werden, denn wir werden erkennen, daß sie nur die Schale ist, die den wertvollen Kern umgibt. Das Gesetz hat universale Bedeutung, was sofort einleuchtet, weil es das Geheimnis des Lebens erklären und uns lehren wird, wie man bestimmte Lebenssituationen nutzen und andere vermeiden kann.

Das Gesetz kann uneingeschränkt nach Belieben des Entdeckers zum Segen der Menschheit ausgelegt werden. Die Erfahrung, die das Gesetz erkennen ließ, wird dann in ihrem wahren Licht erscheinen; sie ist nur von vorübergehendem Interesse und weiterer Beachtung nicht wert. Daher **sollte der Schüler alles, was sich während der Konzentration ereignet, als heilig betrachten und strengstens für sich behalten.**

Schließlich **sollte man sich davor hüten, die Übungen als eine lästige Aufgabe zu empfinden. Man schätze sie nach ihrem wahren Wert; sie sind unser höchstes Privileg.** Nur wenn wir sie dementsprechend betrachten, werden wir ihnen gerecht werden und aus ihnen vollen Segen ernten.

DER URSPRUNG DER ROSENKREUZER-LEHREN

Obwohl das Wort „Rosenkreuzer" (Rosicrucian) von mehreren Organisationen benutzt wird, steht die Rosicrucian Fellowship mit keiner von ihnen in Verbindung.

In den Jahren 1907 und 1908 wurde Max Heindel auf die Ehrlichkeit seiner Absichten und selbstlosen Bestrebungen, Helfer seiner Mitmenschen zu sein, geprüft. Er wurde von den Brüdern des Rosenkreuzes auserwählt, die westlichen Weisheitslehren öffentlich zu verbreiten, um so behilflich zu sein, die Menschheit für das kommende Zeitalter der Universalen Bruderschaft vorzubereiten. Durch strenge Selbstdisziplin und Aufopferung verdiente er sich den Status eines Laienbruders (Eingeweihter) in dem erhabenen Rosenkreuzerorden.

Unter der Führung der Brüder des Rosenkreuzes, den großen geistigen Wesen der menschlichen Rasse, schrieb Max Heindel **Die Rosenkreuzer-Weltanschauung,** ein Epoche machendes Werk, das zum führenden Lehrbuch des Okkultismus in der westlichen Welt geworden ist. Durch seine eigene geistige Entwicklung war er imstande, vieles von dem, was ihm in der Rosenkreuzer-Weltanschauung vermittelt wurde, selbst auf die Richtigkeit hin zu überprüfen und sich dabei gleichzeitig zusätzliches Wissen anzueignen, das später in seinen zahlreichen Büchern zusammengefaßt wurde.

Es war eine der Grundvoraussetzungen, unter denen die westlichen Weisheitslehren an Max Heindel gegeben wurden, daß deren Verbreitung für jedermann unentgeltlich erfolgen sollte. Diese Bedingung wurde von ihm bis an sein Lebensende getreu beachtet. Auch wurde sie von den Verantwortlichen der Rosicrucian Fellowship stets genauestens befolgt. Wenn auch die Bücher der Fellowship verkauft werden, so sind die Korrespondenz-Kurse und der Service unserer Heilungsabteilung unentgeltlich. Sie werden ausschließlich von freiwilligen Spenden getragen. Auch werden keine Mitgliedsbeiträge erhoben.

ADDENDUM A

WAS IST WAHRHEIT?

Pilatus stellte die Frage: „Was ist Wahrheit?" Da er nicht imstande war, sie in seinem Inneren zu erkennen, erhielt er darauf keine Antwort.

Christus Jesus sprach: „Die Wahrheit soll euch frei machen", und Plato mit mystischer Intuition sagte: „Gott ist Wahrheit, und das Licht ist sein Schatten". Johannes sprach: „Gott ist Licht". Da er dem Meister näher als die anderen Jünger stand, empfing er zweifelsfrei höhere Belehrungen als die anderen, die nicht fähig waren, sie aufzunehmen. Es spielt keine Rolle, wieviel Wahrheit es geben mag. Sie ist erst dann für uns bestimmt, wenn wir sie anerkennen. Jeder kann die Schönheit der zahllosen Schatten des Lichts und der Farben um uns sehen, außer den durch Blindheit Behinderten. Wer die Welt der Farben um sich nicht wahrnehmen kann, ist wirklich arm. Ebenso steht es mit der Wahrheit. Auch sie ist überall und kann immer gefunden werden, wenn wir fähig sind, sie zu erkennen. In den Übungen der Rosicrucian Fellowship (Rückschau und Konzentration) wurde uns ein herrliches Mittel gegeben, mit der Wahrheit in Berührung zu kommen.

Plato und Johannes sagten: „Gott ist Licht". Wenn wir eines der großen Observatorien besuchen, und mit dem bestausgestatteten Teleskop in den Raum blicken, sehen wir, daß es für das Licht keine Grenze gibt. Es befindet sich überall. Mit dem Symbol des Lichts, das hier dargestellt wird, erhalten wir eine Vorstellung von der Allgegenwart und Größe Gottes, den wir verehren. Johannes sagt in den ersten fünf Versen seines Evangeliums: „Am Anfang war das Wort". Darin haben wir eine wunderbare Lösung der Frage, wenn wir zum Anfang zurückgehen. Hier befinden wir uns im Bereich der Wahrheit.

Zur gegenwärtigen Zeit sind wir in die Materie hinabgesunken und nicht imstande, mit jener Wahrheit in direkten Kontakt zu kommen. Doch wenn wir in Gedanken zum Anfang der Dinge zurückgehen, dann sind wir in Gedanken bei Gott und besser imstande, die Wahrheit zu erkennen. Plato sprach von einer Zeit, in der „Dunkelheit herrschte“. Das alte Testament spricht von der Dunkelheit, jenem Zustand der Ursubstanz oder der „Arche“, die von Gott dem großen Baumeister, dem ursprünglichen Erbauer des Universums gegeben wurde.

Wenn wir über den Einen nachdenken, der am Anfang die Dinge erschuf, kommen wir mit Ihm, Gott, in jener Arche, im ersten Satz der fünf Verse in Berührung, die wir zum Meditieren benutzen. In den nächsten Worten kommen wir zur zweiten Aussage: zum Wort. Der Ausdruck „Wort“, ist in unserer jetzigen Bibel falsch übersetzt; denn es bedeutet nicht nur „Wort“, sondern auch den Gedanken. Das in diesem Vers benutzte griechische Wort „Logos“ bedeutet beides, das Wort und den ihm vorangehenden logischen Gedanken. Der logische Gedanke muß bereits vor dem Wort bestehen. Bevor ein Wort gesprochen wird, muß es einen Denker geben. Daher verwendete Johannes die Worte „Arche „ und „Logos „. Sie drücken das aus, was wir als gegeben annehmen, nämlich, daß am Anfang eine homogene Masse einer Substanz bestand und in dieser homogenen Substanz Gott war. Und Gott wurde das „Wort“, der rhythmische Ton, der sich im Universum ausbreitet und alle Dinge formt.

Des weiteren befindet sich im fünften Vers die Feststellung: „In Ihm war das Licht“. Zuerst herrschte Finsternis. Keine Schwingung wurde in die Ursubstanz hinaus gesandt. Daher muß zwangsläufig Dunkelheit geherrscht haben. Das erste jedoch, das ins Dasein trat, war, wie gesagt, das Licht. Vom höheren Gesichtspunkt aus betrachtet, sind Licht und Ton bedeutungsgleich. Einige sensitive Menschen nehmen mit einem Ton, den sie hören, gleichzeitig auch einen Lichtstrahl wahr. Auch hören sie immer einen Ton, wenn sie einen Lichtstrahl sehen. Deshalb schreibt Johannes intuitiv, wenn er sagt, „am Anfang“, in der

Ursubstanz, „war Gott" und „Gott war das Wort". In Ihm „war Leben", und das Leben wurde „das Licht der Menschen".

Hier erfahren wir die abstrakte Wahrheit, soweit wir sie erfassen können, die Wahrheit der gesamten Problematik der Schöpfung. Im menschlichen Körper scheint dieses Licht bis zum heutigen Tag, das Licht, das in der Finsternis scheint, jenes Licht, das durch den Schleier der Isis verborgen ist. Alle um uns sind Geister, die in der Dunkelheit leben, es sei denn, daß durch das Fenster der Seele die Herrlichkeit des Universums enthüllt wird. Dann erkennen wir Gott als Licht, alles Gute als Licht und das Gegenteil als Dunkelheit.

Licht besteht nicht aus einer Farbe; denn es gibt sieben Geister vor dem Throne. Jeder ist ein Lichtträger für einen bestimmten Strahl. Ein jeder von uns kommt von einem dieser Lichtstrahlen, weshalb jeder auf einen von ihnen besser reagieren kann. Daher wird die Wahrheit von allen verschieden gesehen. Auch wenn wir uns allmählich zur selben Quelle, die Gott darstellt, hinbewegen, haben wir dennoch zu verschiedenen Zeiten individuelle Standpunkte. Obwohl wir scheinbar zueinander in Widerspruch stehen, so befindet sich in den ersten fünf Versen des Johannesevangeliums trotzdem die Wahrheit, daß wir alle Kinder des Lichts sind. Ein jeder trägt in sich den göttlichen Geist des Lichts. Jeder einzelne lernt allmählich, dieses Licht zu erkennen und mit Hilfe der Übungen mehr von diesem Licht zum Ausdruck zu bringen.

Wenn der Mystiker in das Licht der Morgendämmerung sieht, so erblickt er es als das tägliche Einströmen des ersten Schöpfungsspruchs in seine Seele als: „Es werde Licht". Und gleich dem täglichen Fortschreiten des Lichts und seinem allmählichen Verschwinden am westlichen Horizont, sieht er in der wunderbaren Kulisse des Sonnenuntergangs, fernab der Möglichkeit einer Beschreibung durch die menschliche Sprache, etwas, das nur durch die Seele gefühlt werden kann. Wenn wir diese fünf Verse, in ihrer mystischen Wirkung, in uns leben lassen, so werden auch wir das Licht und die Wahrheit erkennen, die wir, wie sonst nichts in der Welt, erfahren.

Irgendwann sind wir alle die verschiedenen Pfade des Lebens gegangen. Einmal bewegten wir uns unter dem kriegerischen Strahl durchs Leben und beschritten seinen Weg der Aktivität und der Leidenschaft, ohne Rücksicht auf das Leiden anderer, oder was aus ihnen wurde. In einem anderen Leben kamen wir unter dem helleren Strahl der venushaften Farbe und folgten dem Pfad der Liebesseite des Lebens, später dem Weg des dunklen Blau's oder des Saturnstrahls, danach dem des helleren Blau's oder Jupiterstrahls. So blicken wir alle vorwärts der noch höheren Erkenntnis entgegen, die von dem gelben Strahl des Uranus ausgeht. Allerdings sind die meisten von uns gegenwärtig nicht fähig, ihn zu empfangen. Sie müssen mit dem dunkleren Gelb des merkurischen Strahls zufrieden sein. Wir alle arbeiten uns nach und nach zu dem weißen Licht empor, das von der Sonne kommt und alle Farben in sich vereint. Nach diesem Licht müssen wir streben, weil das Licht aller anderen Strahlen sekundär ist. Von der großen zentralen Quelle kommen alle Dinge.

Mancher wird fragen: „ Und wie steht's mit der Dunkelheit? Ist sie böse?" Nein, in Gottes Universum **gibt** es nichts Böses. Während des Tages nehmen wir durch das Licht der Sonne die Herrlichkeit dieser kleinen, sich im Raum bewegenden Erde wahr. Hätten wir immer Licht, so würden wir vielleicht außerhalb unseres Planeten nichts wahrnehmen und darüber unwissend bleiben, daß es noch mehr als Sonne und Mond gibt. Wenn es aber Nacht wird, und die Herrlichkeiten des Tages verschwunden sind, wenn die Sonne nicht mehr den Himmel erhellt, dann können wir uns wenigstens bis zu einem gewissen Grad die Unendlichkeit des Universums vorstellen. Wir können Welten sehen, die Millionen über Millionen von Kilometern von uns entfernt sind, wodurch der Geist zu einer ebenso wunderbaren Verehrung angespornt wird, indem wir über die Wahrheit nachdenken, daß

„GOTT ALLES IN ALLEM IST". –Max Heindel

ADDENDUM B: FUßNOTE ZU KAPITEL III

REINKARNATION ODER WIEDERGEBURT?

Frage Nr.31: Ist es falsch, das Karma zu beeinflussen, oder sollten wir unsere Göttlichkeit geltend machen und uns über die Verhältnisse hinweg erheben durch Bejahung unserer göttlichen Abstammung?

Antwort: Eine ähnliche Frage wurde unlängst Herrn Heindel in einem seiner Vorträge in Los Angeles gestellt. Er antwortete darauf folgendes: „Wenn auch alle großen Religionen von Gott gegeben worden sind, gibt es eine westliche Religion für die Völker des Westens, ebenso den Hinduismus für die indischen Völker. Ich sehe keinen wirklichen Grund, weshalb wir ihre Terminologie übernehmen und die Menschen hier zwingen sollen, Sanskrit zu lernen. Wir haben eine eigene, ausgezeichnete Sprache mit Ausdrücken, die alles erklären können. Um dies zu verdeutlichen, wollen wir eine Begebenheit erwähnen, die sich vor mehreren Jahren ereignete. Zu der Zeit gab es in einer bestimmten Gesellschaft eine Kontroverse darüber, ob es wohl richtig sei, hier östliche Lehren zu verbreiten und ihre Ausdrücke zu benutzen. Bei dem Disput ging es um das Wort „Avyaktam".

Nicht einmal die Hindus sind sich in der Deutung ihrer Terminologie einig. Tonnen von Papier und Fässer voll Tinte wurden verbraucht, um sich in dieser Streitfrage zu einigen. Das folgende scheint die Definition zu sein, auf die sie sich schließlich verständigten: „Avyaktam ist ein Parabraham, in Mulaprakriti gekleidet, von welchem seine Upahhis während des Manvantara gemacht wurden, in die sie sich bei der Ankunft des Arolaya wieder auflösen".

Herr Heindel sagte dann, er hoffe, daß seine Zuhörer nun verstanden hätten, was „Avyaktam" bedeute. Als die Versammelten lachten und den Kopf schüttelten, drückte er sein Bedauern über ihren Mangel an Verständnis bei einer so gelehrten Erklärung aus. Jetzt möchte er versuchen, es ihnen in gewöhnlichem Englisch verständlich zu machen. „Avyaktam“ ist die Gottheit, gekleidet in kosmischer Substanz, aus der ihre Träger während des Schöpfungstages gemacht wurden, die sich wieder in sie auflösen, wenn die kosmische Nacht eintritt.

Als die Versammlung versicherte, diese Auslegung verstanden zu haben, sagte Herr Heindel, dasselbe träfe auch auf das Wort „Karma“ zu. Jeder in den USA und in anderen großen Erdteilen versteht ohne lange Erklärung, was eine „Schicksalsschuld“ ist. Es gibt noch eine Anzahl anderer englischer Wörter, die eindrucksvoller gebraucht werden könnten, als das indische Wort „Karma“, das für die meisten Menschen des Westens bedeutungslos ist. Der Sprecher hielt solche Wörter wie „astral“ und „Inkarnation“ für fehl am Platz, weil sie nur erdacht wurden, um etwas Unbestimmtes auszudrücken. Er bedauere es, daß das Wort „Inkarnation“ in unserer ersten Literatur verwendet wurde, besonders in der „Weltanschauung“. Die Älteren Brüder, die ihm die Lehre in deutscher Sprache gaben, gebrauchten immer das Wort „Wiedergeburt“, das „rebirth“ im Englischen bedeutet. Zwischen diesen beiden Ausdrücken besteht ein großer Unterschied, der auf den ersten Blick nicht erkennbar ist.

Es ist einem Geist möglich, sich in einem erwachsenen Körper zu inkarnieren, indem er dessen Eigentümer verdrängt und den Körper in Besitz nimmt. Doch wenn wir von Wiedergeburt sprechen, so kann dies nur eine Bedeutung haben. In Anbetracht dieser Tatsache bat er die Schüler dringend, für „Wiedergeburt“ nicht mehr den Ausdruck „Inkarnation“ zu benutzen.

Entnommen aus dem Buch: „Die Rosenkreuzer-Philosophie in Frage und Antwort, Band 2“, zitiert aus einem Artikel von Frau Heindel in den „Echoes“ vom März 1915.

ADDENDUM C: FUßNOTE ZU KAPITEL XIII

Die Rosenkreuzer-Philosophie wurde 1909 veröffentlicht. Viele von Max Heindel angeführten Beispiele wurden aus dieser Ära entnommen. Die benutzten Worte und gegebenen Definitionen stammen aus dem frühen 20. Jahrhundert. Einige Formulierungen in diesem Kapitel riefen Unbehagen hervor. Das sollte uns jedoch nicht von der eigentlichen Botschaft ablenken. Die Rosenkreuzer-Lehren fördern die Universale Bruderschaft. Wir haben diesen Nachtrag hinzugefügt, um ergänzende Auskunft über die Rassen und Rassen-Religionen zu geben, sowie über ihre Beziehung zur spirituellen Entwicklung. Ergänzende Referenzen sind am Ende aufgeführt.

Wachstum endet niemals. Im 21. Jahrhundert können wir zurückblickend die gewaltige Entwicklung erkennen, die in unserer Welt stattgefunden hat. Diese Veränderungen erfolgten gemäß den in diesem Buch skizzierten Prinzipien.

Während der Lemurischen Epoche kam Jehova mit seinen Engeln und Erzengeln und nahm die erste große Teilung in Rassen vor. Er wies jeder Gruppe einen Rassengeist, einen Erzengel zu, die einen leitenden Einfluß ausübten. Für jeden jungfräulichen Geist bestimmte er einen seiner Engel. Dieser wirkte solange als Hüter, bis der individuelle Geist stark genug geworden war, von allem äußeren Einfluß unabhängig zu sein. Es wird insgesamt 16 Rassen geben (Rosenkreuzer-Weltanschauung, Seite 352).

Wir sollten erkennen, daß wir nicht Körper oder Rassen, sondern nach Vollkommenheit strebende jungfräuliche Geister sind. Wenn wir dies als jungfräuliche Geister vergessen und uns mit unserer Rasse identifizieren, an ihr mit fanatischem Patriotismus hängen, dann besteht die große Wahrscheinlichkeit, daß wir uns in ihr verfangen und mit ihr untergehen werden, während unsere Weggefährten, die jungfräulichen Geister, zu einem höheren Grad auf dem Pfad der Vervollkommnung aufgerückt sind. (Weltanschauung, Seite 307)

ROSENKREUZER-WELTANSCHAUUNG

Der Leser wird gebeten, sich sorgfältig einzuprägen, daß es die Formen sind, die degenerieren. Es besteht ein sehr wichtiger, nicht zu verkennender Unterschied zwischen den Körpern (oder Formen) einer Rasse und dem Geist, der in solchen Rassenkörpern wiedergeboren wird. (Rosenkreuzer-Weltanschauung, Seite 289)

Max Heindel bringt mehrere Beispiele von Gruppen, auf deren Integrität der Rasse Gewicht gelegt wurde. Er erwähnt die Juden und andere frühere Völker, wie auch die Schotten, Wikinger und die germanisch-angelsächsische Rasse. Er macht darauf aufmerksam, daß okkulte Wissenschaftler auf 16 Rassen hinweisen als „die 16 Pfade der Vernichtung". Max Heindel wünscht, daß der Leser alle sicher durchschreite; denn ihre Fesseln sind schlimmer als das Zurück-bleiben im nächsten Kreislauf. (Weltanschauung, Seite 231).

Die Geschichte ist voll von Beispielen der Inhumanität des Menschen gegenüber seinesgleichen. In allen Rassen hat es Individuen gegeben, die ihr spirituelles Erbe vergessen, sich mit ihrer Rasse und/oder Rassenreligion identifiziert und sich mit fanatischem Patriotismus an sie geklammert haben. Max Heindel bringt das Beispiel der weißen Rassen, die sich durch schreckliche Unterdrückung ihrer und anderer Rassen schuldig gemacht haben. In vielen Fällen ist eine große Anzahl von hilflosen und ahnungslosen Eingeborenen niedergemetzelt worden, was das Verhalten der Spanier gegen die Ureinwohner Perus und Mexikos bezeugt, um nur einen Fall von vielen anzuführen. (Weltanschauung, Seite 290)

Christus kam, um den Weg zur Befreiung der Menschheit von der Führung der einander abgrenzenden Rassen- und Familiengeister vorzubereiten und die ganze menschliche Familie in einer Universalen Bruderschaft zu vereinigen. (Weltanschauung, Seite 352)

ADDENDUM C

Erinnern wir uns an die von Max Heindel an uns gerichteten Worte:

Nur eines tut zu wissen not der Welt,

Nur ein Weg führt zum Himmel allezeit,

Ein Balsam nur zum Wohl der Menschheit fehlt,

Die Nächstenliebe ist's, die Menschlichkeit.

Zum Nachlesen wird verwiesen auf:

Seite 5 „Ein Wort an den Weisen"

Seite 223 „Nachzügler und Neuhinzukommende"

Seite 286 „Die Luzifergeister"

Seite 306 „Die sechzehn Pfade der Vernichtung"

Seite 347 „Schutzengel"

Seite 352 „Blutmischung in der Ehe"

Seite 367 „Die Entwicklung der Religion"

Seite 383 „Nicht Friede, sondern ein Schwert"

ADDENDUM D: FUßNOTE ZU „DIE GEBÄUDE DER WELTZENTRALE"

Die Arbeit in der Weltzentrale wurde gegen Ende 1911 aufgenommen. Bis heute (1996) wurden viele Gebäude errichtet, einige davon bestehen nicht mehr. In der Pro-Ecclesia oder Kapelle, die im Dezember 1913 ihrer Bestimmung übergeben wurde, werden täglich je ein Morgen- und Abenddienst abgehalten. Sie wurde 1962 vollkommen renoviert. Ein Andachtsdienst mit Vortrag wird jeden Sonntag veranstaltet. Ein zweistöckiges Verwaltungsgebäude wurde 1917 fertiggestellt, 1962 gründlich überholt und eine Versand-Abteilung hinzugefügt, die 1976 in Betrieb genommen wurde. Im ersten Obergeschoß befinden sich die Büros der esoterischen sowie der Bildungs-Abteilungen, außerdem die Fremdsprachen- und Astrologie-Sektionen. In früherer Zeit diente dieses Stockwerk als Unterkunft von Frau und Herrn Heindel. Im Erdgeschoß befinden sich die Versand-Abteilung, der Fotoraum, die Buchbinderei und die Druck-Abteilung, in der die monatlichen Lektionen, das „Rays"-Magazin, Broschüren und einige Bücher gedruckt werden.

Der Speisesaal wurde 1914 erstellt, in den dreißiger Jahren ausgebaut und 1962 und 1978 mit einem zusätzlichen Raum erweitert. Hier wird den Mitarbeitern und der breiten Öffentlichkeit vegetarische Kost angeboten. Im Heilungstempel oder Ecclesia, wird seit dem Tag seiner Bestimmung, an Heiligabend 1920, jeden Abend ein Heilungsdienst abgehalten. Das Sanatoriumsgebäude wurde 1939 eröffnet. Über mehrere Jahre wurde es benutzt, um Patienten mit nicht ansteckenden Krankheiten zu behandeln. Heute wird es das Gästehaus genannt und dient Mitarbeitern und Mitgliedern der Fellowship sowie Besuchern als Unterkunft. Zahlreiche kleine Wohngebäude wurden als Wohnsitz für die Beschäftigten errichtet und im Laufe der Jahre renoviert. Das neueste Bauwerk ist ein zweigeschoßiges Gebäude, das 1976 fertiggestellt wurde.

ADDENDUM

Das Gebäude der Heilungsabteilung wurde 1938 in Form eines Kreuzes gebaut. Es enthält Büros für die Mitarbeiter, die Fragen nach geistiger Heilung beantworten und umfaßt auch eine Heilungskapelle, in der um 8.45h, von Montag bis Freitag ein Heilungsdienst abgehalten wird. An das Verwaltungsgebäude schließt sich ein einstöckiger Bau an. Er enthält die Büroräume der Redaktion der „Rays from The Rose Cross" (eine 1911 erstmals von Herrn Heindel veröffentlichte illustrierte Zeitschrift), außerdem die Buchhaltung, den Klein- und Händlerverkauf. Auch ist hier die Rosicrucian Fellowship BBS untergebracht.

ROSENKREUZER-WELTANSCHAUUNG

Wir bieten kostenlos Fernlehrgänge an:

Philosophie der Rosenkreuzer: Ein Fernlehrgang in 2 Teilen:
Einführungskurs:
Er besteht aus 12 Lektionen und bietet ein tiefes Verstehen von „Die Rosenkreuzer-Weltanschauung" von Max Heindel.

Ergänzungskurs:
Er besteht aus 40 Lektionen, die sich mit der praktischen Anwendung der Rosenkreuzer-Philosophie befassen. Sie haben zum Ziel, den Studierenden auf fortgeschrittene Übungen vorzubereiten.

Bibelkurs:
Diese 28 Lektionen geben dem Studierenden die ersten Schlüssel einer esoterischen Bibelauslegung, die ihn zu einem tieferen Verständnis der Heiligen Schrift führen.

Esoterische Astrologie:
Dieser Fernlehrgang gliedert sich in 3 Teile:
Grundkurs: seine 26 Lektionen führen in die Berechnung eines Horoskopes und in die Prinzipien seiner esoterischen Deutung ein.
Fortgeschrittenenkurs: seine 13 Lektionen bieten eine Methode für eine vertiefte Deutung des Horoskopes an.
Abschlußkurs: seine 12 Lektionen lehren die Arbeit mit dem progessiven Horoskop, den Transiten und anderen Methoden astrologischer Vorausschau.

Die Astrologie stellt ein sehr wirkungsvolles Mittel dar, um eine hohe Geisteskraft zu entwickeln: die Intuition. **Diese Wissenschaft wird mit dem ausdrücklichen Vorbehalt gelehrt, daß sie nicht für Geld verkauft wird, sondern nur, um der leidenden Menschheit zu helfen und um zu heilen.**

Esoterisches Christentum – Rosenkreuzer-Lehren was ist das?

In einer Zeit, in der das materielle Streben unsere Lebenshaltung und unseren Lebensrhythmus bestimmt, machen immer mehr Menschen die Erfahrung, dass das Anhäufen materieller Güter nicht zu wahrer Befriedigung führt. Es erweckt in ihnen zunehmend ein Gefühl der Sinnlosigkeit und Leere. Als Folge davon drängen sich die grossen Fragen des Lebens auf, die sich allen Suchenden schon seit urdenklichen Zeiten stellen:

„Warum sind wir hier? – Was ist der Sinn des Lebens? – Gibt es einen liebenden Gott? – Warum gibt es soviel Leid in der Welt? – Worin liegt der Sinn des Todes? – Was kommt danach? – Gibt es einen Himmel?"

Den Menschen früherer Zeiten genügten die Antworten, die ihnen von der Kirche gegeben wurden. Sie waren noch nicht dazu erzogen, alles zuerst zu prüfen, alles kritisch und skeptisch zu hinterfragen. Den modernen, wissenschaftlich gebildeten Menschen dagegen fällt es immer schwerer, die dogmatischen Antworten der Kirche einfach gläubig hinzunehmen. Manche Antworten erscheinen ihnen weltfremd oder veraltet. Sie spüren wohl, dass es etwas Göttliches oder Geistiges geben muss, aber zwischen ihrem suchenden Herzen und dem christlichen Glauben steht der aufgeklärte Verstand mit seinen kritischen Fragen.

Im 13. Jahrhundert wurde ein christlicher Orden gegründet, dessen Mitglieder diese Entwicklung voraussahen. Gründer des Ordens war ein Weiser mit dem symbolischen Namen „Christian Rosenkreutz" (d.h. „das christliche Rosenkreuz"). Nach ihm bezeichneten sich die Ordensbrüder als „Rosenkreuzer". Sie sahen es als ihre Aufgabe an, die bis dahin nur innerhalb der Mysterienschulen verkündeten esoterischen Lehren des Christentums zu bewahren, um auf ihrer Grundlage einer späteren, intellektuell gebildeten Menschheit „die Geheimnisse des Lebens und des Seins vom wissenschaftlichen Standpunkt aus in Harmonie mit der Religion zu erklären".

Jahrhundertelang wurden die Lehren nur im Geheimen an wenige Sucher gegeben, die reif dafür waren, sie zu empfangen. Hätten die Rosenkreuzer ihre Lehren öffentlich verkündet, wären sie von der mittelalterlichen Inquisition zum Tod auf dem Scheiterhaufen verurteilt worden. Daher waren sie gezwungen, lange Zeit als Geheimorden zu wirken. Nur spärlich drangen Informationen von ihnen an die Öffentlichkeit, und selbst dann meist in verschlüsselter Mysteriensprache oder in symbolischen Bildern und Diagrammen. Gegen Ende des 19. Jahrhunderts wurden durch die theosophische Bewegung Fragmente der Rosenkreuzer-Lehren bekannt. Erst zu Beginn des 20. Jahrhunderts erhielt ein Jünger des Ordens, Max Heindel, den Auftrag, ihre Lehren umfassend und systematisch in dem Lehrbuch „Die Rosenkreuzer-Weltanschauung" für all jene darzulegen, deren Verstand sich dem Glauben an Gott in den Weg gestellt hat, die aber dennoch intensiv nach Antworten auf die grossen Fragen des Lebens suchen.

Hier nun die Grundzüge der Rosenkreuzer-Lehren:
- Der Mensch begann vor Jahrmillionen seine Evolution als unbewusster göttlicher Funke, der in die materielle Welt hinabstieg, um durch Erfahrungen zu reifen und sein Bewusstsein zu entwickeln. Am Ende dieser evolutionären Reise wird er als ein geläutertes, vergöttlichtes Wesen zu seinem Schöpfer zurückkehren. Das grosse Vorbild, das uns dieses Ideal erstmals vorgelebt hat, ist Jesus Christus. Er ist „das Licht der Welt", das uns durch seine Lehre der unbeschränkten und alles umfassenden Liebe „den Weg zum Vater" zeigt.
- Dieses hohe Ziel kann der Mensch nicht in einem einzigen Leben verwirklichen. Wie die Natur sich im jährlichen Rhythmus von Werden und Vergehen langsam aber stetig weiterentwickelt, so vollzieht auch der Mensch seine Entwicklung in rhythmischen Kreisläufen. Der tägliche Rhythmus von Erwachen, bewusster Tätigkeit in der materiellen Welt, Einschlafen, Träumen und erholsamem Tiefschlaf ist nur ein kleines Abbild des grossen Rhythmus von Geburt, Leben, Sterben und Wiedergeburt. In zahlreichen Inkarnationen kehrt der Mensch auf die Erde zurück, um die Arbeit seines vorherigen Erdenlebens in neuer Umgebung und unter neuen Bedingungen weiterzuführen. Die Zeit zwischen den Inkarnationen verwendet er zur Regenerierung und Verinnerlichung der gemachten Erfahrungen. Sie bilden die Grundlage für die Talente, die ihm in seinem nächsten Leben zur Verfügung stehen sowie für das innere Gewissen, das ihn davor bewahren soll, auf das alte Niveau zurückzufallen.
- Die Bedingungen seiner nächsten Leben schafft sich der Mensch selbst in seinen vorhergehenden Leben. Als Hilfe und Wegweiser gab uns Gott durch seinen Sohn die wunderbare Lehre der selbstlosen Liebe. Führen wir ein gutes Leben der Hilfsbereitschaft und Nächstenliebe, werden wir in unseren nächsten Leben die guten Früchte dieser Taten ernten dürfen.

Ebenso aber wird ein Leben der Selbstsucht und Grobheit entsprechend negative Bedingungen im nächsten Leben schaffen. „... denn was einer sät, das wird er auch ernten“, lehrte schon der Apostel Paulus in seinem Brief an die Galater (6, 7). Der Mensch schafft sich Glück und Unglück selbst. Gott gab uns die Freiheit, unseren Weg selbst wählen zu können sowie die Geschwindigkeit unserer Weiterentwicklung selbst zu bestimmen. Manche eilen in der Entwicklung weit voraus und erreichen schon heute Entwicklungsstufen, die die Masse der Menschen erst in ferner Zukunft erreichen wird. Wir verehren diese „Älteren Brüder“ als die Heiligen oder hohen Eingeweihten auf dem Pfad der Liebe. Sie stehen uns gemeinsam mit Christus hilfreich zur Seite, wenn wir sie nur darum bitten.

Lernen Sie im Selbststudium oder in unseren Fernkursen ausführlich die Lehren der Rosenkreuzer kennen. Sie geben Aufschluss über:

- die Zusammensetzung des Menschen, d.h. seine stofflichen seelischen und geistigen Wesensteile, seine ihm für seine Entwicklung zur Verfügung stehenden Werkzeuge und Möglichkeiten,
- die Stellung des Menschen in bezug zu allen anderen sich entwickelnden Wesenheiten, wie Mineralien, Pflanzen, Tiere und Engelswesen der verschiedensten Hierarchien,
- die Methode zur Entwicklung des Menschen sowie die Lebenskreisläufe, in die er eingebunden ist,
- den Evolutionsweg des Menschen in vergangenen und zukünftigen Weltperioden in der irdischen Welt und in den höheren Welten,
- die Bedeutung der Bibel als „heiligem Buch“ der christlichen Welt, das in esoterisch verschlüsselter Form alle Grundwahrheiten enthält,
- die Möglichkeiten jedes einzelnen, die Nachfolge Christi anzutreten und die selbstlose Liebe zum Massstab der Persönlichkeitsentwicklung zu machen.

Dieses Wissen ermöglicht eine logische und vernünftige Beurteilung der verschiedenen Strömungen und Schriften, die uns im Bereich der Esoterik begegnen. Es gibt dem modernen Menschen einen intellektuellen Rahmen, mit dem er auf der ihm vertrauten Basis der Logik zu den verschiedensten Ereignissen und Phänomenen Stellung beziehen kann, und es ermöglicht ihm, seinen Verstand zu befriedigen, damit das Herz wieder glauben kann.

Die Rosenkreuzer-Lehren lassen jedem einzelnen seine freie Willensentscheidung. Sie wahren vollkommen die Selbständigkeit des Einzelnen, die allerdings auch die Verantwortung für Denken und Handeln miteinschliesst. Es gibt Gruppen gleichgesinnter Menschen, die sich auf ihrem individuellen Weg jedoch nur begegnen können, um Erfahrungen auszutauschen, gemeinsames

Verständnis zu erarbeiten oder sich gegenseitig die helfende Hand zu reichen. Eine zentrale Einrichtung in Oceanside, Kalifornien, „The Rosicrucian Fellowship" bewahrt und verbreitet die verschiedenen Schriften Max Heindels, betreut ein spirituelles Heilungswerk und bildet eine Anlaufstelle für Menschen aus aller Welt, die sich für das Esoterische Christentum, die Westlichen Weisheitslehren, interessieren.

Innerhalb dieser Vereinigung gibt es keine menschliche Vormachtstellung, die der Rolle eines Guru entspräche, wie wir sie im Osten finden. Jeder ist trotz seiner Fehler und Schwächen bemüht, an seine Mitmenschen weiterzugeben, was sich ihm an Weisheit und Liebe auf dem Pfad ins Licht erschlossen hat. Begegnungsmöglichkeiten bieten die Seminare oder abendlichen Treffen der nachher genannten Gruppen.

Mit freundlichen Grüssen

Max Heindel Verlag
CH-7514 Sils-Maria

Astrologie – Esoterische Wissenschaft

Die Astrologie, als esoterische Wissenschaft betrachtet, erklärt die Verbindung zwischen dem Menschen und dem Universum. Sie offenbart den wundervollen kosmischen Plan, nach dem die ganze Schöpfung sich zur Vollkommenheit weiterentwickelt. Sie führt den Menschen und hilft ihm seinen ordnungsgemässen Platz im Kosmos zu finden, seine höchsten Beweggründe auszudrücken und seinen edelsten Idealen nachzustreben. Sie erlaubt es ihm auch seine Mitmenschen besser zu kennen, um sie besser anzunehmen, ihnen besser zu helfen und sie besser zu lieben. Das innere Wissen, das durch das Studium der spirituellen Astrologie entwickelt wird, ist die Tür, die zur universellen Bruderschaft führt.

Um die Astrologie wirklich zu verstehen, muss sie im Licht der esoterischen Weisheitslehren studiert werden, vor allem im Zusammenhang mit den Gesetzen von der Wiedergeburt und von Ursache und Wirkung. Im gesamten Weltall herrscht eine unübertreffliche Ordnung, alles hat eine Ursache und nichts geschieht rein zufällig. Was wir heute sind, ist das Ergebnis unserer Taten in der Vergangenheit und was wir heute tun, bestimmt unsere Zukunft.

Die Lehren der Rosenkreuzer-Gemeinschaft, für Menschen des Abendlandes bestimmt, stützen sich auf eigene, vernunftgemässe Erkenntnisse. Sie bieten eine Antwort an für den, der sich nicht mit dem Glauben allein zufrieden geben kann, sondern auch verstehen will und nach vernunftgemässen Erklärungen fragt. Die Lehre vermittelt eine Botschaft des Friedens und lässt das Gefühl der Brüderlichkeit allen Menschen gegenüber gelten, die ernstlich die Wahrheit suchen, auch wenn sie auf verschiedenen Wegen gehen. Die Rosenkreuzerlehren zielen auf die Entwicklung hin des „rechten Denkens, rechten Fühlens und des rechten Handelns“, die alle das Ergebnis der „Selbstdisziplin“ sind. Der Wahlspruch der Rosenkreuzer-Philosophie lautet: Ein urteilsfähiger Intellekt, ein fühlendes Herz, ein gesunder Körper. Ihr höchstes Ideal ist: Dienen.

Die Rosenkreuzer-Gemeinschaft ist eine internationale Vereinigung christlicher Mystiker, die 1909 von Max Heindel gegründet wurde. Ihr internationaler Hauptsitz ist in Oceanside, Kalifornien, USA. Ihr Ziel ist, eine verständliche, logische und lückenlose Lehre zu verkünden, die sich mit dem Ursprung, der Entstehung und der zukünftigen Entwicklung des Alls und des Menschen befasst. Dabei zeigt sie sowohl die esoterische als auch die wissenschaftliche Seite dieses Problems auf und schafft damit eine harmonische Synthese zwischen Wissenschaft und Glaube.

Kurse und Veröffentlichungen der Rosenkreuzer-Gemeinschaft

Die Rosenkreuzer-Gemeinschaft lehrt bereits seit mehr als 75 Jahren Philosophie und Astrologie der Rosenkreuzer und veröffentlicht alles notwendige Material für dieses Studium. Die Lehren der Rosenkreuzer werden nicht als letzte und ausschliessliche Wahrheit auf diesem Gebiet verkündet. Sie machen keine Angaben, die von Verstand und Logik nicht erfasst werden könnten. Sie lehren kein Dogma, sondern bieten eine solide Basis von Tatsachen und Grundsätzen an, über die der Studierende nachdenken muss. Mit dieser Weiterarbeit entwickelt der Wahrheitssuchende seine eigene Überzeugung und gelangt so zu eigenen Ansichten.

Diese Lehren werden auf der Grundlage freiwilliger Spenden verbreitet. Die esoterische Wissenschaft läuft Gefahr korrupt zu werden, wenn sie für Geld angeboten wird. Jeder esoterische Fortschritt ist das Ergebnis persönlicher Anstrengungen. Die Initiation (=Einweihung) ist ein innerer Vorgang, der unabhängig von Riten und magischen Formeln ist. Sie kann für weltliche Schätze nicht erworben werden, sondern nur durch eigene Verdienste.

Die Rosenkreuzer-Gemeinschaft bietet kostenlos verschiedene Fernlehrgänge in verschiedenen Sprachen an.

Philosophie der Rosenkreuzer. Ein Lehrgang in 2 Teilen:

Einführungskursus. Er besteht aus 12 Lektionen und erlaubt ein tiefes Verstehen von: „Die Weltanschauung der Rosenkreuzer" von Max Heindel.
Ergänzungskursus. Er besteht aus 40 Lektionen, die sich mit der praktischen Anwendung der Rosenkreuzer-Philosophie befassen. Sie haben zum Ziel, den Studierenden auf fortgeschrittene Übungen vorzubereiten.

Esoterische Astrologie. Dieser Fernlehrgang gliedert sich in 3 Teile:

Grundkursus. Seine 26 Lektionen führen in die Berechnung eines Horoskopes und in die Prinzipien seiner esoterischen Deutung ein.

Fortgeschrittenenkursus. Seine 13 Lektionen bieten eine Methode für eine vertiefte Deutung des Horoskopes an.
Abschlusskursus. Seine 12 Lektionen lehren die Arbeit mit dem progressiven Horoskop, den Transiten und anderen Methoden astrologischer Vorausschau.

Die Astrologie stellt ein sehr wirkungsvolles Mittel dar, um eine hohe Geisteskraft zu entwickeln: die Intuition. Diese geheiligte Wissenschaft wird mit dem ausdrücklichen Vorbehalt gelehrt, dass sie nicht für Geld verkauft wird, sondern nur um der leidenden Menschheit zu helfen und um zu heilen.

Bibelkurs. Diese 28 Lektionen geben dem Studierenden die ersten Schlüssel einer Esoterischen Bibelauslegung, die ihn zu einem tieferen Verständnis der Heiligen Schrift führen.

Max Heindel Verlag
CH-7514 Sils-Maria

Rosenkreuzer-Philosophie-Bücher
(Max Heindel Verlag)

Weltanschauung der Rosenkreuzer
Eine elementare Abhandlung über die vergangene Entwicklung, die gegenwärtige Seinsordnung und die zukünftige Entwicklung der Welt und des Menschen, wie sie vom Orden der Rosenkreuzer als Standardwerk der Rosenkreuzer-Lehre zur Veröffentlichung gegeben wurde. – Mit zahlreichen Diagrammen und 70seitigem Index zur Erleichterung des Studiums.
3-906414-00-0 *612 Seiten* *gebunden*

Die Rosenkreuzer-Philosophie in Frage und Antwort, Band I
In diesem Buch werden Antworten vom okkulten Standpunkt auf 189 Fragen aus den verschiedenen Lebensgebieten auf Grund der okkulten Forschungen des Autors gegeben. – Ein ausführlicher Index und Diagramme erleichtern das Auffinden der Sachgebiete.
3-906414-02-7 *VIII, 358 Seiten* *gebunden*

Die Rosenkreuzer-Philosophie in Frage und Antwort, Band II
Dieser neu herausgegebene Band enthält auf 165 Fragen informatorische Antworten über tieferliegende Gebiete: Geistige Schau, Einweihung, Wiedergeburt, Gesundheit und Heilung, die unsichtbaren Welten und das Leben nach dem Tode. – Diagramme und ein ausführlicher Index machen das Buch zu einer wertvollen Fundgrube für den geistig interessierten Menschen.
3-906414-03-5 *X, 400 Seiten* *gebunden*

Das Rosenkreuzerische Christentum
Ein grundlegendes Einführungswerk in die esoterisch-gnostischen Tiefen des Christentums und die Mysterien von Geburt und Tod und das Leben in den unsichtbaren Welten. – Mit ausführlichem Index und erläuternden Diagrammen.
3-906414-01-9 *VIII, 444 Seiten* *gebunden*

Rosenkreuzer – Mysterien
Ein Überblick über den Zweck des Lebens und die Konstitution des Menschen im Lichte der Geheimlehren der Rosenkreuzer, mit einer Analyse der drei Theorien des Lebens, der materialistischen, der theologischen und der Wiedergeburtslehre.

3-906414-15-9 *VI, 128 Seiten* *kartoniert*

Die Mysterien der grossen Opern
Die wahre Natur der Musik und ihre Beziehung zum menschlichen Geist erläutert der Autor in diesem Buch, ebenso den tiefen esoterischen Kern der Mythen und Legenden, wie er den Opernwerken Parsifal, Tannhäuser, Lohengrin, Der Ring der Nibelungen und der Faustdichtung zugrunde liegt. – Mit ausführlichem Index.

3-906414-07-8 *176 Seiten* *kartoniert*

Das Gewebe des Schicksals
Die Ausführungen sind das Ergebnis der persönlichen okkulten Forschungen des Autors, durch die er die geheimen Gesetze ergründete, welche die treibenden Kräfte im menschlichen Leben sind. – Mit ausführlichem Index zum Nachschlagen.

3-906414-06-X *126 Seiten* *kartoniert*

Okkulte Prinzipien der Gesundheit und Heilung
Ein ganz hervorragendes Buch, das den Weg zu dauernder Gesundheit durch Befolgung okkulter Prinzipien zeigt. „Krankheit ist die Wirkung von Ungewissheit – Heilung ist angewandtes Wissen“. – Mit ausführlichem Index der Krankheiten.

3-906414-16-7 *246 Seiten* *kartoniert*

Briefe an Studenten
Der warme sympathische Geist, der aus diesen Briefen spricht, macht das Buch zu einem wertvollen Helfer auf dem Wege geistigen Fortschrittes.

3-906414-04-3 *VIII, 212 Seiten* *kartoniert*

Doppelband

Der Lebensleib

„Jede okkulte Entwicklung beginnt im Lebensleib." Seine vergangene Evolution und gegenwärtige Aufgabe in der geistigen Entwicklung der Menschheit. *VIII, 132 Seiten*

Der Empfindungsleib

Dient dem Menschen als Träger seiner Empfindungen, Gefühle, Wünsche und Emotionen. *3-906414-05-1* *VI, 116 Seiten* *kartoniert*

Lehren eines Eingeweihten

Der Autor gibt in diesem Buch viele geistige Aufschlüsse über das kommende Zeitalter und die geistigen Kräfte, die der Mensch bis dahin entwickelt haben wird. – Mit ausführlichem Index.
3-906414-13-2 *212 Seiten* *kartoniert*

Nachlese eines Mystikers

In einer Serie von Abhandlungen des Autors werden praktische Mystik, die Bedeutung der Sakramente und Dogmen, wie die unbefleckte Empfängnis, Ostern und der wiederkommende Christus, dem Verständnis des Schülers erschlossen. – Ein umfangreicher Index erleichtert das Studium der verborgenen Wahrheiten.
3-906414-14-0 *198 Seiten* *kartoniert*

Alte und neue Einweihung

Die Einweihung in den alten atlantischen Mysterienschulen und die christlich-mystische Einweihung in unserer heutigen Zeit bilden den Hintergrund dieses Buches, in dem ausserdem wertvolle Hinweise über den Vorgang der Transfiguration des Menschen gegeben werden. – Ein umfangreicher Index macht es zu einem unentbehrlichen Nachschlagewerk des suchenden Menschen. *3-906414-17-5* *140 Seiten* *kartoniert*

Freimaurerei und Katholizismus

In der heutigen Zeit der Auseinandersetzung zwischen den grossen Konfessionen gibt dieses Buch wertvolle Aufschlüsse über die diesen beiden Institutionen zugrunde liegenden geistigen Tatsachen, den Söhnen des Feuers und Söhnen des Wassers. Besonders wertvoll für jene, die nach den tieferen Ursachen suchen und die wissen wollen. – Mit ausführlichem Nachschlag-Index. *3-906414-20-5* *108 Seiten* *kartoniert*

Das Geheimnis der Drüsen
Eine ausgezeichnete Darstellung über die Wirkungsweise der verschiedenen Drüsen des physischen Körpers und ihre Wechselbeziehung zu den anderen Trägern des Egos. In guter Gliederung wird auf die Persönlichkeitsbildung der verschiedenen Drüsen-Typen eingegangen.
Das Buch wurde aus dem Wissen Max Heindels von einem seiner Studenten zusammengetragen. Es wird allen Freunden als unerlässlicher Wegweiser zum Studium der Rosenkreuzer-Lehren empfohlen.
3-906414-12-4 *92 Seiten* *kartoniert*

Die Botschaft der Sterne mit Anhang „Medizinische Astrologie"
Anerkannt eines der besten astrologischen Ausdeutungsbücher. Hier werden fundamentale astrologische Interpretationen in einer klaren, leicht verständlichen Sprache gegeben, 36 Horoskopbeispiele der verschiedensten Erkrankungen sind einer eingehenden Besprechung unterzogen.
3-906414-08-6 *VI, 574 Seiten* *gebunden*

Astro-Diagnose – Ein Führer zur Heilung
Ein umfassendes Buch dieser Art, mit kapitelweiser Körperorganbesprechung und Instruktion im Lesen eines Geburtshoroskopes, mit Angaben über die natürlichen Behandlungsmethoden. Von besonderem Wert für Menschen, die sich mit Heilung und Krankenpflege befassen, aber auch für die allgemeine Gesundheitslehre. Über 100 Geburtsbilder werden diagnostisch besprochen und durch die Fingernageldiagnose vervollständigt. – Ein zwölfseitiger Index erleichtert das Studium.
3-906414-10-8 *XIV, 320 Seiten* *kartoniert*

Vereinfachte wissenschaftliche Astrologie
Ein Lehrbuch zur Berechnung eines Horoskopes, das auch ein philosophisches Astrologie-Lexikon und eine Tabelle der Planetenstunden enthält. Für Anfänger gut verständlich.
3-906414-09-4 *173 Seiten* *kartoniert*

Der Sonnenzyklus des Jahres (neu erschienen)
Eine unschätzbare praktische Lebenshilfe durch die zwölf Monate des Jahres sowie hervorragende monatliche Meditationsthemen. Eine wirklich empfehlenswerte Schrift!
3-906414-11-6 *84 Seiten* *kartoniert*

Die mystische Auslegung von Weihnachten
Weihnachten, die jährliche Geburt des kosmischen Christusimpulses in unserer Erde und dessen Wirksamkeit in der Befruchtung des geistigen und physischen Lebens. *brosch.*

Die mystische Auslegung von Ostern
Ostern, ein Ereignis von okkult-mystischer Bedeutung, das die jährliche Befruchtung der Erde durch den kosmischen Christus beendet. *brosch.*

Naturgeister und Naturkräfte
Eine Sammlung wertvoller esoterischer Informationen über diese unsichtbaren Kräfte um uns herum.
3-906414-22-1 *37 Seiten* *kartoniert*

Urtypen
sind die Kraftquellen der verschiedenen Körper und deren Kräfte. Ihr Aufbau als Ergebnis seelischen Wachstums.
3-906414-21-3 *34 Seiten* *kartoniert*

Ernährung und Leistung
von Hella Gerhardt zur vegetarischen Ernährung. *brosch.*

Kleine Schriftenreihe
Die beiden Rätsel Leben und Tod
Wo sind die Toten?
Die Engel als Vollzieher der Evolution
Das Mysterium von Golgatha
Der Stern von Bethlehem
Geistige Schau und geistiges Erkennen
Gebet, eine magische Anrufung
Max Heindel, eine Biographie
Ratschläge für geistig Strebende
Wegweiser aus Max Heindels Schriften
Das Mysterium Magnum des Rosenkreuzers
Christian Rosenkreuz und der Orden der Rosenkreuzer
Wie die Rosenkreuzer die Kranken heilen
Astrologie, ihr Zweck und ihre Begrenzung
Die Rosen am Kreuz

Die Macht des Gedankens
Gegenangriff ist nicht das Richtige
Erdgebunden

Dienste der Gemeinschaft
Tempeldienst und Heilungsdienst
Sonnenwende- und Tagundnachtgleiche-Dienste
Totenbestattungs-Dienst

Rosicrucian Ephemerides 2000–2100
Mitternacht International Edition in 5 Sprachen, mit Chiron, Schwarzem Mond und section 24 h Motion.

Bitte fordern Sie Bücherprospekt mit Preisen an.
Bücher in allen guten Buchhandlungen erhältlich.

Die Adressen für die Studiengruppen, sowie die Korrespondenz der Kurse in Deutschland und Österreich sind bei diesen beiden Adressen erhältlich:

Max Heindel Verlag

CH-7514 Sils-Maria
Telefon (0041) (0)81 834 20 03
Telefax (0041) (0)81 834 20 04
E-Mail: max_heindel_verlag@bluewin.ch

Annemarie Giovanoli

La Motta, Fex · CH-7514 Sils-Maria
Telefon (0041) (0)81 834 20 03
Telefax (0041) (0)81 834 20 04
E-Mail: max_heindel_verlag@bluewin.ch